作者简介

简新华，武汉大学经济与管理学院教授，博士生导师，享受国务院颁发政府特殊津贴专家，国家社会科学基金重大招标项目首席专家，现任教育部人文社会科学重点研究基地——武汉大学经济发展研究中心副主任，湖北省高校人文社会科学重点研究基地——武汉大学人口、资源、环境经济研究中心主任，兼任中国工业经济学会副理事长、中国《资本论》研究会常务理事、世界政治经济学会理事、中华外国经济学说研究会发展经济学研究分会理事、中国工业经济学会产业经济学专业委员会委员、中国人口学会人口学科发展专业委员会委员、湖北省人口学会副会长，先后兼任暨南大学产业经济研究院特约研究员、北京工商大学客座教授、中国地质大学讲座教授、江汉大学发展研究院首席教授、河南大学、浙江财经学院、石家庄经济学院兼职教授，曾任武汉大学经济学院副院长、经济研究所执行所长。

主要研究方向是中国经济改革和发展，先后承担包括国家社会科学基金、自然科学基金、教育部人文社会科学研究重大课题等在内的科研项目10多个；在包括《经济研究》、《管理世界》、《求是》、《光明日报》、《经济日报》、《中国工业经济》、《世界经济》、《中国人口科学》、《经济学动态》等权威报刊在内的刊物上发表学术论文160多篇，50多篇被包括《新华文摘》在内的刊物转载，参加编写出版学术著作和教材10多本，担任其中8本的主编。

科研成果获得包括中共中央宣传部1994年度“五个一工程”一本好书奖、教育部第二届全国高校出版社优秀学术著作特等奖、国家人口和计划生育委员会颁发的中国人口科学优秀成果著作一等奖、湖北省社会科学优秀成果二等奖等省部级奖在内的10多项奖励。

作者在武汉大学经济与管理学院资料室

作者访问美国斯坦福大学

作者在湖南省韶山毛泽东旧居前

经济学论丛

中国经济发展探索

EXPLORING ECONOMIC DEVELOPMENT OF CHINA

简新华 著

图书在版编目(CIP)数据

中国经济发展探索/简新华著．—武汉：武汉大学出版社，2007.10
经济学论丛
ISBN 978-7-307-05903-0

Ⅰ.中…　Ⅱ.简…　Ⅲ.经济发展—研究—中国　Ⅳ.F124

中国版本图书馆 CIP 数据核字(2007)第 155278 号

责任编辑：柴　艺　　责任校对：黄添生　　版式设计：詹锦玲

出版发行：**武汉大学出版社**　(430072　武昌　珞珈山)
(电子邮件：wdp4@whu.edu.cn　网址：www.wdp.com.cn)
印刷：武汉中远印务有限公司
开本：720×1000　1/16　印张：41.25　字数：591 千字　插页：3
版次：2007 年 10 月第 1 版　　2007 年 10 月第 1 次印刷
ISBN 978-7-307-05903-0/F·1086　　定价：66.00 元

前　言

呈现在读者面前的以《中国经济发展探索》和《中国经济改革探索》命名的两本文集，是从作者30年从事经济学教学和研究所撰写的、包括在《经济研究》、《求是》、《管理世界》、《中国工业经济》、《世界经济》、《中国人口科学》、《经济学动态》、《光明日报》、《经济日报》等权威报刊在内的刊物上发表的160多篇文章中挑选出来的105篇探讨中国经济发展和改革问题的论文汇集而成，比较集中地反映了本人在这方面的学习研究心得和基本看法。其中，相当部分是承担10多项包括国家社会科学基金、自然科学基金、教育部人文社会科学基金在内的科学研究项目的成果，少部分是与同事和我指导的研究生合作研究的成果。

我出生于1947年，2007年正好60岁；由于1977年恢复高考时才考上武汉大学经济学系，30岁开始正规的经济学学习和研究，今年刚好30年。在60岁的时候，回顾30年的经济学教学和研究，系统地归纳研究收获，总结经验教训，应该是很有意义的事情。既有利于今后更有效地进行教学和研究，又能够更好地与同行交流，以求得更正确的认识，为中国的经济发展和改革贡献绵薄之力。

我于1968年下乡务农2年，1970年进厂做工8年，1978年进入武汉大学经济系学习，1982年初毕业留校任教。实际上，早在“文化大革命”时期，还在农村种地、工厂做工时，由于亲眼看到了我国农村贫穷落后的面貌，亲耳听到了广大工人、农民迫切要求发展经济、改善生活的强烈呼声，亲身体会到了田间劳作、车间干活的艰辛，农民缺衣少食的境况、工人一家三代挤在一间房里的情形、工农生产技术和管理落后的现象，使我深切感受到了中国社会主义经济建设和管理中存在的种种问题，因而产生了学习和研究经济理论、探讨怎样加快中国经济发展、搞好社会主义建设、改变中国贫穷落后面貌的强烈愿望，开始了政治经济学的自学，在劳动之余，通读了《资本论》、《政治经济学教科书》（第三版）、《苏联社会主义经济问题》、《斯大林论工业化》等10多本经济学著作。在积累大量工农业生产的感性认识和实践经验的同时，进行了理性思考，写下了上十万言的学习和思考笔记。上大学以后，一直把中国经济发展和改革作为主要研究方向，始终坚持不懈地跟踪探索。从1981年在《经济研究》第十期上公开发表第一篇经济学小论文《积累到底是不是扩大再生产的唯一源泉——对洪远朋和奚兆永两同志有关文章的一点看法》开始，到2007年《新华文摘》第二期转载的我和我的博士研究生何志扬合写的《中国工业反哺农业的实现机制和路径选择》为止，主要论著都与中国经济发展和改革相关。

我对经济发展问题特别感兴趣，还有一个重要因素是武汉大学多年形成的经济发展研究的传统和优势。两位老前辈张培刚教授和谭崇台教授开创了武汉大学研究经济发展问题的优良传统，在他们的教诲和影响下（我们武汉大学经济学系77级学生有幸聆听过两位先生的宏观、微观经济学和发展经济学的讲授），特别是在谭崇台老师的亲切指导和宝贵帮助下，我的主要精力也花在中国经济发展的研究之上。

中国的改革开放是1978年开始的，我的正规的经济学学习和研究实际上也是从1978年开始的（全国77级学生虽然都是1977年参加高考的，但由于学校没有准备好，所以都推迟到1978年春天才入学），正好与改革开放同步。这种同步性决定了我研究中国经济发展的一个突出特点是，着重探讨改革开放以来中国经济发展面临的重大问题，主要包括工业化、城镇化、“三农”、就业、可持速发展等问题。由于经济发展包括经济增长和结构改善，经济结构（主要包括产业结构和城乡结构）的状况，既是社会经济发展的主要标志，又是制约社会经济发展的基本因素，经济结构的改善是比经济增长更为根本、更为重要的发展；经济结构的变迁，既是社会经济发展的结果，又是社会经济进一步发展的动因。优化的经济结构能够极大地促进社会经济高效快速发展，不合理的低层次的经济结构则严重防碍社会经济发展。工业化是产业结构演进的必然趋势，城市化是城乡结构演进的必然趋势，工业化和城市化是任何一个国家由贫穷落后走向发达繁荣的必由之路。中国之所以比发达国家落后，主要表现在中国还没有实现工业化和城市化。只有真正实现工业化和城市化，才能从根本上解决“三农”、就业、资源、环境、贫穷落后、贫富差距等问题。所以，工业化和城市化问题是我研究的重点，花的精力最多，发表的文章也相对多一些。又由于制度是发展的保证，因此我在研究中国经济发展的同时，还特别注意中国经济改革的探索。还由于20世纪80年代至90年代初，中国面临的紧迫任务是加快经济增长，改变严重的短缺经济状况，解决2.5亿贫困人口的温饱问题，采取的主要措施是改革计划经济体制，放权让利，形成激励机制，所以我发表的关于改革的文章多一点；20世纪90年代中期以来，中国的经济社会结构问题越来越突出，面临的主要任务是结构的优化升级，因此我写的大部分是结构方面的文章。

中国的经济发展目前是全球关注的热点、焦点，中国是世界上最大的发展中国家，现在也是经济发展最快、最成功的国家，面临的发展问题最多，实践经验和可供研究的资料最丰富，是最需要经济发展理论的地方，也是研究经济发展问题条件最好、最有利、最能有所作为的地方。在有生之年，我将坚持不懈地进行中国经济发展和改革的理论探索。目前作为首席专家正在主持国家社会科学基金重大招标项目“工业化和城镇化过程中的农民工问题研究”，作为主编正在组织和撰写列入“十一五”期间（2006~2010年）国家重点图书出版规划、将由山东人民出版社出版的《迈向现代化的中国经济发展丛书》包括《中国经济结构调整和增长方式转变》、《中国的工业化与新型工业化道路》、《城镇化与中国特色城镇化道路》、《中国经济发展中的就业问题》、《中国经济发展中的人口资源环境问题》、《中国经济发展中的三农问题》、《中国工业化和城镇化过程中的土地问题》、《中国工业化和城镇化过程中的农民工问题》，准备向新中国60华诞献礼。

《中国经济发展探索》包括工业化和工业化道路、城市化和城市化道路、增长方式转变和产业结构调整、劳动就业、经济发展战略、科学发展观、地区经济发展、中国经济发展趋势和对策等8个部分共56篇文章；《中国经济改革探索》包括所有制改革、国有企业改革、分配方式改革、社会主义市场经济、社会主义经济理论创新等5个部分共49篇文章。这两本文集，只是我对中国经济发展和改革问题的初步探索，还很不成熟、很不完善，而且从这些基本保持原样的文章中可以看出，我自己的认识也是随着中国经济发展和改革的实践的推进而不断深化、纠正、提高的。比如我对计划经济和市场经济的性质的认识，长期受计划经济姓"社"、市场经济姓"资"的传统东、西方经济理论的影响，一直到1992年邓小平视察南方讲话发表以后，才突破这种思想束缚。两书中难以避免地会存在不足和失误，衷心希望各位经济学同仁和读者批评、指正。

为中国的经济繁荣而探索

为人民的共同富裕而奋斗

——与经济学界同仁共勉

2007年春节于武昌珞珈山

目 录

工业化和工业化道路

论中国的新型工业化道路

新世纪中国进入全面建设小康社会，加快推进社会主义现代化的新的发展阶段，经济建设的主要任务是基本实现工业化，大力推进信息化，加快建设现代化，保持国民经济持续快速健康发展，不断提高人民生活水平。要完成新阶段的新任务，首先必须走新型工业化道路，大力实施科教兴国战略和可持续发展战略。走新型工业化道路是中国在新世纪新阶段提出的新战略方针，是全面建成高水平小康社会的重要保证，也是在如何更好地实现工业化问题上的重大创新，对发展经济学理论的最新发展。因此，深入探讨什么是新型工业化道路，与中外传统的工业化道路有什么不同，具有什么特点和优越性，为什么要走新型工业化道路，应该怎样走新型工业化道路，具有重大理论和实践意义。

一、工业化与工业化道路

工业化是任何国家由贫穷落后走向发达繁荣的必由之路，是发展经济学研究的主题，发展经济学的创始人之一，我国著名经济学家张培刚教授的开山之作的书名就是《农业与工业化》。工业化既是一个古老的问题，又是一个崭新的课题，常研常新。从 18 世纪 60 年代英国的工业革命兴起，人类社会就开始了工业化进程，至今已有 200 多年的历史，但以工业占优势、人均 GNP3000 美元作为标准衡量，基本实现工业化的国家按世界银行的统计，目前还只有 40 多个，世界上大多数国家仍然没有实现工业化，努力成为工业化国家依旧是世界上占多数的发展中国家面临的艰巨任务。走什么样的工业化道路，怎样实现工业化，是决定工业化快慢和成败的关键。现在世界上大多数国家之所以还没有成为工业化国家，最重要的原因是这些国家还没有找到或走上正确的工业化道路。

按照发展经济学的理论，工业化一般是指工业（或者制造业、第二产业）在国民收入和劳动人口中所占的比重持续上升的过程。这是一个经济结构不断变化、人均国民收入和包括农业在内的劳动生产率不断提高、由农业经济社会逐步向工业经济社会转变的过程。通常，主要根据工业产值在国民生产总值（或国民收入）中的份额的大小或工业劳动力在总劳动力中的份额的大小来衡量工业化程度的深浅，工业的比重越大，工业化的程度越深，在发达的工业化阶段，情况会发生变化，除农业的比重会继续有所下降之外，服务业的比重将不断上升，工业的比重将由上升转为下降；主要通过工业产值和就业人数的比重提高的快慢来判断工业化速度的快慢，工业比重上升得越快，工业化的速度也就越快；主要按照人均国民收入的多少来确定工业化发展水平的高低，中、低收入国家的工业化是低水平的初、中级工业化，高收入国家的工业化则是高水平的发达工业化。

工业化道路是指实现工业化的原则、方式和机制。具体来说，工业化道路的选择主要包括以下几个方面的内容：第一，产业的选择，即重点和优先发展的产业、产业结构的类型及各种不同产业之间相互关系的确定和调整，比如发展的重点是选择轻工业、劳动密集型产业，还是重工业、资本或技术密集型产业；是牺牲农业去发展工业，还是工农业协调发展等。第二，技术的选择，即工业发展中技术类型的采用，也就是选择高新技术还是一般适用技术；是运用多使用劳动力的技术，还是多使用资本的技术。第三，资本来源的选择，即通过什么方式或渠道筹集工业发展的资本，也就是来源于农业剩余的转移、对内外的掠夺，还是工业自身的积累、引进国外资本等。第四，发动方式的选择，即工业化进程是靠民间发动，还是由政府推动。第五，发展方式的选择，即工业发展是依靠粗放型的增长方式、资源的消耗、环境的污染，还是采用集约型的增长方式、节约资源、保护环境。第六，实现机制的选择，即工业化的任务是通过市场机制的作用去实现，还是由计划机制的作用来完成。第七，城市化模式的选择，即伴随工业化发展的是适度城市化、滞后城市化，还是过度城市化。第八，国际经济联系的选择，即工业化过程中是实行对外开放、发展外向型经济，还是闭关锁国，发展内向型经济。

世界各国工业化发展的历史表明，工业化道路不是唯一的，也不是一成不变的，会随着经济社会条件的变化而变化。不同的社会发展阶段，不同的经济社会制度、民族历史文化传统、资源禀赋、自然条件、比较优势，工业化道路也会不相同。西方发达国家在农业经济时代开始走上的传统工业化道路，已经不适应工业经济时代的要求；传统计划经济条件下的工业化道路，在人类社会向知识经济或信息经济时代迈进的新的历史条件下，更是行不通。后发国家必须不断探索新的工业化道路。

二、传统工业化道路的特点和缺陷

所谓“新”是相对“旧”而言的，新型工业化道路也是相对传统工业化道路来说的。新型工业化道路必须适应新的历史条件，克服传统工业化道路的缺陷和不足，形成新的特点和优越性。因此，正确完整地认识新型工业化道路的特点和优越性，首先必须全面深入地分析传统工业化道路的特点和缺陷。从世界各国工业化发展的历程来看，存在两种不同类型的传统工业化道路：一是西方发达国家以往走过的传统工业化道路；二是包括中国在内的过去实行计划经济的国家曾经走过的传统工业化道路。这两种传统工业化道路的特点并不完全相同，缺陷也不一样，有些特点和缺陷基本相同，有些则正好相反。现在有的学者把新型工业化道路看成是与中国计划经济时期的传统工业化道路不同的道路，① 也有论著把中国的新型工业化道路说成是与西方发达国家以往走过的传统工业化道

① 吕政．努力探索新型工业化道路．经济日报，2002-11-25.

路不同的道路①。我们认为这两种观点都有片面性。其实，中国的新型工业化道路是要消除这两种传统工业化道路的缺陷，同时与这两种传统工业化道路都不相同的道路。为了更全面地把握新型工业化道路，这里特对两种不同的传统工业化道路的特点和缺陷进行比较全面的归纳和简略的分析。

1. 西方发达国家的传统工业化道路

西方发达国家是世界上最先实现工业化的国家，其工业化进程是在农业经济时代开始的，走的是一条主要由民间力量发动、科学技术革命推进、通过市场机制实现、外向型发展、先以轻纺工业为主导后以重工业为主导、先工业化再信息化、重机械化轻就业、先污染后治理、城乡差别扩大、经济危机相伴随的工业化道路。这条传统的工业化道路，虽然具有能够发挥民间力量、科学技术革命、市场机制的作用、利用世界市场和资源、形成适合生产要素禀赋特点的产业结构等长处，使西方发达国家成功地实现了工业化，成为发达的工业化国家，但也存在以下特点和缺陷。

（1）存在严重失业现象的工业化道路。西方发达国家在实现工业化的过程中，更多关注的是通过机械化和自动化把手工小生产转变为机器大生产，更多采取的是节约劳动力的生产方法，提高劳动生产率，减少消耗，降低成本，增强竞争能力，以获得更多利润，比较忽视就业问题，使得工业化的就业效应低，往往会形成庞大的产业后备军，长期存在较严重的失业现象，既不能充分利用劳动力资源，又使得失业者难以取得收入，改善生活。

（2）城乡差别扩大的工业化道路。工业化也是农民非农化、农村城市化的过程，城市化是工业化的必然伴侣。虽然西方发达国家在实现工业化的同时也实现了城市化，但是在实现工业化和城市化的过程中曾经产生了许多严重的社会问题，最突出的是扩大了城乡差别，引起了农村经济的衰败，导致了贫富两极分化，出现过多

① 徐立京．新型工业化：中国特点的工业化道路．经济日报，2002-11-18.

种“城市病”①。尽管这些问题在工业化的后期，特别是在实现了发达的工业化以后，有的已经发生了较大的变化，有的得到了缓解，但毕竟走了一定的弯路，付出过相当大的代价。

(3) 先污染后治理的工业化道路。重化工业是整个工业的基础和支柱，而重化工业不少是资源消耗型、污染严重型的产业。保护环境、防止污染一般会加大工业生产成本。西方发达国家在工业化过程中更加注重工业包括重化工业的增长和降低生产成本，往往大量消耗自然资源、污染环境，直到出现环境恶化、生态失衡、资源短缺、能源危机，严重威胁人类社会生存的时候，才引起高度重视，政府才采取坚决措施治理环境、保护资源，实际上走的是一条“先污染后治理”的工业化道路，付出了巨大的环境和资源代价。

(4) 伴随生产过剩经济危机的工业化道路。从1825年开始，西方发达国家在工业化过程中始终存在周期性爆发的生产过剩经济危机，造成了社会生产力的巨大浪费和破坏，加剧了工业化发展的曲折波动，延缓了工业化的进程。

2. 计划经济国家的传统工业化道路

中国和其他曾经实行计划经济的社会主义国家是在西方发达国家已经基本实现工业化、人类社会进入工业经济时代才开始工业化进程，走了一条由国家计划推动、重工业优先发展、以粗放型增长方式为主、过分追求高速度、排斥城市化、片面强调自力更生、资源消耗高、经济效益差的工业化道路。这是一条与西方发达国家走过的不同的传统工业化道路，虽然使计划经济国家建立起了必要的工业基础，形成了比较完整的工业体系和国民经济体系，但存在许多严重的弊端，并没有带来发达繁荣的工业化。计划经济国家特别是中国的传统工业化道路存在以下特点和缺陷：

(1) 国家计划推动的工业化道路。社会主义国家在建国初期，都以实现工业化为经济建设的主要任务，普遍认为西方国家的工业化道路存在严重缺陷，必须走一条与资本主义不同的社会主义工业

① 参见辜胜阻．非农化及城镇化理论与实践．武汉：武汉大学出版社，1993.

化道路。这种工业化道路最突出的特点，就是建立以占绝对优势的国有经济为基础的计划经济体制，主要由国有企业从事工业生产，靠国有经济发展工业，由政府运用国家的力量，通过指令性计划来发动和推进工业化。这种工业化的发动和推进方式，虽然能够集中力量办大事，在较短的时期内建立起相当强的工业基础，但是实行中央高度集中统一管理的传统计划经济体制，管得太死、统得过多，使得整个国民经济缺乏活力，往往还造成经济发展的大起大落、剧烈波动，工业化难以顺利和高效地推进；生产主要由国有企业垄断经营，国有企业又实行政企不分、国家计划直接管理和统负盈亏的国有国营的制度，结果是不仅不能充分调动和利用社会上一切可以利用的人力、物力和财力以发展工业生产，而且使得国有企业既缺乏生产经营的动力，又没有竞争的压力，因而也就丧失了活力，造成企业经济效益低下，工业生产发展也很不理想。

（2）重工业优先发展的工业化道路。社会主义国家开始工业化时，基本上都面临严重的外患内忧，处于敌对势力的包围之中，为了生存和发展，必须加快工业化进程，迅速增强国防实力和经济实力，而重工业的发展是工业化的集中体现，也是经济和军事实力的基础，再加上理论上对生产资料生产更快增长规律的片面理解，过分强调发展重工业，因而特别重视重工业的发展，自然而然地走上了优先发展重工业的道路。斯大林曾指出："苏维埃的国家工业化方法，是与资本主义工业化方法根本不同的。在各资本主义国家中，工业化通常都是从轻工业方面开始。因为在轻工业方面，较之重工业来说，所需要的投资数量是少些，资本周转得快些，而且获得利润也容易些，所以那里的轻工业，也就成为工业化的首先的对象。只有经过一个长时期，让轻工业积蓄一些利润而将其集中于银行之后，才会轮到重工业方面，开始来逐渐把所积蓄的资本转用到重工业中去，造成保证它发展的条件。但这是一个悠久的过程，需要在数十年长久的时期内……共产党当然不能走这条道路。党知道战争日益逼近，没有重工业就无法保卫国家，……党记住了列宁的指示：没有重工业，便无法保持国家的独立；没有重工业，苏维埃制度就会灭亡。因此我国共产党也就排斥了'通常的'工业化道路，而从发展重工业来开始实行国家工业化。"① 重工业是资本和技术密集型产业，需要巨额的资金投入，社会主义国家工业化进程开始时，普遍资本缺乏，技术落后，只有劳动力资源丰富价廉的比较优势，既不能够像西方发达国家那样靠对外掠夺积累发展工业的原始资本，相当长一个时期内也不可能大量引进西方发达国家的资本，工业又很落后，投资少、见效快、收益高的轻纺工业也不被重视，工业本身不可能提供很多的积累，只能把农业的剩余作为积累，转化为发展重工业的资金。在发展重工业的过程中，往往又忽视轻工业和农业的发展，重工业发展不是为农业和轻工业服务，提供更多更好的技术、设备和工业原材料，武装和改造传统的农业和轻纺工业，促进农业和轻工业的发展，而是自我循环、自我服务。这种优先发展重工业的道路，虽然使重工业有了较大的发展，但形成了"重工业太重，轻工业太轻、服务业太少、农业落后"的畸形产业结构，造成严重的比例失调和资源浪费，"把农民挖得很苦"②，使农村长期改变不了贫穷落后的面貌，农产品供应短缺，工业消费品也是长期供不应求，比较优势得不到发挥，在整体上延缓了工业化的进程，降低了工业化的效率。

(3) 以粗放型增长方式为主的工业化道路。经济增长有粗放型和集约型两种不同的方式，实现工业化也有粗放型和集约型两条不同的途径。粗放型是靠增加生产要素的投入，扩大生产规模，实现工业生产的发展和经济增长；集约型是靠提高生产要素的生产率，扩大生产规模，实现工业生产的发展和经济增长。由于粗放型的增长主要靠增加投入，所以经济效益比较低，而且要受到资源稀缺性的限制，增长是有限的、不可持续的；集约型的增长主要靠科学技术进步、劳动力素质和管理水平的提高，则是高效率的、可持续的。社会主义国家工业化进程开始时，一般来说技术都比较落后，加上传统计划经济体制和国有国营的企业制度又缺乏推动技术

① 斯大林论工业化. 北京：人民出版社 1955：336.

② 毛泽东. 论十大关系［M］//毛泽东. 毛泽东选集：第5卷. 北京：人民出版社，1977：274.

进步和采用先进技术的动力和机制，因此一直主要靠增加生产要素的投入，消耗自然资源，从外延上发展工业生产，走的是一条以粗放型增长方式为主的工业化道路，造成过度的资源消耗，工业发展受到严重制约，不能长期保持较快的增长，经济效益也差。

(4) 过分追求高速度的工业化道路。社会主义国家建国时，经济发展普遍比较落后，相反西方发达国家都已经实现工业化，经济和军事实力十分强大，而社会主义国家与西方资本主义国家又处于敌对状态，使得新生而幼弱的社会主义国家面临巨大的生存和发展的压力，如果不迅速实现工业化，改变贫穷落后的面貌，赶上甚至超过西方发达国家，就有灭亡的危险，这就决定了社会主义国家在工业化过程中，普遍推行赶超战略，急于求成，拼命追求经济增长的高速度，往往只求产值、不计成本，只要数量、不顾质量，只重速度、不讲效益，结果是投入多、消耗大、成本高、质量差、效益低，速度也要么是欲速而不达，要么是大起大落，很不稳定。

(5) 排斥城市化的工业化道路。工业化是城市化的发动机，城市化又是工业化的促进器、现代化的必由之路。机器大工业导致了大规模的集中生产和商业的发达繁荣，而工业的集聚和商业的繁荣必然产生大规模的城市，正是工业革命加速了城市化的进程，使现代城市成为世界的主宰。城市的根本特点是集中，城市化正好适应了工业化和经济市场化的要求，能够产生集聚效益和规模效益，形成先进发达的城市文明，极大地推动了工业化和整个社会经济的发展。但是中国在相当长的时期内片面地看待西方发达国家工业化和城市化过程中曾经出现过的城乡差别扩大、城乡严重对立的现象和20世纪60～70年代部分发达国家出现的“搬到郊外去”的所谓“逆城市化”倾向，认为发达国家走了一条在工业化的同时实行城市化的弯路，同时还不正确地总结了部分发展中国家出现“过度城市化”的教训，错误地认为城市化必然带来严重的“城市病”，没有清醒地认识到城市化是工业化的必然趋势，因而只搞工业化，不搞城市化，甚至排斥城市化，通过建立户籍制度等办法限制农民向城市和非农产业的流动和转移，存在要走一条没有城市化的工业化道路的倾向，造成城市化发展的严重滞后，形成了典型的落后的二元经济结构，延缓了工业化的进程和农村经济的发展①。

(6) 片面强调自力更生的工业化道路。社会主义国家是在经济相当落后的情况下开始工业化的，迫切需要外国的援助，弥补自身资金缺乏、技术落后的不足，以加快工业化的进程。但是，社会主义国家尤其是中国，工业化一开始，就处于西方国家的封锁、禁运、包围之中，面临着极为不利的国际政治、经济环境，很难引进国外的资本和先进技术，更不可能得到西方发达国家的援助，至多只有社会主义国家之间的互相援助，中国在中苏关系恶化之后甚至几乎完全失去了外援。在这种特殊的国际环境中，中国不得不高度强调自力更生，依靠自己的力量关起门来搞工业化，同时为了保护需优先发展但又不具比较优势的重工业，也要采取贸易保护政策，从而走上一条相对封闭、高度保护、实行全面进口替代的内向型发展战略的工业化道路。这种不得已而走之的道路，不能充分利用国内国外两个市场、两种资源，不利于克服资金不足、技术和管理落后的困难，也不能发挥本国的比较优势和后发优势，而且使工业企业没有国际竞争的压力，不能更好地推动技术进步和效益提高，严重延缓了工业化进程。

这里需要说明的是，是否还存在一条发展中国家走过的传统工业化道路。第二次世界大战以后，许多发展中国家都把实现工业化作为各国经济发展的首要目标，纷纷走上工业化之路。虽然多方面的因素决定各国的工业化道路都会具有某些不同的特色，比如有些国家重视工业增长、忽视农业发展，也有些国家出现城市化发展程度超过工业化进程的“过度城市化”现象，还有些国家实施进口替代战略，或者奉行出口导向战略等，但并不能认为只要有不同的特点，就是与别的工业化道路不同的另一条道路。判断是否为一条独特的工业化道路，必须按照工业化道路所包含的主要方面的内容进行综合评估，只有大多数基本方面都具有显著差别，才能算是一条不同的工业化道路。由于发展中国家一般都是摹仿欧美发达国家

① 简新华．论农村工业化与城市化的适度同步发展．经济学动态，1997 (9)．

或者前苏联走过的工业化道路，而且大多数都没有达到预期目标，并没有形成一条具有典型意义的独特的工业化道路。即使是成为新兴工业化国家或地区的韩国、新加坡、巴西、台湾等，虽然存在抓住国际产业转移的机遇实施外向型发展战略，通过引进外资，先发展具有比较优势的劳动密集型产业，后发展资本和技术密集型产业的突出特征，但走的实际上是一条与欧美发达国家基本相同的工业化道路。所以我们认为不存在另外一条与西方发达国家和计划经济国家都不同的传统工业化道路。

三、中国走新型工业化道路的必要性

新世纪新阶段中国之所以要走新型工业化道路，主要是由于进一步推进工业化的时代背景、历史条件和国情已经发生变化，传统工业化道路存在严重的缺陷，已经不适应新时代的要求，无法再继续下去，实现现代化的目标和可持续发展的模式都要求走新型工业化道路。

首先，走新型工业化道路是经济知识化、信息化和全球化的必然要求。

时代背景和历史条件是决定工业化道路的主要因素，时代和条件变了，工业化道路也必须相应改变。21 世纪是人类社会由工业经济社会转变为知识经济社会的时代，知识经济（或称信息经济）是社会经济发展的最新阶段，经济知识化、信息化、全球化是当今世界的大趋势。知识成为越来越重要的生产要素，以信息技术为核心的高新技术向各个领域渗透，不仅导致许多新兴产业的诞生，而且使传统产业也发生着革命性的变革；生产、贸易、投资、研发进一步国际化，人流、物流、资金流、信息流在全球范围内更多更快地流动，国际分工、协作、交流日益扩大，国际竞争日趋激烈。经济知识化、信息化、全球化正在改变着人类的生产方式、交往方式、思维方式和生活方式，也改变了现代化和工业化的内涵和实现条件。21 世纪的现代化与 20 世纪的现代化具有不同的内容和特征，经济知识化、信息化是 21 世纪现代化的最重要的内容和特征。工业现代化离不开信息化，信息化是新时代工业现代化的主要标志。实现社会主义现代化包括工业现代化是新世纪中国的宏伟目标，新的时代背景决定中国已经不能再像过去那样去搞工业化，既不能离开信息化去搞工业化，也不能以粗放型增长方式为主去发展工业生产，更不能关起门来搞工业化，必须探索新型工业化道路。

其次，走新型工业化道路是中国国情的必要选择。

国情是制约工业化道路的重要因素，不同的国情必须选择不同的工业化道路。在跨入新世纪的时候，中国已经由传统计划经济转向了社会主义市场经济，由传统的短缺经济转变为相对过剩经济，进入了工业化中期，人民生活总体上也达到了小康水平，但还没有实现工业化，信息化也只是有了初步的发展，产业结构还不合理、层次也比较低，生产力和科技、教育仍然比较落后；城乡二元经济结构还没有改变，“三农”问题突出，城市化依然滞后，地区差距和收入差距扩大的趋势尚未扭转，贫困人口还为数不少；人口总量继续增大，老龄人口比重上升，就业问题严峻，社会保障压力增大；人均资源大大低于世界平均水平，生态环境、自然资源与经济社会发展的矛盾日益突出，保护环境和资源的任务十分艰巨。这种国情决定中国必须克服中外传统工业化道路的缺陷，选择新型工业化道路。

再次，走新型工业化道路是实现可持续发展的必由之路。

可持续发展是经济、社会发展与人口、资源、环境互相协调、兼顾当代人和子孙后代利益的能够不断持续下去的发展，是在人类社会面临人口爆炸、能源危机、资源短缺、环境污染、生态失衡的严峻挑战，“高消耗高污染”、“先污染后治理”、“有增长无发展”的传统经济发展模式已经不能再继续下去的情况下，由联合国于20世纪80年代提倡的一种社会经济发展的新模式。可持续发展战略是世界各国唯一正确的发展战略。传统的先污染后治理、过度消耗资源、片面追求高速度、造成经济增长剧烈波动、城乡发展不协调的工业化道路已经严重不适应可持续发展的要求，必须改弦易辙，走新型工业化道路。

四、新型工业化道路的特点和优越性

新型工业化道路必须适应经济发展新阶段的条件和目标的要求，弥补传统工业化道路的不足，形成新的特点和优越性。什么是中国的新型工业化道路，江泽民同志在党的十六大报告中明确指出，这是“一条科技含量高、经济效益好、资源消耗低、环境污染少、人力资源优势得到充分发挥的新型工业化路子”①。这是从结果和优点上界定的新型工业化道路的内涵，还需要从实现工业化的原则、方式和机制上具体分析和概括新型工业化道路的基本内容和特征，只有这样，才能弄清新型工业化道路为什么会产生和存在上述结果和优点。与西方发达国家和计划经济国家曾经走过的两种传统工业化道路相比，中国现在要走的新型工业化道路，主要有以下 10 个特点和优越性：

1. 由信息化带动的工业化道路。信息化是由信息技术引起的工业经济社会向信息经济（即知识经济）社会转变的过程。信息化于第二次世界大战以后逐步兴起，在 20 世纪 80～90 年代才开始快速发展。西方发达国家在信息化潮流还没有形成的时代就实现了工业化，然后在发达工业化的基础上开始信息化的进程，在工业化的过程中，不存在如何实现信息化、怎样正确处理工业化与信息化关系的问题，可以说走的是没有信息化的工业化道路，或者说是先实现工业化再信息化的工业化道路。但是，信息化是当今世界经济社会发展的大趋势，是新世纪现代化最重要的内容和特征，也是新世纪工业现代化的主要标志和强大动力，先工业化后信息化的道路再也走不通了。在人类社会已经迈向信息时代的今天，离开信息化，不可能实现现代化的工业化；没有工业化的发展，信息化也只能是空中楼阁，现代化也无从谈起。中国要实现现代化，必须同时完成工业化和信息化的双重任务，只能走信息化与工业化相结合的新型工业化道路。以信息化带动工业化，以工业化促进信息化，是

① 江泽民．全面建设小康社会，开创中国特色社会主义事业新局面．北京：人民出版社，2002．

新型工业化道路的最大特点。只有走这种新型工业化道路，才能抓住信息化带来的机遇，充分发挥信息技术特有的带动作用，既加快工业化的进程，又跟上信息化的步伐，实现生产力的跨越式发展。

2. 以集约型增长为主的工业化道路。中国以往主要依靠建新厂、上新项目，增加人力、物力、财力发展工业生产，走的是以粗放型增长为主的工业化道路，自然资源消耗多，资金使用效率低，技术进步缓慢，付出了巨大的代价，工业化的成效并不理想。相反，新型工业化道路是以集约型增长为主的工业化道路，高度重视发挥科学技术作为第一生产力的作用，主要依靠科技进步、提高劳动者素质和加强经营管理，以改善经济增长和工业化的质量和效益。

3. 发挥比较优势和后发优势的工业化道路。每个国家的资源禀赋和经济技术发展状况都不完全一样，具有各自不同的比较优势，并且会随着经济发展而发生变化；发展中国家还拥有低成本利用先进技术、规模扩张、结构优化、人力资源丰富等方面的后发优势。在工业化过程中，正确发挥这种比较优势和后发优势，能够加快工业化的进程，提高工业化的效率。中国无论是过去还是现在，最大的比较优势都是劳动力资源丰富价廉，又是最大的发展中国家，也拥有后发优势，实现工业化理应更好地发挥这两种优势。但是，中国传统的工业化道路，片面强调发展重工业，而重工业是资本和技术密集型产业，中国资金缺乏，技术落后，处于劣势地位，不得不把农业和轻工业的剩余转化为积累，用于发展重工业，结果是扬短避长，不仅牺牲农业和轻工业的增长，而且重工业也难以持久健康地发展，延缓了工业化的进程，降低了工业化的效率。新型的工业化道路吸收了这种经验教训，特别重视发挥比较优势和后发优势，以求降低生产成本，提高经济效益，更好地实现工业化。

4. 机械化与就业协调的工业化道路。实现机械化，用机器大生产取代手工小生产，大幅度提高劳动生产率，是工业化的基本任务之一。机械化和自动化的发展，资本有机构成的提高，又会使得生产同样的产品对劳动力的需求相对减少，可能产生严重的就业问题，影响社会的稳定。因此，如何妥善处理机械化与就业的关系，就成了选择正确的工业化道路的一道难题。西方发达国家在实现工业化的过程中，考虑更多的是机械化和自动化，更加注重的是提高劳动生产率，往往存在严重的失业现象，甚至引起尖锐的社会矛盾和剧烈的社会动荡。作为世界上人口最多、就业压力最大的社会主义国家，中国显然不能再走重机械化轻就业的传统工业化道路，只能走机械化与就业协调的新型工业化道路。既要逐步实现社会生产的机械化和自动化，完成工业化的任务；又要有效地解决好就业问题，维护"民生之本"，保持社会稳定。

5. 力求产业结构优化的工业化道路。工业化是由产业革命引起的农业经济社会逐步向工业经济社会转变的过程，是产业结构从以农业为主的结构开始，按顺序依次向以轻工业为主的结构、以基础工业作为重心的重工业为主的结构、以高加工度工业作为重心的重工业为主的结构、以第三次产业为主的结构演进的优化升级过程。中国传统的工业化道路，片面强调优先发展重工业，形成了畸形的产业结构，造成严重的比例失调、结构失衡、工业化的畸形发展和工农业消费品的严重短缺。新型工业化道路则根据工业化发展的客观规律和信息时代世界经济技术发展的新情况，针对我国经济发展中存在的深层次问题，特别强调推进产业结构优化升级，以促进工业化的健康发展，提高工业化的水平。

6. 与城镇化适度同步的工业化道路。世界各国工业化发展的经验教训表明，工业化必然伴随城市化，二者相辅相成、互相促进，但是过度城市化会造成严重的"城市病"，滞后城市化则会严重阻碍工业化的进程，都不利于社会经济的健康发展，只有适度的城市化，才能实现工业化与城市化的健康协调发展。正确的工业化道路，必须合理处理工业化与城市化的关系，努力实现工业化与城市化的适度同步发展。中国传统的工业化道路是一条排斥城市化的道路，存在严重的缺陷，导致了滞后城市化。新型工业化道路纠正了过去对工业化与城市化相互关系的片面认识，提出要加快城镇化的进程，消除不利于城镇化发展的体制和政策障碍，引导农村劳动力合理有序流动，向非农产业和城镇转移，坚持大中小城市与小城镇协调发展，走中国特色的城镇化道路，逐步提高城镇化水平，实现工业化与城镇化的适度同步发展。

7. 以经济效益为中心的工业化道路。提高经济效益是首要的经济规律，改善人民的生活是工业化的最终目的，正确的工业化道路必须以提高经济效益为中心。中国传统的工业化道路是一条重速度、轻效益、重数量、轻质量、消耗高、浪费大的路子，尽管工业生产增长的速度比较快，但经济效益却比较低，人民生活也没有得到应有的改善。新型工业化道路则以提高经济效益为中心，正确处理速度与效益、经济增长与人民生活的相互关系，注重提高产品和服务质量及合理实在的增长速度，使人民生活水平随着经济增长而不断提高。

8. 实现可持续发展的工业化道路。西方发达国家在实现工业化的过程中，大多数都是先大量开采和消耗自然资源，造成严重的环境污染，然后再花相当大的代价进行治理和保护，基本上走的是“先污染、后治理”的工业化道路。世界自然资源日益短缺、环境不断恶化，已经威胁到人类的生存，不允许再走这样的工业化道路，唯一的选择只能是可持续发展的道路。实现可持续发展是新型工业化道路的根本要求，是与传统工业化道路不同的根本特点。新型工业化道路坚持计划生育，稳定低生育水平；发展环保产业，推行清洁生产，降低资源消耗，保护环境和资源，合理开发和使用各种自然资源，搞好国土资源综合整治，走“边发展边保护”的新路子。

9. 对外开放型的工业化道路。由于外国的封锁禁运，再加上片面强调独立自主、自力更生，甚至把发展对外经济技术合作斥责为“洋奴哲学、爬行主义”，相当长一段时期内中国基本上是关起门来搞工业化，因而不能有效地利用国际资源、世界市场和国际分工协作关系，取得比较收益；不能合理引进国外的过剩资本、先进技术和管理，克服我国资源和资本不足、技术和管理落后的困难，极不利于工业现代化的实现。在经济全球化迅速发展条件下提出的新型工业化道路，则是要在发挥自力更生、艰苦奋斗精神的同时，积极扩大对外开放，广泛参与国际分工协作、国际贸易、国际投资和国际竞争，充分利用国际国内两个市场和两种资源，合理地引进更多的外资，吸收更多国外的先进技术和经营管理方式，更快更好地实现工业化和现代化。

10. 政府导向、市场推动型的工业化道路。在工业化的实现机制上，新型工业化道路与传统工业化道路也不相同。西方发达国家是通过市场机制的作用实现工业化的，生产过剩的经济危机周期性地爆发，造成社会生产力的巨大破坏和浪费，只是到实行国家干预以后，经济危机才开始有所缓和。中国在计划经济条件下的工业化则是靠政府计划和国家力量推动的，由于计划机制的信息局限性和利益局限性，往往导致严重的比例失调、供需脱节、经济增长的大起大落。新型工业化道路既不是完全市场推动型的，也不是单一政府推动型的，而是政府导向、市场推动型的工业化道路，既能够发挥市场机制的巨大推动作用，又可以通过政府导向弥补市场的不足，缓解经济的周期波动，避免经济增长的大起大落。而且，新型工业化的推进，不再只是依靠政府的力量和国有经济的发展，还要更多地借助民间的力量和非公有制经济的发展，充分利用一切可以利用的资源，调动一切积极因素，采用一切有效的途径和方式，以加快工业化的进程。

正是由于新型工业化道路具有以上 10 个方面的特点和优越性，所以才有可能真正做到科技含量高、经济效益好、资源消耗低、环境污染少、人力资源优势得到充分发挥，成功地实现高水平的工业化。

五、中国走新型工业化道路的战略措施

中国应该怎样走新型工业化道路？总的来说，必须有效地实施科教兴国战略、西部大开发战略和可持续发展战略，走有中国特色的城镇化道路；继续坚持对外开放、计划生育、保护环境和保护资源的基本国策；努力进行制度创新和技术创新；合理推进产业结构调整，形成以高新技术产业为先导、基础产业和制造业为支撑、服务业全面发展的产业格局。对于怎样走好新型工业化道路的战略方针和措施，党的十六大报告已经做了全面的概括，这里仅就如何正确处理工业化与信息化、发展高新技术产业与传统产业、资金技术

密集型产业与劳动密集型产业、虚拟经济与实体经济的关系作一点深入分析。

1. 正确处理工业化与信息化的关系。工业化是不可逾越的发展阶段，信息化是当今世界大趋势，二者是互相依赖、相互促进、相辅相成的关系。新型工业化道路要求工业化与信息化相结合，以信息化带动工业化，以工业化促进信息化。那么，怎样以信息化带动工业化呢？第一，大力开发和运用信息技术，迅速发展信息产业，加快推进国民经济和社会的信息化，这是以信息化带动工业化的首要任务。第二，加强现代信息基础设施建设，这是为实现信息化带动工业化提供坚实的物质基础。第三，运用信息技术改造传统产业，实现工业现代化，这是以信息化带动工业化的主要任务和具体体现。运用信息技术改造传统产业，一是要通过信息技术，提高产品开发和设计能力，改进工艺技术，实现传统产业的产品换代、品种增加、质量提高，增加有效供给，创造新的需求；二是要运用信息技术，发展电子商务和电子金融，推动营销、运输和服务方式的变革，实现工业生产的高加工度、高附加值和自动化，降低成本，节能降耗，加快资本周转，减少或防止环境污染，提高经济效益和生态效益；三是要采用信息技术，实现企业生产经营的信息化，使传统产业结构优化、技术升级、管理改善，提高工业的整体素质和国际竞争力，使信息化与工业化融为一体，互相促进，共同发展。

2. 正确处理发展高新技术产业与发展传统产业的关系。工业化要求发展传统制造业，工业现代化和产业结构优化升级要求发展高新技术产业，因此二者不可偏废，必须兼顾。发展制造业对于中国成为真正的“世界工厂”，促进经济增长，解决就业问题，增加收入，具有特别重大的意义，但决不能再像以往那样搞低水平的重复建设。正确处理发展高新技术产业与发展传统产业的关系，必须在积极发展对经济增长有突破性重大带动作用的高新技术产业的同时，大力发展制造业特别是装备制造业，加强基础设施建设，更加注重用高新技术和先进适用技术改造传统产业，使之升级换代，重新焕发青春。

3. 正确处理发展资金技术密集型产业与发展劳动密集型产业的关系。工业化的推进和技术的进步，会加快资金技术密集型产业的发展和比重的提高，中国丰富价廉的劳动力资源优势和巨大的就业压力又要求发展劳动密集型产业，二者之间存在一定的矛盾。正确处理发展资金技术密集型产业与发展劳动密集型产业的关系，必须把发展资本技术密集型产业与劳动密集型产业恰当地结合起来，既要大力发展资金技术密集型产业，促进产业结构不断优化升级，又要继续发展劳动密集型产业，充分发挥劳动力资源的比较优势，更好地解决就业问题。技术有两种即多节省劳动的技术和多节省资金的技术，技术密集型产业也有两类即资金技术密集型产业和劳动技术密集型产业，特别要注意发展像软件开发和生产、信息服务、咨询、金融、保险等主要依靠技术和人力、吸纳劳动力多、附加值大、经济效益高的劳动技术密集型产业。各产业的发展要依据比较成本的原则，在不影响技术进步、质量提高和不提高总生产成本的前提下，尽可能多使用劳动力，少使用资本，主要采用节省资本而不是节省劳动的技术，不能为了少用几个人去花大量的投资，只要不增加总投入成本，宁可多用几个人，少用几台机器，从而既不影响经济效益的提高，又能充分利用丰富价廉的劳动力资源，减轻就业压力。值得指出的是技术进步一方面会引起资本有机构成普遍提高，甚至使原来的劳动密集型产业也变成资金技术密集型产业（如现代农业），对劳动力的需求相对减少，产生结构性失业；另一方面也能够形成许多新兴产业（包括劳动技术密集型产业），增加收入和需求，推动经济增长，创造更多的就业机会。

4. 正确处理发展虚拟经济与发展实体经济的关系。实体经济是指农业、工业、交通运输、商贸物流、建筑业、服务业等提供物质产品和服务的经济活动。虚拟经济是指相对独立于实体经济的虚拟资本的经济活动。① 经济知识化、信息化、全球化极大地推进了虚拟经济的发展，使得虚拟资本的形成越来越多样化，资本的虚拟程度也越来越高，虚拟经济的发展日益成为现代经济的重要特征。

① 魏礼群. 走好新型工业化道路. 经济日报，2002-12-30.

实体经济是虚拟经济的基础；虚拟经济相对独立于实体经济，又不能完全脱离实体经济，并影响着实体经济。虚拟经济的发展对实体经济的影响存在两种不同的情况：一是虚拟经济的适当发展，能够提高资本利用效果，促进资源的优化配置，推动实体经济的发展和整个国民经济的繁荣；二是虚拟经济的过度膨胀，则会形成泡沫经济，导致金融危机和经济衰退，损害实体经济。正确处理发展虚拟经济与发展实体经济的关系，首先必须扎扎实实地发展实体经济，在实体经济发展的基础上重视发展虚拟经济；虚拟经济的发展必须稳步适度，不可盲目扩张、过分膨胀；虚拟经济必须更好地为实体经济发展服务，充分发挥积极促进作用，防止和化解消极不利影响，保障国家的经济安全，实现国民经济的快速健康稳定地发展。

参考文献

《斯大林论工业化》，北京，人民出版社1955年版。

张培刚．农业与工业化（上、下卷）．武汉：华中科技大学出版社，2002.

张培刚．新发展经济学．郑州：河南人民出版社，1993.

谭崇台．发展经济学．上海：上海人民出版社，1989.

钱纳里等．工业化和经济增长的比较研究．上海：上海三联书店，1989.

钱纳里．结构变化与发展政策．北京：经济科学出版社，1991.

约翰·科迪等．发展中国家的工业化发展政策．北京：经济科学出版社，1990.

吕政等．论我国传统工业化道路的经验与教训．中国工业经济，2003（1）.

曹连海，李海舰．论新型工业化的道路．中国工业经济，2003（1）.

金培．中国工业化经济分析．北京：中国人民大学出版社，1994.

吴敏一，郭占恒．中国工业化理论与实践探索．杭州：浙江人民出版社，1991.

赵伟等．通向市场经济工业国之路——工业化比较研究．西安：西北大学出版社，1993.

简新华. 论以信息化带动工业化. 首都经贸大学学报，2002（1）.

（全文、部分分别发表于《管理世界》2003 年第 7 期、《当代经济研究》2004 年第 1 期，与向琳合写）

"新型工业化"提法质疑

自从党的十六大提出"新型工业化道路"之后，报刊上越来越多地出现"新型工业化"的提法。不少地方也在制定实现新型工业化的规划。我觉得这种现象不能再继续下去了，必须予以纠正。否则，会造成概念混乱，不利于正确理解和真正走好新型工业化道路。

工业化是经济社会发展的过程和目标，工业化道路是实现工业化的原则、机制和方式，二者不能混淆。"新型工业化道路"不等于"新型工业化"，二者不能混用。道路可以有新路和老路之分，如西方发达国家过去走过的和传统计划经济国家曾经走过的工业化道路就是传统的，中国新世纪新阶段要走的工业化道路则是新型的，但工业化是以农为主的社会向以工为主的社会演进的过程，很难区分新旧，传统工业化与新型工业化的内涵无法准确界定，"新型工业化"的提法是不科学的。比如，美国已经实现的工业化是传统的，还是新型的？如果说是传统的，美国岂不是也面临实现新型工业化的任务，要再来一次工业化吗？如果说是新型的，那中国的"新型工业化"又"新"在何处呢？假若讲"新型工业化"就是指的工业现代化，沿用工业现代化的提法岂不更好，又何必提出一个说不清的新概念，造成概念混乱呢？仔细查阅十六大以来党和国家的重要经济文献，均未见有"新型工业化"的提法。因此，建议不再使用"新型工业化"的概念。

（原载《经济内参周刊》2004 年第 19 期）

论以信息化带动工业化

在人类社会跨入新世纪的时候，中国进入全面建设小康社会，加快推进社会主义现代化，以结构调整促进经济发展的新阶段，面临实现工业化、城镇化和信息化三大任务。为了保证这三大历史使命的完成，我国提出了把工业化与信息化结合起来，以信息化带动工业化，发挥后发优势，实现生产力跨越式发展的战略。以信息化带动工业化是我国针对经济发展新阶段的任务和特点提出的新的重要战略方针。正确理解和切实贯彻这个战略方针，必须深入研究为什么要以信息化带动工业化、信息化能否带动工业化、信息化如何带动工业化等基本问题，以提出合理有效的对策。

一、中国工业化和信息化的现状

正确认识以信息化带动工业化的原因，首先必须明确中国工业化和信息化的现状及面临的任务。

1. 工业化和中国工业化的现状

工业化一般是指工业（或者制造业、第二产业）在国民收入和劳动人口中所占的比重持续上升的过程。这是一个经济结构不断变化、人均国民收入和包括农业在内的劳动生产率不断提高、由农业经济社会逐步向工业经济社会转变的过程，是任何国家由贫穷落后过渡到发达繁荣的必由之路。通常，主要根据工业产值在国民生产总值（或国民收入）中的份额的大小或工业劳动力在总劳动力中的份额的大小来衡量工业化程度的深浅，工业的比重越大，工业化的程度越深，在发达的工业化阶段，情况会发生变化，除农业的比重会继续有所下降之外，服务业的比重将不断上升，工业的比重将由上升转为下降；主要通过工业产值和就业人数的比重提高的快慢来判断工业化速度的快慢，工业比重上升得越快，工业化的速度也就越快；主要按照人均国民收入的多少来确定工业化发展水平的高低，中、低收入国家的工业化是低水平的初级工业化，高收入国家的工业化则是高水平的发达工业化。

新中国成立以来，经过半个世纪特别是改革开放20多年的努力，中国已经由一个落后的农业国转变成一个初步工业化的国家。从国内生产总值的构成来看，1949年，在工农业总产值中，农业总产值占70%，工业总产值只占30%，其中以手工业为主的轻工业又占22.1%；1999年，在国内生产总值中，第一产业占的比重下降到17.3%，第二产业的比重上升为49.7%。从劳动力的就业结构来看，1952年在总劳动力中，第一产业劳动力的比重是83.5%，第二、第三产业劳动力的比重则是16.5%；1998年第一产业劳动力的比重下降为49.8%，第二产业是23.5%，第三产业为26.7%。① 由此可见，中国已经初步实现工业化。但是，中国目前的工业化还是发展水平比较低的初级工业化，这主要表现在以下几个方面：

第一，人均GDP水平比较低。1998年的人均GDP，按汇率法计算，只有750美元，属低收入国家；按购买力平价计算，是3220美元，也只属于中低收入国家，离发达工业化要求的高收入水平（人均GDP 1万美元左右）相差甚远。

第二，农业劳动力的比重太大。发达的工业化不仅要求工业产值必须大大超过农业产值，而且农业劳动力的比重也应该大幅度下降到10%以下（由于中国人口多，至少也应在20%左右）。虽然中国现在的工业产值已经远远超过农业产值，但农业劳动力仍占全部劳动力的将近一半。

第三，人口城市化的水平过低。城市化是工业化的必然趋势，与发达工业化相适应的是高水平的城市化，发达工业化国家的城市化率一般都在70%以上，而中国现在的城市化率只有30%多一点。

第四，二元经济结构没有根本改变。二元经济结构是处于初级工业阶段的发展中国家的典型结构特征，发达的工业化要求落后的二元经济转变成一元现代化经济，要求农业和农村也要实现现代化，但中国现在仍然是城市和工业先进，农村和农业落后，二者的

① 国家统计局. 中国统计年鉴（2000）. 北京：中国统计出版社，2000.

差距在某些方面甚至还在扩大。

第五，产业结构层次低。发达的工业化要求产业结构的高度化（或称高级化）、技术水平的现代化，也就是说在产业结构中，第三产业的比重应该最大（世界高收入国家一般在60%以上），应以技术和资本密集型产业为主体，必须以现代科学技术改造和武装各个产业，使劳动生产率大幅度提高，但中国现在第三产业的比重偏低（1999年第三产业的国内生产总值仅占32.9%），劳动密集型产业仍占相当的比重，许多部门和企业技术落后、劳动生产率低。

第六，科学技术发展比较落后。发达的工业化必须建立在先进的科学技术基础之上。中国现在的科学技术，虽然在某些方面已经达到世界先进水平，但从总体上看，仍然比较落后，技术进步对经济增长的贡献率还比较低，仅有30%左右，不仅远低于发达国家的60%～80%的水平，甚至比发展中国家35%的平均水平还要低。

以上情况表明，中国实现工业化的目标还没有完全达到，继续完成工业化仍然是新世纪中国现代化进程中的艰巨的历史性任务，必须进一步努力发展科学技术、技术密集型产业和第三产业，促进产业结构优化升级，转移农村剩余劳动力，降低农业劳动力的比重，加快城市化的步伐，提高人均GDP水平，实现二元经济的一元现代化，向发达的工业化迈进。

2. 信息化和中国信息化的现状

信息化是指由电子计算机技术、现代通讯技术和网络技术为代表的信息技术引起的工业经济社会向信息经济（即知识经济）社会转变的过程。信息化是信息技术逐步开发和普遍运用，信息在经济、社会发展中的作用不断增强，信息技术日益成为最重要的技术，信息产业逐渐成为主导产业的经济、社会发展过程，包括生产信息化、社会活动信息化、管理信息化、生活信息化等内容，其基本要素是信息设施（包括电脑、通讯设备和工具）、信息资源（构成信息库）、信息网络（包括计算机网、电信网、传媒网等三网互联的网络体系）和信息技术（此处仅指生产、收集、处理、存储、传递及运用信息的技术）。信息化意味着所有的信息、数据、资料都要尽可能入库上网，所有的经济、社会活动都要依靠、运用信息资源和信息技术，所有的管理者、劳动者都普遍掌握和运用信息技术。信息化涉及工业、农业、商业、金融、交通、通讯、科学、教育、国防、消费、文化娱乐、企业、政府、家庭和个人等人类社会生活的所有环节和方面，会引发人们工作方式、交往方式、生活方式、思维方式和价值观念等各个方面的革命性变革，形成新的效率更高的方式和习惯，带来经济、社会活动的高度自动化、知识和技术密集化、多样化、高速化、高效化，实现经济的高增长、高效率、低消耗、低污染。信息化是当今世界经济和社会发展的大趋势，谁率先掌握并高度利用信息技术和资源，在信息化方面走在前列，谁就在生存和发展中掌握主动权、占领制高点，在激烈的国内外竞争中处于有利地位、拥有强大的优势。所以，现在所有的国家都应该把实现信息化作为奋斗的目标。

信息化于第二次世界大战后兴起，在20世纪90年代开始快速发展。从总体上来看，人类社会还只是处在努力实现信息化的过程之中，可以说迄今为止世界上还没有一个国家已经实现信息化。如何测定信息化的程度，现在已有学者提出了信息化指数模型、信息化比率、信息化单项指标排序法、信息化水平指数等多种方法和指标。① 虽然这些方法都还不是一种能够全面、准确地测量信息化程度的科学方法，都还有待进一步完善，但这些方法都可以在一定程度上衡量信息化的程度。比如，信息产业的产值和劳动力在国内生产总值和劳动力中所占的比重，单位人口拥有的电话、电视机、电脑、手机数量，上网人数，网上贸易额（电子商务交易额）等指标，就可以在一定程度上反映信息化的程度。

中国的信息化在改革开放过程中才开始启动，20世纪90年代得到了迅猛发展。电话用户总数1980年只有214.08万户，1990年是685.03万户，1999年激增到10871.6万户，后10年增长15倍，20年增长50倍；移动电话用户总数1980年一户也没有，1990年有1.83万户，2000年8526万户，10年增加4600多倍；电

① 辜胜阻. 信息化推动工业化与城镇化的战略选择. 2001年2月武汉市社会经济信息化与数字城市研讨会论文.

子信箱用户1994年只有2329户，1999年达到19855户，5年增加7.5倍；互联网用户1995年只有7213户，2000年达到900万户（不含科技和教育网），5年增加1200多倍。① 1999年，中国电子及通讯设备制造业总产出为5831亿元，实现销售额为5573亿元，均列工业各行业之首，成为第一支柱产业；实现利润总额307.5亿元，占全部工业利润的13.4%，成为工业行业第一利润大户。②这些情况说明，中国仅在短短的10年时间内，就在信息化方面取得十分惊人的成就。但是，与信息化程度较高的发达国家相比，中国的信息化只是处于起步阶段，还存在相当大的差距。1998年美国电子商务的总交易额为200亿美元，中国不到1亿美元；1997年，每1000人中联网户数，美国是35.21户，中国只有0.02户；1997年，每1000人拥有的计算机数，美国是450台，中国只有5台。③ 全国各个地区的信息化发展也相当不平衡，农村的信息化程度仍然非常低，信息化的任务十分艰巨。在新世纪，人类社会将进入知识经济时代，将实现信息化，谁在信息化方面落后，谁就有被淘汰的危险。因此，中国必须迎头赶上知识经济的潮流，加快信息化的步伐，大力开发和普遍运用信息技术，发展信息产业，用信息技术改造和武装传统产业，实现生产和生活的全面信息化。

二、信息化带动工业化的必要性

在新世纪，中国既要完成工业化的历史任务，又要大力推进国民经济和社会的信息化。那么，工业化与信息化是什么关系，怎样才能完成工业化和信息化的双重任务，为什么要以信息化带动工业化呢？总的来说，工业化是信息化的前提和基础，信息化是工业化

---

① 董辅礽主编．中华人民共和国经济史．北京：经济科学出版社，1999.

② 苏民．信息产业成为工业第一支柱说明了什么．经济日报，2000-12-7.

③ 原国家体改委经济体制改革研究院、中国人民大学、综合开发研究院（中国·深圳）联合研究组．中国国际竞争力发展报告（1999）——科技竞争力主题研究．北京：中国人民大学出版社，1999.

的延伸和发展，能够极大地促进和提高工业化水平，两者相辅相成、互相促进、共同发展。① 所谓以信息化促进工业化，是指在发展信息技术、信息产业和信息服务的同时，运用信息技术改造和武装工业，提高工业的发展速度和技术水平，完善工业内部的结构，加快工业化的进程，促进工业现代化的实现。工业现代化、信息化自身的发展和生产力跨越式发展，都要求以信息化带动工业化。

1. 以信息化带动工业化是工业现代化的迫切需要

在新世纪，中国必须继续完成工业化，实现工业现代化，这就要求用高新技术改造和装备传统工业，发展新兴工业，优化工业结构，提高工业的技术水平。信息技术是最主要的高新技术，信息化是推进工业现代化的重要的有效手段，是工业结构优化升级的关键环节，只有以信息化带动工业化，才能更好实现工业生产的知识密集化、自动化、快速化、低消耗化、高附加值化、洁净化、高效化，推动中国目前低水平的初级工业化更快地走向高水平的发达工业化。

2. 以信息化带动工业化是信息化自身发展的必然趋势

工业化是信息化的前提，信息化产生于工业化，工业化的发展直接导致信息化的兴起；工业化是信息化的基础，为信息化的发展提供物资、能源、资金、人才和市场，工业化为信息技术提供广阔的用武之地，使信息化能够发挥更大的作用。信息化不是空中楼阁，不能孤立地发展，必须在提高工业化水平的过程中推进信息化的进程。只有用信息技术和设备武装起来的完整的现代工业体系，才能为高度信息化提供坚实的物质基础；只有以信息化带动工业化，加快工业现代化的步伐，才能增加对信息技术、产品和服务的需求，为信息化提供更好的各种条件，扩大信息产业的规模，增加信息产业的收入，提高信息产业的效益，更有力地推动信息化的发展。

① 辜胜阻．信息化推动工业化与城镇化的战略选择．2001 年 2 月武汉市社会经济信息化与数字城市研讨会论文．

3. *以信息化带动工业化是生产力跨越式发展的必然要求*

在新世纪，中国要同时完成实现工业化和信息化的双重任务，也就是说要一步跨过发达的工业化发展阶段，由不发达的工业化社会直接进入信息化社会，或者说是不经过由不发达工业化过渡到发达工业化，再实现信息化的发展顺序，同时进入发达的工业化社会和信息化社会，实现生产力的跨越式发展。双重任务要求必须把工业化与信息化结合起业，跨越式发展决定必须以信息化带动工业化。

生产力的跨越式发展要求经济增长方式由粗放型向集约型转变，优化产业结构，实现国民经济长期持续快速发展。（1）以信息化带动工业化，能够更有效地实现经济增长方式的转变。因此，信息技术是高新技术，信息化能够带来生产的技术密集化、自动化，降低消耗，减少成本，提高劳动生产率，实现集约型的增长。（2）以信息化带动工业化，有利于产业结构的优化。因为，信息化可以提高信息产业在国民经济中所占的比重，使之成为主导产业，带来产业结构的升级；用信息技术改造和武装传统产业，不仅能够改善传统产业的素质和竞争能力，而且可以从整体上提高产业结构的技术水平。（3）以信息化带动工业化，有助于实现国民经济长期持续快速发展。因为，科学技术是第一生产力，信息技术是最主要的高新技术，是国民经济发展的新的强大动力，而且以信息化带动工业化，还可以提高工业的技术水平，极大地提高技术进步对经济增长的贡献率，从而推动国民经济快速发展。传统的经济增长主要依靠物资消耗，由于物质资源的稀缺性，使得经济增长存在极限，很难实现可持续发展。以信息化带动工业化，能够加快增长方式的集约化和产业结构的优化，使经济增长由主要依赖物质和能源的消耗转变为主要依靠知识和信息，而知识和信息可以无限创造，具有丰富性和可再生性，不存在经济增长的极限；以信息化带动工业化，还能降低资源消耗，减少和防止环境污染，提高经济效益，从而实现国民经济的长期可持续发展。

综上所述，没有信息化的工业化，不是现代化的工业化；离开工业化的信息化，必是缺乏物质基础的信息化。所以，新世纪的中国既要继续加速工业化进程，又要大力推动国民经济和社会的信息化，把工业化与信息化紧密结合，走一条以信息化带动工业化的发展新路。①

三、以信息化带动工业化，实现跨越式发展的可能性

新世纪的中国能不能以信息化带动工业化，实现生产力的跨越式发展呢？回答应该是肯定的，因为具备以下有利条件。②

1. 信息产业发展速度快

信息产业是具有技术密集和劳动密集双重属性的产业，主要靠人力资本，起始投入的资金不需要很多，信息技术更新的速度特别快，信息产品开发的周期非常短，使得信息产业发展的历史虽然不长，增长却十分迅速。比如，中国的信息产业在短短的10年时间内成倍增长，像电话、移动电话、电视机、家用电脑的产量和用户数，都是几十倍、上百倍的增长，有的甚至从无到有，增长上千倍。可见，信息产业能够实现超常规的发展。

2. 信息产业带动力强

信息产业是一个关联度、感应度、带动度很高的产业，也是一个对传统产业的催化剂、粘合胶、倍增器作用很大的产业。信息是越来越重要的生产要素，信息资源是越来越重要的经济资源，所有的社会经济活动都不可避免地要受到信息化的影响，信息技术和产品能够运用于所有领域，使其发生革命性的发展。信息产业的高催化性、高渗透性、高增长性，可以带动一系列关联产业的形成与变化，催生一些新的“边缘产业”，是现代经济增长的动力源。③

3. 信息技术应用面广、效率高

信息技术具有普遍适用性、快捷性、高效性，可以运用到国民

---

① 徐匡迪. 工业化、信息化与我国生产力的跨越式发展. 求是，2001 (1).

② 辜胜阻. 信息化推动工业化与城镇化的战略选择. 2001 年 2 月武汉市社会经济信息化与数字城市研讨会论文.

③ 苏民. 信息产业成为工业第一支柱说明了什么. 经济日报，2000-12-7.

经济和社会生活的各个方面，能够在一定程度上克服信息不完全、不对称和不及时的局限性，有效减少人们行为的不确定性和盲目性，缩短决策和行动所需的时间，实现自动化和高速化，大幅度降低生产经营和管理的成本，使效率普遍提高。采用信息技术改造和武装传统产业，能够提高其劳动生产率，加快产品升级换代，增强市场竞争能力，促进产业结构向知识密集型产业和高质量、高水平服务业为主转变，实现工业的现代化和产业结构的优化，使传统产业在更高的水平上快速发展。事实证明，信息技术在改造中国传统产业方面的投入产出比可达1:4以上，有些领域甚至超过1:20。

4. 中国拥有后发优势

中国属于发展中国家，具有发展经济学家所讲的后发优势，能够利用这种优势，实现跨越式发展。第一，技术落后的发展中国家，可以通过国际贸易和技术引进，超越科学技术研究和开发的阶段直接学习和利用发达国家现成的先进技术，以最少的成本、最少的时间、更快的速度求得经济的发展。第二，体制不健全、经验不足、管理落后的发展中国家，可以借鉴发达国家有效的经济体制、科学的管理方法、经济发展的经验教训，发挥制度创新的巨大推动作用，促进经济更快发展。第三，经济结构不合理、发展水平低的发展中国家，结构改善的潜力大，可以通过结构调整，使产业结构优化升级，极大地改善资源配置状况，大幅度地提高经济效益。

5. 中国拥有局部科技优势

以信息化带动工业化，实现生产力跨越式发展，主要依靠科学技术优势。中国的科技虽然在总体上还比较落后，经济技术实力与发达国家相比还存在明显的差距，但在某些方面已经接近或达到世界先进水平，可以首先发挥这些局部的科技优势，然后带动整个经济快速发展。

6. 中国已有一定的工业化和信息化基础

中国并不是凭空提出以信息化带动工业化、实现跨越式发展的，而是已经具备了较好的工业化和信息化的基础。中国已经初步实现了工业化，建立起了比较完整的工业体系和国民经济体系，尤其是信息化近10年来取得了长足的发展，有线电视用户达1亿多户，已成为世界第一大电视网络，固定电话网络规模已居世界第1位，移动电话拥有量已居世界第1位，为信息化带动工业化提供了有利的条件。

7. 中国的市场潜力巨大

市场潜力是经济发展的空间，跨越式发展要求更大的空间。中国现在仍处在现代化建设过程之中，信息化也仅处于起步阶段，人民生活只是初步达到小康水平，无论是工业品还是信息产品的市场潜在需求都非常大，为工业化和信息化的发展提供了广阔的空间，为经济的快速发展留下了充分的余地。

总而言之，提出以信息化带动工业化，实现生产力的跨越式发展的新战略，符合中国经济发展新阶段的实际，具备必要的基础和实现条件，并不是心血来潮、主观意愿、急于求成、盲目冒进。

四、以信息化带动工业化的任务和措施

以信息化带动工业化具有必要性和可能性，怎样以信息化带动工业化呢？必须完成三大任务，采取两个主要方面的措施。

1. 以信息化带动工业化的三大任务

第一，大力开发和运用信息技术，迅速发展信息产业，加快推进国民经济和社会信息化，这是以信息化带动工业化的首要任务。以信息化带动工业化，信息化要放在优先位置。只有优先推进信息化，才有条件以信息化带动工业化。信息技术是信息化的根本，信息产业是信息化的支柱。必须提高信息技术开发和运用的能力和水平，加强光纤通信技术、交互式网络技术、多媒体技术、智能计算机技术等信息技术的研究和开发；加速软件、集成电路等信息产业的发展，重点推进超大规模集成电路、高性能计算机、大型系统软件、超高速网络系统、新一代移动通信装备和数字电视系统等核心信息技术的产业化，扩大新型元器件、计算机网络产品、数字视听产品的生产，提高信息化装备和系统集成能力，满足市场对各类信息产品的需求；积极发展信息服务业特别是网络服务业，提供政府上网、企业上网、家庭上网、个人上网的良好服务，搞好电子商务、电子金融、远程教育、远程医疗及其他各种面向社会的信息服

务；在全社会推广计算机和网络教育，普及信息化知识和技能，提高计算机和网络的普及和应用程度，从政府行政管理、社会公共服务到企业生产经营都要广泛运用数字化、网络化技术，加快信息化步伐。

第二，加强现代信息基础设施建设，这是为实现信息化并且带动工业化提供坚实的物质基础。信息基础设施是信息化的物质基础，主要是运用数字技术、微波技术、激光技术，以宽带大容量光纤、卫星、微波装置为传输通道，集计算机、电视、电话、录音和录像功能于一体，可以传送、接收、储存、处理语言、图像、数据、文字等信息的多媒体高速通信网。必须发展和完善高速宽带传输网络，加快用户接入网建设，促进电信、电视、计算机三网融合，健全信息网和信息库。信息网络的安全保障体系也应属于信息基础设施，必须强化信息化法制建设，加强综合管理，确保信息和网络的安全性、可靠性。

第三，运用信息技术改造传统产业，实现工业现代化，这是以信息化带动工业化的主要任务和具体体现。运用信息技术改造传统产业，一是要通过信息技术，实现传统产业的产品换代、品种增加、质量提高，增加有效供给，创造新的需求；二是要运用信息技术，实现工业生产的高加工度、高附加值和自动化，降低成本，节能降耗，加快资本周转，减少或防止环境污染，提高经济效益和生态效益；三是要采用信息技术，使传统产业结构优化、技术升级、管理改善，提高工业的整体素质和国际竞争力，使信息化与工业化融为一体，互相促进，共同发展。

2. 以信息化带动工业化的两大措施

新世纪的中国经济发展把改革开放和科技进步作为动力，以信息化带动工业化也必须把制度创新和技术创新作为主要措施。

(1) 加快制度创新，形成良好制度环境。制度是制约经济发展和结构优化的关键因素，以信息化带动工业化需要相应的制度保证，因此，必须深化改革，不断进行制度创新，尽快完善社会主义市场经济体制。中国经济发展新阶段的制度创新主要包括：继续调整和完善所有制结构，支持、鼓励和引导私营、个体企业尤其是科技型中小企业的健康发展；深化国有企业改革，真正建立现代企业制度，形成规范有效的企业法人治理结构和适应市场经济要求的经营机制，促进企业成为技术进步和创新的主体；建立和完善全国统一、公平竞争、规范有序的市场体系，重点培育和发展要素市场，规范和发展证券市场，为各类企业创造公平竞争的环境；完善金融组织体系、市场体系、监管体系和调控体系，形成风险投资机制，支持高新技术产业发展；推进行政管理体制改革，切实转变政府职能，综合运用计划、财政、金融手段，发挥价格、税收、利率、汇率等杠杆的作用，建立以间接调控为主的宏观管理体系；进行分配制度、人事制度、就业制度和教育制度的创新，形成激励、监督、约束机制，调动各方面的积极性，加快人才开发、培养，充分合理地使用人才；深化科技体制改革，完善促进科技进步的机制和政策，形成鼓励科技创新的社会环境。

（2）加强技术创新，推动信息化和工业现代化。科技进步和创新，是信息化和工业现代化的决定性因素和强大推动力。必须按照有所为、有所不为的方针，总体跟进，重点突破，力争在信息技术、生物技术、新材料技术、先进制造技术、航天航空技术等关键领域取得突破，在集成电路、高性能计算机、光电子材料与器件、生物工程药物、生物芯片、农业生物工程等领域实现产业化，在基因组学、信息科学、纳米科学、生态科学和地球科学等方面取得新进展；推进国家创新体系建设，实行产学研相结合和引进与创新相结合，加大国家和社会的科技投入，加强基础研究和应用研究，提高自主创新能力，发展高新技术，提高产业的技术水平。

（原载《首都经济贸易大学学报》2002 年第 1 期，首都经济贸易大学出版社 2002 年 8 月出版的《面对 WTO：中国产业经济》全文转载）

论中国的重新重工业化

工业化过程的一般规律是先轻工业化（初期），再重工业化

（中期），最后进入发达工业化（后期）。这种趋势被称为工业化过程中的重工业化规律。工业化进程中出现“先轻后重”的现象，有其必然性①。从理论研究来看，霍夫曼对这一规律进行了具体的分析（包括梅泽尔斯的批评和盐野裕一的修正），马克思和列宁的生产资料生产更快增长理论是对这一规律的另一种概括②，西蒙·库兹涅茨在《各国的经济增长》中对Ⅰ部门（工业部门）细分部分的研究也部分地证实了这一规律③。英国、法国、美国等发达国家工业化的实际历程则是对这一规律的有力证明。发达国家实现工业化的历史表明，工业化首先从轻工业化开始，然后再向重工业化推进，只有实现高水平的重工业化，并用先进的设备和技术武装、改造轻工业和农业，整个工业化的任务才能最终完成，也才能进入发达的后工业化社会。

中国作为一个后发的国家，在工业化进程中，由于国际环境、经济结构、理论认识偏差和苏联工业化模式的影响，走了一条特殊的工业化道路④。工业内部结构变化大致经历了三个阶段，即中华人民共和国成立初期至改革前的重工业优先发展→改革开放时期的

---

① 简新华等．产业经济学．武汉：武汉大学出版社，2001：55.

② 马克思．资本论（第2卷）．北京：人民出版社，1975：489；列宁．列宁全集（第1卷）．北京：人民出版社，1961：71.

③ 尽管他认为美国的经济发展看不出霍夫曼定理，但是7个样本国家的石油、化工和金属制造业的份额上升趋势还是明显的。参见西蒙·库兹涅茨．各国的经济增长．北京：商务印书馆，1985：171-176.

④ 为何中国没有采取发达资本主义国家通常的先轻工业后重工业的工业化道路，对这一问题的研究较多，得出的结论大致有以下几点：一是开始工业化时，中国面临严峻的国际环境，敌对势力的经济封锁和抗美援朝战争迫切需要发展自己的重工业。二是受苏联工业化模式的影响，在工业化道路的产业选择上采取了重工业优先发展的战略。三是旧中国的重工业基础极为薄弱，严重影响国家的生存和发展，急需改变这种落后面貌。四是对生产资料增长更快理论的认识上存在偏差，片面强调重工业优先发展，忽视了轻工业的发展。这些研究可参见：吕政等．论我国传统工业化道路的经验与教训．中国工业经济，2003（1）；简新华等．论中国的新型工业化道路．当代经济研究，2004（1）；王骏．中共中央三代领导集体与中国工业化．当代中国史研究，2003（1）.

轻工业发展→新世纪开始的重新重工业化（参见图1）。现在，中国进入了一个新的重工业发展阶段，历史经验证明，这一阶段是工业化能否真正实现的决定性时期。重工业的重新大发展，在为我国的经济发展带来历史机遇的同时，也产生了一些新的问题。因此，对我国的重新重工业化阶段进行深入探讨，具有重大的理论和实践意义。

一、重新重工业化的表现

1999 年我国的重工业增长速度超过了轻工业 1 个百分点，也就是从这一年开始，我国的工业结构发生了新的变化，出现了重新重工业化的趋势①。

首先，从轻重工业的增长速度和比重来看，从 1999 年开始，我国的轻工业无论是在增长速度还是比重上都落后于重工业，而且差距越来越大。2000 年，中国经济出现转折性变化，重工业比轻工业快 3.5 个百分点，2003 年又升至 4 个百分点，2004 年也快 3.5 个百分点（参见图 2）。由于重工业的相对增长速度快于轻工业，重工业的比重也从 1997 年的 53.8% 猛升至 2000 年的 59.1%，2003 年则达到了 64.3%，几乎接近了重工业优先发展时期的最高记录（66.6%，1960 年），2004 年更是上升到了 67.6%，比最高记录还多 1 个百分点（参见图 3）。

其次，重化工业成为工业利润的主要增长源。从 1999 年开始，重工业创造的利润占整个工业利润总额的比重一直很高，2000 年后大致保持在 70% 左右（参见表 1 和图 4）。据经济日报的资料，2003 年 1 ~ 11 月份，石油、汽车、电力、冶金、电子、化工等六

① 也有学者认为我国的重新重工业化开始于 1993 年，理由是从 1993 年开始，我国的重工业呈快速增长趋势（1993 年重工业增速为 22.2%，超过了轻工业的 19.9%），但是这一判断存在两个问题，一是在随后的 1994 年到 1998 年，重工业的增速一直低于轻工业，这一时期反而成为了我国的第三次轻工业高速发展时期（参见魏后凯. 中西部工业与城市发展. 北京：经济管理出版社，2000：104）；二是 1993 年重工业的快速增长的势头也没有得到延续，没有成为一个连续的趋势。

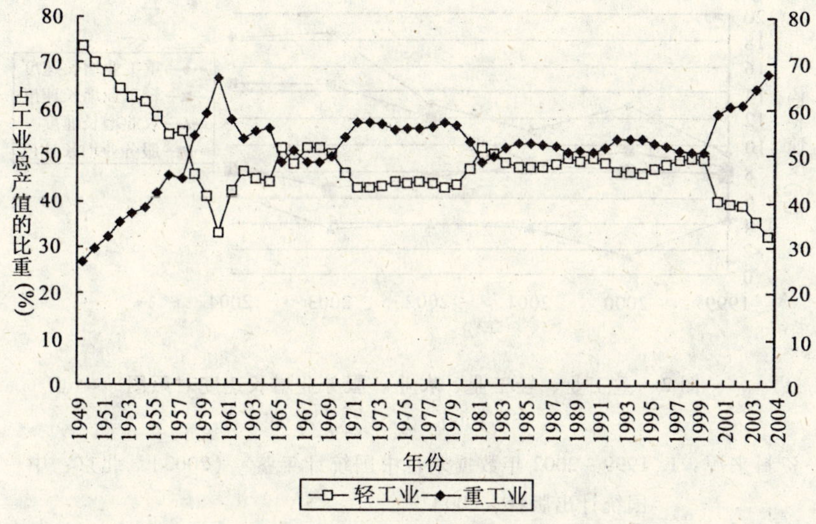

图 1　中国轻重工业产值比重的变化（1949～2004 年）

资料来源：1. 1949～1957 年的数据（其中数据按 1952 年不变价格计算）来自国家统计局工业交通物资统计司. 1949～1984 年中国工业的发展统计资料. 北京：中国统计出版社，1985.

2. 1958～1971 年的数据来源同上书，其中数据按 1957 年不变价格计算。

3. 2000～2003 年数据来自何振红. 中国：如何迎接工业之"重". 经济日报，2004-2-13（9）.

4. 2004 年数据来自中国统计数据/中国网，http://www.china.org.cn/ch－company.

5. 其余各年数据来自中国工业经济统计年鉴（2001）. 北京：中国统计出版社，2001.

大行业实现利润 3914 亿元，占整个工业利润总额的 54%，这六大行业共新增利润 1281 亿元，占整个工业新增利润的 57.3%①。利润总额和利润增量的一半以上均由这六大行业创造，在历史上尚属

① 参见何振红. 中国：如何迎接工业之"重". 经济日报，2004-2-13（9）.

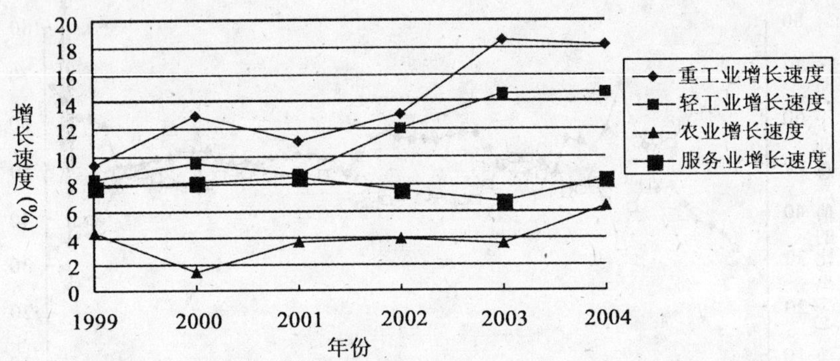

图2 重工业、轻工业、农业、服务业增长速度对照图
(1999~2004年)

资料来源：1. 1999~2002年数据来自中国统计年鉴》(2003). 北京：中国统计出版社，2003.

2. 2003~2004年数据来自中国统计数据/中国网，http://www.china.org.cn/ch-company.

首次。

表1 **轻重工业利润变化（1998~2003年）**

年份	利润总额（亿元）		利润比重（%）	
	轻工业	重工业	轻工业	重工业
1998	575	883	41.52	58.48
1999	909	1379	39.73	60.27
2000	1313	3080	29.89	70.11
2001	1437	3920	30.4	69.60
2002	1849	3936	31.42	68.58
2003	2355	5983	28.24	71.76

资料来源：中国统计年鉴（1999~2004年）. 北京：中国统计出版社.

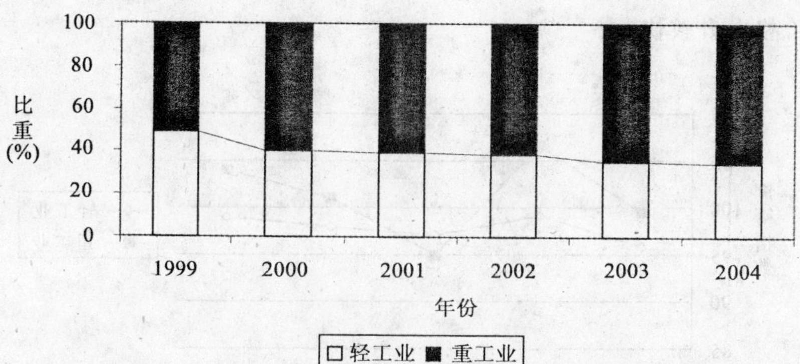

图 3　轻重工业产值比重变化

资料来源：1. 1999～2002 年数据来自中国统计年鉴（2003）. 北京：中国统计出版社，2003.

2. 2003～2004 年数据来自中国统计数据/中国网，http://www.china.org.cn/ch-company.

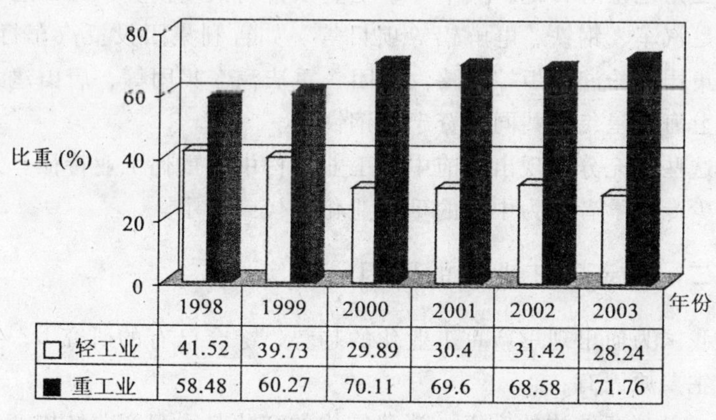

	1998	1999	2000	2001	2002	2003
□ 轻工业	41.52	39.73	29.89	30.4	31.42	28.24
■ 重工业	58.48	60.27	70.11	69.6	68.58	71.76

图 4　轻重工业利润比重变化（1998～2003 年）

资料来源：中国统计年鉴（1999～2004 年）. 北京：中国统计出版社.

再次，从价格走势来看，重工业产品的价格走势总体要明显高

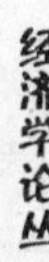

于轻工业产品（参见图5），其中重工业中的采掘业和原料产品的价格上升较快。

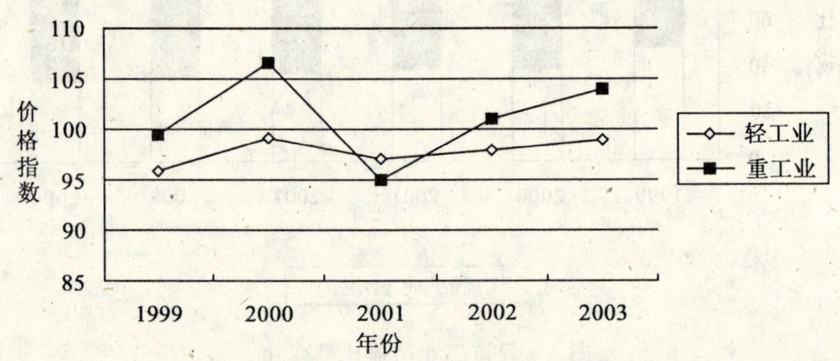

图5 轻重工业产品价格走势（1999~2003年）

资料来源：李骥．重工业在工业发展中的重要性凸现．www. harvestasset. com.

最后，各地对重工业的投资热潮也反映了这一趋势，如珠三角和长三角地区对石化、汽车等重工业项目的大量投资，民营经济开始涉足汽车、钢铁、电解铝等项目等。如吉利集团投资汽车行业，德隆集团下的湘火炬控股陕汽集团、重庆汽车集团等，唐山建龙集团与上海复星集团共同投资宁波钢铁等。

这些都充分表现出当前中国工业结构中的重化工业特征。无怪乎不少专家学者认为中国的重工业化时代到来了。

二、重新重工业化的原因

我国为何出现重新重工业化的趋势，综合已有的研究①，我们认为主要原因有：

一是消费结构的升级。消费结构的变化是引起产业结构变动的

① 国务院发展研究中心课题组．我国工业化进入新阶段．经济日报，2003-12-1（5）；国务院发展研究中心“新型工业化道路研究”课题组．我国开始步入重工业化阶段．经济日报，2004-2-9（5）；何振红．中国：如何迎接工业之“重”．经济日报，2004-2-13（9）.

最主要的因素，按照国际经验，人均 GDP 达到 1000 美元以后，社会消费结构将会由温饱型向发展型、享受型升级。2003 年我国人均 GDP 首次超过 1000 美元，达到 1090 美元，我国居民首先是城镇居民的消费结构已由以自行车、缝纫机、收音机等为标志的千元级提升到以洗衣机、电视机、冰箱、空调器、电脑等为标志的万元级，并开始向以住房、汽车为标志的 10 万元级迈进。2002 年汽车产业增长 38.8%，其中轿车增长 55.2%，2003 年我国轿车销量增长 92.8%，商品房销售增长 32%，就是最好的证明。消费结构的升级成为重工业发展的强大动力。汽车、住房生产的产业链特别长，对相关产业的带动作用特别大。汽车、住房需求的大幅度增长，用于生产汽车、住房的重工业产品的需求也必然大量增加，从而极大地带动钢铁、机械、化工、水泥等重工业部门的发展。

二是国际制造业的转移。国际制造业转移的规律是，起先是劳动密集型产业、轻纺工业，而现在转移的是资金密集型和资源消耗型的重化工业。从历史上看，世界制造业中心曾发生过几次大的转移。第二次世界大战之前主要集中在欧洲和北美，第二次世界大战以后向日本和“亚洲四小龙”转移①。20 世纪 80 年代向中国大陆转移。先是转移轻纺工业，现在开始主要是转移重工业。国际产业转移也为中国重工业发展提供了机遇。近年来，中国机电产品出口大幅增加，2004 年高达 34.2%，就是明证。

三是基础设施的建设。发达国家的历史经验表明，基础设施建设对于顺利实现工业化起着重要的作用，如罗斯托在考察了美国、加拿大、瑞典等国的基础设施投资后，专门强调了社会基础资本（即基础设施建设）尤其是运输方面的社会基础资本在起飞中的重要性②。张培刚论述了基础设施对工业化可能产生的瓶颈问题③，

---

① 庞贝．成为新一轮国际产业转移首选地：中国经济重化工业化．香港商报，2004-2-26．http：//www.cnwnc.com/20040226/ca795151.htm．

② ［美］W.W. 罗斯托．经济增长的阶段．北京：中国社会科学出版社，2000：26-26．

③ 张培刚．新发展经济学（增订本）．郑州：河南人民出版社，1999：264-268．

从另一个角度诠释了基础设施对工业化的重要作用。赫希曼（A. O. Hirschman）在其著名的“不平衡增长理论”中也突出了基础设施的重要性①。因此，形成四通八达、方便快捷的交通运输和信息通讯网络，建成先进的供水、供电、供气、农田水利、灾害防治、文化教育、环境保护、医疗卫生、安全保障等各方面的基础设施，既是实现工业化的前提，也是工业化的重要任务。与发达工业化国家相比，我国的基础设施建设还存在很大差距。过去5年，我国开始或建成一大批交通、能源、通讯、水利等基础设施，为重工业发展提供了支撑，同时，基础设施建设需要大量的重工业产品，也带动了重工业的发展。

四是城镇化进程的加速。城镇化是工业化的必然伴侣，同时也是工业化的促进器②。我国现在已经进入城镇化进程加速发展时期，城镇数量的增加、规模的扩大，新一轮城镇建设高峰的出现，对钢材、水泥、能源、电力和相关机械设备的需求急增，导致重工业发展的加速。

五是轻工业的优化。由于轻工业产品已经能够满足城乡居民的需求，生产能力甚至出现了相对过剩，应该说我国已经基本实现轻工业化，但总的来看，轻工业发展的水平仍然较低，技术装备不先进，劳动生产率也不高，物质消耗较多，不少轻工业产品品种少、质量差、档次低，亟待优化升级，特别需要发展重工业，提供更先进的技术设备，改造和武装轻工业。而且，轻工业规模的扩大，也需要重工业提供更多的机械设备、能源和原材料，也要求重工业发展。

六是农业的技术改造。“农业在一个国家的经济结构中是极为

---

① 艾伯特·赫希曼. 经济发展战略. 北京：经济科学出版社，1991：73-87.

② 辜胜阻，简新华. 当代中国人口流动与城镇化. 武汉：武汉大学出版社，1994：251-253. 辜胜阻，刘传江：人口流动与农村城镇化战略管理. 武汉：华中理工大学出版社，2000：67-69.

重要的，因而，农业的发展在实现工业化方面起着关键性的作用”①，“二元经济结构的发展中国家能否顺利地走向现代化的关键之一，是传统农业的改造”②。因此，工业化过程也是农业生产产业化、机械化的过程，改造落后农业的一个重要渠道是工业部门向农业部门提供先进的农业机械装备。中国现在农业机械化的水平还不高、产业化程度低，许多农业生产技术还比较落后，迫切需要发展重工业，生产更多、更先进的机器设备武装和改造还相当落后的农业，有力推进农业现代化。

七是装备制造业落后面貌的改变。装备制造业是重工业的核心组成部分，先进的装备制造业是发达工业化的基本标志之一。中国的装备制造业相当落后，仍然依赖进口，每年大约要花1000亿美元进口设备，花1000亿美元进口零部件，每年进口设备的花费远远超过外商对华直接投资。这种状况已经严重影响工业化水平的提高，急需改变。要想从根本上改变在国际分工中，中国处于产业链的低端，作为世界“加工厂”，搞“贴牌”生产，劳动力“卖苦力”，替外国打工，仅赚微薄加工费的地位，进入产业链的高端，提高加工度，增加附加值，增强国际竞争力，提高经济效益，也必须发展重工业，用更多更先进的设备和技术改造和武装落后的制造业。

正是这多重因素推动中国现在进入重新重工业化的新阶段。中国的当务之急是，选择正确的重工业化道路，再次重工业化。

三、重新重工业化的特点和意义

1. 重新重工业化的特点

新阶段的重工业化与我国工业化第一阶段的重工业化相比，存在显著的不同。

---

① A. P. 瑟尔瓦尔. 增长与发展. 北京：中国人民大学出版社，1992：64.

② 张培刚. 新发展经济学（增订本）. 郑州：河南人民出版社，1999：284.

（1）资本来源和实现机制的不同。前一轮重工业化完全是由政府投资、国家计划推进①；重新重工业化则是在市场机制已在产业结构调整中开始发挥主导作用的背景下开始的，主要由市场推动，将更多地依赖民间资本。工业化主要由市场机制推动，更符合经济发展规律。私营企业经过多年的发展，已逐步积累起了进入重工业的“门槛资本”，开始进入以前由国有大中型企业一统天下的重工业。民间资本进入重工业是重新重工业化最突出的特点。

（2）动因的不同。前一轮重工业化兴起的原因主要是国际环境、政治因素、主观意愿；重新重工业化由多重经济因素引起，主要反映的是经济发展的客观必然性，其中消费结构的升级、轻工业的优化、城镇化进程的加快、国际制造业的转移等 4 个重要方面则是前一轮重工业化中没有的重要因素。

（3）性质和成效的不同。前一轮重工业化是在严重缺乏资金、技术、市场需求的条件下，违背工业化发展一般规律的主观强制性重工业化，主要是政府行为、领导意志的产物；重新重工业化则是在具备必要的资金、技术、市场需求的条件下，符合工业化发展一般规律的自动出现的重工业化。正是由于两者存在这些差别，所以前一轮重工业化不仅没有使中国真正实现工业化，还造成畸形的产业结构和短缺经济，而只有重新重工业化，中国才能最终完成工业化的历史使命。

2. 重新重工业化的意义

历史经验证明，重工业化阶段是工业化能否真正实现的决定性时期，常常伴随着较高的工业增长速度和经济发展速度。如在 19 世纪 70 年代发生的第二次技术革命，推动了先进的资本主义国家的工业化转向以发展重工业化为重点的时期，从而使世界生产的增长速度明显加快，其中，在 1900～1913 年期间，世界工业生产的年增长率达 4.2%，比此前任何时期都高②。日本的经验也证明，

① 汪海波．新中国工业经济史．北京：经济管理出版社，1986.

② 谷源洋，林水源．世界经济概论（上册）．北京：经济科学出版社，2002：69.

一旦进入重工业化阶段，一国就可以在较长时期保持较高水平的经济增长。同样，重工业的重新大发展，也会为中国经济发展带来新的历史机遇。

重工业化能够满足市场对重工业产品的需求，适应消费结构升级的需要，促进轻工业的优化，有助于农业的技术进步，完善基础设施，改变装备制造业落后的局面，增强国家的经济实力、国防实力和国际竞争力，为城镇化创造必要的有利条件，推动经济结构的改善。重工业的重新大发展，也为拥有重工业优势的老工业基地的振兴，提供了难得的历史机遇。重新重工业化将会使中国经济发展进入一个新的快速增长阶段，加速工业化和现代化的进程。

四、重新重工业化面临的困难

中国的重新重工业化受到自然资源、环境、人力资本、增长方式、技术和制度的制约，面临许多的困难和问题，其中最大的困难是资源约束、环境污染和就业弹性下降。

1. 资源约束

工业化进入到重工业主导阶段，最显著特点是能源、矿产资源消耗大量增加。这是因为，轻工业主要是生产吃穿用物品，消耗的原材料主要是可再生农产品①，而重工业更多的是以能源和矿产品为主要原料的产业，对矿产资源的需求很大。重新重工业化将大幅度增加能源和矿产资源的消耗，而中国发展重工业所需要的主要能源、矿产资源除了煤以外，石油、天然气、铁、铝、铜、锌等矿产资源的蕴藏量却都在世界的5%以下，都比较匮乏，其中石油、铁矿、铝土矿等的人均占有量排在世界80位以后，大大低于世界平均水平，相对于需求来说极为不足。比如，去年（2003年）中国的钢铁产量已经达到2.3亿吨，是美、日产量之和，而今年的总消

① 按照《中国统计年鉴》的定义，轻工业除了以农产品为原料的轻工业，还包括以工业品为原料的轻工业，但是从对资源的直接消耗来看，轻工业主要是直接消费农产品，对矿产资源是间接消耗。

费量将达到 2.5 亿吨，明年可能上升到 2.8 亿吨①；石油的供求矛盾更加突出，目前世界石油的可贸易量只有 16 亿吨，而且产量增加的难度很大。中国从 1993 年开始已成为石油净进口国，《2004 世界能源展望》((IEA,2004)预计中国的石油进口量将从每天 200 万桶增加到 2030 年的每天 1000 万桶的进口量,到 2030 年中国对进口石油的依赖度将达到 74%。能源和矿产资源不仅消耗增加、严重短缺,而且利用效率低,将极大地制约中国重新重工业化的进程。

由于重工业每单位产出所消耗的能源大约是轻工业的 4 倍，重工业增长速度的加快，整个工业部门能源消耗的比重就会上升，增长速度会更快②。尽管在过去 20 年中中国大幅提高了能源使用效率③，但是在能源使用总量上仍然呈上升趋势，带来了较大的资源压力（参见表 2)。导致能源消费持续上升的主要因素是工业的能源消耗。中国 1985 年工业部门消耗的能源约占全部能源消耗的 2/3,目前则上升到 70% 以上，即已上升了 5 个百分点（2001 年为 73.69%)。而欧洲的工业能源消耗却从 1980 年的 48% 下降到 1990 年的 44%，并有进一步下降的趋势④。以电力消费为例，从电力消费增长率来看，2003 年全国用电量 18910 亿千瓦时，增长 15.3%，远远高于 9.1% 的 GDP 增幅（西方发达国家的电力弹性系数大致为 1)，一般来说，合理的电力弹性系数应当小于 1，超过 1 就说明高耗能产业占的比重过大。从工业电力的消费来看，欧洲国家的工业用电占全部电力消费的比重大致在 30% ~70% 之间，

---

① 王建. 未来十年中国经济增长的制约因素. http://www.w3.org/TR/html4/loose.dtd.

② 如日本是资源使用集约程度很高的国家，但是在 1955 ~1975 年的重化工业时代，其钢铁消费仍增长了 9 倍以上，能源消耗增长了 6 倍以上，其中石油消费增长了 21 倍，都成倍地高于同期 GNP 增速。

③ 中国在 1980 年到 2000 年间，GDP 年均增长率高达 9.7%，而相应的能源消费量年均仅增长 4.6%，远低于同期经济增长速度，GDP 翻两番而能源消费仅翻一番。

④ DAVID STANNERS and PHILIPPE BOURDEAU. Europe's environment the dobris Assessment, Luxembourg: OOPEC, 1995: 420-421.

其中丹麦、爱尔兰、英国、法国的工业用电比重低于40%，中东欧国家大于50%，罗马尼亚最高，超过2/3。而我国的工业用电比重2002年为68.45%，2003年为72.69%，同比增长16.56%，远远高于欧洲国家的平均水平，而且上升趋势明显。采掘、冶金、汽车、化工、钢铁等高耗能工业快速发展成为用电量高速增长的主要推动力，用电比重占工业总用电量的74.51%（2002年）。重工业中高能耗产业的快速增长，加剧了中国电力供应的紧张。

表2　**我国能源消费弹性系数（1999~2003年）**

年份	能源消耗增长率（%）	电力消耗增长率（%）	GDP增长率（%）	能源消耗弹性系数	电力消耗弹性系数
1999	-1.6	6.1	7.1	-0.23	-0.86
2000	0.1	9.4	8.0	0.02	1.17
2001	3.5	8.6	7.5	0.47	1.15
2002	9.7	11.7	8.0	1.21	1.46
2003	13.2	16.5	9.3	1.42	1.77
2004	15.2	15.6	9.5	1.6	1.64

资料来源：1. 1999~2002年数据来自《中国统计年鉴（2003）》。

2. 2003~2004年数据来自中国统计数据－中国网/http://www.china.org.cn/ch-company.

此外，还有水资源的制约问题。我国人均淡水资源只有2300立方米，仅为世界平均水平的1/4、美国的1/5，在世界上名列121位，是全球13个人均水资源最贫乏的国家之一。据统计，全国600多座城市中，已有400多个城市存在供水不足问题，其中比较严重的缺水城市达110个，全国城市缺水总量为60亿立方米。发达国家的经验表明，即使在20世纪90年代处于后工业化社会的欧洲，各国的工业用水比重仍然全部高于50%，其中汽车，水泥等重工业（轻工业中主要是造纸业）属于水消耗密集型工业（Water Intensive Industry）。重工业的大发展必然使得中国的水资源匮乏的问题更加突出。

如何在重化工业增长和资源紧张之间寻找平衡，有效地克服资源的约束，是中国重新重工业化面临的一个最大的难题。

2. 环境污染

环境污染也是很大的制约因素。根据 *Europe' s Environment* 的统计数据，对环境有最大影响的和最具潜在威胁的工业部门有化学工业（包括有机和无机化学原料及其制品的制造业，不包括石油加工业）、造纸业、水泥、玻璃、钢铁、有色金属、石油加工、皮革制造八个行业①，其中大部分是重工业。中国进入重新重工业阶段后，对环境污染严重的化工、有色金属、石油加工及炼焦业等行业的规模会扩大，势必对环境带来巨大的压力。

如何在重新重工业化的同时有效地防治环境污染，也是一个很大的难题。

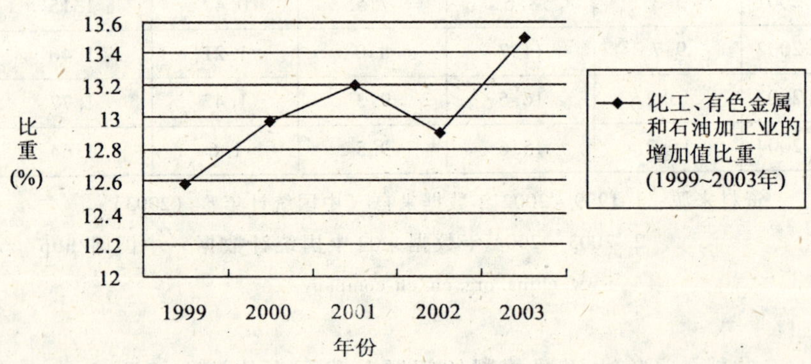

图 6 化工、有色金属和石油加工业的增加值比重（1999～2003 年）

资料来源：中国统计年鉴（2004）. 北京：中国统计出版社，2004.

3. 就业弹性下降

1978～1987 年，我国相对于经济增长的就业弹性为 0.4618，

---

① DAVID STANNERS and PHILIPPE BOURDEAU. Europe' s environment the dobris assessment，Luxembourg：OOPEC，1995：415.

1988～1993 年下降为 0.2132①，20 世纪 90 年代以来，中国开始进入到重工业主导增长阶段，产业发展对劳动力的吸纳力更是明显衰减，1993～2003 年就业弹性降为 0.052。我国的工业就业人数在 1999 年后出现了绝对值下降的现象，工业的就业弹性变为负值（参见表 3），出现这种现象的一个重要原因是我国开始进入重工业阶段，资本和技术密集型的重工业必然产生“资本排斥劳动”的内在机制，重工业的比重快速上升，整个工业的就业能力也快速下降②。

表 3　　**工业就业弹性（1999～2003 年）**

年份	工业就业人数增速（%）	GDP 增速（%）	GDP 中工业增速（%）	对 GDP 的就业弹性	对工业的就业弹性	重工业比重（%）
1999	－6.84	7.8	8.59	－0.88	－0.79	50.8
2000	－7.36	8.0	9.8	－0.92	－0.75	59.1
2001	0.4	7.5	8.7	0.05	0.0459	60.5
2002	－2.84	8.0	10.0	－0.36	－0.28	60.9
2003	1.8	9.3	12.8	0.19	0.14	64.3

资料来源：中国统计年鉴（2004）．北京：中国统计出版社，2004．

刘易斯的两部门发展模型有一个基本假设前提，即现代部门的劳动力转移和就业创造速度与现代部门的资本积累率是成比例的。资本积累速度越快，现代部门的增长率越高，创造新职业速度就越快。可是这一假设是有争议的，如托达罗认为，如果资本家的利润再投资于更尖端、节约劳动的资本设备，那么结果可能不如刘易斯

① 孙常敏：世纪转变中的全球人口与发展．上海：上海社会科学院出版社，1999：484．

② 袁文平，刘恒．中国工业就业状况分析．财经科学，1999（6）．

模型那样理想，就业状况可能没有多少改善①。轻工业的特点是劳动密集型，刘易斯模型主要反映的是轻工业化阶段的情形，而重化工业具有资金和技术密集型的特点，重工业相对轻工业是节约劳动型产业②。所以进入重工业主导的增长阶段，经济增长与就业的关系就发生了变化，由重工业推动的经济增长不一定会带来就业的同步增长，在某些行业甚至会导致就业人数的绝对减少。

如图 7-a 和图 7-b 所示，在刘易斯的标准模型下，由于假定了就业创造速度和资本积累保持一定的比例，随着资本存量总额的增加（$K_1 \rightarrow K_2 \rightarrow K_3$），劳动需求曲线也依次从 D_1 外移到 D_2、D_3，就业水平从 L_1 上升到 L_2、L_3，经济增长带来相应的就业增加。但是，在修正了的劳动节约型模型中，由于新的资本投资于资本密集型的产业，整个资本增量体现了劳动节约型的技术进步，劳动需求曲线没有按照相同的比例外移，在 K_3 的水平下甚至出现了内移的情况。在这种情况下，资本积累和经济增长虽然增加了总的国民生产总值，但是就业状况没有得到多少改善，甚至出现倒退。其他学者也对这一问题提出了自己的看法③。从另一个角度来说，如果将劳动力细分为高素质和低素质两种，技术含量较高的重工业的发展不利于直接吸纳素质较低的劳动力，如果劳动力群体中的低素质劳动力较多，技术密集型行业比重越大，越不利于就业。

世界银行的统计资料证明了这一点，发展中国家工业产值在国内生产总值中的比重达到了 37%，而就业比重仅为 21%，而发达

---

① ［美］迈克尔 · P. 托达罗. 经济发展与第三世界. 北京：中国经济出版社，1992：60-61.

② 如钱纳里在分析“资本与劳动的替代”问题时指出重工业比轻工业、食品与农业、服务业的资本密集度要高。霍利斯 · 钱纳里. 结构变化与发展政策. 北京：经济科学出版社，1991：135-136.

③ 有关重工业不利于吸收劳动力的问题，还可参见新古典的价格—刺激思想学说，参见［美］迈克尔 · P. 托达罗. 经济发展与第三世界. 北京：中国经济出版社，1992：223-226. 以及张培刚对“制造业的特点”的论述，参见张培刚. 新发展经济学（增订本）. 郑州：河南人民出版社，1999：496.

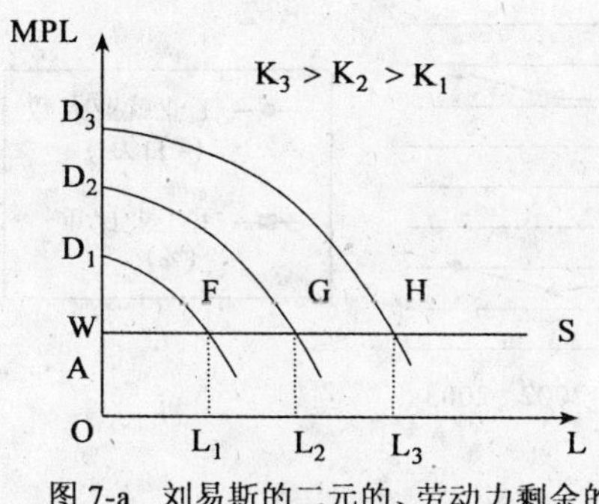

图 7-a 刘易斯的二元的、劳动力剩余的经济中增长和就业模型

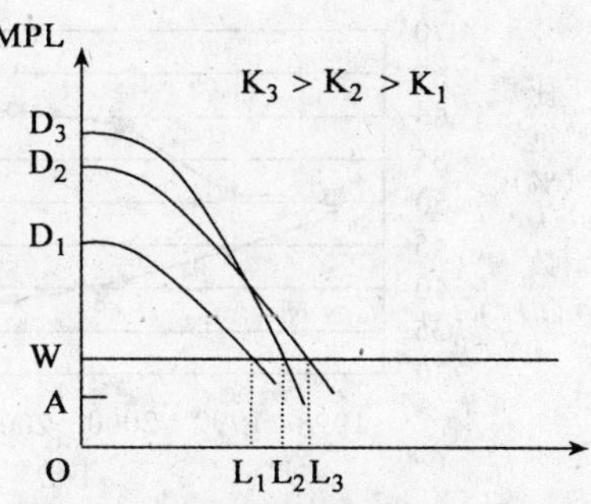

图 7-b 修正的劳动节约型资本积累经济中的增长和就业模型

注：图 7-a 来自［美］迈克尔·P. 托达罗. 经济发展与第三世界. 北京：中国经济出版社，1992：59.

图 7-b 根据托达罗的《经济发展与第三世界》中的图 3-2（同上书，第 61 页）修改得出。

国家分别为 32% 和 31%①。20 世纪 50～70 年代发展中国家制造业产值增长 3～4 个百分点，才能带来 1 个百分点的就业增长。中国的情况也大体类似，1980 年与 1952 年相比，中国工业产值增长 27.6%，而工业就业只增长 7.4%。2002 年工业产值占 CDP 的 44.4%，第二产业（包括工业和建筑业）的就业比重仅为 21.4%。从动态变化来看，随着重工业比重的上升，工业就业人数也对应地下降，重工业对工业就业的反向作用比较明显（参见图 8）。

随着重工业化阶段的深入发展，作为资本和技术密集型的重工业的比重还可能继续上升，工业结构将更不利于吸收劳动力，经济增长和就业增长不同步的问题可能会更加突出。中国劳动力数量庞大，就业问题十分严峻，重新重工业化与就业存在尖锐的矛盾，也将严重制约中国重工业化的推进。

① 转引自张培刚. 新发展经济学（增订本）. 郑州：河南人民出版社，1999：495.

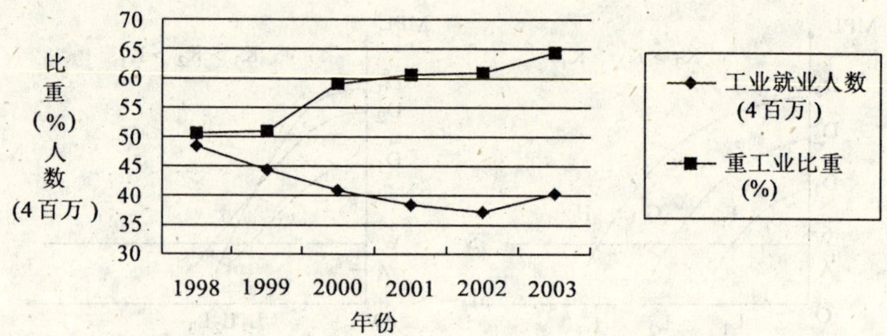

图8　重工业比重变化与工业就业人数变化对照（1998～2003年）

资料来源：《中国统计年鉴2004》，北京，中国统计出版社，2004。

五、重新重工业化的对策

虽然中国的重新重工业化面临各种困难和制约，但是重工业化是必然趋势，不能因为存在资源、环境和就业的制约，发展重工业的时机也不利，就因噎废食，不发展重工业。因为，不实现重工业化，就不能振兴装备制造业、提升轻工业技术和装备、实现农业机械化和现代化、基本完成基础设施建设、加快城镇化的步伐，也就不能最终实现工业化、现代化；而且，几乎不可能再找到发达国家发展重工业时的那样有利的条件和机遇。正确的选择只能是走新型的重工业化道路，采取恰当的对策克服这些困难和制约，有效推进重工业化。

1. 装备制造业是重工业的核心组成部分，又是中国重工业最薄弱的环节，重新重工业化必须以合理的产业政策为导向，进行正确的产业选择，以发展装备制造业为核心，重点不应是发展资源消耗型、环境污染型的原材料重工业，相对减少资源消耗。

2. 重新重工业化不是要各地一窝蜂地发展重工业，应该以老工业基地为重点，发挥比较优势，形成产业集群，降低重工业发展的成本。

3. 以集约型增长方式为首选，切实转变增长方式，大力发展循环经济，实行清洁生产，延长产业链，提高加工度，增加附加值，降低消耗，节约高效利用资源，减少污染。

4. 以技术创新为根本，增大科技研究和开发投入，加快技术更新改造，尽量淘汰落后工艺技术和设备，尽可能采用先进工艺技术和设备，提高经济发展中的科技贡献率。

5. 改善能源结构，开发新能源，寻找替代能源，开发可再生能源和清洁能源，实现能源供给多元化、多样化和清洁化。

6. 加大人力资本投入，加强职工培训，提高劳动力素质，以适应产业结构优化升级的需要，减少结构性失业，提高劳动生产率。

7. 发展重工业不能再像过去那样片面追求产值、数量、规模、速度，不讲成本、消耗、污染的缺陷，必须更加注重质量、品种、效益，节约资源，保护环境。

8. 重新重工业化主要不靠政府推动，必须更多地发挥市场调节的作用，以市场需求为基础，避免低水平简单重复建设，特别是要运用价格杠杆的作用，促进资源的节约高效利用，坚决改变人为压低资源价格、长期使用廉价原材料、造成严重浪费和低效的现象。

9. 以经济全球化为条件，充分利用两种资源、两个市场，特别是要到国外投资开发资源，开辟更多获取资源的渠道，像日本那样善于高效利用国外资源和市场发展重工业。

10. 以制度创新为动力，深化市场化和企业改革，形成低耗高效的重工业化所需要的经济体制和微观基础。

值得指出的是，中国在重新重工业化的过程中，特别要学习日本实现重工业化的成功经验。日本在资源严重贫乏的条件下，不仅没有放弃、害怕、反对发展重化工业，也没有企图跨越或绕过重工业化阶段，相反大力发展重工业，建成强大的装备制造业，完成农业的改造及生产和生活基础设施的建设，成功地实现了重工业化，成为发达的工业化国家，并且是世界上资源综合利用效率最高的国家。虽然日本在重化工业化过程中，拥有20世纪50~60年代石油价格低廉的有利条件，世界资源、环境问题也没有现在这么严重，但主要还是在市场机制和产业政策的作用下高效利用国内外资源的结果。资源、环境和就业的约束并不是不可克服的，市场机制、技术进步、产业政策和制度创新能够有效解决这些问题。

的确，第三产业是劳动密集型产业，发展第三产业能够带来更多的就业机会，更好地解决就业问题。但是，只有人口大规模集中居住、国民收入达到相应的水平，才能形成对第三产业的巨大需求，第三产业也才能快速发展，成为主导产业，从而更好地解决就业问题。然而，只有基本实现工业化、农业机械化和城市化，劳动生产率才能大幅度提高，国民收入才能大量增加，人口才能大规模集中居住，也才能形成对第三产业的巨大需求，第三产业也才可能发展成为主导产业。第三产业必须以工业化和城市化的发展为基础，不可能跳过重工业化阶段，直接由以轻工业为主导转向以服务业为主导。中国第三产业发展落后，尽管学者、官方近年来一再呼吁大力发展第三产业，可就是不能快速发展起来，其原因不是由于人们不重视，主要在于中国工业化的基本任务还没有完成，城市化发展也严重滞后，还没有形成对第三产业的巨大的市场需求。迄今为止，中国还没有实现工业化，最重要的是还没有完成重工业化的任务。什么是重工业化的任务？即建立起强大的装备制造业和原材料工业，实现农业机械化和轻工业的技术改造，基本完成基础设施和城市的建设。要完成这些任务，就必须二次重工业化，大力发展重化工业。

随着中国重新重工业化任务的完成、城镇化的实现、基础设施建设的基本完成、装备制造业的振兴、农业机械化和现代化的实现、轻工业技术和装备的升级，中国资源消耗必将大量减少，环境压力必将大大减轻，第三产业的比重必将大幅提高，必将带来更多的就业机会。中国重新重工业化任务完成之日，就是中国工业化实现之时。

参考文献

简新华，魏珊：《产业经济学》，武汉，武汉大学出版社 2001 年版。

简新华、余江. 驳反对中国重新重工业化的观点——与吴敬琏、林毅夫教授等商榷. 经济学消息报，2005-3-18.

简新华，余江. 重新重工业化与振兴老工业基地. 财经问题研究，2004（9）.

李佐军. “重工业化”是工业化中后期的一般规律. 经济参考报，2004-10-20.

厉以宁. 重型化是中国经济发展的必经阶段. 经济日报，2004-12-27.

吴敬琏. 注重经济增长方式转变，谨防结构调整中出现片面追求重型化的倾向. 国研网，2004-11-16.

林毅夫. 目前的重工业热不符合中国国情. 经济参考报，2004-12-23.

刘世锦. 走出一条新型重工业发展道路. 经济日报，2005-1-10.

ROBERT E. LUCAS Jr. The industrial revolution：past and future，lectures on economic growth. Harvard University Press，2002.

KAKALI MUKHOPADHYAY & DEBESH CHAKRABORTY. India's energy consumption changes during Tae Yong Jung and Tae Sik Park，structural change of the manufacturing sector in Korea：measurement of real energy intensity and CO_2 emissions，mitgation and adaptation strategies for global change 2000. 5（3）：221-238.

RABINDRANATH BHATTACHARYA，SHYAMAL PAUL：Sectoral changes in consumption and intensity of energy in India. Indian Economic Review，2001，36（2）：381-392.

（原载《中国经济问题》2005年第5期，中国人民大学书报资料中心《工业经济》2005年第11期、厦门大学出版社2006年8月出版的《科学发展观与中国新型工业化》全文转载，《新华文摘》2006年第1期转载，英文稿发表在 *China Economist* No. 3 July 2006，与余江合写）

重新重工业化不等于粗放增长和走旧型工业化道路

——对吴敬琏研究员相关论述的质疑

从1999年开始的7年多时间内，中国工业发展出现转折性变化，无论是在产值、投资、利润增长方面，还是在比重上，重工业都超过了轻工业，出现了重新重工业化的趋势。与此同时，产生了严重的煤荒、电荒、油荒、气荒、运荒，资源短缺加剧，环境压力加大，经济增长的就业弹性系数下降。如何正确认识和评价这种情况，中国现在应不应该重新重工业化即二次重工业化，是否已经进入了一个重新重工业化的发展阶段，是什么因素引起的，以重化工为主导的经济增长会不会给中国带来危险，重新重工业化的道路应当怎么走，怎样克服工业重型化中资源、环境和就业的制约，有效地推进重新重工业化？这些是关系到能否正确认识中国经济发展目前所处阶段、走势、面临的任务和应当采取的对策，影响到中国能否最终实现工业化的重大问题，现在成为激烈争论的热点问题。经济理论界对这些问题的看法出现了较大的分歧，形成了肯定和否定的两派对立的观点。我们是中国重新重工业化的赞成者，已在《中国经济问题》2005 年第 5 期发表的文章《论中国的重新重工业化》中，从正面比较全面、系统地论述了中国重新重工业化的表现、原因、意义、特点、困难、约束和趋势，提出了克服工业重型化面临的资源、环境和就业制约的道路和对策建议。

中国在 2000～2020 年全面建设小康社会阶段还要不要大力发展重工业，至少在 2000～2010 年中国经济增长应不应该以重工业为主导？我们坚信：现在如果不再次大力发展重工业，中国的装备制造业就不能振兴，基础设施和城市建设的任务就完不成，农业机械化就实现不了，轻工业的技术和装备就难以提升，实力雄厚的现代化国防就无法形成，全面建设小康社会阶段基本实现工业化、城市化的目标也就不可能达到。但是，近两年来德高望重的吴敬琏研究员多次发表演讲和文章，坚决反对中国现在发展重工业，认为重工业化就是经济增长的粗放化，就是坚持走已经过时的旧型工业化道路，违背转变经济增长方式和走新型工业化道路的要求。仔细拜读吴敬琏研究员的大作，特别是发表在《学术月刊》2005 年第 12 期和 2006 年第 1 期上的连载长文《思考与回应：中国工业化道路的抉择》，对其反对中国重新重工业化的看法和论证，深感疑惑，实难苟同。虽然吴敬琏研究员关于改变经济增长模式、走新型工业化道路、用信息化带动工业化、加快技术进步、节约资源、提高效率、加快服务业特别是生产性服务业的发展、完善社会主义市场经济体制等方面的主张，都是我国现在的既定方针，我们是非常赞同的，但这些都不能成为中国现在不应该发展重工业的理由，尤其是在反对中国重新重工业化的论证中存在不少误解和偏差，甚至概念模糊、理论混乱，最突出的是把重工业完全等同于资源消耗型、环境污染型产业，把重工业的发展看成必然是粗放增长、外延扩大、旧型工业化道路，需要予以澄清。我们与吴敬琏研究员的分歧，主要不在应该怎样发展重工业，而是中国现在应不应该发展重工业。本文特提出以下商榷意见，就教于吴敬琏研究员和经济界的同仁，以求得对中国重新重工业化的原因、意义和道路的正确认识，以给我国制定中长期经济社会发展规划提供有益的理论参考。不当之处，在所难免，诚盼吴先生批评、指正。

一、霍夫曼定理是已被历史证明的工业化发展的客观规律

霍夫曼定理是中国重新重工业化的赞成者的重要理论依据，吴敬琏研究员认为不足为据，提出“这个‘定理’是根据先行工业化国家工业化早期和中期的经验推演而来的”，属于“旧型工业化道路”（早期经济增长模式）理论，“霍夫曼关于工业化后期阶段重工业将成为国民经济中的主导产业的预言都没有实现”，我国现在“不能按他的理论（属19世纪时期的粗放增长型理论）走”。我们觉得吴敬琏研究员对霍夫曼定理的认识和评判，值得商榷。

第一，霍夫曼关于工业化阶段的划分并不包含工业化的全部过程。

霍夫曼通过对1931年以前各个工业化国家的统计资料的分析，根据资本品生产与消费品生产的变化情况，把工业化过程划分为三个阶段，依次为Ⅰ消费品工业占优势阶段、Ⅱ资本品工业相对增加阶段、Ⅲ消费品工业与资本品工业平衡而且存在资本品工业渐占优

越地位的趋势阶段①。一般而言，按照产业结构变动趋势的不同，工业化的全过程也可以划分为三个大的阶段，即工业化的初期、中期、后期。初期是以轻纺工业为主导的轻工业化阶段、中期是以重化工业为主导的重工业化阶段、后期是以服务业为主导的发达工业化或服务化阶段。这是符合工业化发展实际的大多数人的看法。由于历史的局限，霍夫曼只是考察了到当时为止的工业化过程，他划分的Ⅰ阶段就是工业化的初期，Ⅱ、Ⅲ阶段则属于工业化的中期。他并没有揭示工业化的全部过程，因为，1931 年以前各个工业化国家的工业化都还没有完结，都还在继续，也还没有一个国家成为我们今天所说的进入了后工业社会的发达工业化国家。吴敬琏研究员认为霍夫曼关于工业化阶段的划分包含工业化的全部过程，其中的Ⅲ阶段就是一般而言的工业化后期，显然这是对霍夫曼定理的误解。

第二，霍夫曼定理已被历史证明，不是未被证实。

正是由于吴敬琏研究员把霍夫曼划分的工业化过程的Ⅲ阶段看成就是一般而言的工业化后期，而霍夫曼的工业化过程的Ⅲ阶段以重化工业为主导，一般而言的工业化后期以服务业为主导，所以他断言“霍夫曼关于工业化后期阶段重工业将成为国民经济中的主导产业的预言都没有实现”。这也是值得商榷的。实际上，霍夫曼定理是从各个工业化国家的调查统计中得出的结论，是实践经验的总结，是已被历史证明的工业化发展的客观规律。工业化过程中的产业结构演进趋势是先轻工业化或以轻工业为主导（工业化初期），再重工业化或以重工业为主导（工业化中期），最后进入以服务业为主导的发达工业化（工业化后期）。这是主要发达国家工业化的实践证明了的一般规律。霍夫曼定理揭示的正是工业化初期工业结构轻型化、中期工业结构重型化的趋势。的确，霍夫曼定理总结的只是 1931 年以前工业化的经验，没有发现发达工业化阶段（工业化后期）产业结构将以服务业为主导，但霍夫曼定理也没有

① 张培刚. 农业与工业化（上卷）. 武汉：华中科技大学出版社，2002：98.

说进入重工业化阶段以后永远都要以重工业为主导，而且揭示了工业化中期以重工业为主导的必然趋势，不能因为霍夫曼定理没有说明服务化的趋势，就完全否定霍夫曼定理的正确性。

第三，霍夫曼定理是关于工业化过程中工业结构变动趋势的理论，不是关于经济增长方式和工业化道路的理论。

吴敬琏研究员把霍夫曼定理划归为“旧型工业化道路”（早期经济增长模式）理论，是“西方先行工业化国家的早期增长模式和苏联的优先发展重工业的实践”影响的产物。这种看法不仅是对霍夫曼定理的错判，而且存在理论混乱。霍夫曼定理明明只是关于工业化过程中工业结构变动趋势的理论，这是发展经济学和产业经济学的共识，为什么硬要说成是“旧型工业化道路”（早期经济增长模式）理论呢？这是因为他认为，工业化早期的“经济增长是靠大量投资发展资本密集的机器大工业，特别是重工业来支撑的”，这种经济增长模式是“粗放增长型”、“旧型工业化道路”，“按这种模式进行的工业化叫做‘旧型工业化’”，而霍夫曼定理提出工业化过程中工业结构变动存在重工业化的趋势，所以“属19世纪时期的粗放增长型理论”。这里，吴敬琏研究员实际上是把重工业化与“旧型工业化”、“粗放增长模式”、“旧型工业化道路”等同起来，把工业化道路、经济增长模式与工业类型、产业结构看成了一回事。但是，工业化道路、经济增长模式与工业类型、产业结构是不同的概念，虽然有联系，但也有区别，是绝对不能混淆、更不能画等号的。这种概念模糊、理论混乱，我们下面还要专门澄清。

第四，吴敬琏研究员对先行工业化国家的发展和工业化阶段的划分不符合历史事实。

首先，吴敬琏研究员把先行工业化国家的发展分为四个阶段，即：（1）产业革命前的阶段；（2）第一次产业革命发生到第二次产业革命前的阶段；（3）第二次产业革命以后的阶段；（4）20世纪50年代以后的信息化阶段。非常明显，他遗漏了一个极其重要的阶段——第二次产业革命发生和进行的时期，即工业化实现的决定性的关键阶段。这是不应该发生的疏忽！恰恰这个时期是工业化过程中以重化工业为主导的时期，看不到这个时期的存在，自然就会否定工业化必然要经历一个以重化工业为主导的阶段。而且，第二次产业革命时期是19世纪40年代~20世纪50年代，所以“第二次产业革命以后的阶段”也就是“20世纪50年代以后的阶段”，吴敬琏研究员划分的（3）阶段与（4）阶段实际上是一个阶段。另外，他还认为第一次产业革命发生到第二次产业革命前的阶段是“19世纪”，这也不符合历史实际，第一次产业革命时期应该是18世纪60年代至19世纪40年代①。正是由于这种疏忽和失误，又发生了对先行工业化国家工业化过程认识的偏差。

一般来说，主要发达国家在工业化的初期，大致上也就是第一次产业革命时期，虽然重工业也有相当的发展，但基本上都是以轻纺工业为主导；在工业化的中期，大致上也就是第二次产业革命时期，基本上都是以重化工业为主导，完成了工业化的任务。第二次产业革命的主要内容和标志是电力、内燃机、新炼钢法、石油化工、汽车、电器制造等，基本上都属于重化工业。这些都是大家公认的历史事实。但是，吴敬琏研究员却认为第一次产业革命发生到第二次产业革命前的阶段是以重化工业为主导，这既否定了有一个以轻纺工业为主导的阶段的存在，又没有看到以重化工业为主导的阶段是第二次产业革命时期，也没有看到第一次产业革命时期是以轻纺工业为主导，不符合主要发达国家工业化发展的实际。

二、应当正确理解重工业发展的内涵

1. 重工业并不必然是资源消耗型、环境污染型产业

吴敬琏研究员反对中国现在发展重工业，提出的一个重要依据是，重工业是资源消耗型、环境污染型产业，资本密集型的重化工业要大量的自然资源来支撑，中国现在自然资源短缺、生态环境脆弱，大力发展重化工业不合时宜，走进了岔路，会给中国带来危险。我们认为，这种看法是不全面的、不准确的。

所谓重工业是指生产生产资料的工业，主要包括装备制造业

① 简新华，魏珊. 产业经济学. 武汉：武汉大学出版社，2001：176-186.

（机械设备制造业）和原材料、能源及化学工业。的确，重工业是资本和技术密集型产业，需要大量的投资和更高的技术，其中的原材料、能源及化学工业会消耗更多的自然资源，传统的重化工业会造成更多的环境污染。但是，并不能因此就认为重工业必然是资源消耗型、环境污染型产业。因为，重工业中有资源消耗多、环境污染重的部门，也有资源消耗不多、环境污染不重的部门，特别是采用现代方法发展的重工业，则是资源节约型、环境保护型的重工业。比如，重工业中的装备制造业并不一定要消耗大量的自然资源，而中国重新重工业化的重点是振兴装备制造业，不是原材料工业，可以相对降低资源消耗；采用环保技术和设备防治污染的、运用循环经济的方式发展的新型重工业，不会造成更多的环境污染，这也是中国现在发展重化工业的要求。

2. 重工业的发展并不必然是粗放增长、外延扩大

吴敬琏研究员也把重工业化与“粗放增长模式”等同起来，认为重工业的发展必然是粗放增长、外延扩大，以重化工为主导的经济增长是粗放型增长，是不可持续的、过时的发展模式。其实，产业类型与增长方式是两个不同的概念，产业结构与增长方式也是两个不同的概念，都不能混淆。重工业是产业，以重化工为主导是产业结构的特征，粗放增长与集约增长是增长方式，同一产业可能采取不同的增长方式，产业类型与增长方式类型并不一一对应，不能认为重工业必然是粗放增长，轻工业、服务业或高新技术产业必然是集约增长。像农业和轻工业生产一样，重工业生产也有粗放增长和集约增长两种方式，既可以外延扩大，也可以内涵扩大，并不一定就是粗放增长、外延扩大。如果说农业和轻工业可以主要依靠科学技术进步、加强经营管理、提高劳动生产率，采用集约方式增长，实现可持续发展；重化工业也一样可以主要依靠科学技术进步、加强经营管理、提高劳动生产率，采用集约方式增长，实现可持续发展。新一轮的重工业化主要应当采取的恰恰是集约增长和内涵扩大，大力发展循环经济，实行清洁生产和节约高效增长。只要走新型的重工业化道路，中国的重新重工业化带来的不会是危险，而是工业化的最终实现。

此外，工业化的发展阶段也不与经济增长方式演进的阶段一一对应。不能认为，在工业化过程中，初期轻工业化阶段或者后期服务化阶段的经济增长，就必然是集约型的高效增长；中期重工业化阶段的经济增长，就必然全是粗放型的低效增长。在工业化过程中的各个阶段，都会存在粗放型增长与集约型增长两种方式，只不过随着科学技术的进步和管理的科学化，集约型增长越来越成为主要的方式。

3. 中国现在发展重工业不是要走“旧型工业化道路”

吴敬琏研究员还把重工业化与“旧型工业化”等同起来，认为中国现在发展重工业就是走“旧型工业化道路”，这又是一种混淆和误解。工业化阶段和主导产业与工业化道路更是三个不完全相同的概念，重工业化是工业化中期经济增长以重化工为主导的趋势，工业化道路则是指实现工业化的原则、方式和机制，至少应该包括产业、技术、资本来源、工业化发动方式、工业增长方式、工业化实现机制、城市化模式、国际经济联系等 8 个方面的选择①。产业选择只是工业化道路的内容之一，不同的产业选择也不是与不同的工业化道路一一对应的，不是说选择以重化工为主导就是走“旧型工业化道路”、选择以服务业或者轻工业为主导就是走“新型工业化道路”，不能认为只要是发展重化工就是走“旧型工业化道路”，还要看一国的工业化是否到了以重工业为主导的发展阶段、是以什么方式发展重工业等。如果一国的工业化已经到了以重工业为主导的发展阶段，又是以集约方式发展重工业，选择以重化工为主导就属于“新型工业化道路”的内容。

三、重新重工业化是中国经济发展的必由之路

1. 中国重新重工业化绕不开、跨不过，反对重新重工业化只会延误中国工业化、城镇化、现代化的进程

先轻工业化，后重工业化，从而实现工业化，再进入发达的工业化，是多数国家工业化的普遍规律，重工业化至少是比较大的国

① 简新华，向琳. 论中国的新型工业化道路. 当代经济研究，2004 (1).

家工业化的必经阶段，是不可超越或者绕过的。没有重工业化的发展，西方国家和日本不可能成为发达国家。正如刘世锦所言："至少到目前为止，我们还找不到这样的先例：一个大的经济体没有经过重工业加快发展阶段而进入了后工业社会。"① 中国作为一个后发的国家，在工业化进程中，由于国际环境、经济结构、理论认识偏差和苏联工业化模式的影响，走了一条特殊的工业化道路。工业内部结构变化大致经历了三个阶段，即建国初期至改革前的重工业优先发展→改革开放时期的轻工业发展→新世纪开始的重新重工业化。虽然工业化一开始就优先发展重工业，由于违背了工业化发展的普遍规律，所以迄今为止，中国还没有实现工业化，最重要的是还没有完成重工业化的任务。什么是重工业化的任务？即建立起强大的装备制造业和原材料工业，实现农业机械化和轻工业的技术改造，基本完成基础设施和城市的建设。要完成这些任务，就必须二次重工业化。如果按照吴敬琏研究员中国现在不应该发展重工业的观点和其他反对重新重工业化学者的主张，绕过、跨越重化工业化阶段，就不能实现重工业化，也就不能振兴装备制造业、提升轻工业技术和装备、实现农业机械化和现代化、基本完成基础设施建设、加快城镇化的步伐，也就不能最终实现工业化、城镇化、现代化，只会延误中国工业化、城镇化、现代化的进程。

2. "微笑曲线"并不能证明中国现在不能发展重工业，发展重工业并不排斥服务业特别是生产性服务业的发展

吴敬琏研究员运用施振荣先生提出的现代制造业的"微笑曲线"理论，说明我国应该加快服务业特别是生产性服务业的发展，是很有道理的。但是，"微笑曲线"并不能证明中国现在不能发展重工业、只能主要发展服务业，更不能说明发展重工业就只是停留在产业链的"中游"，不需要向"上游、下游"延伸。实际上，重工业与轻工业一样，也有所谓上、中、下游，重工业本身除了产品制造，也要研究、开发、设计，还要供应、销售、运输、融资；重工业的发展，不只是发展属于中游的加工、组装、制造，也要发展

① 刘世锦. 正确理解"新型工业化". 中国工业经济，2005（11）.

属于上游的重工业产品的R&D、设计，还要发展属于下游的为重工业生产服务的渠道、品牌、物流、金融。的确，在现代经济、技术条件下，产业链的上、下游环节，附加值更大，盈利率更高，中国可能更落后，更需要大力发展。但是，这不能成为反对发展重工业的依据。因为，属于上、下游的重工业产品的研发、设计、安装、内部运输、品牌、直销等环节，主要还是属于重工业本身的组成部分、内部的环节，增强这些环节也是发展重工业的重要内容。在这些方面，发展生产性服务业与发展重工业是一致的，甚至是一回事，根本不矛盾。实际上，中国现在发展重工业，不仅是要发展重工业的中游环节，也要重视发展重工业的上、下游环节。即使是已经成为独立产业的物流、金融等服务业，其生产性服务中也包含有为重工业服务的部分，发展重工业不仅不会对为重工业服务的服务业有害，相反还会增加对重工业服务的市场需求，从而促进为重工业服务的服务业的发展，为什么偏要把两者完全对立起来呢！

3. 中国现在不可能以服务业为主导

在中国经济发展现阶段的产业选择上，吴敬琏研究员在反对发展重工业的同时，实际上是主张中国应该以服务业为主导。他提出的依据主要有几点：一是种种因素决定中国现在不能以重工业为主导；二是服务业在20世纪初就已经超越整个工业而成为最主要的产业部门，现在更是处于主体地位，现代经济增长都应该以服务业为主导，中国也不能例外；三是现代服务业效率更高，也更有利于中国解决就业问题。

的确，服务业特别是现代服务业效率更高，更有利于中国解决就业问题；当今世界，许多国家尤其是发达国家都以服务业为主体，但是，并不能因此就认为，现在所有的国家（包括中国），不论其社会经济发展处于什么阶段，都必须以服务业为主导；这些都不足以成为中国现在必须以服务业为主导的充分理由，也就是说中国现在还不可能主要依靠服务业来带动整个国民经济的增长，中国现阶段应该以重工业为主导。

为什么中国现阶段应该以重工业为主导而不能以服务业为主导呢？因为中国现在处于工业化中期，工业化中期以重工业为主导是必然趋势。为什么工业化中期以重工业为主导是必然趋势？因为没有重工业化的发展，工业化的任务完不成，农业机械化和城市化无法实现。而且，没有工业化任务的基本完成、农业机械化和城市化的基本实现，产业结构的演进也不可能进入以服务业为主导的阶段。只有基本实现工业化、农业机械化和城市化，劳动生产率才能大幅度提高，一方面，物质生产领域的劳动力才能大量减少，才可能有更多的劳动力转移到服务领域就业；另一方面，国民收入才能大量增加，人口才能大规模集中居住，也才能形成对第三产业的巨大需求，第三产业也才可能发展成为主导产业。第三产业必须以工业化和城市化的发展为基础，不可能跳过重工业化阶段，直接由以轻工业为主导转向以服务业为主导。

第三产业为主导是有条件的，服务业不是想发展就能发展，想为主导就能成为主导的。第三产业的发展必须以一定数量的人口集中居住和人均收入达到一定水平为前提条件，只有城市化和人均GDP达到一定水平以后，服务业才能加速发展，也才能真正成为社会经济增长的主导产业。发达国家第三产业的比重占整个国民经济的70%～80%，与其城市化率也达到70%～80%是相对应的。中国第三产业发展落后，尽管学者、官方近年来一再呼吁大力发展第二产业，可就是不能快速发展起来，其原因不是由于人们不重视，主要在于中国城市化发展严重滞后、工业化的基本任务也没有完成、人均收入水平还比较低，还没有形成对第三产业的巨大的市场需求。中国的当务之急是，选择正确的重工业化道路，再次重工业化。

这里需要指出的是，吴敬琏研究员在文章中提出了几个数据资料证明其观点的正确性，但这些数据的可靠性和准确性值得怀疑。从他提出的英国和美国工业化过程中就业结构和三次产业产值比重变化情况的数据来看，存在两个问题：一是20世纪30年代末产业三分法才确立，才有可能进行第三产业的调查统计，也才可能有相关数据，因此吴敬琏研究员依据的图表中的20世纪30年代末以前的数据只能是估算出来的，很难保证准确、可靠。二是按照吴敬琏研究员文章中提供的数据，美国从1799年到1900年工业产值的比重，最低只有13%，最高也仅28%；服务业产值的比重，最低也有43%，最高则达50%，始终大大高于工业产值的比重。1799～1900年属于美国工业化的初期和中期，是工业化快速推进，工业在国内取得优势地位并跃居世界首位的最主要的阶段①，这种工业产值的比重这么低、服务业产值的比重始终处于主体地位的数据太没有道理，实在叫人难以相信。按照这种数据，1799～1900年不应该属于美国的工业化时期，而应该称之为美国的服务化时期。

4. 从总体和长期来看重新重工业化有利于就业问题的解决

吴敬琏研究员反对中国现在发展重化工业，提出的一个重要理由是，重化工业是资源密集和资本密集型产业，创造就业岗位的能力很低，在中国就业形势很严峻的情况下发展重化工业，只会使就业问题变得更严重，给中国带来危险。我们认为上述看法似是而非、存在片面性。的确，重化工业发展相对轻纺工业发展来说，本身不能创造很多的就业机会，但不能因此认为重化工业发展必然会加剧就业问题。相反，中国现在发展重化工业，不仅在短期内有利于就业问题的解决，从长期来看将会产生更多的就业机会。因为：

第一，重化工业发展本身会增加就业。

重化工业的发展，虽然不能像轻纺工业发展那样带来更多的就业岗位，但多少也会增加一些就业。不发展重化工业，也就不会产生由重化工业的发展所带来的就业机会；而且，重化工业的发展能够为轻工业、农业、服务业的发展，基础设施和城市建设提供更好的条件，从而带动整个国民经济更快地发展，使经济总量增大，也会产生更多的就业岗位；另外，重化工业的发展还会使重化工业产品的出口能力增加，有利于增加机电产品等重化工业产品的出口，就业也会相应增加。近几年中国经济发展的实践也证明了这一点：2003年中国国内生产总值增长9.1%、轻工业增长14.6%、重工业增长18.6%，2004年国内生产总值增长达到9.5%、轻工业增长14.7%、重工业增长18.2%，2005年国内生产总值增长达到

① 吉尔伯特·菲特，吉姆·里斯. 美国经济史. 沈阳：辽宁人民出版社，1981：163，355，448.

9.9%、轻工业增长15.2%、重工业增长17%，重工业增长最快，机电产品出口也大幅度增加，摆脱了20世纪90年代“通货紧缩”的态势，整个国民经济快速发展，与此同时，城镇就业人员不仅没有减少，近三年反而分别增加859万人、980万人、970万人，局部地区甚至出现了“民工荒”现象。

第二，重化工业发展促进轻纺工业发展也会增加就业。

由于重工业是资本和技术密集型产业，轻工业主要是劳动密集型产业，重工业对劳动力的吸纳能力低于轻工业，如果重工业增长的同时导致轻工业增长下降，会使就业总量减少。但重化工业与轻纺工业之间并不一定是此长彼消、此消彼长的关系，重化工业的发展并不必然意味着轻纺工业不发展，相反，近几年中国重工业高速增长的同时，轻工业也快速增长，自然也会增加就业。在轻工业产品已经能够满足城乡居民的需求、生产能力甚至出现了相对过剩的情况下，轻工业之所以还能快速增长，除了轻纺工业产品出口也大幅度增加之外，还有一个重要因素是重化工业的发展为轻纺工业的进一步发展提供了更有利的条件。应该说我国已经基本实现轻工业化，但总的来看，轻工业发展的水平仍然较低，技术装备不先进，劳动生产率也不高，物质消耗较多，不少轻工业产品品种少、质量差、档次低，亟待优化升级，特别需要发展重工业，提供更先进的技术设备，改造和武装轻工业。要想从根本上改变在国际分工中，中国处于产业链的低端、作为世界“加工厂”、搞“贴牌”生产，劳动力“卖苦力”、替外国打工、仅赚微薄加工费的地位，进入产业链的高端，提高加工度，增加附加值，增强国际竞争力，提高经济效益，也必须发展重工业，用更多更先进的设备和技术改造与武装落后的制造业。而且，轻工业规模的扩大，也需要重工业提供更多的机械设备、能源和原材料，也要求重工业发展。近几年中国重工业的高速增长，正好适应了这种要求，为轻工业的发展创造了更好的条件，从而促进了轻工业的发展。从长期来看，如果不发展重化工业，轻纺工业的技术装备得不到更新改造，国际竞争力得不到提高，轻纺工业产品出口就会下降，生产就会萎缩，就业就会减少。由此可见，重化工业发展，对轻纺工业的发展不是有害，而是有利；对就业问题的解决也不是有害，而是有利。

第三，重化工业发展为服务业的发展提供更好的条件，将会创造更多的就业机会。

的确，第三产业是劳动密集型产业，发展第三产业能够带来更多的就业机会。但是，如前所述，只有人口大规模集中居住、国民收入达到相应的水平，才能形成对第三产业的巨大需求，第三产业也才能快速发展，成为主导产业，从而更好地解决就业问题。然而，只有基本实现工业化、农业机械化和城市化，劳动生产率才能大幅度提高，国民收入才能大量增加，人口才能大规模集中居住，也才能形成对第三产业的巨大需求，第三产业也才可能发展成为主导产业。中国第三产业发展之所以落后，其原因不是由于人们不重视，主要在于中国工业化的基本任务还没有完成，城市化发展也严重滞后，还没有形成对第三产业的巨大的市场需求。随着中国重新重工业化任务的完成、城镇化的实现、基础设施建设的基本完成，第三产业的比重必将大幅提高，必将带来更多的就业机会。

以上说明，现在中国重化工业的快速发展，不仅不会加剧就业问题，更不会给中国带来危险，反而能够最终完成工业化和城镇化任务，更好地解决就业问题。

5. 中国的比较优势已经发生变化，具备了发展重工业的资本条件

吴敬琏研究员提出，“中国的资源禀赋的基本情况是：‘人力资源丰富，自然资源短缺，资本资源紧俏和生态环境脆弱。’在这样的条件下，中国显然应当尽量发展既是低资本和其他资源投入，又能发挥人力资源优势的产业。然而在‘重型化’导向下，许多地方却集中物力财力去发展资源密集和资本密集的重化工业。这就变成了扬短避长，必然造成了一系列消极后果。”我们认为，这种看法不完全符合实际。

的确，“经济学的常识告诉我们，正确配置资源的首要要求，是要根据自己的资源禀赋的状况扬长避短和发挥优势”，按照比较优势选择产业结构，积极参与国际分工和贸易，能够更有效地发展本国经济。但是，一国的比较优势并不是一成不变的，相应的产业

结构也要发生改变；而且“根据自己的资源禀赋的状况扬长避短和发挥优势”，也只是选择产业结构和制定经济发展战略的重要原则之一，并不是唯一的依据，还应该包括产业结构演进的规律、经济发展所处的阶段、国内外的经济发展条件等多方面的因素。长期以来，中国资本严重短缺、技术相当落后，比较优势只有劳动力充足价廉，但是经过近30年的高速发展，中国的比较优势已经发生变化。虽然劳动力仍然具有优势，但已经在减弱，这可以从两方面得到证明：一是近两年“民工荒”的出现和内需扩大的困难，说明工资水平再也不能压得太低了；二是劳动密集型产品的出口面临越来越多的摩擦和障碍，扩大越来越困难，所以现在中国不能主要只是发展劳动密集型产业了。而且，资本严重短缺的局面已经改观，甚至拥有了一定的优势。我们作出此判断的主要依据是：中国现在的城乡居民储蓄存款余额近15万亿元人民币，存贷差额高达9万多亿元人民币，每年引进外资500亿～600亿美元，外汇储备8000多亿美元，银行存款实际上是负利率，中国的海外投资快速增长，2002年只有9.83亿美元，2005年猛增到69.2亿美元，3年增长7倍多，有学者预计，5年后，中国企业每年的海外投资总额将达到150亿到200亿美元①。面对这些情况，现在还能说中国的资本仍是严重短缺吗！中国现在不是有项目找不到资本，而是有资本找不到有利的投资场所。中国现在的实际情况是，资本既不那么短缺，也不那么昂贵，资本密集型产业也有了一定的优势，已经具备了加快发展重工业所必需的资本条件。另外，自然资源短缺、生态环境脆弱，也不能作为反对发展重工业的理由。因为，按照自然资源短缺、生态环境脆弱就不能搞工业“重型化”的逻辑，像日本这样自然资源严重短缺、生态环境曾经相当脆弱的国家，就永远不应该发展重工业。但历史事实恰恰相反，日本正是在自然资源短缺、生态环境脆弱的条件下，大力发展重工业，实现重工业化之后，才成为发达的工业化国家。自然资源短缺、生态环境脆弱的困难，可以通过选择正确的经济增长方式和工业化道路予以有效克服。

---

① 雷达. 富国纷纷看上中国资金. 环球时报，2006-2-20.

6. 重新重工业化主要不是政府调节的产物，而是市场调节的结果

吴敬琏教授认为，所谓中国的二度重化工业化，不是市场调节的结果，而是各级政府调节的结果。其实不然，中国现在之所以出现重新重工业化趋势，主要是由以下原因引起的：

一是消费结构的升级。消费结构的变化是引起产业结构变动的最主要的因素，按照国际经验，人均 GDP 达到 1000 美元以后，社会消费结构将会由温饱型向发展型、享受型升级。汽车、住房需求的大幅度增长，用于生产汽车、住房的重工业产品的需求也必然大量增加，从而极大地带动钢铁、机械、化工、水泥等重工业部门的发展。二是基础设施的建设。发达国家的历史经验表明，基础设施建设，既是实现工业化的前提，也是工业化的重要任务。与发达工业化国家相比，我国的基础设施建设还存在很大差距。基础设施建设需要大量的重工业产品，必然带动重工业的发展。三是城镇化进程的加速。城镇化是工业化的必然伴侣，同时也是工业化的促进器。我国现在已经进入城镇化加速发展时期，城镇数量的增加、规模的扩大，新一轮城镇建设高峰的出现，对钢材、水泥、能源、电力和相关机械设备的需求急增，导致重工业发展的加速。四是轻工业的优化。我国轻工业产品已经能够满足城乡居民有购买力的需求，生产能力甚至出现了相对过剩，但总的来看，技术装备还不先进，劳动生产率也不高，物质消耗较多，不少轻工业产品品种少、质量差、档次低，亟待优化升级，特别需要发展重工业，提供更先进的技术设备，改造和武装轻工业。五是农业的技术改造。农业的发展在实现工业化方面起着关键性的作用，工业化过程也是农业生产产业化、机械化的过程，改造落后农业的一个重要渠道是工业部门向农业部门提供先进的农业机械装备。中国现在农业机械化的水平还不高、产业化程度低、许多农业生产技术还比较落后，迫切需要发展重工业，生产更多、更先进的机器设备武装和改造还相当落后的农业，有力推进农业现代化。六是装备制造业落后面貌的改变。装备制造业是重工业的核心组成部分，先进的装备制造业是发达工业化的基本标志之一。中国的装备制造业相当落后，仍然依赖

进口，每年大约要花1000亿美元进口设备，花1000亿美元进口零部件，每年进口设备的花费远远超过外商对华直接投资。这种状况已经严重影响工业化水平的提高，急需改变。七是国际制造业的转移。国际制造业转移的规律是，先是转移劳动密集型产业、轻纺工业，再是资源消耗型、环境污染型的产业（其中相当部分属于重化工业），而现在转移的是资金和技术密集型的重化工业。国际产业转移也为中国以装备制造业为核心的重工业发展提供了机遇。

正是在这多重因素的作用下，形成了巨大的重工业产品的市场需求，导致重工业产品价格的上涨，从而推动重工业的快速发展。由此可见，中国的重新重工业化主要是市场调节的结果，而不是政府调节的产物。虽然在近几年重工业发展的过程中，各地政府也起了促进作用，也可能为了所谓“政绩”、增加地方财政收入等，采取了一些不是十分恰当的措施，但决不是主要推动力量，其作用也不全是错的。现在大家公认中国家电制造业主要是在市场推动下发展起来的，但也不要忘记20世纪80年代，也出现过各地政府大力支持甚至直接投资搞家电生产的现象，没有人因此说中国家电制造业主要是靠政府的作用发展起来的。这里必须说明的是，我们也反对政府作为主要的投资主体、采用行政的方法去发展重工业，但并不能因此就从根本上反对发展重工业。

参考文献

吴敬琏．思考与回应：中国工业化道路的抉择．学术月刊，2005（12）；2006（1）．

吴敬琏．注重经济增长方式转变，谨防结构调整中出现片面追求重型化的倾向．国研网，2004-11-16．

厉以宁．重型化是中国经济发展的必经阶段．经济日报，2004-12-27．

林毅夫．目前的重工业热不符合中国国情．经济参考报，2004-12-23．

樊纲．中国能超越重化工业发展阶段吗．经济学消息报，2005-11-18．

蔡昉．发展阶段判断与发展战略选择—中国又到了重化工业化阶段吗．经济学动态，2005（9）．

李佐军．“重工业化”是工业化中后期的一般规律．经济参考报，2004-

10-20.

国务院发展研究中心“新型工业化道路研究”课题组．我国开始步入重工业化阶段．经济日报，2004-2-9.

张培刚．农业与工业化（上、下卷），武汉：华中科技大学出版社，2002.

张培刚．新发展经济学（增订本），郑州：河南人民出版社，1999.

谭崇台．发展经济学．上海：上海人民出版社，1989.

简新华，余江．论中国的重新重工业化．中国经济问题，2005（5）.

（原载《学术月刊》2006年第5期，与余江合写）

驳反对中国重新重工业化的观点

——与吴敬琏、林毅夫教授等商榷

从1999年开始的6年多时间内，中国工业发展出现转折性变化，无论是在产值、投资、利润增长方面，还是在比重上重工业都超过了轻工业，出现了重新重工业化的趋势。1999年重工业增长速度超过了轻工业1个百分点，2003年甚至快4个百分点；重工业的比重也从1997年的53.8%猛升至2000年的59.1%，2003年更是达到了64.3%，几乎接近了重工业优先发展时期的最高记录(66.6%，1960年)。与此同时，出现了严重的煤荒、电荒、油荒、气荒、运荒，资源短缺加剧，环境压力加大，经济增长的就业弹性系数下降。如何正确认识和评价这种情况，中国现在应不应该重新重工业化即二次重工业化，是否已经进入了一个重新重工业化的发展阶段，是什么因素引起的，以重化工为主导的经济增长会不会给中国带来危险，重新重工业化的道路应当怎么走，怎样克服工业重型化中资源、环境和就业的制约，有效地推进重新重工业化？这些是关系到能否正确认识中国经济发展目前所处阶段、走势、面临的任务和应当采取的对策，影响到中国能否最终实现工业化的重大问题，正在成为激烈争论的热点问题。理论界对这些问题的看法现在出现了较大的分歧，形成了肯定和否定的两派对立的观点。但在争论中，各派基本上是各讲各的看法，缺乏直接正面交锋，不利于讨论深化和形成正确的认识。

我们是中国重新重工业化的赞成者，主要看法已在《财经问题研究》2004 年第 9 期上发表的文章《重新重工业化与振兴老工业基地》中做了初步的正面论述。为了弥补目前研讨的不足，这里主要反驳否定和反对中国重新重工业化的观点。反对派最有影响的代表人物是吴敬琏、林毅夫教授等，他们的主要观点是：中国现在的比较优势仍然是劳动力，只能主要发展劳动密集型产业，不能主要发展资本、技术密集的重化工；重新重工业化不是市场调节的结果，而是地方政府追求“政绩工程”的结果，走进了岔路；在资源严重短缺、环境压力巨大、就业形势严峻的情况下，不合时宜，资源、环境无法支撑重工业化，会加剧就业问题，给中国带来危险；霍夫曼理论还未被证实，不能按他的理论（属 19 世纪时期的粗放增长型理论）走；工业化中期以发展重化工业为主是先行工业国早期的模式，中国不能亦步亦趋，应该绕过、跨越重化工业化阶段。我们认为上述看法有的似是而非，有的有片面性，有的不正确，值得商榷。

一、重新重工业化主要是市场调节的结果

吴敬琏教授认为，所谓中国的二度重化工业化，不是市场调节的结果，而是各级政府调节的结果。其实不然，中国现在出现重新重工业化趋势，主要是由以下原因引起的：

一是消费结构的升级。消费结构的变化是引起产业结构变动的最主要的因素，按照国际经验，人均 GDP 达到 1000 美元以后，社会消费结构将会由温饱型向发展型、享受型升级。汽车、住房需求的大幅度增长，用于生产汽车、住房的重工业产品的需求也必然大量增加，从而极大地带动钢铁、机械、化工、水泥等重工业部门的发展。二是基础设施的建设。发达国家的历史经验表明，基础设施建设，既是实现工业化的前提，也是工业化的重要任务。与发达工业化国家相比，我国的基础设施建设还存在很大差距。基础设施建设需要大量的重工业产品，必然带动重工业的发展。三是城镇化进程的加速。城镇化是工业化的必然伴侣，同时也是工业化的促进

器。我国现在已经进入城镇化加速发展时期，城镇数量的增加、规模的扩大，新一轮城镇建设高峰的出现，对钢材、水泥、能源、电力的需求急增，导致重工业发展的加速。四是轻工业的优化。我国轻工业产品已经能够满足城乡居民的需求，生产能力甚至出现了相对过剩，但总的来看，技术装备还不先进，劳动生产率也不高，物质消耗较多，不少轻工业产品品种少、质量差、档次低，亟待优化升级，特别需要发展重工业，提供更先进的技术设备，改造和武装轻工业。五是农业的技术改造。农业的发展在实现工业化方面起着关键性的作用，工业化过程也是农业生产产业化、机械化的过程，改造落后农业的一个重要渠道是工业部门向农业部门提供先进的农业机械装备。中国现在农业机械化的水平还不高、产业化程度低，许多农业生产技术还比较落后，迫切需要发展重工业，生产更多、更先进的机器设备武装和改造还相当落后的农业，有力推进农业现代化。六是装备制造业落后面貌的改变。装备制造业是重工业的核心组成部分，先进的装备制造业是发达工业化的基本标志之一。中国的装备制造业相当落后，仍然依赖进口，每年大约要花1000亿美元进口设备，花1000亿美元进口零部件，每年进口设备的花费远远超过外商对华直接投资。这种状况已经严重影响工业化水平的提高，急需改变。七是国际制造业的转移。国际制造业转移的规律是，先前是转移劳动密集型产业、轻纺工业，而现在转移的是资金和技术密集型的重化工业。国际产业转移也为中国重工业发展提供了机遇。

正是在这多重因素的作用下，形成了巨大的重工业产品的市场需求，导致重工业产品价格的上涨，从而推动重工业的快速发展。由此可见，中国的重新重工业化主要是市场调节的结果，而不是政府调节的产物。虽然在近几年重工业发展的过程中，各地政府也起了促进作用，也可能采取了一些不是十分恰当的措施，但决不是主要推动力量，其作用也不全是错的。现在大家公认中国家电制造业主要是在市场推动下发展起来的，但也不要忘记20世纪80年代，也出现过各地政府大力支持甚至直接投资搞家电生产的现象，没有人因此说中国家电制造业主要是靠政府的作用发展起来的。

二、霍夫曼定理是已被历史证明的工业化发展的客观规律

吴敬琏教授说："去年霍夫曼理论很红，主张发展重化工业的人都以他的理论为依据，但是发展经济学和 Google 中都查不到霍夫曼理论，说明其理论还未被证实。我国是具有后发优势的国家，要迎头赶上，就不能按他的理论（属于 19 世纪时期的粗放增长型理论）走，要总结别人的经验和教训。"看到网上登载的吴敬琏教授的这段论述，说实话，我们心里感到十分意外和遗憾！发展经济学中怎么会查不到霍夫曼理论？发展经济学的奠基人、中国著名经济学家张培刚先生在美国哈佛大学出版的世界名著《农业与工业化》，中国著名经济学家谭崇台先生主编的发行量极大的《发展经济学》，都介绍了霍夫曼理论，想不到吴敬琏教授都没有看，也没有查。霍夫曼定理是从各个工业化国家的统计调查中得出的结论，是实践经验的总结，是已被历史证明的工业化发展的客观规律。霍夫曼定理揭示的是工业化过程中工业结构重工业化的趋势，即先轻工业化或以轻工业为主导（工业化初期），再重工业化或以重工业为主导（工业化中期），最后进入发达工业化（工业化后期）的一般规律。的确，霍夫曼定理总结的只是 1931 年以前工业化的经验，没有发现发达工业化（工业化后期）产业结构将以服务业为主导，但霍夫曼定理也没有说进入重工业化阶段以后永远都要以重工业为主导，更重要的是工业化中期以重工业为主导是必然趋势，不能因为霍夫曼定理没有说明服务化的趋势，就否定这一点。因为，没有重工业化的发展，工业化的任务完不成，农业机械化和城市化无法实现。而且，只有基本实现工业化、农业机械化和城市化，劳动生产率才能大幅度提高，国民收入才能大量增加，人口才能大规模集中居住，也才能形成对第三产业的巨大需求，第三产业也才可能发展成为主导产业。第三产业必须以工业化和城市化的发展为基础，不可能跳过重工业化阶段，直接由以轻工业为主导转向以服务业为主导。所以，吴敬琏教授的工业化中期以发展重化工业为主是先行工业国早期的模式，中国不能亦步亦趋，现在应该着重发展第三产

业的观点是值得商榷的。中国第三产业发展落后，尽管学者、官方近年来一再呼吁大力发展第三产业，可就是不能快速发展起来，其原因不是由于人们不重视，主要在于中国城市化发展严重滞后，工业化的基本任务也没有完成，还没有形成对第三产业的巨大的市场需求。要想从根本上改变在国际分工中，中国作为世界“加工厂”、搞“贴牌”生产，劳动力“卖苦力”、替外国打工、仅赚微薄加工费的地位，也必须发展重工业，用更多更先进的设备和技术改造和武装落后的制造业。中国的当务之急是，选择正确的重工业化道路，再次重工业化。

三、重工业并不必然是资源消耗型、环境污染型产业，重工业的发展并不必然是粗放增长、外延扩大

反对中国现在发展重工业的学者提出的一个重要依据是，重工业是资源消耗型、环境污染型产业，资本密集型的重化工业要大量的自然资源来支撑，以重化工为主导的增长是粗放型增长，他们由此得出结论：以“重化工”为主导的经济增长是不可持续的过时的发展模式，中国现在大力发展重化工业不合时宜，走进了岔路，会给中国带来危险。我们认为，这种看法似是而非、存在片面性。所谓重工业是指生产生产资料的工业，主要包括装备制造业（含机械制造业）和原材料、能源及化学工业。的确，重工业是资本和技术密集型产业，需要大量的投资和更高的技术，其中的原材料、能源及化学工业会消耗更多的自然资源，传统的重化工业会造成更多的环境污染。但是，并不能因此就认为重工业必然是资源消耗型、环境污染型产业，重工业的发展必然是粗放增长、外延扩大。因为，重工业中的装备制造业并不一定要消耗大量的自然资源，而中国重新重工业化的重点是振兴装备制造业，不是原材料工业，可以相对降低资源消耗；采用环保技术和设备防治污染的新型重工业不会造成更多的环境污染，这也是中国现在发展重化工业的要求；产业结构与增长方式是两个不同的概念，不能混淆，不能认为农业、重工业必然是粗放增长，轻工业、服务业或高新技术产业必然是集约增长，像农业和轻工业生产一样，重工业生产也有粗放

增长和集约增长两种方式，既可以外延扩大，也可以内涵扩大，并不一定就是粗放增长、外延扩大；如果说农业和轻工业可以实现可持续发展，重化工业也一样可以实现可持续发展。新一轮的重工业化主要应当采取的恰恰是集约增长和内涵扩大，大力发展循环经济，延长产业链，提高加工度，增加附加值，降低消耗，节约高效利用资源，减少污染。只要走新型的重工业化道路，中国的重新重工业化带来的不会是危险，而是工业化的最终实现。

四、中国的比较优势已经发生变化，具备了发展重工业的资本条件

的确，按照比较优势选择产业结构，积极参与国际分工和贸易，能够扬长避短，更有效地发展本国经济。但是，一国的比较优势并不是一成不变的，相应的产业结构也要发生改变。长期以来，中国资本严重短缺、技术相当落后，比较优势只有劳动力充足价廉，但是经过近 30 年的高速发展，中国的比较优势已经发生变化。虽然劳动力仍然具有优势，而资本严重短缺的局面已经改观，甚至拥有了一定的优势。我们作出此判断的主要依据是：中国现在的城乡居民储蓄存款余额达 12 万亿元人民币，存贷差额高达 5 万亿元人民币，每年引进外资 500 亿~600 亿美元，外汇储备 6000 亿美元，银行存款实际上是负利率。中国现在不是有项目找不到资本，而是有资本找不到有利的投资场所。林毅夫教授说："中国的现实是劳动力便宜，资本昂贵，现阶段大力发展没有优势的资本密集型产业，结果很可能是银行坏账大量增加。"我们认为，这种看法不完全符合实际，中国现在的实际情况是，资本既不那么短缺，也不那么昂贵，资本密集型产业也有了一定的优势，已经具备了加快发展重工业所必需的资本条件。

五、中国重新重工业化绕不开、跨不过，反对重新重工业化只会延误中国工业化、城镇化、现代化的进程

先轻工业化，后重工业化，从而实现工业化，再进入发达的工业化，是多数国家工业化的普遍规律，重工业化至少是比较大的国

家工业化的必经阶段，是不可超越或者绕过的。没有重工业化的发展，西方国家和日本不可能成为发达国家。中国作为一个后发的国家，在工业化进程中，由于国际环境、经济结构、理论认识偏差和苏联工业化模式的影响，走了一条特殊的工业化道路。工业内部结构变化大致经历了三个阶段，即，建国初期至改革前的重工业优先发展→改革开放时期的轻工业发展→新世纪开始的重新重工业化。虽然工业化一开始就优先发展重工业，由于违背了工业化发展的普遍规律，所以迄今为止，中国还没有实现工业化，最重要的是还没有完成重工业化的任务。什么是重工业化的任务？即建立起强大的装备制造业和原材料工业，实现农业机械化和轻工业的技术改造，基本完成基础设施和城市的建设。要完成这些任务，就必须二次重工业化。如果按照反对重新重工业化学者的主张，绕过、跨越重化工业化阶段，就不能实现重工业化，也就不能振兴装备制造业，提升轻工业技术和装备，实现农业机械化和现代化，基本完成基础设施建设，加快城镇化的步伐，也就不能最终实现工业化、城镇化、现代化，只会延误中国工业化、城镇化、现代化的进程。

六、重新重工业化的资源、环境、就业约束不是不可克服的，资源短缺的条件下也能实现重工业化

发达国家在实现重工业化的时候，世界资源相对充足、价格低廉、环境状况良好，对发展重工业较为有利；现在世界资源供应紧张、价格上涨、环境污染严重，发展重工业的条件极为不利，尤其是人均资源占有量大大低于世界平均水平的中国，重新重工业化更是面临许多的困难和问题，受到多方面的制约，主要有资源短缺、环境污染、就业弹性下降等三大制约。但是，重工业化是必然趋势，不能因为存在资源、环境和就业的制约，发展重工业的时机也不利，就因噎废食，不发展重工业。因为，不实现重工业化，就不能最终实现工业化、城镇化、现代化；几乎不可能再找到发达国家发展重工业时的那样有利的条件和机遇；而且，重新重工业化面临的资源、环境、就业约束也不是不可克服的。通过选择正确的重工业化道路，切实转变增长方式，以发展装备制造业为核心，发挥市

场机制、技术进步、产业政策和制度创新的作用，能够有效地解决这些问题。重工业发展本身虽然不能创造很多的就业机会，但为轻工业、农业、服务业的发展，基础设施和城市建设提供更好的条件，带动整个国民经济更快发展、总量增大，则会产生更多的就业机会。

值得指出的是，中国在重新重工业化的过程中，特别要学习日本实现重工业化的成功经验。日本在资源严重贫乏的条件下，不仅没有放弃、害怕、反对发展重化工业，也没有企图跨越或绕过重工业化阶段，相反大力发展重工业，建成强大的装备制造业，完成农业的改造及生产和生活基础设施的建设，成功地实现重工业化，成为发达的工业化国家，并且是世界上资源综合利用效率最高的国家。虽然日本在重化工业化过程中，拥有20世纪50~60年代石油价格低廉的有利条件，世界资源、环境问题也没有现在这么严重，但主要还是在市场机制和产业政策的作用下高效利用国内外资源的结果。随着中国重新重工业化任务的完成、城镇化的实现、基础设施建设的基本完成、装备制造业的振兴、农业机械化和现代化的实现、轻工业技术和装备的升级，中国资源消耗必将大量减少，环境压力必将大大减轻，第三产业的比重必将大幅提高，必将带来更多的就业机会。中国重新重工业化任务完成之日，就是中国工业化实现之时。

（原载《经济学消息报》2005年3月18日，与余江合写）

重工业发展真不利于就业吗？

——析重新重工业化与就业矛盾论

从1999年开始的6年多时间内，中国重化工业快速发展，出现了重新重工业化的趋势。部分学者反对中国现在发展重化工业，提出的一个重要理由是，重化工业是资本、技术密集型产业，在就业形势严峻的情况下发展重化工业，会加剧就业问题，给中国带来危险。我们认为上述看法似是而非、存在片面性。

的确，重化工业发展相对轻纺工业发展来说，本身不能创造很多的就业机会，但不能因此认为重化工业发展必然会加剧就业问题。相反，中国现在发展重化工业，不仅在短期内有利于就业问题的解决，从长期来看将会产生更多的就业机会。因为：

1. 重化工业发展本身会增加就业

重化工业的发展，虽然不能像轻纺工业发展那样带来更多的就业岗位，但多少也会增加一些就业。不发展重化工业，也就不会产生由重化工业的发展所带来的就业机会；而且，重化工业的发展能够为轻工业、农业、服务业的发展，基础设施和城市建设提供更好的条件，从而带动整个国民经济更快地发展，使经济总量增大，也会产生更多的就业岗位；另外，重化工业的发展还会使重化工业产品的出口大量增加，就业也会相应增加。近几年中国经济发展的实践也证明了这一点。2003 年中国国内生产总值增长 9.1%、轻工业增长 14.6%、重工业增长 18.6%，2004 年国内生产总值增长达到 9.5%、轻工业增长 14.7%、重工业增长 18.2%，重工业增长最快，机电产品出口也大幅度增加，摆脱了 20 世纪 90 年代“通货紧缩”的态势，整个国民经济快速发展，与此同时，城镇就业人员不仅没有减少，反而分别增加 859 万人、980 万人。

2. 重化工业发展促进轻纺工业发展也会增加就业

由于重工业是资本和技术密集型产业，轻工业主要是劳动密集型产业，重工业对劳动力的吸纳能力低于轻工业，如果重工业增长的同时导致轻工业增长下降，会使就业总量减少。但重化工业的发展并不意味着轻纺工业不发展，相反，近几年中国重工业高速增长的同时，轻工业也快速增长，自然也会增加就业。在轻工业产品已经能够满足城乡居民的需求、生产能力甚至出现了相对过剩的情况下，轻工业之所以还能快速增长，除了轻纺工业产品出口也大幅度增加之外，还有一个重要因素是重化工业的发展。应该说我国已经基本实现轻工业化，但总的来看，轻工业发展的水平仍然较低，技术装备不先进，劳动生产率也不高，物质消耗较多，不少轻工业产品品种少、质量差、档次低，亟待优化升级，特别需要发展重工业，提供更先进的技术设备，改造和武装轻工业。要想从根本上改变在国际分工中，中国作为世界“加工厂”、搞“贴牌”生产，劳动力“卖苦力”、替外国打工、仅赚微薄加工费的地位，进入产业链的高端，提高加工度，增加附加值，增强国际竞争力，提高经济效益，也必须发展重工业，用更多更先进的设备和技术改造和武装落后的制造业。而且，轻工业规模的扩大，也需要重工业提供更多的机械设备、能源和原材料，也要求重工业发展。近几年中国重工业的高速增长，正好适应了这种要求，为轻工业的发展创造了更好的条件，从而促进了轻工业的发展。从长期来看，如果不发展重化工业，轻纺工业的技术装备得不到更新改造，国际竞争力得不到提高，轻纺工业产品出口就会下降，生产就会萎缩，就业就会减少。由此可见，重化工业发展，对轻纺工业的发展不是有害，而是有利；对就业问题的解决也不是有害，而是有利。

3. 重化工业发展为服务业的发展提供更好的条件，将会创造更多的就业机会

的确，第三产业是劳动密集型产业，发展第三产业能够带来更多的就业机会。但是，只有人口大规模集中居住、国民收入达到相应的水平，才能形成对第三产业的巨大需求，第三产业也才能快速发展，成为主导产业，从而更好地解决就业问题。然而，只有基本实现工业化、农业机械化和城市化，劳动生产率才能大幅度提高，国民收入才能大量增加，人口才能大规模集中居住，也才能形成对第三产业的巨大需求，第三产业也才可能发展成为主导产业。第三产业必须以工业化和城市化的发展为基础，不可能跳过重工业化阶段，直接由以轻工业为主导转向以服务业为主导。中国第三产业发展落后，尽管学者、官方近年来一再呼吁大力发展第三产业，可就是不能快速发展起来，其原因不是由于人们不重视，主要在于中国工业化的基本任务还没有完成、城市化发展也严重滞后，还没有形成对第三产业的巨大的市场需求。迄今为止，中国还没有实现工业化，最重要的是还没有完成重工业化的任务。什么是重工业化的任务？即建立起强大的装备制造业和原材料工业，实现农业机械化和轻工业的技术改造，基本完成基础设施和城市的建设。要完成这些任务，就必须二次重工业化，大力发展重化工业。随着中国重新重工业化任务的完成、城镇化的实现、基础设施建设的基本完成，第

三产业的比重必将大幅提高，必将带来更多的就业机会。

以上说明，现在中国重化工业的快速发展，不仅不会加剧就业问题，更不会给中国带来危险，反而能够最终完成工业化和城镇化任务，更好地解决就业问题。

（原载《中国改革报》2005年4月28日，与余江合写）

重新重工业化与振兴老工业基地

中国由于特殊的历史原因，走了一条与发达国家不同的工业化道路，在经历了重工业优先发展和轻工业化的阶段后，现在又进入了重新重工业化的阶段。历史经验证明，这一阶段是工业化能否真正实现的决定性时期。重工业的重新大发展，为拥有重工业优势的老工业基地的振兴，提供了难得的历史机遇。老工业基地能否抓住历史契机，再次崛起，是我国在经济发展的新阶段能否基本实现工业化的关键。因此，深入探讨老工业基地在重工业化阶段再次振兴的问题，具有重大的理论和实践意义。

一、重新重工业化的机遇

1. 工业化的一般规律和中国工业化的特殊历程

工业化过程的一般规律，除了我们熟知的配第－克拉克定理外，还包括工业内部结构的变化规律。在一国工业化过程中，工业一般都从轻工业的发展起步，然后逐渐向以基础工业为主的重工业转移，最后进入工业高技术含量、高加工度化、高附加值化阶段，工业化过程因此表现为先轻工业化（初期）→重工业化（中期）→发达工业化（后期）的三个阶段。在第一个阶段向第二个阶段转变的过程中，会出现消费品工业比重下降和资本品工业比重上升并逐渐占优势的趋势，这种趋势被称为工业化过程中的重工业化规律。

工业化进程中出现“先轻后重”的现象，有其必然性①。从理论研究来看，霍夫曼对这一规律进行了具体的分析（包括梅泽

① 简新华等. 产业经济学. 武汉：武汉大学出版社，2001：55.

尔斯的批评和盐野裕一的修正），马克思和列宁的生产资料生产更快增长理论是对这一规律的另一种概括①，西蒙·库兹涅茨在《各国的经济增长》中对I部门（工业部门）细分部分的研究也部分地证实了这一规律②。英国、法国、美国等发达国家工业化的实际历程则是对这一规律的有力证明。发达国家实现工业化的历史表明，工业化首先从轻工业化开始，然后再向重工业化推进，只有实现高水平的重工业化，并用先进的设备和技术武装、改造轻工业和农业，整个工业化的任务才能最终完成，也才能进入发达的后工业化社会。

中国作为一个后发的国家，在工业化进程中，由于国际环境、经济结构、理论认识偏差和苏联工业化模式的影响，走了一条特殊的工业化道路③。工业内部结构变化大致经历了三个阶段，即，建国初期至改革前的重工业优先发展→改革开放时期的轻工业发展→现在开始的重新重工业化（参见图1）。

---

① 马克思．资本论（第2卷）．北京：人民出版社，1975：489．列宁．列宁全集（第1卷）．北京：人民出版社，1961：71．

② 尽管他认为美国的经济发展看不出霍夫曼定理，但是7个样本国家的石油、化工和金属制造业的份额上升趋势还是明显的。参见西蒙·库兹涅茨．各国的经济增长．北京：商务印书馆，1985：171-176．

③ 为何中国没有采取发达资本主义国家通常的先轻工业后重工业的工业化道路，对这一问题的研究较多，得出的结论大致有以下几点：一是开始工业化时，中国面临严峻的国际环境，敌对势力的经济封锁和抗美援朝战争迫切需要发展自己的重工业。二是受苏联工业化模式的影响，在工业化道路的产业选择上采取了重工业优先发展的战略。三是旧中国的重工业基础极为薄弱，严重影响国家的生存和发展，急需改变这种落后面貌。四是对生产资料增长更快理论的认识上存在偏差，片面强调重工业优先发展，忽视了轻工业的发展。这些研究可参见：吕政等．论我国传统工业化道路的经验与教训．中国工业经济，2003（1）；简新华等．论中国的新型工业化道路．当代经济研究，2004（1）；王骏．中共中央三代领导集体与中国工业化．当代中国史研究，2003（1）．

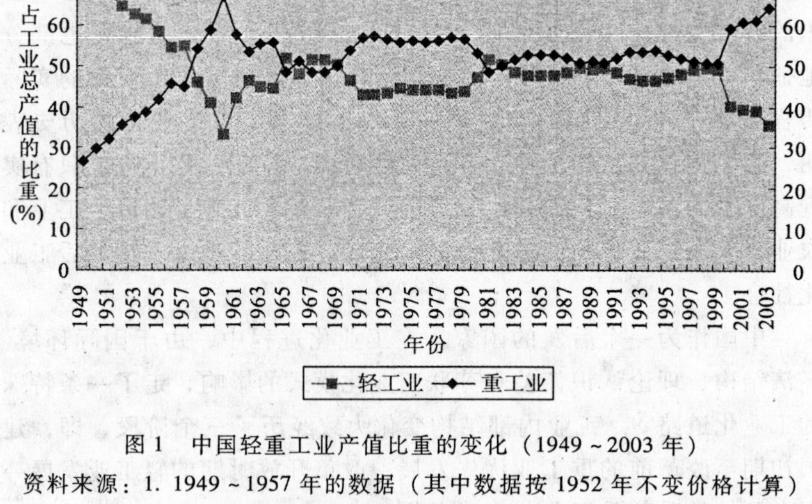

图 1 中国轻重工业产值比重的变化（1949～2003 年）

资料来源：1. 1949～1957 年的数据（其中数据按 1952 年不变价格计算）来自国家统计局工业交通物资统计司. 1949～1984 年中国工业的发展统计资料. 北京：中国统计出版社，1985.

2. 1958～1971 年的数据来源同上书，其中数据按 1957 年不变价格计算。

3. 2000～2003 年数据来自何振红. 中国：如何迎接工业之"重". 经济日报，2004-2-13（9）.

4. 其余各年数据来自中国工业经济统计年鉴》（2001），北京：中国统计出版社，2001.

第一阶段，重工业优先发展阶段（1949～1978 年）①。

这一阶段大致可分为五个时期，即 1949～1952 年的国民经济

① 对于中国工业化的开始时间，一种观点认为始于 1861 年的洋务运动，如赵晓雷. 中国工业化思想及发展战略研究. 上海：上海社会科学出版社，1995；一种观点认为起始于新中国建立后的于 1953 年开始的"一五"计划，如叶扬兵. 论"一五"时期优先发展重工业的战略. 社会科学研究，2002（5）；本文倾向于后一种观点。但是从实践来看，从 1949 年开始的国民经济恢复时期，重工业就得到了优先发展。参见汪海波. 新中国工业经济史. 北京：经济管理出版社，1986：109-110.

恢复时期的重工业优先、“一五”期间的重工业化、“二五”期间的“大跃进”对重工业化的强化、1961～1964年对“大跃进”的纠正、1965～1978年备战和三线建设对重工业优先的再次强调①。

从总体来看，这一时期的工业化主要是以重工业化为主，实行的是重工业优先的赶超战略，投资向重工业倾斜，甚至把农业剩余作为积累发展重工业。重工业产值比1949年增加了47.5倍，轻工业产值比1949年只增加了12.7倍；从1958年重工业产值首次超过轻工业到1978年的21年中，仅有4年重工业产值低于轻工业，其余17年都是重工业产值比重高于50%，结果形成了“重工业太重、轻工业太轻、农业落后”的畸形产业结构，可以说这一期间是名副其实的重工业化阶段。虽然打下了一定的工业基础，但远远没有实现工业化，甚至连重工业化的任务也没有完成。

第二阶段，轻工业发展阶段②（1979～1998年）。

从1979年开始，我国轻工业快速增长，大致出现了1979～1981年、1985～1990年和1994～1998年三次轻工业高速发展时期③，尤其是1979～1981年，轻工业的增长速度分别为11%、18.9%和14.3%，明显高于同期重工业的8.0%、1.9%和-4.5%。轻工业比重在1981年超过了重工业，达到51.5%。与此同时，重工业的增长速度开始放慢，虽然其比重在绝大部分年份还是超过了轻工业，但是差别已经很小，而且再也没有出现80年代前曾出现过的超高速增长。1993年的唯一一次快速增长由于遇到了国家治理经济过热，增长势头也没有得到延续。形成这一局面的主要原因是：（1）改变短缺经济的迫切需要。传统的重工业优先的赶超战略和计划经济体制，造成消费品严重的供不应求、普遍的凭票供应、排队购买，使中国经济成为典型的短缺经济，广大人民

① 参见汪海波．新中国工业经济史．北京：经济管理出版社，1986：13.

② 也有学者认为这一阶段是“并行增长的轻重工业”，理由是统计口径的不同导致了对重工业的低估。参见江小涓．世纪之交的工业结构升级．上海：上海远东出版社，1996：61-63.

③ 魏后凯．中西部工业与城市发展．北京：经济管理出版社，2000：104.

群众强烈要求发展轻工业和农业生产，根本改变消费品短缺的现象，以满足基本的生活需要。潜在的巨大市场需求和提高生活水平的迫切愿望，极大地刺激了主要生产生活消费品的轻工业的发展。(2) 经济发展战略调整和经济体制改革的推动。为了发展生产、改善生活，我国调整经济发展战略，制定了新的“三步走”的现代化战略，注重改善人民生活，把发展农业和轻工业生产放在突出位置，再加上改革开放，下放生产经营自主权，逐步取消各种限制，开始发挥市场调节的作用，乡镇企业异军突起，极大地推动了轻工业的发展。(3) 政府的扶持政策和已有的工业基础的促进。为了促进轻工业发展，政府制定各种扶持轻工业的优惠政策，如1979 年开始的对轻工业的投资倾斜和 1980 年的对轻纺工业的“六个优先”等一系列的政策①。而且，前一阶段打下的重工业基础，也为这一阶段轻工业的振兴创造了有利的物质技术条件。在这些因素的共同作用下，轻工业得到了长足的发展，不仅满足了城乡居民的基本生活需要，甚至出现了许多工业消费品生产能力严重过剩的现象，使中国由短缺经济转变为相对过剩经济，轻工业也不再是工业发展的重点。

第三阶段，重新重工业化（1999 年至今）。

1999 年我国的重工业增长速度超过了轻工业 1 个百分点，也就是从这一年开始，我国的工业结构又发生了新的变化，出现了重新重工业化的趋势。首先，从轻重工业的增长速度和比重来看，从1999 年开始，我国的轻工业无论是在增长速度还是比重上都落后于重工业，而且差距越来越大。2000 年，中国经济出现转折性变化，重工业比轻工业快 3.5 个百分点，2003 年又升至 4 个百分点。同时，重工业的比重从 1997 年的 53.8% 猛升至 2000 年的 59.1%，2003 年更是达到了 64.3%，几乎接近了 1960 年的记录（66.6%）（参见图 2）。其次，各地对重工业的投资热潮也反映了这一趋势，如珠三角和长三角地区对石化、汽车等重工业项目的大量投资，民

① 汪海波．新中国工业经济史．北京：经济管理出版社，1986：412.。

营经济开始涉足钢铁、电解铝等项目等。再次，重化工业成为工业利润的主要增长源。据《经济日报》的资料，2003 年 1～11 月份，石油、汽车、电力、冶金、电子、化工等六大行业实现利润 3914 亿元，占整个工业利润总额的 54%，这六大行业共新增利润 1281 亿元，占整个工业新增利润的 57.3%①。利润总额和利润增量的一半以上均由这六大行业创造，在历史上尚属首次。这些都充分表现出当前中国工业结构中的重化工业特征。无怪乎不少专家学者都认为中国的重工业化时代到来了。

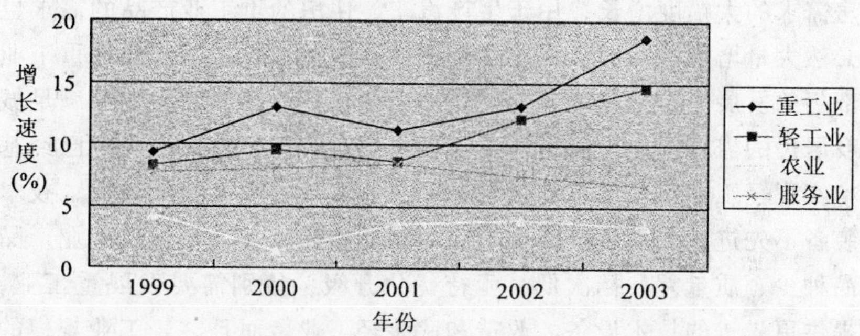

图 2　重工业、轻工业、农业、服务业增长速度对照图（1999～2003 年）

资料来源：1. 1999～2002 年数据来自中国统计年鉴（2003）. 北京：中国统计出版社，2003.

2. 2003 年数据来自中国统计数据/中国网，http://www.china.org.cn/ch-company。

2. 重新重工业化的原因和机遇

我国为何出现重新重工业化的趋势，综合已有的研究②，我们认为主要原因有：一是消费结构的升级。消费结构的变化是引起产业结构变动的最主要的因素，按照国际经验，人均 GDP 达到 1000

① 参见何振红. 中国：如何迎接工业之“重”. 经济日报，2004-2-13（9）.

② 参见国务院发展研究中心课题组. 我国工业化进入新阶段. 经济日报，2003-12-1（5）；国务院发展研究中心“新型工业化道路研究”课题组. 我国开始步入重工业化阶段. 经济日报，2004-2-9（5）；何振红. 中国：如何迎接工业之“重”. 经济日报，2004-2-13（9）.

美元以后，社会消费结构将会由温饱型向发展型、享受型升级。2003年我国人均GDP首次超过1000美元，达到1090美元，我国居民首先是城镇居民的消费结构已由以自行车、缝纫机、收音机等为标志的千元级提升到以洗衣机、电视机、冰箱、空调器、电脑等为标志的万元级，并开始向以住房、汽车为标志的10万元级迈进。2003年我国轿车销量增长92.8%，商品房销售增长32%，就是最好的证明。消费结构的升级成为重工业发展的强大动力。汽车、住房生产的产业链特别长，对相关产业的带动作用特别大。汽车、住房需求的大幅度增长，用于生产汽车、住房的重工业产品的需求也必然大量增加，从而极大地带动钢铁、机械、化工、水泥等重工业部门的发展。二是轻工业的优化。由于轻工业产品已经能够满足城乡居民的需求，生产能力甚至出现了相对过剩，应该说我国已经基本实现轻工业化，但总的来看，轻工业发展的水平仍然较低，技术装备不先进，劳动生产率也不高，物质消耗较多，不少轻工业产品品种少、质量差、档次低，亟待优化升级，特别需要发展重工业，提供更先进的技术设备，改造和武装轻工业。而且，轻工业规模的扩大，也需要重工业提供更多的机械设备、能源和原材料，也要求重工业发展。三是农业的技术改造。工业化过程也是农业生产产业化、机械化的过程，我国现在农业机械化的水平还不高、产业化程度低、许多农业生产技术还比较落后，也迫切需要发展重工业，生产更多、更先进的机器设备武装和改造还相当落后的农业，有力推进农业现代化。四是基础设施的建设。形成四通八达、方便快捷的交通运输和信息通讯网络，建成先进的供水、供电、供气、农田水利、灾害防治、文化教育、环境保护、医疗卫生、安全保障等各方面的基础设施，也是工业化的重要任务。与发达工业化国家相比，我国的基础设施建设还存在很大差距，加强基础设施建设也有待于重工业的发展。五是装备制造业落后面貌的改变。装备制造业是重工业的核心组成部分，先进的装备制造业是发达工业化的基本标志之一。我国的装备制造业相当落后，仍然依赖进口，这种状况已经严重影响工业化水平的提高，急需改变。六是城镇化进程的加速。城镇化是工业化的必然伴侣，也是工业化的促进器。我国现在已经进入城镇化进程加速发展时期，城镇数量的增加、规模的扩大，新一轮城镇建设高峰的出现，对钢材、水泥、能源、电力的需求急增，导致重工业发展的加速。正是这多重因素推动我国现在进入重新重工业化的新阶段。

新阶段的重工业化与我国工业化第一阶段的重工业化相比，存在显著的不同。前一轮工业化完全是由政府投资、国家计划推进，重新重工业化则主要由市场推动，更多地依赖民间资本；前一轮重工业化兴起的原因主要是国际环境、政治因素、主观意愿，重新重工业化的原因包括上述6个方面，主要反映的是经济发展的客观必然性，其中消费结构的升级、轻工业的优化、城镇化进程的加快等3个重要方面则是前一轮重工业化中没有的重要因素；前一轮重工业化是在缺乏资金、技术、市场需求的条件下，违背工业化发展一般规律的强制重工业化，重新重工业化则是在具备必要的资金、技术、市场需求的条件下，符合工业化发展一般规律的自动出现的重工业化。正是由于两者存在这些差别，所以前一轮重工业化不仅没有使中国真正实现工业化，还造成畸形的产业结构和短缺经济，而只有重新重工业化，中国才能最终完成工业化的历史使命。

重新重工业化为我国经济发展带来了新的历史机遇。重工业化是工业化进程中的一个最重要的阶段，发达国家的历史表明，只有实现高水平的重工业化，并用先进设备和技术改造和武装轻工业和农业，整个工业化的任务才能最终完成，才能进入发达的后工业化社会。历史经验证明，重工业化常常伴随较高的工业增长速度和经济发展速度。如在19世纪70年代发生的第二次技术革命，推动了先进的资本主义国家的工业化转向以发展重工业化为重点的时期，从而使世界生产的增长速度明显加快，其中，在1900～1913年期间，世界工业生产的年增长率达4.2%，比此前任何时期都高①。日本的经验也证明，一旦进入重工业化阶段，一国就可以在较长时期保持较高水平的经济增长。重工业化能够满足市场对重工业产品

① 谷源洋，林水源．世界经济概论（上册）．北京：经济科学出版社，2002：69.

的需求，适应消费结构升级的需要，促进轻工业的优化，有助于农业的技术进步，完善基础设施，改变装备制造业落后的局面，增强国家的经济实力、国防实力和国际竞争力，为城镇化创造必要的有利条件，推动经济结构的改善。

因此，抓住我国重新重工业化带来的历史机遇，将会使我国经济发展进入一个新的快速增长阶段，加速工业化和现代化的进程。

二、振兴老工业基地的必要性和可能性

工业基地是工业企业和工业生产集中的地区，我国的老工业基地，主要是指在中华人民共和国成立前及初期特别是20世纪50、60年代（部分为70年代）形成的，重工业企业比较多的，国家进行了大量投资、生产规模大、历史上曾对全国经济起到较大作用、做出较大贡献的工业基地。这些老工业基地主要集中在东北的辽宁、吉林、黑龙江三省和沿海的上海、天津两市以及中西部一些地区，主要城市为哈尔滨、齐齐哈尔、长春、吉林、大连、沈阳、鞍山、抚顺、本溪、武汉、重庆、西安、兰州、包头、上海、天津等①。

这些老工业基地在我国的重工业优先发展时期曾经有过辉煌，对于我国社会主义制度的巩固和经济建设发挥了巨大的作用。但是在改革开放以后，我国的老工业基地几乎都出现了衰落，经济增长速度明显放慢。如从1979年到1989年，天津低于全国水平1.8个百分点，上海低于全国水平1.5个百分点，辽宁、吉林和湖北几乎和全国水平持平，仅黑龙江较高。与此同时，江苏、浙江和广东的增长速度均高于全国水平2~3个百分点。这种增长速度的巨大差异导致了各省GDP的巨大变化。改革开放初期，辽宁省的GDP是广东的2倍，而现在广东是辽宁的2倍；1980年黑龙江省的GDP与东部6省市的平均值相当，现在为其46.2%。1978年东三省GDP占全国GDP总量的13.5%，1992年下降至10.9%，2002年

① 国务院研究室课题组．中国老工业基地改造与振兴．北京：科学出版社，1992：41.

为11.33%。尽管在发达国家的工业化过程中也出现过老工业基地特别是老重工业基地衰落的现象，但是，发达国家的老工业基地的衰落一般是在重工业化向发达工业化转变的时期出现的，是在其生命周期中的成熟阶段以后的衰落，而我国的老工业基地却是在轻工业化阶段出现的早衰现象，这对于我国完成工业化的历史任务极其不利。

新一轮的重工业化为我国的老工业基地的重新振兴带来了难得的机遇，重新重工业化也需要老工业基地重新焕发青春、再现辉煌。

1. 振兴老工业基地的必要性

在经济发展的新阶段，振兴老工业基地已经成为我国的当务之急。

首先，地区经济的协调发展要求振兴老工业基地。改革开放后我国的经济得到了迅速的发展，但也出现了地区经济差距拉大的现象。日益扩大的地区差距，影响了社会稳定，不利于我国经济的协调发展。西部大开发战略可以解决西部的落后问题，振兴老工业基地则可以解决老工业基地（除东部沿海外）落后的问题。加快老工业基地调整、改造和振兴，使老工业基地重新焕发青春和活力，成为全国新的经济增长点，有利于促进地区经济的协调发展，有利于推进国有经济布局和结构调整，对于全国经济协调发展具有重大战略意义。

其次，重新重工业化需要振兴老工业基地。我国现在进入了重新重工业化的阶段，需要大规模发展重工业，振兴老工业基地有利于低成本、高效益地发展重工业。这是因为，第一，利用现有的企业进行改造与建立同样规模的企业相比，投资可减少40%，设备和物资可节省60%，建设周期可缩短一半，投入产出比可提高一倍①，振兴老工业基地比建立新的重工业基地成本低、见效快、效益好。第二，从技术、人才、基础设备到分工协作、专业配套等基

① 参见国务院研究室课题组. 中国老工业基地的改造与振兴. 北京：科学出版社，1992：7.

础条件来看，老工业基地都具有比其他地区更好的发展重工业的条件，具有发展重工业的比较优势。因此，振兴老工业基地是一条低成本、高收益的道路。

最后，攻克国企改革难关需要振兴老工业基地。企业改革是我国经济体制改革的中心环节，企业改革主要是国有企业改革，国有企业改革则是整个经济体制改革的最大难关，而国有大中型企业的改革又是国企改革的重点和难点。我国的老工业基地都是国有企业尤其是国有大中型企业高度集中的地区，根据2002年的统计，东三省、天津、上海、湖北、陕西和四川的国有大中型企业占全国的30.77%，虽然比1989年的37.9%有所下降，但是仍然占有很大的比重。老工业基地虽然20多年来也进行了较大力度的改革，但是与东部沿海地区相比，市场化进程相对落后，国企改革仍然步履艰难，严重影响了当地的经济发展。振兴老工业基地，有助于解决国有企业的改制、就业、收入、社会保障等问题。因此，改造老工业基地，在一定意义上也是对我国国有企业的改革。解决了老工业基地的国有企业的问题，在很大程度上也就完成了国有企业改革的任务。振兴老工业基地对我国的国企改革具有重要意义，可以说，老工业基地振兴之时，也就是国有企业改革成功之日。

2. 振兴老工业基地的可能性

振兴老工业基地，不仅具有必要性，也存在可能性。

(1) 我国的重新重工业化为老工业基地的振兴提供了难得的历史机遇。新世纪我国进入了全面建设小康社会的阶段，从工业化进程来看处于工业化的中期，发达国家的历史经验表明，工业化中期正是重工业化和城镇化加速的时期。这一时期由于消费结构的升级、轻纺工业的换代、农业的技术改造、基础设施的建设和城镇化进程的加快，都要求加快重工业的发展。从我国1999年以来的经济发展来看，国内对重工业产品的需求旺盛，轻工业对重工业拉动效果明显①。我国的老工业基地绝大部分都是以重工业为主，如果

① 有研究表明，1999～2003年，我国轻工业对重工业的影响因子为0.95。

能够抓住这一历史契机，加快工业改造和升级换代，就有可能实现重新振兴。

（2）老工业基地具有很强的工业基础。我国的这些老工业基地曾有过辉煌的历史，在重工业优先发展时期，通过1952～1957年的建设和1958～1978年的扩充，在这些地区建设了一批骨干企业，并形成了一批实力很强的工业城市，为我国的经济增长做出了重要的贡献。如1952～1957年间建立的694个大中型建设项目，大大充实了我国的电力、煤炭、钢铁等部门，与1952年相比，钢产量增加了2.96倍，原煤增加了0.98倍，水泥增加了1.4倍，并建立了包括飞机、汽车、冶金等一些新的工业部门，填补了我国主要工业产品的空白，有力地支持了我国的经济建设。在“二五”计划后，我国的老工业基地的一些主要产品的总产量在全国占的比重很高，如1965年老工业基地的原煤产量占全国的30.16%，原油产量占79.39%，钢产量占81.53%①。同时，这一阶段老工业基地的GDP增长也较快，如1958～1978年辽宁和天津的GDP平均增长速度都高于全国平均水平1.4和1.2个百分点。

（3）改革开放后的大规模改造为老工业基地的振兴创造了良好的条件。虽然在改革开放后我国的老工业基地出现了衰落的现象，但是在这一阶段国家为了摆脱老工业基地的困境，对老工业基地进行了较大的调整和改造，在“六五”、“七五”期间投入了5500亿元进行改造，“八五”期间更是投入了1万亿人民币，并且在改造资金的地区投向上，选择上海、天津、沈阳、武汉、重庆、哈尔滨六大老工业城市作为重点，实行投资倾斜政策。与此同时，国家也对辽宁老工业基地的技术改造给予了大力支持，也同样取得了良好的效果②。“九五”期间延续了这一政策。通过改革开放后的大规模改造，老工业基地在产业结构、技术水平尤其是城市基础设施建设方面都有了较大的改进，为老工业基地的重新振兴打下了

① 数据根据《中国老工业基地改造与振兴》第46页的数据计算得出。

② 费洪平，李淑华．我国老工业基地改造的基本情况及应明确的若干问题．宏观经济研究，2000（5）．

较好的基础。

重工业化的历史机遇和国家振兴老工业基地的政策为我国老工业基地的振兴营造了良好外部环境，而自身较好的工业基础和不断的自我改造也为其振兴提供了内在因素，这使得老工业基地的振兴具有可能性。老工业基地的经济运行情况也显示了这一趋势，从90年代初提出振兴老工业基地以来，老工业基地经济实现了较快增长，经济结构逐步得到调整，绝大多数城乡居民的生活水平有了显著改善。2002年与1999年相比，全国GDP平均每年增长9.33%，同期东三省、天津、上海和湖北的GDP平均增长了11.00%，这说明老工业基地在新的重工业化时期已经开始振兴。

三、振兴老工业基地的重点是重工业

发挥比较优势是地区经济发展和产业结构调整的一个重要原则，要振兴老工业基地，首先必须弄清楚老工业基地的比较优势在哪里。从整体来看，我国的老工业基地的比较优势主要在于重工业。

我国的老工业基地基本上是在重工业优先发展时期建立的，几十年来，老工业基地侧重发展重工业，使得这些地区的重工业较为发达。改革开放后，这种畸形的结构有所调整，但是大部分老工业基地的重工业比例还是高于全国平均水平。以1989年的数据为例，除了天津和上海也是传统的轻工业较发达的工业基地外，东北三省、湖北和四川的重工业比重明显高于全国平均水平，其中辽宁和黑龙江的重工业比重分别超过全国水平达16和15个百分点。虽然改革开放后我国出现了一批新的工业基地，但是老工业基地仍然在国民经济中发挥着重要的作用，尤其是在重工业方面，仍然拥有较强的比较优势。主要表现在：

1. 具有完整的重工业体系和配套能力

由于重工业具有中间产品比重高、分工协作程度高、技术要求高、需要设备多、资源消耗多、需求潜力较大、产业链长、产业带动力强等特点，所以，重工业的发展需要较为完整的工业体系和配套能力。我国的重工业主要集中在老工业基地，老工业基地的分布也比较集中，经过中华人民共和国成立以后特别是“一五”、“二五”时期的大规模建设，已基本形成了以钢铁、机械、石油、化工、建材、煤炭等重工业为主体的比较完整的重工业体系。老工业基地的石油开采、石油化工、钢铁和有色金属冶炼、重型机械制造、发电设备制造、造船、机车、汽车和飞机制造、机床制造等资本与技术密集型工业在全国都占有重要地位，配套能力也比较强，特别有利于重工业的发展。

2. 较丰富的自然资源和便利的交通条件

由杜能的农业区位理论和韦伯的工业区位理论构成的古典区位理论有一个基本的原则，即要求通过最低成本或者最节省运输费用来实现产业利润最大化。尽管技术的进步可以减少工业布局对资源和交通条件的依赖，但是不可否认的是，资源禀赋和交通条件仍然是工业发展的重要制约因素。因此根据产业布局的经济效益原则，工业布局应该尽可能接近原料产地和能源基地，由于重工业具有更容易受能源和资源限制的特点，尤其需要考虑当地的资源禀赋状况。从自然资源条件来看，我国的老工业基地尽管有些地区的资源已经耗竭，但多数仍是重要的原材料和能源的供应地。在目前全国已探明的主要矿藏储量中，东北地区的石油储量占45%，原煤储量占10%，铁矿保有储量居全国第一位，金矿、钼矿、镍矿和铝土矿都居全国前列；森林面积8.67亿亩，约占全国森林面积总和的50%；湖北的磷矿保有储量居全国第一位；四川的天然气和硫铁矿储量居全国第一位。这些老工业基地的自然资源优势是发展重工业的有利条件。从交通条件来看，我国老工业基地的交通较为发达。根据2002年的统计数据，东三省、天津、上海和湖北的铁路营业里程占全国的22.5%，公路里程占14.4%①。这些是老工业基地拥有的发展重工业的一个重要优势。

3. 较高的教育水平和科技力量

重工业由于自身的行业特点，与轻工业相比，具有技术含量较高的特点，这就对重工业所在地的劳动力素质和科研水平提出了较

① 根据《中国统计年鉴》（2003）计算得出。

高的要求。从老工业基地的教育和科研水平来看，老工业基地的教育事业发展水平和科技力量也高于全国平均水平。从劳动力素质来看，具有初中以上文化程度的人口占该地区人口总数的48%，比全国平均水平高出近10个百分点；每万人中在校的高等院校学生比全国平均水平高出近40%。从科研能力来看，仅东三省、湖北、天津、上海六省市就有高等院校343所，占全国高等院校总数的24.6%；国有企事业单位的工程技术人员77.54万人，占全国的14.66%。教育和科研的优势也是构成老工业基地的重工业优势的一个重要方面。一支数量多的熟练的产业工人队伍和水平高的技术人员队伍是老工业基地特有的最宝贵的财富。

正是由于老工业基地的优势在重工业，所以振兴老工业基地的重点也应该是重工业。

四、振兴老工业基地的关键是实施产业集群战略

国内外实践证明，培育产业集群是合理的区域发展战略，是提高区域经济竞争力的有效途径，也是工业化发展到一定阶段的必然趋势。针对我国的老工业基地在重新重工业化时期如何振兴的问题，笔者认为，振兴我国老工业基地的关键是实施产业集群战略。

1. 产业集群的内涵和功能

一般认为，对产业集群的研究始于马歇尔关于外部经济会导致企业在一定区域集中的现象的研究，此后，佩鲁的增长极理论、韦伯的工业区位理论、缪什的市场区位理论、克鲁格曼的新贸易理论都从不同的角度对产业集群进行了研究。而美国著名的管理学大师迈克尔·波特对产业集群的研究被认为最有影响，他在其名著《竞争论》一书中从竞争优势的角度来研究产业集群，并对产业集群的内涵做了界定。企业集群是数量较多的、在地理上临近的、具有相互关联性的企业的集合体。按照迈克尔·波特的定义，产业集群（Industrial Cluster）是指在特定领域中，同时具有竞争与合作关系，且在地理上集中，有交互关联性的企业、专业化供应商、服务供应商、相关产业的厂商，以及相关的机构（如大学、制定标准化的机构、产业公会等），简单地说，就是包含若干个彼此关联

的产业的、在地理上集中的企业和机构的集合体。产业集群以企业集群为基础，包含着多个产业的企业集群和其他相关机构。

产业集群会产生集聚效益，即能够形成更好的供应、销售市场和渠道，更容易获得熟练劳动力、技术人才、原材料和机器设备等生产资料，有利于技术和信息交流，降低进入和退出的障碍，加强分工协作，提高专业化水平，获得各种服务和便利，有益于企业创新和创业，增强产业竞争力，提高经济效益。而且，产业集群还可以极大地推动城镇化，繁荣地区经济。

2. 实施产业集群战略的措施

虽然产业集群能够产生多重功效，但不是想形成就能形成的，必须具备一定的条件，采取相应的有效措施，特别要注意抓住经济发展的新机遇，发挥本地的产业优势。国内外产业集群发展的经验证明，工业化加速推进时期，最有利于产业集群的形成和发展。当前我国进入了重工业重新大发展的时期，这对于我国产业集群的发展，尤其是具有重工业优势的老工业基地产业集群的发展，提供了难得的机遇。因此，我国的老工业基地应该抓住机遇，实施产业集群战略，实现老工业基地的振兴。

第一，实施产业集群战略，必须合理规划，扬长避短，发挥比较优势。眼睛不能老是盯着高新技术产业，老工业基地更重要的是要用高新技术改造传统产业。放弃或不重视自身的优势，硬要去发展竞争力显著低于其他地区的产业，在战略上是不合理的。老工业基地的比较优势就在于重工业，因此应该重点发展重工业产业集群。

第二，形成产业集群，要提高企业的专业化水平。老工业基地的企业的"大而全"，实际上是"大企业，小规模"的低程度的专业化分工，缺乏市场竞争力。通过对一些特大型国有企业的改组与改制，对现有生产能力进行重组，将一些非核心的配套业务就近分立为独立的法人公司，形成主机厂为龙头，众多专业化、标准化的零部件厂为其配套的企业集群。还可以通过引进新的同类或相关企业，强化企业之间的竞争与合作，达到合理分工和提高专业化水平的效果。

第三，形成重工业集群，要以老工业基地具有优势的钢铁、汽车、机械制造、化工、能源、原材料生产等为核心，延伸重工业的产业链，注重各产业部门的协调配套；要采取各种措施，鼓励重工业企业到老工业基地落户，吸引国外重工业集团到老工业基地投资，支持重工业企业的分工、协作、重组、联合、集中、集聚，拓展重工业企业群。

第四，积极争取国家振兴老工业基地的政策支持，大力进行重工业企业的设备更新、技术改造、产品开发，使老工业基地重新焕发青春。

第五，重工业是资本密集型产业，形成重工业集群需要巨额投资。应该在财政、税收、银行信贷、企业债券、股票上市、引进外资等方面适当向重工业倾斜，通过多种渠道、采取多种方式融资，给予更多的资金支持。

第六，重工业尤其是装备制造业不少也是技术密集型产业，即使是传统重工业，也必须用高新技术改造和武装。老工业基地要发展的重工业集群，不是传统落后的产业集群，而是现代先进的产业集群。因此，特别需要发挥老工业基地具有的高等院校和科研院所云集的优势，形成重工业技术研发中心，给予重工业集群发展有力的科学技术支持。

第七，充分发挥政府的作用，为形成重工业集群提供必要的服务。国外的产业集群发展经验证明，政府在产业集群的形成和发展中起着重要的作用，如政府为企业拓展海外市场，提供专业化服务，政府、协会、企业共同设立技术服务中心进行产品检测、品质管理等，这些正是我国所欠缺的。因此，需要发挥政府的作用，发展中介机构和服务体系，为企业发展提供必要的服务。

第八，产业和市场互为条件、互相促进，产业集群发展需要专业化市场的支撑。以老工业基地现有的重工业市场为基础，形成重工业产品大市场，使老工业基地成为重工业产品的集散地，为重工业集群发展创造更有利的条件。

参考文献

[美] 迈克尔·波特. 竞争论. 北京: 中信出版社, 2003.

(原载《财经问题研究》2004年第9期, 与余江合写)

新世纪中国会成为世界工厂吗?

近来，国内外都有报刊在评论中国成为世界工厂的问题，国外评论认为中国已经成为了世界的工厂。如：2001年日本通产省发表的白皮书，提出中国已经成为“世界的工厂”。2001年7月日本《产经新闻》连续发表文章，认为“中国今年将加盟世贸组织，巨大的中国市场将进一步开放。在制造业方面，中国已经成为世界的工厂”。2002年3月23日，日本《读卖新闻》的报道指出，中国正在加强“世界工厂”的地位。国内经济学家们则提出相反的意见，他们认为：中国在制造业方面具有优势，其发展也的确取得了很大的成就，在国际经济中占有越来越重要的地位，但是目前中国在资本密集型和技术密集型产业领域，仍与发达国家存在较大差距，中国还没有真正成为世界工厂，但在新世纪有可能成为世界工厂。为了全面正确地认识这个关系中国新世纪经济发展前景的重大问题，本文试图作一些深入探讨。

一、世界工厂的涵义

正确判断中国是否已经成为世界工厂或者新世纪有无可能成为世界工厂，首先必须正确把握世界工厂的内涵和特征。

英国在18世纪中叶完成产业革命后，由工厂手工业过渡到机器大工业，生产能力迅速提高，成为世界经济发展史上的第一个“世界工厂”。1850年，英国的贸易总额占世界贸易总额的21%，1870年上升到36%。1850年英国生产了全世界60.2%的煤，50.9%的铁，1870年英国产煤量仍占世界的51.5%。英国是当时世界工业制成品的生产和供应基地，也是工业制成品的最大提供者，在世界经济中占绝对的主导地位。

19世纪末20世纪初，美国是第二次产业革命的发生地之一，美国工业生产超过英国，跃居世界首位，开始成为第二个世界工厂。美国生铁产量1899年占全世界总产量的1/3，钢产量占全世界总产量的43%。美国在世界工业生产总额中所占的比重由1860年的17%上升到1890年的31%，居世界第一位，同期英国从36%下降到22%。

第二次世界大战后，日本从战争的废墟中迅速崛起，一跃成为世界第二大经济强国，成为历史上第三个被称为世界工厂的国家。1955年到1973年，日本经济年均增长高达9.8%，制造业生产增长10倍。20世纪80年代中期，日本许多工业制成品的产量都在世界前三名之列，在国际市场上具有很强的竞争力和很高的市场占有率，成为世界上家用电器、汽车、船舶和半导体的主要生产国，其中半导体生产甚至超过美国，占了国际市场的一半以上，不少生产技术处于领先水平，引导着制造和消费的世界潮流。

英国、美国和日本成为世界工厂的历史表明，世界工厂是世界市场的重要的工业品生产供应基地，是世界工业制成品的主要提供者。世界工厂有两个重要特征：一是制造业不是少数企业和产品在国际市场上占有重要地位，而是一批企业和一系列产品在国际市场上占有重要地位；二是不仅在制造业规模和产量上占优势，而且必须具备很强的研究和开发能力，掌握核心技术，拥有技术和资本优势。世界工厂是制造工厂，而不是简单的加工厂。加工厂只是进行来料加工，从事一般的组装和装配工作，主要依靠劳动力优势，核心技术依赖别国，缺乏自主创新能力，更谈不上拥有什么原创技术、核心竞争力，赚取的只是最基本的加工费，在国际分工中处于被动地位。制造工厂相对于加工厂而言，除了进行加工之外，在新产品开发能力、技术创新能力和经营管理水平上已经达到一定水准，具有支配和领导世界制造业的能力，甚至在某些领域拥有原创技术和具有核心竞争力，在世界分工中处于主动和有利的地位。

在一定的历史时期，世界工厂不一定只有一个，也可能会有几个，当然也不会很多。比如，第二次世界大战以后，日本成为世界工厂时，美国和德国也是世界工厂。

以上述世界工厂的涵义和特征作为标准衡量中国制造业的现状，中国显然还没有成为世界工厂。因为中国目前只是在轻纺工业和家电产品等部分制造业的生产规模上拥有优势，在不少资本和技术密集型产业领域还比较落后，缺乏研发能力，不拥有核心技术和品牌优势，即使是某些已经成为世界市场的主要产品供应者的制造业，主要不是制造厂，而是加工厂，不少是加工组装的“贴牌生产”，还不是真正的世界工厂。

二、中国成为世界工厂的国际背景

20 世纪 90 年代以来，随着经济全球化与信息化浪潮席卷整个世界，全球新一轮产业结构调整和国际产业转移正在如火如荼地展开。发达国家发挥自己在技术、知识、资本和服务上的优势，着力发展技术密集型、知识密集型产业和现代服务业（包括金融、保险、会计、信息、咨询、法律服务等），以适应高新技术发展和产业结构高级化的要求。美国抓住经济全球化与信息网络化两大机遇，全面改造传统产业，大力发展以信息产业为核心的高新技术产业和现代服务业，将信息产业作为国民经济的主导产业，实现产业结构调整与升级，使经济发展找到了新的动力和支撑点，更加稳固其世界头号经济强国的地位。日本明确提出“信息技术立国”战略，力图以信息技术实现第二次振兴。欧盟积极发展电信业与“电子欧洲”，力争在移动通信领域赶超美国，重振欧洲产业优势。而中国面临工业化和信息化的双重压力，正在努力进行资源密集型和劳动密集型产业的调整和升级，既要进一步发展制造业，提高工业化的水平，又要赶上经济信息化、知识化的潮流。发达国家在积极发展高新技术产业和现代服务业的同时，将制造业特别是生产基地向国外大量转移，中国成为首选地。不少跨国公司开始把生产基地，甚至研发中心迁移到中国，出现了世界制造业中心向中国转移的趋向。正是在这种国际产业结构调整和产业转移的背景下，中国有了成为世界工厂的历史机遇。

三、中国成为世界工厂对中国经济发展的意义

中国成为世界工厂对中国经济发展具有重要意义，将有利于解决中国经济发展中存在的一些问题和促进中国经济的全面发展。

1. 有利于缓解中国日益严峻的就业压力，调整中国的就业结构

中国现在存在数以亿计的农村剩余劳动力，国有企业也存在着2000～3000万富余劳动力，每年还要新增劳动力1000多万人，就业形势严峻，就业压力巨大。中国成为世界工厂，制造业企业的数量和规模将会扩大，对劳动力的需求将会增加，能够吸纳更多的各层次的劳动者在制造业部门就业，有效地解决就业问题。制造业吸纳农村剩余劳动力，还能促使中国的就业结构由以第一产业就业为主逐步向以第二产业就业为主转变，实现农民的非农化，从而提升和优化中国的就业结构。

2. 有利于中国产业结构调整与升级

当前中国正处于实现发达工业化、实现产业结构优化升级的关键时期，中国可以通过发展制造业，利用外资和技术对传统产业进行有效改造，促进汽车、机械、电子、通信等制造产业的成长，推动制造业的技术进步，实现中国产业结构的调整和升级换代。

3. 有利于实现生产力的跨越式发展，缩短与发达国家的差距

从历史上看，成为世界工厂的英国、美国和日本都在短短几十年的时间内，实现了生产力的超常规发展和国家经济的迅速崛起，从而成为世界经济强国。面对新的机遇，中国如果能够抓住机遇，成为新世纪的世界工厂，必将实现国民经济的加速发展，极大地增强国家的经济实力和综合国力，缩小与发达国家的差距。

4. 有利于扩大对外贸易，增加外汇收入，加快资本积累，克服资金不足的困难

成为世界工厂后，中国的工业制成品数量增加，输往国外的数量随之增加，对外贸易更加繁荣，外汇收入增加，这将为中国经济建设积累更多的资本，克服中国资金不足的困难，加快中国经济发展的步伐 。

5. 有利于提高中国工业化水平，从而加快中国工业化的进程

中国成为世界工厂，意味着中国工业在国民生产总值中的比重将增大，工业产品将产量增加、品种增多、档次提高，这都会加快中国工业化的进程，提高中国工业化的水平。

四、中国成为世界工厂的可能性和有利条件

虽然到目前为止，中国还没有成为世界工厂，但新世纪中国很有可能会成为世界工厂。这是因为中国正面临着良好的发展机遇，中国在制造业方面具有很多优势。

1. 劳动力资源的优势将长期存在，且劳动者素质在不断提高

一般而言，一国或地区经济持续高速增长20年，其经济实力加强、生活水平提高，会引起工资收入增加、劳动力成本上升，日本、亚洲“四小龙”都是如此。中国改革开放20多年来，虽然经济高速增长，但劳动力成本却没有相应的大幅度增加，其原因主要是中国人口众多，劳动力资源丰富，人均生活水平在世界上处于落后地位，使得中国的工资长期处于世界较低的水平。而且中国至今仍是二元经济结构，庞大的农村剩余劳动力向城市和非农产业转移速度慢，仍有大量剩余劳动力未找到出路，加之每年巨大的新增就业人口和已经下岗的失业人口，造成中国劳动力将长期处于供给远远大于需求的局面，劳动力的就业竞争非常激烈，使得中国制造业的工资水平很难提高，劳动力成本将在长时期内保持较低水平，劳动力资源丰富价廉的优势将长期存在。中国这些年教育事业发展迅速，高校扩大招生规模，大学生和研究生的录取比例逐年提高，高素质人才供给源源不断，高素质人才的比重不断提高。近年来9年义务教育的普及，各种在职培训的加强，企事业单位的工人和职员的整体科学文化素质也在不断提高。

2. 制造业生产能力已经大大增强，工业总量增长迅速且已具有相当的规模

1999年全部工业按当年价格计算实现总产值126111亿元，为1952年工业总产值的901倍。工业在GDP中的比重由1952年的17.6%上升到1999年的42.7%，一些主要工业产品如煤炭、水

泥、钢材、电冰箱、洗衣机、彩色电视机等连续几年位居世界第一。化纤、发电量等连续几年位居世界第二。基础设施建设高速发展、工业配套能力强、大多数制造业生产能力相对过剩，为中国成为面向国际市场的世界工厂提供了坚实的物质基础。

3. 经济发展态势好，仍将保持高速增长

中国是世界上经济增长速度最快的国家之一。这些年中国经济连续保持7%以上的增长速度。2001年中国GDP总量跃居世界第六位，如果今后每年仍以7%的增长速度增长，中国的经济地位将大幅度提升。国内良好的政治经济环境，加入WTO的有利条件，将使中国经济在新世纪继续保持良好的发展势头。

4. 市场化进程正在加快，市场经济体制日趋完善

中国已经初步建立社会主义市场经济新体制，中国市场机制在资源配置中已开始发挥主导性作用，政府行政干预日益减少。21世纪初期，中国的经济体制改革将在调整国有工业布局、推进国有企业改革、深化投融资体制改革等方面深入。当前的市场秩序中，仍存在许多不容忽视的问题，如市场交易不规范、假冒伪劣、不正当竞争、行政垄断、地方保护主义等，为此，中国将进一步采取各种经济、政治、法律的手段加快市场化的进程，建立有效竞争的市场秩序，完善市场体系，为制造业的发展创造更好的制度环境。

5. 加入WTO为中国制造业发展创造了机遇

加入WTO，意味着中国经济融入世界经济，国内市场与国际市场接轨，中国的制造业将在一个更大的国际环境中生存和发展。激烈的国际市场竞争，将给中国制造业带来强劲的外部压力，促使其加紧制度创新和技术创新，提高出口产品的竞争力；同时，国际市场规则和国际惯例的遵循，将为国际制造业向中国的转移提供有利的市场环境和条件，从而促进中国制造业的结构调整和优化升级。

6. 中国在今后一段时间内将是最好的投资场所

社会政治稳定、经济发展势头强劲使得中国成为安全有利的投资场所。中国经济持续高速的增长、丰富廉价的劳动力资源、人民币币值稳定、巨大的国内消费市场、不断加强的基础设施、高达

2100亿美元的外汇储备、进出口贸易的快速发展以及不断深化的市场取向的经济体制改革，减少了国外企业在华投资的风险，增加了投资的回报率，增强了投资者的信心，吸引着越来越多的国际资本流向中国。中国是现在世界上最具投资魅力的国度。中国吸收国外投资仅次于美国，居世界第二，且连续八年成为发展中国家吸收外商直接投资最多的国家，平均每年有400亿美元以上的国际资金流入中国。2001年，外商在中国直接投资468亿美元，比去年增长14.9%。"9.11"事件后，全球投资环境最好的是中国。今后，外国资本的输入将为中国制造业的发展提供充足的资金，外国企业将为中国带来技术、管理经验等各种资源，加速中国迈向世界工厂的步伐，同时也使他们获得丰厚的利润和拓展企业发展的空间，形成"双赢"的局面。

五、中国成为世界工厂的过程中存在的问题

新世纪中国成为世界工厂，虽然具有许多有利因素和条件，但也存在不少问题和困难。只有努力克服困难、弥补不足，中国才能真正成为世界工厂。

1. 中国工业产值在世界工业产值中的比重不够大

1999年，中国的第二产业（包括建筑业）产值将近5000亿美元，占全球份额的5%左右，列世界第四位。这一年，日本的份额是15%，美国占到22%，第三是德国，也比中国高得多，中国工业产值在全球的份额与世界强国之间存在着较大的差距，离世界工厂还有很大的距离。

2. 中国工业品总体技术含量低，企业新技术新产品研发能力差

目前中国在工业制造技术方面，并不处于世界前列。中国制造业的生产技术特别是关键技术主要依靠国外的状况仍未从根本上改变。中国制造企业科研经费投入少，自主开发能力薄弱，缺少拥有自主知识产权的高新技术，同时对国外先进技术的消化、吸收、创新不足，基本上没有掌握新产品开发的主动权。因此，中国工业品的技术更新换代慢、新技术含量低、竞争能力弱。制造业中的不

少部门是大而不强，虽然产量多，但质量差、成本高、品种少、档次低。

3. 中国缺乏国际知名品牌

中国制造业不仅大多数没有掌握核心技术，而且缺乏知名品牌。目前在全世界前50个驰名商标中，没有一个是中国的。中国制造出口的商品，不得不冠以洋品牌。全世界最大的羊绒衫生产基地在中国。鹿王集团生产的羊绒衫，在质量和款式上都可以和世界任何名牌羊绒衫相比，每年羊绒衫出口额均在5000万美元左右，但几乎每件出口的羊绒衫都贴着英国道森公司的牌子。本身很好的东西，由于没有知名品牌，只好打人家的牌子，委托别人去卖，把本应属于自己的收入让给别人。中国缺乏自己的世界知名品牌，结果受制于人，不能站在世界潮流的前端，无法形成对世界同类产品的主导地位，从而不利于形成中国制造业的国际领先水平。

4. 中国缺乏具有国际竞争力的大型企业集团，生产经营规模过小

中国制造业的规模与世界发达国家相比，存在很大差距。在全球500家最大的工业企业中，美国占31%，日本占29%，两国合计占了60%，中国还没有一家工业制造企业进入世界500强。位居我国汽车行业销售额首位的中国第一汽车集团公司，2000年的销售额为560亿元，仅相当于世界500强排名第1位的美国通用汽车公司销售额的2.1%。2000年中国电子工业总产值1 200亿美元，销售收入720亿美元，销售额仅相当于IBM一个公司的年销售额（785亿美元）。中国最大的电子企业长虹集团2000年销售额为161亿元人民币（合19.4亿美元），仅为IBM公司的2.5%。

5. 中国制造业的结构层次较低

中国制造业目前以劳动密集型产业为主，高加工度、高附加值的技术和资本密集型产业比重不高，运用高新技术的制造业更是不足，产业结构仍处于低档次，与发达国家高级化的产业结构相比，存在较大差距。

六、中国成为世界工厂的对策

成为世界工厂，能够极大地推动中国经济发展。为了使中国早日成为世界工厂，需要做好以下几方面工作。

1. 发展制造业的同时，积极发展信息产业，以信息化带动工业化，提高中国总体经济实力和国际竞争力

中国成为世界工厂并不是要成为世界加工厂，其最终目标是提高国际竞争力，增强本国的经济实力，实现发达的工业化。如果中国只停留在发展一般制造业上，就可能会在国际经济信息化浪潮中落后，在新一轮国际竞争中失去优势。当前世界正在进入信息时代，信息技术和信息产业迅猛发展，不但引起相关新兴产业的诞生，还能用信息技术改造传统产业，实现产业整体的升级。因此中国不应该重走发达国家的工业化老路子，必须在发展制造业的同时努力实现信息化，以信息化带动工业化，实现生产力的跨越式发展，力争尽快缩短同发达国家的差距。

2. 发展资本密集型和技术密集型产业

作为一个发展中大国，只靠人力资源丰富价廉的比较优势是无法实现跨越式发展的，在国际分工中也将长期处于不利地位。尽管中国的劳动力密集型产业具有比较优势，但产业结构的演进规律是由劳动密集型为主向资本密集型为主，再向技术密集型为主转变，所以在制造业中着力发展资本密集型和技术密集型产业是中国经济发展的大势所趋，对中国产业结构调整和升级尤为重要，对提高产业的技术水平和竞争力也是大有好处的。

3. 倡导技术创新，开发自己的原创技术、新技术、专利技术和核心技术

一个国家没有原创技术、新技术、专利技术和核心技术，就只能成为加工厂，赚取加工费，依赖别国。曾经成为世界工厂的国家都拥有原创技术，具有技术优势。因此中国成为世界工厂离不开科学技术的进步与创新，要促使企业成为技术创新的主体，加大企业技术创新投入，增强自主创新能力，培育自己的科技力量，学习消化国外的先进技术，开发自己的原创技术和核心技术，从而提升自

己的技术竞争力；制定优惠政策，吸引大型跨国公司来华建立研究开发机构，真正做到世界工厂名符其实，既是生产加工基地，又是研发中心。

参考文献

吕　政．中国能成为世界的工厂吗?．中国工业经济，2001（11）．

王志乐．给“世界工厂”论泼冷水．南方周末，2002-3-21．

李寿生．21世纪的中国制造．中国工业经济，2001（9）．

于治贤．论世界经济产业机构调整和产业转移．社会科学辑刊，2000（2）．

（原载《学习与实践》2002年第5期，中国人民大学书报资料中心《工业经济》2002年第9期全文转载，与江玲合写）

论中国“农民非农化”与“农地非农化”的协调

工业化和城镇化是任何一个国家由贫穷落后走向发达繁荣的必由之路，实现工业化和城镇化是发展中国家经济社会发展最主要的任务，也是中国全面建设小康社会和迈向现代化的两大基本任务，而工业化和城镇化的过程，也就是“农民非农化”和“农地非农化”的过程。顺利实现工业化和城镇化，这不仅需要正确处理工业化与城镇化的相互关系，实现二者的适度同步协调发展，否则不是导致“过度城市化”，产生严重的“城市病”，就是造成“滞后城市化”，拖工业化的后腿，延缓工业化的进程；同时也必须正确处理“农民非农化”和“农地非农化”的相互关系，实现二者的协调，这一点对人地矛盾十分尖锐、人均耕地大大低于世界平均水平、农民数量巨大、“三农”问题突出的现阶段的中国，更是显得特别突出，尤为重要。关于中国工业化与城镇化的相互关系及其协调已有大量的研究，而对中国“农民非农化”和“农地非农化”

的相互关系及其协调的研究却相当缺乏。本文试图集中探讨“农民非农化”和“农地非农化”的必然趋势、存在的问题和协调的途径，以弥补这方面的不足。

一、“两个非农化”的必然趋势

所谓“农民非农化”是指农民的职工化过程，即农业剩余劳动力向非农产业，即第二产业和第三产业转移的过程。由于工业发展需要大量的劳动力，工业化的过程也是农业劳动生产率提高的过程，会产生大量的农业剩余劳动力，必然要转移到二、三产业即非农产业就业，变为职工；而且工业和服务业主要集中在城镇，职工化的农民大多数也会迁移到城镇变为市民。所谓“农地非农化”即农用地的“非农化”是指农用地转变用途，成为工业、交通、服务业等非农产业和城镇建设用地的过程。由于工业、交通、服务业、城镇建设需要占有大量土地资源，其中大部分都来自于农用地，因此需要重新配置土地资源，把原来的农用地转变为非农用地。

西方发达国家经济社会发展的历史表明，“农民非农化”与“农地非农化”是工业化与城镇化的必然趋势。

1. 工业化推动“两个非农化”

在西方发达国家工业化的过程中，随着产业革命的发生、工业化的快速推进，出现了大规模的人口流动，主要表现为农村人口大量向城市的流动、农业劳动力大量向非农业的转移。例如在英国，由于工业的迅速发展与集中，产生了对劳动力的大量需求，在城市没有办法提供的情况下，农村劳动力便源源不断地涌向城市，实现“非农化”。图 1 表明，1700 ~ 1910 年英国农业劳动力不断减少，工业劳动力不断增加。

在“农民非农化”的同时，工业化也在推动“农地非农化”。由于工厂和各种基础设施的建设需要占用大量的土地，而当时的土地绝大多数是农业和农村用地，所以农地必然“非农化”。英国的工业革命与“圈地运动”是互相联系、共同推进的。“圈地运动”不仅迫使农民离开土地、离开乡村，成为非农劳动力，推动了

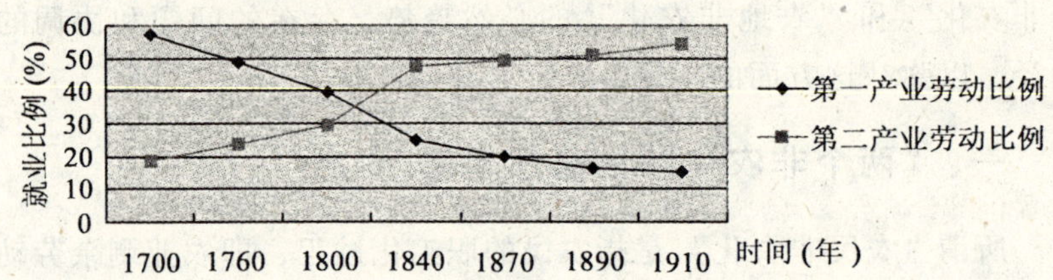

图 1　1700～1910 年英国劳动力就业结构变化

资料来源：高德步．英国的工业革命与工业化——制度变迁与劳动力转移．北京：中国人民大学出版社，2006：220.

“农民非农化”；而且促进了工业化和“农地非农化”。虽然被圈的土地主要不是用于建工厂，而是用于养羊以生产羊毛为毛纺织业提供原料，但为工业化和“农地非农化”创造了条件。

日本工业化的历史也证明，工业化的过程也是“农地非农化”的过程。20 世纪 50～70 年代是日本工业化与城市化加速发展、成为发达工业化国家的时期，与此同时农地也快速大量“非农化”，1973 年日本农地“非农化”的规模达到了 6.8 万公顷的历史的最高峰。随着工业化与城市化的实现，受其影响，农地转用的面积也开始大幅度减少，如图 2 所示。

2. 城市化促进“两个非农化”

工业化与城市化是必然伴侣，城市化是工业化的必然趋势，工业化是城市化的发动机，城市化又是工业化的促进器。机器大工业引起了大规模的集中生产，而工业的集聚必然导致人口的集中居住，产生大规模的城市；农村落后、农业收入低形成推力，城市先进、工业收入高形成拉力，推动农民向城市流动迁移，实现非农化、城市化。正是产业革命加速了城市化的进程，使现代城市成为世界的主宰。城市的根本特点是集中，是市场中心、交通运输中心、金融中心、信息中心、服务中心、文化教育中心等，具有多种功能，城市化正好适应了工业化的要求，能够产生集聚效益、规模效益和分工协作效益，形成发达的城市文明，为工业化创造了重要的有利条件，极大地推动工业化和整个社会经济的发展。城市化不

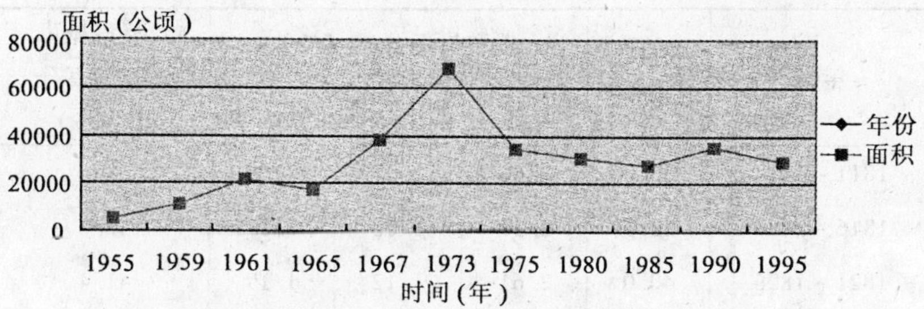

图 2　1955～1995 年日本农地“非农化”的情况

资料来源：[日] 田代洋一. 日本的农村和城市的关系//焦必方. 日本的农业、农民和农村. 上海：上海财经大学出版社，1997：183；关谷俊作. 日本农地制度. 北京：三联书店，2004：220.

仅能够使实现非农化的农民同时也实现市民化，促进“农民非农化”；而且城市化意味着要建更多的城市、更大的城市，必然也要占用大量的农地，促使“农地非农化”。表 1 的资料说明了在工业化时期的近一个世纪里，英国城市化与“农民非农化”齐头并进的情况。

表 1　**1776～1871 年英格兰城市化与农村—城市的人口迁移**

年份	城市化水平(%)	年增长百分比（%）			迁移占城市增长的百分比（%）
		城市增长	城市迁入	农村迁出	
1776～1781	25.9	2.08	1.26	0.86	59.5
1781～1786	27.5	1.81	1.62	0.50	89.0
1786～1791	29.1	2.20	1.37	0.56	61.1
1791～1796	30.6	2.17	1.20	0.79	53.7
1796～1801	32.2	2.08	1.10	0.83	51.9
1801～1806	33.8	2.15	1.91	-0.18	88.2
1806～1811	35.2	2.07	0.59	1.07	27.5

续表

年份	城市化水平(%)	年增长百分比(%)			迁移占城市增长的百分比(%)
		城市增长	城市迁入	农村迁出	
1811～1816	36.6	2.40	1.37	0.59	55.6
1816～1821	38.3	2.39	1.06	0.87	42.8
1821～1826	40.0	2.61	1.12	1.19	41.4
1826～1831	42.2	2.33	1.06	1.14	44.0
1931～1836	44.3	2.08	1.04	1.01	48.7
1836～1841	46.3	2.04	0.83	1.20	39.5
1841～1846	48.3	2.41	1.23	1.57	49.7
1846～1851	51.2	2.05	0.97	1.73	45.9
1851～1856	54.0	2.06	0.77	1.54	36.4
1856～1861	56.4	2.08	0.60	1.60	27.9
1861～1866	58.7	2.35	1.06	2.10	43.7
1866～1871	62.0	2.29	1.15	2.05	48.6

资料来源：蔡昉，王德文等．农村发展与增加农民收入．北京：中国劳动社会保障出版社，2005：176.

二、中国“两个非农化”的现状与困境

改革开放以来，中国的“两个非农化”快速推进，同时产生了许多不利于发展和稳定的问题。

1. “两个非农化”的现状

改革开放以来，中国的工业化和城镇化进程加速、农村改革的成功，极大地推动了“两个非农化”。农村家庭联产承包经营责任制的实行，有效地调动了农民生产经营的积极性，使原来大量潜在的农村剩余劳动力显现出来，同时城镇工业加快发展、乡镇企业异军突起，为农村剩余劳动力向非农产业转移提供了难得的机遇。正是在这样的背景下，“农民非农化”快速推进。非农化率（非农化

劳动力占农村总劳动力的比重）由改革初期的8.0%持续增长到2004年的38.4%（见表2）。

表2　　**1982~2004年“农民非农化”情况**　　单位：万人

年份	1982	1985	1987	1989	1991	1993	1995	1997	1999	2001	2003	2004
乡村劳动力	33867	37065	39000	40939	43093	44256	45042	45962	46897	48229	48971	30596
非农化劳动力	2714	6714	8130	8498	8906	10998	12707	13527	13985	15778	17711	19099
比重（%）	8.0	18.1	20.8	20.8	20.7	24.8	28.2	29.4	29.8	32.7	36.2	38.4

资料来源：2004年中国农业发展报告，中国农业发展报告’96，中国统计年鉴（2005）。

改革开放以来的中国农民非农化主要是通过两种途径实现的：进城务工经商（包括在城镇的乡镇企业打工）、在农村的乡镇企业做工。1978~2004年，我国第二、三产业从业人员从11 835万人增加到39 931万人，年均增加规模1 080.6万人；而同期城镇从业人员从1978年的9 514万人增加到2004年的26 476万人，年均增长652万人，这与同期非农就业增长规模1 080.6万人有较大的差距，表明每年增加的非农就业有很大的一部分分散在乡村地区。从城镇化与非农化的关系上来看，1982~2004年非农化率总共提高了30.4个百分点，年均增长约1.38个百分点；1978~2004年城镇化水平提高了23.8个百分点，年均增长也接近1个百分点，表现出城镇化与非农化同时推进的趋势①。

在“农民非农化”快速推进的同时，“农地非农化”也加快了步伐。在现行的土地制度下，土地非农化的途径主要有三种：国家建设占有农地、乡村集体建设占有农地和农村个人建设占有农地。国家建设用地包括城市、建制镇、独立工矿企业、交通、水利工程和其他占地；集体建设占地主要包括集体企业、农村道路、农田水

① 根据《中国统计年鉴》（2005）推算。

利、集体公共设施等；农村个人建设占地主要是指农村居民个人在农村集体土地上修建住宅及附属生活设施的建设用地。根据《中国土地年鉴》(1993～1996年）资料显示，土地非农化的途径主要是通过国家建设和集体建设用地，其中国家建设用地占到了65%以上，而国家建设用地主要是城镇与工业用地和为城镇工业服务的交通用地等。由于缺乏全国统一的农用土地的统计资料，本文利用全国耕地数据的变化来反映我国“农地非农化”的状况。表3是改革开放以来我国耕地数据变化的情况，从中我们可以明显地看出，进入20世纪90年代，耕地减少面积迅速增长，1991年耕地减少面积还只有48.8万公顷，2003年就增长到了288万公顷，为1991年的耕地减少面积的5倍多。这其中固然有自然灾害、农用地退化和退耕等原因所造成的耕地面积减少，但主要还是由于“农地非农化”所引起。

表3　**1982～2005年耕地变化情况**　单位：千公顷

年份	1982	1985	1987	1989	1991	1993	1995	1998	2000	2002	2003	2005
实有耕地面积	98606	96843	95889	95656	95654	95101	94970	129642	128243	125930	123392	122066
年内减少面积	863	1598	818	517	488	732	621	570	1566	2027	2880	668.3

资料来源：2004年中国农业发展报告，中国农业发展报告’96,全国土地利用变更报告.

说明：1. 1995年（含1995）以前的耕地面积为国家统计局的年报数据，1996年后耕地数据为国土资源部的各年的国土资源公报的整理数据。

2. 2005年数据截至2005年10月31日.

2. 中国“两个非农化”快速推进的原因

中国不仅是一个人口众多的发展中国家，而且是一个正在进行经济结构转变和体制转轨的大国，正处在工业化、城镇化、市场化的经济社会转型期。改革开放以来，中国的工业化、城镇化进程加速，这是“两个非农化”快速推进的基本原因。与此同时，经济市场化、市场体系的形成、市场在包括劳动力和土地在内的生产要素配置中的作用的发挥，也极大地促进了“两个非农化”。

在资源主要由市场配置的情况下，通过劳动力和土地市场中的价格和竞争的作用，劳动力和土地基本上是由经济效益低的地域和部门流向经济效益高的地域和部门，从而实现劳动力和土地的优化配置。在工业化、城镇化过程中，一般来说，农村和农业劳动力的收入比城市和工业劳动力的收入低，农村和农业用地的经济效益也没有城市和工业的高，在市场机制的作用下，农村和农业劳动力必然会流向城市和工业，农村和农业用地也会转变为城市和工业用地。

改革开放以来，一方面，中国长期存在的城乡差距呈现出扩大的变化（见图3）；另一方面，非农土地利用效率大大高于农用地（见图4）；再加上经济市场化改革的实行，市场在劳动力和土地配置中作用的发挥，共同推进了“两个非农化”，使得农村剩余劳动力必然大量转向非农产业以求收益最大化，效益低的农业用地也不可避免地向非农用途转变。

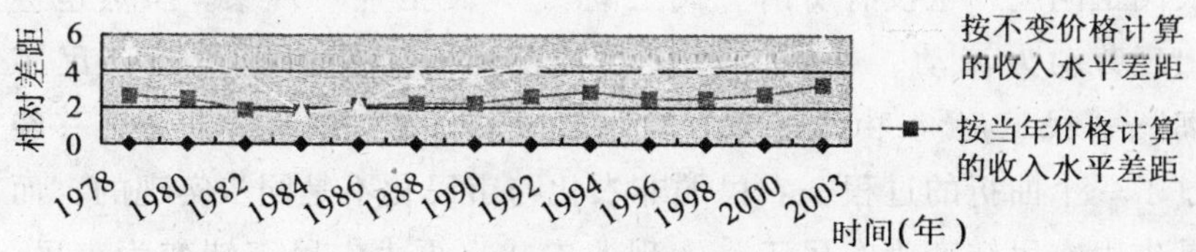

图3　1978～2003年城乡收入的相对差距（农村=1）

资料来源：国家统计局．中国统计年鉴（1993），（2004）．北京：中国统计出版社．

3.“两个非农化”的困境

“两个非农化”虽然是社会经济发展的必然，但由于中国人口数量巨大，农村剩余劳动力数以亿计，农民的“农转非”相当困难；而且由于我国人均耕地大大低于世界平均水平，人地矛盾相当尖锐；再加上社会主义市场经济体制还很不健全，土地、劳动就

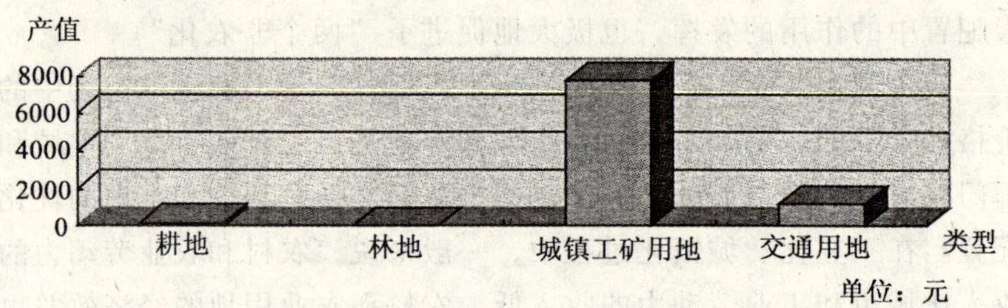

图 4　中国各类土地每亩年产值

资料来源：贾生华，张宏斌．中国土地非农化过程与机制实证研究．上海：上海交通大学出版社，2002（13）.

业、社会保障、户籍等方面的制度性缺陷，农用土地的“农转非”也面临许多问题和困难。

（1）“农民非农化”与“市民化”不同步。世界工业化国家的工业化与城市化的过程基本上是同步的，农民的非农化与市民化的过程也基本上是同步的，再加上没有人为把城乡隔离开来的户籍制度，所以与中国改革开放以来的情况不一样，一般没有出现所谓农民工问题，也没有所谓“民工潮”、“民工荒”现象。虽然也会出现劳动力流动、过剩或短缺的情况，但不是中国式的“民工潮”、“民工荒”。由于多方面的原因，中国农村剩余劳动力转移经过了一个曲折的过程，农民的非农化与市民化不是同步实现的，而是先由农民转变为农民工，实现非农化，再由农民工转变为市民，实现城市化，并且出现了“民工潮”、“民工荒”等特有的现象。农民的非农化要更稳定、更持久、更多、更好，又需要非农化农民的市民化，也就是说要实现城镇化，让大多数非农化的农民“离土又离乡，进厂又进城”，既当职工又是市民。“民工潮”虽然有其产生的必然性和较大的积极性，但毕竟还是一种非常规的成本过高、问题过多、副作用过大、农民非农化也很不稳定的乡城人口流动。“民工潮”和“民工荒”是中国农民非农化和城镇化过程中出现的非持久性的特殊现象，是中国农村剩余劳动力转移不顺畅、不合理的表现，是农民的市民化滞后于非农化的产物，不利于中国农村剩余劳动力顺利、有效、持续转移，而且产生了严重的农民工问题。农民的市民化滞后于非农化，非农化的农民的土地不能重新分配或合理流转，还会造成耕地抛荒，浪费宝贵的土地资源。

（2）农民工问题突出。农民工是在非农产业就业还保留农民身份的职工，是在中国体制改革、结构转型时期，在特定的制度条件下出现的过渡性的特殊群体。农民工既是一个与户籍制度相关的身份概念，还是一个与就业产业相关的身份概念，农是指农业，工是指工业等非农产业，农民工则是指原来在农业就业、户口也在农村，现在转到工业等非农产业就业、户口还在农村的劳动力。如果像其他工业化国家一样，中国农民在非农化的同时也实现城镇化，也就没有所谓农民工，也不会产生什么农民工问题。农民工包括两大类，即进城的农民工（包括在城镇的乡镇企业的农民工）、农村的乡镇企业的农民工，前者占多数。农民工出现以后，产生了许多经济社会问题，如农民退出农业过程中的土地制度变革、土地抛荒、失地农民、农业规模经营、农业劳动力的386199现象、“离土不离乡、进厂不进城”等问题，农民进入工业等非农产业就业过程中的“民工潮”、“民工荒”、流动无序、就业歧视、工资拖欠、劳动保护、人身安全、职业培训、子女教育、居住、社会治安等问题，农民工融入城市成为市民的过程中的户籍、“棚户区”、超生游击队、社会保障、弱势化、边缘化等问题，严重影响农业的发展、工业化和城市化的推进、三农问题的解决、社会稳定的维持，极不利于工农、城乡、经济社会的统筹兼顾、协调发展。

（3）“农地非农化”过快，非农化土地利用效率不高。在人多地少、人地矛盾尖锐、农民非农化与市民化又不同步的情况下，“农地非农化”不能过多、过快、过急，应该走一条尽量少占地、土地利用效率更高的工业化和城镇化道路。按宪法规定我国目前的土地是国有和集体所有两种形式：即城市的土地属于国家所有，农村和城市郊区的土地除了法律规定属于国家所有的以外，属集体所有。但国家为了公共利益的需要，可以按照法律规定对集体土地实行征用，于是土地征用便成了国家获得非农建设用地的主要的甚至是唯一的手段。但有时候公共利益和公共需要的界定是相当困难的，下级政府往往会理性地利用政策的漏洞来谋求自身的利益，这就导致了土地征用权的滥用，征了不该征的地，过快、过多地使一些土地非农化了。根据国务院发展研究中心课题组所提供的数据，1987～2001年全国因非农建设占用了3 394.6万亩耕地，这只是依法审批的征用数，并不包括违法占用的数量。卫星遥感资料表明，违法占地的数量一般占用地总量的20%～30%，有的地方多达80%。按人均耕地1.4亩计算，至少有2 400万农民因征地失去了土地。东部一些发达地区，人均耕地只有几分，失地农民的数量将更高。农地非农化不但过快，而且土地的利用效率也相当低，与发展中国家相比是如此，与发达国家相比更是如此。从表4我们可以看出我国城市的土地利用效益是相当低的。与此同时，土地闲置、“圈而不发”现象严重。不少人圈下来的土地，并不是为了开发，目的是要做土地投机。根据国家土地管理局1997年统计，全国被征用后闲置的土地高达11.65万公顷，占征地面积的5.8%，其中耕地6.28万公顷，占闲置土地面积的54%，且有3.45万公顷已无法耕种，造成土地的严重浪费。

表4　　　　中外城市土地利用效益比较

城市名称	城市面积	建筑区面积（km^2）	地均GDP（万美元/km^2）
北京	10809	700	849
上海	6340	1029	859
曼谷	1569	600	21850
罗马	1580	192	25775
东京	2059	515	98524

资料来源：贾生华，张宏斌．中国农地非农化过程与机制实证研究．上海：上海交通大学出版社，2002：21．

（4）失地农民利益受损。在“农地非农化”过程中，失地农民利益受损主要表现在以下两个方面：一是失地农民没有得到合理的补偿，更没有享受到“农地非农化”带来的土地增值的好处。

土地从农业用地转变为非农业用地，是一个巨大的增值过程，农民作为土地的所有者，理应是这个增值过程的受益方。而按我国现行的法律制度，土地征用补偿是以农业生产的平均产值为补偿依据的。这也就是说，国家给集体土地确定的是补偿价值，而不是交换价值，结果造成低价征用。一般而言，集体大多数耕地得到的补偿，1亩地低的在3000元，高的在30000元不等。而当被征用的土地出售给工业、房地产、金融和其他服务业时，1亩土地的价格一般在10万元左右，有的高达100万元，甚至更高。中央到地方各级政府、各有关部门及开发商在将征用的集体所有土地转变用途时，从集体土地转让中取得了巨额的收益。即使是这样低的补偿，有时候还要被乡村干部截留、挪用甚至挥霍，到不了农民手上。二是失地农民没有得到应有的妥善安置，相当部分没有实现非农化，更没有实现市民化，有的甚至成为所谓“三无”农民。失地农民失去土地保障，也没有进入国家的社会保障体系，大部分没有安置就业，主要通过货币安置方式，一次性补偿，结果往往是坐吃山空，很快花完那点少得可怜的补偿费。根据国家统计局对全国2 942个失地农户的调查，失地农户被征地时安置就业的仅占劳动力总数的2.7%左右；赋闲在家的约20%。1987～2001年全国因非农建设占用了3 395万亩耕地，按城镇周边地区人均耕地不足0.7亩（全国人均耕地1.4亩的一半）计算，至少有3 400万人因征地失去或减少了土地。按照上述安置就业2.7%、赋闲在家20%的比例计算，全国就有3 300万失地农民没有安置就业，680万赋闲在家，成为“务农无地、上班无岗、低保无份”的“三无农民”，极不公平合理，很不利于社会稳定的维持。

（5）“农民非农化”和“农地非农化”的失调。一般而言，失地的农民应该非农化，最好也实现市民化。因为，只有实现非农化、市民化的农民，才有工作和生活保障，也才可以不要农村土地。但现实的状况往往是，土地被征用了，很多农民却没有实现非农化的就业，更没有成为市民。“农民非农化”和“农地非农化”的失调，除了“农民非农化”的同时大部分没有市民化、“农地非农化”过多、过快、过急之外，最主要的表现是“农民非农化”

的速度低于“农地非农化”的速度，使得“农地非农化”的农民相当部分没有非农化，也没有市民化，结果造成严重的农民工问题，产生大量的“三无”农民，加剧“三农”问题，影响社会稳定，引起土地资源的浪费，不利于工业化和城镇化的顺利有效推进。

三、“两个非农化”协调的内涵和必要性

什么是“两个非农化”的协调？我们认为“农民非农化”和“农地非农化”协调，既指“农民非农化”和“农地非农化”相互之间和各自内部的协调，也包括“两个非农化”与工业化和城镇化进程的协调。具体来说，有以下几个方面的内容或要求：第一是“农地非农化”了的农民一定也要“非农化”，因为土地是农民的“命根子”、最后一条“保障线”，在农民土地转移到非农用途的同时，他们也必须相应地转移出第一产业，到第二、第三等非农产业就业，所以“农民非农化”的速度不能低于甚至应该高于“农地非农化”的速度，“两个非农化”必须适度同步；第二是失地农民的利益一定要得到保护，必须切实给以合理的补偿，让这些农民也能够分享“农地非农化”的增值效益；第三是有效保护耕地，提高土地利用效率，保障粮食安全，中国人多地少，“农地非农化”应该在粮食生产得到保障的前提下有序地进行；第四是“两个非农化”还必须与工业化和城镇化的进程协调，也就是说，要在尽量少占地、提高土地利用效率的前提下实行“两个非农化”，保证工业化和城镇化对劳动力和土地的需求，而且实现了“两个非农化”的农民，也要尽可能实现市民化，以促进工业化和城镇化的顺利协调实现。“两个非农化”既不能过少、过慢、过缓，以免延误工业化和城镇化的进程；也不能过多、过快、过急，避免产生许多不利的经济社会问题，防止造成劳动力和土地资源的浪费。

“两个非农化”为什么要协调？“两个非农化”是工业化与城镇化发展的必然趋势，工业化与城镇化必须协调，“农民非农化”与“农地非农化”也必须协调。“两个非农化”的协调，对中国工业化与城镇化的协调、工农的协调、城乡的协调、“三农”问题的

解决、农民利益的保护、劳动力和土地资源的充分有效利用、人地矛盾的缓解、粮食安全的保障、经济社会的健康发展和社会稳定的维持都具有十分重要的意义。

首先，“两个非农化”的协调，能够更有效地解决“三农”问题。协调好两个“非农化”，可以合理有效地转移农业剩余劳动力，提高农业劳动生产率，增加农民收入；也可以促进农业和农村更广泛地采用先进技术，更节约地使用土地，避免农村土地的抛荒、浪费，提高土地利用效益，实现农业的规模经营和产业化、现代化；“两个非农化”所带来的增值效益还可以反哺农业，更好地发展农村经济，解决农业落后，农村贫穷，农民收入低的问题。

其次，“两个非农化”的协调，有利于工业化与城镇化的协调和实现。中国的城镇化长期滞后于工业化，发展很不协调，协调好两个“非农化”，有助于改变这种局面。“两个非农化”的协调包括其与工业化和城镇化进程的协调，能够满足工业化和城镇化对劳动力和土地的需求，保证工业化和城镇化的顺利实现；实现了“两个非农化”的农民也要尽可能实现市民化的要求，“农民非农化”与“市民化”不同步现象的改变，也有利于加快城镇化的进程，改变城镇化滞后的状况，实现工业化与城镇化的适度同步发展；而且“两个非农化”既不能过少、过慢、过缓，也不能过多、过快、过急，还可以促使工业化和城镇化道路的转变，走一条尽量少占地、土地利用效率更高的工业化和城镇化道路，更好地推进工业化和城镇化。

最后，“两个非农化”的协调，有助于维护社会的稳定。协调好两个“非农化”，能够解决中国目前在工业化、城镇化和“两个非农化”过程中出现的农民工问题、失地农民利益受损、“三无”农民等经济社会问题，消除影响社会稳定的不利因素。

四、实现“两个非农化”协调的途径

“两个非农化”怎样才能协调？总的来说，需要努力做到“农地非农化”合理规范、切实保护失地农民的利益、在“农地非农化”的同时实现“农民非农化”、在“农民非农化”的同时尽可能

“市民化”、走新型工业化道路和中国特色的城镇化道路、选择工业化与城镇化适度同步发展的模式。

1. 合理规范“农地非农化”

一方面，农用土地是农业生产和农村经济发展最基本的生产资料，具有清洁空气、美化环境、维持生态平衡等外部效应，而且在中国目前的情况下，土地在很大程度上还承担着广大农民的社会保障功能；另一方面中国人多地少、人地矛盾尖锐，而且“农地非农化”的过程几乎是不可逆的，农用土地一旦变为建设用地，要想恢复农业用途，其成本相当大。因此，农用地不能想占就占、想占多少就占多少，“农地非农化”需要慎之又慎、规范合理。目前，中国的“农地非农化”存在过多、过快、过急的现象，必须予以纠正。应该按照相关法律规定，将土地征用限制在公共利益的范围内，严格限定征地权，彻底改变目前不论是公共事业用地还是经营性用地都一律实行土地征用的做法。对公益性征地，实现公平补偿；对以赢利为目的的经营性征地，则应该在土地利用总体规划的控制下，充分发挥市场机制的作用，公开投标招标。严格土地农转非的审批手续，如果造成土地的闲置和浪费，申请者和审批者都应承担相应的法律责任。不管是国家建设用地，还是集体建设用地，都必须符合规划，依法取得，科学管理，以确保土地的高效利用。

2. 采取有效措施，切实保护失地农民的利益

土地是农民生产和生活的基本条件和最后保障，是农民的根本利益之所在，如果土地被占用，农民就会失去生活来源和必要的保障，所以在“农地非农化”过程中，必须切实保护失地农民的利益，合理补偿和安置失地农民。但是，在中国现行的土地征用制度下，失地农民往往没有得到合理补偿，更没有得到有效安置，甚至出现了大量的“三无农民”。目前国家的土地征用只是按照被征用土地的原有用途给予一定的补偿，没有考虑到土地在农村还有社会保障的功能，也没有考虑到工业化、城镇化用地的增值效应，更没有考虑到随着整个国民经济的发展农民的收入和生活水平也要相应提高，补偿标准较低，甚至连较低的补偿有时还落实不到失地农

民，而且没有妥善安置失地农民的硬性规定。必须改革目前的土地征用补偿和安置办法，制定出合理的经济补偿标准和安置规定，切实保护失地农民的利益。建立有效的土地市场，征地补偿必须以土地的市场价值为依据，实行公平补偿，既要考虑土地所有权的补偿，也要考虑土地使用权的补偿，特别要注意将补偿落实到失地农民。征地补偿费不仅要体现土地作为生产资料的价值，也要含有一定的社会保障费用，还要对农民在土地上的投资给以必要的补偿。这样虽然会加大“农地非农化”的成本，但这是必需的、合理的。只有这样，才能切实保护失地农民的利益，而且促使土地的节约有效利用。保护失地农民的利益，包括三个方面的内容：支付征地补偿费、安排就业、给予社会保障。应该尽可能做到同时实现以土地换补偿费、换就业、换保障，使无地、无业、无保障的“三无农民”成为有补偿、有业、有保障的“三有居民”。妥善安置是保护失地农民利益的重要方面，应该千方百计地解决失地农民的后顾之忧和长远生计问题，这就要重点解决失地农民的就业、创业和社会保障问题。

3. 从多方面着手促进“农地非农化”的同时实现“农民非农化”

要实现“两个非农化”的协调，在规范“农地非农化”、保护失地农民利益的同时，还要不失时机地推进失地农民的非农化，帮助他们顺利地向非农产业转移，做到“农地非农化”的同时实现“农民非农化”。这是因为，失地农民的非农化是保护失地农民利益的根本，就业是民生之本，解决了失地农民的就业问题也就是给了失地农民一个可持续的生计，才能从根本上避免“三无农民”的产生。但是，目前人们更关心的是失地农民的合理补偿问题，而不是失地农民的就业问题，另外失地农民的综合素质与劳动技能普遍低下，不少年龄也偏大，这都在相当程度上影响了失地农民的“非农化”。必须从多方面着手，促进失地农民“非农化”。首先是允许、鼓励、帮助失地农民以多种方式参与在非农化农地上实施的工业化和城镇化建设项目，可以以土地入股，以土地换股东身份；也可以以土地换就业，招工首先招失地农民。其次是大力推进农业产业化和乡镇企业的再发展，使农村产业链向二、三产业延伸，形成更多以农业生产为基础的各类农产品加工企业和与农业相关的各类服务业，为失地农民提供更多非农化就业的机会。再次是加强职业技术教育和岗位培训，提高失地农民的综合素质与劳动技能，帮助他们成为合格的非农劳动力。最后是要完善城乡统一的劳动力市场，实行自由流动、公平竞争、自主择业、择优录用的就业制度，彻底消除对失地农民的歧视，使他们平等地享有就业培训、择业指导、职业介绍等方面的就业服务。

4. 改革和创新制度，保证"农民非农化"的同时尽可能"市民化"

"农民非农化"要持久、稳定，"民工潮"、"民工荒"和其他各种农民工问题要从根本上消除，非农化的农民还必须尽可能"市民化"。但是，目前中国的农民市民化严重滞后于非农化，造成这种现象的原因主要是各种制度上的缺陷。应该通过深化改革和创新制度，扫清制约农民市民化的各种制度障碍，合理解决农民市民化的成本问题，使大多数非农化的农民顺利有效、持久稳定地实现市民化。也就是说，要创新户籍制度实现劳动力合理流动，创新劳动就业制度实现平等就业，创新劳动保护制度保障人身安全，创新劳动工资制度保护劳动报酬权，创新社会保障制度保护劳动力资源，创新城镇住房制度实现居者有其屋，主要由各级政府和征地单位支付非农化的失地农民市民化的社会成本，以便"农民非农化"的同时尽可能"市民化"。

5. 走新型工业化道路

"两个非农化"必须与工业化的进程协调，也就是说，工业化要尽量少占地、提高土地利用效率并提供失地农民非农化所必需的就业岗位；"两个非农化"则应该保证工业化对劳动力和土地的合理需求，以促进工业化的顺利实现。新型工业化道路是一条科技含量高、经济效益好、资源消耗低、环境污染少、人力资源优势得到充分发挥的道路。只有走新型工业化道路，才能真正做到节约用地，正确处理机械化与就业的关系，优化产业结构，为失地农民非农化提供必要的条件，从而实现"两个非农化"之间及其与工业化进程的协调。

6. 走有中国特色的城镇化道路

“两个非农化”还必须与城镇化的进程协调，也就是说，城镇化要尽量少占地、提高土地利用效率并提供失地农民非农化所必需的就业岗位和非农化农民尽可能“市民化”的必要条件；“两个非农化”则应该保证工业化和城镇化对劳动力和土地的需求，以促进城镇化的顺利实现。中国特色的城镇化道路是一条工业化与城镇化适度同步发展、城镇结构和布局合理、城镇化的形式多元化、资源节约、环境友好的城镇化道路。要协调好“两个非农化”，不但要走新型工业化道路，而且还要走中国特色的城镇化道路。只有走中国特色的城镇化道路，才能真正做到节约用地，降低实现城镇化的成本，加快城镇化的进程，为失地农民的非农化和市民化提供必要的条件，从而实现“两个非农化”之间及其与城镇化进程的协调。

7. 选择工业化与城镇化适度同步发展的模式

从国际经验来看，城市化与工业化和经济发展的相互关系一般存在三种情况，由此形成三种不同的城市化发展模式：一是适度同步城市化，这是指城市化的进程与工业化和经济发展的水平趋于一致的城市化发展模式，是一种经济发展推动型的比较合理的城市化发展模式，它能够使城市化与工业化相辅相成，实现城市化与工业化和社会经济的协调健康发展。二是过度城市化，又称超前城市化，是指城市化水平超过工业化和经济发展水平的城市化发展模式，是一种以牺牲农业发展为代价、造成严重的“城市病”、不利于经济和社会健康发展的畸形城市化。三是滞后城市化，这是指城市化水平落后于工业化和经济发展水平的城市化发展模式，是一种违背工业化和现代化发展的必然趋势、妨碍工业化的不合理的城市化发展模式。过度城市化不仅表明工业化与城市化不协调，而且意味着“农民非农化”和“市民化”也过度；滞后城市化也表明工业化与城市化不协调，而且意味着“农民非农化”和“市民化”不足。所以，要实现工业化与城镇化的协调发展、工业化和城镇化与“两个非农化”的协调及“两个非农化”之间的协调，都必须选择工业化与城镇化适度同步发展的模式。

参考文献

蔡昉等．农村发展与增加农民收入［M］．北京：中国劳动社会保障出版社，2006.

陈波翀．郝寿义．征地补偿标准的经济学分析［J］．中国农村观察，2004，(6)．

陈晨等．关注城市化进程中的弱势群体［J］．经济体制改革，2004 (1)．

仇保兴．为什么要走资源节约型的城镇化发展道路［J］．经济日报，2005-2-18.

邓鸿勋．走出二元结构［C］．北京：中国发展出版社，2004.

辜胜阻，简新华．当代中国人口流动与城镇化［M］．武汉：武汉大学出版社，1994.

高德步．英国的工业革命与工业化——制度变迁与劳动力转移［M］．北京：中国人民大学出版社，2006.

贾生华，张宏斌．中国土地非农化过程与机制实证研究［M］．上海：上海交通大学出版社，2002.

景普秋等．中国工业化与城镇化进程中农村劳动力转移机制研究［J］．东南学术，2004（4）．

简新华等．论中国的新型工业化道路［J］．当代经济研究，2004（1）．

简新华．论中国特色的城镇化道路［J］//发展经济学研究（第二辑）．北京：经济科学出版社，2004.

简新华等．从“民工潮”到“民工荒”——农村剩余劳动力有效转移的制度分析［J］．人口研究，2005（2）．

李剑阁，韩俊．解决我国新阶段“三农”问题的政策思路［J］．管理世界，2004（2）．

罗丹等．不同农村土地非农化模式的利益分配机制比较研究［J］．管理世界，2004（9）．

钱忠好．中国农地保护：理论与政策分析［J］．管理世界，2003（10）．

钱忠好．土地征用：均衡于非均衡［J］．管理世界，2004（12）．

吴次芳等．制度缺陷与耕地保护［J］．中国农村经济，2002（7）．

周天勇．土地制度的供求冲突及其改革的框架性安排［J］．管理世界，2003（10）．

关谷俊作．日本农地制度［M］．北京：三联书店，2004.

田代洋一．日本的农村和城市的关系［A］//焦必方．日本的农业、农民和农村［C］．上海：上海财经大学出版社，1997.

ANGUS，MADDISON．The world economy：a millennial perspective．OECD（Paris）．2001.

（原载经济科学出版社 2007 年 3 月出版的《发展经济学研究》（第四辑），为国家社会科学基金重大招标项目成果，批准号 05&ZD056，与张国胜合写）

中国工业反哺农业的实现机制和路径选择

一、引　言

近半个世纪以来，中国的经济政策一直沿袭着向城市和工业倾斜的做法。但是从 2004 年开始，政府开始集中采取了包括取消农业特产税、农业税减免、粮食直接补贴、良种补贴、农机具购置补贴等一系列惠农支农政策。这些新政策的实施标志着中国工业反哺农业的开始，必将对我国“三农”问题的解决、农村经济的发展以及经济社会结构的转型产生重大而深远的影响。正如胡锦涛总书记提出的，纵观一些工业化国家的发展历程，在工业化初始阶段，农业支持工业、为工业提供积累是带有普遍性的趋向；但在工业化达到相当程度以后，工业反哺农业、城市支持农村，实现工业与农业、城市与农村协调发展，也是带有普遍性的趋向。他还进一步指出，我国现在总体上已到了以工促农、以城带乡的发展阶段。我们应当顺应这一趋势，更加自觉地调整国民收入分配格局，更加积极地支持“三农”发展。这就是关于工农业发展关系的“两个趋向”的重要论断。我们认为，“两个趋向”存在的主要原因在于：在工业化初期，由于工业刚开始发展，规模也很小，难以依靠自身积累解决工业发展的资本问题，而此时农业是国民经济的主要产业，除了对外掠夺或引进外资之外，只能将农业的剩余转化为发展工业的资本，即农业哺育工业；从工业化中期开始，由于工业已经成为主导产业，积累能力极大增强，而农业却相对落后，如不加快发展，不仅整个国民经济不能协调持续发展，而且还会从收入、消费、社会稳定等方面严重制约工业化的进程，因此需要工业反哺农业。"两个趋向"论断的提出，表明了中国政府经济社会发展战略思维的转变，即从注重工业化、农业支持工业转变为工业反哺农业、统筹工农业发展，从严重的城市偏向转变为统筹城乡发展。如何正确认识我国工业反哺农业的必要性，怎样从我国的基本国情和发展阶段出发，制定和实施合理有效的工业反哺农业政策，都迫切需要深入研究。

二、文献综述

当前，学术界关于中国工业反哺农业的研究主要集中在以下几方面：

1. 目前实施工业反哺农业的时机和条件是否成熟，是否达到了反哺的阶段

目前我国学者对于中国是否进入了工业反哺农业阶段等问题主要存在两种不同观点。大部分学者以呼声日益高涨的"工业反哺农业说"与国家统筹城乡经济发展的指导思想相呼应，柯炳生认为我国已经进入了"工业反哺农业"的历史阶段，指出工业反哺农业正当其时①。实际上，蒋建平早在20世纪90年代中期就提出"要从依靠农业原始积累发展工业转变为工业反哺农业"②，陈吉元也认为"轮到工业反哺农业了"③。但在当时的经济发展条件下这些呼声并没有引起广泛的关注和产生足够的影响。

---

① 柯炳生. 工业反哺农业经济社会发展新阶段. 时事报告，2005 (2)：10.

② 蒋建平. 深思远虑话农业. 经济工作导刊，1994 (7)：47.

③ 陈吉元. 轮到工业反哺农业了. 中国粮食经济，1996 (3)：51.

以林毅夫教授为代表的另一方观点则认为，中国还没有达到工业反哺农业阶段，而且增加农业补贴对促进农民增收的意义不大，甚至可能造成农产品严重剩余和农民对农业补贴的高度依赖①。仲大军也指出：在一些发达国家，一旦其工业化达到一定程度，工业利润往往会反哺农业，但就目前我国的情形看，工业化还处在一个大肆掠夺农业资源的过程，工业反哺农业的时代还远未到来②。孟雷撰文指出，工业（包括城市）反哺农业（包括农村）的阶段实际还未达到，因为工业化和城市化本身的现状还是疲软的而且薄弱的，不仅无力反哺农业，而且还有着对剪刀差的现实需求；并认为"减负"永远是最正确的提法和做法，直到走到实际已可以看作是"反哺"的程度③。学术界关于工业反哺农业的争论由此开始。

我们认为，尽管长期以来，甚至改革开放以来，的确是低农用地征用补偿、低农产品价格、低农民工工资支撑了中国工业化和城市化的快速推进，而且这种"三低"现象目前还不能完全改变，但是这种"三低"局面已经难以为继，已经突出的"三农"问题，严重地影响着内需的扩大、社会的稳定、科学发展的实现及和谐社会的构建，必须着手予以改变，所以中国已经进入工业反哺农业的阶段。

2. 中国农业政策演进阶段的划分

学术界目前对此存在着不同意见，较为典型的划分方法包括三分法和两分法。持三分法的关珊珊认为，依据经济发展过程中农业与工业相互关系的演化顺序，社会经济发展过程可以分为三个基本阶段：（1）工业化初期阶段，农业支持工业发展，亦即以农养工或以农补工。其基本特征是：农业剩余由农业部门无偿流入工业部门，成为工业化发展的资金积累，即农业通过给工业化提供资金积累来支持工业发展。（2）工业化中期阶段，农业与工业平等发展，

---

① 林毅夫. 中国还没有达到工业反哺农业阶段. 南方周末，2003-7-17.

② 仲大军. 廉价劳动力与中国工业化的问题. 开放导报，2004（4）：77.

③ 孟雷. 工业反哺农业仍需耐心等待. 经济观察报，2005-3-14.

亦即农工自养或农工自补。其特征是：工业已经具备了依靠自身积累进一步扩张的能力，农业不再为工业发展无偿提供资金积累，农业积累留在农业内部用作农业发展，工业的进一步发展则依靠其自身的积累。（3）工业化后期阶段，工业支援农业发展，亦即以工养农或以工补农。其基本特征是：工业部门的剩余积累以资金要素的形式流入农业，形成对农业的反哺，农业由依靠自身积累而发展转向依靠工业剩余积累来求得更大发展。①

持两分法的马晓河等人则认为，工业与农业平等发展的自补阶段只是一种理论概括，现实中很难找到，即使有也是很短暂的。况且，在工业化过程中，很难找到哪个国家或地区既不反哺又不剥夺农业的中性政策。因此工业化进程中的工农关系只宜划分为以农补工和以工补农两大阶段。以农补工出现在工业化前期，以工补农出现于工业化中期，并向工业化后期延伸。② 当然，他们又将以工补农阶段细分为转折期和大规模反哺期，但这与前面的三分法明显不同。

杜鹰持另外一种观点，认为从农业支持工业到工业反哺农业找不到一个截然分明的转折点，不是说今天是农业支持工业，到明天突然就变成工业支持农业，这两大政策趋向在一个时间段内有重叠。在第二个趋向开始时，往往第一个趋向还没有完结，农业支持工业中的很多问题还没有解决。两大政策趋向在相当一段时间内是交替的，同时存在，无非是农业支持工业的趋向从强到弱，而工业反哺农业的趋向从弱到强的过程。③ 我们认为这种观点可能更符合工业化过程中工农业发展的实际。

3. 中国工业反哺农业的主体和实现机制

关于由谁来反哺、通过什么机制进行反哺，学者们的观点也不

① 关珊珊. 我国工业反哺农业的必然性及政策选择. 信阳农业高等专科学校学报，2005（12）：1.

② 马晓河，蓝海涛，黄汉权. 工业反哺农业的国际经验及我国的政策调整思路. 农民日报，2005-5-28（3）.

③ 杜鹰. 农村政策核心和主线是加速劳动力转移. 经济日报（农村版），2005-07-18.

尽一致。目前讨论这一问题的论文并不多，有学者实际认为政府是唯一的反哺主体，政府的政策是反哺的唯一途径。但是，一些学者对工业反哺农业的实现机制进行了探讨，较为典型的有如下几位学者。如任保平教授认为，实施工业反哺农业的战略转型，需要完善三大实现机制：（1）国家层次上的实现机制。在国家层次上又需要完善三大实现机制：制度机制、政策机制、财政机制；（2）地方政府层次上的实现机制。主要是建立和完善以工建农的实现机制，通过发展乡镇企业，促进农业的工业化，以建工哺农，实现工业对农业的反哺；（3）农业层面上的实现机制。提高农业的现代化发展水平，用工业化的生产方式改造传统农业，促进农业的产业化和提高农业生产经营的组织化程度，通过农业劳动生产率的提高和自身生产能力的增强以增加农业剩余，并把农业的剩余留在农业内部，增加农业积累，在农业工业化的前提下实现对自身的反哺①。朱四海、熊本国则认为，工业反哺农业的主体包括政府和社会非政府组织，反哺的实现机制也就包括政府反哺的实现机制和社会化反哺的实现机制。他们将政府实现机制分为宏观决策机制和微观运作机制。宏观决策机制，就是要考虑反哺决策层、反哺执行层、反哺需求层三类主体的状态分布，在反哺目标导向下满足反哺需求。微观层面的政府反哺机制要解决四个问题：一是反哺平台问题；二是激励约束问题；三是决策层反哺目标与执行层多元化目标的协调；四是政府能力问题。②

4. 中国工业反哺农业应当遵循的阶段性顺序

任保平将工业反哺农业政策分为三个阶段：第一个阶段是政策反哺和制度反哺，重点是依据市场经济的要求，调整在工业倾斜背景下形成的不利于农业发展的一系列制度和政策，逐步改变农业在国民经济关系中的不利地位，使农业的剩余价值不再流向工业，而

① 任保平．工业反哺农业：我国工业化中期阶段的发展战略转型及其政策取向．西北大学学报（哲学社会科学版），2005（7）：39-40.

② 朱四海，熊本国．工业反哺农业实现机制刍议．中国农村经济，2005（10）：8-11.

是留在农业内部，促进农业自身的发展；第二个阶段是技术反哺和产业反哺，其重点应该是对农业实施产业支持，通过技术反哺和产业反哺解决农业中大量存在的过剩劳动力，使农业的就业比重下降到30%以下；第三个阶段是收入支持，在农村剩余劳动力问题大体得到解决之后，反哺农业的政策就从政策反哺、技术反哺、产业支持进一步拓展到收入支持，通过加大财政支持、引导生产要素流向的转移，促进农业基础设施和生产条件的改善，以实现工业和农业的平行发展，既促进工业化进程的加深，又使农业的发展能力不断增强。①

曾祥炎则认为，工业反哺农业应当遵循农村经济发展次序的规律，并在总结主要发达工业化国家工业反哺农业的政策重点变化顺序的基础上，结合农村经济发展次序相关理论，分析我国农村经济发展的次序，得出如下结论：我国当前工业反哺农业，首先必须关注农村人力资本的培育与物质资本的积累。（1）着眼于农村人力资本的培育，要从义务教育和财政支撑的新型农村合作医疗入手实现工业反哺农业；（2）着眼于农村物质资源的积累，要把加强农业技术开发与推广，加强农业基础设施建设作为工业反哺的重点之一。②

总体来看，目前学术界对我国工业反哺农业的研究并不系统，也不够深入，而且对许多问题的看法尚存在分歧，这种状况说明了目前急需对我国工业反哺农业政策进行系统、深入的研究。

三、工业反哺农业的主体和实现机制

1. 工业反哺农业的主体

对反哺涵义的广义理解认为，“工业反哺农业”，是相对于过去的“农业哺育工业”而言的，这里的工业和农业都是历史性的概括性概念，工业泛指非农业部门和城市，农业则涵盖着“三农”

① 任保平. 工业反哺农业：我国工业化中期阶段的发展战略转型及其政策取向. 西北大学学报（哲学社会科学版），2005（7）：39.

② 曾祥炎. 工业反哺农业应遵循农村经济发展次序. 南华大学学报（社会科学版），2005（8）：18.

的方方面面。① 可见，由于工业反哺农业具有战略性、全局性和综合性，其实施主体就不可能是单一的，而应当由企业、政府、社会组织共同组成。当然，不同主体在工业反哺农业中发挥的作用也不完全相同。

目前学术界对政府作为反哺主体的作用讨论较多，而对企业和社会组织在反哺中的主体作用重视不够。

（1）企业的主体作用。企业作为工业反哺农业的主体，是指企业通过市场途径，遵循市场规律，在农村地区或农业领域进行投资、生产、经营，为农村、农业带来资金及技术、先进的营销与管理手段等现代生产要素。比较典型的表现就是逐渐成长起来的农业“龙头”企业，它们带动当地农业实现种养加、供产销、农工贸一体式的经营模式，很好地促进了农业和农村经济的发展。表面上看，这种企业在农村投资逐利的纯市场性行为，似乎算不上是“反哺”，但实际上，这是一种工农业互动“双赢”的“反哺”方式。与农业哺育工业时期的资金、劳动力等要素大量从农村流入城市相反，这种市场投资行为能够使资金和先进的生产要素回流农村，促进农村经济发展，不仅应当被看作是通过市场的“反哺”行为，而且是各种反哺方式中效率高、辐射作用大、效益好、能够实现工农业共同发展、可持续的方式，应当给予足够的重视和鼓励。正如舒尔茨指出的，改造传统农业的关键是要引进新的现代农业生产要素。而市场应当是促使现代生产要素流向农村的主通道。当然，由于目前我国农村市场体系尚不健全，加上农业市场自身的高风险性、低收益率，市场作为引导现代生产要素流入农村的主渠道作用还难以得到有效发挥。这就要求政府为其创造制度条件和政策支持。

（2）政府的主体作用。政府在反哺过程中起着主导和推动作用，尤其在中国，政府掌握大量的资源，更是最为重要的主体。市场虽然是要素流动的主渠道，但是其作用往往受到其他因素的制约，农业又是弱势产业，仅仅依靠市场的作用来反哺农业，无法满

① 刘合心．对工业反哺农业新阶段的思考．新东方》，2005（4）：40．

足统筹工农业发展、城乡发展的战略需求。

(3) 社会组织的主体作用。社会组织作为反哺主体是通过与“三农”相关的各种社会非政府组织，筹集各种资源，利用自身联系广泛、拥有专业知识等优势，来促进农业和农村的发展。这些社会组织在工业反哺农业过程中有重要的辅助作用，政府应当鼓励、支持，并加以引导。

2. 工业反哺农业的实现机制

结合现有的研究与本文对反哺主体的界定，我们认为工业反哺农业的实现机制应当相应地包括以下几个方面：

(1) 市场机制。反哺的市场机制是指如何通过市场中的企业投资行为将资金、技术、现代营销与管理方法等生产要素，引入到农业和农村。一般说来，工业和城市是现代生产要素密集的领域和地区，而农业和农村是现代生产要素相对稀缺的领域和地区，在完善的市场经济体系中，各种生产要素能够自发地从密集的领域和地区流向稀缺的领域和地区，从而实现市场的一般均衡。然而，现实中的市场存在种种不足，尤其在中国这样一个尚没有完成向现代市场经济体制转型的发展中国家，市场机制还存在诸多的缺陷，它们阻碍着要素的自由流动和高效配置。其结果表现为在农业和农村的投资具有高风险、低回报的特征，影响了市场作为工业反哺农业过程中资源流动主通道的作用的发挥。因此，加快完善市场经济体制，尤其是农村地区的市场经济体制改革，成为实施工业反哺农业政策的重要的基础性任务。其具体的途径包括健全和完善农村市场体系、依法保护农民财产所有权和经营自主权、探索农村土地使用权流转的有效方式、改善农村投资环境等，从而提高农村地区的投资回报率，吸引生产要素的流入。

(2) 政府政策投入机制。反哺的政府政策投入机制主要是指如何通过各级政府政策调配政府掌握的各种资源来促进农业、农村的发展，提高农民收入，从而实现农业现代化和城乡一体化。政府资源包括财政资源、技术资源、信息资源、能力资源等。在理想的民主政治框架内，居民或利益群体可以有效地通过选票表达自身的利益诉求，从而使政府资源的分配有利于自身需求。在我国这样一个更为注重中央集权的大国之中，政府政策投入的分配结果在现实中就更加依赖于政府官员（政策的制定者与执行者）追求的效用函数。具体来说，各级政府对于工业反哺农业的政策投入，取决于“三农”发展在政府官员政绩考核中的权重。在中央政府已经明确了实施工业反哺农业政策、统筹工农业发展和城乡发展的背景下，要促进各级地方政府配套落实反哺政策，就必须转变政府官员的发展观和政绩观，增加“三农”发展在其政绩考核和晋升中的分量，以纠正政府资源向工业和城市的过分倾斜，确保农业和农村地区发展得到足够的政府资源的投入。政府在反哺中的主体作用主要通过减免税收、加大财政转移支付力度、完善体制和提供政策条件等途径来实现，其具体的方式则多种多样，如收入补贴、农村基础设施建设、农业科技研发与推广、农村基础教育普及、农民职业技术培训、农村社会保障体系建设、农村剩余劳动力转移等。

（3）社会组织参与机制。反哺的社会组织参与机制主要是指如何鼓励、支持、引导各种社会组织关注和支持“三农”发展，为反哺提供积极的推动作用。它们或者组织农民进行培训，以转变农民的思想观念，提高农民的科技文化素质；或者通过自身的条件，为农村提供资金、技术支持，带动农村经济发展；或者利用法律等专业知识，帮助维护农民权利。就目前我国非政府组织的发展情况来看，要引导社会组织参与工业反哺农业政策的制定与实施，必须从下述两个方面努力：一是要给予社会组织在法律允许的范围内自主活动以完成组织目标的自由，不应当干预其正当的具体事务，避免限制其积极性；二是要给予适当的引导和支持，通过经费支持、舆论宣传、表彰鼓励等途径引导社会组织参与反哺。

工业反哺农业是一项系统工程，它不可能由单一的主体和机制得以实现，必然要求企业、政府、社会组织三重主体及相应机制相互配合、分工协作，以共同实现反哺目标。

四、工业反哺农业的原则要求

1. 工业反哺农业的政策取向

目前中国所面临的国内发展条件以及国际环境，决定了工业反哺农业的政策取向是"造血"型反哺、重点型反哺、适度型反哺。

（1）"造血"型反哺。经营规模小、生产条件差、技术含量低、人力资本积累少、市场化程度低，是制约我国农业发展的重要因素。不改变这些不利因素，我国就无法实现农业现代化，反而只能使农村地区处于"贫困恶性循环"中无法自拔。工业反哺农业并非是在不改变现有条件下对农业、农村、农民进行"输血"，更不是要保护落后，而是要为农业、农村引入现代生产要素，提高农业在市场经济条件下的自生能力。工业反哺农业，立足点是"哺"而不是"补"。舒尔茨的理论已经证明，传统农业不能成为经济发展的源泉，关键在于必须引入现代生产要素改造传统农业。① 我国实施工业反哺农业，出发点不是要保护落后，而是要改变落后的状况。这就要求，反哺政策必须避免陷入一些舆论乐于宣扬却又不尽实际的依赖财政支农补贴的简单思维之中，应该把技术引进、市场培育、生态改善、基础设施加强、教育培训、劳动力转移等内容作为反哺的根本之道，培养农业、农村自我发展的能力。

（2）重点型反哺。工业反哺农业涉及农业、农村、农民问题的方方面面，实际中对于政府政策的需求很多，但是国家经济实力和政府财政能力还相当有限，能够为农业、农村提供的支持还不多。要解决这个矛盾，就必须抓住反哺的重点，避免"撒胡椒面"、"广种薄收"。根据我国经济社会发展的现状，当前反哺的重点应当包括：第一，提高农业综合生产能力，促进粮食增产增收，确保国家粮食安全；第二，采取有效措施促进农民增收，防止城乡收入差距进一步扩大；第三，加强农村基础设施建设，改善农村生产生活条件；第四，普及农业基础教育，加强农民职业培训，提高农民素质；第五，加快农村剩余劳动力转移步伐，保护农民工合法权益。

（3）适度型反哺。中国刚刚进入工业化中期阶段，正处于从农业哺育工业向工业反哺农业转变的时期。工业化和城镇化程度都不高、农村人口还超过总人口的一半以上、国民经济实力尚不够强

① ［美］舒尔次．改造传统农业．北京：商务印书馆，1987．

大，这些是实行适度反哺的基本原因。另外，对农业进行高度反哺，是有危害性的。它不仅会造成“三农”对政府的过分依赖，带来沉重的财政负担，还可能造成农产品过剩，导致“卖难”的问题，挫伤农民生产的积极性。所以，与发达国家几十年积累起来的高水平反哺相比，我国在工业反哺农业起步之时，只能选择适度反哺，在经济发展的过程中再逐步加大力度。

2. 我国工业反哺农业应遵循的原则

无论是在工业反哺农业的政策制定上还是在具体落实中，都必须考虑经济社会全局的和长远的发展，遵循相应的一些原则，主要包括：

（1）统筹协调原则。工业反哺农业必须放到统筹工农发展、城乡发展的全局中予以考虑，不能再指望放慢农业甚至是牺牲农业来发展工业和城市，也不能因为对农业的反哺而延缓工业化和城镇化进程。发展经济学理论已经阐明了，农业与工业，农村与城市是相互依存的，任何一方的发展受阻，都不利于另一方。因此，工业反哺农业政策的制定与实施，必须统筹协调工农业发展、城乡发展的关系，不能再走以牺牲一方为代价来谋求另一方的发展的老路子，否则，既不合理，也不可持续。

（2）互利双赢原则。如果说统筹协调原则是要求工农发展、城乡发展做到“两不相害”、并行不悖，那么，互利双赢原则就是要求工与农、城与乡做到“两相促进”、共享繁荣，显然这一原则比前者有了更高的要求。要实现在工业反哺农业过程中的互利双赢，关键在于找到双方利益的交汇点，即找到对双方发展都能够产生促进作用的契合点。例如，加强教育和培训，转移农村剩余劳动力，不仅有利于农业劳动生产力的提高，也有利于城市工业获得充足的、掌握生产技能的熟练工人；加强农村基础设施建设，不仅有利于改善农村生产生活条件，也能够拉动内需，为城市工业带来广阔的农村市场；鼓励并适度补贴农民购买适用的现代农业机械和农用工具，不仅能够提高农业的劳动生产率，而且能够促进工业的发展。

（3）效率公平原则。效率公平兼顾是我国收入分配的基本原则。工业反哺农业，作为国家在宏观上调整经济社会发展结构的战略举措，总体上体现的是公平原则。但是在具体的政策选择和实施中，必须坚持效率公平兼顾的原则。首先，在政策选择上着力抓住能带来最好的经济效应的因素，促进农村经济的快速发展。反哺不是“输血”式的扶贫，更不是“逼富济贫”，而是要提高农业的生产力和竞争力。其次，重视经济发展的带动效应、辐射效应、示范效应，促进农村更多的领域、更多的人发展富裕起来。邓小平关于先富带后富的精辟论断，在工业反哺农业的过程中更应该遵循。

(4) 循序渐进原则。本文前面已经介绍了工业反哺农业政策的阶段性和时序性，它们决定了工业反哺农业必须坚持循序渐进的原则，依据农村经济发展次序，确立不同发展阶段的政策重点，并根据我国经济发展的情况，逐渐加大反哺力度。尽管学术界对目前反哺的具体政策有不同看法，但是反哺的力度从弱到强、反哺的重点先从产业能力支持再到收入支持，却是一个应当遵循的基本原则。

五、工业反哺农业的路径选择

路径是实现目标的途径和方式，路径选择的正确与否决定着实现目标的成本和收益。我国工业反哺农业的目标在于实现农业现代化、城乡一体化，消除二元经济格局，实现工农、城乡的协调发展。目标是层层分解的，也是有轻重缓急的，因此在实施反哺时，还需要探寻多种具体的反哺路径。综合考虑我国经济发展的阶段特征以及农业、农村发展的需要，我们认为中国实施工业反哺农业应当选择以下路径：

1. 通过加快工业化进程来带动农业生产的发展

加快工业的发展有利于扩大对农产品的需求，能够为农业发展提供现代化的农用物资和生产、运输设备，而现代科学技术在农业中的应用能够改变传统农业的生产模式，提高农产品的产量和品质，改善农业的生产效益。可见，工业能够从供给和需求两方面带动和促进农业的发展。从对农产品的需求来看，需要重视轻工业的发展，尤其是食品加工工业、纺织业等产业的发展；从对农业生产资料的供给来看，要加快重、化工业的发展，为我国农业提供适用低价的机械设备和优质低价的化肥、农药、农膜等农用物资。

2. 通过加快城镇化进程来带动农村剩余劳动力的转移

我国城镇化水平明显落后于工业化水平，产生了不少弊端，其中之一就是阻碍了农村剩余劳动力的顺利转移，导致大量农民工在农村与城市之间频繁地无序流动，成为经济社会中不稳定因素。近几年我国城镇化水平平均每年提高1%以上，呈现出加速发展趋势，这是对我国长期城镇化落后于工业化水平的补偿性增长。加快城镇化进程和农村劳动力转移速度，符合经济社会发展的规律，有利于克服我国广泛存在的“农村病”，也有利于农业的适度规模化经营，有利于提高农业生产力。

3. 通过调整国民收入分配格局来加大对农业、农村和农民的支持

调节收入分配是宏观经济政策的重要目标和手段。当前，我国实施工业反哺农业，就要求政府对农业、农村采取“多予、少取”的政策，通过取消农业税及各种费用来减轻农民负担，通过各级政府增加财政转移支付力度增加对农业、农村和农民的投入。我国已经在这些政策上取得了一定的成效，应当在稳定的基础上逐渐加大反哺政策的力度。

4. 通过加大对农村基础设施、基础教育和农业科研推广的投入来提高农业综合生产能力

生态环境条件薄弱、基础设施不足、人力资本积累不足、技术水平落后，都是制约我国农业综合生产能力的重要因素。提高农业综合生产能力，既是确保国家粮食安全的物质基础，又是促进农民增收的必要条件；既是解决当前农业发展突出矛盾的迫切需要，又是增强农业发展后劲的战略选择；既是推动农村经济发展的重大举措，又是实现农村社会进步的重要保障。以严格的耕地保护制度为基础，以加强农田水利建设为重点，以推进科技进步为支撑，以健全服务体系为保障，使农业的物质技术条件明显改善，土地产出率和劳动生产率明显提高，农业综合效益和竞争力明显增强。

5. 通过建立和完善产业化经营机制来提高农业的竞争力

农业产业化经营通过龙头企业的带动，围绕某种农（副）产品的生产和深加工，形成集农工贸、种养加为一体，产前、产中、产后服务一条龙的产业经营体系，并以此为基础，形成当地的主导产业和农产品生产加工基地。自我国 1993 年提出农业产业化经营以来，它发挥了延长农业产业链条，提升农业竞争力，繁荣农村经济的重要作用，取得了明显的成果。但目前我国农业产业化经营还存在层次低、链条短、组织化程度低、龙头企业规模小、利益联结机制不完善、竞争力不强等问题。① 实施工业反哺农业，必须建立和完善农业产业化经营机制，从而提高农业吸引投资的能力和创造市场利润的能力。

6. 通过新农村建设来改变农村落后面貌

2006 年中央提出了按照“生产发展、生活宽裕、乡风文明、村容整洁、管理民主”的要求建设社会主义新农村的政策思路。柯炳生认为，“建设社会主义新农村是‘三农’工作的集大成。建设社会主义新农村要解决农业、农村和农民问题，就是要全面推进‘三农’问题的解决”。② 可见，建设社会主义新农村的目的在于全面发展“三农”，改变城乡差别巨大的现状。新农村建设需要政府和社会加大对农村的支持和投入。支持新农村建设是我国工业反哺农业的重要途径之一。

7. 通过发展循环农业、节约型农业来实现农业的可持续发展

大力开发节约资源和保护环境的农业技术，重点推广废弃物综合利用技术、相关产业链接技术和可再生能源开发利用技术；组织实施生物工程，培育生物产业；发展节地、节水、节肥、节药、节种的节约型农业；加大力度防治农业污染，发展循环农业、节约型农业，不仅需要工业为其提供资金上的支持，而且还要求工业为之提供技术、设备支持以及循环经济的理念和管理经验。协助建立循

① 刘艳飞. 浅谈中国农业产业化经营. 北京农业，2005（2）：1～2.

② 柯炳生. 工业反哺农业经济社会发展新阶段. 时事报告，2005（2）10：

环农业，走农业可持续发展道路，也是工业反哺农业的重要体现。

（原载《南京大学学报》2006年第5期，《新华文摘》2007年第2期转载，为国家社会科学基金重大招标项目（批准号05&ZD056）成果，与何志扬合写）

产业革命研究大纲

产业革命是产业的质的飞跃，是经济结构优化升级的关键，是社会经济发展的巨大推动力。产业革命的研究是产业经济学和发展经济学研究不可缺少的重要内容，但对产业革命的研究至今仍然极不全面、系统、深入，分别研究历次产业革命的论著很多，从整体上综合研究产业革命的论著太少。为了促进这一重大课题的探讨，这里特按照依次由产业革命的内涵、条件、历程（含历次产业革命的背景、内容、特点）、作用、规律等部分构成的理论框架，提出一个产业革命研究大纲和相应的基本观点，以抛砖引玉，充实和完善产业经济学和发展经济学。

一、产业革命的概念

1. 产业革命的内涵

产业革命是指产业及其各方面的根本性变革，其内容包括单个产业和产业总体的根本性变化，具体来说主要是旧产业的衰退、新产业的形成、产业结构、产业关联、产业布局、产业组织和产业技术基础的根本性变革。产业革命的概念有广义和狭义之分：广义产业革命是一般而言的产业的根本质变；迄今为止，人类社会先后发生过三次产业革命，狭义产业革命专指第一次产业革命。由于产业革命是在工业化的进程开始时才出现的，最早的产业革命是首先发生在英国的用机器大生产取代手工小生产、以农为主的产业结构向以工为主的产业结构演变的第一次产业革命。所以狭义的产业革命又称为工业革命。产业革命不仅是产业的根本质变，而且是以科学技术革命为先导，并会引起生产方式和社会经济形式的根本性变革的经济技术革命。

2. 产业革命发生的条件

产业革命并不是在任何时候、任何条件下都能发生的，只是在具备一些必要条件的特定的时期内才可能发生。以往产业革命的实践表明，产业革命发生的条件主要包括：

（1）科学技术必须取得突破性进展。产业及其各个方面的根本性变革，尤其是产业结构优化升级，产业发展的技术水平要提高一个层次，没有科学技术上的重大突破，这些都是不可能的。产业革命的历程证明，产业革命必然伴随着科技革命，与三次产业革命相对应，也发生过三次科技革命，而且科技革命是产业革命的先导。正是由于以经典力学、微积分的形成和发展、“化学革命”、纺织机和蒸汽机的发明为主要内容的第一次科技革命的发生，才引发了第一次产业革命；也是由于以电磁学的创立、电机、内燃机、炼钢法的发明为主要内容的第二次科技革命的出现，才导致第二次产业革命的发生；还是由于以“物理学革命”、原子物理学、相对论、量子力学、分子生物学的创立、原子能技术、空间技术、遗传技术、电子计算机技术、网络技术的发明为主要内容的第三次科技革命的兴起，第三次产业革命才有可能形成。

（2）必须积累相当数量的资本。产业革命是产业的巨变，意味着新的产业要诞生，产业结构和布局要大调整；产业革命也是生产技术革命，意味着大量新技术、新工艺、新设备的广泛采用，固定资本的大规模更新改造，这些都需要大量的投资。如果没有相当数量的资本积累，产业革命只能是无米之炊。

（3）市场经济必须有了一定程度的发展。新兴产业和实现根本性变革的产业的产品具有大量潜在的市场需求，是新兴产业形成和发展，新技术、新工艺、新设备采用的前提条件，而且需要大量生产要素由传统产业流向新兴的或经过根本变革的产业，这又要求生产要素能够自由流动、市场体系基本形成、市场对资源配置发挥调节作用，清除投资和贸易的种种障碍。这些要求只有市场经济有了一定程度的发展，才可能更好地得到满足。因此，市场经济的发展，也是产业革命兴起和发展的重要条件，产业革命最先发生的国家更是如此。

(4) 至少必须初步形成自主企业制度和企业家队伍。产业是企业的集合，产业革命要靠企业和企业家的行动去实现；产业革命也是产业创新，产业创新以企业的创新为基础，企业的创新首先是企业家的创新。企业要形成创新机制，推进产业革命，必须产权明晰、自主经营、自负盈亏、由企业家经营。“企业家是产业革命的英雄、变革的伟大代表”，是具有进取精神和创新精神的人，必须“使企业家们得以不受限制投资的垄断倾向所限而自由地扩大投资”。① 所以，自主企业制度和企业家的存在，也是产业革命的重要条件。

不同历史阶段的不同产业革命发生的条件并不完全相同，除了上述4个方面的基本条件之外，还可能有一些其他的影响因素，而且上述基本条件的具体内容也不一定完全一样。产业革命往往首先在一个国家或几个国家发生，然后再向其他国家扩散，产业革命扩散并不一定必须完全具备上述基本条件。可以肯定的是，如果充分具备上述基本条件，产业革命扩散的成效会更大。比如，苏联在1917年十月革命以后，在实行传统计划经济的情况下，用20年时间完成了第二次产业革命的任务，并不完全具备上述4个基本条件，但是苏联并不是第二次产业革命的发源地，而是第二次产业革命的扩散地，并且沙皇俄国在重工业和电气化方面已经有了相当的基础。

二、产业革命的历程

从18世纪60年代开始到现在，人类社会先后发生过三次产业革命。每一次产业革命都是渐进的，都会持续一段较长的时期。确定每一次产业革命发生的年代和持续的时间，都是以具有代表性的国家为标准，一般不包括产业革命向其他国家扩散的时间。因为，世界各国产业发展状况极不平衡，直到今天世界上还有国家连第一

① 约翰·伊特韦尔等．新帕尔格雷夫经济学大辞典（第二卷：E-J）．北京：经济科学出版社，1992：876．

次产业革命的任务都没有完成。每一次产业革命发生的历史背景和社会经济、政治条件都不完全相同，具体内容也不一样，都会形成新的产业结构，出现具有代表性的技术和产品，存在不同的特点。

1. 第一次产业革命（18世纪60年代至19世纪40年代）

（1）第一次产业革命发生的背景和条件。第一次产业革命又称工业革命，是工场手工业向机器大工业过渡、轻工业取代农业成为主导产业的根本性变革，是18世纪中叶首先在英国发生的人类社会由农业经济时代向工业经济时代转变的产业革命。工业革命之所以首先在英国兴起，随后在美国、法国、德国等国家展开，主要是因为：

①地理大发现和世界市场的扩大。15世纪末16世纪初，在西欧国家扩大贸易和追求黄金的海外探险热潮中，葡萄牙人伽马绕过非洲发现通往印度的新航路，意大利人哥伦布发现美洲新大陆，葡萄牙人麦哲伦第一次完成了环球航行。一系列的地理大发现，对西欧经济发展产生了巨大的深远的影响。使得世界市场骤然扩大，国际贸易的商品种类和数量急剧增加，直接引起残酷的海外殖民掠夺，形成西欧国家原始资本积累的重要来源；带来巨额的廉价的黄金流入，引发欧洲的"价格革命"，导致物价飞涨，使得手工工场场主和商人获得丰厚的利润。这一切促使商业、航海业和工场手工业空前高涨，为第一次产业革命的发生创造了极为有利的条件。

②工场手工业的长期发展。西欧工场手工业到18世纪已经经过了几个世纪的发展，世界市场的迅速扩大更是使得分工和专业化进程日益加快，劳动工具逐步改进，技术不断进步，培养出一批技能熟练的工人，为工场手工业向机器大工业过渡准备了物质技术基础；另一方面又形成了一批具有冒险精神和创新观念的企业主——最早的企业家，为以手工技术为基础的工场制度向以机器大生产为基础的工厂制度演进提供了必要的条件。

③资产阶级革命和"圈地运动"。17世纪中期的英国资产阶级革命，废除了束缚资本主义发展的封建制度，确立了资产阶级的统治，对外实行大规模殖民扩张，保护和发展对外贸易，对内扫清封建割据、等级特权、人身依附农奴制等障碍，加剧"圈地运动"，

促使小农经济破产，奖励和保护科学技术发明，为产业革命提供有利的政治条件和大批拥有人身自由而且“自由得一无所有”的雇佣劳动者。在英国之后，美国、法国、德国也先后发生资产阶级革命，也为产业革命的兴起创造了必要的政治条件。

④资本的原始积累完成。通过“圈地运动”对农民的剥夺，形成了资产阶级化的新贵族和大租佃农场主，积聚了数量庞大的资产；通过对手工业工人的长期残酷的剥削，工场主攫取了大量的利润；通过“血与火”的海外殖民掠夺，一部分欧美国家更是积累了巨额的原始资本，正如马克思所言：“美洲金银产地的发现，土著居民的被剿灭、被奴役和被埋葬于矿井，对东印度开始进行的征服和掠夺，非洲变成商业性地猎获黑人的场所：这一切标志着资本主义生产时代的曙光。这些田园诗式的过程是原始积累的主要因素。”① 18世纪中叶的英国首先具备了工业革命必要的资本。

⑤科学研究的巨大进展。16～18世纪是近代自然科学诞生和大发展的年代。公元5世纪到15世纪，是欧洲教会统治下的漫长中世纪，是黑暗、愚昧、科学技术发展几乎停滞的1000年。黑暗必然走向光明，第一次科学革命终于在16世纪发生。牛顿在伽利略、开普勒研究的基础上，将力学三定律与万有引力定律综合起来，形成了经典力学体系；波义耳的化学元素概念和拉瓦锡的燃烧理论，把化学从“炼金术”中解放出来，实现了“化学革命”；费尔马和笛卡儿创立了解析几何，以莱布尼茨和牛顿为代表的科学家创造了微积分。这些都为机械的设计和制造，为机器大生产的出现提供了坚实的基础。

正是在上述这样的历史背景、经济、技术和政治条件下，第一次产业革命首先在英国兴起，随后在美、法、德等国发生和完成。

（2）第一次产业革命的过程和内容。工业革命开始于英国的棉纺织业的机械化。由于棉纺织业是英国18世纪才发展起来的新兴幼弱产业，面临本国处于垄断优势地位的毛纺织业和国外棉纺织业的激烈竞争，迫切需要技术革新。1733年英国钟表匠约翰·开

① 马克思．资本论（第1卷）．北京：人民出版社，1975：819．

伊发明了飞梭，1764 年织工兼工匠哈格利夫斯发明了新型的珍妮纺纱机，大幅度提高了劳动生产率。纺织机最初以手动、水力和风车作动力，受到自然条件等限制，不能满足需要，急需提供新的动力机械。英国工匠瓦特在前人研究的基础上发明了蒸汽机，纺织机转向以蒸汽为动力，引起了能源革命，燃料由木柴转向煤炭。

纺织机和蒸汽机是“机器时代”的象征，但只有“创造机器的机器——工作母机”的生产发展才是“机器时代”的基础，亨利·莫兹利和约瑟夫·布拉默发明的车床，标志着机械制造业的诞生。工作机、动力机和工作母机的生产和使用，扩大了对重要原材料铁的需要。“德比一家积三代之努力”发明的炼焦法，使铸铁的大量生产成为可能，制铁业也迅速扩大。海外棉花的大量进口、煤炭和铸铁的运输及其他物流的扩大，伴随着蒸汽机的改进和推广，引起了轮船和铁路业的发展。1807 年美国发明家罗伯特·富尔顿制造出第一艘成功航行的轮船，标志着蒸汽动力船取代帆船的新时代的开始。1814 年英国发明家史蒂芬逊在继承前人成果的基础上，造成了第一辆实用的蒸汽机车。1825 年英国建成世界上第一条公共交通用铁路。交通运输业的发展又进一步促进了机械工业和制铁工业的兴旺。各产业部门广泛采用蒸汽机作动力，制铁工业应用焦炭冶炼法，则带来了煤炭业的蓬勃发展。制酸、制碱方法的发明，合成染料、香料、杀虫剂、解毒剂和化学肥料的制造，使化学工业兴起。各类产业的开拓和发展，极大地增加了资本的需求和流动，又推动了银行的扩张、证券业的形成和发展。物流、资金流和世界贸易的扩大，促进了以轮船，火车和电报作为信息传递手段的新型通讯业的兴起。

第一次产业革命，就是这样主要通过各种机械的发明、使用和改进的推动作用，在各种产业的互相关联、相互带动和生产技术革命、运输革命、通讯革命、能源革命和金融创新的互相影响、相互促进中，逐步展开和完成，使产业发展由手工技术时代进入机械化时代，使产业结构发生了革命性的巨大变化，形成了由以纺织业为主的消费资料部门，以普通机械和运输机械（火车、轮船）为主的劳动资料部门，以制铁业为主的原材料部门，以煤炭业为主的能源部门，以铁路、海运为主的运输部门，以电报、邮轮、火车为主要手段的通讯部门构成的工业部门格局。

(3) 第一次产业革命具有以下主要特点：

① 第一次产业革命是实现蒸汽化、机械化的产业革命。纺织机、蒸汽机的发明和普遍采用是第一次产业革命的主要标志，社会生产的蒸汽化、机械化是第一次产业革命的基本特征。正是由于工业革命的作用，人类社会才由手工技术时代进入机械化时代，使得社会生产由长期依靠人力、畜力、水力、风力转向蒸汽动力，由手工生产转向机器大生产。

② 第一次产业革命是以英国为中心的产业革命。工业革命首先在英国发生和完成，新型纺织机、蒸汽机等标志性技术和产品，首先在英国诞生；由手工工场制度向机器工厂制度的转变，首先在英国实现；以工业为主体的产业结构首先在英国形成，英国成为所谓的“世界工厂”。

③ 第一次产业革命是由纺织业开始逐步向重工业推进的产业革命。工业革命以轻纺工业发展为核心展开，首先是实现纺织业的机械化，然后引起机械制造业的形成和发展，再带动制铁业和煤炭业的兴旺，同时推进蒸汽轮船和铁路等交通运输业的发展，最终形成以轻纺工业为主体的产业结构。欧美各国的工业革命一般都是从纺织工业开始，再扩展到其他轻工业，然后发展到重工业。

④ 第一次产业革命是使人类社会由农业经济社会进入工业经济社会的产业革命。工业革命是实现工业化、城市化的革命。工业革命的过程也就是工业化的过程，工业发展必然使大批农民变为工人，工业生产的集聚效益和规模效益决定企业必然向城市集中，形成城市化的趋势，农民在变为工人的同时也成为市民。正是由于工业革命的发生，才使得人类社会由漫长落后的农业经济社会开始向发达繁荣的工业经济社会过渡，不仅使人类的生产方式发生根本性的变革，而且使人类的生活方式也发生巨大变化，工业文明和城市文明逐步在全世界普及。

⑤ 第一次产业革命是资本主义生产方式确立的革命。工业革命用以机器大生产为特征的工厂制度取代以手工技术为基础的手工

工场制度，确立了资本主义生产方式的统治地位，极大地推动了资本主义生产，创造出比过去一切世代创造的全部生产力还要大得多的社会生产力，形成了资产阶级与无产阶级两大对立的阶级，加剧了资本主义社会的基本矛盾。1825 年在英国发生了资本主义历史上的第一次生产过剩的经济危机，并且周期性地出现，表明人类社会生产方式还需进一步变革和发展。

2. 第二次产业革命（19 世纪 40 年代至 20 世纪 50 年代）

（1）第二次产业革命发生的背景和条件。第二次产业革命是重工业取代轻工业成为主导产业的根本性变革，是 19 世纪 40 年代至 20 世纪 50 年代主要发生在美、德、英、法等国的产业革命。由于第二次产业革命仍然是发生在工业化过程中的产业革命，带来的是发达的工业化，可以说是工业革命的继续和深化，所以有的学者认为第二次产业革命也是工业革命。我们觉得为了与第一次产业革命相区别，还是不把第二次产业革命也称为工业革命为好。

第二次产业革命发生的背景和条件，主要表现在以下几个方面：

① 第二次科技革命的推动。19 世纪中叶到 20 世纪初期，人类社会发生第二次科学技术革命，其内容主要有：电磁学理论体系的形成，发电机、电动机、变压器、电力传输技术的发明；电话的发明，无线电通讯技术的创造；提炼煤油和石油技术的创造，内燃机的发明和改进；机械制造技术的改进和提高，汽车、飞机的发明；炼钢技术的创造，平炉、转炉炼钢法的发明。第二次科技革命的丰硕成果，既为第二次产业革命提供了极为有利的科学技术条件，又是第二次产业革命最重要的推动力。

② 工业革命深化的客观要求。第一次产业革命虽然实现了产业的根本性变革，带来了生产力的巨大发展，但仍然存在许多问题和不足。比如：蒸汽机热效率低、笨重、操作不方便、运行不完全、易爆炸，其作用存在很大局限性，非常需要发明新的动力机械；以煤炭作能源，太单一、体积大、热值低、污染重，不能适应多方面的需要，迫切要求开发新能源；铁制的机器强度不够、韧性缺乏、易破碎、不耐久，特别需要研制新型材料；以轮船、火车、

电报为主要手段的通讯业，无法快速传递大量信息，远远赶不上经济发展的需要，必须进行通讯技术创新。这些都需要进行新的科技革命和产业革命。工业革命不仅为新的产业革命提供了潜在的巨大的市场需求，而且积累了充足的资本，为新的产业革命创造了必要的有利条件。

③ 国家干预的影响。从 19 世纪后 30 年开始到 20 世纪前 40 年，资本主义社会的矛盾日趋尖锐，垄断的特征十分明显，经济危机周期性地出现，甚至爆发了 20 世纪 30 年代的空前大危机；西方国家争夺殖民地和半殖民地的战争连绵不断，以至引发了两次世界大战。完全靠市场机制已经无法保证社会经济的正常运行，难以维持社会稳定，西方国家纷纷实行程度不同的国家干预。而且，产业的变化和发展往往受到备战和战争的严重影响，比如军事科学技术的研究、军事工业的发展都会影响产业的构成和变化。这些情况对新的产业革命，既可能发挥促进作用，也可能形成障碍。

（2）第二次产业革命的内容。第二次产业革命的内容十分丰富，涉及许多产业领域，主要有以下几个方面：

① 电力的发明和应用与电力产业和电器制造业的兴起。能源动力部门的革命是第二次产业革命最主要的内容，第二次产业革命又是从能源动力部门的革命开始的，“电气化”则是能源动力革命的核心。1799 年意大利物理学家伏打发明“伏打电池”，1821 年英国物理学家法拉第制作出直流电动机模型，1832 年法国皮克西兄弟制造出世界上第一台手摇交流发电机，1834 年英国仪器制造商克拉克制成第一台商用直流发电机，1880 年前后开始修建中心发电站，1890 年以后水力发电站出现。随着发电机和电动机的发明和改进，工业的动力机械迅速完成了由蒸汽机向电动机的转换，产生了许多新兴产业，引起了制造业、运输业、化学工业、通讯业等各个产业部门的巨大变化。以发电、输电、配电三大环节为主要内容的电力产业形成，生产发电机、电动机、变压器、电灯泡、电风扇、电话、电工仪表等的电器制造业迅速发展，电动、电镀、电解、电焊、电热、电火花加工等新工艺先后出现，光电、声电、半导体、自动控制等新技术逐步产生，使整个产业发展进入了一个新

的“电气化”时代。

② 内燃机的发明和应用与机械制造业变革。内燃机的发明和应用，既是能源动力革命的重要内容，又引起机械制造业的巨大变化。1872 年德国工程师斯托兹第一个制造出具有现代特征的燃气轮机，1876 年德国工程师奥托研制成功第一台四冲程往复活塞式内燃机，1883 年德国工程师戴姆勒制成第一台汽油机，1892 年德国机械工程师狄塞尔发明柴油机。内燃机马力大、重量轻、体积小、效率高，很快在许多领域取代蒸汽机，成为更为重要的动力机械，导致汽车制造业的兴起，推动了飞机制造业的发展，广泛运用于交通运输业的内燃机车、轮船，农业的拖拉机、收割机，军事的坦克、战车、军舰、潜艇、战斗机，以及发电、排灌、工程机械、矿业机械等许多方面，带来机械制造业的革命性变革。

③ 石油提炼与石油工业的形成。能源由煤炭向石油的发展，也是能源革命的重要组成部分。内燃机的广泛运用，使得从煤炭中提炼煤焦油、生产煤气已经远远不能满足需求，必须寻找新的液化能源。19 世纪中叶人们开始掌握石油分馏提炼技术，1859 年 8 月世界第一口用钻机打的油井在美国宾夕法尼亚州的“石油溪”喷油，开采和提炼石油的石油工业兴起。发电要靠煤炭和石油，内燃机更是离不开石油，电气化、内燃化都要以石油化为基础，石油成为越来越重要的能源。石油工业的发展导致“石油化”时代的到来，并且为石油化学工业——有机化学工业的发展奠定了基础。

④ 新的炼钢法与钢铁工业的发展。19 世纪中叶，随着铁路、轮船、车床、武器等生产的发展，迫切需要大量钢铁，铸铁的性能和数量远远不能满足需要，推动了新炼钢法的产生。1856 年英国工程师首创转炉炼钢新技术，1864 年德国西门子和法国的马丁发明平炉炼钢法，极大地促进了钢铁生产的发展，1865～1870 年世界钢产量增加 70%，钢铁工业成为支柱产业，钢铁成了机械制造的主要原材料，可以说机械化也是“钢铁化”。

⑤ 电话和无线电通讯与通讯业的革命。信息传输和交流，是人类生产和生活的重要因素。随着工业革命的完成和深化、经济的高速发展，迫切需要新的通讯技术和手段，实现远距离、高速度、

大规模的信息传输。在电报发明之后，1876 年美国的贝尔和华生制成了最早的实用电话，1896 年意大利发明家马可尼在英国进行了第一次无线电收发表演，1900～1901 年俄国科学家波波夫和雷波金创制出了无线电话接收机。正是这些发明创造，实现了人类历史上首次通讯技术的革命，形成了新型的通讯产业。

第二次产业革命在第二次科学技术革命的推动下，通过电力、机械制造、钢铁、石油、通讯等产业部门的兴起和发展，使产业发展进入电气化、石油化、钢铁化的新阶段。再次使产业结构发生根本性的变革。形成了以重工业为主导的新格局。

（3）第二次产业革命具有以下主要特点：

①第二次产业革命是实现电气化、石油化和钢铁化的产业革命。电力和电器、内燃机、新炼钢法的发明和应用是第二次产业革命的主要标志，社会生产的电气化、石油化、钢铁化是第二次产业革命的基本特征。正是由于第二次产业革命的作用，能源才由煤炭发展到石油，动力机械才由蒸汽机发展到电动机和内燃机，机械制造的原材料才由木柴、铸铁发展到钢材，通讯技术和手段才由普通交通工具传送发展到有线和无线电通讯，交通工具才由火车、轮船发展到汽车、飞机。

②第二次产业革命是在几个工业化程度最高的国家同时发生的产业革命。如果说第一次产业革命在几个主要发生地还有先后之分的话，第二次产业革命几乎是在美国、德国、英国、法国等欧美国家同时兴起。造成这种情况的主要原因是，国际分工、世界市场、国际贸易和投资的高度发展，交通和通讯的日益发达，再加上这些国家较好的工业基础。

③第二次产业革命是以重工业为中心的产业革命。如果说第一次产业革命的重点是发展轻纺工业的话，第二次产业革命的重点是电力产业、机械制造业、石油工业、钢铁工业、通讯业等部门的兴起和发展，这些基本上都是生产生产资料的部门，都属于重工业，并且日益在国民经济中占据主体地位，使得产业结构以轻工业为主导转变成以重工业为主导。由于轻纺工业主要是劳动密集型产业，重工业是资本密集型产业，因此第二次产业革命引起的产业结

构变化，还是以劳动密集型产业为主向以资本密集型产业为主的演进。

3. 第三次产业革命（20 世纪 50 年代至今）

（1）第三次产业革命发生的背景和条件。第三次产业革命是以信息产业为核心的高新技术产业取代重工业成为主导产业的根本性变革，是 20 世纪 50 年代开始并且仍在继续的、主要在发达国家首先发生的、人类社会由工业经济时代向知识经济或信息经济时代演进的产业革命。第三次产业革命发生的背景和条件，主要表现在以下几个方面：

① 第三次科技革命的推动。19 世纪末至 20 世纪初，第二次产业革命的后期，第三次科学革命开始发生。相对论、量子理论、原子物理、分子物理、固体物理、核物理、等离子体物理、粒子物理等相继诞生，完成了物理学的伟大革命；高分子化学的创立，也使化学发生革命性的变化；核酸、蛋白质结构、遗传基因的研究、分子生物学的创建和发展，则实现了生物学的革命；系统论、信息论、控制论的产生，为科学研究和社会实践提供了新的科学方法。第三次科学革命，引发了 20 世纪 50 年代以来的新的技术革命，推动了第三次产业革命。比如：核物理的研究实现了核爆炸，建成了核反应堆，促成了原子能的开发和利用；电子运动规律、电磁辐射的研究，推动了电子技术的巨大发展；电子学、数理逻辑、电磁和机械技术的综合作用，诞生了电子计算机；高分子化学带来了合成材料新技术和新产业；分子生物学直接引发了生物工程技术；空间技术更是差不多集中运用了现代科学技术的一切成果。

② 第二次产业革命的基础和不足。第二次产业革命虽然实现了社会生产的电气化、石油化、钢铁化和通讯革命，创造了巨大的物质财富，但也存在许多不足和问题。比如：重工业的发展消耗了大量自然资源，造成了严重的环境污染，要求产业结构进一步升级换代，发展节能降耗技术、环保技术和产业，实现可持续发展；石油、煤炭、铁矿等资源的稀缺性，使经济增长受到限制，传统能源出现危机，必须开发更为丰富、清洁性能更好的新能源、新材料；陆地的资源已经消耗巨大，需要更多地开发利用丰富的海洋资源；

地球的空间有限，人类还需要在太空中去寻求新的生存空间，要求大力发展宇航技术和产业；生产的机械化、电气化，并不能消除高温、高压、高空、高速度、剧毒对人们的威胁，还需要进一步实现自动化，甚至“无人化”；通过两次产业革命，人类社会的物质生产能力已经特别强大，劳动生产率也大幅度提高，需要更多地发展非物质生产部门、各种服务行业，更好地满足人们多方面的需要，同时实现充分就业。这些都要求进行新的科技革命和产业革命。而且，第二次产业革命还积累了丰富的资本，打下了坚实的物质技术基础，为新的产业革命创造了非常有利的条件。

③ 国际竞争的强烈影响。第二次产业革命不仅促进了国内生产的集中、企业规模的扩大，而且推动了国际分工、国际贸易和投资的发展，特别是第二次世界大战后，跨国公司迅速发展，加剧国与国之间、跨国公司与跨国公司之间的竞争。日趋激烈的国际竞争，极大地激发各国科学技术的研究、开发和应用，推进高新技术产业的发展，成为引发第三次产业革命的重要因素。

④ 国家干预的作用和军备竞赛的刺激。第二次世界大战的刺激，战后美苏争霸的冷战，引发大规模的军备竞赛，美欧国家和苏联都运用政府的力量，投入庞大的经费，进行原子弹、氢弹、火箭、导弹、作战飞机、航空母舰、间谍卫星等先进武器的研究和制造，开展为了军事目的的科学技术研究，极大地推进了原子能技术、航空航天技术、电子计算机技术、信息技术、新能源和新材料制造技术等的发展。高新技术的研究和开发，投资多、风险大、见效慢，私人企业一般无力也不愿从事，往往主要由政府制定科技发展规划，直接投资或支持、扶植高新技术的发展。比如，美国的“阿波罗登月计划”、“星球大战计划”、“信息高速公路计划”，法国和欧盟的“尤里卡”计划等，都对第三次科学革命和产业革命发挥了相当大的推动作用。环境保护、海洋开发利用也离不开政府的作用。

(2) 第三次产业革命的内容 。第三次产业革命的内容更为广泛、丰富和深刻。主要包括以下方面：

① 原子能等新能源的开发利用与原子能工业等新能源产业。

原子能的开发利用揭开了第三次技术革命和产业革命的序幕。1942年12月美国芝加哥大学在物理学家费米领导下建成世界上第一座核反应堆，标志着原子能时代的开始。20世纪50年代苏联、美国、英国、法国等纷纷先后建立核电站，核潜艇、核动力航空母舰先后下水，掀起了开发利用原子能的高潮，形成新兴的原子能产业。现在，核电在各国电力生产中已占相当大的比重，有的国家如法国1985年核电就达到了全部发电量的64.8%，2001年提高到78%。而且，能够使"海水变石油"的受控热核聚变能的研究已经取得重大突破，将给人类带来更丰富、更清洁的能源。在原子能开发利用的同时，运用高新技术开发利用太阳能、潮汐能、风能、水能、地热能和生物能等可再生能源的技术和产业也在加速发展。

② 电子计算机和信息技术与信息产业。电子计算机的发明、改进和广泛应用，以通讯卫星、无线电话、移动电话、可视电话、传真机、Email为标志的现代通讯技术的发展，以计算机网、电信网、传媒网及三网互联为主要内容的网络技术诞生，生产、收集、处理、存储、传递和运用信息的现代信息技术的形成，与这些技术相关的产业兴起和发展，是第三次科技革命和产业革命最主要的内容。1945年底世界第一台电子计算机在美国诞生，标志人类社会开始进入计算机时代，是人类智力解放道路上的重大里程碑。自动控制技术、人工智能技术的产生带来机器人、"无人工厂"的出现，使社会生产由机械化、电气化走向自动化、电子化。电视机、电冰箱、空调器、录像机、复印机等现代电子产品层出不穷。互联网实现了网上交流、网上通讯、网上查询、网上贸易、远程教育、远程医疗。信息产业迅速发展，成为增长最快的新的主导产业。

③ 空间技术与宇航工业。空间技术、航空航天技术的发展，人造卫星、运载火箭、宇宙飞船、空间探测器、航天飞机制造业产生，是第三次产业革命的重要组成部分。1957年世界第一颗人造地球卫星在苏联上天；1961年4月12日苏联宇宙飞船上天，成功进行第一次载人空间飞行；1969年7月20日美国实现"阿波罗"登月计划，人类第一次登上月球，表明人类宇宙航行时代的开始；1971年苏联的空间站送入航行轨道；1981年美国航天飞机首次试

飞成功，标志着人类的空间飞行进入一个新阶段。

④ 各种新材料、新技术的出现与各种新产业的形成和发展。第三次产业革命在许多领域发生，除上述领域之外，还有：塑料、合成橡胶、化学纤维等合成材料制造业、石油化学工业的突飞猛进，激光技术、纳米技术、超导技术、生物工程技术、遗传工程技术等高新技术的产生和应用，光导纤维、纳米材料、特种陶瓷材料、新型金属材料的开发和制造，人工合成蛋白质、基因农产品、克隆动植物、生物医药的发明和生产，等等。

⑤ 第三次产业的快速发展。随着科学技术的进步、劳动生产率的提高，第一、二次产业需要的劳动力大幅度下降，需要流向别的产业就业；随着经济发展和生活水平的提高，人们对精神、文化、娱乐和各种服务的需求迅速增长，这两个方面的因素推动了第三次产业的快速发展。金融业、保险业、商业、会计、教育、交通和通讯服务、旅游业、法律、各种生活服务等第三次产业的发展，也是第三次产业革命的重要内容。发达国家第三次产业的比重不断提高，已经达到70%左右。

（3）第三次产业革命具有以下主要特点：

① 第三次产业革命是实现信息化、网络化、电子化、自动化的产业单命。电子计算机、网络、自动控制系统、机器人是第三次产业革命的最主要的标志。如果说机械化、蒸汽化是第一次产业革命的基本特征，电气化、石油化、钢铁化是第二次产业革命的基本特征，信息化、网络化、电子化、自动化则是第三次产业革命的基本特征。

② 第三次产业革命是广度、深度空前的产业革命。由第三次科技革命引发的第三次产业革命，领域十分宽广、深入到经济和社会生活的各个方面，引起人类社会的生产方式、生活方式和思维方式的巨大变化。从新能源、新材料到机械电子化、自动化；从太空、海洋到生命科学领域；从微电子技术、激光技术、超导技术、空间技术、卫星通讯技术、网络技术、原子能技术、太阳能开发技术、海洋开发技术、生物工程技术、合成材料技术到电子计算机产业、信息产业、宇航工业、原子能工业、石油化学工业、光纤制造

业、生物制药产业，等等，形成涉及各个领域、各个方面的新技术群和新产业群。第三次科技革命和产业革命，领域之广阔、研究之深入、变化之巨大、成果之丰硕、影响之深远，前所未有。

③ 第三次产业革命是引起产业结构再次优化升级的革命。首先，第三次产业革命促使以信息产业为核心的高新技术产业取代重工业成为主导产业，并且用高新技术改造和武装传统产业，提高产业总体的技术水平，实现产业结构的高度化；其次，第三次产业革命使得知识技术密集型产业、高加工度和高附加值的产业加速发展，成为占优势地位的产业类型；最后，第三次产业革命不仅使物质生产部门的结构发生根本性的变革，而且导致产业结构总体也以第一、二次产业为主体转变为以第三次产业为主体，第三次产业成为国民经济中比重最大的产业。

④ 第三次产业革命是主要在发达国家兴起并且还未完成的产业革命。第二次世界大战以后，在已经实现发达工业化的发达国家，纷纷兴起第三次产业革命。虽然苏联在第三次科技革命和产业革命中处于非常重要的地位，也取得相当大的进展，但其发展是畸形的，偏重于高新技术在军事上的应用和军事工业的发展。第三次科学技术革命和产业革命的任务还远没有完成，信息化、网络化正在推进之中，自动化还没有广泛地实现，能源革命也没有完成，石油和电力依然是能源的主体，海洋的开发刚刚开始，生命的奥秘还没有完全揭开，宇宙航行更是任重道远。这一切表明，第三次科技革命和产业革命仍将继续进行。

三、产业革命的作用

产业革命对产业发展和整个国民经济会产生巨大的决定性的影响，其作用主要表现在以下几个方面：

1. 产业革命是产业发展的强大动力

革命是历史前进的火车头，产业革命则是产业发展的推进器。产业革命以科技革命为先导，导致许多新兴产业的诞生、落后产业的消亡或改造，实现产业结构的优化升级。每一次产业革命，都带来一次产业总体规模的大扩张、产业技术基础的大变革、产业资源配置效率的大提高、产业的大发展，使单个产业和产业总体的面貌都焕然一新。

2. 产业革命是优化资源配置的重要途径

产业高效发展的实质是产业资源的优化配置和有效利用，产业资源的优化配置要求产业结构的优化，产业资源的高效利用要求提高产业技术的发展水平。产业革命能够使产业的技术基础发生革命性的变革，促进产业的技术水平提高一个档次，推动产业结构的高度化和合理化，是实现产业资源优化配置和高效利用的最快捷、最有效的途径。

3. 产业革命是经济和社会发展的关键因素

产业发展意味着整个国民经济的发展，产业革命极大地推进产业的发展，也就带动了整个国民经济的发展。技术创新和制度创新是促进经济发展的两个最重要的因素，技术创新的作用要通过产业革命来体现，制度创新的作用只有引起产业的优化才能真正实现。因此，产业革命是制约经济发展的十分重要的关键环节，其作用不亚于技术革命、经济体制改革和经济发展战略转换。产业革命会引起社会生活的全面变革，改变人类的生产方式和生活方式。第一次产业革命使人类生产方式和生活方式走向机械化，第二次产业革命使人类生产方式和生活方式实现电气化，第三次产业革命将使人类的生产方式和生活方式迈向信息化、网络化、自动化。

四、产业革命的规律

人类社会迄今为止已经发生三次产业革命，通过对这三次产业革命的分析，可以发现产业革命具有以下规律性或共同特征：

1. 科技革命导致产业革命的规律

三次产业革命的实践都表明，科技革命是产业革命的先导、前提。首先发生的是科学革命，然后是技术革命，进而引发的是产业革命，没有科技革命，产业革命不可能发生。值得注意的是，并不是等到科技革命完成之后再发生产业革命，而是科技革命起步之后，产业革命才可能兴起，并且伴随着科技革命的深化而发展，二者相互促进、相互推动、相辅相成。

2. 产业革命在部分国家首先发生的规律

各个国家所处的经济发展阶段不同，经济技术发展的水平也不一样，社会制度环境也有差别，产业革命不可能同时在所有的国家发生，一般是首先在经济技术最先进、各方面条件更优越的国家兴起和完成。而且，如果产业革命必要的条件不具备，甚至连一次产业革命的任务都可能不能完成，更不谈三次产业革命。当今世界上就有国家连第一次产业革命的任务都没有完成，至今还没有实现工业化。

3. 产业革命具有扩散、辐射、示范、加速效应的规律

产业革命首先在部分先进国家发生的规律，并不意味着后进国家永远不可能赶上先进国家。因为，产业革命还具有扩散效应、辐射效应、示范效应和加速效应。榜样的力量是无穷的，先进国家产业革命形成的新技术和新产业，能够产生极大的示范作用，可以很快向别的国家扩散；而且后起的国家完成同样的产业革命任务所需的时间存在缩短的趋势，最先完成产业革命的国家往往持续的时间较长，后完成产业革命的国家花费的时间则能够大大减少。所以，后发国家可以采取恰当措施，创造必要条件，发挥后发优势，加快产业革命步伐，赶上发达国家。

4. 产业革命首先在部分领域突破的规律

产业革命不可能在所有领域同时兴起和完成，一般都是首先在一个或几个领域首先突破，然后再向其他领域扩展，逐步实现产业总体的根本性变革。比如：第一次产业革命最早从纺织领域开始；第二次产业革命首先在电力、动力机械、石油、钢铁部门兴起；第三次产业革命开始发生的领域最为广泛，但也不是在所有领域同时进行，首先也只是在原子能、空间技术、电子计算机和石油化工等方面出现。

5. 产业革命是多方面革命并存的革命

产业革命本身包括产业各个方面的根本变革，既有产业结构优化、产业关联变动，又有产业布局调整、产业组织变化、产业发展方式的转换；既有能源革命、材料革命，又有生产技术、工艺和工具的革命。产业革命还会引起经济和社会的全面变革，既是生产结

构的变化，又会引起消费结构的变化：既是生产方式的变革，又是生活方式、交往方式、思维方式的变革。

6. 产业革命由市场主推政府助推的规律

三次产业革命的实践证明。产业革命主要是在市场的推动下完成的，政府只是发挥了辅助作用；如果主要由政府导向和推进，就可能出现产业发展的畸形化，很难全面高效地完成产业革命的任务，如前苏联的情况。产业革命的实现机制必须以市场机制为基础，辅之以政府的促进作用。因为，市场机制的作用更有助于促进技术进步、资源在产业之间的优化配置，竞争的优胜劣汰作用更有利于产业的更新换代、优化升级，自动实现短线产业、瓶颈产业、新兴产业的扩张和发展，长线产业、传统产业、衰退产业的收缩、改造或消亡；政府的辅助作用则能够弥补市场机制的不足，调整不合理的产业结构，支持和扶植幼小产业、新兴产业、主导产业、基础产业、瓶颈产业、短线产业、环保产业的发展，限制、压缩、改造、淘汰落后产业、长线产业、传统产业、衰退产业。

参考文献

保尔·芒图．十八世纪产业革命——英国近代大工业初期的概况．北京：商务印书馆，1997.

阿尔温·托夫勒．第三次浪潮．北京：三联书店，1984.

米歇尔·博德．资本主义史 1500～1980．上海：东方出版社，1986.

吉尔博特·C. 菲特、吉姆·E. 里斯．美国经济史．沈阳：辽宁人民出版社，1981.

保罗·肯尼迪．大国的兴衰．北京：中国经济出版社，1989.

谭崇台．发展经济学．上海：上海人民出版社，1989.

张培刚．新发展经济学．郑州：河南人民出版社，1993.

石川滋．发展经济学的基本问题．北京：经济科学出版社，1992.

麦格劳．现代资本主义：三次工业革命中的成功者．南京：江苏人民出版社，2000.

编写组．科学技术史讲义．北京：清华大学出版社，1982.

植草益．新产业革命．世界新产业革命，北京：时事出版社，1984.

樊亢，宋则行．外国经济史（第 1、2、3 册），北京：人民出版社，1980.

（原载武汉大学出版社 2001 年出版的《产业经济学》，收入《发展经济学与中国工业化和现代化研讨会论文集》）

城市化和城市化道路

论中国特色的城镇化道路

城市化是工业化的必然趋势、市场经济发展的必要条件、现代化的必由之路。但是，长期以来，由于种种认识的片面和制度的缺陷，限制了中国城镇化的发展，使得中国的城镇化始终滞后于工业化，极大地制约了工业化和现代化的进程，加快城镇化步伐已经刻不容缓。在实现城市化的过程中，世界上不少国家曾经走过弯路，产生过许多严重的经济社会问题。中国怎样才能更快更好地实现城镇化呢？在跨入新世纪的时候，我国提出了必须从自己的国情出发，走有中国特色的城镇化道路的重大战略方针。中国的城镇化为什么不能照搬别国的城市化模式，要有自己的特色？什么是中国特色的城镇化道路，具体包括哪些内容，具有什么不同的特征，怎样走有中国特色的城镇化道路？这些都是真正贯彻落实“走有中国特色的城镇化道路”的战略方针必须正确回答和解决的基本问题。但迄今为止，对这些问题的认识仍然比较简单、肤浅和空洞，对其中部分问题的看法还存在较大的分歧，缺乏全面、系统、深入、具体的论述，本文试图弥补这方面的不足，以发展城镇化道路的理论，促进中国特色的城镇化更快更好地实现。

一、城市化与城市化道路

1. 城市化的内涵和衡量

城市化或城镇化（Urbanization）是指第二、三次产业在城镇集聚，农村人口不断向非农产业和城镇转移，使城镇数量增加、规模扩大，城镇生产方式和生活方式向农村扩散、城镇物质文明和精神文明向农村普及的经济、社会发展过程。"Urbanization" 一词一般译为"城市化"，主要用于说明国外的乡村向城市转变的过程。由于"Urban"包含有城市（city）和镇（town）①，世界上许多国家镇的人口规模比较小，有的甚至没有镇的建制，"Urbanization"往往仅指人口向"city"转移和集中的过程，故称"城市化"；中国设有镇的建制，人口规模不小，与国外的小城市相当，人口不仅向"city"集聚，而且向"town"转移，这也可以看成是"中国特色的城镇化"的一个特点，为了显示这种与外国的差别，有学者把中国的"Urbanization"译为"城镇化"。② 本文也采用上述用法，外国的或者一般而言的"Urbanization"称之为"城市化"，中国的"Urbanization"则称为"城镇化"。

通常，主要以城市化率即城市人口与总人口的百分比及变动作为指标来衡量城市化程度的高低和进程的快慢。城市化率越高说明城市化程度越高，城市化率提高越快表示城市化进展越快。一般来说，城市化率与工业化和经济发展的水平呈正相关关系，工业化和经济发展水平越高，城市化率也越高。根据世界银行 2002/2001 年世界发展报告的资料，1999 年低收入国家的城市化率是 31%，中等收入国家是 50%，高收入国家是 77%。

2. 城市化的必然性

城市化与工业化一样，也是任何国家由贫穷落后走向发达繁荣的必由之路。

（1）城市化是工业化的必然趋势。工业化是城市化的发动机，城市化又是工业化的促进器。机器大工业引起了大规模的集中生产，而工业的集聚必然导致人口的集中居住，产生大规模的城市；农村落后、农业收入低形成推力，城市先进、工业收入高形成拉力，推动农民向城市流动迁移，实现非农化、城市化。正是产业革命加速了城市化的进程，使现代城市成为世界的主宰。城市的根本特点是集中，是市场中心、金融中心、信息中心、服务中心、文化

① 牛津高阶英汉双解词典（第 4 版）. 北京：商务印书馆，牛津大学出版社，1997：1673.

② 辜胜阻. 非农化及城镇化理论与实践. 武汉：武汉大学出版社，1999：6.

教育中心等，具有多种功能，城市化正好适应了工业化的要求，能够产生集聚效益、规模效益和分工协作效益，形成发达的城市文明，为工业化创造了重要的有利条件，极大地推动工业化和整个社会经济的发展。

（2）城市化是农业现代化的重要因素。农业的发展是城市化的前提条件，城市化又是农业现代化的加速器。城市化没有农业提供大量的粮食和农副产品是不可想象的，而农业的商品化、剩余农产品的增加，又离不开农业的发展；城市化与工业化的发展，又能“反哺”农业，为农业提供现代化物资技术基础、资金和市场，吸纳农村剩余劳动力，促进农业的规模经营，提高农业劳动生产率，加快农业现代化的进程。

（3）城市化是市场经济发展的必要条件。城市化是经济市场化的必要条件，市场经济又加速城市化。城市是城郭加市场，市场又是市场经济存在和发展的基本条件，没有市场不成其为城市，城市化也是市场化。城市化能创造方便的交易环境，形成发达的市场体系，为市场经济的发展提供有益的条件；市场的扩大、市场经济的发展则必然带来城市的繁荣、发达。

（4）城市化是第三产业发展的强大动力。产业结构演进的规律表明，随着经济的发展、科学技术的进步、劳动生产率的普遍提高、人们收入的增加、消费结构的变化，第三产业即服务业在整个国民经济中所占的比重会越来越大。服务业的发展需要依托一定规模的消费者，只有人口集中居住达到一定程度，才能降低服务业的供给成本和交易费用，形成对服务业的大量需求，达到规模经济。城市正是人口集中居住的地区，城市规模越大、数量越多，服务业的需求越多，市场越大、规模效益越高，越能推动服务业的发展。

（5）城市化还是知识经济发展的客观要求。人类社会正在向知识经济或信息经济时代迈进。知识经济是以知识的生产、传播和使用为最重要因素的经济，知识是知识经济最主要的生产要素。高等学校和科研院所是知识生产和传播的最重要的场所，高新技术产业是知识经济的支柱产业，而高等学校和科研院所主要设在大中城市，高新技术产业也主要是在大中城市形成和发展，可以说城市是知识经济的摇篮。要发展知识经济，必须尽可能实现城市化。

正是由于这些原因的存在，使得城市化成为世界潮流。联合国提供的资料表明，全球正在迅速城市化。1950 年，全世界城市人口只占总人口的29%；1995 年则上升到45%；2025 年将达到65%以上。在世界城市化的大潮中，发展中国家的城市化比发达国家更快。从 1950 年到 1995 年，发达国家的城市人口由 4.47 亿增加到 9.1 亿，增长了 1.04 倍；发展中国家的城市人口则由 2.87 亿增加到 16 亿，增长了 4.5 倍。

3. 城市化道路的选择

城市化或城镇化道路是指实现城市化的动力、机制、原则和方式，所要解决的是怎样实现城市化的问题。具体来讲，城市化道路的内容主要包括以下几个方面的选择：

(1) 城市化发展模式的选择①。即从城市化与工业化和经济发展的相互关系上看，是搞过度城市化、滞后城市化，还是适度同

① 我国研究城市化问题的学者广泛使用着与城市化道路有关的几个概念，包括城市化模式、城市化发展模式、城市化类型、自上而下的城市化、自下而上的城市化等，内涵交叉，外延不清，相互关系不明。为了规范城市化的研究，有必要澄清这几个概念的内涵和外延，明确相互之间的区别和联系。城市化模式严格地说是指城市化发展的状况和道路的总和，是一个总体概念。不同的城市化模式，应该具有不同的发展状况、不同的实现城市化的动力、机制、原则和方式。城市化类型则是从不同角度、依据不同的标准、按照城市化各个方面的各种不同的特征而划分的种类、形式。我国理论界现在往往把“模式”与“类型”混用，仅依据城市化的某一个或某几个方面的特征，就概括为某种城市化模式，实际上这些都是以不同标准划分的不同的城市化类型，这些“模式”与“类型”是等同的，并不是严格意义上的“模式”概念。城市化可以从不同的角度，按照城市化的某个或某些特征，分成各种不同的类型：(1) 按照城市化与工业化发展水平的相互关系的不同，城市化可分为适度同步城市化、过度城市化和滞后城市化。(2) 按照城市空间布局结构的不同，城市化可分为网络式和据点式城市化、分散型和集中型城市化。(3) 按照城市发展的方式不同，城市化可分为内涵型和外延型城市化。(4) 按照城市化实现机制的不同，城市化可分为市场型和计划型城市化。(5) 按照城市化的动力机制的不同，城市化可分为自上而下和自下而上的城市化、政府发动及推进型和民间发动及推进型城市化。(6) 按照城市化发展的水平不同，城市化可分为发达型和发展型城市化。我们这里所讲的城市化发展模式是以城市化与工业化和经济发展相互关系的状况及处理二者关系的原则和方式为标准而区分的城市化的不同类型。

步城市化。城市化与工业化和经济发展关系密切、互为因果、相互制约，如何处理二者的关系是选择城市化道路的首要问题。从国际经验来看，城市化与工业化和经济发展的相互关系一般存在三种情况，由此形成三种不同的城市化发展模式①：

一是适度同步城市化，这是指城市化的进程与工业化和经济发展的水平趋于一致的城市化发展模式。所谓“适度同步”主要是说，城市化与工业化和经济发展呈合理正相关关系，城市化率与工业化率互相协调，城市人口的增长与人均国民收入的增长比较一致，农村人口城市化的数量与经济发展提供的城市就业量大体平衡，城市化的发展与农业提供的剩余农产品基本适应。这是一种经济发展推动型的比较合理的城市化发展模式，它能够使城市化与工业化相辅相成，实现城市化与工业化和社会经济的协调健康发展。

二是过度城市化，又称超前城市化，是指城市化水平超过工业化和经济发展水平的城市化发展模式。所谓“过度”或“超前”是说，城市化的速度大大超过工业化的速度，城市化不是建立在工业化和农业发展的基础上，而是主要依靠传统的第三产业（传统的生活、商业性服务）来推动，甚至是“缺乏工业化的城市化”，城市人口过度增长，城市建设的步伐赶不上人口城市化的速度，城市不能为居民提供必要的就业机会和生活条件。这是一种以牺牲农业发展为代价、造成严重的“城市病”、不利于经济和社会健康发展的畸形城市化。

三是滞后城市化，这是指城市化水平落后于工业化和经济发展水平的城市化发展模式。滞后城市化产生的主要原因，是政府在推进工业化的过程中为了避免城乡对立和“城市病”的发生，采取种种措施限制城市化的发展，结果使城市的集聚效益和规模效益都不能很好地发挥，严重阻碍工业化和农业现代化的进程及城市文明的普及。这是一种违背工业化和现代化发展的必然趋势的不合理的城市化发展模式。

① 参见简新华，刘传江. 世界城市化的发展模式. 世界经济，1998(4).

（2）城市化类型的选择。即实现什么样的城市化。从城市的数量、规模和空间布局结构上看，是网络式的，还是据点式的，或者二者结合式的城市化；是分散型的，还是集中型的，或者二者结合型的城市化；是小城镇化、大城市化，还是大中小城市协调发展型城市化①。

（3）城市化动力和实现机制的选择。即城市化是完全由市场推动，还是由政府包办，或者市场推动、政府导向；是政府发动型城市化，还是民间发动型城市化，或者二者相结合的城市化；是自下而上的城市化，还是自上而下的城市化，或者二者相结合的城市化。

（4）城市发展方式的选择。城市化的过程也是城市发展的过程，采取什么方式发展城市，怎样建设城市，直接关系到城市化进程的快慢和成效。城市发展方式的选择包括：城市发展的资金来源是单靠政府投入，或民间投入，还是政府、民间、外资等多渠道；城市主要是搞外延式发展，还是内涵式发展；对城市发展是放任自流，还是严格限制，或者鼓励支持、合理引导；是急于求成，还是循序渐进等。

城市化是工业化、经济市场化和现代化的必然趋势，反过来城市化又极大地促进工业化、经济市场化和现代化的发展，但并不是所有的城市化都有益无害，都有利于经济发展和社会进步。城市化的后果得失，或利弊大小，在很大程度上取决于城市化道路的正确与否、城市化发展模式的合理与否。不同的城市化道路、不同类型的城市化发展模式会产生极不相同的经济社会效果。世界各国城市化发展的历史经验表明，走什么样的城市化道路，怎样实现城市化，是决定城市化快慢和成败的关键。只有选择合理的城市化道路，才能更快更好地实现城市化，避免或减少“城市病”、农村凋敝、城乡差别扩大、城市剥削农村、城乡对立等社会问题的发生，促进工业化和社会经济的健康发展。值得指出的是，城市化道路与工业化道路一样，虽然人们可以设计、修改、选择，但实际上走什么样的道路，并不完全是人们事先主观设计、有意选择的结果，也

① 参见辜胜阻，简新华．当代中国人口流动与城镇化．武汉：武汉大学出版社，1994：398-409．

包含有许多客观因素的作用，甚至可能是无意的自然选择的产物。比如西方发达国家的主要由市场推动的城市化道路，就不是事先人为设计和选择的结果，而是在经济社会发展过程中自然而然地走上的一条道路。

二、新中国成立以来的中国城镇化

从新中国成立开始，我国就非常重视、大力推动工业化，并且取得了相当大的进展，但是城镇化则相反，始终都不被重视，甚至还存在否定城镇化的倾向，使得城镇化长期滞后于工业化。

1. 城镇化始终滞后于工业化

中国城镇化发展的情况，已有许多论著运用数种不同的方法进行了分析和说明①，由于采用的城镇化率的计算方法不完全相同，特别是把外来务工经商人口也计入城镇人口，结果城镇化率高低不同，但普遍还是认为中国城镇化发展滞后。为了简洁明了地认识中华人民共和国成立以来中国城镇化发展的状况，这里特将历年来的城市化率和工业化率列表、制图如下，并进行国际比较。

表1　**中国的城镇化率（1949～2000年）**

（按城镇人口占总人口的百分比计算）

年份	1949	1952	1955	1958	1961	1964	1967	1970	1973
城镇化率%	10.64	12.46	13.48	16.25	19.29	18.37	17.74	17.38	17.20
年份	1976	1979	1982	1985	1988	1991	1994	1997	2000
城镇化率%	17.44	18.96	21.13	23.71	25.81	26.37	28.62	29.92	36.22

资料来源：（1）国家统计局．中国统计年鉴2001．北京：中国统计出版社，2001：91．

（2）刘传江．中国城市化的制度安排与创新．武汉：武汉大学出版社，1996：93-95．

---

① 参见李文溥，陈永杰．中国人口城市化水平与结构偏差．中国人口科学，2001（5）．钟水映，李钧鹏．中国城市化发展滞后的正确评估与问题的解决之道．人口与经济，2001（12）．

表 2　　中国的工业化率 I （1952 ~ 2000 年）

（按第二产业的产值占 GDP 的百分比计算）

年份	1952	1955	1958	1961	1964	1967	1970	1973	1976
工业化率%	20.9	24.4	37.0	31.9	35.3	34.0	40.5	43.1	45.4
年份	1979	1982	1985	1988	1991	1994	1997	2000	
工业化率%	47.4	45.0	43.1	44.1	42.1	47.9	50.0	50.9	

资料来源：国家统计局．中国统计年鉴（2001）．北京：中国统计出版社，2001：50．

表 3　　中国的工业化率 II （1952 ~ 2000 年）

（按第二产业的就业人数占总就业人数的百分比计算）

年份	1952	1957	1962	1965	1970	1973	1976	1979
工业化率%	7.4	9.0	7.9	8.4	10.2	12.3	14.4	17.6
年份	1982	1985	1988	1991	1994	1997	2000	
工业化率%	18.4	20.8	22.4	21.4	22.7	23.7	22.5	

资料来源：国家统计局．中国统计年鉴（2001）．北京：中国统计出版社，2001：108．

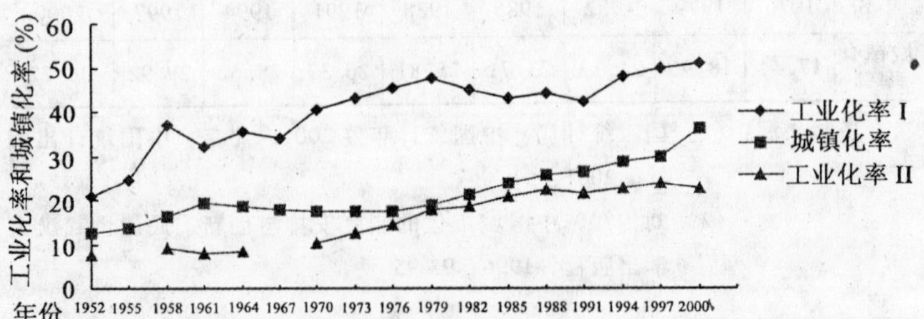

图 1　中国的工业化率与城镇化率（1952 ~ 2000 年）

资料来源：同表 1、表 2 和表 3。

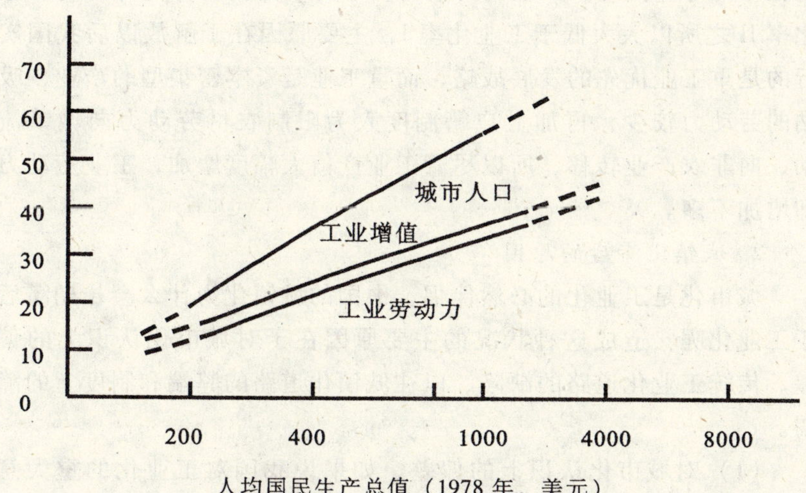

图 2　外国的工业化率与城市化率（1965 年）

资料来源：［美］马尔科姆·吉利斯等. 发展经济学. 北京：经济科学出版社，1990：716.

以上图表说明，在工业化和城市化过程中，从国际经验来看，城市化率一般都高于工业化率，存在不断上升的趋势，而且城市化率提高的速度往往也快于工业化率提高的速度，正如美国著名发展经济学家马尔科姆·吉利斯等人曾经指出的，"随着工业的发展，今天城市化的趋势在各国比较中已十分明显了。随着人均收入从大约 200 美元增加到 1000 美元，工业增值平均从占国内生产总值的 18% 增加到 30%，对于一个典型国家来说，其城市人口从仅有总人口的 20% 会增长到 30% ~50%"①，中国却正好相反，城镇化率始终低于按第二产业的产值与 GDP 的百分比计算的工业化率 I，而且工业化率提高的速度大多数年份都快于城镇化率提高的速度。由此可见，新中国成立以来中国的城镇化始终滞后于工业化。尽管 1978 年改革开放开始以后，城镇化的步伐加快，但仍然滞后于工

① ［美］马尔科姆·吉利斯等. 发展经济学. 北京：经济科学出版社，1990：716.

业化。另外，按第二产业的劳动力占总劳动力的百分比计算的工业化率II之所以大大低于工业化率I，主要原因在于解放以后我国实行的是重工业优先的发展战略，而重工业是资本密集型的产业，吸纳的劳动力较少，再加上户籍制度人为限制农村劳动力向城镇流动、向非农产业转移，所以尽管工业产值大幅度增加，工业劳动力却增加不多。

2. 城镇化滞后的原因

城市化是工业化的必然伴侣，中国的城镇化为什么会长期滞后于工业化呢？造成这种状况的主要原因在于对城市化认识上的偏差、传统工业化道路的缺陷、以往城镇化道路的弊端和制度上的障碍。

(1) 对城市化认识上的偏差。如果说我国对工业化的重大意义的认识一开始就非常明确的话，相反对城市化的必要性和重要性的看法却存在种种误解和较大的分歧。

第一，是对西方发达国家的工业化和城市化的历程的误解，认为西方发达国家的城市化过去产生了许多严重的经济、社会问题，现在又出现了城市人口郊外化、分散化的“逆城市化”倾向，我们不能重复西方发达国家走过的城市化这条弯路。实际上，逆城市化又称反城市化，是指城区人口郊外化、城市布局分散化的城市化形式。所谓“逆”或“反”并不是指城市人口的农村化，更不是指城市文明生活方式的农村化，而是说城区人口向郊区迁移，大城市人口向卫星城迁移和向中小城市迁移的倾向。造成逆城市化的主要原因包括：集中型的城市化使得城区，尤其是大城市的城区人口过于密集、就业困难、环境恶化、居住拥挤、地价房租昂贵、生活服务费用上升、生活质量下降，引起市区人口向环境优美、地价房租便宜、生产性和生活性基础设施日趋完善、就业机会更多的郊区、卫星城或中小城市迁移；城市产业结构的调整、传统产业的转移、新兴产业的兴起、农村工业化的发展，带动了大城市人口的外迁；交通、通讯的现代化大大缩短了城市与郊外的往来时间，迁居郊外对人们的工作和生活不会产生较大的不便。逆城市化的倾向主要发生在20世纪50～70年代的城市化水平很高的发达国家。比如：美国除洛杉矶以外的12个最大城市的市区人口，在1950～1975年间平均减少了9.68%，而郊区人口平均增长207%；英国在1961～1971年，城市中心区的人口从2625.3万下降到2552.4万，中心区外城市圈内人口从1463.5万增加到1714.7万。实际上，逆城市化是由人口集中在城区和大城市的集中型城市化转变为人口向郊外和卫星城迁移的分散型城市化，是城市化不同类型的转换。逆城市化不是城市化的反向运动，不是对城市化的否定，而是城市化发展的一个新阶段，是城市文明的普及和城市生活方式的扩散。出现逆城市化倾向的发达国家的城市化率并没有下降，仍然在不断提高。值得注意的是由于城市建设的发展、公共交通的完善、环境治理水平的提高、城区居民能够享受更多更好的服务、汽车燃油成本的上升等，使得20世纪80年代以后从市外返回城市又成为部分发达国家居民新的潮流。

第二是对全球特别是部分发展中国家城市化现状的误解，认为城市化必然产生严重的“城市病”、弊大于利。的确，全球城市化的迅速发展也带来许多的难题和困扰，其中最突出的问题是普遍存在的“城市病”。“城市病”的具体表现主要有：环境污染、卫生状况差、居住条件恶化、疾病流行、交通拥挤、社会秩序混乱、贫富两极分化、大片的贫民窟、大量的失业流浪者、过高的犯罪率，等等。尤其是发展中国家的一些大城市，“城市病”特别严重，即使是某些发达繁荣的国际大都市，也还存在程度不同的“城市病”。根据联合国的统计，全世界约有5亿城市人口住房条件极差，1亿多人无家可归，亚、非、拉美地区的部分大城市中，半数人口居住在贫民窟或窝棚里，环境卫生恶化，饮水不洁、疾病流行，每年造成1000万人死亡。世界卫生组织也认为城市化正威胁着人类健康。但是，城市化总的来说还是利大于弊。而且，并不是任何类型的城市化都必然带来严重的“城市病”，“城市病”也并不是城市化永远不可避免或消除的现象，因为“城市病”发生的原因，首先是城市化与工业化和经济发展脱节，城市人口过度膨胀；二是以私有制为基础的剥削制度，这是造成城市贫富两极分化、贫民状况恶化的根源；三是城市化过程完全由市场调节，使得人口大量涌进收入高的大城市，引起大城市恶性膨胀；四是政府对城市化的进程缺乏必要的宏观调控，只注重城市化和经济发展，忽视对城市化进程中产生的种种弊端的克服。人类社会能够通过选择正确的城市化道路，采取恰当的措施，兴利除弊，有效地避免或消除“城市病”。这可以从发达国家城市化发展的现状中找到证明。随着工业化和城市化的发展，现在发达国家的城乡对立和“城市病”普遍缓解，城乡差别显著缩小，有的甚至基本消除。

正是由于存在上述误解，所以长期以来我国在城市化问题上占主导地位的是否定城市化的倾向，认为城市化是西方国家在工业化过程中走过的弯路，必然造成城乡对立、扩大城乡差别、带来严重的“城市病”，中国应该走一条“没有城市化的工业化道路”。甚至在改革开放大潮兴起后的20世纪80年代，尽管在工业化进程加速的推动下和经济市场化的冲击下，我国城镇化不可避免地加快了步伐，但仍然存在害怕城市化、排斥城市化的倾向，提出农村剩余劳动力“就近就地转移”的方针，实行的是一种“离土不离乡、进厂不进城”的非城市化的农村工业化发展战略。认识上的这种偏差是导致中国城镇化长期滞后最主要的原因。

(2) 传统工业化道路的缺陷。在计划经济条件下，中国走了一条由国家计划推动、重工业优先发展、以粗放型增长方式为主、过分追求高速度、排斥城市化、片面强调自力更生、资源消耗高、经济效益差的工业化道路。这种传统工业化道路，除了由于上述对城市化的误解，是一条排斥城市化的工业化道路，造成城镇化滞后之外，还因为是一条由国家计划推动、重工业优先发展、以粗放型增长方式为主、经济效益差的工业化道路，也延缓了城镇化的进程。由于经济市场化也是城市化发展的加速器，而由国家计划推动、否定市场作用的传统工业化道路，自然也就使城市化失去了市场经济这个强大的推动力，导致城镇化滞后。由于城市化过程是越来越多的农民非农化、市民化的过程，并且需要投入大量资金进行城市建设；还由于重工业是资本和技术密集型产业，提供的就业机会相对较少，而且投资多、见效慢，不能更快积累资金，相反轻工业是劳动密集型产业，能够吸纳更多的农村剩余劳动力，而且投资少、见效快，能够更快地积累资金，所以重工业优先，把资金主要用于发展重工业，既不利于让更多的农民非农化、市民化，又不能更快地积累资金，再加上以粗放型增长方式为主、经济效益差，也不能更好更多地积累资金，使得用于城市建设的资金严重缺乏，必然要拖城镇化的后腿，使城镇化的进程跟不上工业化的步伐。

（3）以往城镇化道路的弊端。城市化毕竟是工业化和经济发展的必然趋势，尽管新中国成立以来我国排斥城市化，但城镇化仍然有了一定的发展，事实上也走了一条城镇化道路。这是一条不适应工业化要求、严格限制城市尤其是大城市发展、由政府发动和推进、排斥市场作用、忽视民间力量的城镇化道路，存在严重的弊端，也是造成城镇化滞后的重要原因，也可以说是一条导致城镇化滞后的道路。由于不仅不按照工业化的要求推进城市化，甚至采取种种措施抑制城市化的进程，城镇化自然得不到应有的发展；由于限制城市尤其是大城市的发展，必然使得城市的数量很难增加、城市的规模难以扩大、城市化率的提高缓慢，城市的集聚效应、规模效应和辐射扩散效应无法更好地发挥，城市文明也不易扩散、普及；由于没有利用民间力量这个城市化的强大动力和市场这个城市化的有效实现机制的作用，完全由政府发动和推进，而政府力量有限，再加上对城市化有误解又不积极推动，必然延迟城镇化的进程，导致城镇化滞后。

（4）制度上的障碍。与城市化认识上的偏差、传统工业化道路的缺陷和以往城镇化道路的弊端相适应，中国还形成了种种限制城市化的制度，最突出的是国家统包统配的劳动就业制度、户籍制度和政府包揽城镇建设的制度。国家统包统配的劳动就业制度，不允许劳动力自由流动、自主择业，除非国家招工，农民无法非农化、难以务工经商；户籍制度人为将城市与农村隔离开来，限制农民向城镇流动和迁移，农民难以市民化；政府包揽城镇建设，使得城镇建设资金来源单一、数量短缺，城市面貌长期得不到改观，严重妨碍着城镇化的发展。

3. 城镇化滞后的危害

长期滞后的城镇化，存在许多弊端，给中国工业化和农业现代化的实现、经济结构的改善、经济社会的发展和人民生活水平的提高造成严重的损害。

(1) 城镇化滞后，延缓工业化进程。城市化能够形成发达和繁荣的市场体系，带来先进的交通、通讯、居住、文化、教育等生产、交往和生活的条件，使工业企业可以更便利地销售产品，更容易地获得资本、劳动力、生产资料、技术、信息等生产要素，更有条件实现大规模的集中生产，更好地促进分工协作和专业化，从而极大地促进工业化的发展。城镇化滞后，城市的数量少、规模小，使市场和工业的发展都受到限制，极不利于工业化的推进。

(2) 城镇化滞后无益于农业现代化。农业要发展、农民收入要增加、农村经济要繁荣，最根本的是必须改变农村落后的生产方式和生活方式，实现现代化，减少农民，提高农业劳动生产率，但是城镇化滞后，城市少、规模小、发展慢，使得数量庞大的农业剩余劳动力难以向城镇转移，农民不能更多更快地变为市民，城市先进的生产方式和生活方式无法迅速在农村普及，农民的收入不易增加，农业劳动生产率低下和农村贫穷落后的面貌长期得不到根本改变，严重地妨碍着农业现代化的实现。

(3) 城镇化滞后抑制第三产业的发展和就业的扩大。第三产业在国民经济中所占的比重越来越大、所处的地位越来越重要，是产业结构演进的普遍规律；第三产业越来越成为扩大就业、增加收入的主要渠道，是经济现代化发展的必然趋势。科学技术进步、劳动生产率提高、人均收入增加、消费结构变化是第三产业发展最基本的原因，同时城市化的发展、人口的集中居住，也是促进第三产业发展的重要因素。人口在农村分散居住，很难形成大规模的第三产业的需求，会加大服务成本和交易费用，缺乏规模经济；相反，人口大量集中居住的城市、能够产生大规模的多样化的服务需求，形成广阔的第三产业市场，刺激服务业发展，而且可以降低第三产业的供给成本，减少服务业的交易费用，提高经济效益。城镇化滞后使得城镇促进第三产业发展的作用不能很好地发挥，严重制约着第三产业的发展，极不利于解决中国最为突出的就业问题。

(4) 城镇化滞后妨碍经济结构的优化。国民经济结构的优化既是社会经济发展的基本内容和重要标志，又是社会经济发展的必要条件和强大动力。国民经济结构最重要的是产业结构和城乡结构。中国产业结构不合理、发展层次低；城乡结构也不合理，是典型的落后的农业和农村与先进的工业和城市并存的二元经济结构。要实现现代化，必须尽快优化产业结构，使落后的二元经济结构转变为先进的一元现代化结构。城镇化滞后，不仅延缓工业化进程、无益于农业现代化、抑制第三产业的发展，使产业结构难以优化，而且使落后的二元经济结构也无法改变，甚至还可能加剧城乡差别和工农差别。

(5) 城镇化滞后阻碍城市功能发挥和城市文明普及。城市具有经济、政治、社会、科学、文化、教育、交流、生活等多方面的功能，能够产生规模效应、集聚效应、扩散效应、辐射效应，大幅度提高土地、淡水等各种资源和交通、通讯、科技、教育、文化、娱乐等各种基础设施的利用效率，降低成本、减少消耗，极大地促进社会经济发展和国民素质及生活水平的提高。城市的生产方式和生活方式更先进，经济更繁荣，科学、文化、卫生、教育事业更发达。城镇化滞后，城市得不到应有的发展，城镇化率提高缓慢，使得城市的各种功能和效应无法充分发挥，城市的物质文明和精神文明也很难向农村普及。

(6) 城镇化滞后不能更好地发展市场经济和发挥市场有效配置资源的作用。发育成熟和规范的市场是市场经济发展和市场机制作用有效发挥的基本前提，城市化又是经济市场化的有利条件。只有在城市中，才能发育成完整、规范的市场体系，提供更为方便有利的交易环境和条件；只有城市化，才能形成发达、繁荣的市场，更好地发挥市场的作用，促进市场经济的发展。城镇化滞后不利于市场的发育、扩大、成熟，限制了市场机制作用的发挥，妨碍了市场经济的发展。

(7) 城镇化滞后不利于扩大需求。城市化必然使得城市的数量增加、规模扩大，城市建设发展，城市居民增多，城市居民的消费水平又远远高于农村居民，必然带来城市公共建筑、交通、通讯、水电基础设施、住房、汽车、家庭电气化、环境美化、各种服务及其物质条件等多方面的需求，形成社会经济发展的强大动力。中国作为拥有13亿人口的最大的发展中国家，市场潜力巨大，经济发展主要靠国内需求推动。怎样才能真正扩大内需，刺激经济增长呢？关键在于加快城镇化进程，城镇化会产生巨大的投资需求和消费需求。城镇化滞后则是造成中国内需不足的基本原因之一，使得投资和消费需求都难以扩大，严重制约了中国经济的进一步增长。

(8) 城镇化滞后难以实现可持续发展。可持续发展要求保护环境，节约高效利用资源，开发新的洁净的资源，适当控制人口的增长，实现人口、资源、环境与经济、社会发展的协调。城市化能够带来集聚效益和规模效益，更好地集约利用各种资源，更便利地实行人口数量增长的控制，更有条件提高人口素质，更有利于实现可持续发展。虽然城市也可能造成集中的甚至更为严重的污染，但集中的污染更容易治理，城市在资金、技术、监控等方面更有条件防治污染、美化环境。城镇化滞后则使城市化在实现可持续发展方面的有利因素不能充分地发挥，而且与滞后城镇化相伴随的分散的农村工业化，往往占用大量耕地、消耗过多资源、造成严重的污染，更难以实现可持续发展。

三、走中国特色的城镇化道路的必要性

城镇化滞后带来种种不利的后果，现代化的建设、工业化的推进、经济结构的优化、二元经济结构的根本转变、“三农”问题的解决、扩大内需、增加就业、市场经济的发展、跟上世界知识经济发展的步伐、全面建成小康社会，都要求加快城镇化的进程，改变城镇化滞后的局面。怎样才能有效推进城镇化，在实现工业化的同时实现城镇化呢？国内外的实践证明，必须选择正确的城镇化道路。中国过去走的是一条不适应工业化要求、严格限制城市尤其是大城市发展、由政府发动和推进、排斥市场作用、忽视民间力量的城镇化道路，是造成城镇化滞后的重要原因之一，肯定不能再走下去了；西方发达国家走的是城市化与工业化基本同步、先是集中型城市化、后转向分散型城市化、主要由民间推进、通过市场机制实

现的城市化道路，虽然在工业化的同时成功地实现了城市化，但也付出了相当大的代价，并走过弯路，曾经导致尖锐的城乡对立，产生过严重的“城市病”，再加上时代已经发生变化、中国的国情也不同，中国也不能照搬西方发达国家的城市化道路；第二次世界大战以后，不少发展中国家走过的超过工业化和经济发展水平、片面发展城市化、牺牲农业和农村、造成严重“城市病”、形成“过度城市化”的城市化道路，中国更是不能走。经济的知识化、信息化、全球化、中国的国情、新型工业化道路决定新世纪的中国必须走一条新的有中国特色的城镇化道路。

第一，走中国特色的城镇化道路是经济知识化、信息化、全球化的客观需要。

时代背景和历史条件是制约城镇化道路的重要因素，时代和条件变了，城镇化道路也必须相应改变。21 世纪是人类社会由工业经济社会转变为知识经济社会的时代，知识经济（或信息经济）是社会经济发展的最新阶段，经济知识化、信息化、网络化、全球化是当今世界的大趋势。知识成为越来越重要的生产要素，以信息技术为核心的高新技术向各个领域渗透，不仅导致许多新兴产业的诞生，而且使传统产业也发生着革命性的变革；生产、贸易、投资、研发进一步国际化，人流、物流、资金流、信息流在全球范围内更多更快地流动，国际分工、协作、交流日益扩大，国际竞争日趋激烈。经济知识化、信息化、网络化、全球化正在改变着人类的生产方式、交往方式、思维方式和生活方式，也丰富和改变了现代化、工业化和城镇化的内涵和实现条件。21 世纪的现代化、工业化、城镇化都离不开信息化，都要以信息化作为最重要的内容和特征；推动和支撑城镇化发展的不仅有传统工业，更重要的是高新技术产业；城镇化的发展，不能仅考虑工业化的要求，而且还要适应知识化、信息化、网络化、全球化的需要；城市的建设和管理也要逐步实现信息化、数字化；交通、通讯更加方便、快捷，加快城镇化步伐、消除城乡差别的经济技术条件更加优越，等等。这些情况决定必须走与以往不同的城镇化道路。

第二，走中国特色城镇化道路是中国国情的必然要求。

国情是决定城镇化道路的主要因素，不同的国情必须选择不同的城镇化道路。在跨入新世纪的时候，中国已经由传统计划经济转向了社会主义市场经济，进入了工业化中期，人民生活总体上也达到了小康水平，但还没有实现工业化，信息化也只是有了初步的发展；产业结构还不合理、层次也比较低，第三产业和高新技术产业比重比较小，生产力和科技、教育仍然比较落后；城乡二元经济结构还没有改变，“三农”问题突出，城市化依然滞后，地区差距和收入差距扩大的趋势尚未扭转，贫困人口为数不少；人口总量继续增大，老龄人口比重上升，就业问题严峻，社会保障压力增大；人均资源大大低于世界平均水平，生态环境、自然资源与经济社会发展的矛盾日益突出，保护环境和资源的任务十分艰巨。这种国情决定中国必须克服以往走过的城镇化道路的缺陷，选择新的有中国特色的城镇化道路。不能像世界上有些国家那样搞“过度城市化”，片面发展大城市，也不能过分强调发展小城镇，搞“小城镇化”，应该是集中型与分散型城镇化相结合，大中小城市与小城镇协调发展，尽可能避免或减少“城市病”；不能还只是靠政府和计划去推进城镇化，必须更多地发挥民间力量和市场机制的作用。

第三，走中国特色城镇化道路是新型工业化道路的必要选择。

城镇化是工业化的必然伴侣，如何处理工业化与城镇化的相互关系是工业化道路的重要内容之一，只有城镇化道路与工业道路互相协调配合二者才能健康发展。新世纪中国进入全面建设小康社会，加快推进社会主义现代化的新的发展阶段，走新型的工业化道路是中国在新世纪新阶段提出的新战略方针，是全面建成高水平小康社会、实现工业现代化的重要保证。新型工业化道路是一条科技含量高、经济效益好、资源消耗低、环境污染少、人力资源优势得到充分发挥的新型工业化路子，主要特点是由信息化带动、以集约型增长为主、发挥比较优势和后发优势、机械化与就业协调、力求产业结构优化、工业化与城镇化适度同步、以经济效益为中心、以可持续发展为目标、实行对外开放、政府导向和市场推进。中国以往走过的是与排斥城镇化的传统工业化道路相适应的城镇化道路，与新型工业化道路背道而驰，导致城镇化滞后于工业化，必须改变。只有在转变工业化道路的同时转变城镇化道路，才能真正实现城镇化与工业化适度同步、协调发展。

四、中国特色的城镇化道路的内容和特征

2000 年 10 月 9 日朱镕基总理在《关于制定国民经济和社会发展第十个五年计划建议的说明》中，提出“中国的城镇化不能照搬别国的模式，必须从自己的国情出发，走有中国特色的城镇化道路”，并且提出了积极稳妥地推进城镇化的若干重要方针，但没有明确具体地界定中国特色的城镇化道路的内涵和特征。什么是有中国特色的城镇化道路呢？我们认为，根据城镇化道路的主要内容包括城市化发展模式的选择、城市化类型的选择、城市化动力和实现机制的选择和城市发展方式的选择的标准及中外城镇化发展的经验教训，中国特色的城镇化道路应该是一条城镇化与工业化和现代化适度同步发展、城镇化的形式多元化、集中型城镇化与分散型城镇化相结合、据点式城镇化与网络式城镇化相结合、大中小城市和小城镇协调发展、市场推动、政府导向、政府发动型城镇化与民间发动型城镇化相结合、自上而下城镇化与自下而上城镇化相结合、城市发展方式多样化和合理化、以内涵方式为主的路子。与以往走过的城镇化道路相比，中国特色的城镇化道路具有以下特征和优越性：

1. 城镇化与工业化和现代化适度同步发展的道路

从城镇化发展模式的选择方面来看，中国特色的城镇化道路，既要纠正中国过去城镇化滞后的缺陷，又要防止部分发展中国家出现的“过度城市化”的偏差，力求实现城镇化与工业化和现代化的适度同步发展。也就是说，城镇化的进程既不要过分落后于工业化和现代化的水平，也不要过于超前。只有这样，城镇化才能适应工业化的要求，有效发挥促进工业化的作用，真正使工业化与城镇化相辅相成、互相促进；也才能为农业、第三产业和经济知识化、信息化的发展创造更有利的条件，使中国落后的二元经济结构转变为同时实现现代工业化和城镇化的先进的一元现代化结构。

2. 大中小城市和小城镇协调发展的城镇化道路

从以城市数量、规模和空间布局结构为标准划分的城镇化类型的选择方面来看，由于中国人口众多、地域广阔，不能只搞集中型的大城市化，不可能让大部分人都集中到大城市；由于小城镇缺乏规模效益和集聚效益，也不能只实行分散型的小城镇化。因此，中国特色的城镇化在城镇化类型上，只能选择集中型与分散型相结合、据点式与网络式相结合、大中小城市与小城镇协调发展的多元化的城镇化。也就是说，大中小城市和小城镇在数量上要结构合理，在空间上要布局恰当，在有条件的地区尽可能形成城市群、城镇网。只有这样，才能恰当地增加城镇数量，扩大城镇规模，逐步形成合理的城镇体系，更好地发展城市之间、城乡之间的经济联系，完善城市功能，发挥城市群和城镇网的群聚效应、大中城市的辐射带动作用、小城镇的农村经济和文化中心的作用，在大幅度提高城镇化水平的同时消除或减少"城市病"，促进城乡经济的发展。

3. 市场推动、政府导向的城镇化道路

从城镇化动力和实现机制的选择方面来看，由于中国过去走的是由政府包办、排斥市场作用、忽视民间力量的城镇化道路，存在严重弊端，造成城镇化滞后；西方发达国家在实现城市化的过程中，主要依靠民间力量，基本上由市场机制推进，曾经出现过许多严重的社会经济问题；部分发展中国家的完全由市场推动的城市化道路，导致过度城市化，产生严重的"城市病"；再加上中国现在已经由传统计划经济体制转换为社会主义市场经济体制，市场已经在资源配置和社会经济运行中发挥着基础性作用，所以中国特色的城镇化道路在动力和实现机制上，既不能走中国的老路，又不能照搬外国的模式，只能选择由市场推动、政府导向、政府发动型城镇化与民间发动型城镇化相结合、自下而上城镇化与自上而下城镇化相结合的方式。也就是说，资源包括人力资源向城市的流动和聚集，企业和产业在城乡的分布，城镇的建设和繁荣，要更多地发挥市场机制的作用；城市的布局和规划，则要实行政府调控；城镇化发展要依靠民间和政府两大力量，既允许和鼓励民间自下而上发动和推进城镇化，政府又要继续发动和推进城镇化。只有这样，才能既发挥政府的必要的调控作用，又充分利用民间的巨大潜力和市场促进效率提高的优势；既避免过度城市化，又防止城市化滞后，真正实现城镇化与工业化和现代化的适度同步发展。

4. 城镇发展方式多样化和合理化的城镇化道路

从城镇发展方式的选择方面来看，由于过去中国的城镇建设主要靠政府投资，资金来源和渠道单一，政府财力有限，再加上不合理的投资管理体制又使得投资效益低下，因而城镇建设资金严重缺乏，极大地限制了城镇的发展，改革开放前 30 年中国大多数城市的建设没有多大变化就是明证；与粗放型或外延型为主的经济增长方式相适应，中国以往的城市建设也是以外延式为主，即使城市在空间范围、人口数量、房屋建筑等方面有所增加，但往往建设质量差、水平低，城市基础设施缺乏、落后，集约化水平低，城市功能不能充分有效发挥；各级政府一方面对城市的数量、规模严格限制，另一方面对城市建设和管理又存在放任自流、缺乏合理规划和科学规范管理的倾向，既不利于城市本身的发展，不同程度地存在这样那样的“城市病”，也是政府无力也不敢积极推进城镇化的原因之一，结果使得城镇化步履艰难，因此中国特色的城镇化道路在城市发展方式上，必须选择多样化和合理化的方式。也就是说，城市建设资金来源和渠道要多元化，除了各级政府加大投资之外，鼓励农民集资建城，可以采取批租土地、有偿转让土地使用权、合资开发、发行债券、投资入股、贷款等多种形式和途径，实行各种优惠政策，吸引和筹集更多包括公有、民有、外资和农民的资金，用于城市建设；政府应当积极支持引导城市建设，从实际情况出发，因地制宜，科学规划，合理布局，提高城市综合管理水平，注重实效，不搞一刀切；外延式与内涵式发展相结合，以内涵式发展为主。只有这样，才能利用一切可以利用的资金，加快城镇建设的步伐，使城镇发展真正做到规范、有序、高效，提高城市集约化程度，充分地发挥城市的多种功能，从而更快更好地实现城镇化。

中国特色的城镇化道路的提出及其特征表明，我国的城镇化道路及对城镇化的认识发生了根本性的转变。在对待城镇化的态度上，由害怕、否定、排斥城镇化转向积极稳妥地推进城镇化；在城镇化发展模式上，由滞后城镇化转向适度同步城镇化；在城镇化的类型上，由严格限制大城市发展、强调分散型的小城镇化转向大中小城市与小城镇协调发展；在城镇化的动力和实现机制上，由政府包办、计划推进转向政府导向、市场推进、注重发挥民间力量的作用。这些重大的转变，纠正了过去的城镇化道路的缺陷，必将极大地加快城镇化进程，促进工业化和城镇化的协调发展、同时实现。

五、走中国特色的城镇化道路的战略措施

中国特色的城镇化道路适合中国的国情和时代的要求，具有显著的优越性。只有走中国特色的城镇化道路，才能同时实现工业化和城镇化，使落后的二元经济转变为一元现代化经济。但是，提出中国特色的城镇化道路，并不能保证我们必然会走好中国特色的城镇化道路。造成我国城镇化滞后的原因，不仅是以往城镇化道路的弊端，还包括城市化认识上的偏差，传统工业化道路的缺陷和各种制度上的障碍。真正要走好中国特色的城镇化道路，更快更好地实现城镇化，还必须采取以下战略措施：

1. 走出误区，调整城镇化发展战略

积极稳妥地推进城镇化方针的确立，纠正了以往否定、排斥、害怕城市化的错误；中国特色的城镇化道路的提出，在一定程度上克服了在走什么样的城镇化道路的问题上存在的偏差。但要走好中国特色的城镇化道路，还必须进一步走出如何实现城镇化方面存在的误区，调整城镇化发展战略。

改革开放20多年来，虽然在工业化和经济市场化的推动下，加快了城镇化的进程，但城镇化仍然滞后于工业化，造成这种状况的一个重要原因是我国在城市化发展战略上存在偏差，一直实行“严格控制大城市的规模，合理发展中等城市，积极发展小城镇”的战略方针，特别重视和强调发展小城镇，把发展小城镇提高到大战略的高度，加以提倡、鼓励，大有一哄而起、遍地开花之势。甚至在提出走有中国特色的城镇化道路后，还在继续强调重点发展小城镇。之所以会形成这样的城镇化发展战略，则是由于受了大城市

必然产生“城市病”、中国的城镇化主要应该是小城镇化的观点的影响，并且把小城镇化看成是中国特色的城镇化，是既能避免“城市病”，又能实现城镇化的创造发明。甚至有学者认为，“小城镇的发展可以认为是中国在世界上走出的一条独特的城市化道路。”① 我们认为，这是一种误解，走中国特色的城镇化道路，必须进一步走出这种误区，调整城镇化发展战略。因为：

（1）大城市并不必然产生严重的“城市病”，中国还要发展大城市。中国大城市的规模是否都需要严格控制，控制得住吗？还要不要形成新的大城市？我认为并不是所有大城市的规模都要严格控制，实际上也是不能完全控制住的。据有关资料，1990 年，世界上的大都市中纽约的人口密度是每平方公里 8886 人，莫斯科为 8935 人，东京为 13158 人，巴黎 20427 人；1995 年，中国的大城市北京的市区人口密度是 5334 人，上海是 4651 人，深圳是 4616 人，1998 年武汉是 4374 人。② 中国大城市的人口密度远低于国际大都市的人口密度。大城市并不必然产生严重的“城市病”。中国大城市存在的水、电供应紧张，交通堵塞，住房拥挤，环境、卫生“脏、乱、差”等方面的问题，主要不是由于人多，而是城市建设和管理落后；主要的方针不应是消极地限制人口，而应是积极地发展城市建设，加强科学的城市管理。实践也证明，中国许多大城市制定的人口规模控制指标，基本上都被突破。而且，中国的大城市也不是多了，而是少了，应该建设更多的大城市。1996 年，世界上超百万人口的大城市有 326 个；中国有 12 亿多人，占世界的 22% 以上，上百万人口的大城市只有 34 个，仅占 10.4%。③ 2000 年集中于上百万人口以上城市的人口占全国总人口的百分比，美国是 39%，日本是 37.5%，德国是 41.8%，世界平均是 16.5%，中

① 费孝通. 我看到的中国农村工业化和城市化道路. 浙江社会科学，1998（4）.

② 详见朱庆芳等编. 世界大城市社会指标比较，北京：中国城市出版社，1997；中国统计年鉴（1996）. 北京：中国统计出版社，1996.

③ 王放. 中国城市化与可持续发展. 北京：科学出版社，2000：47，106.

国只有11.3%。① 所以说，严格控制大城市的规模及数量的战略方针，必须调整。

（2）中国的城市化不应是小城镇化。20世纪90年代以来，许多地方都在讲小城镇、大战略，把眼光盯在了小城镇上，其实，城市化才是大战略，小城镇只是一个重要战略措施；适当发展大、中城市也是重要的战略措施，甚至是更经济、更有效的措施。只有大、中城市，才能更好地形成城市功能，发挥辐射效应和扩散效应，产生规模效益、集聚效益和分工协作效益；小城镇难以形成有效的城市功能，过多会占用大量耕地，过分强调发展小城镇，不利于发挥城市的集聚效益、规模效益。不能形成“走了一村又一村，村村像城镇；看了一镇又一镇，镇镇像农村”的局面。城乡一体化不是城不城、乡不乡，小城镇遍地开花。据《经济日报》1999年11月5日的报道，到1999年初，全国建制镇达19216个，是20年前的3倍多，加上集镇，全国乡村小城镇的总量已突破5万大关，常住人口1.6亿，平均每个镇只有3000多人。这种局面，造成城镇规模结构不合理，小城镇占的比重过大，第三产业得不到有效发展，导致城镇产业结构难以优化升级，不利于城市功能的发挥，降低了城市化的作用。许多小城镇，只是在公路两边盖了几排楼房而已，既无市场支撑。也无产业支撑，难以长久、持续发展。

中国正确的城市化发展战略，应该是合理发展大城市，积极发展中等城市，适当发展小城镇。除了特大城市的规模应适当控制外，大、中、小城市无论在数量上还是质量上都应加快发展。发展的重点不应该是小城镇，而应该是中小城市，尤其是要努力把县城和部分基础条件好、发展潜力大的建制镇发展成为中小城市。城镇的布局和建设，必须综合考虑水资源、交通、市场、产业等因素，合理规划。发展小城镇的关键在于繁荣小城镇经济，把引导乡镇企业合理集聚、完善农村市场体系、发展农业产业化经营和社会化服务等与小城镇建设结合起来，使小城镇有产业和市场支撑。必须特

① 编辑委员会. 中国城市发展报告（2001-2002）. 北京：西苑出版社，2003：175.

别注意不能用行政命令的办法发展小城镇，应该在政府的引导下主要通过市场机制的作用建设小城镇，不能一哄而起、遍地开花，避免唱“空城计”，防止有城无市、有镇无产、城镇“空壳化”。只有这样，才能真正做到大中小城市和小城镇合理布局、协调发展。

2. 创新制度，消除城镇化的障碍

制度障碍是城镇化发展的最大障碍，制度创新是推进城镇化的根本途径。我国现在仍然存在种种制度缺陷，严重妨碍城镇化的进程，要加快城镇化步伐，走中国特色的城镇化道路，必须加大改革和创新的力度，尽快消除妨碍城镇化的制度缺陷。具体来说，主要包括以下几个方面的制度改革和创新：

（1）就业制度的改革和创新。城镇化要求实行劳动力自由流动、自主择业、农村剩余劳动力能够进城务工经商的劳动就业制度。因为，只有这样的就业制度，才能实现劳动力资源的优化配置，满足城镇非农产业发展对劳动力的需求，城镇经济才能更好地发展，城镇人口才能增加，城镇化率也才能提高。经过20多年的改革，传统计划经济条件下实行的那样严重妨碍城镇化的由国家统包统配的劳动就业制度虽然已被打破，但至今还没有完全形成劳动力能够自由流动的、成熟规范的市场化就业制度，仍然制约着城镇化的发展。尤其是许多城市为了解决流入城市的农民工的就业与城市本身的下岗职工的再就业的矛盾，采用所谓“腾笼换鸟”的办法，限制招收农民工，甚至清退农民工，给下岗职工再就业腾出岗位。而且，农民工的工资收入、劳动保护、人身安全等合法权益也得不到有效保护。这是一种歧视农民工的、不公平也不合理的、非市场化的就业政策，不仅对再就业工程的实施没有多大帮助，而且极不利于城镇化的推进。① 因此，走中国特色的城镇化道路，加快城镇化进程，必须深化劳动就业制度的改革，形成全国统一的劳动力市场，允许劳动力自由流动，建立市场导向、公开招聘、公平竞争、双向选择、自主择业、择优上岗、能进能出、能上能下的就业

---

① 参见简新华，毕先萍.“腾笼换鸟”与下岗职工再就业.理论月刊，2002（4）.

机制，尽快调整和取消许多大城市正在实行的限制农民工在城市就业的歧视性的“腾笼换鸟”政策，加强监督和管理，保护农民工的合法权益。

(2) 户籍制度的改革和创新。城镇化是越来越多的农民变为市民的过程，农民要变为市民首先又必须拥有向城镇流动和迁移的权利，否则城镇化就会成为“空话”。户籍制度剥夺了农民向城镇流迁的权利，限制了农民变为市民，是城镇化发展的最大制度障碍。虽然户籍制度现在已经发生了很大变化，对农民进城的限制大大减少，许多城市还实行了“蓝印户口”、“城市绿卡”、暂住证等制度，但仍然没有根本改革，还在严重地妨碍着城镇化的推进，也是“民工潮”不能退潮的根本原因之一。由于户籍制度的限制，成千上万已经在城镇务工经商和居住了几年甚至10多年，为城镇经济发展和人民生活改善做出了巨大贡献，并且不少是全家都流动到城镇的农民工，不能取得城镇户口，不能成为市民，不能享受市民拥有的就业、居住、子女上学等权利，不仅人为地阻碍了城镇化水平的提高，而且使得农民工不得不每年春节还要回家过年，造成一年一度的“春运”难题。所以，走中国特色的城镇化道路，加快城镇化步伐，必须全面深化户籍制度改革，给在城市有较稳定职业和住所的农民工以长期居住权，享受市民的同等待遇，消除其限制人口流动、妨碍城镇化发展的不利作用。可以采取先放开中小城市的户籍限制，再放开大城市的户籍限制的方法，逐步实行不存在歧视的身份证和居民登记管理制度，做到城乡居民的居住自由，使“候鸟”式的农民工成为长期的或永久性的市民。

(3) 社会保障制度的改革和创新。实现中国特色的城镇化，不仅要使数以亿计的农村剩余劳动力转移到城镇的非农产业，还要使进城的农民工转变为市民。要想使这种转移和转变持久和稳定，使大多数已经非农化和城镇化的农民工不至于又返回农业和农村，还必须建立相应的社会保障制度，使市民化的农民无后顾之忧。但是，目前我国的社会保障制度改革还在进行之中，社会保障制度很不健全、完善，特别是几千万流入城市务工经商的农村人口的社会保障问题，除了少数城市在进行改革试点之外，基本上处于无人管理的状态。这种状况，不仅不利于城镇化的实现，而且还会留下严重的社会隐患。因此，必须加快社会保障制度的改革和创新，建立和健全社会统一的社会保障体系，特别注意解决农民工的社会保障问题。当然，现在要求城市把流入本地的所有的农村人口的社会保障问题都妥善地解决，是不现实的、极为困难的。相当数量的农村流动人口在一定时期内，在转变为市民之前，还必须保留“承包地”或“责任田”，依靠土地保障。但现在应该着手解决已在城市有较稳定职业和住所的流动人口特别是农民工的社会保险主要是养老保险问题，可以采取的对策是实行农民工与城市新增职工同等的社会保障，对流入城市的较稳定的农村人口实行强制性社会保险，向用工单位和农民工按一定规则和比例收取社会保障费，存入个人账户，建立社会保障储蓄卡，进行社会保障储蓄。这种社会保障储蓄卡可以在全国通用，流动人口若离开某城市到别的城市就业，可将其社会保障储蓄连本带利转到别的城市，并继续存入按规定提取的社会保障费；如返回农村工作，则自行保存社会保障储蓄卡，等再进城工作时继续使用；社会保障储蓄卡中存入的经费，无论持有者最终是在城镇还是在农村生活，必须到老年比如 60 岁时，才能按时分批提取，用于养老。对于已经城镇化、市民化的农民工及其家庭则应实行与城镇居民同样的社会保障。

（4）土地制度的改革和创新。城镇化是大多数农民离开土地进厂当职工、离开农村进城做市民的过程，也是城镇数量增加、规模扩大、占地更多的过程，还是农业劳动生产率不断提高、土地实现规模经营的过程，这些都与土地制度紧密相关。不合理的土地制度，会在城镇化过程中出现过多占用、浪费、闲置大量耕地，降低土地的使用效率，加大城镇化的成本，从而延缓城镇化的进程；合理的土地制度，则能够在城镇化过程中节省高效利用土地，降低城镇化的成本，加快城镇化进程。国家所有、行政审批的城市土地制度，集体所有、农户承包经营、使用权不能规范合理转让的农村土地制度，是近些年来我国廉价批租土地、疯狂热炒土地、大量抛荒耕地、过多占用耕地现象层出不穷的重要原因之一，极不利于城镇化的健康、高效发展。走中国特色的城镇化道路，加快城镇化进程，必须进行土地制度的改革和创新，纠正现有土地制度的缺陷。城镇国有土地的规划、使用、批租，必须规范化、法制化、市场化、科学化，公开、透明、投标招标，推行责任制；进城务工经商或自己不愿耕种的农村人口的承包地或责任田，可以有偿转让使用权；已经成为市民、取得城镇长期居留权、进入城镇社会保障体系的农村人口的承包地或责任田，乡村应该收回，鼓励土地集中经营，防止土地抛荒现象，提高农村土地使用的规模效益。

值得指出的是，中国特色的城镇化道路的重要特征是在主要依靠市场和民间力量推进城镇化的同时，还必须利用政府的力量，发挥政府的作用，由政府规划、引导和促进。政府的作用主要不是投资建城，更不是运用行政方法，搞形式主义的、刮风式的城镇化，最重要的是进行制度创新，纠正各种制度缺陷，扫除各种制度障碍，为城镇化创造优良的制度环境。这是走好中国特色的城镇化道路的关键。

3. 转变农村工业化战略，促进城镇化发展

造成我国至今城镇化发展依然滞后的另一个重要原因，是改革开放以来实行的是“离土不离乡、进厂不进城”的非城市化的农村工业化战略，执行的是农村剩余劳动力就近就地转移的方针。乡镇企业异军突起，虽然加快了农村工业化的步伐，提高了整个国家的工业化程度，增加了农民的收入，推动了农村经济的发展，使1亿多农民洗脚上田，进厂做工，实现了非农化，但是乡镇企业前期的发展是村村点火、户户冒烟的低水平的分散工业化，大多数产品档次低、质量差，技术和管理落后，往往占用过多耕地，消耗大量资源，造成较严重的环境污染，也没有更有效地推进城镇化，只是促进了一些小城镇的发展。中国数量庞大的农村剩余劳动力不可能就近就地转移，必须异地远迁；农村工业化只有同时带来城镇化相应的发展，才能持久，才能提高水平。因此，要走好中国特色的城镇化道路，必须转变农村工业化战略，采取“离土又离乡、进厂又进城”的使农村工业化与农村城镇化能够适度同步发展的战略，实行农村剩余劳动力以远迁异地转移为主的方针，乡镇企业需要进行第二次创业，应该采取各种有效措施，减免税费，取消不必要的

限制，提供土地使用的便利，鼓励乡镇企业向城镇集聚，降低乡镇企业向城镇集中的搬迁成本，减少搬迁的阻力，在城镇新建乡镇企业给予优惠，以实现农村剩余劳动力稳定持久的转移，加快城镇化步伐。

参考文献

周叔莲，郭克莎主编．中国城乡经济及社会协调发展研究．北京：经济管理出版社，1996.

王春光，张晖．中国城市化之路．昆明：云南人民出版社，1997.

刘传江．中国城市化的制度安排与创新．武汉：武汉大学出版社，1999.

王茂林主编．新中国城市经济50年．北京：经济管理出版社，2000.

秦润新主编．农村城市化的理论与实践．北京：中国经济出版社，2000.

高佩义．中外城市化比较研究．天津：南开大学出版社，1991.

王保畲，罗正齐．中国城市化的道路及其发展趋势．北京：学苑出版社，1993.

张秉忱，陈吉元，周一星主编．中国城市化道路宏观研究．哈尔滨：黑龙江人民出版社，1995.

包宗华．中国城市化道路与城市建设．北京：中国城市出版社，1995.

谢志强，梁洪波．城市病．南昌：江西人民出版社，1991.

王育琨等．中国世纪之交的城市发展．沈阳：辽宁人民出版社，1992.

辜胜阻，刘传江，钟水映．中国自下而上的城市化发展研究．中国人口科学，1998（3）.

王小鲁，夏小林．优化城市规模，推动经济增长．经济研究，1999（9）.

孙永正．城市化滞后的八大弊端．城市问题，1999（6）.

周振华．经济增长轴心转移：中国进入城市化推动型经济增长阶段．经济研究．1995（1）.

中共中央关于制定国民经济和社会发展第十个五年计划的建设．人民日报，2000-10-19.

洪银兴，陈雯．城市化模式的新发展．经济研究，2000（12）.

谢然浩．城市化道路该怎么走．经济日报，2003-4-2.

刘宏，苏振兴．拉美城市大得发虚．环球时报，2002-3-28.

姚士谋等．中国特色的城市化问题．长江流域资源与环境，2001（10）：5.

钱再见. 新世纪中国城市化道路的战略选择. 教学与研究，2001（11）.

宋利芳. 发展中国家城市化进程的特点、问题及其治理. 中国人民大学学报. 2000（5）.

郭克莎. 工业化与城市化关系的经济学分析. 中国社会科学，2002（2）.

李文. 城市化滞后的经济后果分析. 中国社会科学，2001（4）.

沈建国. 世界城市化的基本规律. 城市发展研究，2000（1）.

叶裕民. 中国城市化的制度障碍与制度创新. 中国人民大学学报，2001（5）.

韩长赋. 加快推进中国特色的城镇化. 经济日报. 2002-12-23.

简新华. 论农村工业化与城市化的适度同步发展. 经济学动态，1997（7）.

简新华. 当前我国城市流动人口管理. 长江论坛，1997（3）.

简新华. 城市化发展战略须调整. 中国改革，2000（8）.

（全文、部分和摘要发表在经济科学出版社2004年4月出版的《发展经济学研究》第二辑、教育部编《高校社科研究要报》、中国人民大学出版社2004年出版的全国哲学社会科学规划办公室编《国家社科基金项目成果选介汇编》（第一辑）、2003年8月5日《光明日报》，为国家社会科学基金项目“经济发展新阶段的城市化问题”（项目批准号：01BJL026）和教育部人文社会科学重点研究基地重大研究项目“中国经济发展中的人口流动与城镇化的趋势和对策”（项目批准号：2001ZDXM790005）的研究成果）

论农村工业化与城市化的适度同步发展

农村工业化、农业现代化和农村城市化是中国社会主义现代化的重要方面，怎样正确认识和恰当处理农村工业化与农业现代化、农村城市化的相互关系，是中国社会主义现代化建设面临的一个必须合理解决的重大问题。

一、农村工业化和农业现代化是二元经济一元化的必由之路

农村工业化是工业在农村不断发展、生产和就业比重不断提高

的过程。农业现代化则是农业生产逐步实现工业化（即机械化、科学化、专业化、社会化），优质、高产、高效农业不断发展的过程。农业的发展是农村工业化不可缺少的基本条件，促进农业的增长和繁荣是实现农村工业化的重要手段，能够为农村工业化作出产品、劳动力、市场、资金等多方面的贡献。没有农业剩余（包括农产品和农业生产要素的剩余）的增加、农业商品化的发展、农村市场的扩大、农业资源的开发和集约化经营，农村工业化是不可想象的。中国正是在通过农村经济体制改革极大地推动了农业发展的时候，才出现了乡镇企业的异军突起、农村工业化的真正发展。农村工业化又是农业现代化的重要途径，是农村的致富之路。"无农不稳、无商不活、无工不富"。没有农村工业化的发展，农村剩余劳动力无法尽快转移出来，农业劳动生产率不能迅速提高，农业生产技术不易进步，农业现代化难以实现，农产品剩余也不可能大幅度增加，农村也就很难脱贫致富。农村工业化的发展能够"反哺"农业，为用现代科学技术和机器设备改造传统农业在技术、资金、管理上提供更为有利的条件，促进农业的规模经营，极大地推进农村现代化的发展。中国乡镇企业的兴起，尤其是东南沿海地区乡镇工业的繁荣，有力地推动了农村经济的发展和农业现代化的进程，就是这方面雄辩的例证。

农村工业化与农业现代化是互为条件、互相依存、相互促进、相辅相成的关系。人类需要的物质产品中，工业品相对农产品而言，存在比重不断扩大的趋势，但农产品永远都是人类社会存在和发展不可缺少的物质条件，虽然工业化是社会经济发展的必然趋势，但农业是国民经济的基础，永远不会被消灭。只是随着经济发展和科学技术的进步，农业的比重（包括创造的国民生产总值和就业人数）会逐步减少。所以，工业化包括农村工业化不允许以牺牲农业为代价，决不能像我国有的地方提出的那样"三年消灭甘蔗、五年消灭水稻"，使耕地大量减少、粮食大幅度减产、农业严重萎缩。农村工业化不仅不能"化掉"农业，相反还要在缩小农业比重的同时，促进传统农业的改造和农业生产方式、技术和经营管理的现代化，提高农业的经济效益，增加农产品的品种、质量和绝对量。农村工业化滞后，农业现代化难以实现；农村工业化过于超前，没有农业现代化的相应发展，农村工业化的进程必将受到落后农业的制约。因此，不能片面强调农村工业化，也不能只注重农业现代化的发展，必须努力实现二者的适度同步、协调发展。

中国是一个典型的具有二元经济结构的国家，21 世纪实现社会主义现代化的宏伟目标，就是要实现二元结构一元化，使二元经济转变为现代经济。实现这种转变的主要内容和关键措施，就是农村工业化、农业现代化。只有通过农村工业化、农业现代化，才能转移农业剩余劳动力，提高农业经济效益，在农村普及现代生产方式和生活方式，改变农村贫穷落后的面貌，使先进的工业与落后的农业并存、发达的城市与贫穷的农村并存的二元经济转变为工业和农业都发达、城市和农村都繁荣的现代经济。

二、农村城市化是农村工业化的必然趋势

工业化和城市化是社会经济发展的必由之路，城市化是工业化的必然趋势，是任何国家现代化过程中不可逾越的一个发展阶段。但也有些人认为，城市化是西方国家工业化过程中走过的弯路，农村城市化是导致农业萎缩的理论误区，中国应走一条“非城市化的工业化道路”，农村工业化应是“离土不离乡、进厂不进城”的工业化。实际上，“非城市化的工业化道路”不符合社会经济发展的客观规律。

工业化是城市化的发动机，城市化又是工业化的促进器。机器大工业导致了大规模的集中生产，而工业的集聚必然产生大规模的城市，工业化必然引起城市化。正是产业革命推动了城市化的进程，使现代城市成为世界的主宰。城市的根本特点是集中，城市化正好适应了工业化的要求，能够产生集聚效益和规模效益，形成发达的城市文明，极大地推动工业化和整个社会经济的发展。畸形的二元经济结构的改变，城乡差别的缩小和消除，城乡经济一体化的达到，不能采取先进发达的城市向落后贫穷的农村看齐的后退方式去实现，只能通过工业化和城市化来促进农村现代化，普及先进的工业化生产方式和城市文明的生活方式。城市化还是经济市场化的

必要条件，市场经济又加速城市化。城市是城郭加市场，市场则是市场经济存在和发展的基本要件，城市化能为市场经济的发展创造条件；市场的扩大、市场经济的发展则必然带来城市的繁荣、发达。现代市场经济是比传统计划经济更为有效的资源配置方式，市场经济是当今的世界潮流，与市场经济发展相适应的城市化，自然也是世界潮流。

那种认为中国应该走“没有城市化的工业化道路”的观点，之所以看不到城市化是工业化和现代化的大趋势，主要是存在以下误解：(1) 对农村城市化的误解。以为农村城市化是要“化掉”农村，是要使所有的农村都变成城市、所有的乡下人都转化为城里人。城市化是人口不断由农村转向城市的社会经济过程，也是城市地域扩大、城市文明和生活方式普及的过程，但城市化不是要把所有的农村都变成城市，也不是所有的人口都居住到城市里来。农村永远不可能被消灭，而且依然会占据地球的绝大部分空间，农村城市化只是要在农村适当发展城市、减少农村人口的同时，实现农村生产方式和生活方式的现化化，消灭城乡差别，达到城乡经济的一体化。(2) 对西方发达国家工业化和城市化历程的误解。认为西方发达国家的城市化过去产生了许多严重的经济、社会问题，现在又出现了城市人口郊外化、分散化的“逆城市化”倾向，我们不能重复西方发达国家走过的城市化这条弯路。实际上，逆城市化又称反城市化，是指城区人口郊外化、城市布局分散化的城市化模式。所谓“逆”或“反”并不是指城市人口的农村化，更不是指城市文明生活方式的农村化，而是说城区人口向郊区迁移，大城市人口向卫星城迁移和中小城市迁移的倾向。造成逆城市化的主要原因包括：集中型的城市化使得城区，尤其是大城市的城区人口过于密集、就业困难、环境恶化、居住拥挤、地价房租昂贵、生活服务费用上升、生活质量下降，引起市区人口向环境优美、地价房租便宜、生产性和生活性基础设施日趋完善、就业机会更多的郊区、卫星城或中小城市迁移；城市产业结构的调整、传统产业的转移、新兴产业的兴起、农村工业化的发展，带动了大城市人口的外迁；交通、通讯的现代化大大缩短了城市与郊外的往来时间，迁居郊外对人们的工作和生活不会产生较大的不便。逆城市化的倾向主要发生在20世纪50~70年代的城市化水平很高的发达国家。比如：美国除洛杉矶以外的12个最大城市的市区人口，在1950~1975年间平均减少了9.67%，而郊区人口平均增长207%；英国在1961~1971年，城市中心区的人口从2625.3万下降到2552.4万，中心区外城市圈内人口从1463.5万增加到1714.7万。实际上，逆城市化是由人口集中在城区和大城市的集中型城市化转变为人口向郊外和卫星城迁移的分散型城市化，是城市化不同类型的转换。逆城市化不是城市化的反向运动，不是对城市化的否定，而是城市化发展的一个新阶段，是城市文明的普及和城市生活方式的扩散。出现逆城市化倾向的发达国家的城市化率并没有下降，仍然不断提高。值得注意的是由于城市建设的发展、公共交通的完善、环境治理水平的提高、城区居民能够享受更多更好的服务、汽车燃油成本的上升等，使得80年代以来从市外返回城市正在成为部分发达国家居民新的潮流。（3）对全球特别是部分发展中国家城市化现状的误解。认为城市化必然产生严重的“城市病”、弊大于利。的确，全球城市化的迅速发展也带来许多的难题和困扰，其中最突出的问题是普遍存在的“城市病”。“城市病”的具体表现主要有：环境污染、卫生状况差、居住条件恶化、疾病流行、交通拥挤、社会秩序混乱、贫富两极分化、大片的贫民窟、大量的失业流浪者、过高的犯罪率等。尤其是发展中国家的一些大城市，“城市病”特别严重，即使像纽约、东京这样发达繁荣的国际大都市，也还存在程度不同的“城市病”。根据联合国的统计，全世界约有5亿城市人口住房条件极差，1亿多人无家可归，亚、非、拉美地区的部分大城市中，半数人口居住在贫民窟或窝棚里，环境卫生恶化，饮水不洁、疾病流行，每年造成1000万人死亡。世界卫生组织也认为城市化正威胁着人类健康。但是总的来说，城市化多数还是利大于弊。并不是任何类型的城市化都必然带来严重的“城市病”，“城市病”也不是城市化永远不可避免的现象。因为“城市病”发生的原因，首先是城市化与工业化和经济发展脱节，城市人口过度膨胀；第二是以私有制为基础的剥削制度，这是造成城市贫富两极分化、贫民状况恶化的根源；第三是城市化过程完全由市场调节，使得人口大量涌进收入高的大城市，引起大城市恶性膨胀；第四是政府对城市化的进程缺乏必要的宏观调控，只注重城市化和经济发展，忽视对城市化进程中产生的种种弊端的克服。人类社会通过选择正确的城市化道路，采取恰当的措施，兴利除弊，能够有效地避免或消除“城市病”。这可以从发达国家城市化发展的现状中找到证明。随着工业化和城市化的发展，现在发达国家的城乡对立和“城市病”普遍缓解，有的甚至基本消除。

三、农村工业化与农村城市化必须适度同步发展

城市化是工业化、经济市场化和现代化的必然趋势，反过来城市化又极大地促进工业化、经济市场化和现代化的发展，但并不是所有的城市化都有益无害，都有利于经济发展和社会进步。城市化的后果利弊或利弊大小，在很大程度上还取决于城市化的道路正确与否。不同的城市化道路、不同类型的城市化模式会产生极不相同的经济社会效果。

城市化可以从不同的角度分成各种不同的类型，从城市化道路的差别上看，世界各国的城市化主要有以下几种模式：

1. 同步城市化

指城市化的进程与工业化和经济发展的水平趋于一致的城市化模式。所谓“同步”即指城市化与经济发展呈适度的正相关关系，城市化率（城市人口占总人口的比重）与工业化率（工业劳动力占总劳动力的比重或工业总产值占国民生产总值的比重）互相协调，城市人口的增长与人均国民收入的增长比较一致，农村人口城市化的数量与经济发展提供的城市就业量大体平衡，城市化的发展与农业提供的剩余农产品基本适应。这是一种经济发展推动型的比较合理的城市化道路，它能够实现城市化与工业化和社会经济的适度同步发展、良性循环。大部分发达国家现在的城市化基本上属于这种模式。

2. 过度城市化

又称超前城市化，指城市化水平超过工业化和经济发展水平的

城市化模式。所谓“过度”或“超前”即指：城市化的速度大大超过工业化的速度，城市化不是建立在工业化和农业发展的基础上，而是主要依靠传统的第三产业（传统的生活性、商业性服务）来推动的城市化，甚至是“缺乏工业化的城市化”，城市人口过度增长，城市建设的步伐赶不上人口城市化的速度，城市不能为居民提供必要的就业机会和生活条件。这是一种以牺牲农业发展为代价、造成严重的“城市病、不利于经济和社会健康发展的畸形城市化。过度城市化的主要原因是二元经济结构形成的推力和拉力，再加上政府没有采取必要的宏观调控措施，相当数量的发展中国家的城市化基本上是这种模式。比如墨西哥的工业化和经济发展水平远远不如发达国家瑞士、奥地利、芬兰和意大利，但1993年的城市化水平已达74%，明显高于瑞士的60%、奥地利的55%、芬兰的62%和意大利的67%。这种过度城市化不仅没有带来高度工业化和经济繁荣，相反还使农业衰败、乡村凋敝，粮食由出口国变成进口国，过度膨胀的首都墨西哥城的人口1990年达到2020万，占全国总人口的23%，成为世界上存在“城市病”的典型城市。

3. 滞后城市化

指城市化水平落后于工业化和经济发展水平的城市化模式。所谓“滞后”是城市化率落后于工业化率，城市化的水平低于工业化和经济发展的水平。滞后城市化产生的主要原因是政府为了避免城乡对立和“城市病”的发生，采取了种种措施限制城市化的发展，结果使城市的集聚效益和规模效益都不能很好地发挥，严重阻碍了工业化和农业现代化的进程及城市文明的普及。这是一种违背工业化和现代化发展的必然趋势的不合理的城市化模式。改革前的中国城市化是这种城市化的突出代表。1980年，世界城市人口的比重为42.2%，发达国家为70.2%，发展中国家为29.2%，而中国城市人口比重仅为19.39%。即使是改革以来城市化的步伐加快，中国城市化的水平仍然滞后。按照世界银行提供的亚洲城市化与工业化的相关计量模型，1988年中国工业化率为22.6%，城市化率应为42.5%，而实际上只有28～30%，滞后10多个百分点。1990年，中国的城市化水平仍比世界上其他人均GNP320美元的国家低8.6个百分点。滞后的城市化，造成农村工业化过度分散，乡镇工业形不成集聚效益和规模效益，农业难以实现规模经营，农业生产成本居高不下，农村剩余劳动力转移不稳定，第三产业得不到应有的发展，不能吸纳更多的劳动力就业，资源不能实现优化配置，既不利于工业现代化，也不利于农业现代化和人民生活的现代化。

城市化的国家经验证明：城市化既不能超前，也不能滞后，必须与工业化和经济发展适度同步，过度城市化是病态城市化，既不能改变农村的落后面貌，又不能带来社会经济的现代化，还会产生严重的“城市病”；滞后城市化则是发育不全的城市化，不符合人类社会发展的必然趋势，不利于现代化的实现；只有同步城市化，才有可能实现工业化、农业现代化与城市化的协调发展与良性循环，避免或缓解、消除“城市病”。

四、中国农村城市化的正确道路

鉴于城市化的国际经验和中国的实践，我们认为中国的城市化（包括农村城市化）道路应该是：

1. 城市化与工业化和农业现代化同步发展的道路

中国必须克服城市化滞后的状况，加快城市化发展，赶上工业化的步伐，同时谨防过度城市化，必须城市工业与乡村工业并重，努力使城市人口增长与城市建设发展相互适应，实现城市化与三大产业的协调发展。中国改革以来乡镇企业发展的实践表明，那种“离土不离乡、进厂不进城”的城市化滞后的分散的农村工业化道路，已经不能适应农村剩余劳动力进一步转移和农村工业进一步发展的要求，必须走工业化、非农化与城市化同步发展的道路。分散的农村工业化，在初期虽然对于吸纳剩余劳动力、解决农村就业问题、增加农民的收入、改变农村的社会经济结构，发挥了巨大的积极作用，但也存在占用过量耕地、浪费自然资源、造成环境污染、技术管理落后、经济效益低下等严重问题，特别是乡镇企业对农村剩余劳动力的吸纳作用正在逐步下降。有关研究表明，由于乡镇企业过于分散，用地规模增加了1/3，能源利用率降低40%，基础设施投资增加20%～30%，行政管理费用增加80%，人力资源增加1%～2%，最终表现为资金利润率比相对集中降低20%左右，并对农业规模经营和城镇建设造成空间上的困难。自80年代后期以来，乡镇企业在发展过程中已明显地出现吸纳就业者能力减弱的趋向，1992年与1988年相比，全国乡镇企业的产值翻了一番，而就业人数只增长了10%。1988年以来，乡镇两级集体企业的固定资产平均每年增长18.4%，而每万元资产吸纳的就业人数，从1988年的3.1人降至1991年的1.8人，下降了42%。1984～1988年以来，乡镇企业平均每年吸纳农村劳动力1260万人；而1989～1992年，平均每年只吸纳260万人，仅相当于过去5年的一个零头。"村村点火，户户冒烟，遍地开花，到处办厂"的小规模、分散、低效的农村工业化，必须向适度集中、规模经营、集约经营的方向发展，乡镇企业应适当向中小城市集中，提高规模效益和集聚效益；"离土不离乡，进厂不进城"的非城市化的农村工业化道路，必须转向"离土又离乡，进厂又进城"的工业化与城市化适度同步发展的农村工业化道路。

2. 多元化的城市化道路

首先是城市结构的多元化，即实现大中小城市并举，适度发展大城市，鼓励兴建卫星城，严格限制1000万人口的特大城市的形成和发展，重点发展50万～100万人口的大中城市，大力发展10万～50万人口的中小城市。但是，不能每个镇、乡、村都建城设镇，走遍地开花的城市化道路，大部分农村需要逐步做的是实现生产条件和生活条件的城市化。国际经验表明：城市不是越大越好，越集中越好，越多越好。城市过少、过大、过于集中，容易产生"城市病"；城市过多、过小、过于分散，就会影响集聚效益和规模效益，占用大量宝贵的土地资源，不利于农业的发展。因此，城市必须正确布局，集中与分散必须恰当结合，使大、中、小城市结构合理、搭配适当。其次是城市化形式的多元化，即实行集中型城市化与分散型城市化相结合、内涵式城市化与外延式城市化相结合、政府发动型城市化与民间发动型城市化相结合。最后是城市化发动主体的多元化，改革以往政府作为单一发动主体的状况，形成城市投资和建设主体包括政府、银行、企业、居民、农民、外商等在内的多元化格局。在符合国家城市发展规划的前提下，鼓励兴建“农民城”。

3. 市场推动的城市化道路

国际经验说明：城市化是市场经济的必然要求，市场经济是城市化的推进器。发达国家的城市化基本上都是在市场机制的自发作用下实现的，不会出现城市化滞后的状况。中国正是由于没有发挥市场机制的作用，才长期存在城市化滞后的不利局面。因此，再也不能只靠政府的力量和计划机制去推动城市化，必须依靠市场机制的作用去实现城市化。只有市场机制，才能更好地引导乡镇企业向中小城市集中，吸引农村剩余劳动力进城务工经商，动员多方力量投资搞城市建设，加快城市化的进程。

4. 政府主导型的城市化道路

城市化的国际经验说明：城市化不能完全由市场调节，政府必须实行合理有效的宏观调控。城市化完全由市场调节，会使农村人口无序地涌入城市，使城市化盲目发展，大城市恶性膨胀，造成严重的“城市病”；市场的作用还不能保证城市的公共基础设施和非盈利性自然垄断部门的发展。城市化是社会经济的大变革，应该有合理的总体规划。城市化与工业化、农村现代化的协调发展、城市的合理布局、大城市过度膨胀的防止、“城市病”的避免或消除，都离不开必要的宏观调控。所谓政府主导型城市化道路在这里有两层含义：一是中国的城市化必须重视政府导向作用的发挥。中国的城市化必须由政府制定总体规划，对城市化的进程、城市人口的增长、城市的地区布局、城市规模的扩大等方面，实行必要的宏观调控，而不能放任自流、完全由市场调节。二是改变政府作用的方式。通过改革，逐步从以行政手段为主管理城市发展，转变为坚持必要的行政手段的同时更好地采用经济和法律手段管理城市发展。这样，既让市场机制力量推动城市化，又能保证城市化稳定健康发展。

参考文献

UNITED NATIONS. World urbanization prospects. the 1994 revision. New York: United Nations, 1995.

世界银行. 1995 年世界发展报告. 北京: 中国财政经济出版社, 1995.

陈吉元, 韩俊主编. 中国农村工业化道路. 北京: 中国社会科学出版社, 1993.

吴敏一, 郭占恒. 中国工业化理论和实践探索. 杭州: 浙江人民出版社, 1991.

周叔莲, 郭克莎主编. 中国城乡经济及社会协调发展研究. 北京: 经济管理出版社, 1996.

李京文主编. 走向 21 世纪的中国经济. 北京: 经济管理出版社, 1995.

张培刚主编. 新发展经济学. 郑州: 河南人民出版社, 1993.

辜胜阻, 简新华主编. 当代中国人口流动与城市化. 武汉: 武汉大学出版社, 1994.

简新华, 刘传江. 城市化的国际经验及启示. 经济日报, 1996-9-2.

(原载《经济学动态》1997 年第 7 期, 中国人民大学书报资料中心《农业经济》1997 年第 10 期全文转载)

从外国的城市化看中国的城市化

城市化现在成了人们越来越关注的热点问题。发达国家以往在工业化和城市化过程中曾经产生了许多经济、社会问题, 后来则发生了"逆城市化"的倾向, 现在有些发达国家又出现了"返回城市"的现象; 发展中国家在第二次世界大战以后搞"过度城市化", 患上了严重的"城市病"。中国改革前的城市化滞后于工业化, 甚至存在中国应该实行"非城市化的工业化"的观点; 改革以来则出现了加速城市化的热潮, 也带来了各种有待解决的问题。那么, 中国究竟应不应该实现城市化, 应该怎样实现城市化呢? 这是一个关系现代化建设成败的跨世纪的重大课题。正确地认识和处理中国的城市化问题，很有必要比较世界各国城市化的道路，总结和借鉴城市化的国际经验。

一、城市化是世界潮流

城市化是当今的世界大潮，其发展具有如下三大特点：

1. 世界城市化进程加快

联合国提供的资料表明，全球正在迅速城市化。1950 年，全世界城市人口只占总人口的 29%；1975 年，城市人口占总人口的 39%；1995 年，城市人口占总人口的 45%；2000 年，城市人口将占总人口的 50%；2025 年，城市人口比重将进一步上升到 65% 以上。多方面的原因使得城市化成为世界潮流。第一，工业化是城市化的发动机，城市化又是工业化的促进器。机器大工业导致了大规模的集中生产，而工业的集聚必然产生大规模的城市。正是产业革命加速了城市化的进程，使现代城市成为世界的主宰。城市的根本特点是集中，城市化正好适应了工业化的要求，能够产生集聚效益和规模效益，形成发达的城市文明，极大地推动工业化和整个社会经济的发展。第二，农业的发展是城市化的前提条件，城市化又是农业现代化的加速器。城市化没有农业提供大量的粮食和农副产品是不可想象的，而农业的商品化、剩余农产品的增加，又离不开农业的发展；城市化与工业化的发展，又能够“反哺”农业，为农业提供现代物资技术基础、资金和市场，促进农业的规模经营，加快农业现代化的进程。第三，城市化是经济市场化的必要条件，市场经济又加速城市化。城市是城墙加市场，市场又是市场经济存在和发展的基本条件，城市化能为市场经济的发展创造条件；市场的扩大、市场经济的发展则必然带来城市的繁荣、发达。正是由于当今世界，发达国家实现了高度工业化和农业现代化，发展中国家正在努力实现工业化，东西方国家都在实行“经济市场化”，发展市场经济成为世界潮流，所以全球城市化的进程大大加快。

2. 发展中国家的城市化步伐更加迅速

在世界城市化的大潮中，大多数发展中国家的城市化进程比发达国家更快。从 1950 年到 1995 年，发达国家的城市人口由 4.47

亿增加到 9.1 亿，增长了 1.04 倍；而发展中国家城市人口却由 2.87 亿增加到 16 亿，增长了 4.5 倍。1950 年在全球最大的15 个城市中，发展中国家只占 4 个，1994 年增加到11 个，预计到 2015 年将增至 13 个①。大多数发展中国家正处于工业化的进程之中，工业化时期正是城市化迅速发展的时期。除此之外，发展中国家城市化特别迅速还有一个重要原因，就是二元经济的结构特点极大地推动了城市化的进程，收入高、生活条件好的城市对处于贫穷落后的农村人口具有巨大的吸引力，农村的推力和城市的拉力形成了农村人口大规模地向城市的迁移，从而大大加快了城市化的步伐。

3. 城市化让人类社会面临严峻挑战

城市化是人类社会发展的大趋势，能够逐步使越来越多的人享受现代城市文明生活，但全球城市化的迅速发展也带来许多的难题和困扰，其中最突出的问题是普遍存在的“城市病”。“城市病”的具体表现主要有：环境污染、卫生状况极差、居住条件恶化、疾病流行、交通堵塞、社会秩序混乱、贫富两极分化、大片的贫民窟、大量的失业流浪者、过高的犯罪率等。尤其是发展中国家的一些大城市，“城市病”特别严重，即使像纽约、东京这样发达繁荣的国际大都市，也都存在程度不同的“城市病”。根据联合国的统计，全世界约有 5 亿城市人口住房条件极差，1 亿多人无家可归。亚、非、拉美地区的部分大城市中，半数人口居住在贫民窟或窝棚里，环境卫生恶化，饮水不洁，疾病流行，每年造成1000 万人死亡。世界卫生组织也认为城市化正威胁着人类健康。“城市病”发生的主要原因，第一是城市化与工业化和经济发展脱节，城市人口过度膨胀；第二是以私有制为基础的剥削制度，这是造成城市贫富两极分化、平民状况恶化的根源；第三是城市化过程完全由市场调节，使得人口大量涌进收入高的大城市，引起大城市恶性膨胀；第四是政府对城市化的进程缺乏必要的宏观调控，只注重城市化和经济发展，忽视对城市化进程中产生的种种弊端的克服。在城市化的

① UNITED NATIONS. World urbanization prospects. the 1994 revision. New York: United Nations, 1995.

同时，有效地消除“城市病”是人类社会21世纪的艰巨任务。

总而言之，城市化是农业发展、工业化、经济市场化和现代化的必然趋势，反过来城市化又极大地促进工业化、经济市场化和现代化的发展，但并不是所有的城市化都有益无害，都有利于经济发展和社会进步。城市化的后果得失，或利弊大小，在很大程度上取决于城市化道路的正确与否。不同的城市化道路、不同类型的城市化发展模式会产生极不相同的经济社会效果。

二、世界城市化的发展模式

城市化可以从不同的角度分成各种不同的类型。从城市化与工业化发展水平关系的角度考察，世界城市化大体上有以下四种发展模式。

1. 同步城市化

这是指城市化的进程与工业化和经济发展的水平趋于一致的城市化模式。这里的所谓“同步”并不一定意味着城市化水平与工业化水平完全一致，而主要是指城市化与经济发展呈正相关关系，城市化率（城市人口占总人口的比重）与工业化率（工业劳动力占总劳动力的比重或工业总产值占国民生产总值的比重）互相协调，城市人口的增长与人均国民收入的增长相对一致，农村人口城市化的数量与经济发展提供的城市就业量大致平衡，城市化的发展与农业提供的剩余农产品基本适应。这是一种经济发展推动型的比较合理的城市化道路，它能够实现城市化与工业化和社会经济的适度同步发展。大部分发达国家的城市化基本上属于这种模式。尽管发达国家在工业化和城市化的初期也发生过严重的城乡对立和“城市病”，但随着工业化和城市化的发展，现在发达国家的城乡对立和“城市病”普遍缓解。

2. 过度城市化

这又称超前城市化，是指城市化水平明显超过工业化和经济发展水平的城市化模式。所谓“过度”或“超前”是说：城市化的速度大大超过工业化的速度，城市化不是建立在工业化和农业发展的基础上，而是主要依靠传统的第三产业（传统的生活性、商业性服务）来推动的城市化，甚至是“缺乏工业化的城市化”，大量农村人口涌入少数大中城市，城市人口过度增长，城市建设的步伐赶不上人口城市化的速度，城市不能为居民提供就业机会和必要的生活条件，农村人口迁移之后没有实现相应的职业转换。这是一种以牺牲农业发展为代价、造成严重的“城市病”、不利于经济和社会健康发展的畸形城市化。造成过度城市化的主要原因是二元经济结构下形成的农村推力和城市拉力（其中推力作用大于拉力作用），再加上政府又没有采取必要的宏观调控措施，相当数量的发展中国家的城市化基本上是这种模式。比如墨西哥的工业化和经济发展水平远远不如发达国家，如瑞士、奥地利、芬兰和意大利，但1993年的城市化水平已达74%，明显高于瑞士的60%、奥地利的55%、芬兰的62%和意大利的67%①。这种过度城市化不仅没有带来高度工业化和经济繁荣，相反还使农业衰败、乡村凋敝，粮食由出口国变成进口国，过度膨胀的首都墨西哥城的人口1990年达到2020万，占全国总人口的23%，成为世界上存在“城市病”的典型国家。

3. 滞后城市化

这是指城市化水平落后于工业化和经济发展水平的城市化模式。所谓“滞后”是说：城市化率落后于工业化率，城市化的水平低于工业化和经济发展的水平。滞后城市化产生的主要原因是政府为了避免城乡对立和“城市病”的发生，采取了种种措施限制城市化的发展，结果不仅使城市的集聚效益和规模效益都不能很好地发挥，严重阻碍了工业化和农业现代化的进程及城市文明的普及，而且还引发了诸如工业乡土化、农业副业化、离农人口“两栖化”、小城镇发展无序化、生态环境恶化等“农村病”现象。这是一种违背工业化和现代化发展的必然趋势的不合理的城市化模式。改革前的中国城市化是这种城市化的突出代表。1980年，世界城市人口的比重为42.2%，发达国家为70.2%，发展中国家为

① 世界银行．1995年世界发展报告．北京：中国财政经济出版社，1995：223.

29.20%，而中国城市人口比重仅为19.39%。即使是改革初期城市化的步伐加快，中国城市化的水平仍然滞后。按照世界银行提供的亚洲城市化与工业化的相关计量模型，1988年中国工业化率为22.6%，城市化率应为42.5%，而实际上只有28%~30%，滞后10多个百分点。滞后的城市化，既不利于工业现代化，也不利于农业现代化和居民生活的现代化。

4. 逆城市化

又称反城市化，是指城市市区人口尤其是大城市市区人口郊外化、城市布局分散化的城市化模式。所谓“逆”或“反”并不是指城市人口的农村化，更不是指城市文明和生活方式的农村化，而是说城市市区人口向郊区迁移，大城市人口向卫星城迁移的倾向。造成逆城市化的主要原因包括：集中型的城市化使得城区，尤其是大城市的城区人口过于密集、就业困难、环境恶化、居住拥挤、地价房租昂贵、生活服务费用上升、生活质量下降，引起市区人口向环境优美、地价房租便宜的郊区或卫星城迁移；城市产业结构的调整，传统产业的转移，新兴产业的发展，带动了城区人口的外迁；交通、通讯的现代化大大缩短了城市与郊外的时空距离，迁居郊外对人们的工作和生活不会产生较大的不便。逆城市化的倾向主要发生在20世纪50~70年代的城市化水平很高的发达国家。比如：美国除洛杉矶以外的12个最大城市的市区人口，在1950~1975年间平均减少了9.67%，而郊区人口平均增长了207%；英国在1961~1971年间，城市市区的人口从2625.3万下降到2552.4万，郊区及卫星城镇人口从1463.5万增加到1714.7万。实际上，逆城市化是由人口集中在城区和大城市的集中型城市化转变为人口向郊外和卫星城迁移的分散型城市化，是城市化不同类型的转换。逆城市化不是城市化的反向运动，不是对城市化的否定，而是城市化发展的一个新阶段。出现逆城市化倾向的发达国家的城市化率并没有下降，仍然在不断提高。值得注意的是由于城市建设的发展、公共交通的完善、环境治理水平的提高、城镇居民能够享受更多更好的服务、汽车燃油成本的上升等，使得80年代以来从市外返回城市正在成为部分发达国家居民新的潮流。

三、城市化的国际经验

正确的城市化道路，必须适应工业化的要求，促进农业的现代化，推动经济和社会的发展，避免或消除“城市病”。根据世界各国城市化的成功经验和失败教训，要实现正确合理的城市化，必须努力遵循以下几条原则：

1. 城市化必须以农业的发展为前提，不能以牺牲农业为代价

发展中国家的“过度城市化”之所以不合理，非常重要的方面就是没有以农业的发展为基础，在农业生产技术没有多大改进、劳动生产率没有多少提高、没有产生大量剩余农产品的情况下，农村人口大量流入城市。这样不仅农业的资金投入不足，而且使农业的人力资源投入也大幅度下降，结果是农业得不到发展，农村长期不能改变贫穷落后的面貌。这种牺牲农业的城市化，并没有有效地推动经济和社会的发展，相反还会产生严重的“城市病”。

2. 城市化既不能超前，也不能滞后，必须与工业化和经济发展适度同步

城市化的国际经验证明：过度城市化是病态城市化，既不能改变农村的落后面貌，又不能带来社会经济的现代化，还会产生严重的“城市病”；滞后城市化则是发育不全的城市化，不符合人类社会发展的必然趋势，不利于现代化的实现；只有同步城市化，才有可能实现工业化、农业现代化与城市化的协调发展和良性循环，避免或缓解、消除“城市病”。

3. 集中型城市化与分散型城市化必须结合，城市规模和城市布局必须合理

城市化是人口不断由农村转向城市的社会经济过程，也是城市地域扩大、城市文明和生活方式普及的过程。集中型的城市化是城市人口集中在少数大城市；分散型的城市化是城市人口适当分散到中小城市，大城市人口适当分散到郊区和卫星城。国际经验表明：城市不是越大越好、越集中越好、越少越好，也不是越小越好、越分散越好、越多越好。城市过少、过大、过于集中，容易产生“城市病”；城市过多、过小、过于分散，就会影响集聚效益和规

模效益，占用大量宝贵的土地资源，不利于农业的发展。因此，城市必须正确布局，集中与分散必须恰当结合，使大、中、小城市结构合理、搭配适当。

4. 城市化不能完全由市场调节，政府实行合理有效的宏观调控

发展中国家城乡二元结构意味着城乡之间存在巨大的收入水平或生活水平差异，城市化过程若完全由市场调节，会使农村人口无序地涌入城市，使城市化盲目发展，大城市恶性膨胀，造成严重的"城市病"；城市基础设施等"公共产品"的供给存在着"市场失灵"的问题，市场的作用还不能保障其供给和非盈利性自然垄断部门的充分发展。城市化是社会经济的大变革，是宏观结构的变迁，应该有合理的长远的总体规划，形成有效的城市过度膨胀的防止机制。"城市病"的避免或消除，都离不开必要的宏观调控。

四、中国的城市化道路

城市化是世界潮流，是工业化发展的必然产物，中国也要在快速工业化的同时加快城市化进程，这已经不应该有什么异议，问题的关键在于中国应该走什么样的城市化道路。鉴于城市化的国际经验和中国的实践，我们认为中国的城市化道路应该是：

第一，城市化与工业化和农业现代化同步发展的道路。中国必须克服城市化滞后的状况，加快城市化发展，赶上工业化的步伐，同时谨防过度城市化。必须执行城市工业与乡村工业并重、乡镇企业适当向中小城市集中的方针，努力使城市人口增长与城市建设发展相互适应，实现城市化与三大产业的协调发展。中国的城市化不允许以牺牲农业为代价，决不可以像有的地方提出的那样"三年消灭甘蔗、五年消灭水稻"，使耕地减少、粮食减产、农业萎缩。城市化决不能"化掉"农业，相反还要促进传统农业的改造和农业生产经营方式、技术及管理的现代化。

第二，多元化的城市化道路。首先是城市结构的多元化，即实行大中小城市并举，适度发展大城市，鼓励兴建卫星城，严格限制1000万以上人口的特大城市的形成和发展，重点发展50万~100

万人口的大中城市，大力发展10万～50万人口的中小城市。但是，不能每个镇、乡、村都建城设镇，走遍地开花的城市化道路，大部分农村需要逐步做的是实现生产条件和生活条件的城市化。其次是城市化形式的多元化，即实行集中型城市化与分散型城市化相结合、“据点式”城市化与“网络式”城市化相结合、内涵式城市化与外延式城市化相结合、政府发动型城市化与民间发动型城市化相结合。最后是城市化发动主体的多元化，改革以往政府作为单一发动主体的状况，形成城市投资和建设主体包括政府、银行、企业、居民、农民、外商等在内的多元化格局。在符合国家城市发展规划的前提下，鼓励兴建“农民城”。

第三，市场推动的城市化道路。城市化是市场经济的必然要求，市场经济是城市化的推进器。发达国家的城市化基本上都是在市场机制的自发作用下实现的，不会出现城市化滞后的状况。中国正是由于没有发挥市场机制的作用，才长期存在城市化滞后的不利局面。因此，不能只靠政府的力量去推动城市化，必须依靠市场机制的作用去实现城市化。只有市场机制，才能更好地引导乡镇企业向中小城市集中，吸引农村剩余劳动力进城务工经商，动员多方面力量投资参与城市建设，加快城市化的进程。这就要求改革传统的体制，实行城市土地和非公益性基础设施供给市场化和有偿使用；实行居民住房商品化，改革社会保障制度，废除城市居民医疗等特权。从而，最终实现以开放式的、价值规律调节的人口城市化聚集行为取代封闭式的、户籍管理限制的城市化聚集行为。

第四，政府主导型的城市化道路。所谓政府主导型城市化道路在这里有两层含义，一是中国的城市化必须重视政府作用的发挥，二是改变政府作用的方式。即中国的城市化必须由政府制定总体规划，对城市化的进程、城市人口的增长、城市的地区布局、城市规模的扩大等方面，实行必要的宏观调控，而不能放任自流、完全由市场调节。通过改革，逐步将政府职能从以行政手段为主管理城市，转变为在坚持必要的行政手段的同时更好地采用经济和法律手段管理城市。这样，既让市场机制力量推动城市化，又能保证城市化稳步健康发展。

（原载《城市问题》1997年第5期，《经济日报》1996年9月2日、1996年10月14日、中国人民大学书报资料中心《城市经济·区域经济》1996年第6期、1997年第6期部分、全文发表或转载，与刘传江合写）

中国农村人口流动的合理化和对策

中国是世界上人口最多的国家，又是典型的具有城乡二元化经济结构的国家，现存的和潜在的农村剩余劳动力数量巨大。中国要由二元经济转变为现代化经济，要由落后的农业国发展成新兴的工业国，关键在于实现农村人口的合理流动、农村剩余劳动力的有效转移。

一、农村人口流动的合理化

我们这里所说的农村人口流动是广义的，包含农村人口居住地的短期或长期迁移和农业劳动力的职业转换。农村人口流动的合理化是指人口有组织、有序、有效地流动，不是盲目、无序、无效地流动。所谓有组织、有序地流动，是指有计划、有指导、有步骤、有秩序地流动；所谓有效地流动，则是指人口流动既要促进工业化、非农化、城镇化的进程，又要有助于农村经济的发展，不妨碍社会稳定的保持，还要能够提高流动人口的经济收入和生活水平。

农村人口流动的合理化要求：

第一，人口流动的流量合理、流速合理、流向合理、流时合理。流量合理就是人口流转量必须真正是劳动力的剩余量，不能因人口流出过量影响农村经济的发展；流速合理就是人口流动速度即单位时间内人口流动的数量，必须与城乡经济发展的程度相适应，不能过急、过快、过猛，不能超过工业化、非农化和城镇化发展的速度；流向合理就是农村人口应该流向劳动力短缺而又有吸纳能力的地区，流入量与流入地的吸纳能力必须相适应。为了避免“城市病”发生，促进整个国民经济的平衡发展，人口流入地区必须适当分散，不能过于集中在少数地区，特别是大城市。流时合理就是人口应该比较均衡地流动，流动的时间不能过于集中在较短的时期之内，比如集中在中国的春节前后，必须考虑交通运输和流入地的承受能力。必须变人口流动的“滔滔洪水”为“涓涓流水”，变“急流”为“缓流”，变“盲目自流”为有组织地流动。如果流量过大、流速过猛、流向不当、流时过于集中，结果必然造成交通拥挤、流出地生产受损、流入地不堪重负、流动人口无事可干、无法安置，产生许多不良后果。

第二，人口流动的合理化必须特别注意避免人口盲目地流动。因为，在“一无信息、二无技能、三无目标”的情况下，必然出现无序无效的“盲流”，不仅使有些流动人口东跑西颠、盲目进城，结果两手空空而归，甚至落难而回；并且还会引发一些社会问题，产生各种副作用。这里有一个问题需要澄清，即人口自发的流动是否必然是盲目的流动，是否必然不合理？我们认为，不能一概而论。自发的流动是指人口不是由政府出面组织的有计划的流动，而是由流动人口自行决定的流动；盲目的流动则是缺乏信息和技能、漫无目标的流动。由流动人口自行决定的流动并不必然是无信息、无目标、无技能的流动，因此“自发”并不必然等于“盲目”。在掌握就业信息、有明确的目标和具备适合流入地需要的能力的条件下的自发流动，没有盲目性，是合理的流动；在缺乏就业信息、没有明确目标和不具备流入地所需能力的条件下的自发流动，则带来盲目性，是不合理的流动。值得指出的是，虽然自发的人口流动并不必然是盲目的人口流动，存在合理与不合理两种情况，但最好还是有组织有计划地流动，因为这样可以避免那种不合理情况的发生。

二、农村人口流动合理化的必要性

农村人口流动是社会化大生产和经济现代化的客观要求，是工业化、非农化、城镇化、经济市场化和城乡经济发展的必然趋势；合理的农村人口流动又是社会经济健康发展和保持社会稳定的必要条件，能够极大地促进经济发展和社会稳定。

社会化大生产以发达的社会分工为前提，随着社会分工的发展和产业结构的高级化，传统产业部门劳动力过剩，新兴产业部门劳动力不足，因此必须调剂余缺、合理流动；社会化大生产要求按比例分配社会总劳动量，只有劳动力的合理流动，才能真正做到按比例分配劳动力，否则必然比例失调，各部门的劳动力分配不是过多，就是太少。市场经济由市场调节资源配置，实现资源的合理有效配置，首先必须做到人力这个最重要的资源的合理配置，而人力资源合理有效配置必须通过人口合理有效地流动来实现。如果人口不能流动或者流动不合理，市场也就不可能合理配置人力资源。农村人口流动对经济的发展具有双重作用，合理的农村人口流动是经济发展的强大动力，有助于市场经济的运行，有利于城镇化和城乡经济的发展，能够加快二元经济向现代化经济的转变，增加农民的收入，改善农民的生活；不合理的农村人口流动则会给经济发展带来各种消极影响，产生土地抛荒现象，引起农村劳动力素质下降，损害农业生产，带来各种“城市病”，打乱社会经济生活的正常秩序。因此，农村人口只有合理流动，才能发挥其对经济发展的积极作用，克服其副作用。

农村人口流动又是影响社会稳定的重要因素，对社会稳定也有双重作用；合理的农村人口流动，能够促进经济的发展，为社会稳定提供坚实的物质基础，有效地解决农村剩余劳动力这个具有爆炸性的社会问题，为社会稳定消除隐患；不合理的农村人口流动会使社会治安状况恶化，造成交通拥挤，有害于城镇的社会生活。所以，只有合理化才能发挥农村人口流动对社会稳定的积极作用，避免消极影响。

总而言之，农村人口的合理流动是经济、社会发展的必然要求。人口流动对经济发展和社会稳定是有利还是有害，关键在于人口流动是否合理。合理的即有组织的、有序的、有效的人口流动，极有益于经济发展和社会稳定；只有不合理的即盲目的、无序的、无效的人口流动，才不利于经济发展和社会稳定。因此，对农村人口流动，不能指责、禁止、堵截；只能恰当鼓励、疏导、分流、调控、管理，使之合理化。

三、农村人口合理流动的对策

发挥农村人口流动的积极作用，消除或减少其消极作用，关键在于人口流动的合理化。为了实现中国农村人口的合理流动，我们认为应采取以下对策：

1. 走以农村城镇化为主的农村人口多向分流的道路

必须处理好多元化安置和主渠道安置的关系。在强调多向分流的前提下，以农村城镇化、工业化、非农化作为安置农村剩余劳动力的主渠道。如果说80年代的劳动力转移主要是进厂（发展乡镇企业）；那么，90年代的农村劳动力转移则主要是造城。

对庞大的农村剩余劳动力必须采取多元化安置，实行多向分流。这里可以设想以下六条渠道：（1）通过增加土地复种指数，发展生态农业、立体农业、精细农业，增加劳动和资金的投入，提高土地生产率，向种植业的深度进军，广开就业门路。（2）通过改造低产田，加强农田水利建设，开展以治山、治水、治土为中心的国土整治，将一部分农业劳动力转移到农业基础设施和整治国土的建设中去。（3）通过进一步推进农村非农化，特别是加强以农业产前、产中、产后服务为特征的农村第三产业的发展，将一部分劳动力就地转移到非农产业中去。（4）通过农村城镇化，推进农村劳动力大规模向小城市、县城和中心镇转移，使农村工业化与城镇化同步发展。（5）建立大城市劳动力市场调节体系，引导农村剩余劳动力向大城市少量有序流动，以补充大城市某些类型的就业岗位的空缺。（6）通过政府和民间多种渠道，扩大劳务输出市场，积极开拓国际劳务输出的门路。我国劳动力资源占世界劳动力资源的1/5，而劳务输出仅占世界劳务输出的2%～3%，份额很小。90年代，随着扩大对外开放，应大力发展劳务输出，放宽政策，官民结合，多渠道开拓国际劳务市场。

在这六条渠道中，前景最广阔、现实性最强的是引导农民走农村城镇化的道路。

要推进农村城镇化，必须充分利用城镇化的民间发动机制。中国城镇化滞后的主要原因是单一的城镇化发动机制，未来我国城镇化要大力发展民间发动机制，实现城镇化投资主体的多元化。国内经济学家和人口学家一致认为：相对于中国的经济发展水平来说，中国城镇化严重滞后。造成这种滞后的原因是：中国城镇化在改革以前是完全的政府发动型，政府一手包揽城镇人口的就业、住房、商品粮、城市基础设施建设等，城镇化所需要的资金完全靠政府投入。这种发动机制延缓了中国城镇化的进程。要加快未来城镇化的进程，必须充分利用民间发动机制，实现投资主体的多元化，要鼓励农民建立农民城，要利用外资建城，要大力发展私营经济以加快城镇化的进程，要引导乡镇企业集中以推进农村城镇化的发展。

2. 采取“离土又离乡、进厂又进城”的工业化和城镇化同步发展的方式

我国80年代转移农村剩余劳动力的主要方式是“离土不离乡、进厂不进城”式的分散的工业化道路。这种道路对于提高农民收入、改变农村社会经济结构、解决就业问题具有重要意义，但它也浪费了大量的资源，特别是耕地资源，造成环境污染，经济效益低下。分散的乡村工业化道路只能是城镇化的前奏。分散的乡镇工业化在90年代必须向适度集中的方向发展，使工业化同城镇化同步发展。

在农村城镇化与非农化这一问题上有两种意见：一是主张城镇化必须与非农化协调一致。这种观点认为城镇是现代非农产业的地域载体、城镇化必须以非农化为基础。非农化在一段时间内必须走向城镇化，离开了城镇化的非农化在一定条件下对社会经济发展是不利的。另一种观点认为，中国农村的非农化不一定要与城镇化结合，可以走无城镇化的工业化、非农化道路。这种观点的理论依据是：(1) 西方发达国家已出现了城市人口向非都市地区扩散的郊外化或逆城市化运动，已经由人口集中走向人口分散，中国可以直接将农村剩余劳动力就地安置，不必再走发达国家所走过的弯路。(2) 国际经验表明：人口的城镇化会带来交通拥挤、住宅短缺、犯罪率上升、环境污染等“城市病”，中国应力图避免这些“城市病”，走无城市化的工业化道路。(3) 拉丁美洲一些国家虽然有较

高的城市化水平，但经济发展水平并不高。农村人口大量地流入城市，不仅使其农业的发展受到影响，而且在城市形成了大量的贫民窟和非正规部门。城镇化的高速发展，并没有带来经济的现代化。(4) 中国中心城市对人口的吸纳能力非常有限，一些城市对现有人口都不堪重负。因此，中国必须通过“离土不离乡”的乡镇企业，控制农村剩余劳动力向城市的迁移。

我们主张中国农村非农化向一定的地理区位适当集中，扭转目前城镇化严重滞后的局面，以保证非农化同城镇化的相对同步协调发展。其理由是：(1) 西方发达国家走过了一条人口分散—集中—再分散的城市化道路。但这种人口的再分散并不意味着经济的再分散，且第三阶段的分散并不等于第一阶段的分散。发达国家的再分散是建立在通讯和交通高度发达基础上的，而且非农产业的现代化水平很高。虽然一部分工业在向非都市地区扩散，但从整体上看，其非农产业仍处于集中态势。不走弯路的理论主张实际上是一种超阶段论，而这种超阶段实践将会付出巨大代价。(2) 发展中国家的过度城市化在中国是要力图避免的，但在现实条件下用过度城市化理论来指导中国实践是不妥的，中国是一种严重滞后的城市化。不可否认，发达国家在城市化初期确实出现过许多的“城市病”，但随着社会经济的发展，这些“城市病”有缓和的趋势。中国大城市处于饱和状况也是事实，但我们可以通过建卫星城和更多城市来推进农村人口向城镇的转移。(3) 70 年代和 80 年代的分散的农村工业化只是一种合理的过渡模式，不应作为目标模式。中国农村工业化、非农化的目标模式是要逐步向城镇化发展。应该看到，“离土不离乡、进厂不进城”的分散的工业化道路在苏南这些交通发达、小城镇密集地区是合理的，这种道路在经济发展的初期也有其历史必然性。但我们也应看到，就全国而言，分散的工业化道路已使我们在生态环境、耕地资源和经济效益上付出了巨大代价。有关研究表明：由于乡镇企业过于分散，用地规模增加了 1/3，能源利用率降低了 40%，基础设施投资增加了 20% ~30%，行政管理费用增加 80%，人力资源增加了 1% ~2%，最终表现为资金利润率比相对集中降低了 20% 左右，并对农业规模经济和集镇建设造成空间上的困难。(4) 非农产业不同于农业的根本性特点是：农业可以分散；非农产业、特别是现代非农产业需要集中。空间上的集中会产生规模经济和集聚效益，而非农产业和人口向一定的空间范围的集中就形成了城镇化。

3. 设置“门槛”以调节流量和流速，实行渐进式转移

对于中国的大城市，既不能关死城门，堵住农民进城；也不能使城门大开，让农民完全自由地流入；而应设置一些“门槛”条件，防止迅猛的人口流动洪峰对大城市的冲击，避免“城市病”。

由于城乡之间的巨大落差和人口流动的传带加速效应，本世纪最后几年，将会出现大规模的农民异地流动浪潮，大批农民将涌进城市，为了对农民进城的流量和流速进行调节，应采取以下对策：

第一，设置进城的门槛条件，调节农民进城的流量和流速。我认为这可以采用辜胜阻教授提出的经济导向、人口素质导向和社会规范导向三位一体的社会综合方案，以保证人口向大城市的有序流动。(1) 经济导向。农村人口城镇化面临的最大约束是资金。实行经济导向就是要鼓励进城的农民到城市投资。例如一位农民能在城市投资 20 万元，应允许其迁入城市。(2) 人口素质导向。应优先让有高文化程度的农民和具有从事非农产业经验的农民进城。这样，能保证城镇非农产业对劳动者素质的要求。(3) 社会规范导向。例如：限制违背计划生育政策的人进城，可以有效地鼓励农村居民节制生育、把人口城镇化同人口控制结合起来；限制有犯罪前科者进城，有利于城乡社会秩序的好转。实施上述综合方案，既可以解决目前城镇化所面临的困难，也可以推进农村人口的现代化乃至整个社会的现代化，可谓一举多得。

第二，要逐步淡化城市偏向，防止城门打开后农村劳动力的超高速转移。城市偏向是指政府所制定的投资、税收、价格、社会福利等政策在城市和农村之间不合理地偏向城市的一种倾向。要逐步消除现存的城乡壁垒，必须淡化城市偏向。

第三，通过上岗前的职业教育，提高转移劳动力的素质，以满足农民城市化的需要。

第四，通过一系列过渡环节，实行分阶段的渐进式转移。农村

剩余劳动力的转移过程需要相当长的时间，需要经过几个步骤。在地域范围内，可以设想农民先在村办企业兼业，然后到镇，再到小城市，后到中等城市乃至大城市就业。在产业范围内，可设想农民先在传统手工业就业，然后到现代工业，再到高度现代化的非农产业就业。这种渐进性的转移过程，意味着农村劳动力有一个由兼业化到专业化的过程，农村非农产业有一个由分散到集中、由小到大的过程，农民生活方式有一个由农村文明向城市文明过渡的过程。作为农村劳动力转移的目标模式，农村剩余劳动力必须实行彻底的转化：居住地由农村到城镇，身份由农民到市镇居民，职业上由兼业式的两栖人口到专门从事非农产业、且离土又离乡的非农产业劳动者。但这一过程需要一系列过渡模式。

4. 加强政府宏观调控，减少人口流动的盲目性

在利用市场机制配置现存的丰富的农村劳动力资源的过程中，政府必须加强宏观调控，提高农村剩余劳动力转移与流动的组织化程度，把分散的农户同统一有序的劳动力市场有机地联成一体，减少人口流动的盲目性，保证劳动力转移的有序性。

根据我国农村至城镇的流动人口现状，迫切需要从以下几个方面入手加强劳动力市场体系和宏观调控体系建设：

第一，大力发展多种形式的职业介绍机构。要让官办和民办的各类中介组织充分发挥作用，开展信息、培训、咨询、职业介绍等系列化服务，使分散的小农户同大市场联结起来。

第二，加快劳动法制建设。严禁采用不人道的方式盘剥“打工仔”、“打工妹”，规范合同管理，依法保护民工权益。

第三，逐步推进市场信息网络建设。在着力抓好地区性、区域性农村剩余劳动力市场建设的同时，要促进全国统一市场的形成，建立全国性的农村剩余劳动力供求信息中心。

第四，加快市场规则的建设。要防止市场垄断、歧视、非公正交易、侵犯自主交易权力和人身权利、契约权利等不正当行为。

第五，加快农村剩余劳动力宏观调控体系的建设。加强政府对市场的预测、规划、调控、立法、监督，使劳动力转移走向制度化、规范化。

第六，积极引导农村剩余劳动力在本地区、本县范围内流动，打开小城市和城镇的城门，节制农民跨区域和向大城市的超常流动。

第七，改革城市人口管理制度，强化身份证的管理功能，以证件管理方式替代目前户籍管理制度，使流动人口的管理规范化。

第八，对跨区域农村剩余劳动力的流量、流速、流时、流向开展预测工作，运用宏观调控手段进行预告和疏导，提高农村剩余劳动力转移的组织化程度。

第九，在输出地建立外出劳动力档案，既为劳务输入地提供信息，也为输出地管理决策提供依据。

第十，将“候鸟”型民工变成永久型民工，减少流动量，缓解“民工潮”对交通的冲击。

第十一，建立农村剩余劳动力的培训体系，对进城青年农民进行生产技术、法律知识、城市社会规范和各种生活技能的培训。

第十二，发展城市的民间房地产业，提供大量价格低廉、适于农村居民住的房屋，为农村剩余劳动力转移创造良好的环境。

参考文献

中国民主建国会中央委员会研究室编．跨世纪的工程．北京：民主与建设出版社，1994：143．

易旭东．8000 万流动人口冲击城市．工人日报，1995-2-16．

辜胜阻，简新华．当代中国人口流动与城镇化．武汉：武汉大学出版社，1994．

辜胜阻．非农化及城镇化理论与实践．武汉：武汉大学出版社，1993．

（原载《经济评论》1995 年第 5 期，中国人民大学资料中心《农业经济》1995 年第 11 期全文转载）

论农村人口流迁的双重作用及其对策

20世纪80年代以来，特别是90年代初，中国数以千万计的农村剩余劳动力，从贫穷落后的农村地区涌向发达先进的城市和沿海地区，形成庞大的流动人口。对此，人们众说纷纭，莫衷一是。经济学家和人口学家们认为这是工业化和现代化的普遍规律，是市场经济发展的必然趋势，这将会极大地推动中国工业化、城镇化、现代化和城乡改革的进程。但也有人认为这是社会治安状况恶化和交通运输超负荷的根源，产生土地抛荒现象，引起农村劳动力素质下降，有害于人口控制，会引发各种“城市病”，造成社会不稳定，对改革和发展产生不良影响。当代中国的农村人口流迁对经济发展和社会稳定究竟会产生什么影响，是有益还是有害？我们认为，农村人口流迁对经济发展和社会稳定具有双重作用。合理的即有组织、有序、有效的人口流迁，极有益于经济发展和社会稳定；只有不合理的即盲目、无序、无效的人口流迁，才不利于经济发展和社会稳定。

一、农村人口流迁对经济发展的双重作用

1. 农村人口流迁是经济发展的强大动力

（1）人口流迁有助于市场经济的运行和发展。市场经济是以市场作为资源配置基本方式的经济形式。包括劳动力市场在内的完整统一的市场体系和包括劳动力在内的生产要素的自由流动，是市场合理配置资源的前提。只有实行人口流动，市场配置资源的作用才能真正发挥，劳动力资源才能流向最有价值的使用方面，社会经济资源才能真正做到合理有效配置，市场经济也才能顺利地运行和发展。中国的人口流动促进了全国统一的劳动力市场的形成，为市场配置资源机制的运转创造了条件，使劳动力在城乡之间的流动和合理配置逐步由市场供求情况来决定有了可能。

（2）人口流迁有利于农村经济的发展。长期以来，农业生产一直处于地少人多、人均自然资源占有量严重不足的条件下，农村

人均占有耕地面积仅 1 亩多，劳均面积也只有 3 亩多一点，大大低于世界平均数。农村剩余劳动力数量庞大，“隐蔽性”失业问题严重，人地矛盾尖锐，土地经营规模狭小，农业经济效率低下，极大地妨碍农村经济的发展，特别需要加速人口流动。实践证明，人口流动对于转移农村剩余劳动力，减轻农村就业压力，缓解人地矛盾，具有很大的作用。例如，1990 年四川省有农村剩余劳动力 1600 万人，当年跨地区流动的劳动力 180 万人，约占劳动力富余量的 11%，近几年外出的农村劳动力更多。

人口流动、农村剩余劳动力的转移，还能给农村经济的发展带来多方面的好处：一是能够促进非农产业的发展，为农村经济的发展提供新的资金来源，壮大农村经济的实力，加快农村工业化和现代化的进程。中国乡镇企业的异军突起及其巨大的积极作用，就是这方面的明证。不仅农村劳动力向乡镇企业的转移，成为农村的致富之路，而且农村剩余劳动力的输出也成了农村积累资金的重要途径。据初步统计，江苏省响水县 1991 ~ 1993 年通过劳务输出，累计获取资金 1.2 亿元，相当于全县 1993 年农业总产值的近 1/6。1993 年全县农村新办 12 家企业，其中 5 家是由在外劳务回乡人员集资兴建的。农村种植业、养殖业的部分投入资金，也有许多来源于在外劳务人员的劳动所得（中国民主建国会中央委员会研究室，1994）。二是人口流动是一所没有围墙、不交学费的市场经济的大学校。农村劳动力外流，能够借地育才，低成本高效率地提高农民各方面的素质，为农村经济发展培养大批急需的人才。农民转到非农产业、流到城镇，能够开阔眼界，更新观念，增长技能。既为流入地区的经济发展作出了贡献，又为家乡的经济起飞在资金、技术、信息和人才上作必要的准备。中国农村许多外流的劳动力，后来成为振兴家乡经济的中坚、乡镇企业的骨干。安徽省蒙城县的 2.1 万个乡镇企业中，由返乡的外出农民创办的达 1.2 万个，占总数的 57%。

(3) 人口流迁促进城镇化和城市经济的发展。由于城市工业化进程的加快和沿海发达地区经济的迅速发展，需要补充大批劳动力，人口流动正适应了这种需要。人口大量流向城镇，扩大了城镇劳动力的来源和商品的市场需求，能够满足城镇经济对劳动力的需要，刺激城镇商品生产和商品流通的发展。人口流动特别是迁移，提高了城镇化率，推动了城镇化的发展。人口的大量流入，会给城镇造成巨大的压力，从而迫使城镇加快住房、交通、通讯、水、电、气等基础设施的建设，促使城镇医疗卫生、文化教育事业的尽快发展。中国深圳经济的腾飞、上海浦东的开发、北京面貌的巨变，没有哪一项成就能够离开外来“民工”的作用。特别是在中国的大中城市，由于居民文化素质和生活水平的提高，人们不愿干脏、累、重、收入低的工作，正是由于有“民工”拾遗补缺，才使城市得以正常运转。流进城市的农村劳动力在市政建设、第三产业、环境卫生、家庭服务等行业中逐步取代城里人，成为这些行业的主力军，为城镇经济的繁荣和发展作出了不可缺少的重大贡献，也给当地居民提供了生活和工作上的许多便利。

(4) 人口流迁增加农民的收入，提高农民的生活水平。农村人口的流动，农业剩余劳动力的输出，大幅度地增加了农民的经济收入，成为一部分贫困地区脱贫致富的重要途径。1992 年，四川、江西、湖北、湖南、安徽、河南等省外出农民共为各省创造了 250 亿元劳务收入（骆友生，1994）。江苏省响水县 1993 年输出民工近 4 万人，占农村剩余劳动力的 40% 以上。按每个劳务人员年纯收入 2000 元计算，全县累计年收入增加约 8 000 万元，农村人均纯收入增加 186 元，相当于新开 40 万亩荒地，新办 8 个年利润 1 000万元的工厂。目前全国外出农民工若按 6 000 万人、人均年创收 1 500 元计算，即可为农民增加收入 900 亿元。

(5) 人口流迁加快二元经济向现代化经济的转变。中国是典型的二元经济结构的国家，要实现现代化，就要使二元经济转变为现代化经济，实现这种转变的核心问题则是农村剩余劳动力向非农产业的转移。只有通过人口流动，使农村劳动力大量转向非农产业，才能迅速发展现代经济部门，提高整个国民经济的效率；也只有农业劳动力大量流出，才能促进农业向大生产发展和集约化经营转化。这样，全民的物质文化生活水平才能迅速地提高（吴敬琏，1994）。总而言之，只有人口的合理流动，中国经济才能真正实现现代化。

2. 农村人口流迁对经济发展可能产生的不利影响

农村人口流迁促进经济发展是以人口的合理流迁为前提的，如果人口盲目、无序、无效地流迁，则可能给经济发展带来各种消极影响：

（1）人口流迁可能对农村经济发展产生副作用。首先，人口流动可能使农村人才流失，劳动力素质下降。农村流出的大多是年轻力壮、文化程度比较高、技术能力比较强的劳动力。优秀人才外流，农村劳动力老龄化，妇女化，儿童化，或多或少地会对农村经济的发展产生不利影响（辜胜阻，1993）。其次，由于农业生产经营的比较收益较低，种田既辛苦，收入又少，外出打工收入高，还能见世面，因此有些地方出现大批劳动力外出打工，土地撂荒，影响了农业生产的发展。最后，伴随着人口流动的非农化和城镇化的发展，会吸纳部分农村资金，可能在一定程度上减少农业资金的投入，也不利于农业生产的发展。

（2）人口过度流入大城市会带来“城市病”。人口流动和城镇化的国际经验表明，农村人口过量地流入大城市，会产生“城市病”，从而严重影响城市经济的健康发展。“城市病”的具体表现主要有：居住条件恶化、卫生状况极差、社会秩序混乱、交通堵塞、环境污染、疾病流行、贫富两极分化、大片的贫民窟、大量的失业流浪者、过高的犯罪率等。由于农村人口过多、过快、过猛地流入大城市，使中国部分大城市也出现了类似“城市病”的现象。少数大城市已经出现外来人口聚居区，这些外来人口聚居区的生活条件一般不太好。比如，北京一直是缺水城市，由于近年来人口总量不断增加，供水形势日趋严重。在一些外来人口聚居地区，自来水已成滴流。外来人口聚居区普遍存在环境卫生脏、乱、差的问题，严重损害了部分地区的环境质量（孟学农，1994）。这种情况值得我们高度警惕，必须采取有效措施实行疏导和管理，使农村人口有组织、有序、有效地流动，以免“城市病”在中国发生。

（3）人口盲目无序流迁可能会打乱社会经济生活的正常秩序。近几年，中国每年春节前后数以千万计的民工流动，使本来已经超负荷的交通运输更加拥挤不堪，影响了社会经济生活的正常运转，不利于国民经济的健康发展。缺乏信息的盲目流动，还使部分民工徒劳往返，遭受很大损失。在某些城镇的流动人口中，无照经营、偷漏税甚至暴力抗税，以及生产假冒伪劣商品问题严重。1993 年北京外来人口中发生暴力抗税案件 11 起，甚至发生税务人员被打伤、执勤车辆被捣毁的严重事件。有些地区的外来人口已形成犯罪团伙、帮派势力。据北京市丰台区调查，由外来人口经营的 368 种服装商标，90% 以上是假冒的。人口流动还增加计划生育工作的困难，不利于人口控制。

二、人口流迁对社会稳定的双重作用

人口流迁的合理与不合理对社会稳定也有双重作用，并间接地对经济发展产生积极或消极影响。

1. 人口流迁有助于保持社会稳定

(1) 合理的人口流迁能够促进经济发展，为社会稳定提供坚实的物质基础。经济的持续发展和人民生活水平的不断提高，是保持社会稳定的经济基础。如果经济持续衰退，人民生活水平不断下降，必然引起广大群众的强烈不满，产生严重的社会冲突，甚至可能酿成剧烈的社会动乱。人口流迁促进经济发展，经济发展有助于社会稳定，社会稳定又有利于经济发展，合理的人口流迁能够形成这种良性循环。

(2) 合理的人口流迁能够有效地解决农村剩余劳动力这个具有爆炸性的社会问题，为社会稳定消除隐患。中国农村存在数以亿计的剩余劳动力，如何使这些劳动力顺利地转移出去，是中国现代化面临的最艰巨的任务，已成当务之急。农业是国民经济的基础，农民问题是中国社会的最大问题。如果农业不稳，农民问题不能妥善解决，社会必然也不稳。假若不能实现农村剩余劳动力的有效转移，势必严重影响农村经济的发展，滞缓农业现代化的进程，使农业劳动生产率低下，人地矛盾更加尖锐，农民生活更为清苦，结果必将动摇农业这个基础，引起占全国总人口 80% 的农民的不满。这是极其危险的经济政治局面，会给社会稳定带来灾难性后果。只有通过合理的人口流动，才能有效地转移农村剩余劳动力，为保持中国的社会稳定消除最大的隐患。

2. 人口流迁可能给社会稳定带来不良影响

(1) 盲目无序的人口流迁会使社会治安状况恶化。据有关部门提供的资料，中国一些地方的社会治安状况不太好。首先，犯罪率呈上升趋势。全国刑事犯罪案件1982年是50多万起，1992年是154万起，1993年已达161万起。这些治安问题同人口流动的盲目性，特别是社会管理机制不健全有很大关系。根据对刑事犯罪的统计，广东流动人口犯罪占总犯罪率的80%，是全国最高的，而且大案基本上是流动人口所为，上海约占总犯罪率的70%。流动人口犯罪越来越突出，严重影响社会治安，成为一个不容忽视的问题（牟新生，1994）。

(2) 盲目无序的人口流迁会影响城镇的社会生活安定，会产生影响城镇社会稳定的不利因素。如使城镇基础设施不堪重负、住房更加紧张、乱搭乱盖、挤占街道现象严重、环境卫生状况恶化，不仅民工的衣、食、住、行得不到保障，而且严重影响城市居民的正常生活，引起市民的不满，加剧市民与“流民”的对立情绪，形成不安定因素，引发社会成员之间的冲突。

上述副作用与中国经济管理制度不完善，对流动人口的疏导、管理不够有关。通过制度创新，加强疏导、管理，使人口流迁走向合理化，人口流迁的副作用会大大减少。

三、农村人口合理流迁的对策

实现中国农村人口的合理流迁，我们认为应采取以下对策。

1. 走以农村城镇化为主的农村人口多向分流的道路

在强调多向分流的前提下，以农村城镇化、工业化、非农化作为安置农村剩余劳动力的主渠道。这里可以设想以下六条渠道：(1) 通过增加土地复种指数，发展生态农业、立体农业、精细农业，增加劳动和资金的投入，提高土地生产率。(2) 通过改造低产田，加强农田水利建设，将一部分农业劳动力转移到农业基础设施和整治国土的建设中去。(3) 通过进一步推进农村非农化，特别是加强以农业产前、产中、产后服务为特征的农村第三产业的发展，将一部分劳动力就地转移到非农产业中去。(4) 通过农村城镇化，推进农村劳动力向小城市、县城和中心镇转移，使农村工业化与城镇化同步发展。(5) 建立大城市劳动力市场调节体系，引导农村剩余劳动力向大城市有序流动，以补充大城市某些就业岗位的空缺。(6) 通过政府和民间多种渠道，开拓国际劳务市场，扩大劳务输出。

2. 采取“离土又离乡、进厂又进城”的工业化和城镇化同步发展的方式

目前，在农村城镇化与非农化问题上有两种意见：一是主张城镇化必须与非农化协调一致。这种观点认为城镇是现代非农产业的地域载体，城镇化必须以非农化为基础。非农化在一段时间内必须走向城镇化，离开了城镇化的非农化在一定条件下对社会经济发展是不利的。另一种观点认为，中国农村的非农化不一定要与城镇化结合，可以走无城镇化的工业化、非农化道路。这种观点的理论依据是：(1) 西方发达国家已出现了城市人口向非都市地区扩散的郊外化和逆城市化运动，已经由人口集中走向人口分散，中国可以直接将农村剩余劳动力就地安置，不必再走发达国家所走过的弯路。(2) 国际经验表明：人口的城镇化会带来“城市病”，中国应力图避免“城市病”，走无城市化的工业化道路。(3) 拉丁美洲一些国家虽然有较高的城市化水平，但经济发展水平并不高。农村人口大量地流入城市，不仅使其农业的发展受到影响，而且在城市形成了大量的贫民窟和非正规部门。城镇化的高速发展，并没有带来经济的现代化。(4) 中国中心城市对人口的吸纳能力非常有限，一些城市对现有人口都不堪重负，因此，中国必须通过“离土不离乡”的乡镇企业，来控制农村剩余劳动力向城市的迁移。

笔者是第一种观点的持有者，主张中国农村非农化向一定的地理区位适当集中，扭转目前城镇化严重滞后的局面，以保证非农化同城镇化的相对同步协调发展。其理由是：(1) 西方发达国家走过了一条人口分散—集中—再分散的城市化道路。但这种人口的再分散并不意味着经济的再分散，且第三阶段的分散并不等于第一阶

段的分散。发达国家的再分散是建立在通讯和交通高度发达基础上的，而且非农产业的现代化水平很高。虽然一部分工业在向非都市地区扩散，但从整体上看，其非农产业仍处于集中态势。不走弯路的理论主张实际上是一种超阶段论，而这种超阶段实践将会付出巨大代价。(2) 发达国家在城市化初期确实出现过许多“城市病”，但随着社会经济的发展，这些“城市病”有缓和的趋势。中国大城市处于饱和状况也是事实，但我们可以通过加快城市建设（建新城区）来推进农村人口向城镇的转移。（3）20 世纪 70 年代和 80 年代的分散的农村工业化只是一种合理的过渡模式，不应作为目标模式。中国农村工业化、非农化的目标模式是要逐步向城镇化发展。应该看到，“离土不离乡，进厂不进城”的分散的工业化道路在苏南这些交通发达、小城镇密集地区是合理的，这种道路在经济发展的初期也有其历史必然性。但也应看到，分散的工业化道路在生态环境、耕地资源和经济效益方面付出了巨大代价。有关研究表明，由于乡镇企业过于分散，用地规模增加了 1/3，能源利用率降低了 40%，基础设施投资增加了 20% ~30%，行政管理费用增加了 80%，人力资源增加了 1% ~2%，最终表现为资金利润率比相对集中降低 20% 左右，并对农业规模经济和集镇建设造成空间上的困难。（4）非农产业不同于农业的根本性特点是，农业可以分散，非农产业、特别是现代非农产业需要集中。空间上的集中会产生规模经济和集聚效益，而非农产业和人口向一定的空间范围的集中就形成了城镇化。

3. 设置“门槛”以调节流量和流速，实行渐进式转移

对于中国的大城市，既不能堵住农民进城，也不能“打开城门”让农民完全自由地流入，而应设置一些“门槛”条件，调节农民进城的流量和流速。

第一，采用经济导向、人口素质导向和社会规范导向三位一体的社会综合方案，以保证人口向大城市的有序流动。(1) 经济导向。农村人口城镇化面临的最大约束是资金。实行经济导向就是要鼓励进城的农民到城市投资。(2) 人口素质导向。应优先让有较高文化程度的农民和具有从事非农产业经验的农民进城。(3) 社

会规范导向。例如，限制违背计划生育政策的人进城，可以有效地鼓励农村居民节制生育，把人口城镇化同人口控制结合起来，限制有犯罪前科者进城，有利于城乡社会秩序的好转。实施上述综合方案，既可以解决目前城镇化所面临的困难，也可以推进农村人口的现代化乃至整个社会的现代化，可谓一举多得。

第二，要逐步淡化城市偏向。政府所制定的投资、税收、价格、社会福利等政策，在城市和农村之间要逐步消除现存的城乡壁垒，淡化城市偏向。

第三，通过上岗前的职业教育，提高转移劳动力的素质，以满足农民城市化的需要。

第四，通过一系列过渡环节，实行分阶段的渐进式转移。农村剩余劳动力的转移过程需要相当长的时间，需要经过几个步骤。在地域范围内，可以让农民先在村办企业兼业，然后到镇，再到小城市，后到中等城市乃至大城市就业。在产业范围内，可设想农民先在传统手工业就业，然后再到现代化的非农产业就业。这种渐进性的转移过程，意味着农村劳动力有一个由兼业化到专业化的过程，农村非农产业有一个由分散到集中、由小到大的过程，农民生活方式有一个由农村文明向城市文明过渡的过程。作为农村劳动力转移的目标模式，农村剩余劳动力必须实行彻底的转化：居住地由农村到城镇，身份由农民到市镇居民，职业上由兼业式的两栖人口到专门从事非农产业，且离土又离乡的非农产业劳动者。但这一过程需要一系列过渡模式。

4. 加强政府宏观调控，减少人口流动的盲目性

在利用市场机制配置现存的丰富的农村劳动力资源的过程中，政府必须加强宏观调控，提高农村剩余劳动力转移与流动的组织化程度，把分散的农户同统一有序的劳动力市场有机地联成一体，减少人口流动的盲目性，保证劳动力转移的有序性。

根据中国农村和城镇的流动人口现状，迫切需要从以下几个方面入手加强劳动力市场体系和宏观调控体系建设：

第一，大力发展多种形式的职业介绍机构。要让官办和民办的各类中介组织充分发挥作用，开展信息、培训、咨询、职业介绍等系列化服务，使分散的小农户同大市场联结起来。

第二，逐步推进市场信息网络建设。在着力抓好地区性、区域性农村剩余劳动力市场建设的同时，要促进全国统一市场的形成，建立全国性的农村剩余劳动力供求信息中心。

第三，加快市场规则的建设。要防止市场垄断、歧视、非公正交易、侵犯自主交易权利和人身权利、契约权利等不正当行为。

第四，加快农村剩余劳动力宏观调控体系的建设。加强政府对市场的预测、规划、调控、立法、监督，使劳动力转移走向制度化、规范化。

第五，对跨区域农村剩余劳动力的流量、流速、流时、流向开展预测工作，运用宏观调控手段进行预告和疏导，提高农村剩余劳动力转移的组织化程度。

第六，发展城市的民间房地产业，提供大量价格低廉、适于农民居住的房屋，为农村剩余劳动力转移创造良好的环境。

参考文献

中国民主建国会中央委员会研究室. 跨世纪的工程. 北京：民主与建设出版社，1994：143.

辜胜阻. 非农化及城镇化理论与实践. 武汉：武汉大学出版社，1993.

（原载《中国人口科学》1995 年第 4 期，英文稿发表于 Chinese Journal of Population Science，Volume 8. Number 1，1996，与辜胜阻教授合著）

我国农村人口流动管理的问题和对策

人口流动是社会化大生产和经济现代化的客观要求，是工业化、非农化、城镇化、经济市场化和城乡经济发展的必然趋势。人口流动既能促进经济发展和社会稳定，又会产生各种副作用。尤其是中国农村剩余劳动力数以亿计，必然会有相当部分流入城市，形成城市流动人口。完全不让农民进城是不可能的，也是不正确的，但城市流动人口过多也会发生“城市病”，带来许多社会问题。所以我们既不能关死城门，也不能大开城门；既不能堵截禁止，又不能放任自流；既要努力发挥农村人口流动对城市和农村经济社会发展的积极作用，又要尽量避免人口流动可能产生的消极影响。

发挥农村人口流动的积极作用，消除或减少其消极作用，关键在于人口流动的合理化。农村人口要合理地流动，国家必须实行正确有效的管理，采取恰当的对策，妥善地解决农村人口流动中存在的困难和问题，这样才能真正做到兴利除弊。

当前我国农村人口流动管理存在的难题和应采取的对策，主要有以下12个方面：

一、农村人口流动的流量、流速、流向、流时的合理调节问题

农村人口流动的合理化是指农村人口有组织、有序、有效地流动，不是盲目、无序、无效地流动。农村人口流动的合理化要求：人口流动的流量合理、流速合理、流向合理、流时合理。流量合理就是人口流转量必须真正是劳动力的剩余量，不能因人口流失过量影响农村经济的发展；流速合理就是人口流动速度即单位时间内人口流动的数量，必须与城乡经济发展的程度相适应，不能过急、过快、过猛，不能超过工业化、非农化和城镇化发展的速度；流向合理就是农村人口应该流向劳动力短缺而又有吸纳能力的地区，流入量与流入地的吸纳能力必须相适应。为了避免“城市病”的发生，促进整个国民经济的平衡发展，人口流入地区必须适当分散，不能过于集中在少数地区，特别是大城市。流时合理就是人口应该比较均衡地流动，流动的时间不能过于集中在较短的时期之内，比如集中在中国的春节前后，必须考虑交通运输和流入地的承受能力。必须变人口流动的“滔滔洪水”为“涓涓流水”，变“急流”为“缓流”，变“盲目自流”为有组织地流动。如果流量过大、流速过猛、流向不当、流时过于集中，结果必然造成交通拥挤、流出地生产受损、流入地不堪重负、流动人口无事可干、无法安置，产生

许多不良后果。20世纪90年代以来，中国农村人口流动的实践表明，真正做到农村人口流动的流量、流速、流向、流时的合理，是相当困难的。尽管我国城乡政府近年来采取了许多措施管理、调节、引导农村人口流动，虽然也取得了显著的成效，特别是由于农村人口过于集中流动造成的春运拥挤、混乱的状况有了较大改善，但仍然相当紧张，每年都还需要在春运到来之前召开专门会议，采取特殊方式和应急措施，缓解春运的紧张状态。农村人口也远没有做到合理有序流动。我认为，正确有效地调节农村流动人口的数量、流速、流向和流时，应采取两类措施：一是长期起作用的基本措施；二是较快见效的具体措施。基本措施主要包括：农村剩余劳动力采取多向分流、多渠道转移、以非农化为主的方式；贯彻尽可能就地、就近转移与适量有序异地转移相结合的方针；走“离土又离乡，进厂又进城”的非农化与城镇化同步发展的道路，将“候鸟型”民工转变成“永久型”民工；健全产品市场，发育要素市场，形成完整统一的市场体系，发展农村经济，提高农民收入，缩小城乡和地区的发展差距。具体措施主要包括：改革户籍制度，实行让农民有区别有条件进城的政策；建立农村人口流动的宏观调控体系和城乡结合的协调服务网络，加强政府对农村人口流动的预测、规划、通报、调控、疏导、分流、立法、监督，开展就业信息、咨询、培训、职业介绍等系列服务，避免或减少自发性、盲目性，使农村人口流动走向制度化、规范化、合理化；此外还有解决下面将要论述的11个问题的具体措施。

二、农村人口流动引起的土地抛荒问题

20世纪90年代以来，在我国农村人口大规模流动过程中，有些地方发生了土地抛荒的现象，尤其是现在出现举家流动的新趋势，增大了土地抛荒的可能性。造成这种情况发生的主要原因是这些地方的农村人口流动无序过量。造成无序流动的原因是对农村人口流动缺乏必要的管理；造成过量流动的根本原因则是我国存在较大的城乡和地区收入的差距，特别是农业生产经营的比较收益较低，种田既劳累，收入又少，出外打工收入高得多，还能见世面，

因此有些地方出现大批劳动力外出打工，家乡土地抛荒的现象。虽然土地抛荒并不是普遍现象，但这是极不合理的现象，浪费了宝贵的土地资源，影响了当地农业生产的发展，必须坚决予以纠正。我认为要从根本上消除土地抛荒现象，必须千方百计发展农村经济，尽可能缩小城乡和地区收入的差别，努力提高农业生产经营的比较收益，但这不是短期内能办到的。因此，当务之急是要加强对农村人口流动的管理，采取各种有效措施，使之合理有序，这是能够消除或大幅度减少土地抛荒现象的。比如：对于短期举家流动的农村人口，可在短期内转包或收回“责任田”；对于长期举家流动的农村人口，则可在长期内转包或收回“责任田”；对于抛荒土地的流动人口可以采取恰当的惩罚措施；对于抛荒时间较长的土地，乡村可以重新分配。这些措施都可以有效地防止土地抛荒问题。

三、流入城市的农村人口的就业问题

如何解决流入人口就业与城市本身的富余劳动力安置的矛盾，怎样为流动人口提供必要的就业服务和实行合理的就业管理，恰当对待不能在城市就业的过多流动人口，这是在城市流动人口管理方面最难解决的问题。从现在起，到21世纪，中国的就业形势都相当严峻，目前，我国农村剩余劳动力有1亿多，城市国有单位的富余职工总数有3000多万。不仅如此，从1990年开始到2010年，中国每年还要新增劳动力1200万~1400万。就业形势的严峻，不仅体现在需要就业的劳动力数量庞大上，而且表现在增加就业机会也相当不容易上。曾经吸纳了大量农村剩余劳动力的乡镇企业，其吸纳能力已经开始大幅度下降，已从1984~1988年平均每年吸纳1260万人降到1989~1992年平均每年只吸纳260万人。国家现在正在实施再就业工程，安置城市富余劳动力。为了解决城市富余职工的就业问题，有些城市采取限制招收农民工，甚至清退农民工的办法。我认为这是不可取的，因为这样做不符合市场经济的要求，不利于实现劳动力资源的优化配置，也不公平。在劳动就业上也应该实行公平竞争、择优录用，不能歧视农民工。要真正解决流动人口就业与城市富余人员安置的矛盾，必须在加快经济发展，增加对劳动力的需求的同时，广开就业门路，采取大力发展第三产业、劳动密集型产业和新兴产业、扩大基础设施建设和城镇建设、增加出口贸易、鼓励劳务输出、扶持企业搞开发性经营等措施，增加就业机会；开展城乡劳动力双向流动，鼓励国有企业富余人员自谋职业，向乡镇企业流动；发挥多种所有制经济的作用，实行多向分流、多元化安置。为了妥善解决流动人口的就业问题，避免农村剩余劳动力过量流入城市，必须在流入地（城市）和流出地（农村）进一步建立、健全流动人口劳动就业的咨询服务机构，城市劳动部门、经济管理部门应该定期发布就业信息、劳动力供求信息，城乡劳动就业服务机构则互相配合，组织农村剩余劳动力合理有序地向城市流动。对于不能在城市就业的过多流动人口，可以采取定期清理的方法，劝其返回农村。这对城市和流动人口双方都有利。否则，无业的农村流动人口滞留城市，衣食无着落，容易滋生事端，使城市社会治安恶化。

四、流入城市的农村人口的住房问题

如何处理城市住房紧张与流动人口扩大住房需求的矛盾，怎样合理地解决流动人口的居住问题，这是城市流动人口管理的又一个难题。目前，城市流动人口的居住存在五种方式：一是由录用流动人口的单位统一安排居住；二是在“棚户区”相对集中居住；三是投亲靠友分散居住；四是自己分散租房居住；五是在城区乱搭乱盖分散居住。合理解决流动人口的居住问题，应该以第一种方式为主，实行谁录用流动人口，谁解决居住问题的原则，允许第二、第三和第四种方式，禁止第五种方式，提倡有能力的流动人口购买商品房、投资建房居住，特别需要采取的措施是改造“棚户区”，建立具有基本居住条件的流动人口居住区。在已有的“棚户区”和流动人口就业比较集中的地区划出一定范围，由国家房地产公司、民营房地产公司、用人单位或者流动人口自己集资修建简易住房，租给流动人口居住。像深圳市的一些公司自己修建民工宿舍或公寓，广东顺德市爱得乐集团公司投资兴建外来员工村，比较好地解决了流动人口的居住问题。城市流动人口实行谁用工谁解决居住问题，适当集中居住，既有利于解决流动人口带来的社会治安、环境卫生、计划生育、子女入学等问题，又有助于缓解流动人口与城市居民住房的矛盾。为了解决城市住房紧张的问题，还必须加快住房制度改革和住宅商品化的进程，加快住房建设和“安居工程”的实施。

五、农村流动人口带来的社会治安问题

怎样搞好农村流动人口的治安管理，减少和防止流动人口的违法犯罪现象，是人们现在特别关注的一个大问题。根据对刑事犯罪的统计：在北京，流动人口犯罪占总犯罪率的50%以上；在上海，流动人口犯罪占总犯罪率的70%；在广东，流动人口犯罪占总犯罪率的80%，是全国最高的，而且作大案的基本上是流动人口。流动人口犯罪越来越突出，严重影响社会治安，越来越引起人们极大的忧虑。搞好城市流动人口的治安管理，已经变得越来越重要、越来越迫切。应该按照谁用工谁管理、住在什么地方由什么地方管理的原则，对不同类型的流动人口实行不同方式的治安管理。由用人单位负责其录用的流动人口的法制教育和治安管理；集中在流动人口居住区的流动人口，由公安部门帮助建立居住区管理机构，负责居住区内的治安管理；分散居住的流动人口，由所在地的派出所和居委会进行治安管理。正确处理“一证”（居住证）与“多证”（务工证、身份证、计生证、工商执照等）的关系，可以用以下的程序和方法：先由流出地发放计生证和允许外出务工证，凭这两证到城市找到接收单位或住所后，再由录用单位发给正式务工证（又称就业证）或由住房所有者发给住房证明，然后到公安机关办理暂住证，才能正式务工或去工商行政管理部门办理营业执照，经商办企业。这样做，有利于综合解决流动人口带来的各种问题。建暂住村集中管理流动人口是一个行之有效的好办法。据报道，武汉市洪山区和平乡东方红村紧邻武钢，外来务工经商人员多达3000余人。1987年以来，先后投资数百万元建立暂住村，变流动人员的分散管理为集中管理，实行院落化管理，全天门卫值勤，制定一整套村规民约和治保制度，严格审查入村暂住外来人员，管段民警

定期给暂住村村民上法制课。试行5年，这个村无暂住人员犯罪，未发生一起刑事案件。北京著名的“浙江村”经过几次清理整顿，也正在走向规范化、法制化管理的轨道。

六、流入城市的农村人口的户籍管理问题

现阶段，为了实现农村人口合理有序地流动，控制流动人口的总量，防止过度流入引发“城市病”；为了对流动人口实行有效的治安管理，减少或防止流动人口的犯罪现象，还必须实行必要的恰当的户籍管理，城市户籍制度还不能立即完全取消。过去那种形成城乡壁垒、完全不让农民进城、阻止人口流动、制造市民与农民身份差别、户口与社会福利保障挂钩的户籍制度，极不适应市场经济发展的要求，必须进行改革。改革的基本思路是户口与社会福利保障脱钩，消除市民与农民的身份差别，允许人口流动和农民进城。放开小城镇户口，只要在小城镇有稳定的职业、收入和固定住所的农民，都可以申请常住户口，尤其要欢迎到小城镇投资的农民，优先给予户口，在国家城镇建设合理规划布局允许的范围内，鼓励兴建“农民城”；适当放开中、小城市的户口，对长期在中、小城市就业和居住的农村人口，应该允许申请办理常住户口；大城市继续采取比较严格的户籍管理措施，实行常住户口、蓝印户口和暂住户口“三位一体”的新户籍制度。对有稳定工作和住所并已在城市居住若干年、在城市购买商品房或投资达到一定额度、有特殊贡献和才能的流动人口，则可以像上海、深圳的做法那样，办理“蓝印户口”，取得长期居住权。

七、流入城市的农村人口带来的交通、水、电等基础设施问题

城市现有基础设施不堪重负，流动人口加剧交通拥挤、堵塞和水电供应紧张，怎么办？解决这个问题的根本出路，除了引导农村人口合理有序流动之外，只能是千方百计加快发展城市交通事业，增强城市供水、供电能力。另外，可以鼓励流动人口在务工经商的地方就近居住，适当集中居住，减少客流量和通勤率，减轻城市交

通的压力；对于允许长期居住在城市或已经取得城市户口的农村人口适当征收城市建设费，用于发展城市的基础设施建设；可以适当提高水价、电价，促使城市居民和流动人口都节约用水、用电。

八、流入城市的农村人口带来的环境卫生问题

如何防止乱搭乱盖，怎样解决流动人口居住的“棚户区”的脏、乱、差问题，也是城市流动人口管理的一个难题。现在有些大城市流动人口居住的“棚户区”，往往是成片的用几根木棍支撑，盖上一些破旧塑料布和草席搭成的窝棚，经不住风霜雨雪，几乎无电灯照明、自来水供应、排污设施，垃圾乱扔，随处大、小便，治安混乱，无人管理，已成藏污纳垢之所，清理改造已是当务之急、刻不容缓。对于在城市街区的乱搭乱盖，必须严格禁止、经常检查、坚决拆除；对于不宜存在的“棚户区”，应该尽快清理、拆除；对于可以允许流动人口集中居住的“棚户区”，则通过多种渠道筹资进行改造，建成具有电灯照明、自来水供应、必要的排污设施，砖瓦结构的简易住房，租给流动人口居住。

九、农村流动人口的计划生育问题

如何对流动人口实行有效的计划生育管理，防止“超生游击队”，是农村流动人口管理又一个比较大的难题。由于流动人口往往无固定的居所和工作单位，所以计划生育很难管理。对流动人口生育情况的调查表明，有两个孩子以上的流动人口家庭占40%以上，公安部在全国一次就查出100万之多的无户口儿童。为了比较有效地解决这个难题，流出地与流入地必须互相配合，计划生育问题与就业、居住、社会治安等问题应该综合配套解决。流动人口的计划生育可以采取以下三种方式进行管理：一是由录用流动人口的单位负责管理；二是由流动人口集中居住地的管理机构管理；三是由分散居住的流动人口所在地的居民委员会管理。必须特别注意发挥计生证的作用，输出地不给超生人员发放外出务工证，没有计生证、外出务工证，不能在城市就业，办不到暂住证，领不到工商执照，促使流动人口严格遵守计划生育的规定。

十、农村流动人口的素质提高问题

农村流动人口（主要指外出务工经商的人口），一般来说是农村中素质比较高、能力比较强的人口，但是相对于城市人口而言，相对于工商业和市场经济发展的要求来说，农村流动人口多数又是素质比较差、能力不十分强的人口，特别缺乏现代城市文明的熏陶和法制观念，因此逐步提高农村流动人口素质，就成为一个农村人口非农化、城市化必须解决的重要问题。虽然，人口流动本身是一所没有围墙、不交学费的市场经济的大学校。农村劳动力外流，能够借地育才，低成本高效率地提高农民各方面的素质；农民转到非农产业，流入城镇，能够开阔眼界，经受磨炼，更新观念，树立市场经济意识，增长见识和才干，提高技术水平和管理能力。但是仅靠流动本身这种自发的锻炼和培养是远远不够的，还应该采取多种措施，提高农村流动人口各方面的素质。流出前，农村应尽可能创造条件，对即将流出的人口进行必要的培训，包括某些基本技能的训练、城市生活和法律规章制度的介绍等。使用农民工的工商企业单位，流动人口集中居住地的有关城市管理部门，则应对农村流动人口进行必要的职前培训和岗位培训，实施基本的法制教育。有条件的地方则可以建立外来务工人员业余学校、夜大等，加强对农村流动人口的教育。1997 年 6 月由团中央、公安部、司法部、劳动部、建设部、国家计生委、工商行政管理局、中央社会治安综合治理委员会等八部委联合制定的全国城市社区“千校百万”外来务工青年培训计划（即自 1997 年 6 月至 1998 年 6 月的 1 年间，创办 1000 所社会外来务工青年业余培训学校，培训 100 万外来务工青年，然后，每年分期分批滚动推进），在北京、上海、杭州、宁波、深圳、南京、无锡等外来务工青年集中的大中城市全面启动，必将大大提高城市外来务工青年的思想道德文化素质。

十一、流入城市的农村人口子女的教育问题

农村流动人口家庭化是目前出现的人口流动的新趋势。根据武汉市的调查，1996 年全市流动人口有 150 万，其中家庭式流动人

口超出 50 万，占武汉市流动人口的 1/3 以上。农村人口流动由过去的以个体流动为主逐步转向现在的举家流动为主，除了加剧了前面所说的问题之外，家庭式流动还带来一个新问题，即农村流动人口子女的入学问题。1995 年我去北京最大流动人口居住地“浙江村”调查，当问到他们最主要的愿望是什么时，除了希望取得北京市的户口以外，第二个最迫切的希望就是使他们的孩子有读书的地方。为了解决这个问题，国家教委 1996 年 6 月出台了《城镇流动人口中适龄儿童就学试行办法》，开始在部分省市试行，提出城镇流动人口适龄少年儿童入学，应以在流入地全日制中小学借读为主。没有条件进入全日制中小学的，可以入其他形式的教学班、组，接受非正规教育；有条件的，可以进寄宿学校。由于 20 世纪 80 年代初期是我国人口生育的一个高峰期，现在正好到了中、小学入学的高峰期，城市的公办中、小学普遍人满为患，一般很少招收流动人口的子女入学，即使招收少量的流动人口子女，收费也相当高，而且，国家现在也很难拿出钱来开办新的中、小学，以吸收流动人口的子女入学。因此，要解决流动人口子女入学的难题，只能主要靠社会办学，兴建私立学校，特别应当鼓励流动人口在流动人口居住区自己创办中、小学。实际上有的城市已经在这样做，令人遗憾的是这类学校却遭到禁止。深圳市是流动人口比重最大的城市，流动人口子女上学的问题最突出，他们自发地办起了许多“棚屋学校”，仅福田、南山两区就有近 40 所，几乎和教育部门的正规小学一样多，就读的学生超过了 4000 人。但在 1995 年，由于这些“棚屋学校”不符合办学的规定和城市建设管理的规定，结果被勒令停办，甚至被强行拆除。最近，广州也有人办起了专收流动人口子女的学校，由于教学条件差、教学质量没有保证，也被迫停办。我认为这是值得研究的。对这类学校的要求开始不能过高，应该先让他们办起来，在办的过程中积累资金和经验，再不断完善和提高。因为，办总比不办强；有学校读书，哪怕条件差些，也比没有地方上学强。无法到公办学校就读的流动人口的孩子也应该受到起码的教育，否则，他们会成为新的文盲、社会的负担，甚至破坏因素。

十二、流入城市的农村人口的社会保障问题

长期以来，我国农村生活的保障主要靠土地。当农村人口流入城市，有了比较稳定的职业和居住条件，甚至取得了长期居留权（如蓝印户口、常住户口等）之后，是否还应保留“责任田”呢？我认为，为了防止“土地抛荒”，有效地利用宝贵的土地资源，实现农业的规模经营，应该取消这些已流入城市的农村人口的“责任田”。那么，失去土地保障的农村流动人口的合法权益如何保障，怎样建立已在城市就业的流动人口的医疗、养老、失业等方面的社会保障制度，就成了一个不容忽视的重大问题。由于克扣工资，毫无劳动保护，超负荷、超强度的工作，甚至虐待和迫害打工妹、打工仔的事件屡屡发生，所以城市的司法部门和劳动部门在贯彻执行劳动法的过程中，现在必须特别注意保护流动人口的合法权益，依法严厉制裁违法的雇主。目前，几千万流入城市务工经商的农村人口的社会保障问题，基本上处于无人管理的状态，而这是不能不闻不问的，否则将留下严重的隐患。当然，现在要求城市把流入本地的所有的农村人口的社会保障问题都妥善地解决，是不现实的、极为困难的。相当数量的农村流动人口还必须保留“责任田”，依靠土地保障。但现在应该着手解决已在城市有较稳定的职业和住所的流动人口的社会保障问题，可以采取的对策是在流入的城市实行流动人口的强制性社会保险，建立个人账户，进行社会保障储蓄。流动人口若离开该城市到别的城市就业，可将其社会保障储蓄连本带利转到别的城市；如返回农村工作，则可退还其社会保障储蓄的本金和利息。

（原载《长江论坛》1997 年第 3 期，缩写稿发表于 1996 年 7 月 8 日《中国人口报》，英文稿发表于 *China Population Today* No. 5 – 6 1996）

构建农民工的社会保障体系

农民工是指在户籍登记上是农民身份、但职业身份是工人的流动人口。20 世纪 80 年代以来，农民工规模呈持续扩大之势。据估计，1982 年全国共有一年以上常住流动人口 657 万人，1990 年上升到 2135 万人，1995 年约为 8000 万人，2003 年，农村劳动力离乡外出就业的人数约为 9900 万人。农民工对于我国城乡经济、社会发展贡献巨大。首先，促进了农业和农村社会经济发展。一方面缓解紧张的人地关系，为农业生产经营方式的变革提供宽松的环境，另一方面“反哺”农业生产和农村发展，为农业和农村的发展提供新动力。其次，从资源重新配置、保持比较优势、填补岗位空白和促进城市建设四个方面促进城市经济的发展（蔡昉，2003）。最后，根据舒尔茨的人力资本理论，迁移也是一种人力资本投资行为，农民工在流动过程中增长了才干，提高了自身综合素质。

农民工在融入市场经济的潮流之中遭遇到各种风险，由于种种原因，农民工缺乏基本的、有效的手段来转移和分散市场风险，处境艰难，影响其潜在能力的发挥。农民工的风险管理有四个可供选择的方案：一是商业保险，二是纳入城镇社会保障体系，三是健全农村社会保障体系，四是构建农民工社会保障体系。商业保险以赢利为目的，且对收入水平有较高要求，当前对大多数农民工来说不现实。农民工中相当部分已经或将要在城市扎根，是“准市民”，这些具备相应条件的农民工可以考虑第二方案，但对于绝大多数农民工来说，由于继续以农民身份享有土地承包经营权、流动性强、区域经济差距、现行城镇社会保障制度资金不足等原因，使得这种“一步到位”的选择难以实现。农村社会保障制度的改革和发展目前尚未取得突破性进展，而且，农民工的流动常态化，返乡从事农业生产的几率非常小，不适宜把农民工纳入农村社会保障体系。因此，为适应城乡经济一体化发展的需要，比较可行的选择是建立农民工的社会保障体系，以便将来与城镇社会保障体系衔接。

一、农民工缺乏社会保障的表现

1. 就业差劳动保护

一是劳动严重超时，损害身体健康。为了吸引外来投资，政府制定政策常向经济强势的投资者倾斜，对劳工权益保护不够重视。据广东省团委和南方日报社联合组织的调查，外来工劳动保护条件极差，工作环境恶劣，超时疲劳现象十分严重。他们经常加班加点，每天几乎工作 10～14 小时（80.5%），几乎没有休息日（47.2%），大部分不给加班工资。① 劳动严重超时，一方面是由于资方逐利而最大化地使用劳动者的生产能力，另一方面，由于劳动者在供远大于求的劳动力市场处于弱势地位，资方把单位时间的劳动报酬压到最低，迫使工人不得不多加班加点来保障基本收入。

二是工伤事故和职业伤害不断侵害身体健康。一些企业片面追求发展速度和利润增长指标，忽视安全生产管理工作，产生大量事故隐患和不安全因素，导致工伤事故屡屡发生，相当多的企业老板"要自己的钱，不要打工仔的命"，公然违法生产经营，导致事故不断，死伤众多。据统计，全国 3000 万人的建筑队伍，农民工约占 80%，而山东省建设厅的一份资料显示，建筑施工伤亡事故中 90% 是农民工。② 农民工在职业活动中，还会因接触粉尘、放射性物质和其他有毒、有害物质等因素而引起职业病。我国有 50 多万个厂矿存在不同程度的职业危害，接触职业危害的劳动者在 2 500 万人以上，其中 80% 以上的一线职工就是农民工，由于企业的劳保措施不到位、工人缺乏基本的自我保护意识和技能，职业危害形势严峻。

2. 生病无医疗保障

从保护劳动力资源的角度讲，农民工最应该办理医疗保险，因为他们几乎包揽了城市里的最脏、最累和最险的工作，但是，农民工却没有医疗保障，遭到疾病的侵扰不能及时就医，病情被拖延。

---

① 刘开明. 边缘人. 北京：新华出版社，2003.

② 孙玉波. 把农民工的安全放在心上. 解放军报. 2003-6-10.

据2000年在北京的一个问卷调查，36.4%的农民工生过病，有些人甚至多次生病，13.5%的农民工生病在3次以上，生病以后，59.3%的人没有花钱看病，而是仗着年纪轻挺过来；花钱看病的人均支出是885.46元，就业单位为他们看病的平均支出仅72.3元，不足实际看病支出的1/12。以南京市为例，2003年1~8月，该市发生断指断臂的工伤3000例，由于没有医疗保险，有的只能看着病情恶化，令人目不忍睹。

3. 失业没失业救济

根据在北京的调查，33.5%的农民工在城市里有过失业的经历，从失业时间上看，失业1~2个月的短期失业最多，比例为47.7%，在有过失业经历的农民工当中，近30%的外来农民曾经遭遇长达半年和半年以上的失业。农民工失业后，多半依靠自己过去的积蓄生活，其次依靠向亲友、老乡借钱生活，没有人得到就业单位或地方政府组织的帮助，可见，农民工处于城市的保障网络之外。

4. 年老缺老年保障

农民工以中青年为主，目前养老还不是现实的需要，但如果不未雨绸缪，做好相应的制度安排，二三十年后，这部分人群进入老年阶段却没有任何养老保障，又遭遇我国老龄人口高峰，其被动局面将不堪设想。

二、农民工缺乏社会保障的原因

1. 历史原因

新中国成立后，基于特殊的国际国内环境，选择了优先发展重工业的经济发展战略，并形成传统经济体制，包括产品和要素价格扭曲的宏观政策环境、高度集中的资源计划配置制度和缺乏自主权的微观经营体制三个组成部分（林毅夫，1999）。重工业是资金密集型产业，与当时资本稀缺而劳动力资源丰富的资源禀赋状况相矛盾，在市场调节状态下，必然遭遇高成本的难题，由此，会不由自主地排斥市场机制，采用计划机制来保证低成本，因而在大工业集中的城市实行与农村不同的低生活费用优惠政策，在物质匮乏的年代，必然采取措施控制城市人口规模，二元户籍制度由此产生，即实行城乡有别的户口登记制度与限制迁移制度，并在此基础上形成城市的各种管理制度，包括社会保障制度。中国传统社会的保障制度是城乡有别、并严重偏向城市的。城镇社会保障制度具有“就业、保险与福利”三位一体的特点，为城镇劳动者及其家属提供相对较全面的福利保障，以实现“低工资、高就业”。而在广大农村，社会保障制度的项目少、水平低，在集体经济时期，主要包括“五保供养”制度、合作医疗、军人优抚保障和灾害救济等。

2. 现行制度缺陷

1978 年以来，“二元经济”现象有很大改变，但二元户籍制度并无大的改革，“二元社会”现象改变并不大。从产业结构看，第二、第三产业在 GDP 中的比重，1952 年为 49.5%，1978 年为 71.9%，2002 年为 84.6%，但从就业结构看，第二、第三产业劳动力比重，上述三个年份分别为 16.5%、29.5%、50%，城市化水平分别为 12.5%、17.92%、39.09%。① 可见，城市化严重滞后于工业化，农村剩余劳动力不能顺利转移到第二、第三产业和城市就业。社会保障制度仍然是城乡两个彼此隔绝的独立体系运转。1/4个世纪过去了，城镇社会保障制度改革和发展较快，已建立起以养老保险、医疗保险、失业保险和最低生活保障制度为重点的项目较全、水平较高和运转平稳的成熟体系，而在农村，实行家庭联产承包责任制之后，集体经济基础日趋薄弱，加上政府政策的忽视，1985 年合作医疗的覆盖面降至 5%，农村社会养老保险在 20 世纪 90 年代初试点和局部推广后，有过蓬勃的发展，目前则进入立法没有进展、实践又倒退的局面。因此，遭遇各种风险时，农民主要依靠家庭保障和土地保障。

3. 建立农民社会保障的困难

建立农民社会保障面临着极大的困难和矛盾。首先，农村社会保障起点很低。长期的城乡壁垒使我国二元经济、社会结构固化和强化，城乡居民收入水平、社会保障水平也处于二元结构之中。计划经济年代，城乡社会保障差距就很大，市场化改革以来，农村原

① 根据《中国统计年鉴》历年数据整理。

有的集体保障基本消亡，仅有少数发达地区依托乡镇企业拥有一些社区保障，在城市，随着国有企业改革的推进，政府加大了投入，进一步拉大了城乡社会保障的差距。其次，农村人口众多，当前农民增收面临诸多困难，在财力有限的情况下完全依靠国家投资建立农民社会保障不太现实。我国农村现有近 8 亿人口，哪怕是提供最低的生活保障，即使发达国家的政府也很难做到。总之，一方面是庞大的保障对象，另一方面是薄弱的基础和奇缺的资金，使得农民社会保障制度建设困难重重。

三、建立农民工社会保障体系的必要性和紧迫性

1. 社会主义制度的本质要求

首先，体现了“三个代表”重要思想的要求。第一，代表了先进社会生产力发展的要求。农民工已成为工人阶级的重要组成部分，正在演变为工人阶级的生力军，本身就代表先进生产力。建立农民工社会保障制度，可以消除农民工的后顾之忧，为其合理流动和城乡统一劳动力市场提供必要条件，有利于劳动力资源的有效配置，提高劳动生产率，促进生产力的发展。第二，代表先进文化前进的方向。进城就业是农村劳动力实现职业转换、从“传统人”转变为“现代人”的重要渠道，也是先进文化传播的方式，建立农民工社会保障制度可以加快这个过程，有利于先进文化的发展。第三，代表了最广大人民的根本利益。农民工规模庞大且有继续扩大之势，建立农民工社会保障体系，能保障广大农民工的基本权益和基本生活。

其次，适应宪法和劳动法的要求。宪法规定，国家发展社会保险、社会救济和医疗卫生事业保障公民的权利。修正后的宪法规定“国家建立健全同经济发展水平相适应的社会保障制度”，将为我国推进社会保障的立法进程提供法律依据。宪法修正案还增加“国家尊重和保障人权”，人权包括生存权和发展权，社会保障制度以保障和提高公民的基本生活水平为目标，属于一项基本人权，宪法增加人权的条款也有利于推进社会保障事业的发展。劳动法规定国家发展社会保险事业帮助和补偿劳动者，农民工作为以工资收

入为主要生活来源的劳动者，无疑享有劳动法规定的社会保险权利。

最后，贯彻和落实科学发展观的要求。十六届三中全会提出“坚持以人为本，树立全面、协调、可持续的发展观，促进经济社会和人的全面发展”，坚持“统筹城乡发展、统筹区域发展、统筹经济社会发展、统筹人与自然和谐发展、统筹国内发展和对外开放的要求”。城乡收入差距不断扩大已成为一个非常突出的问题，影响到经济的平稳发展和社会的和谐稳定。解决“三农”问题的关键在于减少农民，即实现农民从农业和农村向非农产业和城镇的转移，这种职业的转换和地域的转移会增大面临的风险，必须有相应的风险分散和转移机制，而社会保障制度就是一种有效的风险管理手段。经济和社会是发展的“两条腿”，现在一条腿长、一条腿短，经济发展迅速而社会事业发展缓慢，社会保障事业发展缓慢导致的矛盾非常突出，反过来限制和制约了经济的持续发展。因此，科学发展观的提出和实施有利于建立统一的社会保障制度。

2. 实现社会公平、维持社会稳定的迫切需要

从本质上讲，社会保障制度是一种再分配制度，是国家干预市场初次分配结果的一种工具。① 如果说初次分配以“效率优先”为原则，再分配则以“公平优先”为原则。现代社会保障制度的主体是社会保险制度，是工业化、市场经济的必然产物。从根本上讲，保险是转移风险的一种办法，而社会保险则是应对工业化和市场竞争带来的工伤、疾病、失业等风险的一种政策性和强制性保险。农民工作为一类市场主体，由于竞争的起点低，受教育程度较低，置身于一个陌生的就业环境中，竞争能力较弱，参与分配的能力较差，工资水平低，为保障他们的基本生存，需要国家和社会的照顾和帮助。在计划经济时期，农村人口基本上从事农业生产，遭遇的市场风险较少、较小，对社会保障制度的需求不是很强烈，随着经济市场化改革的深入，越来越多的农业劳动力进入乡镇企业就业或进城务工经商，遭遇的风险变多、放大，农民工对社会保障的

① 李珍. 社会保障理论. 北京：中国劳动社会保障出版社，2001：1.

需求日趋强烈。但是，由于风险管理手段有限，不少失去生活保障的农民工被迫走上违法犯罪的道路，影响社会治安，也毁了自身前程，迫切需要改变这种状况，建立农民工的社会保障制度有利于实现社会公平，维护社会稳定。

3. 保护劳动力资源、促进经济发展的必要条件

劳动者是生产力诸因素中最活跃的因素，丰富、廉价的劳动力资源是我国参与国际分工的最大比较优势，要实现经济的持续健康协调发展和民族复兴，必须保护好、利用好和发展好这个优势。在我国，农民工是劳动力资源的重要组成部分，其规模庞大且有长期扩张趋势，将使劳动力成本长期维持在较低水平，从而长期保持我国的比较优势。最近出现"民工荒"现象的原因之一，是农民工缺乏必要的社会保障。建立农民工的社会保障体系，是顺利转移农村剩余劳动力、有效满足城镇经济社会发展对劳动力需求的制度保证。即使在全国范围内建立农民工的社会保障制度，总体劳动力成本在世界上还是处于低水平，不会对国家竞争力造成大的影响。全国统一行动，可以减少以牺牲农民工利益为主要内容的城市之间在吸引外资方面的恶性竞争；可以大大提高农民工抵御各类风险的能力，降低预防性储蓄，促进消费，改变当前储蓄过度而造成内需不足的困境。

四、构建农民工社会保障体系的设想

1. 农民工社会保障体系构成

农民工是一个过渡现象，随着工业化、城市化进程加快，城乡经济、社会一体化，农民工现象将消失，因此，构建农民工的社会保障体系必须既要解决眼前的困难，又要与城镇社会保障制度衔接，这是一个基本原则。现代社会保障制度的核心是社会保险，包括养老保险、医疗保险和失业保险三大组成部分，20 世纪 80 年代以来，我国城镇社会保障体系的改革就是以这三大主体和最低生活保障制度为重点来展开的，基本上可以解决工资劳动者在市场经济中遭遇的主要风险。对于同样以工资为主要生活来源的农民工，他们的社会保障体系同样应该以养老、医疗和失业三大块为核心，但

是，由于农民工面临的特殊困难，这三大主体的重要性排序会有所变化，并且内容有所扩展，具体地讲，当务之急是构建包括工伤保障和疾病保障的健康保障，其次是失业保障体系，最后是养老保障。关于农民工社会保障的资金，可以采用“以土地换保障”的机制，用土地使用权信托、抵押等方式来筹集。

2. 健康保障

首先，把农民工纳入工伤保险制度。当前，农民工工伤事故层出不穷、职业病群体规模惊人，导致劳资纠纷众多，决定了工伤保险应当作为农民工社会保障制度最基本的项目。新《工伤保险条例》扩大了“职工”的范围，规定境内各类企业的职工和个体工商户的雇工，均有享受工伤保险待遇的权利，有利于保护农民工。工伤保险实际上是事后措施，其实，事前的积极预防花钱少、效果好，政府职能部门应加强《安全生产法》、《职业病防治法》的执法监督检查，工会应加大农民工的入会工作，增强农民工的维权能力，改善劳动条件。

其次，分类分层建立农民工的疾病保障制度。疾病尤其是重大疾病不仅导致农民工失业，而且容易陷入贫困境地，使得疾病保障成为农民工的现实需要。对此，可以在对农民工进行分类的基础上区别对待（郑功成，2002）：一类是已经城市化的农民工，大约占15%～20%，多年在城市工作，有稳定的职业、生活来源和相对固定的住所，已经成为产业工人的一部分，要通过户籍制度改革，把他们纳入城市职工基本医疗保险制度；第二类是季节性农民工，只在农闲的时候外出打工，平时大部分时间呆在农村，应把他们纳入正在建立的新型农村合作医疗制度；第三类是大量流动的农民工，没有固定住所和稳定的岗位，占农民工的60%以上，将来有可能转化为市民，也有可能继续当农民，有几种方案可供选择。第一种方案是在政府支持引导下建立过渡性的互助医疗保险制度，通过农民工缴费、向社会募捐等方式形成一笔基金，解决农民工的大病统筹问题。农民工可根据在当地服务时间长短和对社会的贡献大小来确定享受医疗保障待遇的标准。第二种方案适合于商业保险比较发达的地区，在政府引导下通过商业保险来解决，充分利用市场机制。第三种方案是发展社会救助事业，帮助农民工解决医疗等困难。一方面，动员政府、社会和雇主适当的财力，建立以农民工为主体的流动人口社会救济制度，或者财力较好的城市可以在面向市民的医疗救助中给农民工开一个口子，防止农民工遇到特殊困难而陷入绝望境地。另一方面，发展慈善事业，发挥第三次分配的调节作用。社会分配机制有三重：一是市场机制的首次分配，企业通过经营获得收入；二是政府通过税收机制实施第二次分配；三是在自愿的基础上实行第三次分配，即慈善公益事业。在贫富差距非常严重的美国，富裕的企业和个人每年通过各类基金会的慈善捐助达6700多亿美元，占GDP的9%。我国的希望工程实际上发挥了收入从城市向农村、从发达地区向贫困地区、从中高收入阶层向低收入阶层的转移，起到济贫济弱、缓解矛盾的作用。据悉，对第三次分配进行规范的《基金会管理条例》已由国务院颁布，明确了基金会的公益性质，细化分类标准，提高设立“门槛”，规范组织机构，这将大大促进第三次分配的作用。

3. 失业保障

纵观世界，由于土地可以提供保障功能、难以准确界定就业与失业、财政负担能力有限和失业率随经济周期而波动等原因，失业保障是现代社会保障制度中起步较晚、发展滞后的一项，在我国，对城镇失业保障的争议也很大。因此，农民工的失业保障制度，适宜采取“多策并举”，不强求整齐划一：一是以土地作为农民工的最后保障，农民工还保有土地承包经营权，可以作为在城市遭遇失业风险的最后退路。这种观点有较大的市场。由于农民工愿意返乡的比例很小、土地保障功能不断萎缩，只能作为过渡措施。二是有条件的地方可以把农民工纳入城镇失业保险制度。如《四川省失业保险条例》把失业保险扩大到农民打工者，为签订劳动合同的农民工提供一次性生活补助金或生活补助费。三是城市可为失业农民工提供一些帮助以渡过难关。如政府管理部门提供“公共劳动”为失业农民工提供“最低生存保障制度”，失业农民工的主体是年轻力壮的强劳动力群体，由政府提供环境卫生等公共劳动，可以解决他们的生存问题，渡过重新就业之前的难关；或者用人单位根据劳动法的规定为受雇者支付一定的保障金或保险金，这方面已有明确规定，但执行情况很差，需要劳动部门加强监督。

4. 养老保障

由于土地保障功能不断下降、农民工务工收入偏低，农民工将来自我养老困难，又由于计划生育政策、市场经济的价值观以及农民工法制意识薄弱，农民工依靠家庭养老也会遇到很多困难，因此，可行的也是惟一的出路，就在于建立农民工的社会养老保障。而且，实际支付农民工养老金是在二三十年之后，可以用这笔基金弥补城镇养老保障体系的收支缺口，促进整个养老保障制度的可持续发展。农民工养老保险制度的基本内容包括：（1）参保范围。凡用人单位和与之形成劳动关系的农民工都要参加养老保险，缴纳养老保险费。（2）养老保险费。用人单位和农民工共同承担养老保险费。用人单位以上一年本市职工最低工资标准的一定比例，按招用的农民工人数按月缴纳养老保险费。农民工本人以上一年本市职工月最低工资标准为基数，确定缴费比例，由用人单位在发放工资时代为扣缴。社会保险经办机构为农民工按缴费工资基数的一定比例建立个人账户。（3）农民工与用人单位终止劳动关系后养老保险金的支取。农民工个人账户存储额，只有在本人达到养老年龄时（男年满60周岁，女年满50周岁），才能支取。农民工在达到国家规定养老年龄前死亡，其个人账户存储额中的个人缴费部分可以继承。基本养老金按享受一次性养老待遇处理。（4）农民工与用人单位解除劳动关系后重新就业的养老保险关系接续。在本行政区域内重新就业的，可以接续养老保险关系，由社会保险经办机构接转其缴费记录，只接续养老保险关系，不转移养老保险基金；跨统筹区域就业的，可以转移养老保险关系，其个人账户全部随同转移；回农村的，可以保留养老保险关系，将其个人账户封存，作为其接续养老保险关系的依据，待在本市重新就业后，继续缴纳养老保险费，其缴费年限可以累计计算。

参考文献

郑功成．农民工的权益和社会保障［J］．中国党政干部论坛，2002（8）．

李强．城市农民工的失业与社会保障问题［J］．新视野，2001（5）．

阎礼．谁来为农民工办理医疗保险［J］．时代潮，2004（4）．

袁志刚．“流动人口”与社会保障．21 世纪经济报道，2003-6-29．

孙玉波．把农民工的安全放在心上．解放军报，2003-6-10．

郭凯．谁阻碍中国富人成为慈善家［M］．21 世纪经济报道，2004-3-1．

蔡 昉等．中国经济［M］．北京：中国财政经济出版社，2003．

林毅夫等．中国的奇迹：发展战略与经济改革（增订版）［M］．上海：上海三联书店、上海人民出版社，1999．

刘开明．边缘人［M］．北京：新华出版社，2003．

钟水映．人口流动与社会经济发展［M］．武汉：武汉大学出版社，2000．

魏津生等．中国流动人口研究［M］．北京：人民出版社，2002．

李珍．社会保障理论［M］．北京：中国劳动社会保障出版社，2001．

（原载《中国人口资源与环境》2005 年第 1 期，与张建伟合写）

民工潮与城镇化

20 世纪 90 年代以来，中国每年春节前后出现的农民工潮水般在城乡之间大规模流动的现象，引起国内外广泛的关注。刚开始，有人称赞，更多的人是担忧、指责；现在人们肯定的多，否定的少，但即使是持肯定态度的人也多少有些疑虑，总觉得这种现象不正常，不应长期存在下去。那么，“民工潮”为什么会产生、应不应该长期存在、其发展趋势如何、怎样才能最终消除“民工潮”，本文试图对此作些深入探讨。

一、乡城人口流动是社会经济发展的必然趋势

正确认识“民工潮”兴起的动因，首先必须明确乡城人口流

动的必然趋势。

1. 工业化是乡城人口流动的根本动力

由农业经济社会转变成工业经济社会是任何社会经济发展的必经阶段，工业化是必由之路。工业化必然导致工业生产比重上升，农业生产比重下降，非农产业成为社会经济的主导部门。这种产业结构的变化必然引起劳动力地域分布的变化，而劳动力空间布局的变化又只能是通过人口流动去实现。工业化意味着工业生产取代农业生产在国民经济中所占的主导地位，农业劳动力大量流向工业生产部门。工业生产的集中性和大规模，决定了工业必然向城市集聚；城市的高收入、优越生活条件必然对生活在贫穷落后农村的农民产生巨大的吸引力，也引起农村人口向城市流动。所以说，工业化必然推动乡城人口流动，乡城人口流动又是工业化的必要条件。

2. 乡城人口流动是经济市场化的必要条件

由自然经济过渡到商品经济是任何国家经济发展不可逾越的阶段，经济市场化是当今的世界潮流。市场经济是以市场作为资源配置的基本方式的经济形式。包括劳动力市场在内的完整统一的市场体系和包括劳动力这个最重要的要素在内的生产要素的自由流动，是市场合理配置资源的前提条件。只有实行人口流动，市场配置资源的作用才能真正发挥，劳动力资源才能流向最有价值的使用方面，社会经济资源才能真正做到合理有效配置，市场经济也才能顺利地运行和发展。所以说，人口流动包括乡城人口流动是市场经济的必要条件。

3. 农村经济发展是决定乡城人口流动的重要因素

农业是国民经济的基础，农业发展是社会经济发展的必要条件，农业现代化是整个现代化的重要组成部分。农业要发展，必须不断进行制度创新和技术创新，用现代科学技术改造和武装农业，提高农业劳动生产率。农业的发展能够提供更充足的农产品，满足工业化对农产品的需求；农业劳动生产率的提高，必须造成大量农村剩余劳动力，可以满足工业发展对劳动力的需要，从而引起劳动力由农业向工业的转移，人口由农村向城市的流动。

总而言之，工业化、经济市场化、农业现代化的过程，必然是乡城人口流动的过程，乡城人口流动是社会经济发展的必然趋势。

二、“民工潮”是经济转型时期的特有现象

工业化、经济市场化、农业现代化决定乡城人口流动是社会经济发展的大趋势，但并不决定乡城人口必然是潮水般地流动。像洪潮只是在特定条件下出现，不是经常发生一样，中国的“民工潮”也是在特定的历史条件下才形成的。“民工潮”是中国经济转型时期的特有现象。20世纪70年代末开始的中国经济转型，包括经济体制的转轨、经济发展战略和增长方式的转变、经济结构的转换、“民工潮”，正是这些变化共同起作用的结果。

1. 计划经济向市场经济的转轨是“民工潮”兴起的主要原因

在传统计划经济体制下，农村实行的是人民公社制度、农业生产的计划管理制度、集体所有集体经营的土地制度、平均主义的分配制度，既束缚了农民的手脚，又挫伤了农民生产经营的积极性，使农业生产很难较快发展，也不可能产生大批农村剩余劳动力；人为分割城乡的户籍制度和国家统包统配的就业制度，更是极大地限制了农民的流动和就业，很难到非农产业就业，更难“农转非”、流迁到城市，即使有农村剩余劳动力，也无法向外转移。市场取向的改革、家庭联产承包经营责任制的推行，极大地调动了农民生产经营的积极性，大幅度地提高了农业劳动生产率，使农业生产得到了前所未有的大发展，产生数量巨大的农村剩余劳动力，这是“民工潮”兴起的最主要的原因。城市就业制度和户籍制度的初步改革，又使农民工流向城市有了可能，为“民工潮”的兴起提供了必要的制度条件。

2. 经济发展战略和增长方式的转变是“民工潮”形成的重要条件

中国改革以前的传统的重工业优先的赶超战略和粗放型的经济增长方式，不仅对农业的投入很少，使农业生产技术和装备进步缓慢，劳动生产率难以提高，而且长期存在工农业产品的剪刀差，人为地压低农产品的价格，为发展重工业提供积累，结果使得农村长期不能摆脱贫穷落后的面貌，不可能形成大量的农村剩余劳动力。

正是由于80年代经济发展战略的调整和增长方式开始转变，农业生产首先得到了重视，农民收入和农业投入都有所增加，才能够出现大量的农村剩余劳动力，才可能形成“民工潮”。

3. 经济结构的转换是“民工潮”产生的基本因素

改革以前的中国经济结构是一种典型的二元经济结构，较先进的工业和城市与相当落后的农业和农村同时并存，而且传统的计划经济体制、重工业优先的赶超战略、分割城乡的户籍制度，使城镇化发展严重滞后，不断加剧这种不合理的二元经济特征。二元经济要转变为一元现代化经济，必须加快工业化和城镇化的进程，使农村劳动力向非农产业转移，使农村人口向城市流迁。改革以前的中国产业结构是工业“以钢为纲”、农业“以粮为纲”、重工业太“重”、轻工业太“轻”、农业落后的畸形结构。重工业虽然有较大发展，但重工业是资本密集型产业，对劳动力的需求有限；轻工业和服务业主要是劳动密集型产业，能够吸纳大量劳动力，但发展却极为落后。“以粮为纲、全面砍光”的错误倾向，极不利于农业生产的全面发展，又严重地妨碍了非农产业的发展。80年代与经济改革和战略转变同时进行的经济结构调整，重视了农业的全面发展，农业生产的较快增长形成了大量剩余劳动力；加快了工业化的步伐，轻工业的迅速发展产生了对劳动力的大量需求，以轻纺工业为主的乡镇企业异军突起，吸纳了1亿多农村剩余劳动力。但是，中国农业劳动力数量庞大，潜在的剩余劳动力十分可观，农业和乡镇企业的吸纳能力有限，不可能在农业内部消化，也不可能完全或主要就近就地转移，必然会大量流向城市。1984～1988年乡镇企业平均每年吸纳1260万人，1989～1992年平均每年只吸纳260万人，乡镇企业吸纳劳动力的能力大幅度下降，农村剩余劳动力也就只能流入城市寻找就业门路了。再加上把农村劳动力固定在农业中的就业制度和把农民限制在农村的户籍制度还没有根本改变，全社会统一的保障制度还没有真正建立起来，农民还不可能完全离开土地这个最后的保障线，城镇化发展滞后限制了农民变成市民，大多数农民工的家还在农村，每年春节还要回家过年，所以形成一年一度的民工潮水般的流动。“民工潮”正是这些因素共同起作用的产物。

三、“民工潮”消失是必然趋势

中国90年代出现的以“民工潮”为显著标志的乡城人口流动，对经济、社会的发展具有相当大的推动作用：有助于市场经济的运行和发展、劳动力市场的形成、劳动力资源的优化配置和充分利用；有利于农村经济的发展，减轻农村就业的压力，增长流动人口的见识，促进农业劳动生产率的进一步提高，增加农民的收入，提高农民的生活水平；有益于城市经济的发展，更好地满足城市居民多方面的生活需求。但是，农民工潮水般的流动也存在许多问题和弊端：“民工潮”带来巨大的交通运输压力，流动费用和管理成本太高；流动人口犯罪现象严重，影响城市社会治安；农村流出人口加剧城市住房紧张，形成脏、乱、差的“棚户区”；在一定程度上存在农民工就业与城市下岗职工再就业的矛盾；农村流出人口在交通、水、电等基础设施、环境卫生等方面给城市带来不利影响；农村流出人口的计划生育管理和子女教育困难，农民工缺乏社会保障；农村人口流出引起土地抛荒，等等。这些问题和弊端，虽然有一些经过加强和改善管理，可以在一定程度上得到解决或缓和，但其中不少是只要有“民工潮”，就必然会存在，只有“民工潮”消失，这些问题和弊端才能最终消除。

“民工潮”既是经济市场化改革、经济发展战略和增长方式转变和经济结构调整的产物，也是经济体制转轨、发展战略和增长方式转变和经济结构转换都还没有完全实现的结果。“民工潮”虽然有其产生的必然性和较大的积极作用，但毕竟还是一种非常规的成本过高、问题过多的乡城人口流动。随着社会主义市场经济体制的建立和完善，就业、土地、户籍、社会保障制度改革的完成，经济发展战略和增长方式转变的实现，二元经济的一元现代化，产业结构的优化升级，“民工潮”必将消失，乡城人口流动将由“滔滔洪水”变为“涓涓流水”，将由“急流”变成“缓流”，将成为正常的合理的流动。

四、城镇化是解决“民工潮”问题的根本途径

“民工潮”最终必将消失，而且在不限制和妨碍人口正常流动的前提下，“民工潮”消失得越快越好。那么，“民工潮”怎样才能消失，通过什么途径才能尽快消失呢？我认为，城镇化是“民工潮”消失的根本途径。因为，只有城镇化水平大幅度提高，农民工“进厂又进城，离土又离乡”，落后的二元经济才能真正转变成一元现代化经济，“候鸟”式农民工才能成为永久性的城市职工，农民才能变成市民，“民工潮”也才能消失。

为了加快城镇化步伐，提高城镇化水平，最终消除“民工潮”，应该采取以下主要措施：

(1) 通过多种渠道筹集资金，各级政府也要加大投入，加快城市建设步伐，鼓励农民集资建城。

(2) 采取各种有效措施，鼓励乡镇企业向城镇集聚，降低乡镇企业向城镇集中的搬迁成本，减少搬迁的阻力，在城镇新建乡镇企业给予优惠。

(3) 走大、中、小城市与小城镇协调发展的城镇化道路，适当发展大城市，注意发挥大城市的辐射带动作用，积极发展中小城市，重点发展小城镇，小城镇必须要有产业和市场支撑，防止小城镇一哄而起、遍地开花。

(4) 深化劳动就业制度的改革，形成全国统一的劳动力市场，允许劳动力自由流动，建立市场导向、公开招聘、公平竞争、择优上岗、能进能出、能上能下的就业机制，尽快调整和取消限制农民工在城市就业的歧视性的“腾笼换鸟”政策。

(5) 全面改革户籍制度，消除其限制人口流动，妨碍城镇化发展的不利作用。给在城市有较稳定职业和住所的农民工以长期居住权，享受市民的同等待遇。

(6) 完善农村土地制度，防止土地抛荒现象，提高农村土地使用的规模效益。

(7) 加快社会保障制度改革的进程，建立和健全全社会统一的社会保障体系，注意解决农民工的社会保障问题，使农民工无后

顾之忧。

(8) 城市必须改变对流动人口的排斥态度，提高城市管理水平，采取合理有效的措施，妥善解决流动人口的居住、社会治安、计划生育、子女教育、素质提高等问题，尽可能去弊存利，发挥人口流动的积极作用。

参考文献

辜胜阻，简新华．当代中国人口流动与城镇化．武汉：武汉大学出版社，1994.

刘传江．中国城市化的制度安排与创新．武汉：武汉大学出版社，1999.

钟水映．人口流动与社会经济发展．武汉：武汉大学出版社，2000.

辜胜阻，刘传江．人口流动与农村城镇化战略管理．武汉：华中理工大学出版社，2000.

（原载《江汉大学学报》2000 年专集，本文为国家自然科学基金资助项目“乡城流动人口管理与社会稳定”的阶段性成果，项目批准号为 79870096）

从“民工潮”到“民工荒”

——农村剩余劳动力有效转移的制度分析

农村剩余劳动力向城镇和非农产业转移是我国经济社会现代化的必由之路，改革开放以来，随着国家人口迁移流动政策的逐步放松，越来越多的农村劳动力离开土地走向城镇务工经商，并在 20 世纪 90 年代初形成蔚为壮观的“民工潮”。由于中国农村剩余劳动力数以亿计，人们一直以为农民工是取之不尽、用之不竭的廉价资源，然而，从 2004 年初开始，东南沿海地区不断传来招工难的消息，不仅缺技工，连普通工也缺，媒体称“民工潮”演变为“民工荒”，这一变化促使我们深思，探究其原因，寻找相应对策。

一、"民工潮"中的"民工荒"

我国劳动力供给总量大，现有总人口13亿多，劳动人口7.4亿多，比欧美所有发达国家的总和还多，其中，农村劳动力近5亿，剩余劳动力至少有2亿。乡镇企业在20世纪80年代蓬勃发展，吸纳了1亿多剩余劳动力，进入20世纪90年代吸纳能力大幅下降，农村剩余劳动力开始大规模流向城镇务工经商，形成农民工潮水般地在城乡之间流动的所谓"民工潮"。农民工总量呈持续增长之势，1990年有2135万人，1995年约为8000万人，2003年约为9900万人。农民进城就业是在我国总体就业形势非常严峻背景下的城乡就业结构调整，既面临劳动力供过于求的总量约束，又遭遇各种歧视性制度的结构制约。城镇劳动力市场面临三重压力，一是城镇新增就业人口，每年几百万左右；二是下岗、失业需再就业的人员达1400多万；三是进城就业的农村剩余劳动力达1亿左右的高水平，每年还要增加500万左右。同时，近几年经济增长的就业弹性系数持续下降，新增就业岗位近年一直在800万个左右，供需之间的缺口巨大。20世纪90年代中期以减人增效为特征的国企改革释放出大量下岗失业职工，许多城市政府出于多种原因，出台了保护本地劳动力、排斥外来劳动力的系列歧视性政策。比如北京市，一直实行严厉的限制外地人口进入的政策，1995年以来制定了系列政策和法规对外来务工经商人员可以从事的行业和工种进行严格限制，明确实行"规模控制，严格管理，加强服务，依法保护"的方针，市劳动局将外来务工经商人员可以从事的行业限制在13个，工种限制在206个，多为本地人不愿从事的工种，还将部分工种列为限制使用外地人员之列，实施"腾笼换鸟"，对属于限制使用外地人员的行业、工种，要求用人单位必须改用本市人员，凡未经批准擅自招用的，不仅要责令清退，还要按有关规定给予高额罚款。2000年底取消了行业和工种限制，却代之以素质门槛限制，仍然实施总量控制，只改变进京人员结构，不增加数量，招收外地人员的少数工种须经行政审批，其余工种一律要求具备初中以上文化程度，将低学历人员拒之门外。因此，中国"民工潮"

目前总的趋势是规模不断扩大，而农民工在城镇就业相当困难。

“民工荒”正是在农民工供过于求、就业困难的总体态势下出现的。劳动和社会保障部课题组就民工短缺问题对珠江三角洲、长江三角洲、闽东南、浙东南等主要劳动力输入地和湖南、四川、江西、安徽等输出大省进行了重点调查，结论是：民工短缺在局部地区客观存在。从地区分布看，企业缺工主要发生在“珠三角”、闽东南、浙东南等加工制造业聚集地区。“珠三角”缺工最严重，有近200万人的缺口，缺工比率约10%，其中，深圳民工缺口约40万，东莞17%的企业表示有用工短缺，缺口近27万人。福建泉州、莆田两市用工缺口共约10万人。浙江温州等用工较多城市也反映存在不同程度的招工难问题。从行业领域看，招收普通工比较难的工种主要集中在制衣、制鞋、电子、玩具、家具制造、餐饮服务等劳动密集型行业，技工主要缺高级的模具、数控机床、汽车涂装、电子测试等技术人才。从企业类型看，工资待遇低、劳动强度大、工作环境差的劳动密集型企业缺工最突出，月工资700元以下招工困难。从短缺对象看，许多企业用工需求80%以上为年轻女工，18~25岁的年轻女工和有一定技能的熟练工需求量大、严重短缺，局部缺工使一些企业为增加人手而“挖工”，导致用工矛盾扩散、激化，对当地和周边地区的同行业生产形成不利影响。

二、“民工潮”和“民工荒”的成因

1. “民工潮”的成因

“民工潮”本质上是一种大规模的乡城人口流动，是社会经济发展的必然趋势，与工业化、经济市场化和农业现代化等紧密相关。首先，工业化是乡城人口流动的根本动力。工业化导致产业结构和产业空间布局的变化，引起劳动力地域分布的变化即乡城人口流动。其次，乡城人口流动是经济市场化的必要条件。现代市场经济是比传统计划经济更优越的资源配置方式，经济市场化是世界潮流，作为最重要生产要素的劳动力同样需要由市场来进行有效配置，从边际生产力低的农业部门转移到边际生产力高的非农业部门，这必然引起乡城人口流动。最后，农业现代化是决定乡城人口流动的重要因素。农业通过技术创新和制度创新实现发展，提高劳动生产率，必然造成大量剩余劳动力，以满足工业发展对劳动力的需求，引起劳动力从农业向工业、人口从农村向城市流动。

“民工潮”又是中国经济转型时期的特有现象，是经济体制转轨、经济发展战略和增长方式转变、经济结构转换共同作用的结果。首先，计划经济向市场经济转轨是主要原因。计划经济时期，人民公社等制度束缚了农民的生产经营积极性，农业生产很难较快发展，不可能产生大批剩余劳动力，城乡分割的户籍制度和国家统包统配的就业制度也限制了农民的流动和就业。市场化改革以来，实行家庭联产承包责任制，调动了农民的生产经营积极性，农业生产前所未有地快速发展，产生的数量巨大的剩余劳动力，有着强烈的非农化、城镇化冲动，户籍制度和城市就业制度的初步改革则使农民流向城市就业有了可能。其次，经济发展战略和增长方式的转变是重要条件。改革以前，实行重工业优先发展战略和粗放型的经济增长方式，对农业投入少，农业生产技术和设备进步缓慢，生产率难以提高，而且采取工农业产品价格“剪刀差”的形式为重工业发展积累资金，使农村长期处于贫穷落后状态，不可能形成大批剩余劳动力。改革以来，调整经济发展战略，转变经济增长方式，农业生产受到重视，农民收入和农业投入开始增加，农业劳动生产率提高，出现了大批剩余劳动力，需要向城镇和非农产业转移。最后，经济结构转换是基本因素。改革以前的中国经济是典型的二元经济，受到计划体制、赶超战略和户籍制度的作用而不断加剧，产业结构畸形，农轻重比例失调，重工业太“重”、轻工业太“轻”、农业落后，工业“以钢为纲”，资本密集型的重工业有较大发展，而劳动密集型的轻工业和服务业发展落后，不符合劳动力资源丰裕的比较优势，“以粮为纲”限制了农业的全面发展，也妨碍了非农产业的发展。改革以来进行经济结构调整，农业得到重视，发展较快，农村产生大批剩余劳动力，工业化加速，结构得到改善，轻工业的迅速发展需要大量劳动力，乡镇企业异军突起吸纳了1亿多剩余劳动力，但是20世纪90年代后乡镇企业面临二次创业的压力，对劳动力的需求相对减少，加上剩余劳动力规模庞大，完全或主要依靠农业内部的消化和就近就地转移是不可能的，必须突破“没有城市化的工业化道路”的旧有模式，向城市进军来解决劳动力转移的问题。受制于就业制度、户籍制度和社会保障制度的改革滞后，农民还不可能完全离开土地，不能实现市民化，只得在城市的岗位和农村的家庭之间候鸟式往返，形成潮水般的“民工潮”。

2. “民工荒”的成因

在“民工潮”还没有消退、数以亿计的农村剩余劳动力还没有实现持久稳定转移、农民工就业仍然相当困难的情况下，却出现了所谓“民工荒”，原因在于：

(1) 工资偏低又遭遇物价上涨。有关研究表明，“珠三角”地区12年来农民工月工资只提高68元。消费物价总体水平明显上升，导致广东、福建等省实际工资水平停滞不前甚至有所下降。工资高低直接关系到招工情况，如深圳市月工资700元以下的企业招工很困难，1000元左右基本可以保持正常用工，1200元以上则能招到比较充足的工人。去年第四季度以来的价格上涨更降低农民工的实际消费能力。消费物价指数从负2%上升至6%，粮食价格今年上半年同比上涨26.7%，农民工无法维持和过去相当的生活水平，不得不“用脚投票”。

(2) 用工不规范且合法权益屡遭侵害。不仅工资水平低且经常拖欠，而且农民工的人身安全和尊严、平等择业、劳动保护、社会保障、居住等合法权益长期得不到有效保障，企业随意打骂工人，扣押身份证、暂住证，加班时间过长，劳动环境恶劣，裸体搜身、食物中毒、假酒致命等恶性事件时有发生。随着政府加大农民工的权益保障力度，出台相关扶持政策，农民工会出现，“第二代农民工”崛起，均推动了农民工为自身权益的抗争，使得有些企业无法留住老员工，也招不到新工人。尤其值得指出的是，“第二代农民工”即年龄在18岁至25岁之间、文化程度普遍在初中以上的新一代农民工，不同于文化水平不高、“有工就打”的第一代农民工，他们自我保护、自我价值实现的意识不断加强，对职业岗位、工资收入的要求更高，敢于挑肥拣瘦，敢于频繁跳槽，敢于为待遇同企业主“叫板”，达不到要求，宁可不干。这是造成“民工荒”的重要因素。

(3) 农业比较效益提升使部分农民工回流。农民流动的关键在于务工的收入高于农业，农产品价格回升和税费改革深化、特别是农民增收政策的出台，提高了农业比较效益，部分农民工回流。2004年中央1号文件出台后，农民种粮的积极性更高了，许多被撂荒的土地重新得到耕种。根据国家统计局抽样调查，上半年农民收入同比增长16.1%，每月平均现金收入为224元，暗示着外出农民工的纯收入要达到300元以上才合算。

(4) 计划生育和教育事业发展减少青壮年劳动力供给。能够满足城市需要、有一定知识和技能的青壮年劳动力并非无限供给。乡村人口逐步减少，并在持续扩大，意味着“农民工”的来源将出现萎缩。而且，计划生育造成了人口增长断层，影响到劳动力持续供应。现在农民工的主体来源于1975~1985年出生的人口，而这十年比1964~1974年减少5584万，显然，现阶段的劳动力供给相对减少。况且，第一代农民工遭受的不公平待遇影响到第二代农民工的打工积极性。另外，随着教育事业的改革和发展，千家万户的家长都竭力让子女延长受教育时间，农民子弟受教育的机会也增加了，也减少了青壮年劳动力供应。

(5) 企业需求迅猛扩张引发用工短缺。2003年下半年我国部分行业出现过热现象，刺激了企业的用工需求。广东等地外贸订单激增，劳动密集型企业扩张迅猛，许多企业扩充产能、上新生产线，用工需求大幅增长，如深圳对外来劳动力的需求近3年来每年增长10%。

(6) 全方位开放和地区经济发展分流部分农民工。“长三角”、环渤海、泛珠三角经济圈初步形成，农村劳动力外出选择的机会加大，流向多元化。而且，“长三角”由于工资水平、劳动保障等更优裕，从“珠三角”吸引了许多务工者。本地经济快速发展为农村劳动力就地转移提供便利。东部进入结构调整和升级阶段，一部分劳动密集型以及与当地产业关联度不强的产业向中西部转移，本地民营经济加快发展，新办一批企业，不少农村劳动力在当地找到了打工机会。

(7) 缺乏教育培训使农民工不能满足技术岗位的需求。据第五次人口普查的数据，我国农村15岁以上劳动人口平均受教育年限7.85年，15岁及以上人口中，小学及以下文化程度占52.3%，文盲占11.6%，高中及以上文化程度只占7.7%，大专以上学历人口不足1%。但是，企业对劳动者综合素质特别是劳动技能的要求越来越高，以输入地广东为例，按照“十五”计划，到2005年对技能工人的需求总量为502.4万人，目前只有365万人，缺口130万。供需之间的素质落差造成沿海地区高素质、高技能的技工一直都缺乏。

(8) 企业用工理念加剧用工短缺的矛盾。许多企业只招收年轻女工，导致用工性别、年龄需求失衡。珠三角不少企业用工男女比例为1:5，年龄在18~25岁之间的劳动力占八成，许多企业还想找熟练工。结果造成供求错位严重：招男工容易，女工难；招新手容易，熟手难；招普工容易，技工难，招高级技工更难。

总之，沿海局部地区、行业和企业出现的民工短缺，是劳动力供需机制、市场调节的结果，是中央政府实行宏观调控、优惠政策向农村倾斜力求社会均衡发展的结果；同时，也暴露出农村剩余劳动力顺利转移的制度性障碍。我们认为，就业、工资、劳动保护、职工培训制度上的缺陷是引起“民工荒”的主要因素，如果打工收入增加、待遇合理，即使粮价上涨、农业生产补贴增加、种田比较收入提高，也不会出现“民工荒”。

三、“民工潮”和“民工荒”的利弊和趋势

1. “民工潮”的利弊和趋势

“民工潮”本质上是社会经济发展的必然结果，有利于流出地、流入地和流动人口本身。首先，促进了农业和农村社会经济发展。一方面，大量农村剩余劳动力向非农产业和城镇转移，缓解了农村沉重的就业压力，缓和了紧张的人地关系，为农业生产采取规模经营创造条件。另一方面，农民工进城务工经商，不仅增加了收入、开阔了眼界、增长了才干、提高了能力，还能够从资金、技术、管理知识和意识观念等方面对农业生产和农村发展进行“反

哺”，为农业和农村的发展提供新动力，对农村两个文明建设形成有利影响。其次，从四个方面促进了城市经济的发展①。一是资源重新配置效应，资源配置逐渐转向劳动力密集的产业，发挥劳动力资源丰富的比较优势，推动了经济快速增长。二是保持比较优势的效应，根据要素禀赋理论，我国利用劳动力资源丰富、便宜的最大竞争优势从事生产和出口，加速农村劳动力转移，能够抑制城市劳动力成本的提高，保持比较优势。三是填补岗位空白的效应，城市劳动力受教育程度逐步提高，倾向于较高层次的职业和岗位，进城的农村劳动力则填补了腾出的岗位。四是促进城市建设的效应，城市建设越来越转向依赖自我融资，更多的人口和更活跃的经济发展成为城市建设的积累来源，农村迁移劳动力在其中功不可没。最后，转移劳动力在流动过程中增加了自身的人力资本，提高了生活水平。按照舒尔茨的人力资本理论，迁移也是一种人力资本投资行为，有利于人力资本水平提高。农民工在进城务工经商中会增长才干，开阔眼界，收入也会提高，相应地生活水平也会提高。总之，“民工潮”发挥了我国劳动力充足价廉的比较优势，满足了城市对劳动力的需求和消费需求，增加了城市购买力，扩大了市场需求，提供了更多的积累来源，推动了城市劳动就业等方面的竞争和制度变革，从而极大地促进了城市经济社会的发展。

农民工季节性潮水般地流动也存在许多问题和弊端：“民工潮”带来巨大的交通运输压力，流动费用和管理成本太高；流动人口犯罪现象严重，影响城市社会治安；加剧城市住房紧张，形成脏、乱、差的“棚户区”；在一定程度上存在农民工就业与城市下岗失业职工再就业的矛盾；在交通、水、电等基础设施、环境卫生等方面给城市带来不利影响；农村流出人口计划生育管理和子女教育困难，农民工缺乏社会保障，工资、劳动保护等合理权益也难以保证；农村人口流出引起土地抛荒，造成土地资源浪费，影响到国家粮食安全，等等。这些问题和弊端，虽然有一些经过加强和改善

① 蔡昉，林毅夫．中国经济：改革与发展．北京：中国财政经济出版社，2003：60.

管理，可以在一定程度上得到解决或缓和，但其中不少是只要有“民工潮”就必然会存在，只有“民工潮”消失，这些问题和弊端才能最终消除。

“民工潮”既是经济市场化改革、经济发展战略和增长方式转变及经济结构调整的产物，也是经济体制转轨、发展战略和增长方式转变及结构转换都还没有完全实现的结果。“民工潮”虽然有其产生的必然性和较大的积极性，但毕竟还是一种非常规的成本过高、问题过多、副作用过大的乡城人口流动。随着社会主义市场经济体制的建立和完善，就业、土地、户籍、社会保障制度改革的完成，发展战略和增长方式转变的实现，二元经济的一元现代化，产业结构的优化升级，“民工潮”必将消失，乡城人口流动将由“滔滔洪水”变成“涓涓细流”，将由“急流”变成“缓流”，将成为正常的更为合理的流动。在不限制和妨碍人口正常流动的前提下，“民工潮”消失得越快，带来的损失就越小。我们认为，消除“民工潮”，乡镇企业的分散发展、非城市化的农村工业化、农业剩余劳动力就地就近转移、农业的产业化都不是根本方法，只有城市化才是根本途径，因为只有城市化水平大幅度提高，使进城的农民工“进厂又进城，离土又离乡”，落后的二元经济才能真正转变成一元现代化经济，“候鸟”式的农民工才能成为永久性的城市职工，农民才能成为市民，“民工潮”才能消失。

2. “民工荒”的利弊和趋势

“民工荒”使部分企业对劳动力的需求得不到满足，对局部地区的经济发展形成不利影响，而且使农民的非农化受阻、推迟，不利于“三农”问题的最终解决。然而，由于“民工荒”暴露了经济发展和劳动就业方面的一些深层次问题和制度缺陷，有助于推动这些问题的解决。

一是有利于改善农民工的待遇。部分企业工资水平低下、劳动用工状况恶劣，虽然历来为社会普遍关注，各级政府也力图通过法律、行政措施加以改善，但收效甚微。“民工荒”突显市场力量，实际上造成了“企业慌”。“珠三角”不少企业主开始注意改善用工环境、增加工资以吸引劳动力，注重企业文化的建设，增强员工对企业的归属感，重视农民工素质的培养和提高。“长三角”企业相继调高农民工工资，幅度在7%～12%之间。政府也在行动，广东省正在调高最低工资标准，一些地方政府组团到外省招工，向农民工承诺提供路费、预支首月工资等优惠条件，一些基层干部主张政府加大工业园区公共服务的投入，为民工营造一个具有人情味的工作环境。

二是有利于沿海地区的产业升级和产业梯度转移。劳动力短缺将会提高东部沿海地区的劳动力成本，一些利润空间比较大的企业会直接涨工资来吸引农民工；一些企业会用机器代替劳动力，通过机械化减少用工数量；一些企业会采取兼并重组的方式做大做强，以扩大规模来弥补成本上升导致的利润损失；还有一些企业会向人工成本低廉的中西部转移。这些调整可以促进产业升级，推进业已存在的产业转移，促进中西部的发展。

三是有利于经济发展战略的转变。20多年来，东部沿海地区主要依靠大量廉价、技术含量低的农村转移劳动力从事劳动密集型产业的生产，实现经济高速增长；企业依靠压低工资、减少改善劳动条件的必要投入以保障低成本，赚取更多的利润。国际经验表明，对廉价劳动力的过度依赖和榨取会导致资本的短视化和劣质化，而且会造成社会需求萎缩，使经济发展缺乏后劲和应变能力。事实上，“民工荒”迫使一些企业在提高劳动者待遇上面临生死存亡的两难选择，即提高待遇，企业可能失去利润；不提高待遇，企业则雇不到工人。发展生产力的最终目的是要提高劳动者的福利水平，随着经济快速发展、生活水平上升，劳动力成本必然不断提高，而且经济的持续增长也需要高素质而且高工资的劳动力。在国际社会推行SA8000企业社会责任认证标准的压力之下，沿海地区乃至全国必须实行从低教育、低技术、低劳动生产率、低工资、高劳工淘汰率的粗放型经济发展战略向高教育、高技术、高劳动生产率、高工资、高福利的集约型经济发展战略转变，有效的途径就是重视人力资源开发和培训，企业、个人、政府和社会都要加大教育培训的投资力度。

四是有利于各种相关制度的完善和创新。劳动就业制度、工资制度、培训制度、保护制度及其执行上的严重缺陷，是造成“民工荒”的基本原因，“民工荒”正是对这些制度缺陷的有力反抗，通过市场机制的作用，必将极大地推进这些制度的改革和创新。

从民工荒的影响来看，它是局部地区出现的、短期的结构性劳动力供求失衡，不会扩展为全国性的、影响经济发展的严重问题。理由是：我国劳动力供过于求的状况将来若干年都不会改变；2004年外出打工的农村劳动力同比增长3.8%，和往年相比保持平稳增长；城镇登记失业率逐年攀升，就业形势并不乐观，而且在未来相当长的时间里都将比较严峻；在缺工最严重的广东，省农调队也认为，总的用工形势仍是供略大于求，短缺只是结构性、行业性和季节性的，用“民工紧”比“民工荒”更准确。因此，过度渲染“民工荒”可能对劳动力流动产生误导。

四、消除“民工潮”和“民工荒”的制度创新

“民工潮”和“民工荒”都不利于中国农村剩余劳动力顺利、有效、持续转移，均暴露了我国二元经济结构中阻碍农民非农化、城镇化的制度弊端，只有进行系列制度创新，才能确保转移的顺利进行。

1. 创新户籍制度实现劳动力合理流动

城镇化是“民工潮”消失的根本出路，也是消除“民工荒”的重要途径。因为农民非农化的同时又实现了城镇化，就不用回乡过年、种田，也就不会潮水般地流动，城镇劳动力需求也可以得到比较稳定地满足。二元户籍制度是妨碍城镇化的主要制度缺陷，是进城农民面临各种歧视的基础性制度，目前小城镇的户籍基本放开，但由于制度惯性和部门利益的阻碍，农民工不能获得大中城市的户口，不利于农民转变为市民。必须创新户籍制度实现劳动力合理流动，基本思路是：户口与福利保障脱钩，消除农民和市民的身份差别，逐步实现居住自由、迁移登记的制度。基本措施是：进一步放开小城镇的户口，鼓励农民到小城镇投资兴建“农民城”，优先办理城镇户口；适当放开中小城市户口，对长期在中小城市就业和居住的农村人口准予办理常住户口；大城市继续实行比较严格的

户籍制度，对有稳定工作和住所并在城市居住较长时间、在城市购买商品房或投资达到一定额度、有特殊贡献和才能的流动人口，办理长期居住证。

2. 创新劳动就业制度实现平等就业

首先，深化劳动就业制度改革，形成全国统一的劳动力市场，允许劳动力自由流动，建立市场导向、公开招聘、公平竞争、择优上岗、能进能出、能上能下的就业机制，尽快调整和取消许多大城市仍在实行的限制农民工在城市就业的歧视性“腾笼换鸟”政策。其次，发挥公共就业服务机构的主导作用，完善就业服务体系，发展跨地区劳务合作，畅通用工信息渠道。围绕企业的需求开展服务，帮助企业了解劳动力市场信息，指导企业合理确定招工条件，扩大招工范围，缓解供求矛盾；扶持帮助农民工实现“团体就业”的“专业劳动输出中介组织”；加快建设劳动力市场信息系统，加强劳动力市场信息的分析、预测和发布，为全国范围内的农民工流动提供及时全面的信息引导；发展职业教育事业，把农民工纳入流出地和流入地免费就业培训的范围。

3. 创新劳动保护制度保障人身安全

第一，严格贯彻执行《安全生产法》、《职业病防治法》等法律法规，加强检查和监督，促进各项法律法规的落实。第二，强化用人单位的劳保意识和安全意识。高度重视农民工的生产安全和职业病防治，按照国家标准和行业要求，提供必要的安全生产设施、劳保条件和职业病防治措施，加强农民工的上岗培训，将其纳入工伤保险范围。第三，不断提高农民工的综合素质，加快由农民向市民的转化。如深圳市编写《劳务工健康教育读本》发放给劳务工，增加疾病预防知识，提高自我保护意识和能力。第四，加大将农民工纳入工会组织的工作力度，更好地保护他们的权益。

4. 创新劳动工资制度保护劳动报酬权

第一，严格贯彻落实国务院办公厅《关于做好农民进城务工就业管理和服务工作的通知》，通过完善劳动合同管理、明确劳动报酬条款等措施解决拖欠和克扣农民工工资的问题。第二，加大建筑业整饬力度，规范市场秩序，严格贯彻中央银行《关于进一步加强房地产信贷业务管理的通知》，从源头上解决工程款拖欠导致的工资拖欠问题。第三，用人单位要提高法律意识，加强管理，尊重劳动者的报酬权，依法规范用工行为，诚信、守法经营。第四，增强农民工的法律意识，提高依法维权能力。农民工要和用人单位签订劳动合同，确定工资支付办法，并索要相应的凭据，注意履行劳动合同。第五，加强对农民工的法律援助工作。第六，发挥舆论监督作用，调动新闻媒体的维权积极性。

5. 创新社会保障制度保护劳动力资源

创新社会保障制度，坚持分阶段、逐步完善的原则建立农民工社会保障制度。首先，按照普遍性原则建立农民工最迫切需要的、也是所有建立社会保险制度的国家普遍优先考虑的工伤保障制度。工伤保险不存在账户积累和转接问题，成本不高，可操作性强，对农民工是风险分散机制，对用人单位是工伤赔偿机制。其次，建立医疗保障特别是大病保障机制。在对农民工进行分类的基础上区别对待，根据本地服务时间长短和社会贡献大小确定享受医疗保障待遇的高低。再次，动员政府、社会和雇主的财力，建立以农民工为主体的社会救济制度，包括遭遇天灾人祸时的紧急救济、特殊情形下的贫困救助、合法权益受损或遭遇不公待遇时的法律援助等，防止农民工遇到特殊困难而陷入绝望境地，可采取官民结合形式，由政府发挥主导作用，并发挥民间慈善公益事业的作用。最后，建立农民工社会养老保障制度，由用人单位和农民工共同承担保费，存入个人账户，还可以采用“以土地换保障”的机制，用土地使用权信托、抵押等方式来补充一部分资金。

6. 创新城镇住房制度，实现居者有其屋

创新城镇住房制度，实现农民工居者有其屋，逐步改善居住条件，最终纳入城市住房体制。一是制定强制性的居住标准，包括集中居住在职工宿舍、工地工棚和散居在城乡结合部的农民工。二是改革房屋出租制度，简化手续，将办证制度改为登记制度，使全部出租房屋纳入管理范围，坚持“谁出租，谁协助管理”的原则，居（村）委会中外来人口管理站要定期对辖区内出租房屋进行检查，对于出租房屋内的外来人口情况做到及时了解。三是针对农民工的消费特点，集中建设农民工公寓，为外来务工人员和企业解决后顾之忧，加强外来人口管理，提高思想文化素质。实践证明，政府牵头、吸引社会资金开发是一种行之有效的模式。四是向农民工开放二级房屋市场。一部分进城时间较长、经济收入较高的农民工群体具备购买能力，而基于户籍制度的房地产市场限制了他们的消费，必须降低购房门槛，向农民工开放二级房屋市场。五是制定城市住房政策必须考虑作为弱势群体的农民工的住房问题，逐步将其纳入城市住房体系。

参考文献

课题组．关于民工短缺的调查报告．http：//www.molss.gov.cn，2004-09-07.

张建军．“民工荒”为何突袭珠三角．经济日报，2004-09-12（9）.

赵晓．民工荒：劳工不足或宏观经济波动．中国经济网，2004-08-16.

蔡国兆等．调查：“民工荒”折射中国经济四大变化．新华网，2004-09-14.

蔡昉．中国人口与劳动问题报告：人口转变与教育发展．北京：社会科学文献出版社，2004：21.

魏津生等．中国流动人口研究．北京：人民出版社，2002：25，51.

蔡昉，林毅夫．中国经济：改革与发展．北京：中国财政经济出版社，2003.

简新华．民工潮与城市化．江汉大学学报，2000（增刊）.

（原载《人口研究》2005年第2期，《高等学校文科学术文摘》2005年第3期摘要转载，中国人民大学书报资料中心《人口学与计划生育》2005年第4期全文转载，本文是教育部人文社会科学重大项目“中国经济发展中的人口流动与城镇化的趋势和对策”和“中国‘民工潮’的问题、前景和对策研究”、国家社会科学基金首届重大招标项目“工业化和城市化过程中的农民工问题研究”的研究成果，与张建伟合写）

从农民到农民工再到市民

——中国农村剩余劳动力转移的过程和特点分析

从英国的“圈地运动”开始，世界工业化国家发展的历史表明，工业化必然导致人口城市化，工业化和城市化的过程也是大多数农民转到工业等非农产业就业、迁移到城市的过程，也就是农民非农化、市民化的过程，这个过程曾经导致严重的城乡对立，也给农民造成过巨大的痛苦。由于这些国家的工业化与城市化的过程基本上是同步的，农民的非农化与市民化的过程也基本上是同步的，再加上没有人为把城乡隔离开来的户籍制度，所以与中国改革开放以来的情况不一样，一般没有出现所谓农民工问题，也没有所谓“民工潮”、“民工荒”现象。虽然也会出现劳动力流动、过剩或短缺的情况，但不是中国式的“民工潮”、“民工荒”。由于多方面的原因，中国农村剩余劳动力转移经过了一个曲折的过程，农民的非农化与市民化不是同步实现的，而是先由农民转变为农民工，实现非农化，再由农民工转变为市民，实现城市化，并且出现了“民工潮”、“民工荒”等特有的现象。

一、“民工潮”——从农民到农民工

农村剩余劳动力向城镇和非农产业转移是我国经济社会现代化的必由之路，改革开放以来，随着国家人口迁移流动政策的逐步放松，越来越多的农村劳动力离开土地走向城镇务工经商，由农民转变为农民工，并在20世纪90年代初形成蔚为壮观的“民工潮”。

1. “民工潮”的成因

“民工潮”本质上是一种大规模的乡城人口流动，是社会经济发展的必然趋势，与工业化、经济市场化和农业现代化等紧密相关。首先，工业化是乡城人口流动的根本动力。工业化导致产业结构和产业空间布局的变化，引起劳动力地域分布的变化即乡城人口流动。其次，乡城人口流动是经济市场化的必要条件。现代市场经济是比传统计划经济更优越的资源配置方式，经济市场化是世界潮

流，作为最重要生产要素的劳动力同样需要由市场来进行有效配置，从边际生产力低的农业部门转移到边际生产力高的非农业部门，这必然引起乡城人口流动。最后，农业现代化是决定乡城人口流动的重要因素。农业通过技术创新和制度创新实现发展，提高劳动生产率，必然造成大量剩余劳动力，以满足工业发展对劳动力的需求，引起劳动力从农业向工业、人口从农村向城市流动。

“民工潮”又是中国经济转型时期的特有现象，是经济体制转轨、经济发展战略和增长方式转变、经济结构转换共同作用的结果。首先，计划经济向市场经济转轨是主要原因。计划经济时期，人民公社等制度束缚了农民的生产经营积极性，农业生产很难较快发展，不可能产生大批剩余劳动力，城乡分割的户籍制度和国家统包统配的就业制度也限制了农民的流动和就业。市场化改革以来，实行家庭联产承包责任制，调动了农民的生产经营积极性，农业生产前所未有地快速发展，产生的数量巨大的剩余劳动力，有着强烈的非农化、城镇化冲动，户籍制度和城市就业制度的初步改革则使农民流向城市就业有了可能。其次，经济发展战略和增长方式的转变是重要条件。改革以前，实行重工业优先发展战略和粗放型的经济增长方式，对农业投入少，农业生产技术和设备进步缓慢，生产率难以提高，而且采取工农业产品价格“剪刀差”的形式为重工业发展积累资金，使农村长期处于贫穷落后状态，不可能形成大批剩余劳动力。改革以来，调整经济发展战略，转变经济增长方式，农业生产受到重视，农民收入和农业投入开始增加，农业劳动生产率提高，出现了大批剩余劳动力，需要向城镇和非农产业转移。最后，经济结构转换是基本因素。改革以前的中国经济是典型的二元经济，受到计划体制、赶超战略和户籍制度的作用而不断加剧，产业结构畸形，农轻重比例失调，重工业太“重”、轻工业太“轻”、农业落后，工业“以钢为纲”，资本密集型的重工业有较大发展，而劳动密集型的轻工业和服务业发展落后，不符合劳动力资源丰裕的比较优势，“以粮为纲”限制了农业的全面发展，也妨碍了非农产业的发展。改革以来进行经济结构调整，农业得到重视，发展较快，农村产生大批剩余劳动力，工业化加速，结构得到改善，轻工业的迅速发展需要大量劳动力，乡镇企业异军突起吸纳了1亿多剩余劳动力，但是20世纪90年代后乡镇企业面临二次创业的压力，对劳动力的需求相对减少，加上剩余劳动力规模庞大，完全或主要依靠农业内部的消化和就近就地转移是不可能的，必须突破“没有城市化的工业化道路”的旧有模式，向城市进军来解决劳动力转移的问题。受制于就业制度、户籍制度和社会保障制度的改革滞后，农民还不可能完全离开土地，不能实现市民化，只得在城市的岗位和农村的家庭之间候鸟式往返，形成潮水般的“民工潮”。

2.“民工潮”的利弊

“民工潮”本质上是社会经济发展的必然结果，有利于流出地、流入地和流动人口本身。首先，促进了农业和农村社会经济发展。一方面，大量农村剩余劳动力向非农产业和城镇转移，缓解农村沉重的就业压力，缓和了紧张的人地关系，为农业生产采取规模经营创造条件。另一方面，农民工进城务工经商，不仅增加了收入、开阔了眼界、增长了才干、提高了能力，还能够从资金、技术、管理知识和意识观念等方面对农业生产和农村发展进行“反哺”，为农业和农村的发展提供新动力，对农村两个文明建设形成有利影响。其次，从四个方面促进了城市经济的发展。一是资源重新配置效应，资源配置逐渐转向劳动力密集的产业，发挥劳动力资源丰富的比较优势，推动了经济快速增长。二是保持比较优势的效应，根据要素禀赋理论，我国利用劳动力资源丰富、便宜的最大竞争优势从事生产和出口，加速农村劳动力转移，能够抑制城市劳动力成本的提高，保持比较优势。三是填补岗位空白的效应，城市劳动力受教育程度逐步提高，倾向于较高层次的职业和岗位，进城农村劳动力则填补了腾出的岗位。四是促进城市建设的效应，城市建设越来越转向依赖自我融资，更多的人口和更活跃的经济发展成为城市建设的积累来源，农村迁移劳动力在其中功不可没。最后，转移劳动力在流动过程中增加了自身的人力资本，提高了生活水平。按照舒尔茨的人力资本理论，迁移也是一种人力资本投资行为，有利于人力资本水平提高。农民工在进城务工经商中会增长才干，开阔眼界，收入也会提高，相应地生活水平也会提高。总之，“民工潮”发挥了我国劳动力充足价廉的比较优势，满足了城市对劳动力的需求和消费需求，增加了城市购买力，扩大了市场需求，提供了更多的积累来源，推动了城市劳动就业等方面的竞争和制度变革，从而极大地促进了城市经济社会的发展。

农民工季节性潮水般地流动也存在许多问题和弊端：“民工潮”带来巨大的交通运输压力，流动费用和管理成本太高；流动人口犯罪现象严重，影响城市社会治安；加剧城市住房紧张，形成脏、乱、差的“棚户区”；在一定程度上存在农民工就业与城市下岗失业职工再就业的矛盾；在交通、水、电等基础设施、环境卫生等方面给城市带来不利影响；农村流出人口计划生育管理和子女教育困难，农民工缺乏社会保障，工资、劳动保护等合理权益也难以保证；农村人口流出引起土地抛荒，造成土地资源浪费，影响到国家粮食安全，等等。这些问题和弊端，虽然有一些经过加强和改善管理，可以在一定程度上得到解决或缓和，但其中不少是只要有“民工潮”就必然会存在，只有“民工潮”消失，这些问题和弊端才能最终消除。

二、从“民工潮”到“民工荒”

由于中国农村剩余劳动力数以亿计，人们一直以为农民工是取之不尽、用之不竭的廉价资源，然而，从2004年初开始，东南沿海地区不断传来招工难的消息，不仅缺技工，连普通工也缺，媒体称“民工潮”演变为“民工荒”。

1.“民工潮”中的“民工荒”

我国劳动力供给总量大，现有总人口13亿多，劳动人口7.4亿多，比欧美所有发达国家的总和还多，其中，农村劳动力近5亿人，剩余劳动力至少有2亿人。乡镇企业在20世纪80年代蓬勃发展，吸纳了1亿多剩余劳动力，进入20世纪90年代吸纳能力大幅下降，农村剩余劳动力开始大规模流向城镇务工经商，形成农民工潮水般地在城乡之间流动的所谓“民工潮”。农民工总量呈持续增长之势，1990年有2 135万人，1995年约为8000万人，2003年约为9900万人。农民进城就业是在我国总体就业形势非常严峻背景下的城乡就业结构调整，既面临劳动力供过于求的总量约束，又遭遇各种歧视性制度的结构制约。城镇劳动力市场面临三重压力，一是城镇新增就业人口，每年几百万左右，二是下岗、失业需再就业的人员达 1 400 多万，三是进城就业的农村剩余劳动力达 1 亿人左右的高水平，每年还要增加 500 万人左右。同时，近几年经济增长的就业弹性系数持续下降，新增就业岗位近年一直在 800 万个左右，供需之间的缺口巨大。20 世纪 90 年代中期以减人增效为特征的国企改革释放出大量下岗失业职工，许多城市政府出于多种原因，出台了保护本地劳动力、排斥外来劳动力的一系列歧视性政策。比如北京市，一直实行严厉的限制外地人口进入的政策，1995 年以来制定了一系列政策和法规对外来务工经商人员可以从事的行业和工种进行严格限制，明确实行“规模控制，严格管理，加强服务，依法保护”的方针，市劳动局将外来务工经商人员可以从事的行业限制在 13 个，工种限制在 206 个，多为本地人不愿从事的工种，还将部分工种列为限制使用外地人员之列，实施“腾笼换鸟”，对属于限制使用外地人员的行业、工种，要求用人单位必须改用本市人员，凡未经批准擅自招用的，不仅要责令清退，还要按有关规定给予高额罚款。2000 年底取消了行业和工种限制，却代之以素质门槛限制，仍然实施总量控制，只改变进京人员结构，不增加数量，招收外地人员的少数工种须经行政审批，其余工种一律要求具备初中以上文化程度，将低学历人员拒之门外。因此，中国“民工潮”目前总的趋势是规模不断扩大，而农民工在城镇就业相当困难。

“民工荒”正是在农民工供过于求、就业困难的总体态势下出现的。劳动和社会保障部课题组就民工短缺问题对珠江三角洲、长江三角洲、闽东南、浙东南等主要劳动力输入地和湖南、四川、江西、安徽等输出大省进行了重点调查，结论是：民工短缺在局部地区客观存在。从地区分布看，企业缺工主要发生在“珠三角”、闽东南、浙东南等加工制造业聚集地区。“珠三角”缺工最严重，有近 200 万人的缺口，缺工比率约 10%，其中，深圳民工缺口约 40 万人，东莞 17% 的企业表示有用工短缺，缺口近 27 万人。福建泉州、莆田两市用工缺口共约10万人。浙江温州等用工较多城市也反映存在不同程度的招工难问题。从行业领域看，招收普通工比较难的工种主要集中在制衣、制鞋、电子、玩具、家具制造、餐饮服务等劳动密集型行业，技工主要缺高级的模具、数控机床、汽车涂装、电子测试等技术人才。从企业类型看，工资待遇低、劳动强度大、工作环境差的劳动密集型企业缺工最突出，月工资700元以下招工困难。从短缺对象看，许多企业用工需求80%以上为年轻女工，18～25岁的年轻女工和有一定技能的熟练工需求量大、严重短缺，局部缺工使一些企业为增加人手而“挖工”，导致用工矛盾扩散、激化，对当地和周边地区的同行业生产形成不利影响。

2. “民工荒”的成因

在“民工潮”还没有消退、数以亿计的农村剩余劳动力还没有实现持久稳定转移、农民工就业仍然相当困难的情况下，却出现了所谓“民工荒”，原因在于：

（1）工资偏低又遭遇物价上涨。有关研究表明，“珠三角”12年来农民工月工资只提高68元。消费物价总体水平明显上升，导致广东、福建等省实际工资水平停滞不前甚至有所下降。工资高低直接关系到招工情况，如深圳市月工资700元以下的企业招工很困难，1000元左右基本可以保持正常用工，1200元以上则能招到比较充足的工人。去年第四季度以来的价格上涨更降低农民工的实际消费能力。消费物价指数从负2%上升至6%，粮食价格今年上半年同比上涨26.7%，农民工无法维持和过去相当的生活水平，不得不“用脚投票”。

（2）用工不规范且合法权益屡遭侵害。不仅工资水平低并经常拖欠，而且农民工的人身安全和尊严、平等择业、劳动保护、社会保障、居住等合法权益长期得不到有效保障，企业随意打骂工人，扣押身份证、暂住证，加班时间过长，劳动环境恶劣，裸体搜身、食物中毒、假酒致命等恶性事件时有发生。随着政府加大农民工的权益保障力度，出台相关扶持政策，农民工会出现，“第二代农民工”崛起，均推动了农民工为自身权益的抗争，使得有些企业无法留住老员工，也招不到新工人。尤其值得指出的是，“第二代农民工”即年龄在18～25岁之间、文化程度普遍在初中以上的新一代农民工，不同于文化水平不高、“有工就打”的第一代农民工，他们自我保护、自我价值实现的意识不断加强，对职业岗位、工资收入的要求更高，敢于挑肥拣瘦，敢于频繁跳槽，敢于为待遇同企业主“叫板”，达不到要求，宁可不干。这是造成“民工荒”的重要因素。

（3）农业比较效益提升使部分农民工回流。农民流动的关键在于务工的收入高于农业，农产品价格回升和税费改革深化、特别是农民增收政策的出台，提高了农业比较效益，部分农民工回流。2004年中央1号文件出台后，农民种粮的积极性更高了，许多被撂荒的土地重新得到耕种。根据国家统计局抽样调查，上半年农民收入同比增长16.1%，每月平均现金收入为224元，暗示着外出农民工的纯收入要达到300元以上才合算。

（4）计划生育和教育事业发展减少青壮年劳动力供给。能够满足城市需要、有一定知识和技能的青壮年劳动力并非无限供给。乡村人口逐步减少，① 并在持续扩大，意味着“农民工”的来源将出现萎缩。而且，计划生育造成了人口增长断层，影响到劳动力持续供应。现在农民工的主体来源于1975～1985年出生的人口，而这十年比1964～1974年减少5 584万人，显然，现阶段的劳动力供给相对减少。况且，第一代农民工遭受的不公平待遇影响到第二代农民工的打工积极性。另外，随着教育事业的改革和发展，千家万户的家长都竭力让子女延长受教育时间，农民子弟受教育的机会也增加，也减少了青壮年劳动力供应。

（5）企业需求迅猛扩张引发用工短缺。2003年下半年我国部分行业出现过热现象，刺激了企业的用工需求。广东等地外贸订单激增，劳动密集型企业扩张迅猛，许多企业扩充产能、上新生产线，用工需求大幅增长，如深圳对外来劳动力的需求近3年来每年增长10%。

① 赵晓．民工荒：劳工不足或宏观经济波动．中国经济网，2004-08-16.

(6) 全方位开放和地区经济发展分流部分农民工。“长三角”、环渤海、泛珠三角经济圈初步形成，农村劳动力外出选择的机会加大，流向多元化。而且，“长三角”由于工资水平、劳动保障等更优裕，从“珠三角”吸引了许多务工者。本地经济快速发展为农村劳动力就地转移提供便利。东部进入结构调整和升级阶段，一部分劳动密集型以及与当地产业关联度不强的产业向中西部转移，本地民营经济加快发展，新办一批企业，不少农村劳动力在当地找到了打工机会。

(7) 缺乏教育培训使农民工不能满足技术岗位的需求。据第五次人口普查的数据，我国农村15岁以上劳动人口平均受教育年限7.85年，15岁及以上人口中，小学及以下文化程度占52.3%，文盲占11.6%，高中及以上文化程度只占7.7%，大专以上学历人口不足1%。但是，企业对劳动者综合素质特别是劳动技能的要求越来越高，以输入地广东为例，按照“十五”计划，到2005年对技能工人的需求总量为502.4万人，目前只有365万人，缺口130万人。供需之间的素质落差造成沿海地区高素质、高技能的技工一直都缺乏。

(8) 企业用工理念加剧用工短缺的矛盾。许多企业只招收年轻女工，导致用工性别、年龄需求失衡。珠三角不少企业用工男女比例为1:5，年龄在18～25岁之间的劳动力占八成，许多企业还想找熟练工。结果造成供求错位严重：招男工容易，女工难，招新手容易，熟手难，招普工容易，技工难，招高级技工更难。

总之，沿海局部地区、行业和企业出现的民工短缺，是劳动力供需机制、市场调节的结果，是中央政府实行宏观调控、优惠政策向农村倾斜力求社会均衡发展的结果；同时，也暴露出农村剩余劳动力顺利转移的制度性障碍。我们认为，就业、工资、劳动保护、职工培训制度上的缺陷是引起“民工荒”的主要因素，如果打工收入增加、待遇合理，即使粮价上涨、农业生产补贴增加、种田比较收入提高，也不会出现“民工荒”。

3.“民工荒”的利弊和趋势

“民工荒”使部分企业对劳动力的需求得不到满足，对局部地区的经济发展形成不利影响，而且使农民的非农化受阻、推迟，不利于“三农”问题的最终解决。然而，由于“民工荒”暴露了经济发展和劳动就业方面的一些深层次问题和制度缺陷，有助于推动这些问题的解决。

一是有利于改善农民工的待遇。部分企业工资水平低下、劳动用工状况恶劣，虽然历来为社会普遍关注，各级政府也力图通过法律、行政措施加以改善，但收效甚微。“民工荒”突显市场力量，实际上造成了“企业慌”。“珠三角”不少企业主开始注意改善用工环境、增加工资以吸引劳动力，注重企业文化的建设，增强员工对企业的归属感，重视农民工素质的培养和提高。“长三角”企业相继调高农民工工资，幅度在7%～12%之间。政府也在行动，广东省正在调高最低工资标准，一些地方政府组团到外省招工，向农民工承诺提供路费、预支首月工资等优惠条件，一些基层干部主张政府加大工业园区公共服务的投入，为民工营造一个具有人情味的工作环境。

二是有利于沿海地区的产业升级和产业梯度转移。劳动力短缺将会提高东部沿海地区的劳动力成本，一些利润空间比较大的企业会直接涨工资来吸引农民工；一些企业会用机器代替劳动力，通过机械化减少用工数量；一些企业会采取兼并重组的方式做大做强，以扩大规模来弥补成本上升导致的利润损失；还有一些企业会向人工成本低廉的中西部转移。这些调整可以促进产业升级，推进业已存在的产业转移，促进中西部的发展。

三是有利于经济发展战略的转变。20多年来，东部沿海地区主要依靠大量廉价、技术含量低的农村转移劳动力从事劳动密集型产业的生产，实现经济高速增长；企业依靠压低工资、减少改善劳动条件的必要投入以保障低成本，赚取更多的利润。国际经验表明，对廉价劳动力的过度依赖和榨取会导致资本的短视化和劣质化，而且会造成社会需求萎缩，使经济发展缺乏后劲和应变能力。事实上，“民工荒”迫使一些企业在提高劳动者待遇上面临生死存亡的两难选择，即提高待遇，企业可能失去利润；不提高待遇，企业则雇不到工人。发展生产力的最终目的是要提高劳动者的福利水平，随着经济快速发展、生活水平上升，劳动力成本必然不断提高，而且经济的持续增长也需要高素质、高工资的劳动力。在国际社会推行SA8000企业社会责任认证标准的压力之下，沿海地区乃至全国必须实行从低教育、低技术、低劳动生产率、低工资、高劳工淘汰率的粗放型经济发展战略向高教育、高技术、高劳动生产率、高工资、高福利的集约型经济发展战略转变，有效的途径就是重视人力资源开发和培训，企业、个人、政府和社会都要加大教育培训的投资力度。

四是有利于各种相关制度的完善和创新。劳动就业制度、工资制度、培训制度、保护制度及其执行上的严重缺陷，是造成"民工荒"的基本原因，"民工荒"正是对这些制度缺陷的有力反抗，通过市场机制的作用，必将极大地推进这些制度的改革和创新。

从民工荒的影响来看，它是局部地区出现的、短期的结构性劳动力供求失衡，不会扩展为全国性的、影响经济发展的严重问题。理由是：我国劳动力供过于求的状况将来若干年都不会改变；2004年外出打工的农村劳动力同比增长3.8%，和往年相比保持平稳增长；① 城镇登记失业率逐年攀升，就业形势并不乐观，而且在未来相当长的时间里都将比较严峻；在缺工最严重的广东，省农调队也认为，总的用工形势仍是供略大于求，短缺只是结构性、行业性和季节性的，不是总体性、全局性、长久性的，用"民工紧"比"民工荒"更准确。因此，过度渲染"民工荒"可能对劳动力流动产生误导。

三、市民化——从农民工到市民

由农民转变为农民工还不是中国农村剩余劳动力转移的最终完成，"民工潮"也不会是永久现象，农民工市民化、"民工潮"消失是必然趋势。

1. "民工潮"消失的趋势

"民工潮"既是经济市场化改革、经济发展战略和增长方式转

① 万建民."民工荒"究竟让谁着慌了?.经济日报，2004-8-16.

变及经济结构调整的产物，也是经济体制转轨、发展战略和增长方式转变及结构转换都还没有完全实现的结果。“民工潮”虽然有其产生的必然性和较大的积极性，但毕竟还是一种非常规的成本过高、问题过多、副作用过大的乡城人口流动。随着社会主义市场经济体制的建立和完善，就业、土地、户籍、社会保障制度改革的完成，发展战略和增长方式转变的实现，二元经济的一元现代化，产业结构的优化升级，“民工潮”必将消失，乡城人口流动将由“滔滔洪水”变成“涓涓细流”，将由“急流”变成“缓流”，将成为正常的更为合理的流动。在不限制和妨碍人口正常流动的前提下，“民工潮”消失得越快，带来的损失就越小。我们认为，消除“民工潮”，乡镇企业的分散发展、非城市化的农村工业化、农业剩余劳动力就地就近转移、农业的产业化都不是根本方法，只有城市化才是根本途径，因为只有城市化水平大幅度提高，使进城的农民工“进厂又进城，离土又离乡”，落后的二元经济才能真正转变成一元现代化经济，“候鸟”式的农民工才能成为永久性的城市职工，农民才能成为市民，“民工潮”才能消失。

2. 农民工市民化的趋势

农民工是在非农产业就业还保留农民身份的职工，是在中国体制改革、结构转型时期，在特定的制度条件下出现的过渡性的特殊群体。农民工既是一个与户籍制度相关的身份概念，还是一个与就业产业相关的身份概念，农是指农业，工是指工业等非农产业，农民工则是指原来在农业就业、户口也在农村，现在转到工业等非农产业就业、户口还在农村的劳动力。如果像其它工业化国家一样，中国农民在非农化的同时也实现城镇化，也就没有所谓农民工，也不会产生什么农民工问题。农民工包括两大类，即进城的农民工（包括在城镇的乡镇企业的农民工）、农村的乡镇企业的农民工，前者占多数。进城农民工的根本出路是市民化。与“民工潮”即农民工如潮水般地在城乡之间流动的现象一样，农民工也是农业发展、工业化和城市化进程加快、实行“离土不离乡、进厂不进城”的非城市化的农村工业化战略、城市化滞后于工业化、户籍、就业、土地等制度还在改革之中的产物，必将随着中国体制改革、结构转型任务的完成而消失。中国大多数农民的非农化、市民化将经历一个与其它工业化国家不完全相同的农民→农民工→市民的变迁过程，即农民退出农业、进入工业等非农产业就业、再融入城市成为市民的过程。

这里需要指出的是，并不是所有的农民工，更不是所有的农民都要市民化。中国的国情是人多地少、人地矛盾突出。人多决定农业劳动力即使在工业化和城市化实现之后还可能长期保持在20%到10%以内，不可能像美国那样农业劳动力不到总劳动力的3%，还会有相当数量的农民不能非农化；由于要非农化的农民的数量十分庞大，有好几亿人，不可能全部市民化，即使是非农化的农民，比如农村的乡镇企业的农民工，也会有相当部分只能是“离土不离乡，进厂不进城”，只能成为社会主义新农村的村民。

四、消除“民工潮”和“民工荒”、实现市民化的制度创新

“民工潮”和“民工荒”是中国农民非农化和城镇化过程中出现的非持久性的特殊现象，是中国农村剩余劳动力转移不顺畅、不合理的表现，不利于中国农村剩余劳动力顺利、有效、持续转移。造成这种现象的原因主要是我国二元经济结构中阻碍农民非农化、城镇化的各种制度上的缺陷，只有通过深化改革，进行一系列制度创新，扫清制约农村剩余劳动力转移的各种制度障碍，确保大多数农民顺利有效、持久稳定地实现非农化和城镇化，才能从根本上消除“民工潮”和“民工荒”这两种延长转移过程、增加转移成本、损害农民利益、不利于“三农”问题解决的非正常现象，完成中国农村剩余劳动力的转移。

1. 创新户籍制度，实现劳动力合理流动

城镇化是“民工潮”消失的根本出路，也是消除“民工荒”的重要途径。因为农民非农化的同时又实现了城镇化，就不用回乡过年、种田，也就不会潮水般地流动，城镇劳动力需求也可以得到比较稳定地满足。二元户籍制度是妨碍城镇化的主要制度缺陷，是进城农民面临各种歧视的基础性制度，目前小城镇的户籍基本放

开，但由于制度惯性和部门利益的阻碍，农民工不能获得大中城市的户口，不利于农民转变为市民。必须创新户籍制度实现劳动力合理流动，基本思路是：户口与福利保障脱钩，消除农民和市民的身份差别，逐步实现居住自由、迁移登记的制度。基本措施是：进一步放开小城镇的户口，鼓励农民到小城镇投资兴建“农民城”，优先办理城镇户口；适当放开中小城市户口，对长期在中小城市就业和居住的农村人口准予办理常住户口；大城市继续实行比较严格的户籍制度，对有稳定工作和住所并在城市居住较长时间、在城市购买商品房或投资达到一定额度、有特殊贡献和才能的流动人口，办理长期居住证。

2. 创新劳动就业制度，实现平等就业

首先，深化劳动就业制度改革，形成全国统一的劳动力市场，允许劳动力自由流动，建立市场导向、公开招聘、公平竞争、择优上岗、能进能出、能上能下的就业机制，尽快调整和取消许多大城市仍在实行的限制农民工在城市就业的歧视性“腾笼换鸟”政策。其次，发挥公共就业服务机构的主导作用，完善就业服务体系，发展跨地区劳务合作，畅通用工信息渠道。围绕企业的需求开展服务，帮助企业了解劳动力市场信息，指导企业合理确定招工条件，扩大招工范围，缓解供求矛盾；扶持帮助农民工实现“团体就业”的“专业劳动输出中介组织”；加快建设劳动力市场信息系统，加强劳动力市场信息的分析、预测和发布，为全国范围内的农民工流动提供及时全面的信息引导；发展职业教育事业，把农民工纳入流出地和流入地免费就业培训的范围。

3. 创新劳动保护制度，保障人身安全

第一，严格贯彻执行《安全生产法》、《职业病防治法》等法律法规，加强检查和监督，促进各项法律法规的落实。第二，强化用人单位的劳保意识和安全意识。高度重视农民工的生产安全和职业病防治，按照国家标准和行业要求，提供必要的安全生产设施、劳保条件和职业病防治措施，加强农民工的上岗培训，将其纳入工伤保险范围。第三，不断提高农民工的综合素质，加快由农民向市民的转化。如深圳市编写《劳务工健康教育读本》发放给劳务工，增加疾病预防知识，提高自我保护意识和能力。第四，加大将农民工纳入工会组织的工作力度，更好地保护他们的权益。

4. 创新劳动工资制度，保护劳动报酬权

第一，严格贯彻落实国务院办公厅《关于做好农民进城务工就业管理和服务工作的通知》，通过完善劳动合同管理、明确劳动报酬条款等措施解决拖欠和克扣农民工工资的问题。第二，加大建筑业整饬力度，规范市场秩序，严格贯彻中央银行《关于进一步加强房地产信贷业务管理的通知》，从源头上解决工程款拖欠导致的工资拖欠问题。第三，用人单位要提高法律意识，加强管理，尊重劳动者的报酬权，依法规范用工行为，诚信、守法经营。第四，增强农民工的法律意识，提高依法维权能力。农民工要和用人单位签订劳动合同，确定工资支付办法，并索要相应的凭据，注意履行劳动合同。第五，加强对农民工的法律援助工作。第六，发挥舆论监督作用，调动新闻媒体的维权积极性。

5. 创新社会保障制度，保护劳动力资源

创新社会保障制度，坚持分阶段、逐步完善的原则建立农民工社会保障制度。首先，按照普遍性原则建立农民工最迫切需要的、也是所有建立社会保险制度的国家普遍优先考虑的工伤保障制度。工伤保险不存在账户积累和转接问题，成本不高，可操作性强，对农民工是风险分散机制，对用人单位是工伤赔偿机制。其次，建立医疗保障特别是大病保障机制。在对农民工进行分类的基础上区别对待，根据本地服务时间长短和社会贡献大小确定享受医疗保障待遇的高低。再次，动员政府、社会和雇主的财力，建立以农民工为主体的社会救济制度，包括遭遇天灾人祸时的紧急救济、特殊情形下的贫困救助、合法权益受损或遭遇不公正待遇时的法律援助等，防止农民工遇到特殊困难而陷入绝望境地，可采取官民结合形式，由政府发挥主导作用，并发挥民间慈善公益事业的作用。最后，建立农民工社会养老保障制度，由用人单位和农民工共同承担保费，存入个人账户，还可以采用“以土地换保障”的机制，用土地使用权信托、抵押等方式来补充一部分资金。

6. 创新城镇住房制度，实现居者有其屋

创新城镇住房制度实现农民工居者有其屋，逐步改善居住条件，最终纳入城市住房体制。一是制定强制性的居住标准，包括集中居住在职工宿舍、工地工棚和散居在城乡结合部的农民工。二是改革房屋出租制度，简化手续，将办证制度改为登记制度，使全部出租房屋纳入管理范围，坚持“谁出租，谁协助管理”的原则，居（村）委会中外来人口管理站要定期对辖区内出租房屋进行检查，对于出租房屋内的外来人口情况做到及时了解。三是针对农民工的消费特点，集中建设农民工公寓，为外来务工人员和企业解决后顾之忧，加强外来人口管理，提高思想文化素质。实践证明，政府牵头、吸引社会资金开发是一种行之有效的模式。四是向农民工开放二级房屋市场。一部分进城时间较长、经济收入较高的农民工群体具备购买能力，而基于户籍制度的房地产市场限制了他们的消费，必须降低购房门槛，向农民工开放二级房屋市场。五是制定城市住房政策必须考虑作为弱势群体的农民工的住房问题，逐步将其纳入城市住房体系。

五、农民工市民化的成本应该由谁来承担

最后要说明的是，除了通过上述制度创新，为农民工市民化提供制度保证之外，农民工市民化还有一个需要有效解决的困难问题，即农民工市民化的巨大成本应该由谁来承担。我国提出2020年将要基本实现工业化和城市化，根据《中国统计年鉴》提供的数据，2001~2004年中国城市化率每年平均提高1.4%，如果按照这个城市化水平提高的速度计算，2020年中国城市化率将达到60%左右，据测算2020年中国总人口将达到14.5亿左右，城市总人口则将上升到8.7亿，2004年城市总人口是5.87亿，到2020年城市人口将增加近3亿，假定其中2亿是农民工及其子女。按照中国科学院可持续发展战略研究组的测算，每转变一个农民成为城市居民需支付社会总成本约2.5万元，2亿农民工及其子女市民化，需要支付社会总成本约5万亿元，按16年计算，每年需要支付社会总成本约3千多亿元。谁来支付这个成本？肯定主要不能直接由

农民工支付，因为农民工的收入已经很低，既无力支付，也不合理。当然，也不能由城市居民承担。我们认为，农民工市民化的社会成本，除了雇用农民工的企业和农民工自身要支付一部分之外，主要应该由各级政府支付，现在政府应该有这个财力。而且，政府支付只是名义上的，实际上是由农民工间接支付的。因为，政府在这方面支付的资金，可以主要来源于由农民工创造的价值转化而来的利润和税收。每年每个农民工只创造3000元利润和税收，1.2亿农民工就有3600亿元，足够支付农民工市民化的社会成本。事实上，每年每个农民工创造的利润和税收，远远不止3000元。所以说，农民工市民化的社会成本实际上主要是由农民工自己支付的。

参考文献

蔡昉. 中国人口与劳动问题报告. 北京：社会科学文献出版社，2004.

蔡昉，林毅夫. 中国经济：改革与发展. 北京：中国财政经济出版社，2003.

魏津生. 中国流动人口研究. 北京：人民出版社，2002.

辜胜阻，简新华. 当代中国人口流动与城镇化. 武汉：武汉大学出版社，1994.

简新华，张建伟. 从“民工潮”到“民工荒”——农村剩余劳动力有效转移的制度分析. 人口研究，2005（2）.

中国科学院可持续发展战略研究组. 中国城市化的成本分析. 中国网，2005-3-18.

（原载经济科学出版社2007年3月出版的《发展经济学研究》（第四辑），为国家社会科学基金首届重大招标项目“工业化和城市化过程中的农民工问题研究”的研究成果，批准号05&ZD056，与张建伟合写）

增长方式转变和产业结构调整

论增长方式转变必须正确处理的若干重大关系

经济增长方式的转变是实现“九五”计划和2010年远景目标的关键之一，真正有效地推进增长方式的转变，又必须正确认识和恰当处理转变增长方式与提高经济效益、发挥资源比较优势、使产业结构合理化、解决劳动就业问题、缩小地区经济差距、转变经济体制和实施可持续发展战略的相互关系，但目前对这些问题的认识仍然不全面、准确、深刻，还存在一些模糊认识和意见分歧，需要深入探讨。

一、粗放型和集约型是两种截然对立、互不相容的经济增长方式吗？

正确认识经济增长方式的转变，首先需要正确理解两种增长方式的内涵和相互关系。现在，人们往往认为粗放型和集约型是两种非此即彼、完全不能兼容的增长方式，转变增长方式就是要把粗放型完全转变为集约型。我们认为这种看法有片面性。经济增长方式包括宏观经济增长方式和微观经济增长方式。宏观经济增长方式就是社会扩大再生产的方式，微观经济增长方式则是企业发展生产的方式，是企业生产经营方式的重要内容。两者都存在粗放型（即外延型）和集约型（即内涵型）两种方式。粗放型是靠增加生产要素的投入扩大生产规模，实现经济增长，可以是增加劳动力的投入，也可以是增加生产资料的投入，还可以是同时增加两者的投入；集约型是靠提高生产要素的生产率扩大生产规模，实现经济增长，可以是提高劳动生产率，也可以是提高生产资料的生产率，还可以是提高全要素生产率。由于粗放型的经济增长受到资源稀缺性的限制，是有限的；集约型的经济增长主要靠科学技术进步、劳动力素质和管理水平提高，则是可持续的，所以经济增长方式不断由粗放型向集约型转变是一个普遍规律，我国现在提出经济增长方式由粗放型向集约型转变符合经济增长的规律。但现实的经济增长，不可能只是粗放的，也不可能只是集约的，两者往往是相互交织、同时存在的。

从微观经济增长方式看，外延的扩大到了一定的规模，就会产生规模效益，生产要素的效能可以得到更好的发挥，这就有了内涵上的扩大，可见粗放经营中可以有集约经营。生产要素生产率的提高也不是没有成本、完全不要投入的，影响生产率的因素有劳动力的素质和生产经营积极性、科学技术发展的水平、经营管理的状况。劳动力素质的提高需要增加教育投入，技术的进步需要增加开发研究的投入，管理的科学化除了经验的积累之外，也需要有相应的人力、物力、财力的投入，毫无投入的集约经营是不可想象的，可见集约经营离不开粗放经营。如果通过增加劳动力而减少机器设备的投入，总成本不变或降低，产出增加，从劳动力增加上看是粗放型的增长，从机器设备或总投入的节省上看是集约型的增长。可见两种增长方式是可以相互交织的。从宏观经济增长方式看，外延扩张的同时也可以提高要素生产率，实现内涵的扩大；内涵扩大时也不能完全没有相应的要素投入，即外延的扩大。所以说把两种方式完全对立起来的观点是不切实际的。

任何一个国家的经济增长方式，实际上都是粗放型和集约型两种方式的组合，只不过是在经济发展水平不同的国家，在同一国家经济发展的不同时期，两者的组合不同，有一个主辅之分。劳动力资源丰富价廉、自然资源较充裕、资本短缺、技术落后、管理水平低的国家及经济发展阶段，不能不以粗放型为主；劳动力短缺昂贵、自然资源贫乏、资本充足、管理水平高的国家及经济发展阶段，则必然要以集约型为主。一定时期一个国家的增长方式只可能是以一种方式为主，另一种方式为辅，所以不能绝对地讲把一种方式完全转变成另一种方式，比较准确的提法应是经济增长由以粗放型为主向集约型为主转变。

二、转变增长方式与提高经济效益是什么关系，粗放型是否必然是浪费型，集约型是否必然是效益型？

转变经济增长方式的根本目的是为了提高经济效益，因此正确认识粗放型和集约型经济增长方式与经济效益的关系，就显得特别重要。现在，不少人都认为粗放型是浪费型、集约型是效益型，这种看法似乎已成定论，实际上值得商榷。集约型必然是效益型，这是毫无疑问的，因为集约型是靠提高各种生产要素的生产率来实现经济增长的。但是，粗放型并不必然就是浪费型，因为有无经济效益的关键在于产出是否大于投入，而增加的投入并不必然总是大于增加的产出，外延的扩大仍然是扩大，并不必然是无效的浪费。只要投入小于产出，就有效益，就不是浪费；只有投入大于产出，才是浪费，才是无效益或负效益。之所以会产生粗放型必然是浪费型的看法，主要是因为存在一种误解，即认为粗放型必然重复建设、盲目扩大。实际上，重复建设、盲目扩大，并不是粗放经营的必然结果，而是传统计划经济体制的必然产物，罪魁祸首是干部升迁取决于数量扩张、软预算约束、企业生产不考虑市场供求等。重复建设、盲目扩大，使生产能力过剩、开工不足、设备闲置，是无效投入，连外延扩大都没有真正实现，是完完全全的浪费。即使是集约型的经济增长，也有可能出现生产过剩，像西方发达国家那样，也会产生浪费。

粗放型与集约型的区别在于经济增长的目标和手段有差别：粗放型的目标是经济增长的数量、规模、速度，实现目标的手段是增加生产要素的投入；集约型的目标除了经济增长的数量、规模、速度之外，特别注重质量、节约、效益，实现目标的手段是提高生产要素的生产率。在经济效益上，粗放型与集约型的差别不是有无效益的差别，只是效益高低的差别。集约型的经济效益必然高于粗放型，这是经济增长方式要由粗放型向集约型转变的主要原因。在市场经济中。无论是粗放型生产的产品，还是集约型生产的产品，如果不是市场需求的、不适销对路，就都无效益可言。所以，由市场配置资源，按需求进行生产，是通过转变增长方式以提高经济效益的前提。

三、转变增长方式与发挥资源的比较优势是什么关系，怎样在增长方式的转变中发挥资源的比较优势？

这是实现经济增长方式转变，提高经济效益必须正确认识的关键问题，但对这个问题的研究目前还不深入。转变增长方式和发挥资源比较优势，是决定经济增长的两个重要方面。转变增长方式是要有效地利用各种生产要素，提高生产率；发挥资源的比较优势是要充分利用资源优势的作用，扬长避短，降低投入成本，目的都是为了实现经济的高速、高效增长。两者可以相辅相成、相互促进，但应该是在发挥资源优势的前提下实现经济增长方式的转变。

影响经济增长的因素，除了生产要素的投入量和生产率之外，还有一个要素的组合方式，即各种生产要素按什么样的比例组合起来进行生产。由于生产要素具有可替代性，某些产品的生产可多投人工、少用机器，也可以少投人工、多用机器；生产技术也有一个选择问题，生产同一种产品可采取多用劳动的技术，也可采取多用资本的技术。究竟多用或少用哪种生产要素，取决于要素价格即投入成本。生产要素的最佳组合要求在产出一定的条件下，投入成本尽可能低。要使投入成本尽可能低，又必须尽量使用廉价的生产要素，少使用高价的生产要素，要素价格取决于一个国家一定经济发展阶段的资源比较优势。国际经验证明，只有发挥本国资源禀赋的优势，更多地使用价格更加低廉的生产要素，才能更好地实现经济的高速、高效增长。资源使用效率低不好，不发挥现有资源的优势也不好，闲置不用则是浪费，更不好。由于使用充足廉价的资源，能够降低投入成本，实现集约型经济增长，带来更高的经济效益，所以在增长方式的转变中，必须尽可能节约使用短缺价高的资源，特别注意提高这种资源的使用效果；尽量多使用充足价廉的资源，使之不致闲置浪费，不能为了避免粗放经营而把已有的廉价资源弃之不用。

四、转变增长方式与产业结构合理化是什么关系，集约型必然是资本密集型，集约化只能是机械化、自动化吗？劳动密集型产业能不能实行集约经营？

转变经济增长方式与产业结构合理化的相互关系，是目前认识最模糊不清的问题。现在一讲要实行集约化，人们往往马上就想到是要搞机械化、自动化，发展资本密集型产业。我们认为，这也是一种误解。产业结构合理化的根本标志是发挥本国资源的比较优势，实现国民经济的协调发展，并不是产业结构是以资本密集型产业为主的重型结构，还是以劳动密集型产业为主的轻型结构。产业结构的类型主要由资源的比较优势决定。如果本国劳动力丰富价廉，就应该多使用劳动力，发展劳动密集型产业；如果本国资本充足价廉，就应该多使用资本，发展资本密集型产业。只有这样，产业结构才合理，才能降低投入成本，提高经济效益。

有的学者认为，资本密集型是集约型，劳动密集型是粗放型，集约化的标志是提高资本有机构成。我们认为，这种看法是值得商榷的。粗放型和集约型的区别不在于产业类型的不同，资本密集型产业可以是集约经营，也可以是粗放经营。比如只靠增加资本投入发展生产，这正是目前我国转变增长方式所要克服的偏向；劳动密集型产业可以是粗放经营，也可以是集约经营，只要提高要素生产率就行，这正是目前我国转变增长方式所要努力达到的目标。资本有机构成提高只是集约化的一个标志，不是唯一标志；资本有机构成的提高意味着劳动生产率的提高，这也只是全要素生产率提高的一个方面。机械化、自动化是集约化，因为机械化、自动化能够提高劳动生产率和生产资料的效能，但是机械化、自动化并不是实现集约化的唯一途径。集约化靠提高要素生产率，这有多种途径。通过提高劳动者的素质、责任心和积极性、改善经营管理、采用新的操作技术和先进工艺流程等等，也可以提高要素生产率，实现集约化增长。使用昂贵的机器取代廉价的劳动力，如果加大总投入，增加总成本，总的来看就不是集约经营，而是粗放经营；如果产出没有相应增加，则是低效甚至无效的资本密集型。

中国的国情决定目前还不能把机械化、自动化作为集约化的主要途径，因为中国的资源优势不在资本和技术，而是劳动力，需要大力发展的不是大量使用资本的产业，而是充分利用劳动力优势的劳动密集型产业。发展资本密集型产业，大搞机械化、自动化，必然需要高额的资本投入，而我国现在资金紧张、价格昂贵（即利率高），如果硬要去过度发展资本密集型产业，必然扬短避长，加大投入成本，造成劳动力资源浪费和投资低效益。我国目前转变经济增长方式，最紧迫的任务是降低能源、原材料、水和土地资源的消耗，做到这一点并不是只有机械化和自动化才能办到，还可以通过加强经营管理、提高劳动者的素质和积极性、采用先进操作技术和新工艺等方法。就中国目前的情况而言，这些办法更值得重视和依靠。当然，在有条件的地方，在必要的情况下，也要发展资本密集型，尤其是技术密集型产业，尽量采用高新技术，努力实现机械化、自动化。

五、转变增长方式与解决劳动就业问题是什么关系，在劳动力严重过剩的条件下如何实现经济增长方式的转变？

这是与既发挥我国资源的比较优势，又实现增长方式转变紧密相关的一个重要问题，也是我国转变增长方式的一个难题。我国劳动力严重过剩，就业形势十分严峻，不少人认为集约经营主要依靠技术进步，技术进步必然提高资本有机构成，生产中使用的生产资料必然增多，劳动力相对减少，就业问题将会更加严重，所以转变增长方式与解决就业问题有矛盾。还有人认为要发挥劳动力资源优势，就必须大力发展劳动密集型产业，而劳动密集型是粗放型，所以在劳动力严重过剩的条件下，经济增长方式由粗放型向集约型的转变非常困难。

我们认为，增长方式转变的困难主要不在于劳动力的严重过剩，而是体制的转换。增长方式转变的关键在于经济体制的转变，只要传统的计划经济体制真正转变成社会主义市场经济体制，增长方式的转变也就可能实现。劳动力过剩的问题也能逐步得到有效解决。在劳动力充足与不足的情况下转变经济增长方式，没有根本的区别，都是要想办法提高要素生产率。如果说有什么不同的话，就是在劳动力充足的情况下转变增长方式，必须特别注意发挥劳动力资源的优势，大力发展劳动密集型产业。发展劳动密集型产业与转变增长方式并不矛盾，因为劳动密集型并不必然是粗放型，同样可以实行集约经营。的确，增长方式由粗放型向集约型转变会提高资本的有机构成，相对减少对劳动力的需求。但是，由于集约型的经济增长方式能够更好地促进经济效益提高、收入增加、经济发展，从而导致需求增长、市场容量扩张和投资增大，引起消费结构和产业结构变化，形成新的经济部门和产业，创造更多的就业机会，对劳动力的需求会绝对地扩大。

中国资金短缺、技术落后，而且价格昂贵；劳动力资源丰富，而且价格低廉。在转变经济增长方式的过程中，应该尽可能多地使用劳动力，少使用资本，主要采用节省资本而不是节省劳动的技术，努力节约生产资料。不能为了少用几个人去花大量的投资，只要不增加总投入成本，宁可多用几个人，少用几台机器。尽管多用人、少用机器，在一定时期内可能影响劳动生产率的提高，但还可能通过其它途径提高劳动生产率，而且只要产出不变或增加，总成本减少，总投入降低，也就提高了全要素生产率，就是合理的、有效的，就是在向集约化转变。改革以来，中国农业的巨大发展就不是因为使用了更多的机器，而是通过制度创新，极大地调动了广大农民的生产积极性、充分发挥了农业劳动力的作用，在劳动力严重过剩的条件下，通过大力发展劳动密集型产业，努力采用多种方法搞集约经营，不仅可以逐步实现经济增长方式的转变，而且能够发挥资源优势，使产业结构走向合理化，更好地解决就业问题，提高经济效益。

六、转变增长方式与缩小地区经济差距是什么关系，怎样在增长方式的转变中缩小地区经济差距？

我国东南沿海地区经济比较发达、技术比较先进、资金比较充足、劳动力素质比较好、管理水平比较高，但自然资源相对不足、劳动力也相对短缺，而且价格在不断上涨；中西部地区经济不发达、技术落后、资金缺乏、劳动力素质较差、管理水平较低，但自然资源相对丰富、劳动力非常充足，价格低廉。地区经济发展的这种不平衡，是中国目前的一个基本国情。改革开放以来，虽然全国各地的经济都有很大发展，但由于发展的快慢不同，地区经济差别有所扩大。促进区域经济协调发展，逐步缩小地区经济差距，是我国经济发展的远景目标之一，转变经济增长方式也是为实现这个目标服务。

由于地区经济发展差距的存在，东南沿海地区是否更有利于实现增长方式的转变，是否会使经济增长更快，与中西部地区的差距是否会在增长方式的转变中更加拉开呢？的确，东南沿海地区相对中西部地区而言，技术先进、资金充足、劳动力素质好、管理水平高，更有条件采用集约型增长方式，实行集约经营。但集约型的经济增长，肯定是高效益的增长，并不必然是高速度的增长，因为经济增长的速度不仅与投入-产出比率有关，而且还与投入的绝对量有关。通过各种途径加大中西部地区的投入，也可以加快中西部地区的经济增长速度，从而缩小与东南沿海地区的差距。而且，东南沿海地区并不是只有优势，没有劣势；中西部地区也不是只有劣势，没有优势。只要在增长方式的转变中，扬长避短，取长补短，发挥各自的优势，适当进行产业结构调整，就能够做到优势互补。使东南沿海地区和中西部地区都实现经济增长方式的转变，二者的经济差距就不会拉大，还有可能缩小。比如，中西部地区具有自然资源和劳动力资源相对充足的优势，相反东南沿海地区拥有技术、资金、管理的优势，如果东南沿海地区把劳动密集型、资源消耗型的产业向中西部地区转移，自己主要发展资本密集型、技术密集型的产业，就都能发挥各自的优势，加快全国经济的协调发展，缩小地区经济差距。

七、转变增长方式与转变经济体制是什么关系，有无先后、主次之分，如何正确处理两者的相互关系？

实现今后 15 年的奋斗目标，关键是实现增长方式和经济体制这两个具有全局意义的根本性转变。那么，“两个转变”又是什么关系？怎样才能真正实现这“两个转变”呢？现在我国大多数学者都认为：经济增长方式归根到底是由经济体制决定的。有什么样的经济体制，就有什么样的增长方式。粗放型的增长方式是传统计划经济的产物，集约型的增长方式则是社会主义市场经济的客观要求。经济增长方式的转变要以体制转变为前提，也就是说先有经济体制的转变，才有增长方式的转变。我们认为，这种目前流行的观点需要再探讨。实际上，经济增长方式的转变是解决生产力如何发展的问题，经济体制的转变是生产关系的改革，最终也是为了适合和促进生产力的发展。因此，应该是增长方式决定经济体制，不同的经济增长方式要求有不同的经济体制。传统的计划经济体制是传统的重工业优先发展的“赶超”战略（包含粗放型为主的增长方式）的产物，而不是相反；经济体制的转变是转变增长方式的重要途径，是为增长方式的转变服务的，也不是相反。“两个转变”的相互关系，不是先后、主次的关系，而是作用与反作用、目的与手段的关系，是相互联系、密不可分、互相促进、同步前进的关系。

由于传统计划经济体制只适合于粗放型为主的经济增长方式，不仅不适应集约型为主的经济增长方式的要求，而且还严重地妨碍增长方式由粗放型向集约型的转变，只有市场经济体制才适应集约型增长方式的要求。因此，不在转变增长方式的同时实行经济体制从传统计划经济体制向社会主义市场经济体制的转变，增长方式的转变就不可能实现。由于在制约增长方式转变的体制、资源、人口、资金、技术、管理和国际环境等诸因素中，传统计划经济体制的影响还没有消除，社会主义市场经济体制还没有完全建立起来的体制缺陷，是妨碍增长方式转变的主要因素，粗放增长屡议不改、粗放经营屡禁不止，根子就在于传统的计划经济体制，所以，经济体制的转变是增长方式转变的关键。尽管增长方式决定经济体制，但当适应旧增长方式的旧经济体制严重妨碍新旧增长方式转换时，改善旧经济体制就成为增长方式转变的关键。

转变增长方式要求节约使用资源，提高资源的利用效率，我国之所以资源利用效率不高，最根本的原因就在于没有建立统一开放的市场体系，没有发挥市场在资源配置中的基础性作用；转变增长方式必须主要依靠技术进步和科学管理，我国之所以技术进步缓慢、产品质量不高、管理水平较低、竞争能力不强，主要原因在于产权不清、政企不分、职责不明的企业制度和没有形成优胜劣汰的市场竞争机制。因此，实现经济增长方式的转变，必须依靠深化经济体制改革，形成有利于节约资源、降低消耗、提高效益的企业经营机制，有利于自主创新的技术进步机制，有利于市场公平竞争和资源优化配置的经济运行机制。

八、转变增长方式与实施可持续发展战略是什么关系，怎样通过转变增长方式实现可持续发展？

当今世界正面临着人口、资源、环境和经济、社会发展失衡的严峻挑战，人口爆炸、能源危机、资源短缺、环境污染、生态失衡，使得高消耗的增长方式、“有增长无发展”、“先污染后治理”的传统经济发展模式已不能再继续下去，必须努力寻求经济社会发展与人口、资源、环境互相协调的、兼顾当代人和子孙后代利益的可持续发展道路。从80年代末开始，联合国先后发表声明，召开国际会议，通过宣言，在全世界大力提倡可持续发展。中国政府积极响应，编制了《中国21世纪议程》，制定了可持续发展战略。当代人类面临的严峻挑战在中国都表现明显，现在中国人口数量十分庞大、资源相对贫乏、环境污染不断加剧、生态变化形势令人担忧，走可持续发展道路是中国社会经济发展战略的必然选择。

转变经济增长方式正是可持续发展战略的重要组成部分，是实现可持续发展的必然要求。可持续发展要求保护资源，减少资源消耗，节约使用资源，提高资源的利用效率，主要依靠技术进步和科学管理实现社会经济发展，正是转变经济增长方式必须努力做到的。可持续发展要求从根本上改变高投入、低产出、高消耗、低效益的局面，选择资源节约型、科技先导型、质量效益型的发展方式，转变增长方式正是实现这种要求的基本途径。粗放型的经济增长方式要受到资源稀缺性的限制，难以长期维持，更不可能实现可持续发展；只有靠科技进步、劳动力素质和管理水平提高的集约型经济增长方式，才能实现可持续发展。因此，实现可持续发展战略的关键，是转变增长方式，以集约型增长方式为主。

可持续发展要求保护环境，维持生态平衡，防止和治理污染。增长方式由粗放型向集约型的转变本身并不能保证这种要求的实现，因此，我们在转变经济增长方式时，不能只考虑如何实现经济增长，不考虑怎样保护环境和生态，更不能为了眼前的、暂时的经济增长，不惜污染环境、破坏生态，牺牲长远的、后代的利益。我们不仅要大力开发增加生产的技术，而且要努力研究保护环境的技术；必须一边加快经济增长，一边尽量防止和治理环境污染。

可持续发展一方面要求人口增长与经济增长互相协调，有计划地控制人口的增长；另一方面又要求提高人口质量，使人口的年龄结构和地区分布合理化，充分有效地开发和利用现有的人力资源。提高劳动力的素质，也是转变增长方式本身的要求。除此之外，我们在转变增长方式时还必须特别注意发挥我国人力资源的优势，尤其是现阶段应该主要依靠劳动密集型产业求得经济发展，这不仅是发挥资源比较优势的要求，也是实现可持续发展的要求。

总而言之，转变增长方式必须围绕着可持续发展这个总目标，为实现可持续发展服务。

参考文献

董辅礽．正确理解经济增长方式的转变．经济日报，1996-4-8.

马洪．积极推进经济增长方式转变．光明日报，1995-12-2.

刘国光．略论转变经济增长方式．管理世界，1996（1）.

吴敬琏．怎样才能实现增长方式的转变．经济研究，1995（11）.

何伟．正确认识转变经济增长方式．经济日报，1995-12-4.

黎诣远. 增长：从粗放到集约. 求是，1996（3）.

马建堂. 转变经济增长方式的关键是建立新的体制基础. 改革，1995（6）.

李义平. 粗放增长屡议不改的根子在哪里. 改革，1996（2）.

宋健. 走可持续发展道路是中国的必然选择. 人民日报，1996-2-28.

罗元铮. 结合两个根本转变实行可持续发展战略. 人民日报，1996-4-2.

（原载《财经科学》1997年第1期，中国人民大学书报资料中心《社会主义经济理论与实践》1997年第2期、西南财经大学出版社1997年出版的《论经济增长方式的转变》全文或部分转载）

可持续发展与产业结构优化

可持续发展战略是21世纪中国经济发展的唯一选择。新中国成立50多年来，社会生产力得到迅速发展，经济总量大幅提高，综合国力日益增强，人民生活明显改善，为我国在21世纪中叶达到和超过中等发达国家水平的发展目标提供了坚实的物质基础。但是，在经济增长的同时，一些深层次的矛盾和问题逐渐显露出来，其中非常突出的一点是产业结构的不合理和低层次，这极不利于我国社会经济的可持续发展。为了真正实现可持续发展，我们现在必须深入探讨产业结构与可持续发展的关系，分析我国产业结构的现状对可持续发展的影响，提出优化产业结构，促进可持续发展的对策。

一、可持续发展对产业结构的要求

产业结构是国民经济中产业的构成及相互关系。社会经济发展包括三个方面的内容：经济增长、结构改善和水平提高。产业结构的状况，既是社会经济发展的重要标志之一，又是制约社会经济发展的基本因素之一；产业结构的变迁，既是社会经济发展的结果，又是社会经济进一步发展的动因。优化的产业结构能够极大地促进社会经济高效快速的发展，不合理的低层次的产业结构则严重妨碍社会经济的发展。可持续发展是社会经济发展的最佳模式，对产业结构的状况有更高更新的要求。只有具备相应的产业结构，才能真正实现可持续发展。那么，可持续发展对产业结构有些什么样的要求呢？

1. 可持续发展要求产业结构合理化

可持续发展是社会、经济与人口、资源、环境协调，兼顾当代人和子孙后代利益的能够持续不断的发展模式，强调社会经济发展的整体性、系统性、协调性、稳定性、持久性，要求整个国民经济各部门的比例协调、生产结构与需求结构基本一致、经济总量大致平衡，能够避免严重的过剩和短缺，防止大起大落、畸形发展。产业结构合理化意味着各产业之间的比例关系协调、社会再生产能够顺利进行、供求基本平衡、资源能够合理有效配置、不断变化的市场需求能得到较好的满足。显而易见，产业结构合理化是可持续发展的基本要求。只有比例协调的产业结构，才不存在严重的瓶颈产业的制约，才不会有明显的长线和短线产业，才能更好地实现总量平衡，满足市场需求，保证社会经济在总体上协调、稳定、持续地发展。

2. 可持续发展要求产业结构高度化

可持续发展注重的不是数量的增长，而是质量的改善和提高。质量的改善和提高，主要靠科学技术的进步和管理的科学化。科学技术是可持续发展的根本保证。可持续发展要求发展高新技术产业，提高科学技术在经济增长中的贡献率。生产的技术密集化、知识化、信息化、软件化是可持续发展的趋势，也就是说可持续发展中的生产要素将主要是科学技术（包括软科学）、无形资产、信息网络，软件比硬件的作用更大。绝大多数的自然资源具有稀缺性和不可再生性，消耗一部分就减少一部分，因此主要依靠自然资源难以实现可持续发展。知识具有丰富性、可再生性，能够无限创造和开发，会越积越多，越使用价值越大，而且运用知识能够高效利用现有的稀缺的物质资源，开发新的富有的物质资源，所以只有在知识经济时代，主要依靠科学、技术、信息、管理等智力资源，才能真正实现可持续发展。产业结构高度化也称高级化，是产业结构按自身发展规律由低层次向高层次演进的过程，也就是第三产业比重逐步增大、知识技术密集型产业日益上升、高新技术产业不断出现、朝阳产业逐渐取代夕阳产业的过程。产业结构高度化的内容，具体来说主要包括技术密集化、高加工度化、高附加值化、产品知识化。在高度化的产业结构中，产品的加工度高、科技含量大、自然资源消耗少、附加值多，生产主要靠知识、技术，知识密集型产品和无形产品的比重不断增长。由此可见，产业结构的高度化是可持续发展的根本条件。

3. 可持续发展要求能够发挥资源比较优势的产业结构

可持续发展不仅具有整体性、系统性、协调性、稳定性的特点和技术密集化、知识化、信息化、软性化的趋势，而且还具有高效性的本质特征，也就是说可持续发展是高效率的发展，要求优化资源配置、节约并高效利用资源。产业结构的合理化和高度化，都能够减少资源消耗，避免资源的浪费，提高资源的使用效率，促进资源的优化配置。除此之外，高效利用资源还有一个非常重要的原则是发挥本国资源禀赋的比较优势。发挥资源的比较优势，能够充分利用本国丰富价廉的生产要素，减少资源闲置，降低生产成本，获得国际分工的比较利益，增加收益和积累，实现经济的高效发展。能否发挥资源的比较优势，又与产业结构的类型紧密相关。资本和技术占优势的国家，就应主要发展资本和技术密集型产业；劳动力占优势的国家，则主要发展劳动力密集型产业。并且，资源的比较优势也不是一成不变的，优势会随着经济发展而发生转化。比如，劳动力充足低廉、资本短缺昂贵的资源禀赋状况，会随着经济发展水平的提高、收入和积累的增加、工资水平的上升而发生变化，资源优势会由劳动力转换为资本。随着资源禀赋比较优势的变化，产业结构的类型也应该相应发生变化。只有这样，才能发挥资源的比较优势，提高经济效益，更好地实现可持续发展。以上说明，可持续发展要求建立能够发挥资源比较优势的产业结构。

4. 可持续发展要求发展环保产业

保持环境和资源、维持生态平衡是实施可持续发展的关键。环境是人类生存的空间，提供人类生产、生活所需的各种自然资源，消化、吸收人类生产、生活排出的废物。由于人们长期以来对此认识不足，为了追求经济增长，对资源过度开发利用，造成了环境污染、生态失衡。这不但制约了经济的发展，而且危及人类自身的生存。因此，实施环境保护就成为协调社会经济发展与生态环境之间的关系、实现可持续发展的重要内容。可持续发展追求经济增长质量和生活质量的提高，强调生产和生活必须与环境的承载力相协调，要求改变传统的生产方式和生活方式，鼓励清洁生产，提倡绿色消费。保护环境，防止和治理污染，杜绝废弃物对环境的危害，需要有相应的技术和物质条件。比如，防尘要有除尘器，清除噪音需要消音器，治理水污染必须有水处理技术和设备，防止空气污染需要空气净化技术和设备，减少垃圾危害需要有垃圾处理和再利用的技术和设备。环保产业正是提供保护环境和资源、防止环境污染和资源破坏、维持和恢复生态平衡的产品和服务的部门。可持续发展要求大力发展环保产业这个新兴的朝阳产业，必须建立开发先进环境科学技术的研究机构，兴办制造环保设备和回收利用废弃物的企业，发展环保产品和绿色产品的生产，设置提供环保指导、监测、咨询、服务、宣传、教育的机构，促进可持续发展的实现。

二、中国产业结构存在的问题对可持续发展的影响

目前我国的产业结构不合理，严重地妨碍着社会经济的可持续发展。具体来说，主要表现在以下几个方面：

1. 重复建设，加工工业过剩，造成产业结构趋同、产业比例不协调

重复建设和加工工业过剩是中国工业经济发展目前面临的重大问题。20 世纪 90 年代以来，为了消除能源、原材料等基础产业的瓶颈制约，我国加大了对这些产业的投资力度，瓶颈制约有所缓解，但并未从根本上消除。基础产业与加工工业之间的发展仍存在明显的断层，主要表现为加工工业发展过快，尤其是一般水平的加工工业重复建设，加剧了地区产业结构的趋同，造成了严重的生产能力过剩。据第三次全国工业普查，全国 900 多种主要工业品中，生产能力利用率在 60% 以下的达半数以上，83 种主要工业品的综

合生产能力利用率为66%，高水平的加工能力严重缺乏。作为国民经济装备行业的机械工业发展缓慢，产值年平均增长率仅为8.2%，尚不及全部工业增长水平的一半。重复建设的问题还突出表现在地区产业结构趋同上，在水泥、化肥、钢材、玻璃、机床等行业全国各省份的趋同度都超出了90%。重复建设问题的存在，一方面延缓了生产的集中程度，不利于规模化生产；另一方面造成了产业比例不协调，资源得不到有效利用，降低了经济的整体发展能力，使产业的发展在低水平上重复，难以实现可持续发展。

2. 技术水平低，生产设备落后，产业整体素质不高，限制了产业结构的优化升级

目前，我国产业结构的整体素质还处在一个很低的水平，主要表现在技术水平低，设备落后，高新技术产业发展不足。据第三次全国工业普查，全部大中型企业中，技术设备达到国际水平的仅占26 1%，应该淘汰的设备占12.8%，达到国内先进水平的约占27.7%，而一般水平的占33.4%。主要专业生产设备虽然较新，但设备技术水平偏低的问题仍比较突出。同时，科技成果转化率低，“八五”期间我国申报国家级科研成果16万项，但实际转化为现实生产力的仅占20%。目前，我国技术进步因素对经济增长的贡献率只有30%左右，远低于发达国家70%的水平。我国高新技术产品产值仅占国民生产总值的3%左右，而发达国家一般在10%以上。设备技术水平的低下直接导致了我国劳动生产率低、产业层次低、产业结构优化和升级步伐慢，影响了经济的持续发展。

3. 资源消耗多，环境污染严重，影响了资源、环境与经济的协调发展

低下的技术水平和粗放的经济增长方式导致了资源消耗多，环境污染严重。据统计，我国的能源利用率只有32%（其中煤炭只有6%），比发达国家低十多个百分点。中国火力发电每千瓦时耗煤417克，比美国、日本高20%～30%；中国生产一吨乙烯的综合能耗是900万千卡，而国际先进水平是500万千卡。我国主要工业品能耗比发达国家高4倍多，主要产品能耗比发达国家高30%～80%。我国单位国民生产总值的能耗，为日本的6倍、美国的3

倍、韩国的4.5倍。与此相关联，我国的环境污染问题也相当严重。目前，全国500多个设区的城市中，大气环境质量全面合格的不到1%。由于环境污染严重，生态失衡，酸雨增多，气候变化异常，给国民经济造成了巨大损失。不仅如此，我国的环保产业也相当落后。据有关资料，西方发达国家环保产值占GNP的2.5%左右，中国1997年全国环保产值仅占GNP的0.7%。资源和环境问题已成为我国国民经济发展面临的重大问题，严重制约了我国社会经济的可持续发展。

4. 第三产业落后，不能吸纳更多劳动力，制约了消费需求的扩大，影响经济发展

中华人民共和国成立以来，我国国民经济发展一直面临着结构失衡的困扰。20世纪80年代以前，我国的产业结构是“重工业太重、轻工业太轻、农业落后”。80年代我国产业结构进行了大规模的调整，以轻纺、家电生产为主的加工工业迅速增长，第三产业和农业也得到了一定程度的发展。但是，20世纪90年代以来，我国产业结构又出现了新的失衡，主要表现在加工工业比重过高，第三产业比重上升缓慢。1998年第二产业产值在GDP中的比重为49.2%，而第三产业为32.8%。第二产业比第三产业高16.4个百分点。与1990年相比，第二产业比重上升了7.6个百分点，而第三产业只上升了1.5个百分点。这一比例不但大大低于发达国家的水平，而且比同发展阶段的国家低10～20个百分点。第二产业特别是加工工业比重过高，造成了一般工业品相对过剩和生产能力闲置。第三产业不少是劳动密集型产业，能吸纳更多的劳动力。第三产业比重过低，一方面影响了消费需求扩大，限制了经济的增长；另一方面不能提供更多的就业机会，不利于我国劳动力资源优势的发挥。

三、优化产业结构，促进可持续发展的对策

为了实现产业结构优化升级，促进可持续发展，我们认为应该采取以下主要措施：

1. 调整产业结构，淘汰落后设备，压缩过剩生产能力

目前我国产业结构面临着严重的结构性矛盾，产业结构调整不仅是一种适应性调整，更是一种升级性调整。在买方市场已全面形成的情况下，淘汰落后、过剩生产能力是产业结构调整的重要手段。就淘汰落后设备而言，要坚决淘汰落后陈旧的生产设备，通过技术改造，加大设备的更新，提高设备的技术水平，提高生产率。同时，要对过剩生产能力如纺织、煤炭、冶金、建材等行业进行压缩和调整，使之适应市场的需求，以提高效益。总的来说，产业结构调整应该按照市场消费结构和需求结构的要求，在“质量、品种、效益”的总的指导思想下，既要淘汰落后，又要更新换代，既要压缩过剩，又要提高效益。只有这样，才能提高国民经济的运行效益和增长质量，国民经济持续快速健康发展的目标才能实现，淘汰落后、解决过剩生产能力的目的也就达到了。

2. 加大科技创新力度，发展高新技术产业，加快产业结构升级

高新技术产业是未来的支柱产业，是未来国际竞争的主要决定力量。我国目前高新技术产业的发展不足，主要表现为科技创新缺乏力度，高新技术产业化步伐缓慢。今后我国要大力加强对高新技术产业的支持力度，加快高新技术产业化。(1) 增加对高新技术的投资力度，提高高新技术的研究和开发水平。在一些关键的高新技术领域如信息技术、生物工程、新材料、先进制造技术、航空航天技术等取得突破性进展，力争达到世界领先水平。(2) 制定合理的人力政策，完善用人环境。高新技术产业不同于一般的产业，它是科技、人才高度密集型的产业。目前我国的用人制度很不合理，科技人员创新的积极性得不到充分发挥。在市场经济条件下，我国要根据市场规律，完善收入分配制度，形成激励机制和约束机制，促进科技成果的开发转化。这是高新技术产业得到快速发展的先决条件。(3) 加大对各类开发区特别是高新技术产业开发区的建设，增强辐射和带动功能，这是高新技术产业化的重要途径。(4) 进一步健全融资机制。高新技术产业投资规模大、风险性强，传统的融资方式满足不了其要求。国外高新技术产业的发展证明，

风险投资在高新技术产业的发展中起到了催化和推动的作用。健全融资机制关键是建立风险投资机制和完善的股票市场。

产业结构优化升级的根本途径是，加快科技进步、提高产业的技术水平。为了改变我国目前产业结构层次低、技术落后的状况，必须加快制度创新，形成有效的激励机制，以增强技术创新能力，在发展高新技术产业的同时，采用高新技术与先进适用技术改造和武装传统产业，全面提高产业的技术水平。

3. 合理发展劳动密集型产业和第三产业，发挥资源比较优势

资源的合理配置是产业结构优化的根本标志，发挥资源的比较优势又是合理配置资源的重要方面。每个国家的总体资源优势与各个地区的具体资源优势并不完全相同。为了发挥我国目前劳动力资源丰富价廉的总体优势和各地特点不同的资源优势，应该采取以下主要措施：（1）重视发展劳动密集型产业，尽可能多地使用劳动力，少使用资本，主要采用节省资本而不是节约劳动的技术。（2）大力扶植优势产业，促进经济优势的发挥。优势产业的选择要立足本地资源状况，选择那些市场占有率大、具有规模生产优势和生产率高的产业。（3）合理确定主导产业，选择那些具有动态发展比较优势、开发潜力大、能够带动和形成整个国家或地区经济增长的产业作为主导产业，既发挥资源优势，又带动整个国家或地区经济的发展。

第三产业的发展程度已成为衡量一个国家经济现代化水平的重要标志。我国劳动力资源丰富，具有发展第三产业的资源优势。第三产业的发展水平低，不仅影响了我国国民经济的健康发展，而且影响了我国劳动力资源优势的发挥，必须加快第三产业的发展。（1）建立全国统一开放的市场体系，打破服务行业中的垄断经营，放宽市场准入，引进竞争机制，实行优胜劣汰。这既是服务业市场化、社会化的需要，也是服务业得以发展的根本保证。（2）调整服务业的结构，拓宽服务的领域，加快企事业、机关单位服务的社会化，大力发展技术含量高的现代服务行业，提高服务业的水平。（3）加强服务业的技术改造，改善经营方式，提高服务的质量和经营效益。

4. 加强政府的宏观调控和政策指导，积极发展环保产业

目前我国环保产业的发展还处在一个很低的水平上。环保产业作为朝阳产业，在发展中面临着很多问题。同时，环保产业又作为幼稚性产业，在我国市场经济体制不健全、市场竞争激烈的情况下，特别需要政府的保护。主要的措施有：（1）政府要对环保企业、产业的发展给予政策和资金的支持。对污染严重的企业，政府要加强治理整顿，实施“关、停、并、转”，限制其发展。对环保性企业和产业，政府要在政策、资金和管理上引导、鼓励其发展。(2) 加大环保产业科技投入力度，提高科研成果的适用性。环保产业的技术要求高，资金投入大，一些企业受到资金、科研开发能力等限制，自主开发的能力又不够，同时一些环保技术也因为市场适应性差、产品价格高等原因不能应用到生产中。因此，在环保科研开发和生产上政府要采取各种措施，鼓励企业加大科研投入，提高其科研自主开发能力；调动企业、科研人员的积极性，生产实用型、市场型环保产品。（3）加强对环保产品市场的规范和引导。目前我国环保产品市场尚处在发育、成长阶段，环保产品市场缺乏引导和管理，环保产品没有统一的标准，市场运作不规范。政府要加强对环保产品市场的引导和管理，制定环保产品质量标准、技术规范等，加强对环保产业的市场监督和管理。

参考文献

王军. 可持续发展. 北京：中国发展出版社，1997.

姚愉芳，贺菊煌等. 中国经济增长与可持续发展. 北京：社会科学文献出版社，1998.

李京文，汪同三主编. 中国经济增长理论与政策. 北京：社会科学文献出版社，1998.

张军立. 结构调整——中国经济的发展主题. 北京：企业管理出版社，1998.

杨公朴，夏大慰主编. 产业经济学教程. 上海：上海财经大学出版社，1998.

刘成瑞主编. 解剖中国经济，北京：中国经济出版社，1999.

郭克莎．总量问题还是结构问题?．经济研究，1998，(8)．
李金昌．展望新世纪的环保产业．中国人口·资源与环境，2000（3）．

（原载《中国人口、资源与环境》2001年第1期，与于波合写）

产业结构调整与扩大内需

新世纪开始，中国进入以经济结构调整促进经济发展的新阶段，结构调整（首先是产业结构调整）是“十五”计划期间经济发展的主线，扩大国内需求则是实现国民经济较快增长的根本之策。那么，产业结构调整与扩大内需是什么关系，产业结构调整对扩大内需会产生什么影响，二者是否协调一致呢？这是在实现产业结构优化升级的同时，进一步扩大内需，保持国民经济较快增长需要深入探讨的重大问题。

一、产业结构调整的内容与影响内需的因素

正确认识产业结构调整与扩大内需的关系及前者对后者的影响，首先需要明确产业结构调整的目标、内容和任务，弄清内需不足的表现和原因。

1. 产业结构调整的目标、内容和任务

产业结构对经济发展具有双重效应：既可以极大地促进经济增长，又可能严重地阻碍经济发展，怎样才能发挥促进作用、防止阻碍作用呢？唯一的途径是不断优化产业结构。产业结构优化的过程也就是产业结构调整的过程，产业结构调整的总目标也就是产业结构优化。产业结构优化是指各产业协调发展，产业总体发展水平不断提高的过程。具体来说，产业结构优化是指产业之间的经济技术联系包括数量比例关系由不协调不断走向协调的合理化过程，是产业结构由低层次不断向高层次演进的高度化过程。由此可见，产业结构优化主要包括两个方面的内容：产业结构合理化和产业结构高度化。产业结构合理化是指产业之间的经济技术联系和数量比例关

系趋向协调平衡的过程，是产业按比例协调发展规律的要求，它决定了资源在各个产业之间能否优化配置，不致造成积压和消费。产业结构高度化，又称高级化，是指产业总体发展水平不断提高的过程，即产业结构由低水平状态向高水平状态发展的过程，它决定配置到各产业部门的资源能否有效利用，带来更多、更好的产出。产业结构合理化和高度化也是产业结构调整的两大具体目标。

目前，中国产业结构不合理、不优化，主要表现在以下两个方面：一是产业之间的比例不协调，基础设施相对薄弱，简单重复的加工工业严重过剩，生产能力和产品大量积压；低档次、低质量的农产品不少也供过于求；第三产业的比重仍然偏低，第三产业中传统服务业的比重又过大，现代服务业的比重太小。二是整个产业结构层次比较低，从产值比重上看是2. 3. 1型结构，第二产业占的比重最大；从就业比重上看是1. 2. 3型结构，第一产业劳动力的比重仍然最大；传统产业的技术落后、产品老化、性能和质量差、加工度和附加值低，远没有用高新技术改造和武装，研发能力弱，核心竞争能力缺乏；高新技术产业的比重太小，达到尖端的也很少。产业结构这种不合理、不优化的状况，是造成“三农”问题严重、就业问题难以根本解决、收入差距扩大、无效供给过剩、有效供给不足、经济效益低下、生态环境恶化、国际竞争能力不强的基本因素之一，严重制约着中国内需的扩大、经济的发展。

产业结构这些不优化的表现，决定了新世纪中国产业结构调整主要包括以下三大方面的内容和任务。

(1) 调整农村经济结构，加强农业基础地位。合理调整农业的生产结构、产业结构、品质结构和农业生产区域布局，减少传统种植业，退耕还林，增强畜牧业、水产养殖业、林业，发展特色农业、生态农业、绿色农业、观光农业、优质高产高效农业；实行多种经营、适度规模经营、产业化经营，向农业生产的深度、广度进军，形成规模化、专业化的生产格局，改进技术，改良品种，降低成本，提高农产品的加工度、附加值、质量、商品率、竞争力；保持全国耕地总量动态平衡，实施“种子工程”，完善农田灌溉配套设施，改造中低产田，搞好商品粮基地建设，稳定粮食生产能力；

加强农村交通、通讯、能源、防治旱涝灾害等方面的基础设施建设，解决农村经济发展的水、电、路困难；积极转移农村富余劳动力，引导农民更多地从事非农业；支持和引导乡镇企业推进结构调整、技术进步和体制创新，实现合理集聚、健康发展。

(2) 以信息化带动工业化，优化工业结构，加强基础设施。以市场为导向，加快工业改组、改造，转变工业生产方式，淘汰简单重复的低水平加工制造业，振兴装备制造业，用高新技术改造和武装传统产业，实现产业结构优化升级；增强工业研究、开发和深加工能力，优化产品结构，增加品种，改善质量，节能降耗，清洁生产，防治污染，提高劳动生产率；加强能源、交通、环境、水利等基础设施建设，形成保护、开发和节约利用水资源的途径，健全综合交通体系，优化能源结构；推进老工业基地的结构调整，因地制宜地发展拥有比较优势的接续产业和替代产业；努力发展高技术产业，提高高技术产业在国民经济中的比重，形成新的比较优势和竞争优势；加速发展电子、信息产品制造业，建设信息基础设施，广泛应用信息技术，推动工业和整个经济、社会的信息化，加快工业现代化的进程。

(3) 加快发展服务业，提高第三产业的比重。按照“扩大总量，优化结构，拓宽服务领域，提高服务水平”的原则，大力发展服务业，建立和完善城乡社会化服务体系。优先发展信息、金融、保险、会计、审计、法律、管理咨询、工程咨询等现代服务业；积极引进新型业态和技术，推行连锁经营、物流配送、代理制、多式联运，改造提升传统流通业、运输业、仓储业和邮政服务业；进一步发展各种面向生活消费的服务业，包括以居民住宅为重心的物业管理和社区服务业、旅游业、商品零售业、餐饮业、文化娱乐业、体育产业等。

2. 内需不足的表现和原因

(1) 内需不足的主要表现。1997 年以来中国出现通货紧缩、经济增长速度下滑、就业压力加大的势头，造成这种状况的原因，除了出口增长受国际经济波动影响之外，主要是国内需求不足。内需不足主要表现在以下几个方面：

第一，居民消费支出不足，引起物价持续低迷。中央银行自1996年开始至今连续9次降息，年利息已从10.98%下调到1.98%，但银行存款不仅不下降，反而大幅度增加。城乡居民储蓄存款余额1997～2001年的增幅分别为19.3%、17.1%、11.6%、7.9%、14.7%，同期城乡居民人均可支配收入实际增长率则分别为3.4%、5.8%、9.3%、6.4%、8.5%，农村居民人均纯收入增长率则分别为4.6%、4.3%、3.8%、2.1%、4.2%，前者大大高于后者，表明城乡居民消费支出增长不断下降，导致需求不足。1996～2001年，全年社会商品零售总额比上年的增长速度分别为19.4%、11.1%、6.8%、9.7%、10.1%，增幅虽有起伏，但总的来看是下降趋势。消费需求不足，引起通货紧缩，居民消费价格总水平的增长速度大幅度下降，甚至出现负增长。1996～2001年，全年居民消费价格总水平的增幅分别为8.3%、2.8%、－0.8%、－1.4%、0.4%、0.7%。

第二，金融机构贷款增长率下降，投资增长幅度偏低。1998～2001年，全部金融机构各项存款余额增额增长率分别是16.1%、13.7%、13.8%、16%，同期全部金融机构各项贷款余额增长率分别为15.5%、12.5%、13.4%、11.6%，① 存款增长持续超过贷款增长，金融机构闲置资金不断增加，没有形成更多的投资。近几年固定资产增长率也大幅度下降，1996年是18.2%，1999年仅有5.2%。虽然2000年上升为9.3%，2001年再上升为12.1%，但引起这种上升的一个重要因素是由于政府运用财政政策，大量增加了长期建设国债资金。

第三，生产能力过剩，企业开工不足，产品大量积压。根据第三次工业普查的结果显示，1995年286种主要工业产品中，生产能力利用率在90%以上的仅有47种，占16.4%；生产能力利用率低于80%的有238种，占有83.6%，其中低于60%的有61种，占21.3%。到1997年底，全国累计库存约3万亿元，其中1.3万亿

① 资料来源：中国统计年鉴（2001）. 北京：中国统计出版社，2001；中华人民共和国2001年国民经济和社会发展统计公报. 经济日报，2002-3-1.

元为非正常库存。①

(2) 内需不足的基本原因。造成国内需求不足的原因是多方面的，主要包括以下几个方面：

① 收入预期下降，农民收入偏低。实际收入水平及其变动、收入预期和收入分配结构是影响内需最重要的因素。近年来，由于中国经济增长从1992年的14.2%，逐年下滑到1999年的7.1%，企业开工不足，职工下岗分流，利润下降或亏损，导致人们对未来劳动收入的预期下降；生产能力普遍过剩，产品大量供过于求，很难找到有利的投资机会，造成人们的投资收入预期偏低，结果使得人们有钱也不敢消费、不愿投资，引起投资需求和消费需求均不足。中国目前的内需不足，主要是农民的需求不足，农民的需求不足主要又是由于农民的收入偏低。由于多方面的原因，农民收入增长缓慢，城乡居民收入水平差距日趋扩大。“八五计划”（1991～1995年）和“九五计划”（1996～2000年）期间，农民人均纯收入年均增长速度分别为8.92%和2.89%，“九五计划”期间比“八五计划”期间下降了36个百分点。2001年，农村居民人均纯收入为2 366元，比上年实际增长4.2%；城镇居民人均可支配收入为6 860元，比上年实际增长8.5%②。无论是绝对量，还是增长率，农村居民收入都比城镇居民收入低得多。城乡收入差距的扩大，农民收入偏低，使得农民有购买力的需求严重不足。2000年，城镇居民人均消费支出已达4 998元，而同期农村居民的总支出仅为2 535.01元，其中用于生活消费的支出仅为1 670.13元，只有城镇居民水平的1/3左右。2001年，农村每百户居民彩色电视机、电冰箱、洗衣机的拥有量分别为54.4台、13.6台、29.9台，同年城镇居民的拥有量分别为120.5台、81.9台、92.2台，农村居民的拥有量仅为城镇居民拥有量的45.1%、16.6%、32.4%。③

① 魏杰等．如何启动中国经济．北京：中国经济出版社，2000：38．

② 中央政研室．“九五”期间中国农民收入状况实证分析．农村经济问题，2001（7）．

③ 林毅夫．进一步启动存量需求仍是重点．经济日报，2002-7-17．

② 消费支出预期偏高、投资意愿下降。在收入一定的条件下，实际支出的多少和预期变化也是决定需求的重要因素。由于近几年养老、就业、医疗等社会保障制度、住房制度和教育制度改革的深化，养老个人账户的建立，就业的不稳定，住房商品化的推行，教育与医疗费用的大幅度增加，需要存钱养老、看病、买房、子女教育，使得人们的支出预期偏高，不得不减少现期消费支出；又由于投资收入预期偏低，使得社会投资意愿下降，投资支出也就不可能较多增加。因此，尽管收入增加、储蓄增加、多次降息，但是投资支出和消费支出并没有随收入的增加而相应地增加，储蓄也没有相应地转化为投资和消费，造成投资和消费均不足。

③ 无效供给太多、有效供给不足。这也是引起有效需求不足、社会供需总量不平衡、经济增长乏力的重要原因。目前中国国民经济状况虽然告别了长期存在的短缺状态，形成了供略大于求的买方市场，但当前的买方市场是在居民收入水平和购买能力较低、低水平重复建设大量存在、经济结构明显失衡条件下形成的，其基础相当脆弱，与此相联系的供给“过剩”是一种相对过剩和结构性过剩，是相对过剩与相对短缺、结构性过剩与结构性短缺并存，具体而言是无效供给太多、有效供给不足。无效供给太多，有效需求不足，共同造成表面上的供过于求。而且有效供给不足，既不能满足现有的需求，又创造不出新的需求，不仅不能增加需求，而且使已有的需求得不到实现，从而减少实际的需求总量，加剧需求不足。①

二、产业结构调整直接扩大内需

从产业结构调整的内容和导致内需不足的原因的分析，可以看出通过产业结构调整，实现产业结构优化升级，能够直接扩大内需。

---

① 简新华，陈志祥．增加有效供给，保证经济增长．求是，2000(22)．

1. 产业结构优化升级能够提供新产品，创造新的需求

供给不仅可以满足需求，还能够创造需求。在许多情况下，人们事先并没有对某种产品和劳务的需求，但当某种有创意的产品和新的服务项目问世以后，一种新的消费需求往往旋即产生。产业结构优化升级意味着新兴产业和高技术产业的发展，也会带来第三产业特别是现代服务业的大发展，提高产业的技术水平，增强企业研究和开发能力，这一切都会开发出许多新产品和新的服务项目，创造许多以前所没有的新的需求，从而直接扩大总需求。

2. 产业结构优化升级能够增加有效供给，开发和满足潜在需求

产业结构优化升级必将优化产品的供给结构，提高产业的有效供给能力，增加产品的花色品种，提高产品质量和性能，扩大短线产品的生产，发展中国还不能生产的产品的生产，克服市场上供不应求、有求无供的状况，满足以前没有得到满足或没有能力满足的需求，使潜在需求转变成实际的需求。

3. 产业结构优化升级能够提高经济效益，增加收入，扩大内需

产业结构优化升级必须压缩长线产业，淘汰或改造传统落后产业，发展短线和高效产业，能够实现产业资源的优化配置，减少积压和浪费，提高产业和企业的经济效益，增加收入，增强购买力，从而扩大有效需求。尤其是通过农村产业结构调整，大力发展优质高产高效农业和非农产业，实现农业结构优化、农业产业化和农民非农化，必将极大地增加农民的收入，扩大农民的需求。

4. 产业结构优化升级能够扩大投资需求

产业结构优化升级必须用高新技术改造和武装传统产业，进行技术改造、设备更新，采用先进的技术设备；必须加快发展新兴产业、高技术产业，而这些大多数是资本和技术密集型产业。这两方面任务的完成都需要大规模的投资，而且是有利可图甚至是高回报的投资，必然极大地推动投资的增长，增加投资需求。

5. 产业结构优化升级能够促进经济增长，提高收入预期，扩大需求

产业结构调整的根本目的就是要实现产业结构优化升级，改善供求状况，优化产业资源配置，促进国民经济的持续高效增长，必将提高人们的投资和劳动的收入预期，增强投资意愿和消费倾向，消除有钱不敢消费、不愿投资的现象，从而扩大投资需求和消费需求。

三、产业结构调整间接影响内需

从产业结构调整的内容和导致内需不足的因素的分析，不仅可以看出产业结构调整能够直接地扩大内需，而且可以发现产业结构调整还能够间接地扩大内需，缓解供需矛盾。

1. 产业结构优化升级能够减少无效供给，缓解供过于求的状况

如前所述，我国目前存在的这种有效需求不足的生产过剩不是绝对的，是一种低水平的相对过剩。虽然总供给就其数量而言，确实超过了总需求，造成了大量的产品积压，但这并不完全是因为需求不足造成的，还是产品自身品种少、质量差、成本高、效用低而无法满足需求的结果，实际上是一种无效供给过剩。通过产业结构优化升级，可以压缩长线产业，消除低水平的重复建设，淘汰技术落后、污染严重、消耗大的过剩生产能力，减少无效供给，从而缓解生产过剩的状况。

2. 产业结构优化升级能够适应消费结构及其变化，更好满足不同层次的需求

目前的生产过剩也是由于供给结构不适应消费结构造成的结构性过剩。从90年代后期以来，随着人们生活水平的提高，消费需求的结构发生了明显变化：人们的消费从以基本的吃、穿为主转向以住、行、用为主的消费，温饱型消费转向小康型消费，从大量的普通性商品消费转向注重选择、追求时尚的多样化、个性化消费，消费者的质量意识、服务意识日渐增强；同时由于长期二元经济的存在，消费差距日益拉大，消费也呈现多层次的特点。正是由于产业结构没有适应消费结构的这种变化和特点，结果造成市场需要的产品供不应求，市场缺乏需求的产品却严重过剩。根据消费结构及

其变化，进行产业结构调整，以市场有效需求为导向，走消费引导生产、生产适应消费之路，压缩长线产业，发展短线产业，开发新产品，改良旧产品，可以更好地满足多样化、个性化、不同层次的需要。

3. 产业结构优化升级能够减少成本，降低价格，刺激需求

价格高低也是影响需求的重要因素，一般来说，价格越高，需求越少；反之，则多。成本又是制约价格的重要因素，成本越大，价格越高；反之，则低。通过产业结构优化升级，改造传统产业，发展高新技术产业，提高产业的技术水平，可以减少生产成本、管理成本，从而降低产品价格，增加产品的吸引力，刺激需求。

4. 产业结构优化升级能够开发更多替代品，增大需求弹性，减少需求的下降

需求的多少还要受需求弹性的影响，需求的弹性越大，需求受价格变动的影响越大。替代品的多少又是影响需求弹性的重要因素，替代品越多，需求弹性可能越大，对某种商品的需求可能因价格上涨而大量减少，但可以转化为对替代品的需求，社会总需求不一定下降。产业结构优化升级能够提高产业和企业的研发能力，开发更多的替代品，不仅可以更好地满足多样化的需求，而且能够增大需求弹性，减少总需求的下降。

综上所述，由于产业结构调整是要实现产业结构的优化升级，能够改善供给状况、优化资源配置、提高经济效益，既可以更好地满足现有的需求，缓解供需矛盾，又可以开发潜在需求，创造新的需求，增加投资和消费需求。所以产业结构调整是扩大内需的重要途径。相对于扩张性财政政策、金融政策、收入政策而言，产业结构优化升级是扩大内需、保持国民经济较快发展的更为重要的长期起作用的基本因素，因此必须更加予以重视。

（原载《首都经济贸易大学学报》2003 年第 1 期，吉林人民出版社 2003 年出版的《与时俱进，开拓进取》全文转载，与许辉合写）

论产业结构调整中的企业发展战略选择

结构调整是新世纪新阶段我国经济发展的主线，产业结构调整则是结构调整的重要组成部分。我国新阶段的产业结构调整的目标是推进产业结构优化升级，形成以高新技术产业为先导、基础产业和制造业为支撑、服务业全面发展的产业格局。产业的地位和性质，随着产业生命周期（即进入期、成长期、成熟期、衰退期）发展的过程而变化，存在依次由新兴产业、“朝阳产业”、先导产业向成熟产业、支柱产业、主导产业再向传统产业、“夕阳产业”、衰退产业转变的发展趋势。这一发展趋势，既反映了产业生命周期不同阶段产业类型演变的特点，也是产业发展的一般规律。在新阶段产业结构调整的背景下，不同的产业会发生不同的变化：有的产业会兴起、发展、扩张，有的产业会改造、更新、转移，还有的产业要收缩、限制、淘汰。在这个过程中，出现一些新兴的产业，一些处于幼稚成长期的产业将进入成熟阶段；越来越多的传统产业将步入衰退之列。产业是企业的集合，产业结构调整任务的完成需要企业行为的配合。结构调整中不同产业会有不同变化，产业的不同变化与产业生命周期的不同阶段存在着密切的联系，因此不同阶段不同产业中的企业必须选择不同的战略。本文主要探讨处于不同发展阶段和在产业结构调整中会发生不同变化的产业中的企业应该怎样选择合理的发展战略，以保证调整任务的完成，促进产业结构的优化升级。

一、进入期和成长期产业内的企业战略选择

处于进入期和成长期的产业，一般是新兴产业、“朝阳产业”、先导产业，现阶段最具代表性的就是高新技术产业和现代服务业。在产业结构调整的过程中，这些产业生产新产品，技术先进，代表产业发展的方向，市场需求迅速扩大，往往会受到鼓励和支持。但同时，这类产业的技术可能还不十分成熟，产品还有待改进，市场还在开拓中，营销渠道和产业供应链还在形成过程中，规模还比较

小，生产经营成本也可能比较高，存在进入障碍，不确定因素多，经营风险大。已经存在和准备进入这类产业的企业，应该按照以下原则选择正确的发展战略。

1. 准备进入此类产业的企业战略选择

(1) 正确选择产业进入的时间。新兴产业是成长中的产业，进入的早晚不同，会使企业面临不同的经营环境和条件，对企业的发展会产生不同的影响，所以企业必须选择合理的进入时间。企业若早期进入，则有利于发展和提高企业的形象及声望，较早地开始产业中的学习过程，更好地获得顾客忠诚度，并且更早地形成原材料供应和销售渠道，以降低流通成本，保证稳定的发展，但也可能会冒更大的风险。并不是所有的企业都适于早期进入，要具体情况具体分析。如果企业开辟市场的代价过于高昂，则不宜过早进入。

(2) 正确选择产业进入的方式。企业进入某个产业存在多种方式，可以独资进入，也可以合资进入，或通过与已在此产业中的企业联合的方式进入；可以从生产领域进入，也可以从流通领域进入，或从研发领域进入，企业必须根据自身的资源状况、比较优势和产业的市场结构、发展态势，选择更容易、更有效的进入方式。在进入过程中，还要通过降低产品成本，提供广义上的优质产品，引入市场营销创新或使用他人的销售系统，克服进入壁垒，以利更好地进入。

2. 已在此类产业中的企业战略选择

(1) 形成产业先见，实施抢先战略。以中小企业尤其是中小高科技企业为主的新兴产业的培育与形成是产业结构调整的重要内容。由于这些高科技企业处于新兴的产业中，投资前景不明确，风险较大，所以产业先见是这类企业制定正确发展战略的关键。所谓产业先见，即产业洞察力，就是对未来需要、技术发展、产业演化的一种预见能力。在形成产业先见上，一要摆脱既有的产业和产品观念限制，从认识人的基本需求开始，以产品和服务为载体向人们提供新的效用。二要超越顾客导向，以自己的专业知识和远见，根据现有技术进步的可能性，开发新产品，引导顾客向其意愿却尚不自知的方向走，使他们获得惊喜。三要突破成本限制。现有的产品成本观念往往限制了企业对未来产业的构想，从而制约了企业的发展。实际上，处于新兴或先导产业内部的企业生产新产品的初始成本总是很高的，但一旦生产过程、工艺设计改进，工作熟练程度提高及销售额增长，会使企业生产数量大幅度提高，经营规模扩大，成本也会急剧下降。其次要具备战略观念，为了长远的发展，可放弃某些局部和短期利益。实施抢先战略是发挥产业先见作用的重要途径，企业明知生产某类产品暂时达不到规模经济的要求甚至亏损，但为了保持在本行业“排头兵”的形象，或为了在未来看好的市场上抢先树立自己的品牌，或为了不让对手独占市场，需要不顾暂时效益差而抢先进入。

（2）促进行业规则形成，开拓供应销售渠道。在新兴的产业中，企业要考虑是否有能力促进行业规则趋于稳定而且成型。这种战略选择使企业能够在产品策略、营销方法以及价格策略等领域建立一套有利于自身发展的竞争原则，从而有利于企业建立长远的行业地位。企业在促进行业结构形成的努力中，能使自己在产品、营销、定价等方面的规则较多地成为行业规则或行业规则的基础，使本企业成为行业的关键成分。为了促进行业规则的形成，企业需要为行业发展做出一定的主动贡献，例如，促进行业标准的形成，协调各权势集团与行业的关系，对消费者进行宣传，进行行业分析和发展预测，积累行业统计数据等。行业新兴阶段的供销关系是不稳定的，企业必须不断地创造出适合行业发展的供销关系。例如，逐渐形成行业的社会协作系统，使供应商逐渐适应行业的特殊要求，形成专业分销商，部分由企业自己承担的广告、销售设施等方面的工作可以更经济地由供应商承担，以提高经营绩效。此外，在行业新兴阶段中，供销关系一直在变化，企业必须能识别这一变化的趋势，在利用现有供销体系的同时，创造出新的、具有本企业独特优势的供销关系。

（3）实行产业合作，发挥产业集聚效应。新兴产业中的企业的成功在某种程度上依赖于产业中的其它企业，依赖于产业形象、可信性和顾客的认知。产业的集聚能够形成产业的集聚效应、规模效应，形成比较稳定的各种投入品供应市场和产品销售市场，有利于信息、技术和管理的交流，形成和充分利用配套的公共物品和基础设施，提高生产率。所以企业之间需要合作，特别是利用产业的集聚效应促进企业的发展。在集聚区中，企业要保持不断学习的态势，要干中学、用中学，对原有技术进行改造，创造新的生产方法和新的消费方式。企业之间的竞争要在更高层次上展开，竞争者要不断地从对手那里得到信息和激励，不断改进管理，以更加有效的方式组织生产，不断发现新的市场机会。在发挥产业集聚优势的过程中，要注意培养区域认同感和根植本地的归属感，企业文化与区域文化要协调。企业在开展竞争的同时，要有选择性地与其它企业和机构建立长期、稳定、互惠的关系，要重视与国内外大学、研究机构尤其是外国高科技企业的合作。

(4) 实现规模经营。随着更多企业的进入，产业内竞争开始激化。企业要在竞争加剧的环境下生存下来并发展壮大，关键是要实现规模经营。只有实现规模经营，才能产生可观的赢利，而利润转化为投资又可以进一步扩大规模，提高竞争力，实现一种良性循环，最终成为本行业的“排头兵”。相反，规模上不去，赢利甚微乃至亏损，投资缺乏后劲，生产可能萎缩，则将陷入一种恶性循环，最终会被本行业大企业排挤“出局”。实现规模经营，首先要多方面拓展融资渠道。在新兴行业发展的初期，谁的资本来源丰富，谁就占据主动权。实现规模经营，除了价格竞争外，更重要的是要通过非价格竞争来提高自身实力，战胜对手，扩大规模。非价格的竞争要充分利用先进的信息技术和网络技术，提升产品品牌、质量、品种更新能力、大范围促销能力和快速周到的售后服务能力等。

值得指出的是，对于进入期和成长期的产业，国家往往会采取税收优惠、信贷便利、技术支持、贸易保护、财政援助等多种扶持政策，促进其发展。因此，无论是准备进入，还是已经处在这类产业中的企业都要积极地争取和利用国家的扶持政策，求得更快的发展。

二、处于成熟期产业内的企业战略选择

处于成熟期的产业，一般的特点是市场需求可能达到最大，具有较为长期和稳定的产出和收入，虽然并不都是主导产业、支柱产业，但只要是主导产业、支柱产业，必然是处于成熟期的产业。因为只有处于成熟期的产业，才有可能在产业结构和国民经济中占较大的比重，才能发挥主导和支柱作用。处于这类产业内的企业的竞争环境也发生了很大的变化，增长的缓慢意味着市场占有率方面更激烈的竞争，竞争也更倾向于强调成本和服务，因此企业应该采取以下战略选择。

1. 努力降低成本，获取竞争优势

随着竞争的加剧，成本成了企业生存的决定性因素，只有成本足够低的企业才能在需求萎缩的市场中生存。所以成本领先战略成了成熟产业中企业获取竞争优势的主要战略。企业必须根据自身的状况，采取各种有效措施，降低成本，如改进技术，加强管理，降低消耗；组建企业集团，实现规模经济，通过大规模标准化和专业化的生产，利用企业在管理、销售、采购、筹集资金和生产上的规模效应，降低成本，等等。

2. 采取产业延伸战略，延长产业链

对于成熟产业内部的企业来讲，由于市场竞争非常激烈，市场空间增长潜力不大，增加市场份额很困难，为了提高竞争力，求得企业的长期稳定发展，可以采取产业延伸战略。所谓产业延伸是指企业突破原有产业的界限，向上下游方向延长产业链。向上游方向延伸，可以保证原材料和机器设备的供应，取得更有利的生产条件，降低成本；向下游方向延伸，可以搞好销售和服务，提高竞争力。一方面建立牢固的顾客关系、维持企业的市场地位；另一方面，减少商品交易的中间层次，降低交易成本。由于产品不再是新的，客户在知识和经验方面日益丰富，客户的注意力从决定是否购买转向在品牌间选择，实施产业延伸战略，有助于维护产品和企业形象，吸引新顾客，留住老顾客。

3. 缩减产品系列，优化产品结构

成熟产业的企业将面对衰退期的到来，为了提前做好准备，减少衰退期的损失，可以采取缩减产品系列战略。调整企业原有产品系列结构，缩减利润低的产品，将生产和经营能力集中到利润高或者具有优势的产品上，将战略重点转移到在衰退条件下还有利可图的细分市场上，争取在细分市场上产生集聚收益，形成竞争优势，尽量减少在衰退期的市场退出壁垒。缩减产品系列，使资源集中在成功的产品上，更有条件进行创新，在进入衰退期后，既能够保持比较优势，又有利于退出原产业、进入新产业，实现企业的持续发展。

4. 采取产业转移策略或多元化经营战略

处于成熟产业内的企业为衰退期做准备，也可以根据企业自身的情况采取产业转移策略或多元化经营战略。由于成熟阶段中的企业往往实力较强，承受变革的能力也较大，所以企业战略的重大变革也往往发生在这个阶段之中。实施产业转移策略或多元化经营战略，利用自己在市场、技术、资金或其它资源方面的优势，把原有成熟业务向其它地区和国外转移，以原有成熟业务为新业务的发展提供稳定的资金来源，用新产品淘汰原有产品，逐步转入相关行业或其它行业，实行多元化投资和经营，可以减少或分散风险，增加企业的收益，维持企业的稳定发展。

三、处于衰退期产业内的企业战略选择

处于衰退期的产业，一般是传统产业、“夕阳产业”、衰退产业，这些产业的特点是产品老化、技术陈旧、市场需求萎缩、增长缓慢。在产业结构升级换代式的调整过程中，技术的进步和知识经济的到来加速了传统产业的衰退。因而，衰退产业中的企业如何顺应产业成长周期的规律，及时进行战略调整和战略创新，已经迫在眉睫。传统的企业战略要求企业在细分市场上重新定位、在行业中建立领先的地位从而延缓企业衰退期。除此之外，在新阶段的产业结构调整背景下，企业还应该着重把握以下几点：

1. 实行战略创新

实践表明，在衰退产业市场上通过成本优势提高市场占有率所能争取的生存发展空间十分有限，即使能有所收获，代价也是高昂的，往往伴随企业间的恶性竞争和报复性行为。相对于产业生命周期的其它阶段而言，战略创新对衰退产业中企业竞争优势的获取尤其重要，是企业获得竞争优势的根本途径。首先，衰退产业的根本特征是需求下降导致能力过剩和过度竞争，传统的企业战略只能治标而难以治本，只有进行创新才能使企业顺利地从衰退产业蜕变到新兴产业，避免进入已趋成熟的产业再度陷入衰退之列。其次，衰退产业中的企业普遍有危机感，具备了产业创新的动力。因为到了产业的衰退期，企业前途未卜，从高层管理到普通员工都有一定程度的危机感，对战略创新有较大的认同度。再次，产业从成熟向衰退的转变过程中，虽然缺乏产业的长期吸引力，但具有较高的现金流入，这样就为企业战略创新提供了资金保证。这里的战略创新主要是企业的产业创新。产业创新有几种形式：（1）竞争规则创新。对于衰退产业而言，设法从根本上改变其游戏规则，打破现有的竞争格局，从而在这个产业中走出原领先者的阴影，成为产业新的领先者。（2）重划产业界限。新阶段的产业结构调整是新技术革命带动的调整，是信息化带动工业化的调整，所以产业之间的界限越来越模糊。在一些衰退产业解体并演化出新兴产业的同时，又出现了不同产业的汇聚或融合现象。如日益衰退的传统家电制造业与信息产业等融合创造出新的信息家电产业。这些产业大多集过去所定义的多种产业于一体。企业可以重新设定产业界限，从而找到新的生存空间。（3）创造全新产业。传统产业之间可以结合现代的新技术，进行重组，能够产生一些新兴的产业。例如商业、运输业、仓储业等传统流通部门通过信息技术重组而产生的物流业，就是一个新兴的产业。

2. 利用高新技术改造传统企业

传统产业并不等同于夕阳产业，传统产业可能变成夕阳产业，如果运用高新技术改造和武装，传统产业也可以重新焕发青春。在新一轮产业结构调整的背景下，高科技产业的迅猛发展会对传统产业产生巨大的冲击，不少传统产业将变成夕阳产业。传统产业要存在和发展，必须运用高新技术改造和武装，这也是产业结构优化升级的重要内容。所以，传统产业中的企业应该在这个背景下，积极主动地投入到科技改造中，实现增长方式的根本转变。老企业要用高科技的手段，提高传统产业产品的科技含量，增加附加值；积极、主动地进行技术创新和科技成果转化，设立科技开发部门，关注、跟踪高科技发展的新动向，更新知识，开拓视野，将相关技术融合到自身的科研、产品开发中去；建立与高校、科研院所联系的渠道，实行校企联合、优势互补、资源共享、购买专利、技术入股等，以各种方式将知识、人才、技术、项目、信息等引入企业，促进企业向高科技领域的发展；寻找与高科技企业合作的机会，通过合资入股、资产重组等方式争取融入到高科技产业链中去，加快技术更新和改造。

3. 选择市场退出的战略

衰退产业中企业发展的另一条重要出路是市场退出。如果在原产业继续发展的空间已相当有限，自觉退出对企业的发展就显得尤为重要。自觉退出是指主动地撤离某行业，如剥离、停产等，不是等到企业完全陷入困境之后被迫采取的应急措施，而是一种有计划、有步骤的自觉行为，其目的是为了优化企业的生产结构或产品结构，以求得企业的长期发展。在市场退出时需要把握好以下几点：

(1) 确认衰退趋势，正确作出退出决策。企业要避免对衰退产业复苏前景的过度乐观，克服感情上对原有产业的依恋，客观地分析原产业的发展态势。面临行业性衰退的企业往往发现自己有以下“症状”：①生产能力过剩，开工严重不足。②收益率很低甚至亏损。由于生产能力严重过剩，企业为了生存下去，不惜采取低价倾销手段，致使相当一部分企业停产、半停产的同时，产品有销路、能够维持正常生产的企业也因产品价格低而处在收益极低的状况中。③资金投入减少，优秀人才含量减少。低收益使得企业难以吸收新投资，也留不住优秀的管理人才和技术人才。出现这些“症状”的企业可以考虑采取退出战略。

（2）分析退出成本和收益。由于退出会造成停产损失，资产的专用性会使退出造成大量沉淀成本、固定资产的损失，进入新产业会带来收益，因此企业退出必须进行资产撤出的成本收益权衡。这里的成本还要考虑进入新产业所要增加的投入和市场退出的机会成本，即企业在原有产业的收益，这是企业在市场退出中要失去的收益。企业拟进入产业的未来收益是企业退出的预期收益。在估计企业退出的预期收益时，要注意：①资源退出原有市场进入新市场的过程中，在市场外等待、停业期内资源闲置的损失；②进入新产业的巨大的创业风险。必须尽量减少退出成本，增加退出后的收益。

（3）克服退出障碍。企业退出在经济、感情、信息、政府及社会等方面存在着很多壁垒和障碍。首先，企业退出的成本巨大。企业机器设备的专用性往往很强，例如在纺织行业中，纺机、织机只能生产纱、布，无法生产其它产品；在煤炭业中，采煤设备也无法用于生产汽车和家电。而且职工技能的专用性往往也很强，再加上退出时清算价值可能低于实际价值，这些都会造成较大损失，形成退出的障碍。同时，企业退出可能会降低资本市场对企业的信心，工资刚性、劳动力转移困难、进入其它行业的壁垒、社会保障制度不完善等都可能形成企业的退出障碍。身处衰退行业的企业要想“突围”，必须克服这些退出障碍。当务之急就是挖掘自己的潜力。有的企业是老牌国有企业，历史悠久，在人们心目中影响深远；有的规模巨大，资本实力可观；有的在房地产、商标等有形或无形资产方面“含金量”较大，等等。企业应当把这些优势当作资本开发出来，作为一种救生圈，使自己脱离险境。例如：资金实力雄厚的企业可以考虑以投产其它领域作为突破口，并由此向其它产业过渡，也可以实行多样化经营，以开发市场前景好的产品来抵消原有产品对利润的不利影响；有的企业拥有较好的黄金地段和房产，与其闲置不用，不如合理开发，收取租金；许多通用性强的机器设备可以考虑出租给其它行业或效益好的企业去使用，去增值，自己分享租金部分；就是资产、资金、商誉各方面都不行的衰退行业企业，也可以发挥本行业原有的特色和优势，发展第三产业，创造就业和收入，如冶金、地矿行业可以凭借行业经验与优势，发展建筑工程、勘察设计、监测以及金属鉴定、出售等业务。

(4) 选择合适的退出方式和战略。衰退行业的企业能否顺利退出，关键在于正确选择合适的退出方式和战略。企业的退出方式大致有：改组、联合、兼并、出售、拍卖、破产等，也可采用股份制、股份合作制及合资嫁接等方式，还可采取转产的方式退出。企业的退出战略从时间上可分为迅速退出战略和逐步退出战略。这些方式和战略各有利弊，应该选择损失小、成本低、障碍少的方式和战略。

(5) 选择有利的进入方式。衰退行业的企业进入新产业，应选择有发展前景、专用资产损失低、进入投资少、更容易进入的产业进入。除此之外，还可以通过资产重组、资本运营，与其它行业优势企业“联姻”，实行“嫁接”，乃至依托外资，采用“借壳”、“卖壳”的方式进行改组改造，以进入新产业。当然，要以这种方式“嫁”给其它企业或外国资本，从而进入新的产业，自身要具备某方面的优势足以吸引它们来收购和重组。

参考文献

迈克尔·波特. 竞争战略. 北京：华夏出版社，1997.

加利·哈梅尔，普拉哈拉德. 竞争大未来. 北京：昆仑出版社，1998.

菲利普·艾文斯·奥斯特. 新经济浪潮冲击下的企业战略. 上海：上海远东出版社，2001.

中共中央关于制定国民经济和社会发展第十个五年计划的建议. 北京：人民出版社，2000 (10).

简新华. 产业经济学. 武汉：武汉大学出版社，2001.

陆国庆. 衰退产业论. 南京：南京大学出版社，2002.

魏杰. 企业战略选择. 北京：中国发展出版社，2002.

陈明森. 市场进入退出与企业竞争战略. 北京：中国经济出版社，2001.

芮明杰. 中国企业发展的战略选择. 上海：复旦大学出版社，2000.

(原载《东南学术》2005 年第 1 期，中国人民大学书报资料中心《工业经济》2005 年第 4 期全文转载，与朱君丽合写)

中国自主创新的动力和实现机制

一、引　言

自从进入新世纪我国提出自主创新、建设创新型国家的重要方针以来，自主创新已经成为全国上下包括政府、学术界、企业界以及新闻媒体研究和关注的热点问题，发表了不少论著，但产生了较大分歧，从自主创新的提法到中国现在有无可能做到自主创新，都出现了不同的看法。

1. 自主创新的提法是否科学?

有一种观点认为，什么是自主创新?内涵不明确，科学技术创新都是自主的，没有不是自主的创新，不存在什么自主创新与非自主创新之分，所以自主创新的提法是不科学的，只讲创新就行了。我们认为，技术进步是社会经济发展的决定性因素，技术进步简而言之就是取得和采用先进技术，先进技术则分为两大类，即非新的先进技术和新技术，而技术进步主要可以通过两条途径实现：一是通过技术创新，取得和采用新的先进技术；二是通过技术引进，取得和采用新的先进技术及非新的先进技术。新的先进技术的取得和采用，首先必须进行技术创新。技术创新是指开发新技术，又可以分为两种类型：一种是外依型创新，即主要依靠外部力量、自己无知识产权的技术创新，也就是国外的、别人的创新，这种创新产生的新技术只能通过引进而拥有、采用；二是自主型创新，即主要依靠内部力量、自己拥有知识产权的技术创新，这种创新产生的新技术自己能够直接拥有、采用。我国现在提出的自主创新，正是后一种创新，是内涵十分明确的科学的概念。

2. 中国现在能否做到自主创新?

第二次世界大战以后发展中国家经济发展的经验表明，后发国家成为新兴的工业化国家，其技术进步和经济发展往往要经过两个阶段：第一阶段是通过发挥后发优势，引进国外先进技术，促进本国经济发展；第二阶段是由以引进为主转向以自主创新为主，成为新兴的工业化国家。中国现在是否已经进入第二阶段？经济理论界出现了分歧。有一种看法是，“8 亿件衬衣换一架空中客车”是有利的买卖，还应该继续做下去，中国还要准备为发达国家再打工 20 年，因为中国的比较优势仍然还是劳动力丰富价廉，技术依然落后，不具备自主创新的条件，创新的动力和能力也不足，创新的机制也不健全，还是只能主要依靠引进国外先进技术，促进本国经济发展。那么，中国究竟是否已经进入由以引进为主向以自主创新为主转变的阶段，是否已经具备自主创新的条件，怎样增强自主创新的动力和能力，形成自主创新的有效机制，真正做到自主创新？本文力图深入地分析和探讨这些问题，以求得正确的认识。

二、中国自主创新的现状

从经济发展的角度来看，创新主要是指经济技术创新，主要包括科学技术的发明创造、产品和工艺的开发和完善、生产经营各个环节和方面新的改进等。所谓自主创新，则是指依靠自己的力量并拥有知识产权的经济技术创新。中国现在提出的自主创新，主要包括原始创新、集成创新和引进消化吸收再创新。可以进行原始创新以实现某些技术领域和产品开发的重大突破，从无到有，由受制于人变为领先于人；也可以进行集成创新以实现各种技术有机融合，形成综合性新技术，带动较多关联产业的发展。这两种自主创新形式层次较高，是我们自主创新能力提升的方向；但它们对当事人技术开发和经济承受等能力也要求较高，现阶段对于不少企业而言，通过引进消化吸收再创新，可能是一种更为现实的模式选择。当然，我们强调自主，并不意味着创新过程的各个环节都要自己完成，只要我们能够把握住创新活动的主导权和控制权（路风，2005），就可以根据需要有选择地利用别人已有技术加以集成或改进，此外我们也可以与别人联合开发，以有效分散风险、降低成本。

衡量一个国家自主创新状况的指标主要有：拥有专利的数量和比重、新产品的数量和比重、新技术的数量和比重、实际使用的技术中拥有知识产权的技术的数量和比重、拥有核心技术的数量和比重、关键设备和零部件的自给率、拥有的自主品牌、R&D经费的数量和比重等。运用这些指标衡量中国现在自主创新的状况和能力，总的看来是状况比较落后、能力比较低下。

鉴于数据的代表性和可采集性，本文主要从研究经费与拥有的专利成果这两项指标来分析。据统计，2005年全社会科学研究与开发（R&D）经费总支出为2450亿元，占当年GDP的比重为1.34%；只有六个行业R&D经费投入强度（即R&D经费支出与销售收入的比例）达到或超过了1%，最高的专用设备制造业也只1.6%；而美国在2002年整个工业平均R&D经费投入强度就达到3.6%，其中医药制造业更是达到了16.7%。

从专利成果来看，虽然我国国内专利申请量和授权量每年以10%以上的速度增加，但一直以来是实用型、外观设计两类专利居多，涉及原创性产品、方法和用途的发明专利所占比重很低，2003年、2004年和2005年其申请量分别只占到总申请量的22.6%、23.6%和24.4%，而且也主要是一般技术。专利质量偏低导致我国专利权的寿命一般比较短，如发明专利平均寿命只有5~7年，而发达国家的往往能维持十几年。

鉴于各国专利授予的标准不一，为便于横向国际比较，笔者选择技术要求最高、影响力最大的美国专利商标局在2004年授予的专利权数据进行来源地构成分析。在总计为181 322件各种类型的专利中，数量排名前八位的来源国家或地区及其件数依次是美国94 129件、日本37 034件、德国11 367件、中国台湾省7 207件、韩国4 671件、英国3 905件、法国3 686件、加拿大3 781件，而中国大陆只有597件（第18位），不及美国的1/150，日本的1/60，甚至也不及中国台湾省的1/12，尽管这与我国企业国际市场开拓意识、知识产权保护意识不强有一定关系，但已足够反映出中国的自主创新水平与发达国家和地区间的巨大差距！

三、中国自主创新的必要性和紧迫性

改革开放以来，中国通过发挥后发优势，大量引进本国没有的国外的一般性的先进技术，实现了技术的长足进步，促进了本国经济的快速发展，已经基本掌握了世界上的一般性的先进技术，完成了发展中国家技术进步第一个阶段的任务。从进入新世纪开始，中国进入了技术进步的第二个阶段，即主要依靠自主创新，取得和采用高新技术，完成实现工业化和现代化的历史任务的阶段。经济增长方式的转变、产业结构的优化升级、装备制造业的振兴、高新技术引进的困难、国内市场需求的满足和国际竞争力的提高都迫切要求自主创新。

1. 转变传统经济增长方式需要自主创新（成本压力）

改革开放以来，中国主要依靠低生产要素（劳动力、资源、环境）成本，采用高投入、高消耗的方式，实现了国民经济的高速增长，但是现在面临工资必须提高、资源价格上涨、环境成本增加的局面，使得粗放型的增长方式难以为继。2004 年中国 GDP 约占世界总量的 4.1%，但原油、原煤、铁矿石、钢材、氧化铝、水泥的消费量却分别占到世界消费总量的 7.4%、31%、30%、27%、25% 和 40%；国内资源有限，大量能源、原材料需要海外供给，如 50% 以上的铁矿石、60% 以上的氧化铝和 40% 的原油都依赖进口，国际市场价格随之大幅上涨，挤压了国内下游行业的整体利润（李德水，2005）。国内煤、电、油、气、运的供应在前几年也一度因经济增长加快而全面紧张。近几年来国际国内市场上原油、铁矿石、铜等大量原材料和燃料价格一路上扬，劳动力、土地租金等其他生产要素价格也逐年上涨，而下游制成品在竞争压力下提价空间有限，造成国内不少下游厂商利润受到供销两头挤压，境况艰难。同时，环境污染也比较严重，空气、河流、湖泊、农田、海洋都受到不同程度的污染，湖泊蓝藻、海洋赤潮不时出现，部分地区污水横流，部分河流甚至成为黑水河，水土流失、土地沙化、沙尘暴肆虐，物种减少、怪病流行、气候变暖、生态失衡，需要加大投入，治理污染，保护环境。而且，劳动力成本被压得太低，不仅造成分配不公、收入差距过大，影响社会稳定和劳动者生产经营积极性的发挥，还不利于内需的扩大，减弱了经济增长的动力，出现“民工荒”，严重制约着中国的经济社会发展，急需适当提高工资水平。资源价格的上涨、环境成本的加大、工资水平的提高，迫切需要改变传统的粗放型、外延式经济增长模式，加快企业机械设备、工艺技术的改造和更新，走科技含量高、资源消耗低、环境污染少、人力资源得到充分利用的集约型、内涵式发展道路。集约型、内涵式的增长方式主要依靠技术进步和科学的管理，自然要求自主创新。

2. 优化产业结构、振兴装备制造业需要自主创新（产业压力）

中国经过20多年的经济结构调整，已经改变了以往“重工业太重，轻工业太轻、服务业太少、农业落后”的畸形产业结构，但产业结构仍然没有优化，又出现了新的不合理，主要表现是简单重复的加工工业过剩、原材料和基础产业成为瓶颈、高新技术产业不足、现代服务业太少、产业在总体上技术水平较低，尤其是装备制造业相当落后。先进机械装备、关键零部件仍然依赖进口，每年大约要花1 000亿美元进口设备，花1 000亿美元进口关键零部件，每年进口设备和关键零部件的花费是外商对华直接投资的3倍多，2006年上半年我国金属加工机床进口高达33.61亿美元，出口高速增长也仅仅为5.11亿美元。现在需要进一步调整产业结构，形成以高新技术产业为先导、基础产业和制造业为支撑、装备制造业为重点、服务业（现代服务业）全面发展的产业格局。高新技术产业和现代服务业的发展，装备制造业的振兴，产业技术水平的提高，都迫切需要加强自主创新。

3. 克服高新技术引进困难、实现新的技术进步需要自主创新（技术压力）

改革开放以来，中国技术进步大致上可以划分为两个阶段：第一阶段是20世纪80～90年代以技术引进为主的阶段，主要通过发挥后发优势、引进国外技术，掌握了比较先进的一般技术，中国的技术上了一个台阶；第二阶段是进入新世纪开始的以自主创新为主的阶段，中国现在更需要的是高精尖的技术，但掌握高新技术的西方发达国家对中国实行严格的封锁禁售，引进困难，想买也难以买到，只能依靠自己创新。舍此别无它途。以美国为代表的西方发达国家基于所谓的“战略目的”和冷战思维，仍然在高技术领域对我国实施封锁禁运。2007年6月19日，美国加强对华高科技产品出口限制的新规定正式生效，美国政府扩大对华出口管制许可证商品范围，受到限制的美国商品包括飞机和飞机发动机、零部件、航空电子设备、导航系统、防空设备、太空通讯设备、水下照相和动力系统、特定复合材料、激光等。国外先进企业为了保持在行业内的领先地位，一般也会对核心或者最新技术严格保密，防止外泄和扩散。改革开放后中国汽车工业二十余年的发展历程已经充分说明"以市场换技术"的发展策略只是我们的一厢情愿，中国的汽车合资企业不仅没能套到人家的核心技术，反而连自己的产品开发平台和自主品牌都几乎丧失（路风，2005）。只有依靠自主创新，方能突破人家的封锁，变被动为主动，变后进为先进，赶上甚至领导行业的技术进步。武汉华中数控公司正是这方面的典型。从 20 世纪 90 年代中期以来，该公司摈弃西方普遍采用的"基于专用计算机"的研发思路，坚持走"以通用工业微机为硬件平台，以 DOS、Windows 为开放式软件平台"的技术路线，通过软件技术的自主创新，开发出具有自主知识产权的四通道、九轴联动"华中 1 型"高性能数控系统，打破了外国公司的长期垄断，迫使人家放松对中国的出口限制，并大幅度降低同类产品价格。

4. 满足国内市场需求需要自主创新（需求压力）

中国作为发展中的大国，经济增长主要不能依赖出口导向和推动，必须以扩大内需为主。虽然中国现在已经由"短缺经济时代"进入"过剩时代"，但这种"过剩"不是绝对的、整体性的过剩，而是相对的、结构性的过剩。一方面是纺织品、家电、手机等行业大打价格战，甚至不惜亏本清仓处理；另一方面是每年还要花高价和巨资进口大量关键零部件、先进装备和先进技术，2005 年我国进口集成电路及微电子组件 815.5 亿美元，进口液晶显示板 275.1 亿美元，包括技术费、生产线、成套和关键设备等在内的技术引进合同总金额也高达 189.9 亿美元。中国现在最需要得到满足而本国又不能满足的国内需求是先进装备、关键零部件、核心技术，迫切需要实施进口替代战略，通过开发高新技术、提升产品档次、填补产品空白，满足国内市场对高技术和高技术产品的巨大需求。这个要求没有自主创新，同样也达不到。

5. 提高国际竞争力、实现外贸持续发展需要自主创新（竞争压力）

中国经济总量在世界上的排位由1978年的第10位上升到2006年的第4位，进出口贸易总额由1978年的206亿美元、居世界第27位上升到2006年的17 606.9亿美元、居世界第3位，国家外汇储备由1978年的1.67亿美元增加到2006年的10 663亿美元，位居世界第一，但具有较强国际竞争力的产业和产品却很少，经济效益也不高。2005年服装、纺织品和鞋等三类传统劳动密集型产品分别出口738.8亿、411.3亿和190.5亿美元，三项加总占到当年出口总额7 620.0亿美元的17.6%；一双鞋子平均单价2.7美元，而同年我国进口飞机214架，总金额57.7亿美元，平均单价0.27亿美元，这意味着我国须出口1 000万双鞋子方可以换回一架飞机！而且，中国现在一年能生产90亿双鞋，全世界有65亿人，平均每人1.38双，总不能要别的国家都不生产鞋，都由中国生产。出口的劳动密集型产品需求弹性往往较大，国内厂商为能获得海外订单，竞相削价、“自相残杀”，利润十分微薄；而且进口的技术密集型产品和资源类初级产品又是中国现阶段经济建设之必需，任凭国际市场价格一再攀高，我们都得“照单全收”；再加上中国的加工制造业，许多都处于世界产业价值链的低端，加工度低，附加值少，所以出口数量很大，得到的收益却不多。中国加工生产1只鼠标在美国市场上卖41美元，中国仅得3美元。由于贸易摩擦不断、出口受阻、国际竞争激烈、外贸条件恶化、外贸顺差过大、外贸依存度太高，数量扩张型的外贸难以可持续发展，必须平衡进出口贸易，降低外贸依存度，转向注重经济效益的外贸增长；由于生产要素价格上涨、资源消耗过多、环境压力加剧，粗放增长、资源消耗、以低价格取胜的方式已经难以为继，必须转向集约增长、以质量取胜、可持续发展，劣质低价已经不行了，必须优质优价；由于高新技术引进困难，仅靠贴牌生产、引进国外先进技术形成国际竞争力已经远远不够了，必须拥有自己掌握知识产权的先进技术、形成自主品牌；由于停留在世界产业链的低端，加工度低、附加值低、经济效益也低，必须转向世界产业链的高端，提高加工度、增长附加值，进而提高经济效益。因此，中国外贸增长方式必须由数量扩张、外延扩大、粗放增长、靠劳动力充足价廉、低资源环境成本、引进国外先进技术、低价格和增大规模取胜、出口产品的技术含量、加工度、附加值都低、质量不高、缺乏自主品牌、国际市场竞争力弱的方式转变为一种进出口商品结构优化、市场多元化、主要依靠自主创新和自主品牌、科技兴贸、以质取胜、产业结构合理、加工度高、附加值大、高效益、可持续的方式。这一切都有待于自主创新。

四、中国自主创新的可能性

分析了中国实施自主创新战略的必要性和紧迫性之后，我们再来看实现自主创新的可能性。不仅成本、产业、技术、需求、竞争的压力极大地推动自主创新，而且中国现在已经初步具备自主研发的条件。中国现在已经初步具备进行自主创新的必要的技术力量和基础：

一是资本比较充足，中国现在的城乡居民储蓄存款余额达17万亿人民币，存贷差额高达11万多亿元人民币，每年引进外资500亿~600亿美元，外汇储备1万多亿美元，能够满足自主创新对资金的需求，研发投入连年大幅度增加，R&D经费支出2004年增长19.7%，2005年增长20.4%，2006年增长20.1%，2006年R&D经费支出总额达2 943亿元。

二是技术有了较大进步，已经基本掌握一般先进技术，在部分领域还处于领先地位，并拥有一支数量可观的科学技术队伍。2005年末我国有科学家和工程师256万人，普通高等学校1 792所，自然科学与技术领域R&D机构3 226个，53个国家级高新区。

三是企业制度正在完善，竞争的压力正在加大，市场推进技术进步的作用已经显现。经过二十余年的改革开放，市场在中国资源配置中已经开始发挥基础性作用，初步建立了有利于促进技术进步的包括资本市场、人才市场、技术市场和产权交易市场的市场体系，基本形成了依靠市场来引导资金、人员和物品的流向与流量，依靠市场来实现新技术的研发、应用、推广和升级的有效机制。企业通过转机改制，开始面向市场，参与竞争，自主经营，自负盈亏，初步具备技术创新的动力和内部机制。

五、中国自主创新的动力

中国目前自主创新水平还比较低下，而水平低下的基本原因在于自主创新动力不足、机制不完善、职工素质不高，其中主要是动力不足。因为，只要动力充足，机制不完善定会想办法完善、职工素质不高必会努力去提高。所以真正做到自主创新的关键在增强自主创新的动力。虽然成本、产业、技术、需求、竞争的压力极大地增加了自主创新的动力，但中国目前自主创新的动力仍然不是十分充足。增强自主创新的动力，首先又必须明确自主创新动力的来源及其影响因素。

1. 自主创新动力的来源及其影响因素

创新的主体主要是企业、研究机构及其职工，自主创新的动力主要也就是创新主体的动力，自主创新动力的来源及其影响因素主要也就是创新主体创新的动因及其制约因素，主要在于：创新主体的利益和成本、激励机制、市场需求、市场竞争、知识产权保护、企业制度。

（1）自主创新的动力首先来自于创新能够增进微观主体的利益，创新带来的利益越多，创新的动力就越足，如果创新不能给创新者带来好处，不能满足他们在物质、地位、人力资本增值、精神、情感、志向、兴趣等方面的需求，也就不能发挥人们创新的积极性，企业、机构和个人一般就不会去创新；与此同时微观主体还会考虑创新的成本，进行成本收益比较分析，假若代价太大、成本过高、得不偿失，微观主体很难去创新。当然，这里有一个短期与长期的区别。一般而言，创新在短期内往往成本大于收益，但从长期来看收益会大大高于成本，因此应该从总体上进行创新的成本收益比较分析。

（2）创新的激励机制是创新获利的制度保证，如果相应的制度安排和措施能够使创新者得到高回报、重奖励，当然自主创新的动力就会十分充足。

(3) 创新的成果（包括技术、工艺、方法、产品等）的市场需求是创新获利的前提条件，无市场需求的创新，难以获得收益，显然会缺乏动力。

(4) 市场竞争的状况和方式也是推动自主创新的重要因素，市场竞争越激烈、越是依靠技术进步，自主创新的动力也就越充足。

(5) 知识产权保护则是激励自主创新的重要制度安排，能够有效保护和增进创新者的利益，鼓励人们都去创新。

(6) 企业作为创新主体，其制度是否完善，是否产权明晰、自主经营、自负盈亏，是否面向市场、参与竞争、优胜劣汰，是否形成内部合理有效的激励约束机制，更是决定企业和职工能否努力自主创新的基本制度因素，上述其它因素作用的发挥，都要受到企业制度状况的制约。

2. 中国自主创新动力不足的原因

应该说，改革开放以来，中国对新技术、新产品的需求是巨大的，回报也不低，市场竞争也越来越激烈，为什么自主创新的动力还不足呢？我们认为，原因是多方面的。

一是自主创新风险较大，自主创新比技术引进难度更大。自主创新虽有高回报的驱动，但高回报的背后往往隐含着高风险，微观主体进行自主创新具有高度的不确定性，一旦失败，其后果对企业而言甚至可能会是毁灭性的，如果没有相对有效的缓解、分散风险的制度安排，微观主体往往不敢或不愿自主创新。首先，正确合理的创新决策需要领导层具有广阔深远的视野和非凡的判断能力，能够准确迅速地预见到未来技术发展的趋势，捕捉到潜在的可开拓的市场空间。决策正确，创新成功；决策失误，全盘皆输。其次，新技术、新产品从研发到中试再到最后投产这一全过程需要大量资金投入，攻克大量技术难关，对很多中小企业而言，如果没能较好地解决融资难题和技术难题，企业难以提供前期的巨额投资，也无法承受前期投资不能收回的巨大损失。最后，即使有了创新成果，能否迅速打开市场以收回投资、取得回报？又要受消费者是否认可、市场中有没有替代产品、知识产权保护是否有力等多种因素制约。

正是由于改革开放以来，中国绝大多数企业的规模太小、资本实力不雄厚，再加上资本市场不发达、成熟、完善，风险投资、创业基金更是起步很晚，有效地缓解、分散风险的制度也没有完全形成，因而不少中国企业“输不起”，不敢贸然进行自主创新，而宁愿采取跟随策略，待技术和市场前景明朗后，搭搭“便车”，进行模仿。这固然可以降低风险，但却很难成为行业的领先者，有时甚至还会招致知识产权官司，受制于人。而且，真正做到自主创新为主，需要充足的资本、较好的技术基础、高素质的人才、完善的制度，难度较大；技术引进则可以发挥中国所拥有的后发优势，低成本、高速度地采用国外已有的先进技术，比较容易。因此，在以往自主创新条件相当缺乏的情况下，中国企业更多地是通过技术引进以求得技术进步。

二是低生产要素成本竞争。虽然在计划经济体制向市场经济体制转轨的过程中，中国企业在国内外市场上都面临越来越激烈的竞争，但由于长期以来中国技术落后、资本缺乏，只拥有劳动力丰富价廉的比较优势，而且因为种种制度因素的作用把资源价格和环境成本也压得很低，所以中国企业一般不是通过技术创新提高市场竞争力，主要是依靠低生产要素成本带来的低价格形成竞争优势。在一定时期、一定的经济发展阶段，这种竞争方式还相当有效，这是中国到目前为止自主创新动力都还不是十分足的重要原因之一。

三是企业制度不完善。虽然经过二十多年的转机改制，中国国有国营的企业制度已经发生了很大的变化，但国有企业改革还没有最终完成，还没有形成规范、成熟的产权明晰、自主经营、自负盈亏、面向市场、参与竞争、优胜劣汰的企业制度，也没有建立起内部合理有效的激励约束机制，对创新人员的激励也不足，这是中国自主创新动力不足的基本原因。

四是知识产权保护不够。保护知识产权是保护和增进创新者的利益、激励创新的重要制度。尽管中国重视知识产权的保护，不断加强对侵权行为的打击力度，但是对知识产权的保护仍然不够，“假冒伪劣”依然充斥市场，特别是地方保护主义对侵权行为听之任之，使得企业自主创新动力不足，担心创新成果被别人模仿、假冒，自己得不到应有的回报，宁可引进、仿制，不愿花力气创新。

3. 增强中国自主创新动力的途径

要增强中国微观主体自主创新的动力，必须从克服和改善上述多重制约因素入手。

合理提高生产要素价格。形成合理资源价格，运用价格杠杆的作用，坚决改变人为压低资源价格、长期使用廉价原材料、造成严重浪费和低效的现象，加大成本压力，推动由低成本竞争转向高技术取胜，增强自主创新的动力。建立和完善政府强制性的最低工资保障制度，适当提高最低工资标准，引导企业注重技术创新，通过开发加工度高、附加值大的产品来赢得市场竞争优势。

完善企业制度尤其是国有企业制度。深化企业改革，真正形成规范成熟的产权明晰、自主经营、自负盈亏、面向市场、参与竞争、优胜劣汰的企业制度，建立起内部合理有效的治理结构和激励约束机制，消除垄断和不合理保护，完善企业优胜劣汰机制，真正形成竞争压力，增强企业创新的内在动力。

改进对创新人员的激励手段，特别是加大对创新人员的激励。为了使收益与风险对称，收益与付出对称，可以采取技术入股、股票期权、技术成果转让（或转化）的盈利分成等办法来有效激励创新的管理层和技术人员。

加强知识产权保护。尽可能保护知识产权，以激励和保护创新。对于政府和司法机构而言，在完善知识产权立法的同时，要强化执法的决心和力度，对侵权行为给予重拳出击，且后者在当前更为迫切；对于企业和个人而言，则要提高知识产权保护意识，学会运用专利手段来保护创新成果，为开拓国内外市场保驾护航。在国内尊重知识产权的良好社会风气尚未完全形成的现阶段，笔者认为，企业在满足申请专利必须公开足够的原创技术的前提下，对某些核心技术不妨以“技术秘密”的形式，予以适当的保护，不必在专利说明书中全部披露，以防止在专利权授予前的审查阶段因法律保护的缺失而遭到人家恶意模仿，最后哪怕赢了官司，也输了市场。

六、中国自主创新的实现机制和途径

中国实施自主创新战略，仅增强微观主体的创新动力是不够的，还必须找到有效实现自主创新的机制和途径，想方设法抄直道、走平路、迈大步，排除前面的各种羁绊、克服面临的各种困难。

1. 以市场机制为主、更好地发挥政府的作用

自主创新的主体主要是企业、研究机构及其职工，而不是政府，但是中国现在却存在“政府热、企业冷”的现象。之所以如此，除了上述自主创新动力不足的原因之外，还由于自主创新的机制不完善。自主创新主要靠市场机制推动和实现，所以应该健全技术市场、资本市场、资源市场，为自主创新提供有利的技术、资本、资源条件，使创新需要的资本和资源能够更多更快地得到、创新成果的价值可以更好地实现。当然，政府在自主创新中的作用也是不可缺少的。政府应该拓宽创新的融资渠道，减免技术创新的税费支出，通过财政出资提供公共实验室等服务来降低企业创新的成本，加大对自主创新产品的政府采购力度，强化对知识产权的保护，清除妨碍自主创新的制度障碍，鼓励和扶持企业自主创新。

过去我们曾一味强调科学技术研究，忽视科技成果的应用，缺乏市场化意识，没有形成一种能鼓励创新人员将成果继续转化为生产力、带来经济效益的机制，导致高校和科研院所费尽千辛万苦取得的科技成果在鉴定、发表、获奖之后，大量束之高阁；另外，由于不注意也不善于运用专利制度有效保护自己的科研成果，结果被别人无偿获取和运用，甚至抢先申报专利，遭受不必要的损失。现在实施自主创新战略，必须吸收过去的经验教训，实行“产、学、研”相结合，注重研究、开发、运用全过程，提高自主创新的实效。

2. 完善创业投资、风险投资机制，增大研发投入

创新投资风险特别大，创新成功虽然可以取得高回报，但是失败则可能血本无归、一贫如洗，而且创新投资成功的概率比较低，甚至有“九死一生”之说。银行和普通投资者一般不愿意进行创

新投资，而创业投资、风险投资则是专门对创新的投资。在美国，硅谷的出现、信息技术和信息产业的发展，创业投资、风险投资起了不可替代的重要作用。2003 年中国大陆风险投资总额只有 10.6 亿美元，只占全球对高科技行业创业投资总额的 2.8%，与美、英等先进国家相比存在相当大的差距。中国现在一方面是自主创新企业（尤其是其中的科技型中小创业企业）急需资金支持，却因风险较大难以融资；另一方面是城乡居民储蓄存款余额已突破 17 万亿元，国家外汇储备达到 13 000 多亿美元，而很少形成创业投资、风险投资。造成这种状况的主要原因是资本市场不健全、创业投资、风险投资的制度不完善、进入和退出的渠道不畅通。因此，必须建立和健全创业投资、风险投资的制度，大力发展创业投资、风险投资，给自主创新有力并有效的支持。

3. 发挥高新科技开发区自主创新的先导作用

国家高新科技开发区作为国家发展高新技术产业的“经济特区”，在实施自主创新上具有产业的优势、人才的优势、政策的优势、信息的优势、文化的优势和体制的优势，理应在自主创新中发挥先导作用。在进一步完善高新科技开发区法律法规和管委会服务职能的基础上，建立健全各类创新服务机构和投融资平台，如企业孵化器、技术鉴定机构、创业投资机构、专利事务所、会计师事务所、律师事务所、技术产权交易所等，为自主创新提供技术研发、成果转化与产业化、资金融通、企业管理等一系列环节的服务，优化园区软环境，为创业、创新企业提供更为有利的条件，减少经营风险和成本。积极培植特色产业和主导产业，弥补和延伸园区产业链，强化园区产业集群，发挥高新科技开发区和产业集群的集聚效应和扩散效应，促进技术创新，加强技术交流，加速技术扩散。

4. 完善自主创新的风险分散和防范机制

鉴于自主创新从决策、执行到市场化各个环节均存在着较大的风险，除了通过发展创业基金、风险投资以分散创新主体的风险之外，企业在自主创新决策中必须进行广泛深入的市场调查研究，更多地听取科学技术人员的意见，准确地把握科学技术变动的趋势和市场前景，以保证自主创新决策的正确性，减少创新的风险，政府的公共服务也应该在创新风险分散和防范机制中发挥作用。首先，政府应加强基于市场需求的技术预见（Demand-oriented Technological Forecasting）（孟晓华，2006），制定科学的科技、产业政策，以引导企业选择正确的创新方向。其次，对于各行业的一些共性技术，政府可以出面协调，组成由企业、高校等自愿参与的战略联盟进行合作攻关，以减轻单家企业在资金和技术上的创新风险。再次，对于基础性、前瞻性、战略性的科技创新，应以政府投资为主，创新风险主要由政府承担。为减少市场化环节的风险，政府还应该加大对知识产权的保护力度。

5. 加强教育培训以提供自主创新的人才保障

自主创新靠人从事，没有足量的高素质的基础研究人才、工程技术人才和经营管理人才，实施自主创新战略将会心有余而力不足。我们应该加大对教育尤其是职业教育的投入，加强人才培养、职工培训，提高职工素质和创新能力，以培养更多更优秀的创新型人才；改革一切不合理的用人制度，任人唯贤而不是任人唯亲，进一步发展和完善人才市场，扫清促进人才合理流动的各种障碍，让每一个有才华有抱负的人都有大展身手的空间，真正做到人尽其才、才尽其用。特别要着力培育企业家队伍，提高职业经理人的素质，以保证企业自主创新决策的科学性、前瞻性和决策执行的有力高效。

参考文献

路风，封凯栋. 发展我国自主知识产权汽车工业的政策选择. 北京：北京大学出版社，2005.

李德水. 加快转变经济增长方式. 求实，2005（21）.

孟晓华，崔志明. 高新技术及其产业技术预见实证研究——基于两轮“德尔菲”调查. 人大复印报刊资料：高新技术产业化，2006（1）.

徐冠华. 提升自主创新能力，开创国家高新区建设和发展的新局面. 中国科技产业，2005（9）.

（2006年“中国工业经济学年会”论文，与殷保胜合写）

论中国外贸增长方式的转变

一、引　　言

改革开放以来，中国外贸主要依靠低生产要素成本和引进国外先进技术以形成国际竞争力，以数量扩张、劳动密集和低价格取胜，这种外贸增长方式虽然使得中国进出口贸易得到了巨大的增长，进出口总额由1978年的206亿美元增加到2006年的17607亿美元，在世界上的排位由第27位上升到第3位，但是现在却面临外贸摩擦不断、出口受阻、外贸顺差过大、资源消耗过多、环境压力加剧、经济效益低下的困难，再加上生产要素价格上涨，高新技术引进困难等问题，迫切要求转变外贸增长方式，改变这些情况。近年来，中国实际上是主要通过增加出口和投资带动经济增长，外贸依存度太高，而经济主要靠出口推动也很难长期持续发展，经济增长必须转向以扩大内需为主，这也需要转变外贸增长方式。

转变外贸增长方式是我国现在提出的重大战略方针，也是中国外贸和整个国民经济能否持续高效增长的关键。虽然我国早就提出要转变经济增长方式，广义的经济增长方式应该包含外贸增长方式，也有少数学者（赵永清，1996；柴海涛，2004）在论述中国经济体制和增长方式的两个转变时，简单分析过外贸增长方式的转变，但直到2005年才明确地把转变外贸增长方式作为一个重要战略方针提出，近两年才成为一个研究的热点问题。所以，对外贸增长方式为什么要转变、怎样实现有效的转变、转变的条件、机制和途径是什么，都研究不足；甚至对什么是外贸增长方式（内涵和外延）、外贸增长方式转变是要由什么方式转变成什么不同的方式、新的外贸增长方式的内涵、特征和优点是什么等基本问题都不是十分明确；对如何解决外贸条件恶化、外贸顺差过大、外贸依存度太高、人民币升值压力不小、生产要素价格上涨、高新技术引进困难、资源消耗过多、环境压力加剧的难题，切实有效地转变外贸增长方式，更是缺乏研究，这些又是真正转变外贸增长方式必须正确认识和解决的问题。

本文试图对外贸增长方式转变作比较全面的深入分析，并在此基础上明确地回答上述问题，提出有针对性的对策建议，以促进中国外贸增长方式的有效转变。

二、外贸增长方式转变的研究

1. 对外贸增长方式及其转变的理论研究

切实有效地转变外贸增长方式，首先必须明确什么是外贸增长方式、可分为哪些类型等基本理论问题。在中国制定“十一五计划”提出要转变外贸增长方式之前，国内外并没有形成外贸增长方式的完整准确的科学概念，缺乏对其内涵和外延的明确的界定，更没有对外贸增长方式不同类型的合理划分，甚至连划分外贸增长方式类型的标准、判断外贸增长方式优劣利弊的指标体系都没有，也就谈不上对外贸增长方式转变的深入研究。只是近两年国内才开始有较多的研究，但看法还不成熟，观点分歧较大。有的学者认为外贸增长方式与经济增长方式一样，也分为粗放型和集约型、内涵型和外延型；还有学者把外贸增长方式划分为“规模速度型”和“质量效益型”；（隆国强，2007）认为是从数量型转变为质量型，从粗放型转变为效益型；闻潜（2005）提出外贸增长方式寓于经济增长方式之中，经济增长方式的转变自然也包括外贸增长方式的转变，两者紧密相联、相互促进。

我们认为，外贸增长方式是指进出口数量增加和效益提高的途径，涉及进出口物品的种类、结构、数量、质量、品牌、价格、生产要素密集度、技术含量、加工度、附加值、进出口的形式、地域、产业、营销、竞争力等多方面的内容及其影响因素。外贸增长方式可以以这些内容的不同特点作为标准进行分类，划分为各种不同的类型。但是，不同的外贸增长方式具有多方面不同的特征，必须全面把握和界定，判断一个国家的外贸增长方式属于什么类型，需要综合分析该国外贸增长方式的各个方面的特点，作出总体评价。按此理解，外贸增长方式可以划分为两大类：一是数量扩张、外延扩大、粗放增长，靠劳动力充足价廉或出口自然资源、低价和增大规模取胜，出口产品的技术含量、加工度、附加值都低，质量不高、缺乏自主品牌、国际市场竞争力弱的方式，多数发展中国家的外贸增长方式属于这种类型；二是数量规模合理、内涵扩大、集约增长，靠技术先进、资本充足、管理科学和高质量、高价格取胜，出口产品的技术含量、加工度、附加值都高、拥有自主品牌、国际市场竞争力强的方式，多数发达国家的外贸增长方式属于这种类型。

外贸增长方式优劣利弊的判断标准，主要应该是外贸的成效高低好坏。衡量外贸的成效高低好坏，则采用外贸成效综合评价体系，主要包括外贸的效益、收入，国家的就业、税收、外汇、外贸依存度，外贸对本国的资源、环境、经济增长的影响等指标。一般而言，外贸效益好、收入高，有利于国家的就业增加、税收合理、外汇收支平衡、外贸依存度适当，有助于本国的资源、环境和经济增长的外贸增长方式，就是比较好的方式；否则，则是不好的、需要转变的方式。

2. 对中国外贸增长方式转变的研究

中国外贸增长方式的转变，虽然成为近两年国内研究的热点，但只是初步的探讨，很不深入、全面、系统，许多方面也没有形成共识。对外贸增长方式转变的必要性，柴海涛（2004）认为主要在于单纯依靠数量规模和价格优势的增长方式弊端日见；杨正位（2005）提出是因为我国外贸存在着“四大不够协调”和“四个不可持续”，即速度与效益、商品贸易与服务贸易、贸易与产业、东部与中西部外贸不够协调，贸易摩擦增多、低成本、高资源消耗、缺乏核心竞争力不可持续。对外贸增长方式转变的内容，有技术升级、质量改进、结构优化、效益提高等多种看法，隆国强（2007）理解转变外贸增长方式，主要是提升我国在全球产业价值链的地位；鲁建华（2006）认为是以数量增加为主向以质量提高为主转变，变“制造”为“创造”；霍建国（2006）提出要从单纯依靠数量扩张转向规模、质量与效益同步增长；江小娟（2006）认为中国对外贸易增长方式将发生出口商品结构更加优化的“拐点性”

变化。对怎样实现中国外贸增长方式的转变，刘伟、黄桂田（2006）认为改变外贸增长方式首先要提高创新能力，应以经济增长方式的转变推动外贸增长方式的转变；高虎城（2006）认为关键在于鼓励技术创新和产品升级，大力发展服务业；刘新民（2006）主张采取推进体制改革、优化出口结构、提高进口质量、推动加工贸易转型升级等四大措施实现外贸增长方式转变；陈文玲（2007）认为应从支持具有自主品牌和高附加值的产品出口、控制高能耗、高污染和资源性产品出口、增加能源、原材料以及先进技术设备、关键零部件进口、努力扩大服务贸易、促进加工贸易转型升级等五个方面着手；裴长洪（2007）认为要进行六个方面的政策选择；霍建国（2006）则提出十大具体措施。我们的看法下面专门论述。

三、改革开放以来中国的外贸增长方式

改革开放以来中国的外贸增长方式是一种数量扩张、外延扩大、粗放增长、靠劳动力充足价廉、低资源环境成本、引进国外先进技术、低价格和增大规模取胜、出口产品的技术含量、加工度、附加值都低、质量不高、缺乏自主品牌、国际市场竞争力弱的方式。这种外贸增长方式具有以下主要特点：

1. 数量扩张

基于中国货物贸易出口额在不同时间序列下的增长率及其国际比较，我们可以发现，1980～1990年间货物贸易出口总额年均增长12.8%；1990～2000年间货物贸易出口总额年均增长14.5%；入世以后，年出口额更以约30%的速度迅猛增长。与同期世界货物贸易出口增长率、发达国家货物贸易出口增长率、发展中国家货物贸易出口增长率相比，中国都高出许多。值得注意的是，在2001～2002年，全球出口减缓、普遍出现负增长的情况下，中国货物贸易出口额仍然保持了6.8%的增长（参见表1）。

表1 中国货物贸易出口额在不同时间序列下的增长率及其国际比较

单位:%

时间序列	1980~1990年	1990~2000年	2000~2001年	2001~2002年	2002~2003年	2003~2004年	2004~2005年
世界	6.0	6.7	-4.0	4.7	15.9	19.8	13
发达国家	7.3	5.9	-3.2	3.5	14.6	16.6	——
发展中国家	3.1	8.9	-6.2	7.1	17.5	25.0	——
中国	12.8	14.5	6.8	22.4	34.5	31.0	28.0

资料来源：*UNCTAD Handbook of Statistics* 2005，*WTO International Trade Statistics* 2006

与货物贸易出口的绝对量迅猛增长相伴随的是，中国货物贸易出口额占世界货物贸易出口总额的比重和位次也在逐年提高，从1980年的0.89%，居世界第17位；提高到1990年的1.8%，居世界第15位；2000年的3.86%，世界第7位；到2005年，提高到7.3%，居世界第三位（参见表2）。

表2 中国货物贸易出口额占世界货物贸易出口额的比重和位次

单位：百万美元

年份	中国出口额	世界出口额	比重（%）	位次
1 980	18 189	2 034 184	0.89	17
1 990	62 091	3 448 163	1.80	15
1 995	148 780	5 164 000	2.88	11
1 996	151 048	5 401 000	2.80	11
1997	182 792	5 589 000	3.27	10
1998	183 712	5 499 000	3.34	9
1999	194 931	5 709 000	3.41	9
2000	249 203	6 452 000	3.86	7

续表

年份	中国出口额	世界出口额	比重（%）	位次
2001	266 098	6 186 000	4. 30	6
2002	325 596	6 486 000	5. 02	5
2003	438 228	7 578 000	5. 78	4
2004	593 326	9 203 000	6. 45	3
2005	761 954	10 431 000	7. 30	3

资料来源：*WTO International Trade Statistics* 2006

2005 年，世界商品贸易出口额和进口额前十名的国家见表 3。我们可以看到，中国的货物贸易出口额与第一名德国相差 2079 亿美元，中国的货物贸易出口额占德国货物贸易出口额的 78.56%，差距仍然不小。但是，我们发现，在前十名的国家中，与上一年出口额相比较，中国的出口增长速度为 28%，是最快的，远高于其他国家。

表 3　**2005 年世界货物贸易出口额/进口额前十名的国家和地区**

单位：10 亿美元，%

名次	国别	出口额	占世界的份额	与上年相比	名次	国别	进口额	占世界的份额	与上年相比
1	德国	969. 9	9. 3	7	1	美国	1732. 4	16. 1	14
2	美国	904. 4	8. 7	10	2	德国	773. 8	7. 2	8
3	中国	762. 0	7. 3	28	3	中国	660. 0	6. 1	18
4	日本	594. 9	5. 7	5	4	日本	514. 9	4. 8	13
5	法国	460. 2	4. 4	2	5	英国	510. 2	4. 7	8
6	荷兰	402. 4	3. 9	13	6	法国	497. 9	4. 6	6

续表

名次	国别	出口额	占世界的份额	与上年相比	名次	国别	进口额	占世界的份额	与上年相比
7	英国	382.8	3.7	10	7	意大利	379.8	3.5	7
8	意大利	367.2	3.5	4	8	荷兰	359.1	3.3	12
9	加拿大	359.4	3.4	14	9	加拿大	319.7	3.0	15
10	比利时	334.3	3.2	9	10	比利时	318.7	3.0	12

资料来源：*WTO International Trade Statistics* 2006

2. 出口产品处于产业链低端（低技术、低加工度、低附加值）

一个国家的出口产品的技术水平，很大程度上反映了这个国家在国际分工和世界产业价值链中所处的地位，决定这个国家的外贸效益。根据《国际贸易标准》（Standard International Trade Classification，缩写 SITC）的商品分类，拉尔在 2000 年发展了一个基于 R&D 密集度和自然资源利用度来考察产品技术密集程度的衡量方法（更多的讨论见 Lall 2000）。这一数据分组方法的意义在于，每一单位的出口中，技术越尖端的产品（主要是高科技类）通常具有较高附加值，并在世界贸易中展现出最大的市场成长性；换句话说，高科技类产品贸易是世界贸易最活跃的部分。

表 4 采用拉尔的技术等级分类法，列举了中国和周边新兴工业经济体的制成品出口技术结构。从表中我们可以看到，在 2000 年，中国低技术产品出口占出口总额的 44.9%，反映出基于低工资成本的服装、纺织品等方面在出口推动上继续发挥重要作用。在 2005 年取消纺织品出口配额后，中国可望成为主要的受益者，这一重要角色至少在短期内有望持续。虽然中国在高科技类制成品（主要是电子类产品）出口增长上非常迅速，但占制成品出口比例仍远低于大多数区域伙伴，除了印尼。

表 4 **2000 年中国与周边新兴工业经济体制成品出口技术结构比较**

(Technogical Structure of Manufactured Exports 2000)

单位:%

	中国	韩国	中国台湾省	新加坡	马来西亚	泰国	印度尼西亚	菲律宾
资源类 Resource-based	9.5	11.7	4.4	14.9	13.1	18.4	33.7	6.5
低技术产品 Low technology	44.9	17.1	23.8	6.5	9.6	21.5	31.3	11.9
中等技术产品 Medium technology	21.2	34.0	25.5	17.4	17.8	23.8	17.5	11.6
高科技产品 High technology	24.4	37.1	46.3	61.2	59.4	36.3	17.4	70.0

资料来源：*Lall and Albaladejo* (2004)

20 余年来，中国出口商品结构演变的总体特征可以归结为两个上升：出口总额中制成品所占比重上升，制成品出口中技术含量较高的机械及运输设备产品所占比重上升。为了更细致地考察中国的出口商品结构，根据 WTO International Trade Statistics 2006 的数据，我们列举了 2005 年中国出口到美国、欧盟、日本、香港地区、韩国、台湾地区市场主要商品按 SITC 分类的金额。从表 5 中我们可以发现，初级产品占中国出口商品的比例已经很低，分别占 2005 年中国出口商品总金额的 3.7%、4.1%。在几个重要贸易伙伴中，出口到日本的初级产品金额相对仍然很高。具体分析，农产品占对日本出口总额的 9.8%，占该项出口总额的 28.8%；燃料和矿产品占对日本出口总额的 6.0%，占该项出口总额的 16.0%。

与改革开放前期初级产品超过总出口一半的出口结构对比来看，我们的出口产品结构得到了很大的优化。从表中，我们可以看到，农产品项下的初级原料项逆差接近 200 亿美元，而在燃料和矿产品一项中，进口 1 196.1 亿美元，出口 312.7 亿美元，逆差为

883.4 亿美元。初级产品项下的大规模逆差，从反面证明了我们的出口商品结构已经得到了一定的优化。

从表 5 中可以发现，中国的商品出口主要由工业制成品组成。随着劳动密集型制成品出口份额的迅速上升，工业制成品已经成为我国出口产品的主导。2005 年工业制成品占总出口比重为 91.9%，其中机械、运输设备产品占 46.2%。但是，我们应该看到，当前国际分工的形式呈现出一个显著的新特点，即国际分工正从产品分工向要素分工发展。国与国之间的比较优势，更多体现在价值链上某一特定环节的优势，从而导致国与国之间按价值链不同环节分工的现象。比如，中国向美国出口额和进口额都很高的计算机和用于通话的电子器具，这些产品都是由于外资的大量进入带动了贸易额的大幅上升，而且主要以加工贸易为主，这类产品的关键技术和核心部件中国很多都必须依赖进口获取，中国真正具有比较优势的环节主要集中在劳动密集程度很高加工组装阶段，外商正是通过利用中国劳动力要素廉价的优势来获取产品的低成本优势。因此，总体上来讲在国际分工中，中国还处于产业链的低端。

表 5　2005 年中国出口到美国、欧盟、日本、香港地区、韩国、台湾地区市场主要商品按 SITC 分类的金额

单位：（十亿美元）

	美国	欧盟	日本	香港地区	韩国	台湾地区	总出口	总进口
	163	144	84	124	35	17	761.95	659.95
农产品	3.13	3.90	8.27	2.74	2.94	0.42	28.71	45.19
食品	2.52	2.84	7.43	2.50	2.66	0.25	24.64	21.54
初级原料	0.62	1.06	0.84	0.24	0.28	0.17	4.08	23.65
燃料和矿产品	2.38	3.25	5.01	4.21	4.56	1.46	31.27	119.61
工业制成品	157.57	136.62	70.28	117.42	27.59	14.61	700.34	493.14
钢铁	2.16	1.87	1.53	0.90	4.03	1.56	19.28	26.34
化学制品	4.86	6.35	3.84	3.66	2.77	1.33	35.77	77.73

续表

	美国	欧盟	日本	香港地区	韩国	台湾地区	总出口	总进口
其他半制成品	14.69	11.76	5.37	6.11	2.23	1.07	57.85	22.23
机械、运输设备	79.66	75.07	31.20	71.59	12.57	8.19	352.23	290.48
办公、电信设备	55.04	51.32	18.28	53.03	7.82	4.91	225.96	160.47
电子数据处理器、办公设备	29.40	30.28	10.21	23.77	2.34	2.02	110.70	35.79
电信设备	23.85	19.38	6.31	21.96	3.98	0.97	94.86	29.36
集成电路	1.79	1.66	1.77	7.31	1.50	1.93	20.41	95.32
运输设备	6.91	6.22	2.59	2.38	0.87	0.44	30.20	24.00
汽车产品	3.04	1.38	1.18	0.12	0.18	0.13	9.96	13.55
其他运输设备	3.86	4.84	1.41	2.26	0.69	0.32	20.24	10.46
其他机械	17.71	17.54	10.33	16.38	3.88	2.83	96.07	106.1
发电机	1.05	0.79	0.82	0.91	0.37	0.07	6.03	8.14
非电动机械	6.57	6.61	3.75	2.93	1.08	0.90	35.68	56.11
电动机械	10.08	10.14	5.76	12.54	2.44	1.86	54.36	41.76
纺织品	4.92	4.71	2.81	7.99	1.65	0.26	41.05	15.50
服装	13.69	13.75	14.70	6.87	2.47	0.34	74.16	1.63
其他制成品	37.57	23.10	10.84	20.09	2.37	1.86	119.99	59.23
个人及家庭用品	16.48	8.17	3.94	3.23	0.81	0.28	43.01	1.32
科学及控制仪器	1.82	1.99	2.11	6.84	0.63	0.84	16.97	41.35
杂项	19.27	12.94	4.79	10.02	0.92	0.74	60.1	16.56

资料来源：*WTO International Trade Statistics* 2006

相关数据可以证明我们的观点。在工业制成品中，中国逆差的大项是：钢铁、化学制品两类，尤其是化学制品，逆差达419.6亿美元。而钢铁、化学制品是比较典型的资本技术密集产品。在机械、运输设备的子项的小项中，我们可以看到在集成电路、汽车产品、发电机、非电动机械、科学及控制仪器几项上出现逆差，而且集成电路、科学及控制仪器这两项典型的高技术密集度的产品上的逆差尤为巨大，这从一个侧面反映了加工贸易占重要地位的中国商品出口，在价值链上还处于低端。

所以，我们认为，中国虽然已成功完成了初级产品出口国向工业制成品出口国的转变，但工业制成品出口内部结构依然有待提高。目前，中国工业制成品出口档次和附加值不高，仍多为劳动密集型或资源密集型产品，这些行业对一国工业水平的提高及对整个经济增长的推动作用是有限的，带来的经济效益也不高。

3. 低价取胜

目前，我国出口商品的核心竞争力是低价格，主要靠低价取胜。出口商品的低价格又是靠低要素成本取得，并不是因为消耗低、生产率高。中国虽然搞了二十多年的市场经济的改革，但市场在资源配置中的基础性作用依然不充分，政府仍然保持着对许多重要经济资源的配置权力，特别是生产要素市场（包括劳动力、资本、土地和自然资源市场）的发育程度不高。劳动力价格、土地出让或使用的价格、许多自然资源的价格都是偏低的，甚至是人为压低、无偿使用，资本的价格（利率）也是被管制的，还没有市场化。要素价格的扭曲支持了出口商品的低价格，但从长远看，显然不利于对外贸易的持续发展和效益的提高。

4. 出口效益相对偏低

在国际贸易理论中，贸易条件被认为是衡量一国获得贸易利益的一个重要指标。贸易条件的优劣直接涉及到各国切身的贸易利益。我们认为，要全面准确衡量一国的贸易利益必须把价格贸易条件及其波动性、收入贸易条件和要素贸易条件这几者结合起来综合考虑。我们考察了20多年来中国的价格贸易条件、收入贸易条件，以此尝试来对中国现阶段的出口效益作一个初步的评价。

如前所述，20多年来中国出口商品结构演变的总体特征可以归结为两个上升：出口总额中制成品所占比重上升，制成品出口中技术含量较高的机械及运输设备产品所占比重上升。在2005年，工业制成品占总出口比重为91.9%，其中机械、运输设备产品占46.2%。但是，出口商品结构的改善，似乎并没有带来价格贸易条件的改善。对1981~2004年间中国贸易条件实证分析的结果发现：我国的价格贸易条件在波动中呈下降趋势，我国的收入贸易条件呈明显的上升趋势。

自20世纪50年代初，普雷维什（Prebisch）和辛格（Singer）提出了"普雷维什-辛格命题"（P-S Hypothesis）之后，很多学者从不同的角度对发展中国家初级产品贸易条件恶化的原因进行了研究。依附学派的重要代表人物伊曼纽尔、阿明从一种更接近于政治经济学分析的角度对发展中国家初级产品贸易条件的恶化作了解释。伊曼纽尔认为，发展中国家即使出口工业制成品也会遭受贸易条件恶化的损失，工资水平低造成了发展中国家出口产品与发达国家出口产品的价格差别，从而促使发展中国家的贸易条件持续恶化。阿明继承和修正了伊曼纽尔的不平等交换理论，他认为，发展中国家的初级产品市场处于近似完全竞争市场，而发达国家含有创新技术的产品在国际市场上处于垄断地位，这种不对称导致了发展中国家贸易条件的恶化。我们认为，这一理论比较好地解释了中国当前"量增价跌"、"增量不增收"型的出口增长状况。

曾铮、胡小环（2005）针对近年来我国出口商品结构高度化和价格贸易条件持续恶化并存的现象，对我国现实的贸易模式进行了实证分析。结果表明，我国初级产品以及制成品出口比重的增减均与价格贸易条件呈负相关关系，并且通过一个产品内分工的数理模型说明，上述悖论源自于我国生产的工业制成品均位于产品内分工的低价值链部位。

表6　中国价格贸易条件、出口数量、收入贸易条件指数

（1981年，1991年，1994~2004年）

类别\年份	1981	1991	1994	1995	1996	1997	1998	1999	2000	2001	2002	2003	2004
价格贸易条件	157.3	125.3	119.5	122.9	112.0	119.3	112.2	111.1	100.0	106.2	106.9	102.0	98.3
出口数量指数	7.5	28.4	50.5	56.3	57.3	64.6	71.0	79.2	100.0	110.2	135.1	171.2	189.1
收入贸易条件	11.7	35.6	60.3	69.1	64.2	77.0	79.6	88.0	100.0	117.0	144.5	174.6	186.0

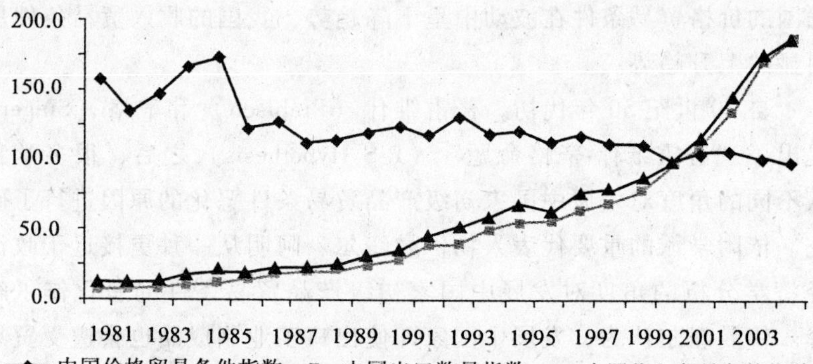

图 1 中国价格贸易条件指数/出口数量指数/收入贸易条件指数变动趋势图（1981~2004 年）*

* 以 2000 年为基期

从表 6 和图 1 可以看出，我国价格贸易条件的变动可以分为两个阶段：1981~1985 年，这一阶段的价格贸易条件线明显向右上方倾斜，价格贸易条件指数明显上升，由 1981 年的 157.3 上升至 1985 年的 173.4，上升了 10.2%；1986~2004 年，这一阶段的价格贸易条件线明显向右下方倾斜，虽然在 1987 年、1991 年和 1993 年间有所反弹，但自 1994 年以来，明显下滑，价格贸易条件指数由 1994 年的 119.5 下降至 2004 年的 98.3，下降了 17.7%。我们还可以看到，1981 年以来我国的价格贸易条件呈下降趋势，而出口数量指数呈明显的上升趋势，由 1981 年的 7.5 上升至 2000 年的 100.0，在 2004 年更升到了 189.1，2004 年相对 2000 年上升了 89.1%。由于出口数量的上升幅度大大高于价格贸易条件的下降幅度，从而使收入贸易条件呈明显的上升趋势，由 1981 年的 11.7 升至 2000 年的 100.0，在 2004 年上升到了 186.0，2004 年相对 2000 年上升了 86.0%。

因此，尽管中国的收入贸易条件得到了显著的改善，但价格贸易条件却呈恶化趋势。这说明中国的贸易利益在很大程度上是由出口数量的急剧扩张而带来的。虽然价格贸易条件的恶化对出口收入所带来的损失在很大程度上可以由出口数量的增加所带来的出口收入增加来弥补，但是这无法掩盖中国现阶段出口效益不高，有待进一步的改善的事实。

四、转变外贸增长方式的必要性和紧迫性

中国现行的外贸增长方式，实际上是一种依靠低生产要素成本和引进国外先进技术形成国际竞争力，以数量扩张、外延扩大、粗放增长、劳动密集、资源消耗多、位于世界产业链低端、缺乏自主品牌为特征的外贸增长方式，也可以说是一种**低价格、低技术、低品质、低加工度、低附加值、低效益、难持续的外贸增长方式**。我国之所以采取这种外贸增长方式，在相当大的程度上与改革开放以来的资源禀赋状况和经济技术条件有关，而且使中国进出口贸易得到了巨大的增长。但是，经过近30年的高速发展，中国的资源禀赋状况和经济技术条件已经发生了很大变化，外贸发展也出现了许多新情况、新问题，面临种种困难，现行的外贸增长方式存在种种缺陷，已经严重不适应外贸和整个经济发展的要求，转变现行外贸增长方式现在已是当务之急、迫在眉睫。

1. 外贸依存度太高

一国如果不对外开放、发展外贸，就不能参与国际分工、利用两个市场和两种资源、取得比较收益、更好更快地发展本国经济；一国经济如果对外依赖程度过高，又不利于经济的持续稳定发展。因此，需要根据本国的实际情况，在充分利用外贸带动经济发展的同时，努力做到外贸合理化、风险最小化、利益最大化，保证国家经济安全和良性循环。贸易依存度（外贸依存度）正是评价一国经济对外依赖程度常用的指标之一。按照通行的定义，贸易依存度是指一个国家在一定时期，一般为一个年度内对外贸易额在该国国民收入或国内生产总值GDP中所占的比重。由于我国的服务贸易所占比重相对较小，所以一般只计算货物贸易额占GDP的比重，即货物贸易依存度。我们综合WTO International Trade Statistics 2006和IMF World Economic Outlook Database，September 2006的数据，计算得到了1995~2005年间中国货物贸易依存度和出口依存

度。在此基础上，我们选取了2003年世界部分主要国家的货物贸易依存度和贸易依存度与中国进行比较。

从国内层面看，近年来我国的货物贸易依存度一直在大幅上扬。特别是2001年加入WTO以后，以每年近10个百分点的速度不断推进。为了更好地考察货物贸易出口对我国经济的影响，我们核算了中国的货物贸易出口依存度。我们发现，出口依存度从2001年的20.1%上升到2005年的34.1%，反映出了中国经济对出口贸易的依赖，详见表7。

表7　中国货物贸易依存度和货物贸易出口依存度（1995～2005年）

单位：百万美元，%

年份	出口额	进口额	GDP总额	贸易依存度	出口依存度
1995	148780	132084	727950	38.6	20.4
1996	151048	138833	856006	33.9	17.6
1997	182792	142370	952649	34.1	19.2
1998	183712	140237	1019480	31.8	18.0
1999	194931	165699	1083280	33.3	18.0
2000	249203	225094	1198480	39.6	20.8
2001	266098	243553	1324810	38.5	20.1
2002	325596	295170	1453840	42.7	22.4
2003	438228	412760	1640970	51.9	26.7
2004	593326	561229	1931640	59.8	30.7
2005	761954	660003	2234130	63.6	34.1

资料来源：*WTO International Trade Statistics* 2006，*IMF World Economic Outlook Database*，*September* 2006.

从国际层面看，我国的贸易依存度明显地高于大部分发达国家，特别是美国和日本。2003年我国的货物贸易依存度为51.9%，2005年则将快速上升至63.6%。而2003年美国的货物贸易依存度仅为18%，日本为20%。如果只考虑货物贸易依存度，与选取的具有代表性的9个国家相比较，2003年中国这一指标仅仅低于加拿大和韩国这两个新兴的发达国家，而高于德、英、法等发达国家和所有的发展中国家，尤其是远远高于美、日这两个世界上经济最发达的国家。我们将服务贸易纳入计算之后，得到的结果是：中国2003年的贸易依存度为58%，低于加拿大的73%、韩国的73%和德国的68%；高于巴西的30%、印度的31%两个主要发展中国家；也高于英国的54%、法国的56%；而且仍然大大高于美国的23%、日本的24%（参见表8）。值得我们注意的是，同美国、日本一样，中国是一个具有巨大国内市场的人口大国。显然，作为一个市场容量巨大的人口大国，中国的贸易依存度，尤其是货物贸易依存度是偏高的。

表8　2003年中国与部分国家货物贸易依存度和贸易依存度的国际比较

单位：（%）

国别	美国	日本	德国	英国	法国	加拿大	韩国	巴西	印度	中国
货物贸易依存度	18	20	56	39	43	60	62	25	20	52
贸易依存度	23	24	68	54	56	73	73	30	31	58

资料来源：*WTO International Trade Statistics* 2006，*IMF World Economic Outlook Database*, *September* 2006.

还有一点值得注意的是，世界主要经济大国外贸依存度变动相对平稳，我国外贸依存度呈持续上升态势。无论是发达经济大国，还是发展中经济大国，大体呈现一个上下波动、升降交错的发展态势，而且基本上稳定在一个较小的变化幅度之内。美国从1978年的14.9%，到整个80年代和90年代都基本维持在15%～18%左右的水平，25年间变化幅度不超过7个百分点。日本则从70年代末和80年代初的21%～26%，下降到80年代中期以来的20%以下。印度在70年代末和整个80年代基本上维持在3个百分点的变化范围内，到21世纪初大体稳定在20%左右的水平上。中国则呈现出一个连续不断上升的发展趋势。

以上分析表明，中国贸易依存度现在具有两个特点：一是我国贸易依存度呈连续上升态势，且速度较快；二是我国贸易依存度不仅高于世界平均水平，而且远远高于美国、日本、印度、巴西等经济大国。这种局面不利于中国经济的持续稳定增长。

2. 出口市场过于集中

出口市场的分布状况，即出口贸易的地区结构是反映一国或地区对外贸易发展和国际经济联系的重要指标，它包括出口流向、出口贸易伙伴的多寡和出口市场的集中程度等方面。如果过于依赖少数市场，那么出口增长必然受到限制。出口市场多元化一直是我国外贸发展的基本战略之一，但是中国的出口市场分布的实际情况表明，这一战略实行的结果不是特别令人满意。

中国货物贸易出口的一个重要特点，是过分依赖少数市场，尤其是美国、欧盟、日本以及东南亚部分国家和地区。到2005年，中国货物贸易出口，到美国市场的金额为1632亿美元，占总出口额的21.4%；对欧盟出口额达1483亿美元，占总出口额的19.5%；对日本出口额达840亿美元，占总出口额的11.1%；对区域内东亚六个经济体出口额达2112亿美元，占到总出口额的27.8%；四者共计6067亿美元，占到中国货物贸易总出口额的79.6%（参见表9）。

表9　中国对美国、欧盟、日本、东亚六个经济体、中东、非洲及中南美的货物贸易出口额（1995～2005年）

单位：10亿美元

	1995	1996	1997	1998	1999	2000	2001	2002	2003	2004	2005
总额	148.8	151.0	182.8	183.8	194.9	249.2	266.1	325.6	438.2	593.3	762.0
美国	24.7	26.7	32.7	38.0	42.0	52.2	54.4	70.1	92.6	125.1	163.2
欧盟	20.2	20.9	25.2	29.8	32.1	40.8	44.2	52.5	78.4	107.3	148.3
日本	28.5	30.9	31.8	29.7	32.4	41.7	44.9	48.4	59.4	73.5	84.0
东亚六个经济体	52.3	49.6	64.1	55.7	56.2	71.4	75.4	95.5	124.2	168.8	211.2
中东	3.0	3.0	3.6	4.1	4.6	6.2	7.1	9.5	13.3	16.9	22.2
非洲	2.5	2.5	3.2	4.0	4.1	5.0	6.0	6.9	10.1	13.7	18.6
中南美	2.9	2.9	4.2	4.6	4.4	5.8	6.4	6.5	8.4	13.1	17.8

资料来源：*WTO International Trade Statistics* 2006.

根据 WTO International Trade Statistics 2006，我们测算了中国在不同年份对美国、日本的出口额占当年各自总进口额的比例。经过二十多年的发展，中国对美国的出口额占美国进口总额的比例由1983 年的不足 1%，上升到了 2005 年的 15%；对日本的出口额占日本进口总额的比例则由 1983 年的不足 4%，上升到了 2005 年的 21.1%。表 10 的数据显现，中国对美国、日本的出口依赖度较高，这也是近年与美国、日本贸易纠纷不断，以至于影响总体出口增长的原因之一。

表 10 中国对美国、日本的出口额占美国、日本进口总额的比例

单位：%

年份	1963	1973	1983	1993	2003	2005
美国	0.0	0.1	0.9	5.6	12.5	15.0
日本	1.1	2.5	4.0	8.5	19.7	21.1

资料来源：*WTO International Trade Statistics* 2006.

综合上述数据，2005 年中国对美国、日本、欧盟以及东南亚部分国家和地区的出口金额共计 6067 亿美元，占到中国货物贸易总出口额的 79.6%。由此可见，中国对中东、非洲和中南美市场开拓相对不足。必须转变外贸增长方式，继续推进出口市场多元化战略，避免对少数国家的依赖，以降低出口风险。

3. 贸易摩擦加剧

近年来，国际经贸竞争日趋激烈，贸易保护主义有所抬头，一些国家开始滥用反倾销程序、肆意扩大反倾销调查范围、降低调查立案标准，以求达到保护本国产业的目的。随着经济规模日益增大、出口贸易快速增长、国际市场份额不断扩大，许多国家任意扩大对中国的反倾销调查范围和认定标准，使中国成为国际反倾销的主要目标国。

根据 WTO 的有关统计，成员国之间的反倾销调查的数量，已连续 4 年下降，采取反倾销措施的数量，已经连续 2 年下降，但中

国的情况则完全不同。自入世以来至2005年底，中国遭受的各类贸易保护措施共计249起，涉及出口金额65.6亿美元。仅在2005年中国遭遇反倾销调查57起，涉案金额17.9亿美元，已连续11年成为全球遭受反倾销调查最多的国家；遭遇国外发起的特保案件7起，涉案金额2.2亿美元；保障措施5起，涉案金额0.9亿美元。

柯里夫·斯蒂文森依据从WTO有关反倾销、反补贴和保障措施的案件数据，对1995年至2006年11月，全球贸易保护的趋势及相关特点进行了分析，发表了《2006年全球贸易保护报告》。表11的数据表明，近几年来WTO成员国对中国出口产品的关注程度进一步提高了。在2001年，中国遭国外反倾销立案调查的数量占当年全部案件的15%，2002年则升至17%，2005年则达到了29.8%，2006年上半年更进一步窜升至36%，呈现愈演愈烈之势。从图2中我们可以发现，随着其他国家（地区）遭遇反倾销调查数量的减少，针对中国的立案仍然呈增长趋势。上述数据还表明，在未来的一段时期内，可以预计针对中国的反倾销案件还将继续增加，这将严重制约中国外贸的增长，使以量取胜的外贸增长方式难以为继。

表11 **1995~2006年间国外对华反倾销立案及在全球案件总数的占比**

单位：（起）（%）

年份	1995	1996	1997	1998	1999	2000	2001	2002	2003	2004	2005	2006 *
全部	157	225	243	257	354	292	364	312	232	213	191	86
其他	137	182	210	229	314	249	311	261	180	164	134	55
中国	20	43	33	28	40	43	53	51	52	49	57	31
中国占比	12.7	19.1	13.6	10.9	11.3	14.7	14.6	16.3	22.4	23.0	29.8	36.0
全球（1995年的立案数=100）	100	143	155	164	225	186	232	199	148	136	122	110
中国（1995年的立案数=100）	100	215	165	140	200	215	265	255	260	245	285	310

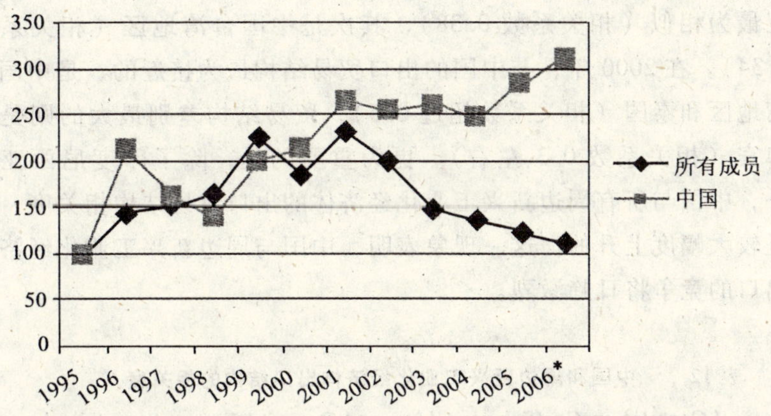

*统计数据截至2006年6月

资料来源：柯里夫·斯蒂文森. 2006年全球贸易保护报告. http://www.cacs.gov.cn.

图2　以1995年为基期，1995~2006年间对华反倾销立案和全球总立案情况对比

4. 国际贸易竞争日趋激烈

现在国际贸易竞争日趋激烈，作为最大的发展中国家的中国，不仅在国内市场上面临同国外企业的竞争，在国际市场上还要与发达国家的企业竞争，也会发生与其它发展中国家企业的竞争。这里将比较有代表性的东南亚新兴工业化经济体与中国的出口贸易结构做一比较研究，以说明国际竞争加剧的状况。

出口结构的相关度，是客观衡量不同国家出口产品之间竞争度强弱的一个常用指标。它可以间接地反映一国产品在国际市场上所面临的竞争压力。一般而言，中国的贸易和生产结构被认为是处于中间技术层级的，它比日本和第一代新兴工业经济体（新加坡、南韩和中国台湾）的技术层级要低，但在一些工业部门，它比第二代新兴工业经济体（印度尼西亚、马来西亚、泰国和菲律宾）的技术层级要高。这一点可通过许多途径来说明，最简单的方法是比较出口贸易结构。根据 Lall and Albaladejo（2004）的数据，我们考察了中国和周边新兴工业化经济体出口结构的相关度。从表

12可以看出，在1990年，中国的出口贸易结构与韩国、印度尼西亚最为相似（相关系数0.38），其次是中国台湾地区（相关系数0.34）。在2000年，与中国的出口贸易结构最为接近的，是中国台湾地区和泰国（相关系数超过0.5），贸易结构差别最大的则是菲律宾（相关系数0.3左右）。更为重要的是，除了印度尼西亚以外，中国与所有周边新兴工业化经济体的出口贸易结构相关度，都是较大幅度上升的。这一现象表明，中国与周边新兴工业化经济体出口的竞争将日趋激烈。

表12　　中国和周边新兴工业化经济体出口结构的相关度

(Correlation Coefficients China and Regional Export Structures)

	中国	
	1990年	2000年
韩国，1990	0.38	0.64
韩国，2000		0.43
中国台湾，1990	0.34	0.83
中国台湾，2000		0.53
新加坡，1999	0.10	0.42
新加坡，2000		0.41
马来西亚，1990	0.28	0.24
马来西亚，2000		0.44
泰国，1999	0.30	0.52
泰国，2000		0.51
印度尼西亚，1990	0.38	0.07
印度尼西亚，2000		0.33
菲律宾，1990	0.23	0.38
菲律宾，2000		0.33

资料来源：*Lall and Albaladejo*（2004），*Table* 4.

衡量国家之间出口产品竞争程度更为直接的方法，是检验它们在出口市场份额上的变化。Lall 和 Albaladejo（2004）提出的方法是，对于任何一个给定的市场（或整个世界经济），给出五种可能性：局部威胁（partial threat:）：中国和其他经济体都赢得市场份额，但中国获取得快一些；无威胁（no threat）：中国和其他经济体都赢得市场份额，但中国获取得慢一些；直接威胁（direct threat）：中国获得市场份额，其他经济体丧失市场份额；反向威胁（reverse threat）：中国失去市场份额，其他经济体获得市场份额；共同撤出（mutual withdrawal）：中国和其他经济体都失去市场份额。按照 Lall 和 Albaladejo 提出的分析方法，中国和周边新兴工业化经济体在世界市场上竞争的数据见表 13，每个经济体在 2000 年的出口被分解为上述五类。从这个数据看来，几乎所有周边新兴经济体的出口都受到了来自中国的某种程度的“威胁”，受影响最大的经济体是马来西亚、泰国和印度尼西亚，它们同时也是在出口结构上技术密集度比较低的国家；所有经济体对中国的反向威胁都是很低的。那些出口产品技术密集度比较高的经济体，比如新加坡、韩国、中国台湾地区，同时也是直接竞争指标最高的经济体。Lall 和Albaladejo（2004）的研究还表明，在直接威胁这一组别中，只有马来西亚在高科技类别产品出口上受到了中国的直接威胁，其他多数经济体的直接威胁来自低、中等技术产品和基于自然资源类的产品。中国要缓解这种国际贸易竞争，必须转变外贸增长方式，调整出口产品结构，优化产业结构。

表 13　**2000 年中国出口产品在世界市场上对周边新兴工业化经济体的“威胁度”**

(China Threat to NIE in the World Market 2000)

单位：(%)

	新加坡	中国台湾	韩国	马来西亚	泰国	印度尼西亚	菲律宾
部分威胁 Partial threat	40.4	34.0	28.0	56.5	61.6	48.3	44.0
无威胁 No threat	32.0	39.3	42.2	5.0	15.9	10.7	44.3

续表

	新加坡	中国台湾	韩国	马来西亚	泰国	印度尼西亚	菲律宾
直接威胁 Direct threat	23.5	22.9	26.2	28.7	15.1	19.9	5.8
反向威胁 Reverse threat	3.4	3.4	2.9	6.3	6.1	8.9	3.6
共同撤出 Mutual withdrawal	0.7	0.4	0.7	3.5	1.3	12.2	2.4

资料来源：*Lall and Albaladejo*（2004），*Table* 4.

5. 资源、环境制约

转变外贸增长方式还源于贸易扩张与资源约束的矛盾日渐凸显。由于我国经济和贸易长期实行粗放型增长方式，产出能耗和资源消耗水平明显高于国际先进水平，重要资源及能源国内供给严重不足，人均资源量远远低于世界水平。据测算，我国每创造1美元GDP所消耗的能源是美国的4.3倍，是日本的11.5倍，能源利用率仅为美国的11.5%，人均矿产占有量为世界人均水平的1/2，人均石油、天然气和煤炭占有量为世界人均水平的1/10、1/20、3/5。在我国资源相对紧缺的情况下，能源和重要资源依赖进口的情况日趋严重，到20世纪90年代中期，我国已经成为初级产品净进口国，初级产品进口增幅高达47.7%，2005年初级产品的进出口逆差达到986.7亿美元，几乎相当于全年实现的外贸顺差。

资源对中国粗放式增长的制约日趋严重，依靠资源高消耗追求规模扩张的外贸增长方式不转变已经不行了。尽管国外重要资源和原材料的大量进口，弥补了国内需求缺口，支持了经济增长，但是对国外市场的高依存度也易导致供求和价格风险，不仅难以稳定保证供应，而且会推动原料价格上涨，这又使依靠低生产要素成本的外贸增长方式无法维持。

除了上述因素之外，外贸顺差过大、人民币升值压力、劳动力成本提高、高新技术引进困难等也是中国必须转变外贸增长方式的重要原因。

五、中国外贸增长方式转变的目标模式

中国的外贸增长应由什么方式转变成什么不同的方式，也就是说外贸增长方式转变的目标模式是什么，这种新的外贸增长方式的内涵、特征、优点是什么？我国理论界目前看法不尽相同。有的认为是以数量增加为主向以质量提高为主转变，变“制造”为“创造”；也有的提出是要从单纯依靠数量扩张转向规模、质量与效益同步增长；还有的主张要由“规模速度型”向“质量效益型”转变，或者说是从数量型转变为质量型、从粗放型转变为效益型。我们认为这些观点都有一定道理，但都不全面、不十分准确。

由于贸易摩擦不断、出口受阻、国际竞争激烈、外贸条件恶化、外贸顺差过大、外贸依存度太高，数量扩张型的外贸难以可持续发展，必须平衡进出口贸易，降低外贸依存度，转向注重经济效益的外贸增长；由于生产要素价格上涨、资源消耗过多、环境压力加剧，粗放增长、资源消耗、以低价格取胜的方式已经难以为继，必须转向集约增长、以质量取胜、可持续发展，劣质低价已经不行了，必须优质优价；由于高新技术引进困难，仅靠贴牌生产、引进国外先进技术形成国际竞争力已经远远不够了，必须自主创新、形成自主品牌；由于停留在世界产业链的低端，加工度低、附加值低、经济效益也低，必须转向世界产业链的高端，提高加工度、增长附加值，进而提高经济效益。因此，中国外贸增长方式转变的目标模式即新的外贸增长方式，应该是一种进出口商品结构优化、市场多元化、主要依靠自主创新和自主品牌、科技兴贸、以质取胜、产业结构合理、加工度高、附加值大、高效益、可持续的方式。

六、中国外贸增长方式转变的困难和对策

明确了中国外贸增长方式转变的目标模式，那么怎样把现行的外贸增长方式转变成为新的外贸增长方式呢？关键在于正确认识和有效克服中国外贸增长方式转变面临的困难、解决存在的问题。我

们认为，现在中国转变外贸增长方式，实现外贸持续高效发展，存在的困难和问题及应当采取的措施，主要有以下几个方面：

1. 克服生产要素价格上涨的制约、降低出口产品成本的困难和措施

由于资源消耗过多、环境压力加剧、工资水平过低导致“民工荒”和内需难以扩大，引起生产要素价格上涨，因而出口产品的成本也会增加、价格也要提高，必然对出口的增长产生不利影响。中国现在要扩大出口，已经不可能再完全或者主要依靠生产要素的低价格，更不应该人为压低生产要素价格以维持出口产品的低价来实现了。另外，人民币较大的升值压力也会使出口商品的价格存在上升的趋势，而价格上升又不利于出口增加，所以只能通过其它途径降低出口产品成本，以保持出口产品的较低价格。这里的其它途径，最重要的当然是改进技术，加强管理，提高效率，降低消耗。

2. 优质优价、以质取胜的困难和措施

出口的数量增加和效益提高的途径，如果只是或者主要是依靠出口产品的低价格，那是效益低下的、不可持续的，最根本的或者主要的应该是以质取胜。因为质量好才能更好地满足市场需求，而且优质可以优价，带来更高的经济效益，实现可持续发展。但是，要真正做到以质取胜，又极不容易，必须加大投入，大力研究开发，改进工艺技术，严格管理，提高职工素质。

3. 减少外贸顺差、实现进出口贸易平衡的困难和措施

外贸的可持续发展，不仅是要不断扩大出口，更重要的是要尽可能保持进出口贸易的平衡。现在中国进出口贸易不平衡，外贸顺差过大，而且改变这种状况相当困难。因为，造成这种不平衡的因素，既有内部的，更有外部的。所以，中国现在要实现进出口贸易的平衡，既要实施外贸市场多元化战略，调整进出口的商品结构和国别地区结构，同时又要通过各种途径，促使部分国家和地区放开对中国出口的种种限制，从而使中国能够扩大进口，达到进出口的平衡，实现外贸的互利共赢。

4. 优化出口商品结构的困难和措施

改革开放以来，中国主要依靠出口劳动密集、资源密集的产品，实现了外贸的长足发展，但现在劳动密集产品出口受阻、贸易摩擦不断、条件恶化、竞争激烈，资源密集产品出口也受到资源环境的严重制约，必须调整出口商品结构。但是，要优化出口商品结构也不是轻而易举的事，需要尽一切可能开发新产品，扩大生产和出口高新技术产业和现代服务业的产品、技术密集产品、尤其是劳动技术密集产品的出口。

5. 进入世界产业链高端、提高加工度、增长附加值的困难和措施

改变长期停留在世界产业链的低端、主要进行加工贸易和贴牌生产、加工度低、附加值低、经济效益也低的局面，是中国现在转变外贸增长方式，实现外贸持续高效发展的重要任务。但是，要进入世界产业链高端、提高加工度、增长附加值，难度也很大，需要努力向上下两端延伸制造业的产业链，发展现代服务业和高新技术产业，自主进行研究、开发、设计、供应、营销、金融服务、物流服务、咨询服务等，加强分工、专业化、协作和产学研结合。

6. 自主创新技术、形成自主品牌、实现科技兴贸的困难和措施

自主创新技术、形成自主品牌、实现科技兴贸是转变外贸增长方式的根本途径，上述五个方面的困难和问题的有效解决，都有赖于自主创新、科技进步。真正做到自主创新技术、形成自主品牌，难度则更大，必须采取多方面的措施，主要包括：保护知识产权，改进创新激励机制，大力鼓励创新；完善企业优胜劣汰机制，限制垄断，取消不合理保护，强化竞争压力，形成创新动力；健全技术市场、资本市场、资源市场，形成合理资源价格，增大成本压力，促进外贸企业由低成本转向高技术竞争；支持发展创业投资、风险投资，增大研发投入；加强人才培养、职工培训，提高创新能力。

参考文献

崔大沪．中国外贸依存度的分析与思考［J］．世界经济研究，2004，（4）．

柴海涛．适应 WTO 规则，转变外贸增长方式［N］．光明日报，2004-12-20．

陈文玲．中国如何转变外贸增长方式［N］．人民日报海外版，2007-3-13．

傅自应．综合手段转变外贸增长方式［N］．中国产经新闻，2007-1-30．

高虎城．我国出口增长方式转变的关键在于创新和发展［N］．新华网北京 11 月 20 日．

霍建国．外贸增长方式的转变路径．http：//www. wtolaw. gov. cn 2006-02-16．

华晓红．拓展均衡——我国出口市场多元化战略评价与调整［J］．国际贸易，2002（9）：4-12．

金锫等．竞争力经济学．广州：广东经济出版社，2003．

江小娟．十一五：中国外贸增长方式将现“拐点性”变化［N］新华网 2006 年 11 月 20 日．

克鲁格曼，奥伯斯法尔德．国际经济学（第 5 版）．北京：中国人民大学出版社，2002．

柯里夫·斯蒂文森．2006 年全球贸易保护报告．http：//www. cacs. gov. cn．

罗默等著．《发展经济学》（第 5 版），中国人民大学出版社，2005．

刘伟，黄桂田．以经济增长方式的转变推动外贸增长方式的转变．www. cnfol. com．2006-3-31．

刘新民．四大措施实现外贸增长方式转变［N］．中国经济周刊，2006-2-26．

隆国强．外贸增长方式转变从何着手？［N］．人民日报海外版，2007-1-24．

鲁建华．加快转变外贸增长方式［N］．人民日报，2006-3-27．

裴长洪．外贸增长方式的转变与政策思路［J］．改革，2005（1）．

曲风杰．优化结构与协调发展［J］．国际贸易，2006（1）．

沈利生．中国外贸依存度的测算［J］．数量经济技术经济研究，2003（4）．

邵望予．试论中国外贸增长方式的转变［J］．国际经贸探索，2006（5）．

闻潜．深化经济体制改革，转变外贸增长方式［N］．人民日报，2005-7-6．

徐强．恰当的推进策略［J］．国际贸易，2005（4）．

严启发．美国、日本转变外贸增长方式的做法和启示［J］．经济研究参考．2006（2）．

杨正位．加快转变外贸增长方式［J］．中国经济导刊，2005（6）．

张曙霄、王爽．关于我国外贸增长方式与可持续发展的探讨［J］．财经问题研究，2006（10）．

张旭宏．加快外贸增长方式转变，促进对外贸易持续健康发展［J］．宏观经济研究，2006（7）．

赵永清．转变外贸增长方式的几点思考［J］．国际贸易．1996（3）．

曾铮，胡小环．我国出口商品结构高度化与贸易条件恶化［J］．国际贸易，2005（4）．

IMF. World Economic Outlook Database, September 2006, http://www.imf.org.

J. DAVID RICHARDSON. Revealing comparative advantage: chaotic or coherent patterns across time and sector and US trading partner. NBER Working Papers, w7212.

LALL S. The technology structure and performance of developing country manufactured exports, 1985 - 1998. Oxford Development Studies, 2000, 28 (3): 337-369.

LALL S. and ALBALDEJO M. China's competitive performance: a threat to East Asian manufactured exports. World Development, 2004, 32 (9).

WORLD BANK. World development indicators online. Washington DC, 2006.

WTO. International Trade Statistics 2006. http://www.wto.org.

UNCTAD. Trade and development report, 2006. United Nations publication, New York and Geneva, 2006.

（原载《中国工业经济》2007 年第 8 期，与张皓合写）

劳动就业

中国劳动就业的最大难题
——农村剩余劳动力的出路问题

中国不仅有数以千万计的城市富余劳动力，更有数以亿计的农村剩余劳动力，因此农村剩余劳动力的出路问题，即如何合理有效地解决农村剩余劳动力的就业问题，是中国劳动就业的最大难题。农村剩余劳动力向何处转移、怎样转移，农村剩余劳动力在哪个行业就业、在什么地方就业，这是决定中国现代化建设成败的跨世纪的重大课题。

我认为，解决农村剩余劳动力就业问题的对策，应坚持多元化、非农化和城镇化的原则。具体来说，主要包括以下三个方面：

一、采取多向分流、多渠道转移、以非农化为主的方式

中国是世界上人口最多的国家，又是典型的具有二元经济结构的国家，现存的和潜在的农村剩余劳动力数量巨大，任何一个经济部门都容纳不了这么多农村剩余劳动力，因此农村剩余劳动力不能只向个别经济部门转移，必须实行多向分流、多渠道转移，在多个部门就业。

1. 向农业生产的广度和深度进军

一方面通过发展精细农业、生态农业、立体农业，增加土地复种指数，实行集约经营，进行农业综合开发，使农、林、牧、副、渔各业全面发展，以吸纳更多的农村劳动力；另一方面开展以治

山、治水、治沙、治土为主要内容的国土整治，加强农田水利基本建设，开垦荒地，改造中低产田，以增加对劳动力的需求。

2. 向非农产业转移

通过大力发展城乡非农产业，实行农村人口的非农化，广开就业门路，能够吸收大量的农村剩余劳动力。非农产业是指除农业以外的所有产业部门，包括第二产业、第三产业等。实行工业化，特别是农村工业化，能够就地就近转移大批农村剩余劳动力，中国乡镇企业的发展证明了这一点；工业化的发展必将带动第三产业（包括为农业产前、产中、产后服务的农村第三产业）的发展，而第三产业大多是劳动密集型产业，需要更多的劳动力；非农化必然伴随城镇化，城镇化必然要求扩大城镇建设，引起建筑业的发展，建筑业的发展必然增加就业机会，吸纳更多的劳动力。

随着农业生产技术的进步，劳动生产率的提高，即使向农业生产的广度和深度进军，农业本身也不可能容纳全部农村劳动力，仍然会存在大量的农村剩余劳动力，只有非农化才是农村剩余劳动力转移的根本途径。所以，农村剩余劳动力的部门转移必须以非农化为主。

二、贯彻尽可能就地就近转移与适量有序异地转移相结合的方针

农村剩余劳动力仅仅就地转移，不异地转移，是不可能的，也是不合理的。因为：第一，中国农村剩余劳动力的数量太多，农村不可能全部吸纳，本地无法完全消化，不可避免地要跨地区流动，向城镇流动。第二，不允许农村人口跨地区流动、向城镇流动，就是不让人力资源流动，这样不符合市场经济运行的要求，不利于人力资源在全社会范围内的优化配置。第三，中国各地区之间、城乡之间的经济发展不平衡，劳动力的供求情况不一致，经济发展迅速的东南沿海地区劳动力供不应求，经济比较落后的中西部地区劳动力供过于求，如果不适量跨地区流动，一方面会造成劳动力过剩地区人力资源的浪费；另一方面又不能满足劳动力缺乏地区对劳动力的需求，结果极不利于整个国民经济的发展。所以，中国数量庞大

的农村剩余劳动力，不仅不能只向个别产业部门转移，而且也不能只向少数地区流动；不能只是就地就近转移，还必须适量有序跨地区转移；不能只是在农村流动，还必须适当向城镇流动。

三、走“离土又离乡、进厂又进城”的非农化与城镇化同步发展的道路

中国应该以非农化为主渠道转移农村剩余劳动力，而非农化特别是农村工业化必须与城镇化同步发展，在农村人口非农化的同时实现农村人口的城镇化。城镇化是工业化、非农化发展的必然趋势，只有通过城镇化的发展，非农产业适度聚集到城镇，才能取得非农产业的规模效益，也才能更持久有效地转移农村剩余劳动力。非农产业在城镇的聚集，必然要求从事非农产业的劳动力居住在城镇。只有这样，农村剩余劳动力的转移才是稳定的、持久的。中国改革以来乡镇企业发展的实践表明，那种“离土不离乡、进厂不进城”的分散的农村工业化道路，已经不能适应农村剩余劳动力进一步转移和农村工业进一步发展的要求，必须走工业化、非农化与城镇化同步发展的道路。分散的农村工业化，在初期虽然对于吸纳剩余劳动力、解决农村就业问题、增加农民的收入、改变农村的社会经济结构，发挥了巨大的积极作用，但也存在占用过量耕地、浪费自然资源、污染环境、技术管理落后、经济效益低下等严重问题，特别是乡镇企业对农村剩余劳动力的吸纳作用正在逐步下降。“村村点火，户户冒烟，遍地开花，到处办厂”的分散低效的农村工业化，必须向适度集中、规模经营、集约经营的方向发展，乡镇企业应适当向中小城镇集中，提高规模效益和集聚效益。因此，农村剩余劳动力的转移也必须由“离土不离乡、进厂不进城”的方式逐步转变为“离土又离乡、进厂又进城”的方式。只有工业化、非农化与城镇化的同步发展，才是农村剩余劳动力的根本出路。

（原载《工人日报》1995 年 11 月 15 日）

"再就业工程"三论

一、职业转换是市场经济发展的必然趋势

职业转换包括就业部门、单位的转变和专业、工种、岗位的更换。我国在实施再就业工程的过程中碰到的一个重要障碍就是，有些富余人员不愿意转换职业，不肯到新单位或新岗位去就业，结果产生"有事无人干，有人无事干"的现象。国有企业的职工长期以来生活在传统的计划经济中，由国家统一安排就业，往往终生在一个企业或单位就业，一辈子从事一种工作，不能流动和变换，形成终生固定就业的习惯。现在进行经济体制改革，发展市场经济，建立现代企业制度，出现富余人员，需要转换职业、重新就业，人们就不习惯、不愿意，给再就业工程的实施造成困难。实际上，职业转换是市场经济发展的必然趋势。市场经济必然引起职业转换的主要原因如下。

第一，市场配置资源要求职业转换。

市场经济是以市场作为资源配置的基本方式的经济形式，包括劳动力这个最重要的要素在内的生产要素的自由流动和转移，是市场合理配置资源的前提。劳动力的流动和转移，首先就是职业的转换。职业的转换，不仅有利于企业和社会经济效益的提高，而且在自愿的条件下也可能增加职工的收入，在被迫的情况下也是职工不能不作出的抉择，否则只能失业而丧失生活来源。只有实行劳动力流动、职业转换，市场配置资源的作用才能真正发挥，劳动力资源才能配置到最需要的方面，也才能真正做到人尽其能，人尽其用。

第二，解决失业问题要求职业转换。

在市场经济中，由于市场竞争优胜劣汰，必然会有人破产、有人失业；由于劳动力市场信息不全，企业不可能充分了解劳动力的供给情况，劳动者也不可能完全掌握劳动力的需求信息，也就有可能出现劳动力供求脱节的现象，使部分企业不能完全满足自己对劳动力的需求，使部分劳动者找不到工作；由于市场经济推动技术不

断进步，资本有机构成不断提高，资本对劳动力的需求相对减少，可能产生剩余劳动力。所以，市场经济不易实现充分就业，失业现象难以避免。为了保护劳动力资源，以满足经济增长的需要；为了维护社会稳定，以保证经济和社会的顺利发展，市场经济必须实行失业保障。失业保障的根本措施不是失业救济和失业保险，而是帮助失业者再就业。失业者很难在原企业和原岗位上再就业，因此必须转换职业。

第三，产业结构的调整要求职业转换。

在现代市场经济中，科学技术日新月异，新兴产业层出不穷，产业结构不断调整，逐步走向高级化、现代化，传统的“夕阳工业”逐渐让位于新兴的“朝阳工业”，以劳动密集型产业为主的产业结构逐步转变为以资本密集型产业和技术密集型产业为主的产业结构，三大产业由倒金字塔型结构向正金字塔型结构转化，第三产业的比重日趋上升。产业结构的这种变化和调整，使得传统产业、夕阳产业、第一产业和第二产业对劳动力的需求不断减少，使这些部门的劳动力过剩；同时使新兴产业、朝阳产业、第三产业对劳动力的需求不断增加，使这些部门的劳动力不足。因此，可能产生失业与职位空缺并存的“结构性失业”。这就要求劳动者必须根据市场经济中产业结构变化的情况，再学习、再训练，及时转换职业。

以上几点说明职业转换是市场经济发展的必然趋势，我们必须适应这种大趋势，到自己能够就业的单位和岗位上去工作，这样对社会经济的发展和个人的生活都有益无害。

二、再就业是失业保障的根本措施

现在人们所理解的失业保障，一般只是指失业保险和失业救济。其实，从国际经验来看，社会失业保障制度的内容还应包括就业保障和帮助失业者再就业的制度措施。因此，完整的社会失业保障制度应包括失业保险、失业救济和再就业制度。

发达国家除了发放失业保险金和救济金之外，大多数比较重视帮助失业者再就业，社会失业保障基金也有不少用于提高失业者的就业能力，增加就业机会。这方面最典型的是瑞典。瑞典政府把社会失业保障工作的重点放在减少失业上，并采取以下多种措施：第一，介绍求职者与招工者会面并促其达成协议。第二，鼓励求职者迁移，举办各种技术培训，改善劳动力的供给。第三，扩大对劳动力的需求。举办各种以工代赈的公共工程（如城市建筑、自然环境保护、造林等），为失业者创造一些就业机会。政府以提供订货或财政补贴形式，帮助那些有财政困难的企业维持原有的生产和就业规模，渡过难关。

发达国家社会失业保障制度的经验教训表明，单纯地发放失业救济金是一种被动的社会失业保障制度，存在许多弊病，不能形成激励机制，会滋生惰性和依赖性，损害经济效率，加重政府和社会的负担，并且难以为继。发放失业保障救济金，只治标，不治本。要真正解决失业者的困难，最根本的还是帮助他们再就业。瑞典斯德哥尔摩大学的贝格林德教授认为，遏止失业救济费用增加的积极办法是创造新的就业机会，使劳动力市场更加活跃。英国剑桥大学的吉登教授也指出，现在应当更加注意预防风险，把钱花在改变生活、减少风险机会上面。因此，我国在建立社会失业保障制度，合理使用社会失业保障基金方面，应该特别注意创造更多的就业机会，提供更多的帮助以增强失业者的就业能力。必须努力增加就业，实行以帮助失业者再就业为主要措施的积极的社会保障制度，尽量避免只是被动地发放失业保障金的消极的社会失业保障制度。

我国目前正在实施的再就业工程，正是在总结了社会失业保障方面的国际经验教训的基础上，妥善安置富余劳动力，有效解决待业问题的跨世纪的重大社会经济工程。

三、实施再就业工程的困难和对策

再就业工程事关改革、发展和稳定的大局。近几年来，从中央到地方，由于各方面的高度重视和共同努力，再就业工程已经取得了相当大的成绩，先后组织500多万下岗职工参加了再就业工程，使300多万人实现了再就业。但是，相对于目前全国1150多万下岗职工而言，尤其是相对于国有企业3000多万富余职工来说，再就业工程的任务仍然十分艰巨。再就业工程实施的结果之所以还很不理想，其原因主要是存在以下5个方面的困难和障碍。本文试图对这些困难和障碍做些深入探讨，并提出相应的对策建议，以便有关部门实施再就业工程时参考。

1. 提供再就业岗位的困难及对策

安置富余人员，使下岗职工再就业，首先必须给他们提供再就业岗位，而做到这一点极不容易。目前，我国城镇国有企业的富余职工有3000多万，农村流入城镇的剩余劳动力有大约8000万。湖北省城镇的富余职工有200多万，流动人口200多万。武汉市的富余职工约为30万，再加上湖北省内外流入武汉市的40万劳动力，共有70万。另外，还有大量新生劳动力。在这种十分严峻的就业形势下，要给这么多的待业人员提供再就业岗位，任务特别艰巨。创造就业机会，提供再就业岗位，可以采取以下措施：

第一，加快经济发展，增加对劳动力的需求。这是实施再就业工程，安置下岗职工最根本的措施。东南沿海经济发达地区的就业问题之所以没有内地这么严重，最主要的原因是由于这些地区的经济增长速度大大高于内地，不仅能解决本地职工的就业问题，而且还能大量吸收外来民工。

第二，调整经济结构，发挥本地资源、技术优势，大力发展第三产业、新兴产业、有市场需求的产业，创造更多的就业岗位，特别是要尽可能发展劳动密集型产业，吸纳更多的劳动力。

第三，广开就业门路，采取扩大基础设施建设和城镇建设，增加出口贸易，鼓励劳务输出，扶持企业搞开发性、多元化经营等措施，扩大就业机会。

第四，鼓励国有企业下岗职工自谋职业，向乡镇企业，甚至农业部门流动。

第五，发挥多种所有制经济的作用，实行多向分流、多元化安置，特别是要把大力发展非公有制经济作为安置下岗职工的主要渠道。据统计，1991～1996年我国非公有制经济的就业人数年均增长21.4%，大大快于全国就业人数年均增长1.2%的速度，更是国有经济无法比拟的，到1994年国有部门净就业增长已经为零。非公有制经济实际上已成为我国就业的一个主要增长点。

这里需要指出的是，有些城市为了安置本市的下岗职工，采取限制招收农民工，甚至清退农民工的办法。我认为这是不可取的，因为这样做不符合市场经济的要求，不利于实现劳动力资源的优化配置。在劳动就业上也应该实行公平竞争、择优录用，不能歧视农民工。农民工的存在有助于形成城镇劳动力市场和就业的竞争机制，转变公有制企业职工的就业观念，更有效地利用劳动力资源。

2. 筹集再就业资金的困难及对策

建立实施再就业工程的必要的机构，增加就业机会，创造再就业岗位，开展再就业的舆论宣传和思想教育工作，收集和发布待业与就业的信息，培训富余人员，给待业人员提供再就业的各种服务和帮助，都需要花费相当多的人力、物力和财力。因此，实施再就业工程，必须筹集相应的资金。而且，再就业工程所需的资金数量庞大，按照安置一个下岗职工花费3000元计算，安置当前下岗的1150多万职工，就需要300多亿元。由于目前我国财政比较困难，企业资金紧张，所以筹集实施再就业工程的资金也相当困难。

我们认为应该通过多渠道筹集资金，来源主要包括：财政拨出一部分，社会失业保障基金抽出一部分，相关企业交纳一部分，银行贷款支持一部分。从企业筹集的这一部分，不同类型的企业可以采取不同的方式：破产企业可以从清算的资产或拍卖的房地产中划出一部分；亏损企业若要剥离和安置富余人员，可以从亏损补贴中提取一部分；改制企业若要剥离和安置富余人员，可以从改制费用中抽出一部分；一般企业若要剥离和安置富余人员，则必须直接交纳一部分资金。

如果财政拨付和企业交纳有困难，可以采取出售一部分资产的方式解决。这实际上是对下岗职工以往劳动贡献的一种必要的补偿，并不是化公为私、侵占国有资产。

3. 再就业的思想障碍及清除的对策

计划经济中的“大锅饭”、“铁饭碗”，使部分国有企业的职工形成了一种依赖国家的“等、靠、要”的传统就业观念。在职业选择上，一心只想收入高、名声好、条件优、工作轻松的职业，不愿干收入低、“掉份儿”、苦、脏、累、险的工作；在就业方式上，只是等待部门、单位安排，不是自己积极寻找、主动进取。这种陈旧的就业观念，使得有些下岗职工宁可闲呆在家里吃救济，也不去有关方面提供的新岗位就业，甚至连政府开办的免费职业培训班都不愿意去上，出现了“有事无人干，有人无事干”、“40 万外地人打工忙赚钱，30 万本地人待业等救济”的怪现象，严重妨碍着再就业工程的顺利实施。必须大力开展再就业工程的舆论宣传和思想教育工作，转变就业观念，端正择业意识，为再就业工程的实施扫清思想障碍。通过深入的宣传教育，发挥典型的人物和事例的示范作用，使广大公有制经济的职工认识到，由于市场经济运行的循环波动、经济结构的不断调整优化、市场竞争优胜劣汰、技术进步使得资本对劳动力的需求相对减少、原有劳动力不适应新技术的要求、劳动力的供求也可能出现脱节现象等因素的作用，市场经济不易实现充分就业，失业现象难以完全避免，而再就业则是失业保障最根本的措施。职业转换是市场经济发展的必然趋势，是经济结构转变的客观要求。必须将计划经济中形成的靠政府统包统配、终生固定就业、无风险就业的观念转变为市场经济的劳动力流动、自主就业、双向选择、竞争上岗的就业观念。

4. 再就业的制度障碍及对策

实施再就业工程的障碍，不仅来自于思想观念，而且还来自于制度缺陷。下岗职工之所以不愿意到新单位或新岗位去就业，除就业观念不端正之外，还有一个重要原因是社会保障制度的不完善。在传统计划经济体制下，国有企业的就业制度和社会保障制度紧密相联，构成一种就业、住房、医疗、退休待遇等“四位一体”的制度。这种制度已不适应建立现代企业制度和发展市场经济的要求，正在改革之中，新的就业制度和社会保障制度还没有完全建立起来。这种制度缺陷给再就业工程的实施带来相当大的困难。国有企业的富余人员不愿到实行新的社会保障制度的另外的国有企业去就业，更不愿到非国有企业中去就业，一个很重要的原因是害怕失去原有的住房、医疗和退休等待遇。怎样合理解决再就业的职工的住房、医疗和退休保障问题，是当前实施再就业工程碰到的一个很大的难题。显然，不能等新的社会保障制度完全建立起来以后，再实施再就业工程。如何解决这个问题呢？我们认为，除了加快社会保障制度改革的步伐之外，还可以根据不同情况采取以下不同的对策：

(1) 离开原来国有企业而进入另外的国有企业或非国有企业再就业的下岗职工，享受原企业的退休职工的待遇，费用由原企业承担；还享受再就业企业新招职工的待遇，费用由再就业的企业承担。

(2) 离开原来国有企业而进入另外的国有企业再就业的下岗职工，失去原有的待遇，享受再就业的企业同样工龄的职工的待遇。

(3) 破产的国有企业的再就业职工，除了享受企业破产时所有职工都享有的待遇之外，在再就业的企业还享受新招职工的待遇。

再就业工程的制度障碍，还包括国有企业的转机改制仍在进行之中，现代企业制度还没有建立起来，投资体制还不合理，劳动力市场也还很不健全。企业制度不健全使得国有经济不能得到更快的发展，吸纳更多的就业人员。投资体制不合理，使得重复建设屡禁不止，下岗待业不断再生，昨天的重复建设，造成今天的大量下岗；今天的重复建设，又会造成明天的大量待业。劳动力市场发育不成熟，严重妨碍下岗职工的职业转换、劳动力的合理流动和优化配置。再就业工程实际上是一个系统工程，必须加快进行企业、市场、投资、劳动就业、社会保障制度等多方面的综合配套改革。

5. 安置工作的困难及对策

再就业工程最主要的日常工作是安置下岗职工，而安置工作在实行过程中，除上述问题之外，还存在其它各种困难和障碍。

(1) 相当数量的下岗职工素质比较低、竞争能力弱、选择再就业岗位也过于讲究，给安置工作造成困难。下岗职工中，不少是40~50岁年龄偏大的职工、女性职工、体质差、文化素质不高、技术能力不强的职工，很难找到合适的工作岗位。有的下岗职工对岗位挑挑捡捡，由再就业工作机构介绍几次工作，都不满意，不愿接受。针对这些情况，应该把再就业工程的工作重点放在下岗职工中的弱势群体上，重点解决他们特别是下岗双职工的就业问题。对于年轻力壮、技术能力强的下岗职工，主要鼓励他们自谋职业。对于50岁以下，体弱多病的下岗职工，则让他们提前退休。对于安排几次就业岗位都不愿接受的下岗职工，可不再作为安置对象。

(2) 不少用人单位比较挑剔，其用人观念也需转变。许多单位招收职工往往比较挑剔，对下岗职工要求比较苛刻，女性不要，40岁以上的不要，有某些缺陷的不要，而且这些要求也不一定是工作特性决定的，这也给安置工作造成困难。其实，企业招收职工主要应看增加职工的边际收益是否大于边际成本，只要是边际收益大于边际成本，就是有经济效益的。过于追求招收高素质的职工，必然加大工资成本，并不一定经济合算。

(3) 就业岗位信息的收集和发布困难。由于就业岗位的分布分散、情况复杂，全面、准确、及时地收集和发布有关信息，相当不容易，成本很高，需要耗费大量的人力、物力和财力。为了给下岗职工提供更好的就业信息服务，各个城市应当建立专业化的就业信息收集和发布的队伍，形成就业信息网络，自印就业信息资料散发，或通过报刊、广播、电视等新闻媒体发布就业信息。

(4) 下岗职工隐性就业状况难以掌握。由于有一部分下岗职工为了继续享受企业的生活补贴和有关的待遇，不愿失去原有的社会保障，即使自己已经想办法找到了工作，有了经济收入，也不到有关部门登记。明明已经再就业，却称自己下岗待业。据调查，至少有1/3的下岗职工是这种情况，他们一边领下岗补贴，一边在社会上从事各种经济活动。由于这些下岗职工有意隐瞒就业情况，所以下岗人员隐性就业状况很难弄清，给再就业工程实施造成障碍。为了解决这个问题，我认为应该制定相应的惩罚措施，追回下岗补贴。

(5) 政府行为的局限性。再就业工程主要是由政府组织实施的帮助下岗人员再就业的社会经济工程，主要是一种政府行为，而这种政府行为是必要的、不可缺少的。失业是市场经济自身难以消除的普遍现象，即使实现了就业市场化，仍然需要发挥政府在就业方面的重要作用，实行必要的宏观调控，运用财政和金融政策刺激经济增长，以减少失业；运用就业政策和人力政策帮助失业人员再就业；建立社会保障制度，给失业人员必要的生活保障，以维持社会稳定。因此，政府采取措施减少失业、帮助失业人员再就业是一个长远之计。我国目前实施的再就业工程，更是一个当务之急。由于当前国有企业大量职工下岗，是经济转轨、社会转型时期的特殊现象，主要是由传统的计划经济体制、国有企业制度和劳动就业制度造成的，社会主义制度和国有经济的性质决定，政府不能不管，深化改革、加快发展、维持稳定要求政府必须帮助下岗职工再就业。再就业工程是在劳动力市场不成熟和社会保障制度不健全情况下不得不采取的应急措施，同时也为完成政府帮助下岗职工再就业这个社会主义市场经济发展过程中的长期任务提供有益的经验和方式。但是政府不是万能的，在就业方面的作用也是有限的。由于人力、物力、财力和能力等多方面的限制，政府不可能将所有的下岗人员的再就业都包下来，更不可能保证所有的劳动者都能就业。传统计划经济条件下劳动就业由政府统包统配、大包大揽的实践证明，政府包就业，负担太大、包袱太重，不仅包不了，难以为继，而且造成人浮于事、效率低下等许多弊端，极不适应发展市场经济的要求。因此，现在实施再就业工程，必须与加快劳动力市场培育、实行劳动就业市场化、鼓励劳动力合理流动结合起来，逐步形成市场化就业与政府帮助就业相结合的新机制。

（原载《武汉经济研究》1996年第3期，《理论月刊》1998年第8期、《财经科学》1998年第4期部分转载）

再就业工程的制度障碍和制度创新

现在，中国政府宣布，三年之内大多数国有大中型企业必须“脱困建制”，而要摆脱亏损的困境，建立现代企业制度，真正搞活搞好国有经济，必须妥善解决国有企业改革的一个重大难题，就是国有企业大量的富余人员的安置问题。下岗分流、减人增效和实施再就业工程，正是为了解决这个难题而采取的战略措施。再就业工程是主要由政府帮助下岗职工再就业的重大社会经济工程，直接关系到国有企业改革能否成功、市场经济能否顺利发展、社会稳定能否保持。近几年来，从中央到地方，由于各方面的高度重视和共同努力，再就业工程已经取得了相当大的成绩，先后组织500多万下岗职工参加了再就业工程，使300多万人实现了再就业。但是，相对于目前全国1150多万下岗职工而言，尤其是相对于国有企业3000多万富余职工来说，再就业工程的任务仍然十分艰巨。再就业工程实施的进展之所以不快，结果之所以不理想，原因是多方面的。我们认为最主要的原因是由于存在体制缺陷、制度障碍，只有通过深化改革、制度创新，才能消除缺陷，克服障碍，加快再就业工程实施的步伐，有效地解决富余人员安置的难题。

一、再就业工程实施的制度障碍

目前，实施再就业工程主要存在以下五个方面的制度障碍：

1. 社会保障制度方面的障碍

在实施再就业工程的过程中，普遍存在“有事无人干、有人无事干”的情况，有的城市出现了“几十万外地人打工忙赚钱，几十万本地人待业等救济”的怪现象。国有企业下岗职工之所以不愿意到新单位或新岗位去就业，除就业观念不端正之外，最根本的原因还是社会保障制度的不完善。在传统计划经济体制下，国有企业的就业制度和社会保障制度紧密相联，构成一种就业、住房、医疗、退休待遇等“四位一体”的制度。这种制度已不适应建立现代企业制度和发展市场经济的要求，正在改革之中，新的社会保障制度还没有完全建立起来。这种制度缺陷给再就业工程的实施带来相当大的困难。国有企业的富余人员不愿到实行新的社会保障制度的另外的国有企业去就业，更不愿到非国有企业中去就业，一个很重要的原因是害怕失去原有的住房、医疗和退休等待遇。怎样合理解决再就业职工的住房、医疗和退休保障问题，是当前实施再就业工程碰到的一个大的难题。

2. 劳动就业制度方面的障碍

劳动就业问题实质上是人力资源的配置问题。市场经济主要通过劳动力市场解决就业问题，实现劳动力资源的配置，也就是在劳动力供求波动、劳动力价格（工资）涨落、劳动力市场竞争、优胜劣汰机制的作用下，在劳动者就业与失业、失业与再就业的不断更替中，实现劳动力资源的优化配置，实行的是劳动力自由流动、供需双方双向选择、劳动者自主择业、竞争上岗的劳动就业制度。市场经济的市场化的劳动力资源配置机制和劳动就业制度，虽然不能完全消除失业、不能实现充分就业，但却有助于提高微观企业的经济效益，使劳动力配置到最能发挥其作用的岗位上去，使劳动者能自找门路、自主择业，不依赖政府，更有利于解决就业问题。但是，在传统计划经济体制下，人力资源由政府指令性计划配置，实行的是“低工资、高就业”、“大锅饭、铁饭碗”式的劳动就业制度，城镇的劳动就业由政府大包大揽、统包统配。实践证明，政府包就业，负担太重、包袱太大，不仅包不了，难以为继，而且造成人浮于事、效率低下等许多弊端，极不适应发展市场经济的要求。改革以来，我国的劳动就业制度虽然已经有了较大变化，但还没有完全转变过来，特别是国有企业行政化的劳动就业制度还没有转换成市场化的劳动就业制度。劳动合同制还没有完全建立起来，国有企业仍有大量固定工，职工很难自主择业，企业也不易辞退职工。这就是相当数量的国有企业职工在计划经济中形成的政府安排就业、终生固定就业、无风险就业的观念还没有转变为市场经济的自主就业、流动就业、竞争就业的观念的根本原因，给再就业工程的顺利实施造成极大的障碍。许多下岗职工仍然在“等、靠、要”，希望仍然完全由政府帮助解决再就业问题，甚至到政府部门静坐、请愿，找市长要工作、要饭吃，而不是自己去想方设法开辟就业渠道、努力寻找就业机会，从而加大了下岗职工再就业的难度。

3. 劳动力市场方面的障碍

劳动就业制度之所以还没有根本转变，一个非常重要的原因是缺乏健全的劳动力市场。我国的劳动力市场还处于发育之中，还很不成熟。劳动者的各种所有制身份还没有完全消除，还不能平等地竞争就业岗位。劳动者的工资决定也没有真正市场化，受劳动价值和供求的影响不明显。甚至连劳动力是不是商品都还存在激烈的争论，至今还没有达成共识。地区之间、城乡之间、行业之间、部门之间、企业之间劳动力正常流动的机制还没有完全建立起来，准确及时的劳动就业信息系统、规范有序的劳动就业服务体系和健全有效的劳动就业法律监督制度，都还没有形成，欺骗坑害下岗职工和流动民工的事件不断发生。劳动力还不能自由流动，还受到人才的部门所有制、职工的所有制身份、严格的户籍管理等种种制度的、人为的限制，下岗职工通过市场再就业的渠道还不畅通、机制还不健全。这些都使得下岗职工难以通过市场实现再就业，只好去找政府。

4. 企业制度方面的障碍

发展经济，增加对劳动力的需求，是实施再就业工程，帮助下岗职工再就业的根本途径。在整个国民经济中，公有制经济是主体，国有经济是主导，本来应该创造更多新的就业机会，成为吸纳下岗职工的主渠道。但是，实际情况正好相反，下岗职工主要来自国有经济，富余劳动力主要存在于公有制经济，而新增加的就业岗位主要由非公有制经济提供。据统计，1991～1996 年我国非公有制经济的就业人数年均增长 21.4%，大大快于全国就业人数年均增长 1.2% 的速度，更是国有经济无法比拟的，到 1994 年国有部门净就业增长已经为零。这种情况使得吸纳下岗职工的能力极为有限，严重影响再就业工程实施的进展。为什么会出现这种情况呢？其根本原因就在于公有制企业，特别是国有企业的制度存在严重缺陷，不仅是企业用工制度、工资制度不健全，而且产权制度、管理体制和经营机制也很不完善，尽管企业改革已经进行了快 20 年，但“转机改制”的任务还远没有完成，使得不少国有企业面临困境。整个国有经济不能更好地发展，也就不能提供更多的就业机会，创造更多新的就业岗位，更好地解决下岗职工的再就业问题。

5. 投资制度方面的障碍

投资可以分为营利性与非营利性投资两大类。非营利性投资是公益性、基础性投资，一般是由政府决策和管理，主要由计划调节；营利性投资是竞争性、风险性投资，以资产增值为目标，主要由企业自主决策，自担风险，由市场调节，以保证投资效益。但是，长期以来，我国政企不分，政资不分，投资不分营利与非营利，全部由政府有关部门决策和管理，政府有关部门不承担投资责任和风险，企业既无投资决策和管理权，也不承担风险和责任。这种投资软预算约束，不讲责任，不承担风险，不顾市场行情及其变化的行政性投资体制，使得地方和企业拼命争投资、上项目，盲目投资、重复建设，结果不仅资金浪费严重、投资效益低下，而且造成大量闲置机器设备和富余职工，使得减人下岗不可避免。这种投资制度至今还没有根本改变，重复建设还在不断发生，使得下岗待业也不断产生，也给再就业工程的实施带来困难。现在，相当一部分国有企业产品积压、设备闲置、人员过剩、职工下岗、亏损严重、经营困难，就是重复建设造成的恶果。昨天的重复建设，造成今天的大量下岗；今天的重复建设，又会造成明天的大量待业。不改变行政性的投资体制，再就业工程的任务不知何年何月才能完成！

二、制度创新是实施再就业工程的关键措施

社会保障制度不完善，使得下岗职工不愿转换职业；行政化的劳动就业制度没有根本改变，使得公有制经济职工的就业观念难以转变；劳动力市场发育不足，使得下岗职工不易通过市场实现再就业；企业制度不健全，使得国有经济不能得到更快的发展，提供更多的就业机会；投资体制不合理，使得重复建设屡禁不止，下岗待业不断再生。总而言之，社会保障、劳动就业、劳动力市场、企业和投资等方面的制度缺陷，严重妨碍再就业工程的顺利实施。消除制度障碍的关键是制度创新。

第一，在采取应急措施的同时尽快建立新的社会保障制度。

克服社会保障制度方面的障碍的根本措施是加快社会保障制度改革的步伐，建立新的社会保障制度。新的社会保障制度应该是不分地区、部门、职业、所有制，按统一原则建立的社会保障制度。由社会保障管理局统一筹集和发放社会保障基金，按照参加工作和社会保障统筹年限享受失业保险待遇和退休保险待遇，工作变动不影响个人的社会保险档案连续记录。用社会医疗保险制度取代

“公费医疗”制度，把福利分房改变为货币化分房和住宅商品化。建立居民基本生活保障制度，保证没有再就业的下岗人员的基本生活。全国统一在短期内有困难，可以先在一个省、一个大城市内统一，然后逐步达到全国统一。这样才能使下岗职工无后顾之忧，愿意变换职业、转岗就业。显然，不能等新的社会保障制度完全建立起来以后，再实施再就业工程。如何解决这个问题呢？我们认为，可以根据不同情况采取以下不同的对策：

（1）离开原来国有企业而进入另外的国有企业或非国有企业再就业的下岗职工，享受原企业的退休职工的待遇，费用由原企业承担；还享受再就业企业新招职工的待遇，费用由再就业的企业承担。

（2）离开原来国有企业而进入另外的国有企业再就业的下岗职工，失去原有的待遇，享受再就业的企业同样工龄的职工的待遇。

（3）破产的国有企业的再就业职工，除了享受企业破产时所有职工都享有的待遇之外，在再就业的企业还享受新招职工的待遇。

第二，培育劳动力市场，建立市场化就业制度。

劳动就业制度的创新，就是要把行政化的劳动就业制度转换成市场化的劳动就业制度，关键是建立和健全劳动力市场，为此，应该采取以下几种措施：

（1）打破劳动者的所有制身份界限，改革户籍管理制度，实行劳动力自由流动、劳动者自主择业。

（2）变国家安排就业为企业自主用人，拥有根据企业生产经营需要招聘和辞退职工的全权，全面推行劳动合同制；企业职工实行公开招聘、竞争上岗、择优录用、优胜劣汰；劳动工资在国家劳动工资法规允许的范围内，由企业根据劳动力成本和供求情况自行决定，实行弹性工资制。

（3）建立准确及时的劳动就业信息系统、规范有序的劳动就业培训和服务体系、健全有效的劳动就业法律监督制度，为市场化就业制度提供机构和制度方面的保证，使劳动力市场健康运行，保护企业和劳动者双方的合法权益。

第三，建立现代企业制度，促进国有经济发展。

国有经济要摆脱目前的困境，真正搞好搞活，创造更多的就业机会，为解决社会就业问题作出更大贡献，出路只能是加快国有企业改革的步伐。国有企业应该怎么改、如何实行制度创新，我国已经形成一整套方针和措施，通过“三改一加强”、“抓大放小”，采取多种实现形式，鼓励兼并、规范破产、下岗分流、减人增效和实施再就业工程，把传统的国有国营的企业制度转变为现代企业制度，把按政府计划生产的机制转变为按市场经营的机制。现在的问题是，国有经济要搞好，必须下岗分流、减人增效；而下岗职工的再就业又需要国有经济更快更好地发展。

这就形成一种互为条件的两难局面。我们认为突破这种局面的途径，只能是先下岗分流、减人增效，求得国有经济的发展，而后再更好地解决再就业问题。在国有企业改革过程中，部分职工失业是不可避免的，下岗人员不可能全部实现再就业，但从较长时期来看，这有利于更好地解决就业问题。

第四，变行政性投资体制为市场化投资体制，防止盲目投资、重复建设。

投资制度的创新，主要是对盈利性与非盈利性投资实行分类管理，改革现行的投资行政审批制度，对盈利性、竞争性投资，遵循“谁投资、谁决策、谁受益、谁担风险”的原则，由企业自主决策，自担风险，严格和完善项目资本金制度，硬化投资预算约束，强化法人投融资风险责任，使投资主体多元化、投资责任明确化、投资决策市场化。只有这样，才能消除盲目投资、重复建设的顽症，防止由此引起的下岗待业。政府在投资方面的作用，主要包括三个方面：一是运用货币政策和财政政策等宏观经济政策调控社会投资总额；二是运用投资政策、产业政策、技术政策、资源环境政策引导投资方向；三是建立投资信息系统为企业投资决策提供服务。

参考文献

牛仁亮．论再就业．光明日报，1997-11-24.
彭致圭．用市场经济的办法实现再就业．光明日报，1997-12-29.
李连仲．加大力度解决再就业问题．经济日报，1998-1-12.
高善罡．正确认识失业成因．经济日报，1998-2-9.
陈淮．再就业难点与对策．管理世界，1997（5）.
金泽虎．职工再就业障碍分析．经济参考报，1997-8-23.
吴照云．我国劳动力市场的问题与对策．经济管理，1997（6）.
简新华．“再就业工程”三论．武汉经济研究，1996（3）.
葛延风等．影响职工再就业的体制反思．现代企业导刊，1996（12）.

（摘要载于《经济日报》1998 年 6 月 8 日）

“腾笼换鸟”与下岗职工再就业

自20世纪90年代以来，一方面，中国农村劳动力大量流向东南沿海经济发达地区和大中城市；另一方面，随着经济结构调整的力度加大和国有企业改革的步伐加快，城市下岗职工迅速增加，再就业工程的任务十分艰巨，使得流入城市的农民工的就业与城市本身的下岗职工的再就业的矛盾显得日益突出。为了解决这个矛盾，相当多的大中城市采用“腾笼换鸟”的办法，限制招收农民工，甚至清退农民工，给下岗职工再就业腾出岗位。我们认为，这种做法不仅对再就业工程的实施没有多大的帮助，而且极不利于我国的改革、发展和稳定，有必要深入研究，提出更合理有效的统筹解决城市劳动力就业问题的对策。

一、“腾笼换鸟”的原因和措施

全国相当多的大中城市之所以采用“腾笼换鸟”的方法解决农民工就业与下岗职工再就业的矛盾，其主要原因有两条：第一是认为城市的就业岗位有限，农民工进城就业，抢了城市职工的

"饭碗"，减少了城市职工的就业机会，造成了城市就业的紧张局面，只有限制和清退农民工，才能腾出岗位安置下岗职工。第二是认为农民工不仅工资低、福利少、无需缴纳社会保障费，而且听话、要干什么就干什么、随时可以解雇、便于管理，企业（包括国有企业）更愿意用成本低又好用的农民工，甚至不惜让城市职工下岗而另雇农民工，使得城市下岗职工在就业竞争中处于不利地位。农民工的流入压低了城市劳动力价格，激化了城市的就业竞争，扰乱了城市的就业秩序，加剧了再就业工程实施的困难，只有限制和清退农民工，才能从根本上解决企业更愿意雇用农民工的问题，扫清再就业工程实施的障碍。正是基于上述认识，不少城市把"腾笼换鸟"作为实施再就业工程、解决城市就业问题的重要措施，并且存在逐步加强的趋势。

近几年，各城市纷纷制定歧视性法规，严格限制外地民工就业的行业和工种，控制使用外来劳动力的总量，清退不符合本市规定的外地务工人员。北京市从1996年起每年发布通告，公布限制使用外地劳动力的行业、工种，明文规定要加大对用人单位使用外地人员的审批力度，控制外地来京务工人员的总量。这些受到限制的行业和工种，从1996年的15个增加到1997年的34个、1998年的36个，逐年增长，以至到2000年达103个。其中甚至包括商店售货员、汽车售票员、仓库保管员、饭店服务员、电梯操作工等。上海市按工种性质对不同的岗位实行分类管理："苦、脏、累、险"的工种属A类，可以录用外来人员；劳动条件较好的普通工种属C类，不得录用外来人员；介于A、C类之间是B类，按先本市后外地的原则招工。广州市劳动局继1997年和1998年作出相应规定以后，1999年初又出台一个文件，规定金融、保险等5个行业、34个工种限制使用农民工，并规定"商业、旅游业以及住宅小区等第三产业招用下岗职工的人数不得低于使用外地务工人员人数的50%。其他各类企业招用下岗职工的人数不得低于使用外地务工人员的30%"。对于不符合上述规定的用工，各地都要求进行清退。

二、“腾笼换鸟”的效果和问题

从目前各城市限制和清退农民工的效果来看，“腾笼换鸟”的政策和措施，不仅没有对解决城市下岗职工再就业问题发挥预期的积极作用，相反还产生了一些负效应，不符合市场经济的要求，不利于劳动力市场的健全，不能够实现劳动力资源的优化配置，不可能从根本上统筹解决城乡就业问题，更不适应非农化和城市化发展的需要。

1. “腾笼换鸟”成效甚微

从实际效果来看，“腾笼换鸟”往往是腾出的岗位并不多，换上的“鸟”更少。据有关调查资料，武汉市 1998 年清退的外来劳动力仅 1. 8 万人，而且实际上能顶替上去的寥寥无几。某服饰有限公司清腾出 100 个岗位，只有 10 名下岗职工应聘，经考核录用了 7 人，可是仅干了两个月就都走了。由此可见，“腾笼换鸟”有可能使本来在岗的农民工失去工作，下岗职工也没有真正再就业，不仅不能解决城市的就业问题，甚至从总体上加剧城乡的就业问题。

2. “腾笼换鸟”违市场经济要求而行

市场经济要求建立包括劳动力市场在内的完整、统一、竞争、开放的市场体系，生产要素包括劳动力能够自由流动，就业必须市场化，实行自主择业、公平竞争、择优上岗、职工能进能出、工资能升能降的劳动工资制度。只有这样，市场配置资源的作用才能真正发挥，劳动力资源才能流向最有价值的使用方面，社会经济资源才能真正做到合理有效配置，市场经济也才能顺利运行和发展。但是，“腾笼换鸟”继续分割城乡劳动力市场，人为阻止城乡劳动力的流动和竞争，歧视农民工，维持城市职工的就业特权，极不利于劳动就业的市场化和城市职工就业观念的转变，使城乡劳动力资源得不到优化配置。违反市场经济的要求，与建立社会主义市场经济体制的目标背道而驰，这是“腾笼换鸟”政策的根本性缺陷。

3. “腾笼换鸟”逆非农化和城市化潮流而动

农业劳动力的非农化、农村人口的城市化是中国经济、社会发展目前面临的最主要的任务之一。“无农不稳、无工不富、无商不活”，农村剩余劳动力的非农化是解决“三农”问题，增加农民收入的根本出路。城市化是工业化的必然趋势、现代化的必由之路、市场经济发展的必要条件、知识经济发展的客观要求，更是当今的世界潮流。中国已经由前20年满足基本生活需要推动型的经济增长进入主要靠城市化推动的经济增长新阶段，城市化发展的滞后严重妨碍国民经济的增长，加快城市化进程成为扩大内需、推动新一轮经济增长的关键。农民工进城务工经商，正是非农化和城市化的重要途径。但是，限制和清退农民工，阻碍农村劳动力的非农化和城市化，恰恰逆潮流而动，这是“腾笼换鸟”政策的最大失误。

4.“腾笼换鸟”不能从根本上解决城乡就业问题

从20世纪90年代到21世纪前期，中国的就业形势都相当严峻。据估计，目前我国农村剩余劳动力1亿多，城市国有单位的富余职工总数约3000多万（含近几年下岗分流的职工）。不仅如此，从1990年开始到2010年，中国每年还要新增劳动力1200万~1400万。就业形势的严峻，不仅体现在需要就业的劳动力数量庞大上，而且表现在增加就业机会也相当不容易上。“腾笼换鸟”至多只能暂时缓解城市的就业问题，不可能从根本上解决城市的就业问题。几千万农民工进城务工经商，既增加了城市的消费需求，也增加了农民的收入，从而会扩大农村对城市工业品的有效需求，这些都能为城市创造出更多的就业机会。实践证明，限制和清退农民工对下岗职工再就业的作用不大，而且妨碍了农村剩余劳动力的转移，加剧了农村的就业问题，也有损于城市就业岗位的增加。由于解决城乡就业问题的根本途径是加快经济发展、创造更多的就业机会，这又要求深化改革，尽快建立社会主义市场经济体制，加快非农化和城市化的步伐，而“腾笼换鸟”恰恰违背了这些要求。所以，从根本上来说，“腾笼换鸟”不仅不能很好解决城市下岗职工的再就业问题，相反还有害于城乡就业问题的最终解决。

“腾笼换鸟”为什么会收效甚微，事与愿违呢？我们认为原因主要在于：

第一，城市就业问题严重和下岗职工再就业困难的原因不在农民工。目前，我国城市就业问题严重和下岗职工再就业困难的原因是极其复杂的，包括经济体制、发展战略、增长方式、经济结构、经济周期和就业观念等多方面的因素。传统计划经济体制、国有国营的企业制度和国家统包统配的劳动就业制度，造成国有经济人浮于事、劳动力严重过剩，现在深化国有企业改革，必须下岗分流、减员增效、优胜劣汰、兼并破产，必然带来失业的增加；传统的优先发展重工业的赶超战略，使得劳动密集形产业和第三产业发展不足，不能提供更多的就业机会；不合理的二元经济结构和畸形产业结构的调整，也会引起“结构性失业”；加上近几年经济增长下滑，使得城市就业问题显得更加突出；社会保障制度改革滞后、劳动力市场不健全、市场化的就业体制还没有形成、传统就业观念的束缚，则是下岗职工再就业困难的重要原因。正是因为城市的就业问题和下岗职工再就业的困难是由多种因素引起的，不是由于农民工的流入造成的，所以城市的就业问题不可能靠限制和清退农民工解决，必须多管齐下、综合治理、统筹解决。

第二，农民工和城市职工的就业存在互补性。虽然不能否定少数行业和部分工种，农民工与城市职工存在争夺岗位的情况，但从总体上看，农民工与城市职工在就业上主要不是“抢饭碗”的竞争关系，而是互相补充的关系。由于传统的政府分配工作、终生固定就业的制度和“等、靠、要”的就业观念，再加上比农民工更为优越的城市居民身份和较高的素质，城市职工一般只愿意从事收入高、轻松、舒适、体面的工作。相反，农民工就业主要集中在低技术要求、进入相对容易、劳动密集型、体力型的岗位上，干的多是“苦、累、脏、险、粗”的活儿。城市下岗职工在重新就业时，大多以原来的工作岗位的货币和非货币收益为参照系，很多人不愿进入工作条件较差、待遇相对没有保障的就业岗位，从而形成“自愿失业”。即使让农民工腾出岗位，下岗职工往往也不愿去干，使得部分城市出现了“有事无人干、有人无事干”、“几十万外地人打工忙赚钱、几十万本地人待业等救济”的怪现象。“腾笼换鸟”解决不了这个问题。

第三，农民工的用工成本大大低于城市职工。据有关调查资料介绍，一般来说，使用一名农民工所需的开支只有城镇职工的1/2。

在成本最小化、利润最大化的利益驱动下，企业更愿意用农民工，不愿意用城市职工，即使是城市政府制定种种政策法规，限制和清退农民工，往往也是“上有政策、下有对策”，企业也会变着法子使用农民工。而且，农民工的适应性、灵活性、流动性极强，也会想方设法绕开行政性的限制和清退措施，通过多种途径实现在城市就业。这就是一些城市存在年年清退农民工，但农民工数量年年增加现象的重要原因。实际上，不应该也不可能限制企业使用农民工。正是由于“腾笼换鸟”政策违背市场经济规律，自然很难奏效。

三、统筹解决城乡就业问题的对策

城市就业（尤其是下岗职工的再就业）与农村就业（特别是剩余劳动力的转移）是我国就业问题的紧密相联的两大方面，二者必须兼顾，不可偏废。既不能采用牺牲农村就业的方法来解决城市的就业问题，也不能以增加城市职工的失业为代价去转移农村剩余劳动力，必须采取恰当的对策措施，统筹解决城乡的就业问题。

1. 加快经济发展，创造更多就业机会，是解决城乡就业问题的根本途径

经济理论和实践都证明，经济增长率与失业率之间存在负相关关系，高的经济增长速度有利于降低失业率。我国现在除了加快建立社会主义市场经济体制的步伐之外，必须进一步有效地运用财政、金融、收入、贸易政策，扩大内需，增加出口，推动经济增长。只有这样才能增大经济总量，扩大就业，减少失业；才能更好地发展新兴产业，创造更多的就业岗位，满足下岗职工再就业和农村剩余劳动力转移的需要。

2. 深化改革，形成统一的劳动力市场，是解决城乡就业问题的必要条件

我国到目前为止，城乡劳动力市场分割，劳动力流动还受到种种限制，极不利于劳动力资源的合理利用。必须深化改革，建立统一的劳动力市场，让城乡劳动力能够自由流动，这样才能使劳动力由低生产率部门向高生产率部门转移，减少“结构性失业”现象，

实现劳动力资源的优化配置，提高经济效益，促进经济发展，更好地解决就业问题。

3. *加速非农化和城市化的进程是转移农村剩余劳动力的关键措施*

我国农村的就业问题集中表现为农村剩余劳动力的转移问题，农村剩余劳动力不可能完全就近就地转移，大部分要异地远迁，只有非农化和城市化才是农村剩余劳动力的根本出路，而且非农化（含农村工业化）必须与城市化适度同步发展。我国原先的那种“离土不离乡、进厂不进城”的农村工业化道路和农村剩余劳动力就近就地转移的方针，使得我国城市化发展严重滞后，既不利于农村工业化的进一步发展，又不能实现农村剩余劳动力更多更好地转移，必须加以调整。我国现在应该走“离土又离乡、进厂又进城”的路子，加快非农化尤其是城市化的步伐。只有这样，才能快速、持续、稳定地转移农村剩余劳动力，从根本上解决农村的就业问题。

4. *转变经济增长方式，注意发挥劳动力资源的优势，是解决城乡就业问题的重要方法*

转变经济增长方式，是我国提高经济效益，实现可持续发展的关键。转变经济增长方式，从总体上来看，不会加剧就业问题，相反有助于就业问题的解决。虽然增长方式由粗放型向集约型转变会提高资本的有机构成，相对减少对劳动力的需求，但是由于集约型的经济增长方式能够更好地促进经济效益提高、收入增加、经济发展，从而导致需求增长、市场容量扩张和投资增大，引起消费结构和产业结构变化，形成新的经济部门和职业，创造更多的就业机会，对劳动力的需求会绝对地扩大。

粗放型主要是靠增加生产要素的数量实现经济增长，集约型主要是靠提高生产要素的效率实现经济增长。劳动密集型产业并不必然是粗放经营的产业，也可以是集约经营的产业。转变经济增长方式与发挥资源禀赋的比较优势，是决定经济的两个相辅相成的重要方面，发挥资源的比较优势，更有利于提高资源的利用效率，促进集约型的经济增长。由于我国现在资金短缺、技术落后，而且价格昂贵；劳动力资源丰富，而且价格低廉，所以在经济增长方式的转变过程中，应该特别注意发挥资源的比较优势，发展劳动密集型产业，尽可能多使用劳动力，少使用资本，主要采用节省资本而不是节约劳动的技术，通过多种途径搞集约经营。这样，既能促进经济增长方式的转变，又有利于解决城乡的就业问题。

5. 调整产业结构，大力发展第三产业，是解决城乡就业问题的有效途径

第三产业在国民经济中所占的比重（包括就业人数）不断提高，是产业结构演变的必然趋势，第三产业主要是劳动密集型和技术密集型产业，因此第三产业的发展水平极大地影响着就业状况。据统计，在全国就业总人数中，第三产业所占的比重只有26%，不仅远远低于发达国家的70%左右的水平，也明显低于发展中国家的平均水平。在总量不足的同时，我国第三产业的内部结构也不尽合理，金融、保险、信息服务和社区服务等行业还处于起步阶段，不少行业都有较大的发展空间。如目前在发达国家的第三产业中，社会和个人服务行业从业人员一般要占50%以上，我国只有20%左右。所以，必须调整产业结构，扶持第三产业的发展，提供更多的就业岗位，更好地解决城乡就业问题。

6. 发展中小企业和非国有经济是解决城乡就业问题的重要渠道

随着国有经济的战略性调整和国有企业改革的深化，国有经济将主要集中在自然垄断部门、提供公共产品和服务的部门、基础产业等，比重也会有所下降，在增加就业方面的作用将极为有限；国有企业将主要是大型企业，其中资本密集型的企业较多，吸纳劳动力的能力较弱。与此相反，非国有经济的比重已经超过国有经济，成为增加就业的主渠道；非国有企业主要是中小企业，中小企业投资少、经营灵活、适应性强、劳动密集型企业较多，吸收的劳动力也较多。由此可见，统筹解决城乡就业问题，只能主要靠中小企业和非国有经济。所以，我国现在必须努力进行制度创新，制定和实行相关的优惠政策和措施，鼓励城乡居民创办中小企业、发展非国有经济，广开就业门路。

7. 合理调整企业用工成本是解决城乡就业的必要手段

农民工价廉好用，所以企业更愿意使用农民工。为了限制企业使用农民工，部分城市的政府往往采用征收各种管理费的办法，加大企业使用农民工的成本。我们认为，这种歧视农民工的做法是不可取的。但是，造成企业使用农民工的成本低的多种因素中，也有不合理的成分，主要就是使用农民工不用缴纳社会保障费，农民工常常享受不到城市职工同等的劳保福利。这种情况对企业是有利的，但对城市职工是不公平的，使其在就业竞争中处于不利地位；对农民工也是不公平的，没有得到与城市职工同等的待遇，而且还留下了农民工没有社会保障的隐患。为了使城市职工与农民工在就业中处于公平竞争的同等地位，更好地统筹解决城乡就业问题，真正实现城乡劳动力资源的优化配置，必须恰当地调整农民工的用工成本，该取消的管理费，必须坚决取消；该增加的社会保障费用和劳保福利，必须切实增加。

8. 完善社会保障制度，转变就业观念，是实现城市下岗职工再就业的重要措施

社会保障制度不健全、下岗职工“等、靠、要”的传统就业观念没有根本转变，是严重影响再就业工程顺利实施的两大困难。必须加快社会保障制度和住房制度改革的步伐，尽快建立合理的养老、失业、医疗等社会保障制度，解除城市职工下岗再就业的后顾之忧；在采取有效措施促使城市职工积极参与劳动力市场竞争的同时，运用各种宣传教育方法，帮助下岗职工转变就业观念，扫清再就业的思想障碍，以利加快再就业工程实施的进程。

参考文献

蔡昉．中国城市限制外地民工就业的政治经济学分析［J］．中国人口科学，2000（4）．

钟水映．人口流动与社会经济发展［M］．武汉：武汉大学出版社，2000：205-213．

袁守启．中国未来20年的劳动就业与流动［J］．中国人力资源开发，

1999 (11).

简新华．实施再就业工程的困难和对策［J］．理论月刊，1998 (8)．

（原载《理论月刊》2002 年第 4 期，为国家自然科学基金资助项目“乡城流动人口管理与社会稳定”的阶段性成果，项目批准号为 79870096，与毕先萍合写）

经济发展战略

社会主义经济发展战略

社会主义经济建设要顺利进行，首先必须制定正确的经济发展战略。经济发展战略问题是关系现代化建设的全局性问题。必须掌握经济发展战略的一般理论，了解和比较苏联、东欧和中国的传统经济发展战略及其转变，明确我国现阶段社会主义经济发展的战略目标和战略方针。

一、经济发展战略理论

1. 经济发展战略的由来

经济发展，是人类世世代代为之奋斗的基本目标，任何国家和民族的根本任务都是发展经济。所谓发展经济，是指经济的增长、经济结构的改善和社会生活福利水平的提高。经济增长是指在一定时期内一国实际生产的商品和劳务总量的增加。经济发展具有比经济增长广泛得多的涵义。经济增长是经济发展的基本内容，它为一切经济进步提供必要的物质条件，但经济增长并不完全等于经济发展，并不必然带来社会经济生活的全面发展。对于经济落后的发展中国家而言，经济发展不仅要实现经济的增长，还意味着贫穷、文盲、疾病、失业和收入悬殊等状况的改善。20 世纪 50 年代初，人们站在世界大战的废墟上，渴望迅速摆脱物质匮乏的困境，出现了所谓“增长热”。片面追求经济增长的结果，虽然带来了一些国家的经济繁荣，但同时也产生了诸如环境污染、生态失衡、能源危机、人口爆炸、粮食短缺等一系列严重的全球性问题，将人类推到处于面临严峻挑战的转折点之上。自从70年代初，震撼世界的罗马俱乐部关于人类困境的研究报告《增长的极限》问世以来，人们从增长的狂热中惊醒，越来越注重社会经济生活的全面发展。

战略这个词，原来是与战术相对而言的军事术语。战术是指具体战斗的原则和方法；战略则是指对战争全局的筹划和指导。后来，战略一词被广泛地运用于政治、经济、科技、教育等社会生活的各个领域，其涵义演变为泛指重大的、关系全局的、决定成败的谋划。

经济发展战略是指根据对制约经济发展的各种主客观因素和条件的估量，从全局出发制定的一个较长时期内经济发展和人民生活问题所要达到的目标，以及实现目标的道路和方法。最早研究经济发展战略的是当代西方发展经济学家。第二次世界大战以后，在反法西斯战争胜利的大好形势下，民族解放运动的风潮席卷全球，亚洲、非洲、拉丁美洲的许多殖民地和附属国纷纷取得了政治独立，形成众多的发展中国家，迫切要求发展民族经济。这些自然条件、历史传统、社会状况、经济发展程度各不相同的新独立的国家，面临选择什么样的道路和方式，迅速改变经济落后面貌的艰巨任务。正是在这样的历史背景下，以发展中国家的经济发展问题为研究对象的发展经济学，作为一种新的经济学说遂应运而生并日益繁盛起来。正如美国著名经济学家雷诺兹所说的："以1945年至1960年这一时期为高峰的非殖民化运动重新激发了对发展经济学的兴趣。"发展经济学家们把"战略"一词引入经济研究领域，把它与"经济发展"联系起来，形成"经济发展战略"新概念。较先使用经济发展战略一语的是美国发展经济学家赫希曼。1958年，美国耶鲁大学出版赫希曼研究经济发展问题的著作，书名即称《经济发展战略》。

国外许多发展经济学家在研究发展中国家经济发展道路和总结某些国家工业化的经验教训时，比较广泛地使用经济发展战略一语，提出了"进口替代的发展战略"，"出口鼓励的发展战略"、"经济增长、收入分配与争取平等的发展战略"等不同类型的经济发展战略。联合国从60年代开始，先后制定了60年代、70年代、

80 年代等 3 个 10 年的“国际发展战略”，使这个概念在国际上更为流行，受到普遍的重视。经济发展战略往往主要指发展中国家由落后经济过渡到现代经济的战略，即为了消除由于种种原因造成的经济不发达状态进而逐步实现经济发达的战略。

中国过去没有使用经济发展战略这个概念。中华人民共和国成立以来，虽然我们在经济建设中注意从全局和长远着眼，提出过一定时期的奋斗目标以及达到这些目标的途径、方法和部署，制定了含有经济发展战略意义的不同时期经济建设的总路线、总任务、总方针和总政策，但还没有对经济发展战略作专门研究。直到 70 年代后期，中国的经济研究者才开始使用经济发展战略一词。80 年代以来，随着经济发展战略的转变和经济体制的改革，我国出现了研究经济发展战略的热潮，学术团体和研究机构纷纷成立，大量地出版刊物论著以及定期召开研讨会，广泛介绍外国经济发展理论，吸收第三世界国家经济发展的经验教训，总结我国社会主义建设的正反面经验，探讨具有中国特色的新的经济发展战略，使我国经济发展战略的理论研究取得了长足的进展。

研究经济发展战略问题，是我国进行社会主义现代化建设的迫切需要。只有在正确的经济发展战略理论的指导下，我们才能制定合理的经济发展战略，顺利实现战略转变，保证资源的最优配置，产业结构的合理化，社会经济效益的不断提高，使国民经济长期稳定协调地发展。

2. 经济发展战略的内容

经济发展战略的基本内容包括战略目标、战略方针、战略措施、战略重点、战略步骤等。通常所说的战略部署，是指战略的制定和实施战略的安排，不属于战略本身的内容。

（1）战略目标。战略目标是较长时期内社会经济发展和人民生活所要达到的水平。确定合理的战略目标，是制定经济发展战略的核心问题。战略目标选择的正确与否，是整个经济发展战略是否合理、能否实现的关键，它决定着社会经济发展的基本任务和方向。目标选择不当，轻则使社会经济不能得到应有的发展；重则使整个经济陷入困境。战略目标分为总目标和阶段目标。总目标是指经济发展较长时期的最终目标；阶段目标则是指经济发展较长时期的各个阶段的具体目标。总目标决定阶段目标，阶段目标是为了有步骤地实现总目标。

（2）战略方针。战略方针是经济发展的基本指导原则，是实现战略目标的根本保证。经济战略方针也就是经济发展上的基本国策。由于战略方针反映经济发展战略的基本指导思想，所以人们往往把战略方针说成是经济战略。如前面提到的“进口替代战略”，其中的“进口替代”实际上是一种基本战略方针。战略方针包括国民经济发展的总方针和各部门、各环节发展的基本方针，如工业发展战略方针、农业发展战略方针、科技教育发展战略方针、发展对外经济关系战略方针、人口增长战略方针等等。

（3）战略措施。战略措施是为了实现战略目标所采取的各种对策、方法、途径。实际上，战略措施就是为了实现战略目标所制定的方针和政策。广义的战略措施包括战略方针。战略措施是实现战略目标的保证。没有切实可行、坚决有效的措施，再宏伟壮丽的目标都只不过是海市蜃楼而已。

（4）战略重点。战略重点是指对经济发展全局有决定意义的、必须着重加以发展的关键部门和薄弱环节，是为实现战略目标而选择的主攻方向。战略重点选择是否恰当，对战略目标的实现至关重要。抓住重点，迎刃而解；平均用力，事倍功半。社会经济由许多部门和环节构成，其中有些是关键部门和薄弱环节，严重制约着整个国民经济的发展，必须作为战略重点，集中力量加以突破。如果关键不抓住，薄弱环节不加强，就会拖整个国民经济的后腿。

（5）战略步骤。战略步骤是分阶段逐步实现战略总目标的程序。经济发展总战略目标的实现，需要经过一个较长时期的努力，是一个循序渐进的过程，必然要经过若干发展阶段，有步骤地进行。每一个阶段或每一步的战略目标、战略方针、战略措施和战略重点都不完全相同。战略步骤是实现战略目标的客观要求。只有确定合理的实施步骤，才能有条不紊地向最终目标迈进。

经济发展战略实际上是要解决两大问题：一是经济发展要达到什么目标；二是怎样实现经济发展的目标。因此，经济发展战略的五个基本内容又可以归纳为两大方面：战略目标是解决第一个问题；战略方针、战略措施、战略重点、战略步骤都是解决第二个问题，可以统称为战略实现手段。战略目标是经济发展战略的核心，决定战略方针、措施、重点和步骤；后者又是实现战略目标的保证。战略方针的正确与否、战略措施的有效与否、战略重点的恰当与否、战略步骤的合理与否，直接制约着战略目标的实现，以及实现的快慢和圆满程度。

3. 经济发展战略的特征

经济发展战略是人们根据国内外各种主客观因素而制定的社会经济发展的总体规划和大政方针，涉及经济发展的长期性、全局性、根本性的问题，关系到国民经济发展的前景，因此具有以下一些基本特征：

（1）全局性。战略是对全局的、总体的谋划，因而具有全局性的特征。战略问题是关系全局、影响全局的根本性问题。经济发展战略不是从某一局部、某一企业的微观角度出发，而是从宏观角度出发，综合地研究发展过程的全局而确定总体的目标和方针政策。由于战略规定了经济发展的总目标和总方针，决定了经济发展的方向，因而对社会各个方面的经济工作都具有总的指导意义。

（2）决定性。战略决定全局的成败，因而具有决定性的特征。正确的经济发展战略能使国民经济高效高速发展，顺利实现预期的目标；战略的失误必然导致全局的失误、整个国民经济建设的失败。战略性的错误往往是最根本、最严重的错误，是方向性的错误，会给社会经济造成深远的、重大的不良影响，带来难以弥补的损失。所以说，战略对全局具有决定性的意义，经济发展的成功与失败取决于战略的正确与否。

（3）长期性。经济发展战略是在较长时期内实施的总体谋划，因而具有长期性的特征。经济发展战略规定的战略目标和战略方针，是一个国家在较长时期内所要努力达到的目标和必须执行的方针政策。因此，战略各个方面的基本内容必须具有相对稳定性，假若变动无常，就会引起社会经济生活的混乱；战略各个层次的方针政策必须具有相对稳定性，不能朝令夕改，否则就难以取得预期的效果。一定的经济发展战略，必然要在一个较长的时期内起着指导作用。

（4）阶段性。经济发展战略总有一定时间范围，并且是分阶段实施的，因而具有阶段性的特征。战略的阶段性有两层含义：一是实施一定战略的较长时期，相对于经济发展的长期过程来说，只是其中的一个发展阶段；二是实施一定战略的较长时期本身又可划分为若干阶段。战略的阶段性决定没有一种战略是永恒的。战略虽然具有相对稳定性，但并非一成不变。一定战略只适用于某一特定的历史时期，这个时期一旦过去，与此相应的战略也就完成了它的历史使命，必将被新的战略所代替。比如，某国已经实现了工业化，再把实现工业化作为战略目标就毫无意义。一定战略实施的各个不同阶段，具体的战略目标和战略方针是不完全相同的，因为各个阶段的具体情况不同。

4. 经济发展战略的制定

经济发展战略制定的过程，就是划分发展阶段、规定战略目标、选择战略重点、确定战略方针、提出战略措施、决定战略步骤的过程。

战争要胜利，必须有正确的战略，经济要高效高速发展，必须制定合理的经济发展战略。什么样的经济发展战略才是正确合理的战略呢？衡量经济发展战略是否正确合理，主要看它是否适合本国实际情况，能否充分利用国内外一切有利条件；是否能有效地利用人力、物力和财力，恰当配置资源，实现最优比例，达到经济结构的合理化，保证国民经济各部门的协调发展；是否能有力地推动科学技术进步和劳动生产率提高；是否既有利于促进生产的近期增长速度和经济效益的提高，又有助于促进生产的远期增长速度和经济效益的提高；是否能保持生态平衡，改善自然环境，提高生活质量，实现社会公平。对于社会主义国家来说，能不能最大限度地满足人民物质文化生活不断增长的需要，则是经济发展战略是否正确合理的最根本的标志。

制定正确的经济发展战略，必须遵循下列基本原则和依据：

第一，必须从国情出发。经济发展战略不能随心所欲地制定，必须从实际出发。除了国际经济政治形势之外，最基本的实际就是国情。经济发展战略必须根据一国的国情制定，只有这样才符合实际，切实可行。国情包括：国家的社会制度、自然条件（地理位置、自然环境、资源条件）、经济发展水平和结构、人口数量和构成、社会历史沿革、文化源流、民族传统、国际交往等等。国情是制定经济发展战略最主要的客观依据。不同的国情，就应采取不同的经济发展战略。一个落后的农业国和一个比较发达的工业国，一个资源贫乏的岛国和一个物产丰富的大陆国，不可能实行相同的经济发展战略。国情随着社会经济、政治的发展而不断发生变化，因此经济发展战略也要随着国情的变化而变化。同一国家在不同的历史时期，必须采取不同的经济发展战略。由于经济发展战略随国情的变化而变化，所以没有适用于一切国家和任何时期的经济发展战略。我们只有摸清国情，深知它的历史和现状，洞悉它的有利因素和不利因素，看清它的优势和劣势及其变化趋势，才有可能制定出正确的经济发展战略。

第二，必须有正确的指导思想。经济发展战略的制定，必须以正确的战略思想作指导，所谓指导思想，是指在经济发展战略所依据的基本经济理论的基础上形成的最重要、最核心的战略思想。经济发展战略首先涉及的是经济发展“应该怎样”与“不应该怎样”一类的规范性问题，需要确定经济活动的评判标准，因此经济发展战略必须以某种基本经济理论作为基础。社会主义经济发展战略的理论基础就是马克思主义政治经济学。战略指导思想以某种基本经济理论为依据，是战略制定者和实施者的价值观和经济观的高度概括，反映了人们实施某一战略的主要意愿，表达了实施某一战略的目的。战略思想贯穿于战略的全过程，指导着战略目标的选择、衡量经济发展指标的确定、战略实现手段的决定等。战略指导思想是否正确，直接关系到战略决策是否正确，社会经济是否能兴旺发达。

第三，必须遵循客观经济规律。社会经济是有规律地变化发展的，经济发展战略的目的又是为了发展经济，因此制定经济发展战略，必须遵循客观经济规律，按照客观经济规律的要求确定战略目标，选择战略实现手段。经济规律是经济现象和经济过程内在的、本质的、必然的联系，决定经济发展变化的趋势。经济规律具有不以人们的意志为转移的客观必然性，人们的经济活动总是受经济规律制约，必须按照客观经济规律的要求办事，决不能根据自己的主观臆断或良好愿望而随意行事。历史经验反复证明：违反客观经济规律的经济行为，不仅不能达到预期目的，而且还会受到惩罚，造成巨大的经济损失；只有通过实践认识、掌握和利用经济规律，按照经济规律的要求去规划自己的行动，才能较顺利地实现经济发展的目标。只有符合客观经济规律的经济发展战略，才能取得成功。

第四，必须坚持社会主义道路。社会主义国家制定经济发展战略，还必须遵循一条特别重要的原则，这就是必须坚持社会主义道路。社会主义经济发展战略是要发展社会主义经济，不是要发展资本主义经济，因此在制定战略，确定战略目标，选择战略实现手段时，都必须坚持社会主义方向，不能违背社会主义制度的本质要求，尽可能地发挥社会主义制度的优越性，力求更好地繁荣社会主义经济和改善全体人民的生活。

“人无远虑，必有近忧”。制定战略，正是为了将来的经济发展。战略的眼光是长远的眼光；战略的设计必须立足当前，放眼世界，面向未来。我们必须坚持社会主义方向，从国情出发，遵循客观经济规律，在正确的战略思想指导下，审时度势，综观全局，高瞻远瞩，通盘规划，制定正确合理的经济发展战略。

5. 经济发展战略的模式

国内外学者一般以战略目标或战略方针的特征作为划分经济发展战略模式或者类型的标准。由于经济发展战略主要是指发展中国家从传统落后经济过渡到现代发达经济的战略，所以我们着重从战略的实际演变过程来介绍发展中国家的经济发展战略模式。

第二次世界大战结束，世界各国开始由战争破坏时期转入和平建设时期。许多国家制定和实施了在新的历史时期经济发展的战略。60 年代以后，各国根据情况的变化和经济发展的经验教训，转变战略指导思想，对原来的经济发展战略进行了改革。60 年代以前占主导地位的经济发展战略，通常被称为“传统的”或“旧的”经济发展战略；60年代以后经过改革的经济发展战略，通常被称为“改良的”、“变通的”或“新的”经济发展战略。

（1）传统的经济发展战略模式。传统的经济发展战略有许多不同的模式，其中比较有代表性的模式是：照搬战略、赶超战略、初级产品出口战略、进口替代战略等。

① 照搬战略。照搬摹仿战略，是指照抄照搬发达资本主义国家或苏联早期采取的经济发展战略。许多发展中国家在独立之初，缺乏发展经济的经验，往往认为要使国家经济得到发展，只能像欧美发达国家或苏联那样按部就班地走工业化的道路，逐步使农业国变为工业国。这种模式不管本国具体情况如何，保守地认为只有欧美国家或苏联的经济发展战略才是最好的模式，可以适用于一切落后国家，盲目地摹仿发达国家的做法，亦步亦趋，没有任何创新精神，结果永远也赶不上发达国家。这是一种消极的、在先进国家后面爬行的战略。

② 赶超战略。赶超战略又叫“起飞”战略，是试图实现经济起飞，迎头赶上并超过欧美发达国家的战略模式。这种战略的特点是：以国民生产总值或国民收入的高速增长为最高战略目标，以迅速实现工业化为主要内容，以高投资和低消费为主要战略方针，以高积累和借外债为主要战略措施。这种战略的实施虽然在经济发展上能够取得一些成就，但由于片面追求高速增长，积累率过高，举借外债太多，重工轻农，忽视人民生活福利，结果往往弊大于利，带来财政赤字、通货膨胀、物价波动、债台高筑、贫富不均、环境恶化等严重问题，既没有实现“赶”的目标，更没有达到“超”的目的。

③ 初级产品出口战略。这是农矿资源丰富的发展中国家利用资源优势，靠出口农产品、矿产原料等初级产品，积累资金，扩大就业，为工业化创造条件，以带动整个国民经济发展的战略。这种战略往往是一些由于帝国主义殖民统治造成经济畸形化的发展中国家在一定时期内唯一可选择的战略。因为这些国家只有通过发展初级产品的出口，才能换取自己引进国外先进技术所需要的外汇。

发展初级产品出口的战略，是一种外向型经济发展战略，对部分国家的经济发展能起一定推动作用。但是，由于初级产品的供求和价格受制于发达国家，被国际市场左右，使得初级产品价格逐年降低，出口收益有限，而且很不稳定。发展中国家的初级产品与发达国家的制成品之间的不等价交换贸易，使发展中国家的初级产品出口越多，经济损失越大，如此形成恶性循环。为了改变这种不利状况，发展中国家曾经采取过一些对策，如建立原料矿产出口国组织以维持和提高价格等等，试图改变不平等的国际经济旧秩序，保护本国利益。但是，除了石油输出国取得了一些收益之外，其它国家均收效甚微。

④ 进口替代战略。所谓进口替代，就是以国产化代替进口工业制成品。进口替代战略是指发展国内生产代替进口制成品的内向型经济发展战略。这种战略的特点是，以实现工业化为主要战略目标，以发展本国制造业为主要战略方针，以采取贸易保护政策，抵制国外制成品的进口与竞争，保护国内市场和民族工业为主要战略措施。

发展中国家由于制造业落后，许多工业品依赖进口，加上初级产品与制成品之间的不等价交换，造成了对外贸易逆差，严重影响经济的发展。部分国家采取进口替代战略，希望通过建立和发展本国的制造业，用自己的制成品取代进口的制成品，使国际收支得到平衡，以便发展本国经济，逐步实现工业化。

进口替代战略是一种既有利又有弊的战略。这种战略降低制成品进口率，减少了对发达国家和世界市场的依赖性，有助于改造原来以农业为主的经济结构，对发展中国家建立民族工业和促进经济的增长起了良好的作用。但是，这种战略也存在明显的缺陷，主要表现在：贸易保护政策如作茧自缚，使本国企业脱离国际竞争，从而不利于降低生产成本和提高产品质量；发展本国工业，仍需从国外引进先进技术和设备，造成对发达国家新的依赖和外汇短缺；重视制造业，忽视其它部门的发展，结果使国民经济各部门的比例关系严重失调。

上述各种传统战略，大多强调工业化，片面发展制造业，忽视农业的地位和作用，单纯追求经济增长的高速度，不注意国民收入的合理分配，结果在不少发展中国家中出现“有增长无发展”的情况，工业污染，农业停滞，资源严重浪费，生态平衡遭到破坏，收入高低悬殊，贫富两极分化，人口增长过快，城市恶性膨胀，失业现象加重，经济极不稳定，不能不被新的经济发展战略所取代。

（2）改良的经济发展战略模式。改良的经济发展战略的主要模式是出口鼓励战略、均衡发展战略、基本需要战略等。

① 出口鼓励战略。出口鼓励，顾名思义就是鼓励出口、提倡出口。出口鼓励战略又称出口领先、面向出口、出口导向型战略，是通过发展出口加工工业，引导整个国民经济发展的一种外向型战略，是进口替代战略的“替代”战略。这种战略仍以实现工业化为战略目标。鼓励出口的不再仅仅是初级产品，更重要的是初级产品的加工制成品。

60 年代中期后，出口鼓励战略主要是发展劳动密集型产业，依靠本国的廉价劳动力，利用外国的资本和技术，生产成本低、有竞争力的轻纺工业产品，打入国际市场，赚取外汇，推动本国经济发展。少部分发展中国家和地区实施这种战略获得成功，发展成为所谓“新兴工业国家和地区”。70 年代中期起，欧美发达国家经济增长速度缓慢，贸易保护主义抬头，再加上出口鼓励战略收效比较明显，相当多的发展中国家也先后采取这种战略，这就使得那些新兴工业国家和地区的出口发生困难。在这种情况下，这些新兴的工业国家和地区又开始搞“第二次工业化”，从劳动密集型产业过渡到资本和技术密集型产业，向更高级的出口加工工业转化，实施新型的出口鼓励战略。

出口鼓励战略的实施，虽然比较成功地加速了某些发展中国家和地区的工业化进程，但这种战略也面临着许多难以解决的问题：发达国家贸易保护主义的打击，外债还本付息的负担越来越沉重，严重依赖风云变幻、动荡不定的世界市场，经济基础脆弱，发展缺乏稳定性等。

② 均衡发展战略。均衡发展战略是力求国民经济各部门均衡发展的战略，是对重工轻农，忽视其它经济部门协调发展的传统战略的改良。这种战略以国民经济各部门的全面发展为战略目标，把

解决资本问题，打破发展中国家的“贫困恶性循环”作为战略重点。这种战略的特点是，在发展直接生产部门的同时，相应地发展基础设施部门；在发展工业部门的同时，注意发展其它经济部门；强调按比例平衡发展，重视改善产业结构；强调农业生产，开展“绿色革命”；强调独立自主，改进对外贸易；强调人口控制，注意智力开发等等。均衡发展战略致力于减少传统战略的弊端，成效最终如何，还有待实践来检验。

③ 基本需要战略。基本需要战略是以满足全体国民的基本需要为战略目标的经济发展战略。传统战略加剧贫富悬殊、两极分化，穷人在经济增长中没有得到什么好处，引起人们的失望。可见，这种“基本需要战略”正是传统战略失败的产物。

基本需要战略以消灭贫困，满足穷人的基本需要为优先的战略目标，主要战略措施包括：改变传统战略强调中央集权和采取资源密集的大规模生产方式，实行分散的和劳动密集的生产方式，给人民以生产的自主权；采用操作简便、多利用本地资源、适合本国技术传统、小型的“适用技术”；把农村作为发展重点，增加农业投资；进行职业训练，增加穷人受教育的机会，鼓励劳务输出，改善穷人就业状况；向富人征收高额累进税，补贴、救济穷人等。

基本需要战略强调的不是经济增长本身，而是经济增长的社会效果。这种战略着眼于穷人，注重提高穷人的生产素质，改变收入分配上的不平等现象，消灭穷人的贫困，因此比其它战略更符合大多数穷人的愿望。但是，这种战略没有正面回答发展中国家怎样才能赶超发达国家这个不容回避的历史性问题，而且由于满足穷人的基本需要受许多因素的制约，真正实施这种战略并不是轻而易举的事。

以上各种改良的经济发展战略模式，都力图克服传统经济发展战略模式的不足，消除传统战略带来的各种严重问题。有的已经实施，但还存在许多悬而未决的难题；有的则只是停留在设想阶段，并未付诸实践；有的还很不成熟，需要在实行中检验、充实、完善。

20 世纪 60 ~ 70 年代，新加坡、韩国、中国香港和中国台湾地区等所谓的“亚洲四小龙”，得名于其经济发展的速度和工业化达到的水平。虽然它们的经济也都存在各种困难和问题，但它们在经济上取得的进展，还是有目共睹、世界公认的。“亚洲四小龙”之所以能取得这种成就，从经济发展战略来看，与它们抓住美国、日本等国发生结构性产业转移的有利时机，趁隙建立起劳动密集的出口加工型经济，并适时向资本和技术密集的出口加工型经济转化的外向型经济发展战略，是紧密相关的。

世界上比较有影响的成功的经济发展战略模式，还有日本第二次世界大战后到20世纪70年代中期实行的“贸易立国”战略和20世纪70年代中期以来实施的“科学技术立国”战略，这使得日本经济实现了被誉为“世界经济奇迹”的“起飞”，成为世界上最富有的国家之一。

二、社会主义经济发展战略的演变

社会主义经济最先是1917年10月革命以后在苏联开始发展的，因此社会主义经济发展战略的最初模式，就是苏联早期实施的社会主义经济发展战略。由于后来大多数社会主义国家仿效苏联的这种模式，所以被称之为传统的社会主义经济发展战略。社会主义各国进行社会主义经济建设的先后顺序不一致，经历的时间长短不一样，各方面的情况也有差别，因而经济发展战略的具体内容不尽相同、各具特色。但是，社会主义各国经济发展战略的演变，大体上可以分为两大阶段，即实施传统经济发展战略的阶段和实行战略转变、修改传统战略、探索新战略的阶段。

1. 苏联经济发展战略的演变

苏联社会主义经济发展战略的演变，经历了四个阶段：十月革命以后到1938年，是实行传统战略的第一阶段；1938年到斯大林逝世，是实行传统战略的第二阶段；20世纪50年代中期到70年代，是修改传统战略，战略转变开始的阶段；20世纪70年代以来，是实行集约化经济发展战略的阶段。

（1）传统的社会主义经济发展战略。从1921年开始，苏联面临的首要任务是恢复和发展经济，开展社会主义经济建设。为此，苏维埃国家提出了较长时期的经济建设设想，制定了经济发展的目标、重点、步骤和主要措施，从而形成苏联最早的经济发展战略。

①列宁的社会主义经济发展战略思想。苏联是人类历史上的第一个社会主义国家，社会主义建设是前人从未干过的极其伟大艰巨的事业，社会主义经济建设究竟怎么搞，没有任何经验可资借鉴，全靠在实践中摸索。最早提出社会主义经济发展基本战略思想的是列宁。当时的苏联，工业虽然有了一定程度的发展，但基本上还是一个落后的农业国，并处在资本主义国家的四面包围和封锁之中，必须尽快建立起社会主义必要的物质基础。正是在这样的历史背景下，列宁提出了如下主要的战略设想：

第一，赶超战略思想。列宁指出："战争是铁面无情的，它斩钉截铁地提出问题：或是灭亡，或是在经济方面也赶上并且超过先进国家"，"或是灭亡，或是开足马力奋勇前进。历史就是这样提出问题的"。这里列宁实际上提出了社会主义经济发展的赶超战略，即在经济上赶上并超过先进的资本主义国家的战略，认为只有这样，社会主义制度才能存在和发展。

第二，实现工业化的思想。怎样"赶超"呢？列宁认为："社会主义的唯一的物质基础，就是同时也能改造农业的大机器工业。""没有工业，我们就会灭亡而不成其为独立国家。"可见，要"赶超"，最根本的任务就是必须实现工业化。

第三，重点发展重工业，实现电气化的思想。如何实现工业化呢？列宁提出："要挽救俄国，单靠农业的丰收还不够，而且单靠供给农民消费品的轻工业的情况良好也还不够，我们还要有重工业。""不挽救重工业，不恢复重工业，我们就不能建成任何工业。"列宁还说："共产主义就是苏维埃政权加全国电气化。""如果没有电气化，回到资本主义反正是不可避免的。""只有当国家实现了电气化，为工业、农业和运输业打下了现代大工业的技术基础的时候，我们才能得到最后的胜利。"因此，优先发展重工业，努力实现电气化，是实现工业化的战略重点和主要措施。

此外，列宁还提出了许多至今仍有重大指导意义的战略思想。诸如：劳动生产率，归根结底是保证新社会制度胜利的最重要最主要的东西，必须努力创造新的更高的劳动生产率；发展全部经济，首先是发展农业，粮食问题是一切问题的基础；重工业不能脱离农业和轻工业而孤立发展，生产资料生产归根结底要依赖消费资料生产，为个人消费服务；必须厉行节约，一点一滴积累资金；实行租让制，不惜多给外国资本家一些利润，从资本主义国家购买先进的机器设备；发展教育，努力扫除文盲等等。

在国内战争即将结束的1920年，列宁亲自领导制定的俄罗斯国家电气化计划和新经济政策，集中体现了列宁的战略思想，为苏联传统的经济发展战略奠定了基础。国家电气化计划基本上是以发展全国电力系统，改造工业、农业和交通运输业，带动整个国民经济发展的计划。这是苏维埃国家第一个宏伟战略设想，展示出苏联经济发展的前景。

②传统经济发展战略的基本内容。传统的社会主义经济发展战略，是指的与苏联现行集约化经济发展战略不同、苏联斯大林时代实行、以后被许多社会主义国家所仿效的社会主义赶超战略。

传统战略以经济上赶超发达资本主义国家为总的战略目标，以实现工业化为战略核心，以优先发展重工业为战略重点。

传统战略的主要战略方针和战略措施包括：第一，以外延式扩大再生产、粗放经营为主，高速度发展工业。斯大林强调："我们比先进国家落后了50年至100年。我们应当在10年内跑完这一段距离。""落后者是要挨打的"，"必须竭力和尽可能加快速度"。在实现工业化的年代里，苏联工业生产平均每年增长16%。第二，依靠国内积累高速发展重工业所需的巨额资金，主要是通过向农民征收"贡税"和提高国家的积累率。斯大林指出："苏维埃政权的性质绝不容许掠夺殖民地，同时要获得大量借款和长期信用贷款又没有指望"，因此"现在只有一条道路，即自己积累资金的道路，节约的道路"。第三，以自力更生为基础，积极发展对外经济联系。主要依靠自己的力量搞建设，同时不失时机地大量引进先进技术设备和外国科技管理人员。第四，实行计划经济，建立指令性计划制度和中央集中管理体制，以便统一调度和集中使用全国的人力、物力和资金，确保重工业的高速增长。

苏联传统战略的战略步骤分为两个阶段。第一阶段是实现工业化和农业集体化，建立独立和比较完整的国民经济体系，从而建成社会主义社会。从1926年开始，经过10余年的艰苦创业，苏联经济面貌有了极大的改观，到1937年，国家经济实力仅次于美国而跃居世界第二位。1936年，苏联宣布已经建成社会主义。第二阶段是从1938年起，实现“赶超”总战略目标。1939年3月召开的联共（布）第十八次代表大会明确指出：“现在我们能够而且完全应该在实践上提出和解决苏联的基本经济任务：赶上并且在经济方面也超过最发达的欧洲资本主义国家和美国。”这就是说，要在按人口平均计算的社会总产品方面也跃居世界首位。1941年德国法西斯军队的入侵，中断了赶超战略的实施。

③传统经济发展战略的成就和缺陷。苏联的传统经济发展战略基本上是成功的，取得了巨大的成就。苏联人民经过12年的艰苦奋斗，到1937年胜利实现了国家工业化。工业生产总值约增长7倍，其中重工业产值增长10倍以上，工业产值在工农业产值中所占的比重相应地由33%上升到77.4%。到第二次世界大战前夕，苏联建成了强大的工业化国家，工业生产居欧洲第一位，居世界第二位。正是由于国家工业化的光辉成就，社会主义在全世界产生了巨大的吸引力。第二次世界大战后，几乎所有的新兴社会主义国家和许多发展中国家，都照抄照搬苏联的传统战略，力图实现国家工业化。

苏联的传统经济发展战略的成就虽然可观，但并非十分理想，存在某些严重失误和不足之处。首先，过分强调重工业的优先发展，忽视以致牺牲农业和轻工业。国家投资大部分用于工业，工业投资中83%以上又用于重工业。长期保持和扩大工农业产品剪刀差，把农民挖得很苦。结果，重工业高速发展，轻工业增长缓慢，农业处于停滞状态，国民经济陷于畸形发展，比例关系长期失调，居民消费品供应严重短缺，以致在工业化高潮年代曾不得不实行生活必需品的定量配给制。其次，片面追求高速度，忽视经济效益。贪多图快，基本建设规模太大，超过国家财力和物力所能承担的限度。偏重外延式扩大再生产，经营粗放，重数量而轻质量，产品

“笨、大、粗”。结果，经济增长速度虽然很高，技术进步和效率提高的速度却不快，人民生活也改善不多。再次，偏重国家利益，忽视集体和劳动者个人应有的物质利益。基层单位经济核算有名无实，普遍“吃大锅饭”。结果，严重挫伤广大劳动者的生产积极性。最后，实行指令性计划制度，中央集权过多，统得太死，使企业丧失活力，束缚劳动者的主动性和创造精神，妨碍社会主义经济的健康持久高效发展。

产生这些问题和缺陷的原因是多方面的，既有客观因素，又有主观因素。严峻的国际环境和落后的经济结构，迫使苏联社会主义经济建设不得不优先发展重工业，因为落后就意味着挨打、甚至灭亡。这是不以人们意志为转移的客观因素。而战略决策上的某些失误，则是主观因素，并不是不可避免的。造成这种失误的主要原因，在于急于求成，没有按客观经济规律办事。正是由于存在这些缺陷和失误，传统战略已不适应社会主义经济深入发展的要求，必须实行战略调整。

（2）苏联经济发展战略的转变。50 年代以来，苏联的经济发展战略发生了转变。这种战略转变分两个阶段：从 50 年代中期开始到 70 年代，是修改传统战略，调整国民经济结构；70 年代以后，是由以速度为核心的粗放式经济发展战略，逐步向以效率为核心的集约化经济发展战略过渡。

① 传统经济发展战略的改良。斯大林逝世后，苏联面临许多严重的经济问题：国民经济比例关系失调，重工业和军事工业畸形发展，轻工业和农业长期落后，消费品生产的发展受到极大的限制，人民生活改善缓慢，产品质量差，经济效益低，缺乏国际竞争力等等。在这种情况下，苏联开始部分改变传统战略。

苏联传统战略的变化主要表现在：第一，改善不合理的产业结构，坚持优先发展重工业的同时，相应发展农业、轻工业和其它国民经济部门；第二，注意各部门适当的发展速度，强调稳定而平衡地发展；第三，把不断提高人民的物质文化生活水平放到重要地位，视为长期经济战略的出发点和目的。

在斯大林之后上台执政的赫鲁晓夫，继续贯彻优先发展重工业和军事工业的方针，集中力量发展导弹核武器生产。同时，提出了振兴农业的庞大计划，企图根本改变农业的落后面貌。1954～1958年，苏联采取了一系列发展农业的政策和措施，主要包括：增加农业投资，大面积开垦荒地，提高农产品收购价格等等。由于大力垦荒和风调雨顺，苏联农业这几年连年丰收，谷物产量改变了长期未达到战前水平的状况，从8560万吨增加到13470万吨，平均增长12%。重工业和军事工业也取得了突出成就，如人造地球卫星世界上第一个上天，原子能发电站投入运转，原子能破冰船下水，战略核武器的研制和生产取得很大进展。面对这种经济形势，赫鲁晓夫被胜利冲昏了头脑，提出苏联进入建设共产主义的时期，宣布要在20年内建成共产主义，甚至夸口说不用20年，到1970年就可以在按人均计算的产品产量方面赶上并超过最发达的资本主义国家美国，“保证人人都能过富裕的物质生活”。这种脱离苏联实际、缺乏科学根据、违背经济规律的战略目标，是不可能实现的。再加上赫鲁晓夫在各种经济政策上的严重失误，对农业、工业和建筑业的频繁改组造成管理的混乱，结果许多计划指标都落了空，使苏联经济发展受到很大挫折。苏联“七·五”计划（1961～1965年）指标完成情况普遍低于“六·五”计划，国民收入增长率从9%下降为6.5%，工业生产总值增长率从10.4%下降为8.6%，农业产值增长率从5.7%下降为2.3%。1964年10月，赫鲁晓夫被迫“辞职”。

② 集约化经济发展战略。20世纪60年代末到70年代初，苏联发展经济的各种客观条件开始恶化，主要表现在：劳动力严重不足，自然资源开采条件恶化，建设资金缺乏。传统经济发展战略已经无法继续实行，必须转变战略，由以外延扩大再生产为主转向以内涵扩大再生产为主，由国民经济的粗放型经营转向集约型经营。

集约化经济发展战略，就是以集约经营为核心，主要采取内涵方式发展经济的战略。这种战略的具体目标是：合理利用和节约劳动资源，提高劳动生产率；合理利用和节约物质资源，降低物资消耗率；合理利用和节约固定生产资金，提高资金产值率。为了实现集约化的这些基本目标，苏联主要是从两方面采取措施：一是增加科研经费，重视人才培养，加强科研与生产的联系，在科研中实行物质鼓励政策，以加速科学技术进步；二是改革经济管理体制，完善计划工作，加强经济机制的作用，以提高经济效率。

由于经济体制的弊病、经济结构的不合理和社会再生产条件的恶化，近十几年来苏联经济增长率呈下降趋势，转向集约化的进程不快、效果不佳。例如，国民收入的年平均增长率已从60年代的7.1%以上，逐步下降到1984年的2.6%。

1985年3月，戈尔巴乔夫就任苏共中央总书记以后，提出了加速社会经济发展的战略设想。他在1985年6月11日召开的苏联科技进步会议的报告中指出："苏共中央提出加快经济发展任务，不仅包括提高国民经济增长速度，而且还包括新的质的发展，沿着调整生产结构、向集约化过渡、向实行有效的管理形式及更全面地解决社会问题等重要战略方向迅速前进"。目前，苏联人民正在戈尔巴乔夫领导下，加快经济和政治改革步伐，努力实现以集约化为基础的加速战略。

2. 东欧经济发展战略的演变

东欧指位于欧洲东部的南斯拉夫、匈牙利、罗马利亚、保加利亚、波兰、捷克斯洛伐克、德意志民主共和国和阿尔巴尼亚等国。东欧国家都是在反法西斯战争胜利后建立的社会主义国家。

（1）优先发展重工业的传统战略。东欧国家大多数原来是经济比较落后的农业—工业国，工业发展水平很低，即使是战前工业比较发达的民主德国和捷克斯洛伐克，在战争期间也遭到严重破坏，重工业基础也很薄弱。薄弱的工业基础很难对整个国民经济进行技术改造。加之当时美国和西方国家对所有的社会主义国家实行严密的经济封锁，更增加了迅速实现工业化的必要性和迫切性。尤其是世界上第一个社会主义国家苏联，在优先发展重工业、实现国家工业化上取得了引人注目的成就，使人们普遍认为社会主义经济建设的道路只有一条，那就是苏联式的工业化道路。正是在这样的社会历史背景下，东欧社会主义国家在建国之初到50年代中期以前，普遍摹仿苏联的做法，实行优先发展重工业的传统经济发展战略。

东欧国家实行优先发展重工业传统战略的结果，都取得了显著的成就。1950～1960年，这些国家的工业生产增长了2～3倍，年平均增长速度在10%以上，其中重工业生产增长3～4倍，年平均增长速度高达14%～15%，钢铁、电力、化学和机器制造等重工业部门都得到了较大发展。但是，照搬苏联这种传统战略，也不可避免地会带来它的各种弊端，给经济的进一步发展造成种种矛盾和问题：社会生产两大部类比例严重失调，畸轻畸重；农业投资少，而且通过工农业产品的不等价交换和征税等各种途径为工业化积累资金，严重挫伤农民的生产积极性，使农业基本上处于落后和停滞状态；工业投资中，轻工业一般占不到20%，因而发展缓慢，结果是消费品供应不足，人民生活水平提高不快。

(2) 改变传统经济发展战略。传统经济发展战略造成许多严重问题，因此，从20世纪50年代中期开始，东欧各国的经济发展战略普遍有所变化。有的国家改变了优先发展重工业的经济发展战略，多数国家即使仍然坚持优先发展重工业的基本方针，也在不同程度上重视和加速农业和轻工业生产的发展。

南斯拉夫从1955年开始把经济建设的方针转向以发展加工工业和轻工业为主，积极发展参与国际分工、利用世界市场的外向型经济，使国民经济进一步迅速发展。但南斯拉夫在战略上实行了这种转变之后，又忽视了对原材料、动力和基础工业的发展，过于依赖国际市场，结果出现了外贸逆差严重、通货膨胀率过高、失业人口较多、国民经济比例失调等一系列尚待解决的问题。

匈牙利在1956年提出“农业是解决一切问题的关键”，重视和加强了农业的发展，扭转了农业落后的局面。特别是70年代以来农业生产达到世界先进水平，按人口平均的谷物产量和肉类产量名列前茅，昔日的“三百万乞丐之国”如今成为粮食净出口国。随着农业的发展，轻工业也得到较快的增长，国内市场商品供应比较充足，人民生活得到较为明显的改善。

东欧其它国家也进行了经济结构的调整，在优先发展重工业的前提下，采取各种措施发展农业和轻工业。大幅度增加农业投资，加强农业生产现代化，提高农产品收购价格，发展农业生产的专业化和协作，重视家庭副业在农业中的作用，大大缩短了农业生产水平与世界先进国家的差距。加速发展轻工业，努力改变商品缺乏、货币贬值、群众不满的状况。调整积累与消费的比例关系，适当降低积累率。改善对外贸易结构，大力发展生产，扩大出口，限制和减少进口，缩小贸易逆差。

（3）向集约化经济发展战略转变。20 世纪 70 年代中期，东欧国家根据国际国内社会再生产条件的巨大变化，纷纷转变战略，普遍把提高劳动生产率作为经济发展的主要方法，逐步由粗放型经营向集约化经营过渡。1976～1980 年，这些国家的工业总产值中通过提高劳动生产率而增长的部分的比例为：罗马利亚占 67%，捷克斯洛伐克占 85%，保加利亚占 88%，波兰占 92%，民主德国占 93%。匈牙利工业产值的增长是在工业就业人数减少的情况下实现的，所以全部通过提高劳动生产率取得。

由于多方面的因素，东欧国家向集约化过渡的进程极为缓慢。近年来，这些国家劳动生产率的增长速度出现下降趋势，因此再次强调 20 世纪 80 年代要继续完成向集约化道路的过渡。贯彻集约化经济发展战略采取的主要措施是实行科研与生产结合，增加科研和教育经费，加速科学技术进步；调整投资政策，限制新建项目，重点改造现有企业，提高投资效果；充分利用和节约能源、原材料，改变东欧国家能耗和物耗比西方国家偏高的倾向；提高产品质量，改进产品使用性能和技术经济性能，以加强出口竞争力，更好地适应国民经济发展和人民生活改善的需要。

从以上对苏联和东欧经济发展战略的简略介绍中可见，各国社会主义经济发展战略都经历了由传统战略向集约化战略转换的演变过程。目前都在改变以实现工业化为主要战略目标，以重工业为战略重点，以外延扩大再生产、粗放经营、高积累、低消费和高速增长为主要战略方针和战略措施的传统战略；制定和实施以内涵扩大再生产为主、集约经营、减少投入、依靠技术进步、注重效益、平衡协调发展的新战略。

3. 中国经济发展战略的演变

从 1949 年中华人民共和国成立开始，到 1978 年党的十一届三中全会的近30年的时间内，我国经济发展经过四个战略时期，相应制定过四个经济发展战略，即过渡时期的总路线战略、“大跃进”时期的赶超战略、调整时期的改良战略、从第三个五年计划开始的现代化战略。党的十一届三中全会以后，中国进入社会主义建设新的历史时期，经济发展战略发生重大转变，开始实行新的经济发展战略。由于新战略与上述四个战略有着显著的原则区别，所以我们把后者统称为旧战略。

(1) 过渡时期的总路线战略。过渡时期的总路线战略是中国制定的第一个社会主义经济发展战略。所谓“过渡时期”，是中国从新民主主义向社会主义过渡的时期。过渡时期的总路线“是要在一个相当长的时期内，基本上实现工业化和对农业、手工业、资本主义工商业的社会主义改造”。过渡时期的总路线，也就是过渡时期的经济发展战略。

中华人民共和国成立后，我国面临着把贫穷落后的农业国发展成为富强先进的工业国、把私有制经济占绝对优势的新民主主义经济改变为公有制占绝对优势的社会主义经济的历史使命。为了完成这个战略性的任务，我国参照苏联实现工业化和农业集体化的经验，制定了过渡时期的总路线战略。

总路线战略的战略目标是“一化三改”。采取的战略方针和措施主要包括：以发展重工业为重点，并使轻工业和农业得到相应的发展；集中国家的财力、物力、人力，重点进行156项工程的基本建设；注意协调建设与生活的关系，较好地安排积累与消费的比例，力求财政、信贷和物资的综合平衡等等。

总路线战略原计划要在一个相当长的时期（约三个五年计划）内实施，结果只实行了一个五年计划的时间（1953~1957年）。尽管如此，这个战略仍取得了巨大成就：工农业生产总值年平均增长率达10.9%，提前并超额完成第一个五年计划，人民生活得到改善，加速了社会主义工业化的进程，胜利实现了对农业、手工业和资本主义工商业的社会主义改造。实践证明，这个战略虽有忽视我国生产力水平低而急于求成的缺点和偏差，但还是一个卓有成效的战略。

(2)“大跃进”时期的赶超战略。所谓“大跃进”时期，是指力图实现社会主义飞跃发展的时期（1958～1960年）。第一个五年计划的提前和超额完成，滋长了过于自信和急于求成的情绪。由于低估了我国经济建设的艰巨性，乐观地估计了国内外的形势，我国第二个五年计划改变了原定的稳定发展的战略。1968年提出社会主义建设总路线、大跃进和人民公社“三面红旗”与“超英赶美，跑步进入共产主义”的口号，采取了一种片面追求高速度的赶超战略，即在15年内赶上美国并超过英国的钢铁和其它主要工业产品的产量，这实际上是一种急于求成的冒进战略。

这种战略的基本战略目标是，盲目追求生产上大跃进的高速度和生产关系上的“一大二公”，实际上是把人民生活置于次要地位；采取的主要战略措施是，“以钢为纲”，全民大炼钢铁，1958年的钢铁产量要求比1957年翻一番；城乡大办人民公社，取消自留地和集市贸易；无偿平调，搞所谓吃饭不要钱，刮“共产风”；提高积累率，扩大基本建设规模，不要综合平衡；否定按劳分配原则，取消计件工资和奖金，搞平均主义。

赶超战略是脱离实际的错误战略，仅实行三年就不得不中止，造成严重的恶果和深远的不良影响。第二个五年计划时期，国民经济的主要比例严重失调，工业总产值增长甚微，农业总产值则下降，通货膨胀，物价上涨，人民收入减少，生活水平下降。战略失误加上天灾人祸，导致我国三年（1960～1962年）的严重经济困难。

(3) 调整时期的改良战略。赶超战略的严重失误，迫使我国不得不实行战略调整。所谓“调整时期”，是指1961～1964年对国民经济实行调整的时期。调整时期的经济发展战略，就是以“调整、巩固、充实、提高”为基本战略方针的改良战略。

改良战略对赶超战略实行全面调整。战略指导思想的调整包括：强调农业是国民经济的基础，计划工作要以农、轻、重为序；建设规模要和国力相适应，人民生活与国家建设必须兼顾；要搞好物资、财政、信贷的综合平衡等等。战略目标上的调整包括：调整国民经济比例关系，首先是恢复农业生产，以保证人民生活；调整生产关系，克服“共产风”和平均主义。战略措施上的调整包括：压缩积累，减少基本建设投资，力求实现综合平衡；增收节支，消除通货膨胀，稳定市场物价；精简职工，关停部分企业，减少城市人口，充实农业第一线等等。

战略调整的收效比较快。1963～1965 年，工业总产值年平均增长 17.9%，农业总产值年平均增长 11.1%，国民收入年平均增长 14.5%，经济效益显著提高，人民生活有所改善，渡过了经济严重困难时期。但这只是被迫对赶超战略的短期改良，赶超战略的根本指导思想并没有彻底转变。

（4）第三个五年计划开始的现代化战略。1964 年，我国在调整任务顺利完成，经济形势好转的条件下，又提出了从第三个五年计划开始实施的现代化战略。战略目标是在建立独立的、比较完整的工业体系和国民经济体系的基础上，全面实现农业、工业、国防和科学技术的现代化，使我国经济走向世界前列。

1966 年开始的“文化大革命”，使现代化战略停留在设想的阶段。“文化大革命”搞乱了经济，谈不上什么经济发展战略，实际上执行的是一套“左”的方针政策。在经济建设上，强调高速度，片面发展重工业，以钢为纲，突出战备，加强三线建设；在生产关系上，搞“穷过渡”，“割资本主义尾巴”，追求“一大二公三纯”，实行平均主义；在人民生活上，冻结工资，实行低消费；在对外经济关系上，批判所谓“洋奴哲学”、“爬行主义”，实行闭关锁国政策。结果是各种比例关系严重失调，经济效益极为低下，国民经济发展受到严重挫折，人民生活处于困难境地。

1976 年粉碎“四人帮”，“文化大革命”结束，现代化战略被重新提出，但又重犯急于求成的毛病，试图实现“新的大跃进”，结果是比例失调更趋严重。党的十一届三中全会针对新的冒进错误，提出了“调整、改革、整顿、提高”的新“八字方针”，开始实行根本性的战略转变，使我国经济发展战略逐步走上正确的轨道。

在中华人民共和国成立后的 30 年内，我国先后制定的四个经济发展战略，虽然有很大差别，但总的来看，主要还是实施一种以粗放经营和外延扩大再生产为主、片面发展重工业、重速度、轻效益、重数量、轻质量、高积累、低消费的旧战略，这导致人民生活水平提高缓慢，与苏联东欧的传统战略基本相同，严重妨碍社会主义现代化的实现。

长期以来，我国在经济工作中常常从良好的主观愿望出发，脱离中国的实际，不按客观经济规律的要求办事，急于求成，盲目冒进，结果往往事与愿违、适得其反。这是我国经济建设上最重要的经验教训。

三、中国社会主义初级阶段的新战略

从1978年12月党的十一届三中全会开始，我国进入把工作重点转向社会主义现代化建设的新的历史时期。为了把我国建设成为富强、民主、文明的社会主义现代化国家，我国经济发展战略实行了历史性转变，制定了新的社会主义现代化经济发展战略。

1. 新的经济发展战略

1981年11月召开的五届人大四次会议的政府工作报告首次提出："要切实改变长期以来在'左'的思想指导下的一套老做法，真正从我国实际情况出发，走一条速度比较实在、经济效益比较好、人民可以得到更多实惠的新路子。"至此开始制定我国新的经济发展战略。在1982年9月召开的党的十二大，确定了我国新时期经济建设的战略目标、战略重点、战略步骤和一系列方针政策，完整地提出了新的经济发展战略。在1987年10月召开的党的十三大，进一步从各方面充实和完善了我国新的经济发展战略。

在正确总结我国30多年社会主义经济建设的成功经验和失败教训的基础上，依据中国的国情和面临的国际环境，把马克思主义普遍真理和中国的具体实践相结合，以社会主义初级阶段理论为指导，制定的社会主义现代化新战略，同以往的旧战略相比具有如下特点：

第一，在战略目标上，正确处理经济增长与人民生活的关系，从过去常常片面追求经济增长转变为更加注意在经济增长的基础上逐步满足人民日益增长的物质和文化需要，把"为生产而生产"、

"为增长而增长"转变为最终为提高人民生活水平而增长。新的战略目标，既有经济增长的指标，又包括改善人民生活的指标。

第二，在主要战略方针上，正确处理速度与效益的关系，从过去片面追求高速度、高指标转变为以经济效益为中心。经济发展应该有一定的速度，但速度必须以效益为前提。如果只讲速度，忽视效益，追求脱离实际的高速度，势必欲速而不达，新战略目标的实现，应以不断提高经济效益为基础。

第三，在战略重点上，正确处理平衡与不平衡的关系，从过去片面突出重点的不平衡发展战略转变为抓重点、促平衡的发展战略。在经济发展中，将关键部门和薄弱环节作为战略重点，集中力量加以解决，以带动其它部门的发展，这是完全必要的。但是，如果片面突出某个部门，工业"以钢为纲"，农业"以粮为纲"，仍然会造成比例失调。新战略在确定战略重点的同时，强调综合平衡、比例协调、稳定增长，力求国民经济各部门的全面发展。

第四，在战略措施上，正确处理外延型与内涵型扩大再生产的关系，从过去一味靠建新厂的外延发展方式和粗放经营方式转变为更多地注重技术进步、挖掘现有企业潜力、提高劳动生产率的内涵发展方式和集约经营方式。正确处理物质生产与科技教育的关系，从过去只重视物质技术基础的建设、不注意人力特别是智力的开发转变为开发物力资源和开发人力资源并重的战略。

第五，在对外经济战略方针上，正确处理自力更生与对外开放的关系，从过去片面强调自力更生，实际上闭关自守的封闭战略转变为以自力更生为主，实行对外开放的战略。社会生产力发展到今天，任何一个国家都不可能拥有自己所需的一切资源和技术，都不可能关起门来搞现代化建设。新战略把对外开放作为国策，利用国外一切可利用的资金、技术、人才和资源，以加快经济发展。

中国新的经济发展战略，既不是照抄照搬苏联东欧国家的集约化经济发展战略，又不同于发展中国家"变通的"或"改良的"经济发展战略，更不是仿效欧美发达国家的经济发展战略，而是具有中国特色的社会主义经济发展战略。

2. 战略目标和战略步骤

(1) 经济发展的总战略目标。社会主义初级阶段的基本任务，就是要实现社会主义现代化。这就决定了我国从1981年开始到21世纪中叶，经济发展的总战略目标是基本实现现代化。

世界新的科学技术革命，又一次给我国经济发展提供了一个极为有利的时机；西方发达资本主义国家经济发展的高水平，对社会主义制度的优越性提出了不容回避的挑战。社会主义初级阶段发展社会生产力所要解决的历史课题，是实现工业化和生产的商品化、社会化和现代化。国际环境和社会主义初级阶段的国情，决定我国的经济建设肩负着既要着重推进传统产业革命，又要迎头赶上世界新技术革命的双重任务。传统的产业革命是指发生在18世纪末到19世纪初，以纺织机和蒸汽机为标志的第一次产业革命和发生在19世纪最后30年到第一次世界大战（1914年）之间，以电力工业、新炼钢法、内燃机和化学工业为标志的第二次产业革命。这两次产业革命使欧美资本主义国家实现了工业化，把小规模的手工生产转变成机器化、社会化大生产，使资本主义经济发展成为高度发达的商品经济。这些正是半殖民地半封建的旧中国没能实现、社会主义初级阶段需要完成的历史使命。要实现工业化和生产的商品化、社会化、现代化，我们必须着重推进传统产业革命。世界新技术革命是从20世纪50年代开始的，以原子能工业、电子计算机工业、宇航工业、海洋工程、生物工程、现代通讯技术、新材料和新能源工业为标志的技术革命。要实现现代化、自动化、信息化，我们必须迎头赶上世界新技术革命。

我们要完成推进传统产业革命、赶上新技术革命的双重任务，实现总的战略目标，必须进行长期的、有步骤的、分阶段的艰苦奋斗。

(2) 经济建设的战略步骤。党的十一届三中全会以后，我国经济建设的战略部署大体分三步走。

第一步，实现国民生产总值比1980年翻一番，解决人民的温饱问题。到1986年，这个战略目标已经基本实现。1986年同1978年相比，国民生产总值增长102%，农村年人均纯收入从134元增加到424元，城市年人均生活费收入从316元增加到828元，扣除物价上涨因素，分别增长160%和82%。按照1980年的不变价格计算国民生产总值，并按1980年人民币对美元的固定汇率折算，我国人均国民生产总值1986年达到483美元，已走出低收入国家的行列，人民缺衣少食的状况已经基本改变。说"基本实现"，是因为现在全国还有4 000多万人尚未解决温饱问题，占全国总人口的4%；已经解决的地方，有些还是低水平的，或者不巩固的。这同世界银行最近发表的《贫困与饥饿》报告中所说的全世界营养不良人口有3.4亿~7.3亿，占世界人口（不包括中国）的10%~21%相比，我国情况要好得多。尽管如此，4000万毕竟是个相当大的数目，有待于我们继续努力。

第二步，到20世纪末，国民生产总值再增长一倍多，人民生活达到小康水平。1980年，在世界银行统计的159个国家和地区中，我国人均国民生产总值为297美元，居133位；到2000年，如果国民生产总值真能再翻一番，按12.5亿人口计算人均国民生产总值将达到910美元，有可能进入100名以内。虽然这仍然是一个不高的数字，到那时我国仍属一个中等偏下收入的国家，但从总量上看就相当可观了，中国的国民生产总值就会达到1万亿美元，相当于美国1971年在世界上第一个突破国民生产总值1万亿美元大关时的水平，中国的经济实力将大大加强，将为经济的"起飞"打下坚实的基础。

第三步，到21世纪中叶，人均国民生产总值达到中等发达国家水平，人民生活比较富裕，基本实现现代化。所谓中等发达国家水平，就是相当于现在人均国民生产总值4 000美元左右的水平。到那时，由于中国人口众多，总的经济实力将不会与欧美发达国家有多大差距，社会主义初级阶段的总战略目标将实现，我国将成为一个富强、民主、文明的社会主义现代化国家。

经济建设分三步走的战略部署，把解决人民的温饱问题作为第一步的战略目标，完全符合我国的国情。众所周知，旧中国贫穷落后，广大人民饥寒交迫。解放后经过30多年的努力，人民生活得到明显改善。但是，由于基础薄弱，加之天灾人祸和"左"的错误，经济建设几经挫折，直到1980年，全国人民的温饱问题还没有得到解决。实现现代化，首先必须解决全国人民的温饱问题。这是我国经济发展的必经阶段，也是实现现代化的基础和出发点。不先走这一步，就谈不上实现小康，更说不上现代化；即使在大城市搞若干现代化建设项目，也不过是空中楼阁。分三步走的战略部署，从我国经济实际出发，把眼前建设与长远发展很好地结合起来，既描绘了未来发展的宏伟蓝图，又规定了实现现代化必须采取的战略步骤和具体目标，为社会主义经济建设指明了方向和道路。

(3) 努力实现第二步的战略目标。人民温饱问题的基本解决，标志着我国经济进入了新的成长阶段。现在，最重要的是要走好第二步，实现由温饱到小康的战略目标。2000年达到小康的中国将应该是什么样的景象呢?

第一，从社会生产方面看，社会经济效益、劳动生产率和产品质量明显提高，国民生产总值和主要工农业产品产量大幅度增长，人均国民生产总值在世界上所占位次显著上升。据世界银行计算，我国1980年国民生产总值为2832亿美元，在其统计的159个国家和地区中，次于美国、苏联、日本、联邦德国、法国和意大利，居第八位。如果实现20年翻两番的目标，则2000年我国国民生产总值将达到11328亿美元。根据对各国经济发展所作的初步预测，届时我国国民生产总值有可能超过意大利和英国而居世界第六位，也可能超过法国而居世界第五位。

第二，从技术水平方面来看，工业主要领域在技术方面大体接近经济发达国家70年代或80年代初的水平，农业和其它产业部门的技术水平也将有较大提高。目前我国各产业部门之间技术发展很不平衡。在科学技术的某些领域，例如航天工业技术方面、造船工业部门等，现在已经达到世界先进水平，但某些产业部门却仍停留在四五十年代的水平。总的来看，我国的技术水平一般比经济发达国家落后30年左右。到2000年，我国在科学技术方面同世界先进水平的差距，将缩短为20年左右。20年时间内缩短10年的差距，是非常可观的进步。因为照这样的速度发展，到21世纪中叶，我国就能赶上世界先进水平。

第三，从教育方面来看，城镇和绝大部分农村普及初中教育，大城市基本普及高中和相当于高中的职业技术教育，提高全民族的文化素质和科学知识水平。

第四，从生活消费方面来看，人民群众将过上比较殷实的小康生活。具体而言，包括这样几个方面的内容：衣着的数量和质量显著提高，花色品种明显增多；食物结构和营养质量相当改善；居住条件普遍提高；耐用消费品大幅度增加；文化生活将更加丰富多彩，服务性消费和文化娱乐性消费支出有不同程度的增加；医疗卫生条件和环境质量改善，居民健康水平进一步提高，人口预期寿命可能达到目前发达国家的水平。

实现小康，即摆脱贫穷落后，人民普遍丰衣足食和安居乐业，是几千年来中国劳动人民憧憬的理想境界。在我们这样一个人口众多而基础薄弱的东方大国，将美好愿望变为现实，无疑是一项宏伟壮丽而又十分艰巨的事业，需要我们这两代人艰苦奋斗20年。

3. 战略方针和战略措施

战略目标和战略步骤确定以后，还必须进一步制定正确的战略方针，采取有效的战略措施，以实现战略目标。由于经济发展的不同阶段的实际经济状况和战略目标不同，战略方针和措施也不尽相同。我们这里主要说明实现第二步战略目标的战略方针和措施。

(1) 总的战略方针。实现第二步战略目标，必须坚定不移地贯彻执行注重效益、提高质量、协调发展、稳定增长的总战略方针。这个总战略方针的基本要求是，努力提高产品质量，讲求产品适销对路，降低物质消耗和劳动消耗，实现生产要素的合理配置，提高资金使用效益和资源利用效率。归根结底，就是要从以粗放经营为主逐步转上以集约经营为主的轨道。

人们的经济活动，都要追求经济效益。努力提高经济效益是社会主义基本经济规律的根本要求。在我国经济成长的现阶段，提高经济效益更具有极端重要的意义。我国经济活动的各个环节效益太低，早已成为社会经济生活中许多矛盾的焦点。只有在不断提高经济效益的基础上，才能逐步缓解我国人口众多、资源相对不足、资金严重缺乏等矛盾，保证国民经济以较高的速度持续发展；才能以尽可能少的人力、物力、财力消耗，生产出尽可能多的更好的产品，以满足人民群众日益增长的需要，真正使人民生活达到小康水平。

注重经济效益，必须努力提高产品质量。产品质量不仅是企业的生命，也是衡量一个国家经济和技术水平的重要标志之一，反映了民族的素质和生存能力。片面追求数量增长而忽视质量的改进，是我国经济的一个致命弱点，是经济效益低的重要原因。经济效益寓于产品质量之中。提高产品质量，同样多的劳动消耗可以带来更大的经济效益。从提高质量中求增长、求节约、求速度，就可以把我国经济提高到一个新的水平。讲求质量是当今世界经济发展的大趋势。在激烈的国际竞争中，只有不断提高产品质量，才能在风云变幻的世界市场上站稳脚跟。

注重经济效益，必须实行协调稳定发展的根本方针。社会主义经济有计划按比例发展的规律，要求协调稳定发展。为此，必须正确处理速度、比例和效益的关系，坚决摒弃传统的片面追求高速度的倾向，特别注意防止经济发展的大起大落。实践反复证明：当我们坚持协调稳定发展方针时，经济就发展，效益就提高，国家实力就增强，人民生活就改善；当我们离开协调稳定发展方针时，经济就出现严重的起伏波动，并引起社会动荡和思想混乱。30 多年来，我国经济建设的问题不是出在“稳”字上，相反是出在急于求成上。党的十一届三中全会以来，我国坚持协调稳定发展的方针，使国民经济连续 9 年基本上稳步增长，取得举世公认的成就。努力把这种好势头保持下去，我们就能实现本世纪末的宏伟目标。

（2）主要的战略措施。为了贯彻总的战略方针，还必须实行下列具体方针政策，采取以下战略措施：

① 必须把发展科学技术放在首要位置。科学技术是愈来愈具有决定意义的生产力。生产方式的进步，经济的发展，经济效益的提高，归根结底都依赖于科学技术的进步。

第一，现代科学技术和现代化管理是提高经济效益的决定性因素，是使我国经济走向新的成长阶段的主要支柱。必须清楚地认识到，技术落后，管理落后，靠消耗大量资源来发展经济，是没有出路的。1980 年，每 1 万美元国民生产总值的能源消耗折合标准煤，日本是 3.5 吨，美国是 9.2 吨，苏联是 12.3 吨，我国是 21.3 吨。按这样的高消耗，到本世纪末要使国民生产总值再翻一番，我国的资源将难以支撑。

第二，离开科技进步和科学管理，不可能在有限耕地上生产出足够的粮食和其它农产品，不可能在人口不断增加的情况下保持目前的温饱水平，更谈不上向小康以至更高水平前进。我国土地面积虽然广大，但可耕地少，人口多，每人平均占有耕地 1.6 亩左右，只等于美国的 1/8，苏联的 1/7，法国的 1/3，印度的 2/5，等于世界平均水平的 2/7。我国几种主要食用农产品的人均占有量均低于世界平均水平，同世界上水平较高的国家相比，差距更大。再加上我国人口基数大，现在又正处在生育高峰，即使我们抓紧计划生育工作，有效实行人口控制，到本世纪末，我国人口总数也会超过 12 亿。如不靠科学、靠技术，在有限的耕地上恐怕连养活 12 亿人口都成问题。

第三，不靠科技进步和科学管理，不改变设计落后、设备陈旧、工艺粗糙、管理松懈的状况，工业和其它部门的发展也难以为继。产品水平低、质量差、消耗大、成本高，不仅糟蹋资源，不能缓解我国社会经济生活中的矛盾，而且在国际市场的竞争中也站不住脚。尤其在世界新技术革命迅速发展的形势下，如果我们不抓紧时机，急起直追，就无法缩短我国在经济技术上同发达国家之间的差距，甚至会拉得更大。

这一切说明，科学技术的进步和管理水平的提高，将在根本上决定我国现代化建设的进程，是关系民族振兴的大事，必须放在首要位置。

加速科技进步，必须立足于我国实际，放眼世界，选准方向和重点。科学技术工作的首要任务是振兴国民经济，要着重推进大规模生产的产业技术和装备现代化，使农业、能源、原材料、交通、通讯、机械制造等重点产业主干部分的技术面貌有明显改善；积极推广普遍适用的科技成果，加速企业的技术改造，继续实施以发展农村经济为宗旨的“星火计划”，组织精干力量不失时机地开展高技术研究，特别是微电子技术、信息技术、生物工程技术和新材料技术的研究和开发，加强基础研究，大力发展软科学。必须加快改革，形成科技同经济密切结合的机制，增强企业尤其是大型骨干企业应用科技成果的动力和压力，推动技术市场的发展和科技成果的商品化进程，缩短科研成果运用于生产建设的周期。积极引进国外先进技术，并使之同国内的科学技术研究紧密结合，切实加强对引进技术的消化、吸收和创新。

② 必须把发展教育放在突出的战略位置。从根本上说，科技的发展，经济的振兴，乃至整个社会的进步，都取决于劳动者素质的提高和大量合格人才的培养。百年大计，教育为本。因为科学技术的创造发明和应用，先进生产设备的设计、制造、使用、修理、改进，都要劳动者具有一定的文化科学知识和技术能力，而大批能从事现代化建设的合格人才的培养，主要靠教育，所以说教育是实现现代化的根本。从近现代经济发展的国际经验来看，日本的成功经验特别值得借鉴。日本经济的振兴是从明治维新开始的。明治时代的领导者认为，要使国家富强，必须增进一般民众的知识，要振兴近代工业，就要有推进这一事业的人，因而教育是极其重要的。所以，他们力图在全国范围内办学校，普及教育，从根本上改变日本的面貌。但是，当时政府连支付设立小学的补助金的余力都没有，因此，大部分小学是由国民出资兴办的。为生活所迫的民众虽然并不十分愿意把孩子送进学校，但政府却不惜一切努力来提高就学率，地方的财主们也认识到国民教育的必要性，捐赠巨额款项来帮助办学校。于是，国民教育迅速普及，到明治末年（1912 年），就学率已超过95%（比中国现在还高）。直到今天，人们到日本乡村旅行时仍然可以看到，小学校的校舍大多是村中最好的建筑物。如此重视教育事业，是日本实现经济振兴的一大特色。必须坚持把发展教育事业放在突出的战略位置，加强智力开发。随着经济的发展，国家要逐年增加教育经费，同时鼓励社会各方面力量集资办学。坚持教育为社会主义现代化建设服务的方针，按照实际需要，改善教育结构，提高教育质量，克服教育脱离实际和片面追求升学率的倾向。必须通过各种途径，加强对劳动者的职业教育和在职教

育。必须采取多种形式办学，努力普及中小学教育，扫除文盲。必须营造尊重知识、尊重人才的社会环境，改善知识分子的工作和生活条件，努力做到人尽其才，才尽其用。在充分发挥我国科技教育人员作用的同时，积极开展国际交流。

③必须把发展农业放在重要的战略位置。农业的稳定增长和农村产业结构的改善，是整个国民经济长期稳定发展的基础。在社会主义初级阶段，我国农业生产条件还比较落后，发展还很不稳定，加强农业尤为迫切和重要。近年来，由于农村改革的巨大成功，农业政策的威力激发了农民的生产积极性，我国农业生产取得了举世瞩目的高速增长。但是，这种发展还不够稳定，部分农产品生产几经大起大落。比如 1984 年我国粮食产量是 8000 亿斤，人均 800 斤，达到世界平均水平，但 1985 年却减产 500 多亿斤。现在，我国农村经济中还存在许多困难和问题：土壤肥力下降，农业水利工程供水能力萎缩，农业积累和投资减少，农业生产技术提高不快，耕地日益被大量占用，单门独户的小规模经营与农业现代化发展的矛盾等等，这些都是实现农业进一步发展必须有效地加以解决的问题。

现在农村经济已经转移到商品经济的轨道上来，农民已经开始根据市场信号来安排生产，我们必须很好地运用价值规律来指导农业生产。必须合理调整城乡经济布局和农村产业结构，在十分重视粮食生产的同时积极发展多种经营和乡镇企业，并且把它同支持和促进粮食生产很好地结合起来，保持农村经济的全面发展和农民收入的持续增长。必须发展农村经济的商品化、专业化、科学化，鼓励兼业经营，建立社会化协作服务体系。有条件的地方，要在坚持自愿互利的基础上鼓励和提倡多种形式的协作与联合，逐步达到合理的经营规模。努力增加农业投入，加强农田水利基本建设，防治水旱灾害，改善农业的基本条件，严格土地管理，有效抑制耕地大面积减少的现象。大力发展农用生产资料的生产和供应，加强对农业的物资、技术和资金的支援。发展农业科学技术研究，积极推广运用科技成果，努力采用先进技术。

④必须保持社会总需求和总供给基本平衡。为了实现国民经济

在效益不断提高的基础上稳定发展，必须努力保持社会总需求与总供给的大体平衡。社会供求总量平衡的关键，是适当控制全社会固定资产的投资总规模，使之与国力相适应；合理掌握生活消费增长的幅度，使之与生产的发展相适应。长期以来，以粗放经营为主的传统发展战略，加上资金的无偿占用，使得社会主义经济中存在着一种“投资饥饿症”，总觉投资不够，老希望增加投资，导致基本建设战线过长，投资规模过大，长期压缩不下来，形成投资需求膨胀。同时，在经济改革过程中，人们往往迫切要求迅速大幅度地增加工资、改善生活，这种压力使消费基金增长过快，超过国民收入和劳动生产率的增长，造成消费需求膨胀。结果使得社会总需求常常大于总供给，超过国家的经济承受力，引起物资匮乏、供应紧张、通货膨胀、物价上涨，不利于降低消耗、开发新产品和提高产品质量，有害于社会资源的合理配置和有效利用，严重影响国民经济按比例协调发展和经济效益的提高。所以必须特别注意控制投资和消费的增长。

实现社会经济总量的平衡，必须切实加强和改进国民经济的综合平衡，做到财政、信贷、物资和外汇的各自平衡和相互之间的基本平衡。在实际工作中，要善于审时度势，自觉地及时地解决经济生活中出现的不平衡，以经常性的小调整来避免比例严重失调情况下被迫进行的大调整。

⑤必须合理调整和改造产业结构。产业结构是指国民经济各部门之间的内在联系和比例关系。合理的产业结构是保证国民经济协调稳定发展的基本条件。经济总量的平衡，宏观经济效益的提高，必须以产业结构合理为基础。只有合理的产业结构，才能适应社会生产和科学技术发展的要求，才能做到资源的最优配置和有效利用，才能使各部门生产保持恰当的比例关系、协调稳步发展。

我国以往那种重工业太“重”、轻工业太“轻”、农业很落后、现代高技术新兴产业不发达的产业结构，已经不能适应现代化建设的要求，必须合理地予以调整和改造。产业结构问题现在越来越突出，这是因为：第一，在向小康水平前进的过程中，农业人口向非农产业转移的速度加快，现在我国每年有 1000 万农民转入工商和服务行业，对发展基础工业和基础设施的要求愈益迫切，居民对档次较高的消费品，如“三双一彩”的需求增大，选择性明显增强，所有这一切都对产业结构的改造提出了许多新的要求。第二，受世界新技术革命的发展和产业结构变化的影响，我国扩大商品出口的需要，也要求对产业结构进行相应的调整和改造。新技术革命引起并将继续引起产业结构的巨大变化：许多新兴的工业部门相继诞生，出现了“夕阳工业”向“朝阳工业”的转化，一、二、三产业中，第三产业的比重越来越大；劳动密集型产业逐步转向资本密集型产业和技术密集型产业。因此，能否逐步实现产业结构的合理化，将在很大程度上决定着今后经济的发展和效益的提高。

合理调整产业结构的总要求是：以运用先进技术改造和发展我国传统产业为重点，同时注意发展高技术新兴产业，带动整个国民经济向前发展。基本方向是：坚持把农业放在十分重要的战略地位，全面发展农村经济；在大力发展消费品工业的同时，充分重视基础工业和基础设施，加快发展以电力工业为中心的能源工业，以钢铁、有色金属和化工原料为重点的原材料工业，以综合运输体系和信息传播体系为主轴的交通业和通讯业；努力振兴机械、电子工业，为现代化建设提供越来越多的先进技术装备；以积极推进住宅商品化为契机，大力发展建筑业，使它逐步成为国民经济的一大支柱；重视发展第三产业，努力实现一、二、三产业的协调发展。

⑥ 必须加快实施沿海地区经济发展战略。现在，我国进入向小康水平前进的经济成长新阶段，农村丰富的劳动力资源和城市初步建成的比较完整的工业体系，是经济发展的两个优势。但是，经济的深入发展也带来矛盾和问题：大量农村剩余劳动力转向非农产业，乡镇企业迅速发展，需要巨额资金，原有工业结构要向高级化、现代化迈进，也需要大量资金，国内积累有限，资金严重不足，于是产生二者争夺资金的矛盾；先进的沿海地区要奔向发达，落后的内地也要寻求发展，而沿海地区以加工工业为主，主要靠内地提供原材料和产品市场，内地又不能还停留在初级产品的生产上，必须发展加工工业，这就产生二者争夺原材料、能源和市场的问题。完全立足于国内经济循环很难解决这些矛盾和问题。因为，

国内资源有限、资金增长不可能很快、原材料和能源生产又是薄弱环节。中国只有参加国际经济大循环，才能解决上述矛盾和问题。

近两年，美元贬值，日元升值，引起世界经济格局再次发生变化。日本经济从出口导向型转向内需扩大型，从出口转向进口，对外直接投资也大幅度增长。美国采取贸易保护主义政策，取消对“亚洲四小龙”的普惠制待遇，迫使台币、港币、南朝鲜元和新加坡元升值，劳务费用上升，吸收外资的优势衰减，香港、新加坡土地狭窄，劳动力不足，进一步发展受到限制。劳动密集型产业向劳动费用低的地方转移，是国际产业结构调整的规律。从太平洋地区来看，开始是从美国向日本转移，以后又从美、日向“亚洲四小龙”转移，现在又要从日本和“亚洲四小龙”向外转移。国际经济发展的新形势为我国利用外资，发展沿海地区外向型经济，提供了绝好的时机。我国沿海地区劳动力费用低廉，素质比较高，交通方便，基础设施也比较好，特别是科技开发能力比较强，在这次产业转移中会很有吸引力。前两次的良机我们丢失了，第三次产业转移的机遇，决不能再贻误。如果再错过机会，就会像日本《读卖新闻》的评论中所说的那样：“5 年、10 年以后，工业领域的自动化渗透之后，中国廉价的劳动力这一优点将得不到肯定，中国会被世界甩在后面。”正是在这样的背景下，我国不失时机地提出了沿海地区经济发展战略。

沿海地区经济发展战略，是加入国际经济大循环，有领导、有计划、有步骤地走向国际市场，参与国际交换和国际竞争，发展外向型经济，以促进内地经济发展的战略。这种战略符合当前世界经济形势的变化和我国经济发展的客观要求，是我国新战略的重要组成部分。这个战略的基本点是：充分利用我国人力资源丰富的优势，大力发展劳动密集型产业，以及劳动密集与知识密集相结合的产业；坚持“两头在外，大进大出”的方针，提倡和鼓励沿海地区到国际市场上进口原材料，加工增值之后，再把产品销往国际市场，大批进口，大量出口；利用外资，大力发展“三资企业”，重点吸引外商直接投资。这样既可以解决农村剩余劳动力的出路问题，又能吸收大量外资和换回更多外汇，为振兴我国经济取得所需要的资金和技术，促进工业现代化，再返回来支援农业发展。这个战略是要把我国经济纳入国际经济大循环，通过世界市场转换机制，促进国内经济的良性循环。

机不可失，我们应该加速实施沿海经济发展战略。为此，必须加快改革步伐，为外商创造符合国际投资经营惯例的环境，把内向型经济与外向型经济恰当结合，转变企业经营机制，提高经营管理水平。

⑦必须有计划地控制人口增长。人民生活水平提高的速度，取决于生产发展的速度，同时也受人口增长的影响。为了保证社会生产的顺利发展和人民生活水平的逐步提高，必须实行计划生育，控制人口的增长速度，这是国民经济有计划按比例发展规律的要求，是一项具有重大意义的战略方针。

物质生产与人口增长必须保持一定的比例关系。人口增长必须同社会经济发展相适应，同资源利用、环境保护和生态平衡相协调。人口增长过快，超过现有生产条件所能容纳的限度，不仅会制约社会再生产的规模和速度，还会给社会生活带来许多困难和不良影响。过多的人口会降低人均经济指标，加重社会负担，使衣食住行、生老病死、升学就业等一系列问题不易解决，给人民生活造成种种不便，甚至成为社会的不安定因素。我国是世界人口最多的国家，人口基数特别大，现在又正值生育高峰，这些问题显得更为突出，更加严重。

我国必须坚持计划生育，适当晚婚，优生优育，有效控制人口增长，提高人口素质，以利更快地达到小康水平。

此外，环境保护和生态平衡也是关系经济和社会发展的重要问题。在发展经济的同时，必须大力保护和合理利用各种自然资源，综合防治环境污染，维护生态平衡，把经济效益、社会效益和环境效益很好地结合起来。

经济发展战略必须通过经济体制去组织实施，经济体制是战略实现的保证。战略的转变，要求经济体制的改革。经济发展战略的实现，经济高效高速的发展，从根本上说，要依靠经济体制改革的加快和深化。不建立合理的经济体制，新战略将无法实施，战略目标将难以达到。同时，改革的部署和实施又必须为实施战略和发展经济服务，改革的进程应该与战略的部署相配合，各项重大改革措施的出台应有利于解决现实经济发展中的重大问题，尽可能促进社会经济效益的提高。改革和战略应该互相适应，相互促进，有力地推动我国社会主义商品经济的健康发展。

参考文献

刘国光．中国经济发展战略问题研究．上海：上海人民出版社，1984．

谭崇台．发展经济学．北京：人民出版社，1985．

秦麟征．发展战略论．郑州：河南人民出版社，1987．

王守海．苏联东欧国家经济体制比较．北京：中国社会科学出版社，1984．

金挥等．苏联经济概论．北京：中国财政经济出版社，1985．

张德修．东欧经济概论．北京：北京大学出版社，1986 年．

李宝恒译．增长的极限——罗马俱乐部关于人类困境的研究报告．成都：四川人民出版社，1984．

（原载武汉大学出版社 1988 年出版的《中国社会主义建设》）

知识经济的主要特征

知识经济是继农业经济、工业经济之后正在来临的一种崭新的经济形式，它将使人类社会的生产方式和生活方式发生巨变，将给世界各国的经济发展带来前所未有的新机遇，也使我们面临更为严峻的挑战。知识经济决不是部分学者和新闻媒体炒出来的概念，而是一种客观现实，是物质经济高度发展的必然趋势。的确，种田有学问，做工要技术，知识在社会经济发展中从来都是重要的，人类的文明史也就是知识的产生和积累史。为什么现在却要说我们正在迈进“知识经济时代”呢？“有比较才有鉴别”，通过对农业经济、工业经济与知识经济的基本特征的比较，我们就会发现，以生产力的发展状况和生产方式的特点作为标准衡量，知识经济的确是一种新的经济形式。归纳起来，知识经济具有以下 10 个方面的主要特征：

一、知识经济的资源基础主要是智力资源

农业经济和工业经济都是物质经济，即以物质为主要资源的经济。资源基础主要是包括土地、煤、铁、石油等在内的自然资源，是包括劳动对象和劳动资料在内的物质资料、有形资产。在自然界中，绝大多数自然资源具有稀缺性和不可再生性，消耗一部分就减少一部分。知识经济则是以知识的生产、分配和使用为最重要因素的经济，其实质是智力资源的占有、配置和使用。因此，知识经济的资源基础是智力资源，是包括科学、技术、信息在内的知识资源。知识具有丰富性、可再生性，能无限创造和开发，会越积越多，越使用其价值越大。

二、知识经济的技术基础主要是信息技术等高新技术

农业经济的技术基础主要是手工技术；工业经济的技术基础主要是蒸汽技术、内燃技术、电气技术、机器生产技术、化学工艺技术。知识经济的技术基础主要是以信息技术为主要标志的高新技术，按照联合国有关组织机构的分类，它包括：信息科学技术、生命科学技术、新能源与可再生能源科学技术、新材料科学技术、空间科学技术、海洋科学技术、有益于环境的高新技术和现代管理科学技术（即软科学技术）等 8 大类。

三、知识经济的增长要素主要是知识

农业经济的增长要素主要是土地、人力、畜力；工业经济的增长因素主要是资本和劳动力；知识经济的增长要素主要是知识、是智力，它包括技术进步和人力资本（主要指依靠教育和训练而形成的人的知识、能力和技术水平）等因素。

四、知识经济的产业结构是 4、3、2、1 型结构

根据三次产业分类法的分类，按照三次产业在国民经济中的不同比重和地位进行排序，越是排在前面的产业，其占的比重就越大、地位就越重要。依此方法确定产业结构的模式，农业经济时代的产业结构是以农为主的 1、2、3（即第一次产业、第二次产业、第三次产业）型结构；工业经济时代实现工业化阶段的产业结构是以工为主的 2、3、1 型结构，工业经济的发达阶段则是以服务为主的 3、2、1 型结构；即将到来的知识经济时代，在农业、制造业和服务业之外，还增加了一个第四次产业——以信息产业为代表的高新技术产业。这样，知识经济时代的产业结构就是以高新技术产业为主的 4、3、2、1 型结构。据有关统计，美国的信息产业已成为最大的产业，其产值已占美国国内生产总值的 10% 以上，大大超过建筑、汽车、食品等支柱产业。

五、知识经济的劳动力以智力型劳动力为主

在农业经济时代，从事农业生产的农民占劳动力的绝大多数，主要是体力型劳动力；在实现工业化的时期，从事工业生产的工人占劳动力的多数，智力因素虽然有了较大增加，但仍是体力型劳动力的比重大；在发达工业经济阶段，从事服务业的劳动力占的比重最大，虽然智力型劳动力的数量有了很大的增加，但仍然没有占多数；在知识经济时代，从事知识生产和传播的劳动力将占多数，劳动力将主要是智力型劳动力。有人估计，到 2020 年美国工人人数将只占劳动力总数的 1% ~2% 。

六、知识经济的生产主要是分散化、非标准化、非物质化产品的生产

农业经济和工业经济生产的主要是物质产品，工业生产主要是集中化、标准化（刚性化）、大批量生产；知识经济生产的主要是知识产品，其生产存在分散化、非标准化（柔性化）的趋势，主要是小批量、多品种、多样化的生产。

七、知识经济的流通以网络贸易和电子货币流通为主

在工业经济时代，商品流通主要通过中介商进行，商品一般不是由供需双方直接交易，而是通过商人在商店、交易所实现买卖；货币流通主要是金属货币、纸币、信用货币（包括银行券、支票、期票、汇票等）等有形货币的流通。在知识经济时代，网上贸易将逐步取代商店贸易、交易所贸易，成为主要的贸易方式，商品供需信息可以在国际互联网上查阅，消费者和生产者可以通过网络直接接触、洽谈、交易，处于两者之间的中介商将逐步消失，人们只需要在办公室或家里的计算机前按动鼠标，就能在因特网上推销自己的产品，选择和购买自己中意的商品；有形货币的流通将转变成无形的电子货币的流通，信用卡将普通采用，交易都通过银行电脑记账、转账、支付、结算，将出现无现金社会。电子商务和电子货币、网络贸易和无形货币流通，使得商品流通和货币流通更简便、更快捷，能够给供需双方提供更全面、更充分、更准确的贸易信息，增加贸易机会，减少中间环节，加快流动速度，降低交易成本，节省流通费用，提高经济效益。1997 年 7 月 1 日，美国总统克林顿在白宫宣布了《全球网络贸易框架》，提出建立“网络自由贸易区”的设想，力主开展全球电子商务活动。据美国商务部预计，到 2002 年通过因特网进行的商业交易将超出 3000 亿美元。中国已于 1998 年 7 月 8 日正式建立网上“中国商品交易市场”，从此有了“永不闭幕的商品交易会”。

八、知识经济的消费以知识产品和高技术产品的消费为主

在农业经济、工业经济时代，由于生产的主要是物质产品，人们消费的主要是物质产品，物质产品又主要是传统技术或一般技术的产品。在知识经济时代，由于生产的主要是知识产品（在社会财富中知识产品的价值所占的比重最大），采用的主要是高新技术，所以人们消费的主要是知识产品、高技术产品。即使是人们消费的物质产品中，知识和高技术的含量也大大增加。比如：在农产

品中，基因农作物的比重将大于传统农作物；在能源中，太阳能、受控热核聚变能的比重将大于煤和石油；在人们的交往中，信息网络的作用将大于火车、汽车、飞机。

九、知识经济的分配以按知识分配为主

农业经济中的分配以按土地分配为主；工业经济中的分配以按资分配为主；知识经济中的分配以按知识分配为主。农业经济中的富有者是地主；工业经济时代的巨富是石油大王、钢铁大王、汽车大王；知识经济时代的首富是软件大王。美国微软公司的资产已达1500 亿美元，市场价值超过了美国三大汽车公司的总和。

十、知识经济的发展模式是可持续发展

由于农业经济和工业经济的增长主要靠自然资源，必然会耗竭资源、牺牲环境；物质资源的稀缺性，决定存在增长的极限；主要靠增加资本和劳动力来发展的工业经济，在达到最佳规模之前是收益递增，但在此之后则会出现收益递减，再加上经济运行的周期波动，所以物质经济很难实现可持续发展。由于知识经济主要依靠的智力资源具有丰富性、可再生性，其发展不存在极限；知识越使用价值越大，存在收益递增趋势；科学的迅速发展，创新步伐的加快，技术和产品更新换代的周期缩短，会大大缓解经济运行的周期波动；知识经济不仅能高效利用现有的稀缺资源，而且能开发新的富有资源，加之高新技术本身又包含有环保技术，能够节约资源、保护环境，所以，知识经济能够实现可持续发展。

有的学者提出，世界经济一体化也是知识经济的基本特征，我认为这种论断不够准确。因为，世界经济一体化首先是工业经济的特征。工业经济时代一开始，就形成了国际市场，存在国际贸易和分工；工业经济的发达阶段，更是形成了广泛的国际分工和协作，实现了世界经济的一体化。知识经济只是能够为世界经济一体化提供更坚实的经济、技术基础，能够扩大世界经济一体化的广度，加大世界经济一体化的深度，更有力地促进世界经济一体化的发展。

上述知识经济的 10 个主要特征表明，知识经济与农业经济和

工业经济的确存在本质的差别。那么，知识经济与农业经济和工业经济是什么关系呢？人类社会正在进入的知识经济时代，是否意味着农业经济和工业经济将会消失呢？我认为，物质经济的高度发达是向知识经济过渡的必要基础，知识经济是物质经济发展的必然趋势，是物质经济持续发展的重要条件。像人类社会由农业经济时代进入工业经济时代，没有完全取消农业经济，而是社会经济由以农业为主导转变为以工业为主导，并且用工业技术改造和武装农业一样，知识经济时代不是要也不可能完全取消农业经济、工业经济，而是要把社会经济以工业为主导转变为以知识产业为主导，用现代高新技术改造和武装工业和农业。

在研究知识经济的特点的时候，还有一个问题值得深入探讨，这就是垄断在知识经济中的性质和作用。在工业经济时代，市场竞争会形成垄断，垄断会引起生产和技术的停滞，会使消费者利益遭受损害。但是，在知识经济中垄断的性质和作用将发生重大变化。知识经济意味着知识是财富的主要源泉，新知识的发现者、新技术的发明者、新产品的开发者，在初期处于垄断地位，可以获得高额垄断收入，这有助于激励人们去发明创造，从而推进知识经济的发展。然而，随着知识更新加快、新技术开发周期缩短，产品换代加速，新科技难以长期垄断。所以，知识经济中的垄断一般不会带来生产和技术的停滞，也不会阻碍产品的升级换代和影响消费者的利益。现在，电脑公司不断主动地淘汰自己的产品，降低产品的价格，就是典型的例证。当然，如果形成较长时期的垄断，也会妨碍新技术的推广和知识的共享。因此，在知识经济中，既要在法律上保护知识产权，承认新知识、新技术的垄断性，又要规定一个保护期，以避免长期垄断的弊端。

面对知识经济的发展，国内还有一些人存在一种疑虑，即认为知识经济的发展会加剧劳动力过剩，使我国的就业形势更为严峻。那么，知识经济的发展对就业究竟会产生什么影响，会不会使就业问题更难解决呢？我认为，从长远来看，就全局而言，知识经济的发展，科学技术的进步，资本有机构成的提高，会使得生产同样多的物质产品需要的劳动力更少，造成失业的增加。在发展知识经济的过程中，这种失业是结构性的、暂时的失业，会伴随着知识经济的发展逐步消失。因为，第一，知识经济会使传统产业的比重下降，从事物质生产的劳动力减少，但能够形成许多新兴产业，特别是高新技术产业、生产和传播知识的产业，可以创造更多的就业岗位；知识产品的更新是加速的、无止境的，能够提供更多的就业机会，吸纳更多的劳动力。第二，知识经济发展必然伴随教育的大发展，成为发达的终身教育，使劳动者更能适应产业结构调整、升级的要求，从而减少结构性失业。知识经济能够实现“两低一高”，即低失业率、低通货膨胀率和高速增长。

参考文献

经济合作与发展组织（OECD）．以知识为基础的经济．1996年度报告．

（美）阿·托夫勒．第三次浪潮．北京：三联书店，1984．

（美）约翰·奈斯比特．大趋势．北京：新华出版社，1984．

（美）达尔·尼夫．知识经济．珠海：珠海出版社，1998．

吴季松．21世纪社会的新趋势——知识经济．北京：北京科学技术出版社，1998．

陈胜昌．知识经济专家谈．北京：经济科学出版社，1998．

冯之浚．知识经济与中国发展．北京：中共中央党校出版社，1998．

（原载《学习与实践》1998年第7期，《湖北经济报》1999年3月30日、《特区时报》1999年4月11日摘要转载）

知识经济与可持续发展

当今世界正面临人口、资源、环境和经济、社会发展失衡的严峻挑战，高消耗的传统经济发展模式已经不能再继续下去，必须努力寻求经济社会发展与人口、资源、环境互相协调的、兼顾当代人和子孙后代利益的可持续发展的道路。知识经济与可持续发展是什么关系？知识经济能否实现可持续发展呢？这是发展知识经济、实现可持续发展必须弄清的问题。

工业经济和农业经济都是物质经济，即以物质为主要资源的经济，绝大多数自然资源具有稀缺性和不可再生性，消耗一部分就减少一部分。工业经济的增长主要依靠物质资料的投入和消耗，必然会耗竭资源、牺牲环境；物质资源的稀缺性，决定工业经济存在增长的极限；主要靠增加资本和劳动力来发展的工业经济，在达到最佳规模之前是收益递增的，但之后则会出现收益递减，还会存在经济运行的周期波动。所以，工业经济很难实现可持续发展。

一、知识经济的发展模式是可持续发展

知识经济是以知识的生产、分配和使用（消费）为最重要因素的经济，其实质是智力资源的占有、配置和使用。因此，知识经济的资源基础是智力资源，是包括科学、技术、信息在内的知识资源。知识具有丰富性、可再生性，能够无限创造和开发，会越积越多，越使用价值越大。高新科技和教育是知识经济的两大支柱。可持续发展要求保护资源，减少资源消耗，节约使用资源，提高资源的利用效率，主要依靠技术进步和科学管理实现社会经济发展。而知识经济正是主要依靠科技实现发展，包括现代管理科学在内的高新技术正是知识经济的支柱。知识经济不仅能高效利用现有的稀缺资源，而且能开发新的富有资源，如硅提炼和电子计算机制造技术可以使“石头变电脑”。可持续发展要求保护环境，维持生态平衡，防止和治理污染，而作为知识经济支柱的高新科技中，正包含有环保高新科技，能够更好地保护生态环境。可持续发展要求人口增长与经济增长互相协调，有计划地控制人口的增长，还要求提高人口质量，使人口的年龄结构和地区分布合理化，充分有效地开发和利用现有的人力资源，而知识经济的高新科技和发达的终生教育，不仅能更好地提高人的身体素质和文化素质，开发和利用人力资源，而且还能更有效地控制人口增长。知识经济主要依靠的智力资源具有丰富性、可再生性，因此其发展不存在极限。高新科技可以大大降低生产成本，知识越使用价值越大，始终存在收益递增趋势；科学的迅速发展，创新的步伐加快，技术和产品更新换代的周期缩短，会大大缓解经济运行的周期波动。所以，知识经济能够实

现可持续发展。

二、抓住知识经济的机遇实现可持续发展

知识经济给我国的经济发展带来了新的机遇：第一，知识经济为我国弥补自然资源的不足创造了难得机会。相对世界平均水平而言，中国人均占有资源不足，比较严重地制约了经济发展。知识经济的发展能使我国开发和形成新的资源，克服传统资源的不足。第二，知识经济为我国发挥科教优势提供了大好时机。知识经济主要靠科教，中国的科教与发达国家相比，并不是都落后；与发展中国家相比，还具有较强的优势。知识经济的发展能使我国更好地发挥这种优势，实现经济的繁荣。第三，知识经济为中国赶上世界经济发展的步伐带来宝贵的契机。高新科技领域十分广阔，任何国家都不可能在所有领域全面领先，每个国家包括中国都可能利用自己的优势，发挥自己的长处，在高新技术产业中占有一席之地，通过制度创新和技术创新，实现超常规的发展。

实施可持续发展战略，必须抓住机遇。我们需要制定发挥优势、扬长避短、合理分工协作、切实可行的知识经济发展规划，认真贯彻科教兴国战略，大力发展作为知识经济支柱产业的高新技术产业和教育，努力办好作为知识经济细胞的“科技工业园区”，鼓励作为高新技术产业“孵化器”的风险投资。由于我国还要补工业经济的课，所以要工业化、城市化与知识化、信息化一起抓，三大产业与高新技术产业一起上，汽车高速公路与信息高速公路一起修，农田水利网、交通网、电网与信息网一起建，只有这样才能跟上世界知识经济发展的步伐，真正实现可持续发展。

（原载《经济日报》1999 年 4 月 26 日）

城市人口与可持续发展

可持续发展是经济、社会发展与人口、资源、环境互相协调的、兼顾当代人和子孙后代利益的能够不断持续下去的发展道路。

人口是决定可持续发展的首要因素，是实现可持续发展的关键。人口的数量规模、增长速度、结构特点、素质状况等，都直接制约着社会经济发展的规模、速度、途径、方式和效果，严重影响着人口与资源和环境的协调。所以，研究人口与可持续发展的相互关系和应该采取的对策，是可持续发展战略研究的基本问题，包括城市人口与可持续发展的相互关系。本文主要结合武汉市的实际，探讨大城市的人口与可持续发展的相互关系问题，也就是研究在一个大城市的范围内，可持续发展对城市人口的数量规模、增长速度、素质、结构和流动有什么要求，城市人口的上述各种状况又如何适应城市经济、社会可持续发展的要求。由于城市人口与可持续发展的相互关系是一个新的难度很大的课题，本文只是做了些初步的研究。

一、城市人口规模与可持续发展

城市要存在和发展，必须具有一定的人口规模。城市人口是城市功能的载体，它不仅为城市经济的发展提供本地市场，为一些行业的产生提供人力资源，而且人口的聚集在一定限度内能够产生集聚效益和规模效益，使城市公共设施建设的投资效益比人口密度低的农村地区高得多。正是在城市规模效益规律的作用下，农村人口向城市的聚集成为各国经济发展过程的必然趋势。但城市的人口规模也不能无限制地扩大，城市人口规模一旦突破一定的限度，过多过密的城市人口会直接提高公共设施的拥挤度，超过城市环境的承载力，影响人们的生活质量，甚至可能形成“城市病”，抵消城市人口聚集带来的经济效益。因此，人们一直在寻找一个最优的城市人口规模。最早研究城市人口规模问题的是古希腊的柏拉图，他认为城市人口规模应以不超过城市中心广场的容量为限，在古希腊城邦时代，这一数目大约是5040人。实际上，随着经济发展和交通运输工具的进步，能够产生聚集效应的城市人口规模也在不断扩大，理想中的最优人口规模也随之越来越大。目前在理论上对城市最优人口规模还没有形成统一的认识。不过，我们认为，不同功能、级别、规模的城市最佳人口规模也是不同的。只要符合城市可持续发展的要求，就可以认为城市人口的规模是合理的。具体判断标准有四个：（1）人口规模是否能提供城市经济功能正常发挥所需要的劳动力和市场容量；（2）人口规模是否与可提供的基础设施相适应；（3）人口规模是否与城市环境的承载力相适应；（4）人口规模是否与可提供的就业机会相适应。具体判断指标主要有人均GDP、人均居住面积、人均公共绿地面积、人均铺设道路面积、每万人口医生数、就业率等等。这里我们主要用这些标准和指标对武汉市的人口进行分析。

1998年底，武汉市有户籍人口731.79万人，其中城区人口376.01万人，非农业人口428.43万人，除户籍人口外，另有流动人口约137万人。全市平均人口密度为864人/平方公里，其中城区人口密度为4374人/平方公里。如加上流动人口，城区人口密度可达5960人/平方公里。以城市总人口规模计，武汉市在全国特大城市中居第七位，以城区人口规模计则居第四位。武汉市庞大的人口规模为城市各行业的发展提供了广阔的市场。从劳动人口看，武汉市劳动年龄人口（15~69岁）占人口总数的70.21%，流动人口中劳动年龄人口比重达74.66%，这样，全市劳动年龄人口有616.06万之多。武汉市劳动力不仅数量多，而且价格较低。据统计资料显示，1997年武汉市职工年均工资为6406元，城镇居民人均可支配收入在全国19个副省级以上城市中排第14位。这表明武汉市有充足而廉价的劳动力供给，但同时也反映出武汉市经济发展水平不高。

在现有的人口规模下，武汉市的城镇基础设施显得不足，尤其以城区为甚。据统计，武汉市目前的城区居民生活用地指标为人均16.7平方米，低于中国百万人口以上大城市的人均24~35平方米的定额水平。如以城区居民生活人均用地24平方米计算，武汉市城区人口应保持在261.64万人的范围内，而目前城区有户籍人口376.01万人，流动人口116万人，人口规模远远超出按居民生活用地计算的人口容量。武汉市城区居民住房紧张，人均居住面积只有7.8平方米，其中13.29%的居民的居住面积在6平方米之下。武汉市城市道路等基础设施也处于短缺状态，1997年，全市道路面积1442万平方米，人均4平方米，与我国规定的参考指标（近期人均6～10平方米，远期人均11～14平方米）有较大差距，因此城区道路往往发生阻塞现象。

在现有的人口规模和环境技术条件下，武汉市的垃圾、污水处理率低（城区污水处理率仅为0.6%），空气中氮氧化物含量高，城市空气长期处于Ⅱ级。近年来市区水面缩小，湖水污染严重，汉江水体多次发生赤潮。环境状况不容乐观，环境与人口规模极不适应。

从城市经济发展所能提供的就业岗位角度看，1997年底，武汉市失业人口达28.9万人，占劳动适龄人口的5.6%，高于失业率为3.1%的全国平均水平。

从以上的分析可以看出，武汉市城区人口过密，城镇基础设施不足，环境污染处理能力较差，就业岗位短缺，距实现可持续发展的目标还有较大的差距。目前，基本实现可持续发展的大城市与武汉市比较，前者人均GDP约1万美元，武汉市是1000多美元；前者人均居住面积是15平方米，武汉市是7平方米；前者人均公共绿地是25平方米左右，武汉市只有约5平方米；前者人均铺设道路是40平方米，武汉市仅4平方米；前者每万人口医生数是40人以上，武汉市约35人。这些情况说明武汉市人口规模与可持续发展不相适应。

二、城市人口增长与可持续发展

城市人口的增长有两个来源：一是自然增长，二是机械增长。要实现可持续发展，人口增长数量必须与城市人口规模的合理化相适应，人口增长速度必须与城市经济增长的速度、基础设施的发展速度和城市经济吸收就业的能力相适应。一般来说，由于计划生育政策和富者少生、穷者多生倾向的作用，城市人口的生育率较低，自然增长缓慢，机械增长在城市人口增长中起主要作用。基本实现可持续发展的大城市的人口增长率，一般应小于0.5%。

从武汉市人口增长情况来看，1949～1998年，武汉市总户数净增140.51万户，增长216.44%，年均增长率为2.33%，人口净增455.32万人，增长率为164.69%，年均增长率为1.97%，户均人口由4.26人下降到3.56人（参见表1）。武汉市市区人口的增长主要有三个来源：一是自然增长，共计146.28万人，占增长总数的46.15%；二是机械增长，共计122.89万人，占增长总数的38.77%；三是区划变动增长，共计47.79万人，占增长总数的15.08%。

表1　　　　武汉市人口、户数变动情况

	1949年	1953年	1964年	1982年	1990年	1998年
人口（万人）	276.47	362.19	454.48	587.74	690.31	731.79
市区	101.83	142.73	251.51	325.16	404.01	376.01
郊区	174.64	219.43	202.97	262.58	286.30	335.78
户数（万户）	64.92	84.03	97.92	137.00	173.95	205.43
市区	23.22	31.54	50.31	79.58	106.45	122.84
郊区	41.70	52.49	47.61	57.42	67.50	82.59

从统计资料可以看出，武汉市的人口自然增长率在城区和郊区有很大的区别，郊区人口出生率维持在26.91‰的高水平上，育龄妇女生育三胎以上率也占到育龄妇女的1/4强（参见表2），可见郊区人口的控制工作仍有很大的余地。与此相应的城区人口自然增长率已降至较低水平，城区人口的控制主要是人口机械增长的控制问题。

1975年之前，武汉市人口自然增长率较高，人口变化受经济计划、区划变动的影响，起伏波动大。1975年之后，人口开始平稳增长，1975～1998年间，全市净增人口160.15万人。其中自然增长43.77万人，占27.33%，机械增长98.11万人，占61.26%，因区划变动增长18.27万人，占11.41%，机械增长逐渐在人口增长中占主要地位。在机械增长中，城区和郊区的状况是不同的。据统计，近年来在全市人口机械增长中，城区所占比例不断上升，1991年为99%，1996年为113%，郊区人口机械增长变为负值。

这表明武汉市人口机械增长主要集中在城区，而且城郊人口还在不断向城区集中。这种增长方式加大了原已拥挤的城区的人口压力。

表2　武汉市人口自然增长情况

	第三次人口普查（1982年）	第四次人口普查（1990年）
市区出生率（‰）	16.26	13.87
市郊出生率（‰）	23.03	26.91
市区育龄妇女生育率（‰）	49.18	48.10
郊区育龄妇女生育率（‰）	93.01	101.36
市区育龄妇女生育三胎及以上率（%）	2.01	2.89
郊区育龄妇女生育三胎及以上率（%）	25.18	25.54

武汉市对人口管理实行的是迁入指标控制方式，对迁入人口从受教育水平（要求大专以上）、经济实力（要求在城区购买商品住宅30万元以上或建筑面积120平方米以上）、社会关系（分居的亲属等条件）等方面进行控制，而对人口迁出则是开放的。人口迁移可分为经济型和非经济型，如果说武汉市的人口迁入是两种类型兼有的话，人口迁出则主要是经济型的。这种迁移人口遵循经济规律，向预期收入高的地区迁出。随着人口文化素质的提高，其进行经济型迁移的能力也提高。因此在武汉市的迁出人口中，有相当多的高素质人才。由于工资待遇、住房条件、职称晋升等原因，武汉市高素质人口迁出现象较严重，据估计每年有4000人以上的人才流出。据统计年鉴提供的数字，1991～1997年，在县级以上研究与开发机构中，专业技术干部净减少2392人。另据对武汉大学、

华中理工大学等 6 所大学 51 名博士生导师的专题调查显示，他们在 1990 ~ 1998 年间共培养博士 712 名，硕士 921 名，有 70% 已离开湖北省。可见，武汉市对人才的吸引力不大，伴随人口迁移出现了智力外流，这是对城市发展潜力的极大损害。

三、城市人口素质与可持续发展

人口素质是人本身具有的认识、改造世界的条件和能力，主要包括人口的文化素质、身体素质、思想素质三个方面。人口素质的一些内容是社会可持续发展的目标体系的组成部分（如人均寿命、识字率、人口平均受教育程度等），同时，人口素质的高低也对可持续发展其他目标的实现有重要的影响。

1. 身体素质

人口的身体素质反映人的生物属性，主要是指人的发育是否健全、大脑是否完好、体质强弱、健康状况、耐力强弱、动作敏捷程度等。常用指标是婴儿死亡率、平均预期寿命。人口是劳动力的源泉，人口身体素质本身就是一种生产力，它的好坏关系到劳动力质量的好坏，从而直接影响社会经济的发展。人的身体素质不断提高，既是可持续发展的必要条件，又是其必然趋势。随着人们生活水平的提高和卫生条件的改善，武汉市人口预期寿命有了很大提高，1949 年为 46. 07 岁（其中男 44. 05 岁，女 48. 05 岁），1998 年上升到 74. 99 岁（其中男 72. 72 岁，女 77. 35 岁），上升了 28. 92 岁。可见，武汉市人口的身体素质状况正在不断改善。

2. 文化素质

人口的文化素质是指一个人口群体的文化知识、科学技术水平、生产经验和劳动技能等。常用指标有识字率、人口文化水平构成、每万人科技人员数等。人口文化素质与城市可持续发展关系密切，人口的高文化素质是实现可持续发展的重要条件。知识就是生产力，马克思认为，生产力“是物化的知识力量”，它的发展表明“一般社会知识，已经在多么大的程度上变成了直接的生产力，从而社会生活过程的条件本身在多么大的程度上受到一般智力的控制并按照这种智力得到改造”。高文化素质的人口包括可开发研制新产品新技术的科技人员、可制造和运用先进生产设备和生产方法的技术人员、优秀的经营管理人员，他们能够极大地推动社会生产力的迅速发展。基本实现可持续发展的大城市每万人口的科技人员数一般是高于1000人，武汉市仅为600人左右。武汉市在“九五”计划中提出“科教立市”，计划在2000年将科技进步对经济增长的贡献率提高到55%左右。要达到这一目标，就特别要注重提高人口的文化素质。

从几次人口普查纵向比较的结果来看，武汉市人口的文化素质已有了较大提高。以文盲率和高中以上文化程度的人口比重为例，1998年比1949年分别下降和上升了38.68和21.41个百分点（参见表3）。虽然全市人口整体文化素质有所上升，但武汉市农业人口和流动人口的文化素质明显偏低。据第四次人口普查资料显示，1990年武汉市农业人口占总人口的41.62%，在农业人口中，文盲、半文盲率为21.6%，高于全市平均值7.44个百分点，高中以上文化程度的人口比重为5.4%，低于全市平均水平20.20个百分点。流动人口中文盲、半文盲率为20.84%，高于全市平均值6.68个百分点，高中以上文化程度的人口比重为10.62%，低于全市平均水平14.98个百分点。因此，提高农业人口和流动人口的文化素质是提高武汉市人口文化素质的重点。

武汉市有高等院校33所，在全国特大城市中位居第四，另外有中等专业学校145所，技工学校64所，普通中学493所，小学1764所，教育体系还是比较完备的。但武汉市的人口素质与其他特大城市比较起来，却不占优势。如武汉具有大学本科学历的人口不足4%，初中及初中以下文化程度的人口占6岁及6岁以上人口总数的74.67%，而北京的相应指标为18.3%和48.9%，上海为13%和58.7%，天津为6.7%和71%，武汉市的人口文化素质明显较差。这主要是因为武汉经济发展水平不高，缺乏吸引人才的工作条件和生活条件。

表3　　武汉市人口受教育程度变化情况

	第一次人口普查	第二次人口普查	第三次人口普查	第四次人口普查
文盲、半文盲（%）	40.84	37.73	20.19	14.16
小学、初中文化（%）	52.15	55.60	59.19	60.20
高中以上文化（%）	7.01	6.76	20.62	25.64

3. 思想素质

可持续发展要求实现人的全面发展，包括人的思想道德素质的提高。人口的思想素质是指人的思想意识状态而言的，其中包括人生观、道德观、思想品质和传统习惯、纪律和法制观念等。常用指标有刑事发案数、青少年犯罪率、吸毒者人数及其占总人口的比重、模范遵守公共秩序者占总人口的比重等。1990～1995年，武汉市的刑事发案数趋于下降，但其中重大、特大案件数量呈上升趋势，1990年，刑事案件中的特大案件比重为0.98%，1995年上升至5.79%。

武汉市部分人口的环境卫生意识和文明意识不强，使得城市环境卫生难以保持，“脏、乱、差”的现象长期不能根本改变，少数人语言不干净、行为不文明，影响了发展中的社会环境。

四、城市人口结构与可持续发展

从不同的角度对人口进行观察分析可以得出不同的人口结构，城市的社会经济发展决定城市的人口结构，但人口结构又对城市发展有反作用。对城市发展影响较大的人口结构主要有年龄结构、性别结构、劳动力资源结构、人口分布等。

1. 年龄结构

年龄结构影响城市人口的自然增长率和社会负担状况，是可持续发展的重要影响因素。由于人口死亡率下降和预期寿命的延长，武汉市人口年龄构成正趋向老龄化。14岁及以下人口所占比重逐年下降，60岁及以上人口所占比重逐年上升，老化指数不断上升，人口总体趋向老龄化。1949 年 14 岁及以下人口占 31.38%，60 岁及以上人口占 4.53%，老化指数为 14.44；1998 年 14 岁及以下人口占 18.56%，60 岁及以上人口占 11.23%，老化指数为 60.51；50 年间老化指数上升了 46.07。此外，1998 年 65 岁及以上人口占老龄人口的 65.98%，也呈上升趋势，表明老龄人口的老龄化趋势也在形成。

老龄化将使人口的自然增长率进一步下降，有利于人口控制目标的实现，但老龄化也加重社会负担，据一个城区的统计和预测，老龄人口的供养比（劳动人口与需供养的老人的比例）的变化是：1990 年为 6.6，1995 年为 4.5，2000 年为 2.8，2010 年为 1.9，2030 年为 0.9。人口老龄化和老年人口的老龄化将使养老保障、老年医疗、卫生保健等问题突出。

2. 性别结构

性别结构是指人口中男女性别的比例构成。性别结构是否合理，关系到人口再生产的协调和社会稳定的维持。可持续发展要求合理的人口性别结构。武汉市的男女人口性别比多年来维持在 106∶100左右，是比较平衡的。

3. 劳动力资源结构

劳动力资源结构影响城市产业是否能获得足够和充足的劳动力，是城市产业升级、结构调整的基础。劳动力资源结构必须适应可持续发展的要求。可持续发展不是靠耗竭自然资源、牺牲环境的发展，而是主要靠科技进步、智力资源的发展。因此，劳动力资源结构必须以脑力型劳动力为主。第三次和第四次人口普查之间，武汉市人口就业结构向第三次产业转移较快，8 年间第三产业就业比重增长了 7.12 个百分点，年均增长速度为 3.46%。在业人口中脑力劳动者所占比重也有较大上升，以市区为例，第三次人口普查时，脑力劳动者比重为 17.77%，体力劳动者比重为 71.49%，脑体复合型劳动者比重为 10.74%；第四次人口普查时，这些指标分别改变为 19.54%、66.91% 和 13.55%。武汉市的劳动力结构有了较大改变，但简单体力劳动者比重仍较大，技术型工人（脑体复合型）和脑力型劳动力比重过小。

4. 人口分布

可持续发展不仅要求人口总量必须与环境的总承载力相适应，而且要求人口的分布与不同地区的不同承载力相适应，不能过分集中于某个特定的区域。城市的可持续发展也要求城市总人口必须在各区合理分布，必须与不同城区的环境和基础设施的状况相适应，不能过于集中在城市中心区。从人口分布情况来看，武汉市的人口分布是很不均衡的，城区与城郊之间人口密度差异较大。从人口数量上看，1998 年武汉市城区人口 376.01 万人，占总人口的 51.38%，市郊（原四县）人口 335.78 万人，占总人口的 48.62%。从密度上看，全市人口密度为 864 人，城区密度远高过平均数，为 4374 人，加上流动人口达到 5960 人。城区内部人口分布差异性也很大，在 13 个区中以江汉区人口密度最高，为 12687 人，江夏区人口密度最低，为 316 人，相差 40 倍。这种高度集中的人口分布模式给城区基础设施、城区环境造成巨大的压力。

五、城市流动人口与可持续发展

人口流动是人力资源合理配置的必要条件，是市场经济发展的客观要求；农村人口流动也是工业化和城市化的必然趋势，中国作为发展中的大国，要把典型的二元经济转变为一元化的现代经济，农村人口必然要向城市流动。适当、合理、有序的人口流动有益于城市的可持续发展，但农村人口过多、过快、过猛地流入大城市，则不利于城市的可持续发展。流动人口是指不改变户口所在地的短期人口地域流动。据统计，武汉市城区有流动人口 137 万，其中滞留性流动人口 104 万，过往性流动人口 33 万。武汉市的流动人口具有以下几个特点：

（1）流动人口数量加速增长，增长过快。1985 ~ 1995 年间，增长了近 3 倍，其中 1990 ~ 1995 年间增长了近 2 倍。1990 年城区户籍人口与流动人口之比为 4.53∶1，1995 年为 3∶1。

（2）流动人口家庭化趋势明显，消费型人口增加快。据某课题组抽样结果，流动人口中有家带小孩的占 71.35%，单独个人占 28.65%，0 ~ 14 岁的被抚养人口占流动人口总数的 21.89%，比

1990 年的 0 ~14 岁人口比重高了 17 个多百分点，消费型人口占流动人口的 39.93%。流动人口家庭化和消费人口比重增加会给城市带来如计划生育管理、小孩入托、上学等问题，加重城市负担。

（3）流动人口生育水平偏高。流动人口中育龄妇女占妇女总数的 3/4 以上，一般生育率比城区户籍人口中育龄妇女高一倍多，多胎率比城区户籍人口高 16.5 个百分点。

（4）流动人口的来源主要集中在本省。由本省流入的人口占流动人口的 80%。这说明武汉市对流动人口的吸引范围不大。

流动人口对流入地城市的发展有积极的一面，也有消极的一面。积极的一面表现在：流动人口为城市的经济建设做出了很大贡献。首先，流动人口充实了城市劳动力市场，更好地满足了城市对劳动力的需求。如在武汉的建筑队伍中，外来施工企业达 600 多个，职工人数达 30 多万。环卫职工中流动人口占 84%，纺织行业流动人口合同工有 1 万多人。其次，流动人口活跃了市场经济，增加了财政收入。全市集贸和个体工商户上缴利税中，流动人口所缴利税占 50% 左右，仅汉正街小商品市场的税收就高达 2000 多万元。再次，流动人口增加了武汉市的消费需求，这些人口的吃、穿、用、住、行每年可为武汉市增加数十亿元的营业额。消极的一面表现在：首先，流动人口的计划生育问题较大，1995 年多胎率为 16.7%，1999 年为 29.2%。其次，流动人口增加了治安案件，全市的刑事犯罪案件中，流动人口作案的占很大的比重，已收容的盲流人口中，80% 的人有违法犯罪行为。再次，流动人口增加了城市基础设施的拥挤程度和物资供应负担，流动人口消费的水、电、粮、煤，相当于城区人口消费的 35.65%。最后，流动人口影响了城市环境卫生。不少流动人口对城市环境没有认同感，行为的投机性强，不讲卫生，乱吐乱倒，随意摆摊设点，占道经营，破坏了城区环境卫生。

六、武汉市实施可持续发展战略的人口对策

前面的分析表明，武汉市目前的人口现状在许多方面还不适应可持续发展的要求，为了使人口的规模、增长、素质、结构、分布

更为合理，真正实现可持续发展，应采取以下与人口有关的对策：

1. 加强农业人口和流动人口的计划生育工作，控制人口增长，使人口规模及其增长与经济发展的要求保持一致

这里没有提出武汉市人口的适度规模的绝对数量，因为城市人口的适度规模是一个相对概念，是随城市的发展而变化的。按城市现有基础设施、环境承载能力和就业岗位计算出的适度人口只有静态意义，不能指导经济发展中的城市人口变动。但是就武汉市目前的人口状况看，郊区农业人口和流动人口的高自然增长率是对可持续发展的潜在威胁，因此要加强对这部分人口的计划生育工作。

对于农业人口的计划生育工作，应继续实行"三不变、三为主、三结合"的工作方针，推行党政一把手负责制，协调计生部门和其他部门的关系，多部门互相配合，加强宣传教育，将农民的生产致富、建立文明幸福家庭与计划生育结合起来，推动农民生育观念的转变；应加强计划生育部门的服务功能，充实计生服务站的医疗设备，提高技术人员的专业水平，促进生殖健康和优生优育；在工作方法上，可借鉴安徽宣城地区的经验，实行卡账管理，规范孕检制，将计划外生育的可能消除在孕前。

由于流动人口流动性强、分布面广、居住分散、结构复杂，给计划生育管理工作造成很大困难。要做好流动人口的计生工作，首先必须做好深入细致的宣传教育工作，帮助流动人口提高对计划生育的认识，树立科学、文明、进步的生育观念，增强其遵守计划生育有关规定的自觉性；其次要对流动人口中的育龄妇女提供全方位的计划生育优质服务，尊重她们在计划生育工作中的主体地位；再次要建立多部门配合的管理体系，建立分工协作、齐抓共管的网络化管理体系，将流动人口纳入管理网络。

2. 建设卫星城，发展小城镇，分流城区人口压力；对城区按多核心城市模型进行规划，分流中心城区过高密度的人口，达到人口较均衡分布

武汉市人口的分布呈现城区特别是中心城区密集的局面。虽然城区目前的人口密度与其他大城市城区相比并不特别高，但武汉市由于经济发展水平不高，城区基础设施建设落后，不能满足高度密

集人口的要求，因此人居矛盾比较尖锐。为解决这一矛盾，一是通过城市规划，在武汉市城区周围建设卫星城和小城镇，为这些地区的居民和企业提供优惠和支持，吸引迁入人口、流动人口甚至一部分城区居民向卫星城和小城镇分流。二是充分发挥级差地租在产业布局方面的作用。过去，我国土地实行无偿划拨，商业、行政、工业、居住等经济活动的个体在选址竞争中，在经济承受能力方面没有差距，因而都可能在市中心得到安排。加上当时我国强调变消费城市为生产城市，造成城市商业中心区的黄金地段散布了不少机关、住宅，甚至工厂。因此，在市场经济条件下，应运用地租在调整产业布局方面的作用，使黄金地段的高地租挤走获利不高的产业，实现产业的地域转换，也使住宅区向商业中心区外扩散，起到疏散中心区人口的作用。

此外，武汉市以江汉区为中心商业区，其他城郊区的次级中心区不发达，吸引力不强，难以分流中心商业区的高密度人口。可在各区规划建立多层次的中心区，改善这些城区居民的购物、娱乐、交通条件，分散中心商业区对人口的吸引力。

3. 实行用人体制创新，为人才提供良好的工作和生活条件，吸引人才流入，防止人才外流

武汉市是高校、科研机构集中的城市，1998年普通高等学校毕业生有3383人，每年自身培养的人才不少，但留下的却不多。留下来的也有相当一部分在若干年后外流。据调查，武汉市流出人才的特点是：本科以上学历，两年以上在汉工作经验，年龄在45岁以下，有中高级技术职称。人才外流是对武汉市发展的极大损失，为扭转人才外流的趋势，必须进行用人体制的改革创新，为人才的生活和发展提供宽松环境。对于特殊人才的引进，政府应当制定各种优惠政策，增强武汉市对人才的吸引力。例如，可以通过创办海外留学人员创业园区，在园区内为那些有志回国创业的高素质人才提供特别的优惠政策。这些人在武汉的创业得到发展，不仅能吸引一大批高素质人才，而且武汉市可以通过他们更好地了解世界，了解当今世界最新科技的发展趋势，使武汉的高科技企业得以快速发展，加快产业结构的调整，增强武汉市未来的竞争力。同

时，也要逐步提高低素质人员流入的限制条件，对于迁入武汉市的人应设置一定的“门槛”，从整体上改善武汉市劳动力的素质结构。

4. 采取有效措施，迎接人口老龄化的冲击

人口老龄化会给社会带来三大冲击波。一是社会负担冲击波，二是婚姻关系冲击波，三是社会参与冲击波。为减轻冲击，必须为人口老龄化做好两项准备。首先是发展养老保险和老年医疗福利事业，扩大养老保险的覆盖面，加强养老基金的管理，保证基金保值增值，改革养老金的给付方案，既使老年人的生活得到保障，又不给社会形成很大负担，不损害经济发展；其次是要处理好老年人口就业和劳动适龄人口就业的矛盾。随着人口身体素质的提高和寿命的延长，许多老年人口在退休后可以继续就业。老年人口的就业可为社会提供熟练劳动力、增加社会财富，但在就业形势紧张时，也可能与劳动适龄人口就业产生矛盾。必要时可通过在养老保险金的给付上设置门槛，降低老龄人口的劳动参与率来解决这一矛盾。

5. 完善社会失业保险、居民最低生活保障线、社会救济等制度，扶持城镇贫困人口，提高人口素质

可持续发展是以人为中心的发展，贫困是对人的福利和发展的极大伤害，它不仅造成贫困者的生活困难，而且使人沮丧绝望、伤害他们身体、阻碍他们提高文化素质，并因此伤害了贫困者及其后代改变自身状况的能力，也对城市人口的整体素质产生不利影响。特别是如果一个城市的收入差距过分悬殊，政府缺乏必要的救助措施，就可能导致城市社会秩序的动荡，危及城市的可持续发展，因此必须对城市贫困者进行救助。救助的方式可以有多种，如失业救济、居民最低生活保障线等。需要强调的是对救助的水平和资格应有严格的限制，不能鼓励懒惰，损害了经济效率。

6. 加强对流动人口的管理，改善流动人口的居住、生活条件

武汉市的流动人口有 80% 来自本省，流动人口进城前有 71.3% 是农民，这表明武汉市的大部分流动人口是本省农村的剩余劳动力，他们是在农村收入减少的推动和城乡收入差距拉大的吸引下，到大城市谋生的。我们认为对这些流动人口的工作主要是在流

出地做好农业剩余劳动力的分流。按照托达罗的理论，农村人口向城市流动，是在计算了预期收入之后进行的，预期收入是按农村和城市之间的实际收入差距和一个新移民得到城市工作的可能性来衡量的。在市场的作用下，即使城市存在较严重的失业，只要预期收入为正，农村人口向城市的流动就有了经济上的合理性。除非退回到计划经济的严格管制状态，在市场经济条件下，是不可能在流入地堵住流动人口的。要解决农村人口过多流向大城市的问题，只有在源头上想办法，大力发展农村经济和农村城镇化，将农村剩余劳动力截流在小城镇层次。

与北京、上海、广州、深圳等大城市比较起来，武汉市的流动人口数量最少，占城区常住人口的比例最低，来源于本省的比重也最大，这说明流动人口的多与少是一个相对的概念。只要是在经济发展需要的范围内，流动人口是不多的。武汉市的经济发展水平不高，能提供的就业岗位有限，这样才出现了流动人口过剩的问题。

流动人口也是城市人口的一部分，他们的数量、质量、结构等方面的特性也影响到城市的可持续发展能力，因此应将流动人口问题放到城市统一规划的范围内加以考虑，加强对流动人口的管理工作，改善他们的居住、生活条件。对流动人口的管理，包括生育管理、行为的法制化、规范化管理等内容。如前所述，加强流动人口的生育管理，可通过与人口流出地计划生育部门紧密配合，对流动人口育龄妇女进行跟踪服务，实行目标管理。对行为的管理包括对流动人口乱搭乱建、占道经营、不讲公共卫生以及违法乱纪行为的教育、监督和处罚。通过管理减少流动人口的消极影响，使他们对城市发展的积极作用得到更好的发挥。

武汉市是一个国有大中型企业密集的城市，由于近年来企业效益不好、经济竞争力下降，国有企业下岗职工增多、城市失业率上升。有人认为国有企业职工再就业的一个主要障碍是流动人口占据了城市就业岗位，提出实行“腾笼换鸟”政策，想通过清退农民工来增加城市下岗职工的就业。这种论点和做法是不妥的。首先，流动人口的就业是在城市就业的缝隙中发展起来的。据调查，流动人口从事的主要是建筑、环卫、纺织、化工、经商、家庭服务、修理等行业，这些行业具有“苦、脏、累、险、毒”等性质，而且收入少、社会地位不高，是城市居民不愿从事的工作。长期以来，正是由于流动人口的劳动，才填补了这些行业劳动力的结构性短缺，方便了市民生活，繁荣了市场，满足了经济社会发展的需要，为武汉市带来财税收入的大量增加。其次，在市场经济条件下，企业追求的是收益最大化目标而不是充分就业，在这个目标鼓励下，企业为了降低劳动力成本，选择价格较低的流动人口是理性的，政府对企业的用工不可能实现有效的干预。再次，城市居民并不能填补原流动人口的劳动岗位。如前所述，流动人口就业的岗位收益多较低，即使没有流动人口的存在，因这些岗位的收益低于城市劳动力的理想值，他们也不愿在这些岗位就业。因此，实际上真的腾了笼也换不了鸟，还可能增加企业的成本，降低产品的竞争力，最终不利于城市就业问题的解决。最后，也是最重要的是，流动人口就业有助于形成城市劳动力市场，转变城市职工的就业观念，形成就业的竞争机制，实现人力资源的优化配置。

（原载《人口研究》2000 年第 24 卷，武汉出版社 2000 年 5 月出版的《武汉可持续发展之路》全文转载，与侯伟丽合写）

全面提高人口素质

我国的人口问题，主要表现在人口数量过多和人口素质不高两大方面。由于人口过多仍是我国首要的问题，所以解决人口问题，首先必须控制人口数量，稳定低生育水平。但是，提高人口素质，也是一个不可忽视的重要方面。

问题的必要性

可持续发展要求提高人口素质。可持续发展必须防止污染环境、浪费资源、破坏生态，实现经济、社会发展与人口、资源、环境的互相协调。只有不断提高人口素质，才能增强人口的环境意识，树立可持续发展的观念，才有能力更好地推动科学技术的进步，节约而高效地利用现有的资源，开发新的清洁的可再生的资源，维持生态平衡，真正实现可持续发展。

现代化和知识经济需要提高人口素质。我国21世纪将要实现社会主义现代化，21世纪将是知识经济时代，现代化也可以说是知识经济化。知识经济是以知识为基础的经济，增长要素主要是知识、智力、人力资本，劳动力也以智力型劳动力为主。如果没有高水平的人口素质，特别是文化科学素质，实现现代化和发展知识经济就可能成为一句空话。

稳定低生育水平需要提高人口素质。生育观念落后、人口素质低下，仍是造成我国人口数量过多的主要因素。要稳定低生育水平，必须进一步转变群众的生育观念，提高其实行计划生育的自觉性和能力，这也需要提高人口素质，包括文化素质和思想素质。国内外的经验都表明，提高人口素质能够极大地促进低生育水平的稳定。

应采取的主要措施

提高出生人口质量。出生人口质量是决定人口素质的基础和前提，衡量出生人口质量的主要指标是出生缺陷发生率。据有关资料，我国每年实际发生的出生缺陷有50万~60万人，因此，必须大力提倡优生优育，建立预防、控制、指导体系，搞好计划生育医疗保健服务，降低出生人口缺陷发生率。

提高人口的身体素质、文化素质、思想素质，目前我国有数以千万计的残疾人，数以亿计的文盲和半文盲，适龄青年上大学的比例不到5%，全面提高人口素质的任务十分艰巨。因此，必须加快经济发展，消除城乡的贫困现象，搞好医疗卫生事业，降低发病率和婴儿死亡率，提高人口的健康水平和预期寿命；大力发展文化教育事业，真正普及中小学教育，扩大高等教育，发展成人教育和终生教育，重视流动人口及其子女的教育，搞好素质教育和法制教育；加强精神文明建设，提高人口的道德修养，以实现人口素质的全面提高。

（原载《中国人口报》2000年9月4日）

经济、社会与人口、资源、环境协调的可持续发展

可持续发展是人口、资源、环境与经济、社会协调的发展，什么叫经济、社会发展与人口、资源、环境的互相协调？人口、资源、环境怎样才算与经济、社会发展互相协调？衡量是否协调的标准是什么？如何实现这种协调？这是实现可持续发展的关键问题。只有弄清并阐明了这些问题，才可能真正实现可持续发展。否则，可持续发展只是不能实现的美好愿望。正确研究和回答这些问题，是人口、资源与环境经济学的中心内容。

一、人口、资源、环境的相互关系

实现人口、资源、环境与经济、社会发展的协调，首先必须正确处理人口、资源、环境的相互关系，实现人口、资源、环境之间的协调。可持续发展目标下的人口、资源、环境是一种什么样的关系呢？

1. 人口、资源、环境的关系就是人与自然的关系

环境要素中包含自然资源，自然资源又包括环境资源，环境和自然资源之间互相重叠、交叉、融合，共同构成大自然。土地、河流、矿山、森林等是自然资源，也是构成环境的重要因素；空气、水、大地、植被等的状况作为能够产生经济价值的、提高人类当前和未来福利的自然因素和条件，又构成环境资源，是自然资源的重要组成部分。广义的资源和广义的环境，实际上是相互重合的。正是由于环境与自然资源之间互相重叠、交叉、融合的复杂关系，人们对“环境”和“资源”的概念有不同的理解。有的人认为资源是环境的一部分，是环境为人类提供的一种服务功能；另有的人则认为环境是资源的一部分，可称为“环境资源”。人口、资源与环境经济学把“资源”和“环境”作为两个概念，“资源”为人类提供有形的生产资料，为生产和生活提供物质基础；“环境”提供生命支持、废物吸纳、美学等功能，它们都是人类生存和发展的必要条件。如果没有人的介入，资源和环境会按照自然规律，在自然

力的作用下自然地进化，也不存在什么污染、破坏、浪费、恶化或保护、净化、节约、优化的问题，也没有判断资源和环境状况是好或坏、有利或有害的必要。所以，人口、资源、环境的关系就是人与资源、环境的关系，也就是人与自然的关系。那么，人与自然究竟是一种什么关系，应该是一种什么关系，是主次关系、利用和被利用关系、对立关系，还是和谐关系呢？人类对人与自然关系的认识经过了一个曲折的过程。

2. 人与自然的协调

人类对人与自然关系的认识经过了由崇拜自然到以人为主、人定胜天、征服自然至天人合一、和谐共生、善待自然的一个曲折的演进过程。

在人类的原始社会、蒙昧时代，生产力极为低下，大自然主宰着人类的命运，人类在大自然面前显得极其渺小，几乎无法抗衡自然力的作用，这时人类对人与自然关系的看法是：大自然是人类的主宰，因而敬畏自然、崇拜自然。随着技术进步、生产力发展，人类对抗自然力的能力逐步提高，人类对人与自然关系的看法也逐步发生变化，特别是进入工业经济时代以后，人们认为人类是自然的主人，自然是为人类服务的，人类能够战胜自然，人定胜天，人类社会的基本任务就是要改造自然、征服自然，创造更多的物质财富，改善人类的生活，甚至把生产力都定义为人类征服和改造自然的能力。从20世纪70年代开始，人类过度征服和改造自然、挥霍浪费自然资源、任意污染环境的行为，受到大自然的严厉惩罚，人类社会的经济增长陷入困境，面临人口爆炸、粮食短缺、能源危机、资源破坏、环境污染、生态失衡、贫富差距扩大等严重问题，不但造成经济增长走向极限，甚至威胁到人类自身的生存，迫使人们不得不重新审视人与自然的关系，开始警醒地认识到：大自然并不是任人奴役的侍女、任人宰割的羔羊，人与自然是共生共荣的关系，人类必须善待自然、保护自然，实现天人合一、协调和谐。高消耗的增长方式、“有增长无发展”、“先污染后治理”的传统经济发展模式已不能再继续下去，必须努力寻求人与自然协调和谐的经济、社会发展的新路。

人与自然的关系必须协调，否则，不仅自然资源遭破坏、日趋短缺，生态环境遭污染、日益恶化，而且人类也难以生存和发展。所谓人与自然关系的协调，是指生态平衡得以维持，人类生存和发展所需要的资源、环境条件也有保证。当一个地区不迅速消耗不可再生资源，不使环境供养人口的能力退化下去便维持不了当地人口生存的时候，换言之，当一个地方的长期供养能力因为当前居住的人口而明显地下降的时候，这个地区就是人口过剩了，就是人与自然的关系不协调了。人类要可持续发展，生态环境也要可持续优化，自然资源也要能可持续利用。否则，人类就不可能持续发展。在人类与自然的系统中，人类的可持续发展和资源的可持续利用、环境的不断优化，应该是一个互动的过程。在人类与自然的互动过程中，人是主动的，自然是被动的，正确处理人与自然的关系，实现人与自然的协调，关键在人的行为合理化。必须清醒地认识的是，在人与自然的关系中，虽然要以人为本，人类起着决定性作用，人类可以过多消耗资源、污染环境、破坏生态，也可以美化环境、保护资源、生产可再生资源，但大自然也会对人类产生巨大的反作用。如果人类的行为合理，保护资源，改善环境，大自然就能保证和促进人类的生存和发展；假若人类的行为不合理，破坏资源，污染环境，大自然就会惩罚人类、威胁人类的生存和发展。人类必须主动选择自身恰当的数量规模、合理的结构和更高的质量；选择合理的生产方式和生活方式，把对自然资源的需求控制在地球资源系统可持续供给的水平之下，尽力寻求可持续利用的资源，用可再生资源替代不可再生资源；把对生态环境的不利影响减少到最低限度，尽可能保护、改善生态环境。只有同时从这三个方面着手，人类才可能有一个光明的发展前景。

二、人口、资源、环境与经济、社会发展的协调

所谓人口、资源、环境与经济、社会发展的协调，主要包括三个方面的协调：在经济、社会发展的同时，如果既充分利用了人力资源，实现了充分就业，又较好地满足了人们的物质文化需要，就是实现了经济、社会发展与人口的协调；在经济、社会发展的同

时，如果能够节约高效利用现有资源，并且不断开发出更丰富、更有效、更清洁的新资源，就是实现了经济、社会发展与资源的协调；在经济、社会发展的同时，如果保护和改善了环境，维持了生态平衡，就是实现了经济、社会发展与环境的协调。

要实现人口与经济、社会发展的协调，必须在控制人口数量、提高人口素质、优化人口结构的同时，保持社会经济必要的适度增长，尽可能地创造更多的就业机会，提高经济效益。只有这样，才能避免人口过剩、失业存在、大众生活水平下降，真正做到充分利用人力资源，实现充分就业，较好地满足人们的物质文化需要。要实现资源与经济、社会发展的协调，必须按照可持续发展的要求，在可再生资源的开发利用速度不超过其再生速度、不可再生资源的开发利用速度与替代品创造的速度基本保持一致的前提下，尽量节约高效、循环利用现有资源，努力开发出更丰富、更有效、更清洁的新资源，求得经济的快速、高效发展。要实现环境与经济、社会发展的协调，必须按照可持续发展的要求，在生产和生活废弃物的排放不超过环境的吸收、净化能力的前提下，努力做到环境保护和改善在先，尽量少排放、少污染、不污染，在追求经济效益的同时注重生态环境效益。

三、中国人口、资源、环境与经济、社会和谐发展的战略选择

中国怎样才能实现人口、资源、环境与经济、社会的和谐发展呢？这是一个巨大的系统工程，涉及人、自然、社会等许多方面的因素，需要综合采取许多方面的配套措施。根据理论界现有的研究和中国政府已经作出的决策，中国的选择是，在科学发展观的指导下，采取以下战略措施，走全面、协调、可持续发展之路。

1. 发展循环经济

循环经济是指建立在资源不断循环利用基础上的经济。循环经济的特点和优势是：减量化、再利用、资源化、循环化、清洁化、高效化。也就是说，减少经济活动（包括生产、流通、消费等）中的资源消耗和废物排放，把废物转化为资源，进行废物的循环再利用，实现清洁生产和消费，提高经济效益。由此可见，发展循环

经济是实现可持续发展的重要途径。

循环经济与传统经济的不同之处在于：传统经济是一种由“资源—产品—消费—排放”所构成的物质单向流动的线形经济。在这种经济中，人们以越来越高的强度把地球上的物质和能源开采出来，在生产加工和消费过程中又把污染和废物大量地排放到环境中去，对资源的利用常常是粗放的和一次性的，通过把资源持续不断地变成废物来实现经济的数量型增长，导致了许多自然资源的短缺与枯竭，并酿成了灾难性环境污染后果。循环经济则倡导一种建立在物质不断循环利用基础上的经济发展模式，它要求按照自然生态系统的模式，把经济活动组织成为一个“资源→产品→再生资源→再生产品”的循环流动过程，使得整个经济系统包括生产和消费的过程基本上不产生或者只产生很少的废弃物。循环经济认为“只有放错了地方的资源，而没有真正的废弃物”，所有的物质和能源在不断进行的经济循环中得到合理和持久的利用，以把经济活动对自然环境的影响降低到尽可能小的程度。在循环经济中，环境合理性和经济有效性得到了很好的结合。循环经济本身就是一种新的能够保持生态平衡的高效生产和生活方式，对于促进经济增长方式的转变有重要意义，为工业化以来的传统经济发展方式转向可持续发展提供了新的模式，有助于化解长期以来资源环境与发展之间的尖锐冲突，真正实现人口、资源、环境与经济、社会的和谐发展。中国正处于工业化过程中，不仅要对已经出现的资源与环境问题认真加以解决，而且要对以后的发展方式、生活方式按照可持续发展的要求进行设计，最好的选择就是发展循环经济。

专栏：

循环经济典型案例①

1. 卡伦堡生态工业园区模式

卡伦堡生态工业园区模式可称为企业之间的循环经济，其实质是把不同

① 张坤．循环经济理论与实践．北京：中国环境科学出版社，2003：144-146.

的工厂联结起来，形成共享资源和互换副产品的产业共生组合，使得一家工厂的废气、废热、废水、废物成为另一家工厂的原料和能源。丹麦卡伦堡工业园区是目前世界上工业生态系统运行最为典型的范例。这个工业园的主体企业是电厂、炼油厂、制药厂和石膏板厂，以这四个企业为核心，通过贸易方式利用对方产生的废弃物或副产品，作为自己生产的原料，不仅减少了废物产生量和处理费用，还产生了经济效益，形成经济发展和环境保护的良性循环，如图 1 所示。

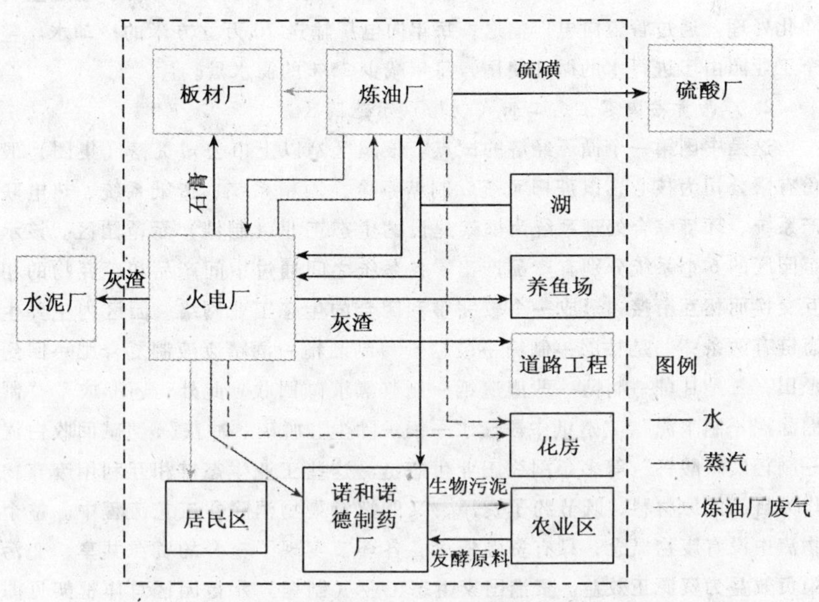

图 1　丹麦卡伦堡生态工业园区的废物交换情况

图 1 资料来源：www. teda. gov. cn.

文字资料来源：曲格平，《充分发挥市场机制作用，推动环保产业发展》，载《市场经济与环境保护》，国家环境保护总局科技标准司编，化学工业出版社，2001 年 10 月。

燃煤电厂位于这个工业生态系统的中心，对热能进行了多级使用，对副产品和废弃物进行了综合利用。电厂向炼油厂和制药厂供应发电过程中产生的蒸汽，使炼油厂获得了生产所需的 40% 热能，制药厂获得了所需的全部热能。通过地下管道向卡伦堡全镇居民供热，由此使镇上 3500 座燃烧油渣的炉子不再使用，减少了大量的烟尘排放。将除尘脱硫的副产品工业石膏全部出售给附近的一家石膏板生产厂。同时，还将粉煤灰出售供造路和生产水泥之用。

炼油厂和制药厂也进行了综合利用。炼油厂产生的火焰气通过管道供石膏厂用于石膏板生产的干燥，减少了火焰气的排空。一个车间进行酸气脱硫生产的稀硫酸供给附近的一家硫酸厂，炼油厂的脱硫气则供给电厂燃烧。制药厂诺和诺德是世界驰名的药厂，其原料是农产品，残渣经热处理杀死微生物后，向附近1000家农户销售供进一步使用。

卡伦堡生态工业园还进行了水资源的循环使用。炼油厂的废水经过生物净化处理，通过管道向电厂输送，每年向电厂输送70万立方米的冷却水。整个工业园由于进行水的循环使用，每年减少25%的需水量。

2. 广西贵港国家生态工业（制糖）示范园区

这是中国第一个循环经济的试点。该园区是以上市公司贵糖（集团）股份有限公司为核心，以蔗田系统、制糖系统、酒精系统、造纸系统、热电联产系统、环境综合处理系统为框架建设的生态工业（制糖）示范园区。该示范园区的6个系统分别有产品产出，各系统之间通过中间产品和废弃物的相互交换而相互衔接，形成一个较完整和闭合的生态工业网络。园区内主要生态链有两条：一是甘蔗→制糖→废糖蜜→制酒精→酒精废液制复合肥→回到蔗田；二是甘蔗→制糖→蔗渣造纸→制浆黑液碱回收。此外，还形成了“制糖滤泥—制水泥”，“造纸中段废水—锅炉除尘、脱硫、冲灰”，“碱回收白泥—制轻质碳酸钙”等多条副线工业生态链。这些工业生态链相互利用废弃物作为自己的原材料，既节约了资源，又能把污染物消除在工艺流程中。整个物流中没有废物概念，只有资源概念，各环节实现了充分的资源共享，变污染负效益为资源正效益。贵港国家生态工业（制糖）示范园区总体框架见图2。

（1）蔗糖系统。建成现代化甘蔗园，通过良种良法和农田水利建设，负责向园区安全、稳定地提供高产、高糖的甘蔗（包括有机甘蔗），保障园区制造系统有充足的原料供应。

（2）制糖系统。通过制糖新工艺改造、低聚果糖技改，负责制造普通精炼糖以及高附加值的有机糖、低聚果糖。

（3）酒精系统。通过能源酒精工程和酵母精工程，有效利用甘蔗制糖的副产品——废蜜糖，制造能源酒精和高附加值的酵母精。

（4）造纸系统。通过绿色纸浆工程改造、扩大纸浆造纸规模（含高效碱回收）及CMC（羧甲基纤维素钠）工程，充分利用甘蔗制糖的副产品——蔗渣，生产高质量的生活用纸和文化用纸及高附加值的CMC。

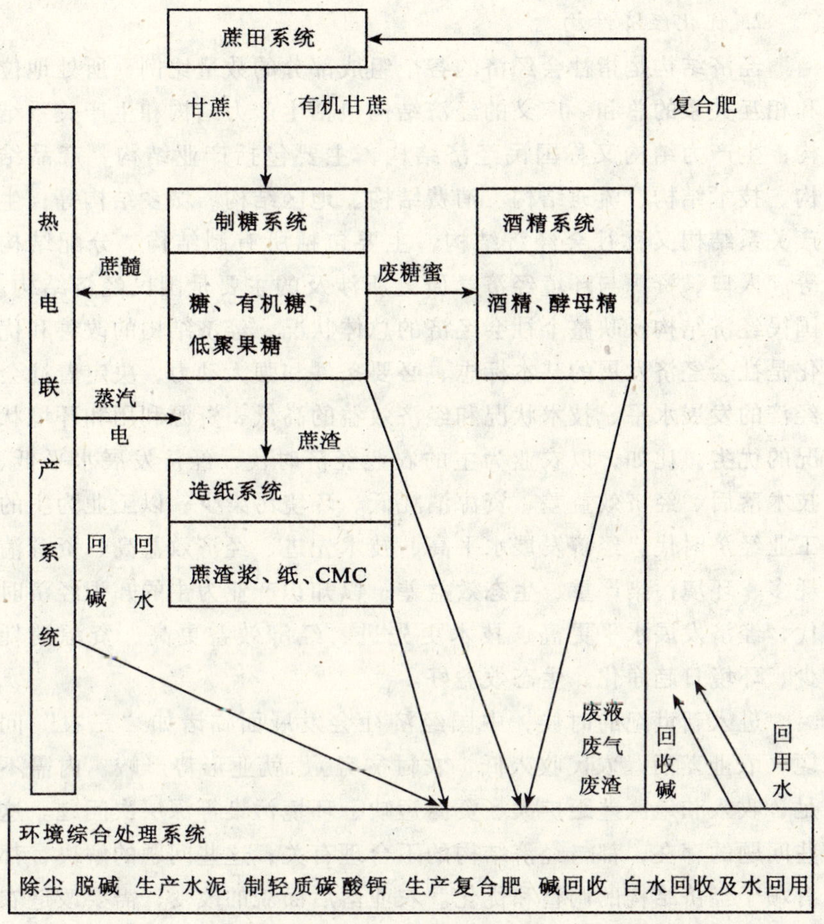

图 2　贵港国家生态工业（制糖）示范园区总体框架

（5）热电联产系统。通过使用甘蔗制糖的副产品——蔗髓替代部分燃料煤，热电联产，为制糖系统、酒精系统、造纸系统以及其他辅助系统供应其生产所必需的电力和蒸汽，保障园区生产系统的动力供应。

（6）环境综合处理系统。通过除尘脱硫、回用水工程以及其他综合利用项目，为园区制造系统提供环境服务，包括处理废气、废水，生产水泥、轻质碳酸钙等副产品，进一步利用酒精系统的副产品——酒精废液制造甘蔗专用复合肥，并向园区提供用水以节约水资源。

2. 优化经济结构

经济结构是指社会经济的各个组成部分的数量比例、所处地位和相互关系的总和。广义的经济结构包括生产力结构和生产关系结构：生产力结构又称国民经济结构，主要包括产业结构、产品结构、技术结构、流通结构、消费结构、地区结构、城乡结构等；生产关系结构又称社会经济结构，主要包括所有制结构、分配结构等。人口、资源与环境经济学研究所涉及的主要是国民经济结构。国民经济结构反映整个社会经济的总体状况，经济结构的改善和优化是社会经济发展的基本标志、必要条件和强大动力，决定着社会经济的发展水平、技术状况和经济效益的高低、资源利用和环境状况的优劣。比如，以农业为主的农业经济时代，经济发展水平低、技术落后、经济效益差、资源消耗低、环境污染少；以工业为主的工业经济时代，经济发展水平高、技术先进、经济效益高、资源消耗多、环境污染严重、生态效益差；以知识产业为主的知识经济时代，经济发展水平更高、技术更先进、经济效益更高、资源消耗少、环境日趋净化、生态效益好。

进入新世纪的时候，中国经济社会发展面临诸如“三农”问题（农业落后、农民收入低、农村贫穷）、就业形势严峻、内需不足、收入和地区差距扩大、资源短缺、环境污染等深层次问题。这些问题的存在，都与经济结构的不合理有关；这些问题的解决，都有赖于经济结构的调整和优化。农业落后面貌的改变，需要改造农业，实现农业产业化；增加农民的收入，最重要的是使大多数农民非农化、市民化，到第二、三产业中就业，迁移到城市，这就要求发展第二、三产业，加快城市化步伐；农村贫穷面貌的改变，也需要在发展农村经济的同时实现城市化。解决就业问题，需要大力发展第三产业、劳动密集型产业。扩大内需，要求增加城乡居民的收入，并且增加有效供给，这又需要提高产业的技术水平，开发新、优产品，提高加工度，增加附加值。缩小收入和地区差距，需要加快中、西部的发展。资源短缺、环境污染问题的解决，需要尽量减少资源消耗型、环境污染型产业，实行清洁生产，发展循环经济和环保产业。这一切都属于经济结构特别是产业结构、地区结构、城乡结构的调整和优化。以上说明，经济结构的改善和优化是实现人口、资源、环境与经济、社会的和谐发展的基本条件和基本途径。所以，在经济发展现阶段，中国特别需要以结构调整为主线，加快经济结构的优化。

3. 转变经济增长方式

经济增长有粗放型和集约型两种不同的方式：粗放型是靠增加生产要素的投入，扩大生产规模，实现生产的发展和经济增长；集约型是靠提高生产要素的生产率，扩大生产规模，实现生产的发展和经济增长。由于粗放型的增长主要靠增加投入，资源消耗高，环境污染多，所以经济效益比较低，而且要受到资源稀缺性的限制，增长是有限的、不可持续的；集约型的增长主要靠科学技术进步、劳动力素质和管理水平的提高，资源消耗低、利用效率高，更能开发新的、更丰富的、清洁的资源，环境污染少，保护环境、防治污染的能力更强，增长则是高效率的、可持续的。

新中国在经济建设和工业化进程开始时，技术比较落后，加上传统计划经济体制和国有国营的企业制度又缺乏推动技术进步和采用先进技术的动力与机制，因此一直主要靠增加人力、物力、财力等生产要素的投入，消耗自然资源，建新厂，上新项目，从外延上发展工业生产，走的是一条以粗放型增长方式为主的发展道路，自然资源消耗多，资金使用效率低，技术进步缓慢，付出了巨大的代价，工业化的成效并不理想，经济也不能长期保持较快的增长，经济效益也差。改革开放以来，中国经济社会发展取得了举世公认的伟大成就，但从根本上看，还没有完全转变“高投入、高消耗、高排放、不协调、难循环、低效率”的粗放型经济增长方式。在经济快速增长中，各类资源的消耗强度较高。例如，2003 年中国消耗的原油、原煤、铁矿石、钢材、氧化铝和水泥分别约为世界消耗量的 7.4%、31%、30%、27%、25% 和 40%，而创造的 GDP 仅相当于世界总量的 4%①。高消耗的另一面就是废弃物排放多、

① 马凯．推进经济增长方式的根本性转变．中国经济导报，2004-3-29.

环境污染严重。2003 年各类污染物的排放量都出现大幅反弹。粗放型经济增长方式给中国的资源环境带来巨大的压力，使资源和环境因素成为制约中国经济持续增长的重要因素。转变粗放型经济增长方式，已成为当务之急。走全面、协调、可持续发展之路，必须以集约型经济增长方式为主，高度重视发挥科学技术作为第一生产力的作用，主要依靠科技进步、提高劳动者素质和加强经营管理，以改善经济增长的质量和效益。

4. 推进技术创新

科学技术是第一生产力，集约型经济增长方式是主要依靠科技进步的方式，科技进步和创新是经济、社会发展的强大推动力，也是合理开发和高效利用资源、有效保护环境和防治污染、提高经济、社会和生态效益、真正实现可持续发展的决定性因素。因此，走全面、协调、可持续发展之路，以集约型经济增长方式为主，必须大力推进技术创新。

推进科技进步和创新，需要加强国家创新体系建设，实行产学研相结合和引进与创新相结合；加大国家和社会的科技投入，加强基础研究和应用研究；提高自主创新能力，发展高新技术，提高产业的技术水平。以技术创新为根本，加快技术更新改造，尽量淘汰落后工艺技术和设备，尽可能采用先进工艺技术和设备，提高经济发展中的科技贡献率。按照有所为、有所不为的方针发展高新科技，总体跟进，重点突破。力争在信息技术、生物技术、新材料技术、先进制造技术、航天航空技术等关键领域取得突破；在集成电路、高性能计算机、光电子材料与器件、生物工程药物、生物芯片、农业生物工程等领域实现产业化；在基因组学、信息科学、纳米科学、生态科学和地球科学等方面取得新进展。

发展中国家拥有技术引进的后发优势，即发展中国家通过低成本引进先进技术更快地发展经济的有利条件。由于发达国家已经开发和拥有先进的技术，发展中国家虽然技术落后，但采用先进技术的成本却比发达国家要低，不需要花费大量的人力、物力、财力和时间去研究与开发新的先进技术，只需支付比技术开发少得多的费用引进现成的先进技术，就能直接采用先进技术，缩短与发达国家的差距，走一条发展经济的捷径。发展中国家可以通过引进和学习发达国家的先进技术，节约大量的时间和费用，用于其他经济活动，更快地发展经济；发达国家一般没有这种有利条件和机会，新的先进技术主要只能靠自己研究和开发，成本较高。发展中国家可以发挥技术引进优势，在经济发展上成功地加速“追赶”发达国家。在发挥技术引进的后发优势的同时还必须特别注意自主开发新技术，克服技术劣势。由于单靠技术引进、学习和摹仿，至多只能加速“追赶”，不可能实现“超越”。在知识经济时代，甚至连追赶都困难。由于知识更新速度加快，新技术开发周期缩短，产品升级换代步伐加速，使得发展中国家技术引进的后发优势减弱。仅靠跟踪学习和摹仿，难以赶上，更不可能超过发达国家，只能永远落后。由于技术进步速度太快，留给落后者学习、消化的时间太少，后进者学都来不及。等到引进、学习、摹仿出来以后，新的更先进的技术又出现了，难以跟上技术前进的步伐。由此可见，靠引进发达国家现成的先进技术走经济发展的捷径的后发优势，必然大打折扣。技术进步上也存在“马太效应”，即技术越先进、基础越好，越有条件开发新技术，更容易进行技术创新；技术越落后、基础越差，改进技术越困难，再加上发达国家会基于经济、政治、军事等多方面的考虑，会限制高新科学技术的输出，使得最新的一流技术很难引进，使这种“马太效应”更为显著，会加剧发展中国家存在的技术劣势。所以，必须在坚持引进、消化、吸收、改进国外先进技术的同时，更加注重开展原创性研究，开发拥有自主知识产权的高新技术。尤其在我国已经有一定基础和优势的空间技术、信息技术、激光技术、生物工程技术等领域，更要大力进行技术创新，形成世界领先的技术优势。在发展高新技术产业的同时，特别还要注意用高新技术改造和武装传统产业，实现产业的技术升级。只有这样，才能提高核心竞争力，从根本上克服技术劣势、竞争劣势。

5. 深化体制改革

制度是制约经济发展的关键因素，发展循环经济、优化经济结构、转变经济增长方式、推进科技进步和创新、走新型工业化道路和中国特色的城镇化道路、构建和谐社会等所有实现人口、资源、环境与经济、社会的和谐发展的战略措施都需要相应的制度保证。制度劣势是最大的劣势，制度创新的优势是最大的优势。妨碍发展中国家经济发展最主要的因素，不是技术落后、资本缺乏、资源和环境的约束，而是制度不健全，不完善。因为，技术要靠人创造和运用，资本要靠人积累和节约，资源要靠人开发、保护和有效利用，环境要靠人保护和改善，人是所有要素中最具有决定意义的因素。人的积极性、主动性、创造性的激发，人的能力和作用的发挥，又依赖于完善合理的制度。因此，切不可只强调技术创新，忽视制度创新。中国首先必须发挥制度创新的优势，深化改革，尽快健全完善社会主义市场经济体制，形成良好的制度环境。只有这样，才能真正实现人口、资源、环境与经济、社会的和谐发展。

中国经济发展新阶段的制度创新主要包括：继续调整和完善所有制结构，支持、鼓励和引导私营、个体企业尤其是科技型中小企业的健康发展；深化国有企业改革，真正建立现代企业制度，形成规范有效的企业法人治理结构和适应市场经济要求的经营机制，促进企业成为技术进步和创新的主体；建立和完善全国统一、公平竞争、规范有序的市场体系，重点培育和发展要素市场，规范和发展证券市场，为各类企业创造公平竞争的环境；完善金融组织体系、市场体系、监管体系和调控体系，形成风险投资机制；帮助中小企业技术创新，支持高新技术产业发展；推进行政管理体制改革，切实转变政府职能，综合运用计划、财政、金融手段，发挥价格、税收、利率、汇率等杠杆的作用，建立以间接调控为主的宏观管理体系；进行分配制度、人事制度、就业制度、教育制度和社会保障制度的创新，形成激励、监督、约束机制，调动各方面的积极性，加快人才开发、培养，充分合理地使用人才；深化科技体制改革，完善促进科技进步的机制和政策，形成鼓励科技创新的社会环境；完善自然资源有偿使用机制和价格形成机制，建立环境保护和生态恢复的经济补偿机制，加强资源和环境保护方面的制度建设和贯彻落实。

6. 走新型工业化道路

实现工业化是中国现代化建设阶段的基本任务之一，走什么样的工业化道路，不仅直接关系到工业化能否顺利有效地实现，而且影响到产业结构的协调优化、城市与农村的和谐发展、人力资源作用的有效发挥、自然资源的合理开发利用、环境的保护和污染的防治。

(1) 工业化与工业化道路。工业化是任何国家由贫穷落后走向发达繁荣的必由之路。按照发展经济学的理论，工业化一般是指工业（或者制造业、第二产业）在国民收入和劳动人口中所占的比重持续上升的过程。这是一个经济结构不断变化、人均国民收入和包括农业在内的劳动生产率不断提高、由农业经济社会逐步向工业经济社会转变的过程。通常，主要根据工业产值在国民生产总值（或国民收入）中的份额的大小或工业劳动力在总劳动力中的份额的大小来衡量工业化程度的深浅，工业的比重越大，工业化的程度越深，在发达的工业化阶段，情况会发生变化，除农业的比重会继续有所下降之外，服务业的比重将不断上升，工业的比重将由上升转为下降；主要通过工业产值和就业人数的比重提高的快慢来判断工业化速度的快慢，工业比重上升得越快，工业化的速度也就越快；主要按照人均国民收入的多少来确定工业化发展水平的高低，中、低收入国家的工业化是低水平的初、中级工业化，高收入国家的工业化则是高水平的发达工业化。从18世纪60年代英国的工业革命兴起，人类社会就开始了工业化进程，至今已有200多年的历史，但以工业占优势、人均GNP3000美元作为标准衡量，基本实现工业化的国家按世界银行的统计，到2000年还只有40多个，世界上大多数国家仍然没有实现工业化，努力成为工业化国家依旧是世界上占多数的发展中国家面临的艰巨任务。

走什么样的工业化道路，怎样实现工业化，是决定工业化快慢和成败的关键。为了实现工业化，人类奋斗了200多年，之所以到现在世界上200多个国家和地区中的大多数还没有成为工业化国家，最重要的原因是这些国家和地区还没有找到或走上正确的工业化道路。工业化道路是指实现工业化的原则、方式和机制。具体来说，工业化道路的内容主要包括以下几个方面的选择：第一，产业的选择，即重点和优先发展的产业、产业结构的类型及各种不同产业之间相互关系的确定和调整，比如发展的重点是选择轻工业、劳动密集型产业，还是重工业、资本或技术密集型产业；是牺牲农业去发展工业，还是工农业协调发展等。第二，技术的选择，即工业发展中技术类型的采用，也就是选择高新技术还是一般适用技术；是运用多使用劳动力的技术，还是多使用资本的技术。第三，资本来源的选择，即通过什么方式或渠道筹集工业发展的资本，也就是来源于农业剩余的转移、对外掠夺，还是工业自身的积累、引进国外资本等。第四，发动方式的选择，即工业化进程是靠民间发动，还是由政府推动。第五，发展方式的选择，即工业发展是依靠粗放型的增长方式、资源的消耗、环境的污染，还是采用集约型的增长方式、节约资源、保护环境。第六，实现机制的选择，即工业化的任务是通过市场机制的作用去实现，还是由计划机制的作用来完成。第七，城市化模式的选择，即伴随工业化发展的是适度城市化、滞后城市化，还是过度城市化。第八，国际经济联系的选择，即工业化过程中是实行对外开放、发展外向型经济，还是闭关锁国，发展内向型经济。

（2）中国走新型工业化道路的必要性。所谓“新”是相对“旧”而言的，新型工业化道路也是相对传统工业化道路来说的。从世界各国工业化发展的历程来看，存在两种不同类型的传统工业化道路：一是西方发达国家以往走过的一条先以轻纺工业为主导后以重工业为主导、科学技术革命推进、重机械化轻就业、资本来源多样化、以对外掠夺为重要途径、外向型发展、主要由民间力量发动、通过市场机制实现、先工业化再信息化、先污染后治理、工业化城市化同时推进、城乡差别先扩大后缩小、经济危机相伴随的工业化道路。这条传统的工业化道路，虽然具有能够发挥民间力量、科学技术革命、市场机制的作用、利用世界市场和资源、形成适合生产要素禀赋特点的产业结构等长处，使西方发达国家成功地实现了工业化，成为发达的工业化国家，但也存在严重缺陷。二是包括中国在内的过去实行计划经济的国家曾经走过的一条由政府发动、国家计划推进、主要通过工农业产品剪刀差筹集资本、重工业优先发展、以粗放型增长方式为主、过分追求高速度、排斥城市化、片面强调自力更生、资源消耗高、经济效益差的工业化道路。虽然使计划经济国家建立起了必要的工业基础，形成了比较完整的工业体系和国民经济体系，但存在许多严重的弊端，并没有带来发达繁荣的工业化。

新兴工业化国家或地区如韩国、新加坡、巴西、中国台湾地区等，虽然存在抓住国际产业转移的机遇、实施外向型发展战略、通过引进外资、先发展具有比较优势的劳动密集型产业、后发展资本和技术密集型产业的突出特征，但走的实际上是一条与欧美发达国家基本相同的工业化道路，所以我们认为不存在另外一条与西方发达国家和计划经济国家都不同的传统工业化道路。

走新型工业化道路是中国在新世纪新阶段提出的新战略方针，是全面建成高水平小康社会的重要保证，也是在如何更好地实现工业化问题上的重大创新。新世纪新阶段中国之所以要走新型工业化道路，主要是由于进一步推进工业化的时代背景、历史条件和国情已经发生变化，传统工业化道路存在严重的缺陷，已经不适应新时代的要求，无法再继续走下去，经济知识化、信息化和全球化，实现现代化的目标和可持续发展的模式都要求走新型工业化道路。

（3）新型工业化道路的特点和优越性。什么是中国的新型工业化道路，中国共产党的十六大报告中明确指出，这是“一条科技含量高、经济效益好、资源消耗低、环境污染少、人力资源优势得到充分发挥的新型工业化路子”。① 这是从结果和优点上界定的新型工业化道路的内涵，还需要从实现工业化的原则、方式和机制上具体分析和概括新型工业化道路的基本内容和特征。中国现在要走的新型工业化道路，主要有以下特点和优越性，即由信息化带动、以集约型增长为主、发挥比较优势和后发优势、多渠道筹集资本、协调机械化与就业、产业结构逐步优化、与城镇化适度同步、以经济效益为中心、节约资源、保护环境、力求可持续发展、对外开放、利用国内国际两种资源和两个市场、政府导向、市场推动型

① 江泽民. 全面建设小康社会，开创中国特色社会主义事业新局面. 北京：人民出版社，2002.

的工业化道路。正是由于新型工业化道路具有以上特点和优越性，所以才有可能真正做到科技含量高、经济效益好、资源消耗低、环境污染少、人力资源优势得到充分发挥，成功地实现高水平的工业化。

7. 走中国特色的城镇化道路

实现城市化也是中国现代化建设阶段的基本任务之一，走什么样的城市化道路，不仅直接关系到城市化能否顺利有效地实现，而且影响到工业化与城市化的协调推进、城市与农村的和谐发展、资源利用效率的提高、环境的集中防治。

（1）城市化与城市化道路。城市化或城镇化（Urbanization）是指第二、三次产业在城镇集聚，农村人口不断向非农产业和城镇转移，使城镇数量增加、规模扩大，城镇生产方式和生活方式向农村扩散、城镇物质文明和精神文明向农村普及的经济、社会发展过程。城市化与工业化一样，也是任何国家由贫穷落后走向发达繁荣的必由之路。城市化是工业化的必然趋势、农业现代化的重要因素、市场经济发展的必要条件、第三产业发展的强大动力、知识经济发展的客观要求，反过来城市化又极大地促进工业化、经济市场化和现代化的发展，但并不是所有的城市化都有益无害，都有利于经济发展和社会进步。搞得不好，城市化也有可能产生严重的“城市病”、造成农村衰败、扩大城乡差别、影响工业化的进程、引起严重的环境污染。城市化的后果得失，或利弊大小，在很大程度上取决于城市化道路的正确与否、城市化发展模式的合理与否。城市化或城镇化道路是指实现城市化的动力、机制、原则和方式，所要解决的是怎样实现城市化的问题。具体来讲，城市化道路的内容主要包括城市化发展模式的选择、城市化类型的选择、城市化动力和实现机制的选择及城市发展方式的选择。不同的城市化道路、不同类型的城市化发展模式会产生极不相同的经济社会效果。世界各国城市化发展的历史经验表明，走什么样的城市化道路，怎样实现城市化，是决定城市化快慢和成败的关键。只有选择合理的城市化道路，才能更快更好地实现城市化，避免或减少“城市病”、农村凋敝、城乡差别扩大、城市剥削农村、城乡对立等社会问题的发生，促进工业化和社会经济的健康发展。

（2）走中国特色的城镇化道路的必要性。从新中国成立开始，我国就非常重视、大力推动工业化，并且取得了相当大的进展，但是城镇化则相反，始终都不被重视，甚至还存在否定城镇化的倾向，使得城镇化长期滞后于工业化。造成这种状况的主要原因在于对城市化认识上的偏差、传统工业化道路的缺陷、以往城镇化道路的弊端和制度上的障碍。长期滞后的城镇化存在许多弊端：延缓工业化进程、无益于农业现代化、抑制第三产业的发展和就业的扩大、妨碍经济结构的优化、阻碍城市功能发挥和城市文明普及、不能更好地发展市场经济和发挥市场有效配置资源的作用、不利于扩大需求、难以实现可持续发展。

城镇化滞后带来种种不利的后果，现代化的建设、工业化的推进、经济结构的优化、二元经济结构的根本转变、“三农”问题的解决、扩大内需、增加就业、市场经济的发展、跟上世界知识经济发展的步伐、全面建成小康社会和实现现代化，都要求加快城镇化的进程，改变城镇化滞后的局面。怎样才能有效推进城镇化，在实现工业化的同时实现城镇化呢？国内外的实践证明，必须选择正确的城镇化道路。中国过去走的是一条不适应工业化要求、严格限制城市尤其是大城市发展、由政府发动和推进、排斥市场作用、忽视民间力量的城镇化道路，是造成城镇化滞后的重要原因之一，肯定不能再走下去了；西方发达国家走的是城市化与工业化基本同步、先是集中型城市化、后转向分散型城市化、主要由民间推进、通过市场机制实现的城市化道路，虽然在工业化的同时成功地实现了城市化，但也付出了相当大的代价，并走过弯路，曾经导致尖锐的城乡对立，产生过严重的“城市病”，再加上时代已经发生变化、中国的国情也不同，中国不能照搬西方发达国家的城市化道路；第二次世界大战以后，不少发展中国家走过的超过工业化和经济发展水平、片面发展城市化、牺牲农业和农村、造成严重“城市病”、形成“过度城市化”的城市化道路，中国更是不能走。经济的知识化、信息化、全球化、中国的国情、新型工业化道路决定新世纪的中国必须走一条新的有中国特色的城镇化道路。因此，中国政府在进入新世纪的时候，明确提出中国的城镇化不能照搬别国的模式，必须从自己的国情出发，走有中国特色的城镇化道路。

（3）中国特色的城镇化道路的内容和特征。中国特色的城镇化道路应该是一条城镇化与工业化和现代化适度同步发展、城镇化的形式多元化、集中型城镇化与分散型城镇化相结合、据点式城镇化与网络式城镇化相结合、大中小城市和小城镇协调发展、市场推动、政府导向、政府发动型城镇化与民间发动型城镇化相结合、自上而下城镇化与自下而上城镇化相结合、城市发展方式多样化和合理化、以内涵方式为主的路子。中国特色的城镇化道路的提出及其特征表明，我国的城镇化道路及对城镇化的认识发生了根本性的转变。在对待城镇化的态度上，由害怕、否定、排斥城镇化转向积极稳妥地推进城镇化；在城镇化发展模式上，由滞后城镇化转向适度同步城镇化；在城镇化的类型上，由严格限制大城市发展、强调分散型的小城镇化转向大中小城市与小城镇协调发展；在城镇化的动力和实现机制上，由政府包办、计划推进转向政府导向、市场推进、注重发挥民间力量的作用。只有走这样一条中国特色的城镇化道路，才能在成功实现城镇化的同时，做到工业化与城市化的协调推进、城市与农村的和谐发展、资源利用效率的提高和环境的集中防治，否则很难实现人口、资源、环境与经济、社会的和谐发展。

8. 构建和谐社会

中国在树立科学发展观的同时，还提出了构建和谐社会的目标。所谓和谐社会是指社会系统中的各个部分、各种要素、各方面关系处于一种平和协调的状态。和谐社会包括人与人的和谐及人与自然的和谐。社会主义和谐社会则是民主法治、公平正义、诚信友爱、充满活力、安定有序、人与自然和谐相处。由此可见，只有构建起和谐社会，才能实现人口、资源、环境与经济、社会的和谐发展。在社会矛盾尖锐、冲突不断、动荡不已甚至发生战争的社会中，不仅经济、社会得不到发展，甚至可能倒退，而且资源、环境也得不到保护，甚至会受到严重的破坏、污染。只有在和谐社会中，才能缓解社会矛盾，避免冲突和动荡，防止战争，有效地保护资源和环境，更好地实现经济、社会和人的全面发展。和谐社会并不是没有问题、矛盾和冲突的社会，而是要使问题逐步解决，不致加剧；使矛盾逐步消除，不致激化；使冲突逐步缓解，不致恶化；使问题、矛盾和冲突的解决通过比较平和、成本较低的途径，不致采取激烈爆发、大起大落、代价高昂的方式。构建和谐社会必须主要依靠发扬民主、加强法治，包括资源和环境方面的法治，依法处理人与人之间的关系和人与自然之间的关系，这样才更合理、更稳定可靠。实现人与人的和谐，必须特别注意保护弱势群体的利益，防止贫富两极分化；实现人与自然的和谐，必须特别注意保护资源和环境，不能只考虑人的需要。和谐社会建成之时，也就是人口、资源、环境与经济、社会和谐发展之日。

（原载科学出版社 2005 年出版的《人口、资源与环境经济学》）

科学发展观

论科学发展观的形成、贡献和落实

树立科学的发展观，是正确有效地解决为什么发展、发展什么和怎样发展等重大问题的关键。有什么样的发展观，就会有什么样的发展道路、发展模式和发展战略，就会对发展的实践产生根本性、全局性的重大影响，不同的发展观往往会导致不同的发展结果。全面、协调、可持续的科学发展观是我国站在现代的高度，在深刻总结国内外发展问题上的经验教训、全面吸收已有的经济和社会发展理论研究成果的基础上，提出的更新的发展观。

一、发展观的演进

发展观是关于发展的本质、目的、内涵和要求的总体看法与根本观点，也是发展经济学的核心内容。人类社会是在第二次世界大战以后发展经济学产生的时候，才形成对发展的比较明确、系统的看法，也才有了所谓发展观。在此之前，基本上只有财富增长或经济增长思想。发展观并非一成不变，而是随着社会经济发展的实践而不断演进，只是在对社会经济发展有了全面、深刻的认识的基础上才提出了科学发展观。

从世界范围来看，发展观大致上经过了三个阶段的演进，形成了三类不同的发展观：GDP 发展观（20 世纪 70 年代以前）→新发展观包括全面发展观、可持续发展观（20 世纪 70～90 年代）→科学发展观（新世纪）。

第一阶段即 20 世纪 70 年代以前的 GDP 发展观。从第二次世界大战后发展经济学产生开始到20世纪60年代，早期发展经济学对发展的看法较为简单、片面，认为发展就是经济发展，并且把经济发展等同于经济增长，即GDP的增长，“经济规模的扩大、数量的扩张”。在这种发展观指导下制定的发展中国家的经济发展战略，都以工业化作为发展目标，片面追求GNP或GDP的增长。结果形成了“有增长无发展”的局面，造成贫富两极分化、人口爆炸、农业衰败、粮食不足、资源短缺、环境污染等许多经济社会问题。正是在这样的背景下，发展经济学对发展的看法开始转变，从而进入第二阶段。

第二阶段即20世纪70～90年代的新发展观，主要包括全面发展观、可持续发展观。面对第二次世界大战20年后发展中国家出现的“有增长无发展”的现象，发展经济学开始修正对发展的看法。最先对“增长即发展”的观点提出疑问的“罗马俱乐部”的学者们尖锐地指出，片面追求增长使人类陷入困境，主张实行“零增长”。随着20世纪70年代世界“石油危机”的大爆发，环境污染和粮食短缺的加剧，许多发展经济学家都开始意识到，发展不仅仅是指经济发展，还包括社会发展；发展的目的不只是收益最大化即经济效益，还要注重社会效益、生态效益；发展的内涵不单是经济增长，还有结构改善、资源和环境的保护、生活质量的提高、社会公平的实现。在此基础上，发展经济学提出了新发展观，首先形成的是“全面发展观”，即发展是包括经济增长和结构改善在内的以人为本的经济、社会、生态全面发展的观点。比如：美国经济学家吉利斯、帕金斯、罗默等指出：“经济发展，除了人均收入的提高外，还应含有经济结构的根本变化。”① 保罗·斯特瑞腾强调：“我们决不应迷失经济发展的最终目的，那就是以人为本，提高他们的生活条件，扩大他们的选择余地。”德布拉吉·瑞甚至具体地说明“发展可以是贫穷与营养不良的消除，人均寿命的提高，卫生条件的改善，获得干净的饮用水和医疗服务的可能性；发

① ［美］吉利斯，帕金斯，罗默．发展经济学．北京：中国人民大学出版社，1998：7.

展也可以是婴儿死亡率降低，是知识水平和学校教育的提高，尤其是成人识字率的提高”①。金德尔伯格、赫里克提出“经济增长指更多的产出，而经济发展则既包括更多的产出，同时也包括产品生产和分配所依赖的技术和体制安排上的变革”②。日本经济学家速水佑次郎也认为，“经济发展所涉及的范围非常宽，通常要涉及主要的文化和社会变化”③。法国学者弗朗索瓦·佩鲁则把发展视为“为一切人的发展和人的全面发展”④。诺贝尔经济学奖获得者印度经济学家阿马蒂亚·森的独到见解是“扩展自由是发展的（1）首要目的和（2）主要手段”⑤。“可持续发展观”是20世纪80年代由联合国提出和倡导的最有影响的新发展观。1980年3月5日联合国大会向全世界发出呼吁：“必须研究自然的、社会的、生态的、经济的以及利用自然资源过程中的基本关系，确保全球的发展。”从此，联合国不断召开国际会议，通过宣言，发表声明，在全世界大力提倡“既满足当代人的需要，又不对后代人满足其需要的能力构成危害的发展”⑥，即可持续发展的新模式。可持续发展观是经济、社会发展与人口、资源、环境互相协调的、兼顾当代人和子孙后代利益的、能够不断持续进行下去的发展观点。在可持续发展观的指导下，联合国制定了人类发展指数（HDI）这个包括寿命、教育、收入分配的综合指标，还有学者提出了绿色GDP指标体系、循环经济发展方式。但是，无论是全面发展观还是可持续发展观，都没有全面、系统、综合地说明发展的本质、目的、内涵

① ［美］德布拉吉·瑞．发展经济学．北京：北京大学出版社，2002：7.

② ［美］金德尔伯格，赫里克．经济发展．上海：上海译文出版社，1986：5.

③ ［日］速水佑次郎．发展经济学——从贫困到富裕．北京：社会科学文献出版社，2003.

④ ［法］弗朗索瓦·佩鲁．新发展观．北京：华夏出版社，1987：11.

⑤ ［印］阿马蒂亚·森．以自由看待发展．北京：中国人民大学出版社，2002.

⑥ WCED. our Common future. Oxford：Oxford University Press，1987.

和要求，自然也就没有形成完整、准确的科学发展观。

第三阶段即新世纪中国提出的科学发展观。在跨入21世纪的时候，中国面对国际国内经济、社会发展的实际和前景，在深刻总结国内外发展问题上的经验教训的基础上，全面吸收和综合了人类社会发展研究的成果，提出了全面、协调和可持续的科学发展观。科学发展观既纠正了GDP发展观的错误，又克服了各种新发展观的不足，无疑是迄今为止最科学最正确的发展观。

从中国来看，在对什么是发展、为什么发展和怎样发展问题的认识上，也经历了一个逐步提高的过程。

在改革开放以前，虽然认识到社会主义的根本任务是发展生产力，但是在什么是发展上，把发展生产力主要看成工农业总产值的增长；在怎样发展上，总的指导方针是以阶级斗争为纲，强调政治挂帅，实际上把经济发展放在了次要的位置，甚至只算“政治账”，不算“经济账”，搞所谓“穷过渡”，实行的是重工业优先的赶超战略，片面追求增长的高速度，发展观和发展模式存在严重的缺陷。

改革开放以来，对发展的看法发生了很大的转变。首先是纠正了以阶级斗争为纲的指导方针，提出了以经济建设为中心的基本路线，制定和实施了新的经济发展战略，工作重心由政治斗争转向经济建设，强调一切经济工作必须以提高经济效益为中心。20世纪90年代初，在苏联东欧发生剧变、中国改革和发展遭受严重挫折的关键时刻，邓小平提出“发展是硬道理”，充分肯定了发展的重要性，极大地提高了对发展的认识，坚定了一心一意谋发展的决心。随后，在继承、丰富和发展邓小平的发展观，更加全面、深刻和准确把握发展规律的基础上，纠正了“经济增长是硬道理”的偏差，进一步提出“发展是执政兴国的第一要务”，形成了科学发展观。

二、科学发展观的背景和依据

科学发展观的提出，决不是偶然的，也不仅是一种良好愿望、主观要求，具有深刻的必然性和客观的依据。从国际背景和经验教训来看，经济知识化、信息化、全球化和竞争激烈化，人口、资源、环境问题的严重性，少数国家全面、协调发展的成功经验，大多数国家“有增长无发展”、“高消耗高污染”、“先污染后治理”、贫富悬殊、社会矛盾尖锐、民族冲突、政治动荡的深刻教训，都要求树立以人为本，全面、协调和可持续的科学发展观。从中国的国情和面临的任务来看，共同富裕的社会主义最终目标，达到人均1000美元以后面临的两种不同的发展前景，严重的“三农”问题、就业问题、内需的不足、收入差距的扩大、资源的短缺、水土的流失、土地的沙化、环境的污染、产业结构的不优化、城乡结构的不合理、地区结构的不平衡、弱势群体的困难、社会稳定的保持等问题的有效解决，更是迫切需要树立科学发展观、转换增长方式、改变发展模式和调整发展战略。

三、科学发展观对发展经济学的重大发展

发展观理应是发展经济学的基本概念和核心内容，但大多数发展经济学的论著都没有明确提出发展观的概念，更缺乏对科学发展观的研究和论述。法国学者弗朗索瓦·佩鲁虽然写了一本名为《新发展观》的书，但他没有明确界定发展观的内涵，其“新发展观”也只是一种“总体的、内生的、综合的”发展观，缺乏统筹协调、可持续发展的重要内容，还没有提出完整、准确的科学发展观。因此，全面、协调、可持续的科学发展观的提出，创新了发展的观念，丰富了发展经济学的内容，弥补了发展理论的不足。

1. 科学发展观在发展的总体看法上完善了发展经济学

对发展的本质、目的、内涵和要求的理解是发展观的主要内容。长期以来，发展经济学对发展的看法虽然不断演进，逐步走向完善，但一直存在缺陷，始终没有明确地提出完整的科学发展观。GDP发展观不以人为本，缺乏全面、协调和可持续发展的内容；全面发展观没有明确提出可持续发展的要求；即使是可持续发展观也存在没有强调经济、社会和人的全面发展及经济、社会协调的不足。科学发展观则正确地指出发展的本质是“以人为本”，发展的根本目的和内涵是“经济、社会和人的全面发展”，发展的基本要

求是“全面、协调和可持续”，使人类社会对发展的认识更为完整、准确和深刻，无疑是对发展经济学的最新发展和突出贡献。

2. 科学发展观在发展的方式上充实了发展经济学

科学发展观不仅在什么是发展和为什么发展方面完善了发展经济学，而且在怎样发展的问题上也发展了发展经济学。尽管发展经济学曾经先后总结和提出过初级产品出口、进口替代、出口导向、轻工业优先发展、重工业优先发展、产业平衡发展、产业不平衡发展、可持续发展等多种多样的发展道路、发展模式和发展战略，其中不少也在某些国家的发展中曾经发挥过一定的作用，取得过一定的成效，但始终没有提出更为完整和合理的发展道路或发展战略。在如何正确处理工业与农业、城市与农村、区域经济发展、经济与社会、国内发展与对外开放、人与自然和谐发展等一系列发展的重大关系和问题上，往往缺乏全局观、总体观、协调观，存在重大缺陷。不是突出工业化而轻视农业发展，注重城市而忽视农村；就是强调地区不平衡发展而轻视区域经济协调发展，重视地区和产业均衡发展而忽视其他方面的统筹协调发展；还有的是注重外向型经济发展而忽视内向型经济发展，或者是肯定自力更生而否定对外开放；即使是提出了可持续发展模式，更多地强调的也是社会、经济发展与人口、资源、环境的协调，也没有提出全面统筹兼顾、协调发展的模式。科学发展观克服了这方面的缺陷，提出了完整的统筹兼顾、协调发展模式，强调发展必须正确处理“七大关系”、实行“五个统筹”，即处理好经济发展与社会发展的关系，处理好城乡发展、地区发展的关系，处理好不同利益群体的关系，处理好经济增长同资源、环境的关系，处理好改革发展稳定的关系，处理好物质文明建设同政治文明建设、精神文明建设的关系，处理好国内发展同对外开放的关系，做到统筹城乡发展、统筹区域发展、统筹经济社会发展、统筹人与自然的和谐发展、统筹国内发展和对外开放，充实了发展经济学关于发展方式的理论。

以上说明，科学发展观在什么是发展、为什么发展和怎样发展问题上，全面发展了发展经济学。

四、发展观与政绩观、改革观、开放观

真正落实科学发展观必须树立正确的政绩观、改革观、开放观。

科学发展观的落实，虽然需要广大人民群众在思想上理解、在行动上遵循，但更重要的是各级党政领导干部必须真正树立和切实贯彻。树立以科学发展观为指导的正确的政绩观是领导干部真正树立和切实贯彻科学发展观的关键。政绩观是关于党政领导干部工作绩效大小和优劣的基本看法，是党政领导干部工作的指南。发展观与政绩观紧密相关，发展观是政绩观的核心，政绩观必须以发展观为基础、与发展观相适应，政绩观又是发展观的保证。没有正确的政绩观，科学发展观无法得到贯彻落实。因此，真正落实科学发展观必须树立正确的政绩观。我国的政绩观长期存在严重的缺陷，虽然改革开放以来已由“以阶级斗争为纲”的“斗争即政绩”的政绩观，转变为“以经济建设为中心”的“发展即政绩”的政绩观，但由于发展观上的偏差，政绩观仍然存在由“增长即发展”的观点决定的“GDP 增长即政绩”的不足。从根本上来说，政绩必须体现为发展，最终要为人民造福。发展应是经济社会的全面发展、协调发展和可持续发展；政绩应是党政领导干部为实现这样的发展而创造的成绩。正确的政绩观必须用全面的、实践的、群众的观点看待政绩。“所谓用全面的观点看政绩，就是既要看经济指标，又要看社会指标、人文指标和环境指标；既要看城市变化，又要看农村发展；既要看当前发展，又要看发展的可持续性；既要看经济总量增长，又要看人民群众得到的实惠；既要看经济发展，又要看社会稳定；既要看‘显绩’，又要看‘潜绩’；既要看主观努力，也要看客观条件。所谓用实际的观点看政绩，就是重实干、办实事、求实效，各项政绩应该经得起实践检验和历史检验。所谓用群众的观点看政绩，就是倾听群众呼声，忠实履行全心全意为人民服务的宗

旨，把实现人民群众的利益作为追求政绩的根本目的。"① 衡量干部政绩的大小和优劣，最根本的是看人民群众拥护不拥护、赞成不赞成、高兴不高兴、答应不答应。树立正确的政绩观，落实科学发展观，必须视人民利益重如山，大兴求真务实之风。想事情、办事情、作决策，必须坚持一切从实际出发，符合中国现阶段国情，既要积极进取，又要量力而行，不追求脱离实际的高指标，不盲目攀比；必须坚持深入实际，察实情，讲实话，办实事，求实效，珍惜民力，不虚报浮夸，不做表面文章，不搞劳民伤财的"形象工程"；必须立足当前，着眼长远，不急功近利。我国之所以存在不正确的政绩观及其表现，不仅与发展观上的偏差紧密相关，还由于相关的体制、机制和具体制度存在缺陷。因此，还必须推进和深化制度改革与创新，建立和完善政绩评价标准、考核制度及奖惩制度，形成合理有效的激励、监督、约束机制，为树立和落实正确的政绩观提供制度和机制保证。

不仅树立和落实正确的政绩观需要相应的制度和机制保证，而且落实科学发展观、真正实现全面、协调和可持续的发展，也需要相应的制度和机制保障。旧的经济、政治体制与传统的发展观相适应，新的发展观则必须改革旧体制，建立和完善与实现全面、协调和可持续的发展相适应的经济、政治体制。体制改革要顺利有效地进行，又需要树立正确的改革观。因此，落实科学发展观也就需要树立正确的改革观。改革观是关于改革的性质、目标、内容、原则及方式的总体看法和根本观点。我们认为与科学发展观相适应的正确的改革观，应该是坚持社会主义方向、以社会主义市场经济体制为目标模式、全面、协调、渐进的改革观。科学发展观是社会主义本质的要求，改革只有坚持社会主义方向，才可能最终达到共同富裕；改革只有以社会主义市场经济体制为目标模式，完善以公有制为主体、多种所有制经济共同发展的基本经济制度，建立统一开放竞争有序的现代市场体系，完善宏观调控体系、行政管理体制和法

① 温家宝. 提高认识，统一思想，牢固树立和认真落实科学发展观. 经济日报，2004-03-01.

律制度，健全就业、收入分配和社会保障制度，形成逐步改变城乡二元经济结构和促进区域经济协调发展的机制，才能真正做到“五个统筹”，实现全面、协调和可持续的发展；改革不仅是经济体制的变革，而且是经济、政治体制和其他社会制度的全面变革和创新；改革是各方面体制的根本变革，是一个极为复杂的庞大的系统工程，不可能在短期内一蹴而就、毕其功于一役，必须有重点、有步骤、循序渐进，各项变革措施也必须协调配套；改革是利益关系大调整、财产权力再分配，只有统筹兼顾、协调好改革进程中的各种利益关系，才能保持社会稳定，通过改革促进发展。

在经济全球化时代，每个国家都要发生对外经济联系，参与国际分工和竞争，开展国际贸易和投资，要真正实现全面、协调和可持续的发展，都必须正确处理国内外关系，合理地实行对外开放，有效地利用国内外两个市场、两种资源。处理好国内发展同对外开放的关系，统筹国内发展和对外开放，是科学发展观的要求。实现国内发展与对外开放的统筹协调，又需要合理地实行对外开放。树立正确的开放观则是合理地实行对外开放的前提。因此，落实科学发展观还需要树立正确的开放观。开放观是关于对外开放的目的、内容及原则要求的总体看法和根本观点。我们认为与科学发展观相适应的正确的开放观，应该是立足本国发展、发挥比较优势、形成竞争优势、自力更生与对外开放相结合、引进与创新相结合、注重质量和效益、全方位、多层次、多形式、多渠道、多元化、双向的开放观。必须防止和克服过分依赖外国、忽视壮大民族经济、片面追求引进资本和技术的数量、重引进、轻吸收和创新、重西方发达国家、轻其他国家、重“引进来”、轻“走出去”的偏向，全面提高对外开放水平。

参考文献

张培刚．新发展经济学．郑州：河南人民出版社，1993.

谭崇台．西方经济发展思想史．武汉：武汉大学出版社，1995.

谭崇台．发展经济学的新发展．武汉：武汉大学出版社，1999.

谭崇台. 发展经济学. 上海：上海人民出版社，1989.

温家宝. 提高认识，统一思想，牢固树立和认真落实科学发展观. 经济日报，2004-03-01.

[美] 约瑟夫·熊彼特. 经济发展理论. 何畏等，译. 北京，商务印书馆，1990.

罗马俱乐部. 增长的极限. 李宝恒，译. 成都：四川人民出版社，1984.

[法] 弗朗索瓦·佩鲁. 新发展观. 张宁，丰万义，译. 北京：华夏出版社，1987.

（原载《经济学动态》2005 年第 1 期，与曾宪明合写）

科学发展观研究综述

科学发展观是我国进入全面建设小康社会新阶段的时候，面对国际国内经济、社会发展的实际和前景，在深刻总结国内外发展问题上的经验教训、全面吸收和综合人类社会发展研究成果的基础上，提出来的新发展观，丰富了发展内涵、创新了发展观念、开拓了发展思路、破解了发展难题。自科学发展观提出以来，学术界对之展开了多学科、多视觉、全方位的研究和讨论，取得不少研究成果。本文从发展观的演进、科学发展观提出的背景及依据、科学发展观的内涵、科学发展观的贡献和意义以及科学发展观的落实等五个方面，对有关研究作一简要综述，以期把科学发展观的研究进一步引向深入。

一、关于科学发展观的内涵

“发展”作为当代世界经济政治社会生活中的一个专门术语，被广泛认为是人类社会进步的过程。对这个过程的反映形成了发展理论。发展观是关于发展的本质、目的、内涵和要求的总体看法与根本观点，也是发展理论的核心内容，涉及发展的目标、价值、代价、主体、动力、条件、模式、战略等一系列重要问题。科学发展观则是以人为本、全面、协调、可持续的发展观，内涵极为丰富，涉及经济、政治、文化、社会各个领域。全面理解和正确把握科学发展观的丰富内涵和基本要求，是树立和落实科学发展观的前提和基础。正因如此，学术界从不同的角度对科学发展观的内涵进行了分析和阐述：

一种观点认为，科学发展观的内涵包括如下五个方面的内容：(1) 民本发展，即新世纪中国经济社会的发展必须坚持以民为本，这是发展的根本要求；(2) 全面发展，即新世纪中国的发展必须涵盖整个社会的各个领域，这是发展的多元内容；(3) 协调发展，即新世纪中国的经济社会发展要保持发展的不同领域、不同方面、不同要素、不同要求的相互适应、有机配合、优势互补与彼此促进，这是发展的基本原则；(4) 可持续发展，即新世纪中国的经济社会发展同人口、生态、环境与资源相互适应，这是发展的重要体现；(5) 统筹发展，即新世纪中国的发展必须遵循统筹城乡发展、统筹区域发展、统筹经济社会发展、统筹人与自然和谐发展、统筹国内发展和对外开放的要求，这是发展的战略指导。①

另一种观点认为，科学发展观主要解决了以下四个方面的问题：(1) 对于“什么是发展”做出了科学的回答；(2) 对于“为什么要发展”做出了科学分析；(3) 对于“怎样才能发展”做出了科学的探索；(4) 对于“怎样评价发展”做出了科学判断。②

还有一种观点认为，科学发展观的内涵十分丰富，包括发展的本质和目的、发展的中心、基本内容和根本要求等。科学发展观要回答的问题有：要不要发展，为谁发展，发展什么，怎样发展，往哪里发展等问题。具体来说就是：(1) 坚持以人为本是科学发展观的本质和目的，是回答“为谁发展”的问题；(2) 发展是科学发展观的主题，是回答“要不要发展”的问题；(3) 科学发展观还要回答“发展什么”的问题，包括经济、政治、文化、社会各个方面所要达到的目标、完成的任务；(4) 科学发展观要回答“怎样发展”的问题，这就是统筹兼顾、协调发展，基本内容主要

① 中央党校经济学教研部课题组．树立科学发展观要实现十个转向．中国党政干部论坛，2004 (1)．

② 庞元正．当代中国的发展实践与科学发展观．领导科学，2004 (6)．

是坚持“五个统筹”；（5）实现可持续发展，是科学发展观回答“怎样发展才能保持永续性”的问题。①

有些学者还从哲学的高度阐述了科学发展观的内涵。他们认为，“坚持以人为本，树立全面、协调、可持续的发展观，促进经济社会和人的全面发展”，这三句话是一个有机联系的整体，包含着深刻的哲理和丰富的内涵，是用马克思主义反思传统发展观的结晶，体现了马克思主义学说的精髓；这三句话还构成科学发展观的完整内容：第一句话是科学发展观的哲学基础或哲学指南，是它的灵魂，第二句话的三项要点是科学发展观的具体内容，第三句话是科学发展观的终极价值目标——人的全面发展。由上述三句话组成的科学发展观正是马克思主义的哲学、探讨社会经济发展规律的政治经济学、科学社会主义的精髓在当代中国建设社会主义波澜壮阔实践中的展开，马克思主义因此而精彩。②

总结起来说，科学发展观的基本内涵，包含以下三个方面的内容：(1）要坚持发展，发展是硬道理；（2）要坚持以人为本，促进人的全面发展；(3）要实现经济社会全面、协调、可持续发展。

首先，科学发展观的第一要义是发展。增强综合国力，改善人民生活，离不开发展；解决国内各种经济社会问题，保持社会稳定，离不开发展；坚持“一国两制”的方针，和平统一祖国，离不开发展；维护国家主权及领土完整，离不开发展。历史与现实使中国人民认识到，中国的出路在于发展，中国的希望在于发展，中华民族的命运和社会主义的兴衰成败皆系于发展。正如温家宝同志所指出的：“离开发展，就无所谓发展观。坚持科学发展观其根本着眼点是要用新的发展思路实现更快更好的发展。发展是硬道理，这是我们必须坚持的一个战略思想。中国解决一切问题的关键在

① 吴振坤．牢固树立和认真落实科学发展观．理论学刊，2004（4）．

②《当代思潮》编辑部．时代的哲学 行动的指南——就“以人为本”有关问题答读者问．当代思潮，2004（6）．

发展。”①

其次，科学发展观的核心和本质是以人为本。以人为本就是一切从人民群众的需要出发，促进人的全面发展，实现人民群众的根本利益，这是科学发展观的本质规定。坚持以人为本，就是在坚持以经济建设为中心、推动经济社会不断进步中，始终坚持以人民的根本利益为目的和出发点，为每个人实现自我价值和生产要素的投入产出创造出一个公平竞争、机会均等的机遇，使他们促进社会经济发展的活力竞相迸发，使他们创造社会财富的源泉充分涌流。坚持以人为本，就要不断满足人民群众日益增长的物质文化需要，特别是要鼓励人们依法经营，勤劳致富，先富带后富，努力实现共同富裕。坚持以人为本，就要为充分发挥人的聪明才智创造良好的社会环境，特别是要努力营造尊重劳动、尊重知识、尊重人才、尊重创造的良好社会氛围，激发全社会的创造活力，推动社会不断进步。坚持以人为本，就要切实保障人民参政议政的权利，使人民当家做主。坚持以人为本，充分体现了我们党的宗旨和执政理念，客观上必然形成全体人民各尽其能、各得其所、和谐相处的社会氛围。

第三，科学发展观的基本内容是全面、协调、可持续发展。要实现经济社会全面、协调、可持续发展，就是要实现经济发展、政治发展、社会发展和人的全面发展的统一，实现经济社会与人口、资源、环境的统一，实现物质文明、政治文明、精神文明建设的统一。全面、协调、可持续发展作为科学发展观的基本内容是相互联系的整体。全面是指空间各方面都要发展；协调是指内部各个方的关系彼此要相互适应，相互促进；可持续是指时间的延续，强调发展进程的持久性、连续性和可再生性。② 只有坚持全面、协调、可持续发展，才能促进经济社会发展更加健康有序，各项社会事业蓬

① 温家宝. 提高认识，统一思想，牢固树立和认真落实科学发展观. 经济日报，2004-3-1.

② 李连仲. 我党又一个重大理论创新——充分认识构建和谐社会的深刻内涵. 经济日报，2005-2-21.

勃发展。

二、关于发展观的演进

对发展观演进的研究是加深对科学发展观的渊源和正确性认识的重要方面。自科学发展观提出以来，学术界对发展观演进的研究出现了新的热潮，对发展观经历了不同的发展阶段，科学发展观是发展观的最新发展阶段，以往的发展观皆产生于国外、只有科学发展观产生于中国等方面已达成共识，但对发展观的产生时期、演进阶段等，还存在不同的看法。

关于发展观的产生时期。一种观点认为，发展观的产生和形成源远流长，早在两三千年前，人类社会就对发展问题发表过一些观点，尽管这些观点还不系统，但却是现代发展观形成的基础。另一种观点认为，现代的发展观始于 20 世纪 40 年代，是由政治学家们提出，由法兰克福学派形成的“工业文明观”，也就是说，“工业文明观”的形成，标志着现代发展观的诞生。① 第三种观点认为，发展观是人类社会进入 20 世纪 40 年代后由发展经济学家提出的有关发展的一系列比较明确、系统的看法和基本观点。②

我们赞成第三种观点。人类自告别古猿以来就一直在发展，也在不断解决发展中的问题，但只是到第二次世界大战以后发展经济学产生的时候，才形成对发展的比较明确、系统的看法，才有了所谓发展观。在此之前，基本上只有财富增长或经济增长思想。比如重商主义者认为货币是财富的唯一代表，把金银与社会财富等同起来，形成了重商主义的财富增长观；重农学派批判了重商主义的财富增长观，认为财富的生产只能来自生产领域，强调经济增长的唯一源泉是农业，所谓社会财富就是从土地中生产出来的农产品；亚当·斯密、马尔萨斯及其以后的西方经济学代表人物马歇尔、凯恩斯等都把国民财富看成是物质财富，认为经济增长必然带来物质财

① 邓伟志．关于科学发展观的若干思考．求实，2004（11）．

② 简新华，曾宪明．论科学发展观的形成、贡献和落实．经济学动态，2005（1）．

富的增长和人类福利的增加。因此，无论是在古典学派还是新古典学派那里，存在的只是财富增长观或经济增长思想，系统的发展观还没有形成。到了第二次世界大战以后，一些殖民地和附属国相继获得独立，并迫切需要迅速改变贫穷落后状况。为此，一些经济学家纷纷著书立说，提出了各种各样的增长和发展理论，为发展中国家的经济发展出谋划策，同时也促使了一门新学科——发展经济学——的诞生。发展经济学以研究后进国家的经济增长与经济发展问题为己任，因而发展观就成为其核心内容之一。据此，我们认为发展观产生于20世纪40年代以后发展经济学产生之时。

关于发展观的演进阶段。发展观并非一成不变，而是随着社会经济发展的实践而不断演进的。但发展观的演进到底经历了哪几个阶段、有哪些有代表性的发展观，学术界有不同的看法。

一种观点认为，发展观经历了六个阶段的演进，形成了六类不同的发展观，即“工业文明观”→“增长极限论”→“可持续发展观”→综合发展观→“以人为中心”的发展观→科学发展观。①这种观点认为，现代的发展观始于20世纪40年代，由法兰克福学派形成的“工业文明观”。因为当时正值第二次世界大战，他们受战争影响，视军力为国力，继而又提出实力论，视GDP为发展的首要标志。因此，工业文明观简而言之是“发展=工业”，至多是“发展=经济”。第二阶段的发展观是于1969～1973年由罗马俱乐部学派提出的“增长极限论”。他们批判经济中心论，认为生态快到极限了，经济增长再过一百年也会到极限，于是提出了“经济+自然=发展”的思想。紧接着，由欧美一些经济学家组成的“新经济学研究会”又作了进一步的思考。联合国环境与发展委员会于1987年发表了题为《我们共同的未来》的长篇报告，首次提出了“可持续发展观”。作为发展观第三阶段的可持续发展观，简而言之是“经济+自然+社会=发展”。20世纪80年代，多学科介入发展观的研究，于是产生了综合发展观。至90年代，综合成了“经济+自然+社会+人=发展”。这是发展观的第四阶段。在

① 邓伟志. 关于科学发展观的若干思考. 求实，2004（11）.

第四阶段虽然加进了“人”，但是还没有十分突出人。在作为第五阶段重要标志的1995年的哥本哈根世界人口与发展会议上，着重提出了“以人为中心”、“发展的最终目标是全体人民”。这就是“以人为中心”的发展观。

另一种观点认为，发展观经历了四个阶段的演进：惟经济增长论→基本需要论→可持续发展论→人类全面发展论。这种观点认为，20世纪50~60年代是发展观的早期阶段，这一时期的发展观聚焦于经济数量上的扩张，迷恋GDP和工业化，这种惟经济增长论并没有保证社会政治和经济生活的进步，反而出现了一系列诸如贫富两极分化、贫困失业、产业结构失衡、资源配置效率低下、消费品短缺等负面效应。针对这些情况，一些学者严厉地指责经济增长至上论，认为发展的目标应是多维的，除了收入增加之外，还应包括就业增加、贫困减轻、分配公平和乡村发展。为此，国际劳工局提出了《世界就业计划》，世界银行提出了“基本需要战略”。这是发展观的第二阶段。与惟经济增长论相比，基本需要论具有明显的进步，但把发展仅仅定位于满足人类的基本需要是远远不够的。人、经济、社会与自然仍然处于脱节的状态，需要新的发展观加以整合。于是，20世纪80年代以来可持续发展观和人类全面发展观纷纷问世，这是发展观的第三、第四阶段。

还有一种观点认为，发展观经历了以下六个阶段的发展过程：(1) 发展经济学引出的发展观——经济增长论；(2)《增长的极限》表达的发展观——增长极限论；(3) 人与客观世界相协调的发展观——综合发展论；(4) 生态型资源循环利用——循环经济的发展观；(5) 围绕选择、权利与福利的发展观——以自由看待发展的发展观；(6) 面向后代与未来的发展观——可持续发展观。

我们认为，从世界范围来看，发展观大致上经过了三个阶段的演进，形成了三类不同的发展观：GDP发展观（20世纪70年代以前）→新发展观，包括全面发展观、可持续发展观（20世纪70~

90年代）→科学发展观（新世纪）。①

第一阶段即20世纪70年代以前的GDP发展观。从第二次世界大战后发展经济学产生开始到20世纪60年代，早期发展经济学对发展的看法较为简单、片面，认为发展就是经济发展，并且把经济发展等同于经济增长，即GDP的增长，“经济规模的扩大、数量的扩张”。在这种发展观指导下制定的发展中国家的经济发展战略，都以工业化作为发展目标，片面追求GNP或GDP的增长。结果形成了“有增长无发展”的局面，造成贫富两极分化、人口爆炸、农业衰败、粮食不足、资源短缺、环境污染等许多经济社会问题。正是在这样的背景下，发展经济学对发展的看法开始转变，从而进入第二阶段。

第二阶段即20世纪70～90年代的新发展观，主要包括全面发展观、可持续发展观。面对第二次世界大战20年后发展中国家出现的“有增长无发展”的现象，发展经济学开始修正对发展的看法。最先对“增长即发展”的观点提出疑问的“罗马俱乐部”的学者们尖锐地指出，片面追求增长使人类陷入困境，主张实行“零增长”。随着20世纪70年代世界“石油危机”的大爆发，环境污染和粮食短缺的加剧，许多发展经济学家都开始意识到，发展不仅仅是指经济发展，还包括社会发展；发展的目的不只是收益最大化即经济效益，还要注重社会效益、生态效益；发展的内涵不单是经济增长，还有结构改善、资源和环境的保护、生活质量的提高、社会公平的实现。在此基础上，发展经济学提出了新发展观，首先形成的是“全面发展观”，即发展是包括经济增长和结构改善在内的以人为本的经济、社会、生态全面发展的观点。“可持续发展观”是20世纪80年代由联合国提出和倡导的最有影响的新发展观。1980年3月5日联合国大会向全世界发出呼吁：“必须研究自然的、社会的、生态的、经济的以及利用自然资源过程中的基本关系，确保全球的发展。”从此，联合国不断召开国际会议，通过宣

① 简新华，曾宪明．论科学发展观的形成、贡献和落实．经济学动态，2005（1）．

言，发表声明，在全世界大力提倡“既满足当代人的需要，又不对后代人满足其需要的能力构成危害的发展”，即可持续发展的新模式。可持续发展观是经济、社会发展与人口、资源、环境互相协调的、兼顾当代人和子孙后代利益的、能够不断持续进行下去的发展观点。在可持续发展观的指导下，联合国制定了人类发展指数（HDI）这个包括寿命、教育、收入分配的综合指标，还有学者提出了绿色 GDP 指标体系、循环经济发展方式。但是，无论是全面发展观还是可持续发展观，都没有全面、系统、综合地说明发展的本质、目的、内涵和要求，自然也就没有形成完整、准确的科学发展观。

第三阶段即新世纪中国提出的科学发展观。在跨入 21 世纪的时候，中国面对国际国内经济、社会发展的实际和前景，在深刻总结国内外发展问题上的经验教训的基础上，全面吸收和综合了人类社会发展研究的成果，提出了全面、协调和可持续的科学发展观。科学发展观既纠正了 GDP 发展观的错误，又克服了各种新发展观的不足，无疑是迄今为止最科学最正确的发展观。

从中国来看，在对什么是发展、为什么发展和怎样发展问题的认识上，也经历了一个逐步提高的过程。

在改革开放以前，虽然认识到社会主义的根本任务是发展生产力，但是在什么是发展上，把发展生产力主要看成工农业总产值的增长；在怎样发展上，总的指导方针是以阶级斗争为纲，强调政治挂帅，实际上把经济发展放在了次要的位置，甚至只算“政治账”，不算“经济账”，搞所谓“穷过渡”，实行的是重工业优先的赶超战略，片面追求增长的高速度，发展观和发展模式存在严重的缺陷。

改革开放以来，对发展的看法发生了很大的转变。首先是纠正了以阶级斗争为纲的指导方针，提出了以经济建设为中心的基本路线，制定和实施了新的经济发展战略，工作重心由政治斗争转向经济建设，强调一切经济工作必须以提高经济效益为中心。20 世纪 90 年代初，在苏联东欧发生剧变、中国改革和发展遭受严重挫折的关键时刻，邓小平提出“发展是硬道理”，充分肯定了发展的重要性，极大地提高了对发展的认识，坚定了一心一意谋发展的决心。随后，在继承、丰富和发展邓小平的发展观，更加全面、深刻和准确把握发展规律的基础上，纠正了“经济增长是硬道理”的偏差，进一步提出“发展是执政兴国的第一要务”，形成了科学发展观，随后又明确了发展的一个重要目标是构建社会主义和谐社会。

三、关于科学发展观提出的背景和依据

对科学发展观提出的背景和依据，学者们提出了各自的看法。

有学者认为，我国之所以提出科学发展观，主要是因为：(1) 当前我国经济、社会发展中存在着一系列需要解决的矛盾和问题。如城乡差距拉大、就业压力增加、区域差距扩大、资源短缺和生态环境遭到破坏、社会的发展明显滞后于经济的发展等。相对于我国经济的高速发展，社会领域的发展明显滞后，不能适应经济发展的要求，更不能适应人民对物质、文化生活改善的要求。(2) 全面建设小康社会目标，客观上要求我们转变发展观念。实现全面建设小康社会的目标，难点在农村，特别是在中西部地区的农村。在城市里也有两三千万居民的生活水平较低。怎样才能让城市和农村中生活困难的群众过上小康生活，充分享受到改革和发展的成果？这是全面建设小康社会的重要任务。全面建设小康社会的要求不光是追求 GDP 的指标，它还应包括社会的发展、环境的改善、文化生活和精神道德水平的提高，推动物质文明、精神文明和政治文明的全面发展。按照全面建设小康社会的目标和要求，需要我们转变过去的发展观念。(3) 以往的各种经验教训促使我们实施新的战略决策。在新中国成立 50 多年来的发展历程中，我们有一些比较成功的经验和做法，如建立社会公共卫生体系、加强农村义务教育等，然而这些好的做法却在体制转轨过程中有所流失。过去由于过多地注重经济增长的速度，付出了很大代价，造成资源大量消耗、环境严重污染、生态进一步恶化。所以，我们要总结历史的经验教训，按照全面、协调、可持续的发展观的要求来做。(4) 我国目前经济发展的水平使我们有条件解决过去想解决而解决不了的问

题。许多社会发展问题，如科技进步、教育发展、环境治理、生态改善等，都需要大量资金投入。过去在温饱问题还没有得到解决的时候，我们不得不把主要精力放在增加供给，满足人们最基本的物质生活需求上，其他方面很难顾及。经过20多年的改革发展，我国已基本实现了小康，国家的财力和经济实力有了明显增长，已经有条件、能力解决过去想办而没有办成的事情。①

也有学者认为，非典疫情的发生以及抗击非典的斗争是科学发展观形成和提出的一个重要的、直接的因素。② 2003年4月突如其来的非典疫情给我们提出了一个重要的问题，这就是：我们在推动经济增长和人民生活水平提高的同时，还要搞好公共卫生、教育等各方面工作。如果经济增长和社会发展“一条腿长、一条腿短”，社会发展的滞后必将反过来影响经济增长。因此，在取得抗击非典的决定性胜利后不久，党中央就提出要贯彻经济社会协调发展、城乡协调发展、区域协调发展、人与自然和谐发展的方针。另外，从更深远的角度看，树立和落实科学发展观是中华民族坚持和平振兴发展道路的内在要求和重要保证。世界历史证明，一个大国的崛起往往要对旧的国际秩序造成冲击。一些大国的教训告诉我们，通过战争扩张或冷战对抗的形式来改变世界格局和国际秩序，往往遭致失败，我们不能走这样的道路。改革开放以来我们走了一条和平崛起的发展道路，新世纪我们要在世界上进一步高举和平与发展的旗帜。走和平崛起的道路需要解决一系列问题，比如，发展要消耗大量资源，就要从外面引进资源。如何做到在发展中，既利用好世界的资源，又保证世界经济秩序的稳定。出路无非是两条：一是参与经济全球化，既利用国内资源，也利用世界资源，以解决我们的资源短缺问题；二是转变经济增长方式，依靠科技进步，降低能耗和资源的消耗，尽可能节约利用各种资源，减少对世界资源市场的冲击。

---

① 王永前. 权威专家纵论科学发展观. 半月谈，2004 (4).

② 余昌森. 科学理解、切实落实科学发展观——“树立和落实科学发展观”理论研讨会综述. 中国党政干部论坛，2004 (5).

以上分析表明，科学发展观的提出，决不是偶然的，也不仅是一种良好愿望、主观要求，具有深刻的必然性和客观的依据。从国际背景和经验教训来看，经济知识化、信息化、全球化和竞争激烈化，人口、资源、环境问题的严重性，少数国家全面、协调发展的成功经验，大多数国家“有增长无发展”、“高消耗高污染”、“先污染后治理”、贫富悬殊、社会矛盾尖锐、民族冲突、政治动荡的深刻教训，都要求树立以人为本，全面、协调和可持续的科学发展观。从中国的国情和面临的任务来看，共同富裕的社会主义最终目标，达到人均1 000美元以后面临的两种不同的发展前景，严重的“三农”问题、就业问题、内需的不足、收入差距的扩大、资源的短缺、水土的流失、土地的沙化、环境的污染、产业结构的不优化、城乡结构的不合理、地区结构的不平衡、弱势群体的困难、社会稳定的保持等问题的有效解决，更是迫切需要树立科学发展观、转换增长方式、改变发展模式和调整发展战略。

四、关于科学发展观的贡献和意义

不少学者都认为，科学发展观的贡献和意义主要表现在以下几个方面：（1）科学发展观蕴涵着马克思、列宁、毛泽东、邓小平和“三个代表”重要思想关于发展的思想，是对马克思主义发展观的继承与发展，开辟了马克思主义发展观的新境界，具有十分重要的理论意义；（2）科学发展观是我国全面建设小康社会和实现现代化的新的指导思想，也是发展理论史上的又一次飞跃；（3）科学发展观吸取国际发展经验，顺应世界发展潮流，实现了意识形态的重大转型；（4）科学发展观正确地认清现实社会主义事业发展的历史阶段、制度环境和中心任务，进一步明确社会主义事业发展的全面要求和人本效益；①（5）科学发展观是对发展本质的新揭示、发展主体的新阐述、发展内涵的新界定、发展规律的新探索、发展目的的新认识，是对马克思主义发展观的继承与创新。

---

① 鲁从明. 马克思的发展理论与当今社会主义新的科学发展观. 中共中央党校学报，2004（2）.

上述对科学发展观贡献的论述无疑都是正确的。我们认为，科学发展观的贡献主要表现在两个方面：一是理论贡献，尤其是对发展理论的贡献；二是实践贡献，即科学发展观指导发展实践的功能。下面我们着重论述科学发展观对发展理论的贡献。

发展观理应是发展经济学的基本概念和核心内容，但大多数发展经济学的论著没有明确提出发展观的概念，更缺乏对科学发展观的研究和论述。法国学者弗朗索瓦·佩鲁虽然写了一本名为《新发展观》的书，但他没有明确界定发展观的内涵，其“新发展观”也只是一种“总体的、内生的、综合的”发展观，缺乏统筹协调、可持续发展的重要内容，还没有提出完整、准确的科学发展观。因此，全面、协调、可持续的科学发展观的提出，创新了发展的观念，丰富了发展经济学的内容，弥补了发展理论的不足，主要表现在：

第一，科学发展观在发展的总体看法上完善了发展经济学。

对发展的本质、目的、内涵和要求的理解是发展观的主要内容。长期以来，发展经济学对发展的看法，虽然不断演进，逐步走向完善，但一直存在缺陷，始终没有明确地提出完整的科学发展观。GDP发展观不以人为本，缺乏全面、协调和可持续发展的内容；全面发展观没有明确提出可持续发展的要求；即使是可持续发展观也存在没有强调经济、社会和人的全面发展及经济、社会协调的不足。科学发展观则正确地指出发展的本质是“以人为本”，发展的根本目的和内涵是“经济、社会和人的全面发展”，发展的基本要求是“全面、协调和可持续”，使人类社会对发展的认识更为完整、准确和深刻，无疑是发展经济学的最新发展和突出贡献。

第二，科学发展观在发展的方式上充实了发展经济学。

科学发展观不仅在什么是发展和为什么发展方面完善了发展经济学，而且在怎样发展问题上也发展了发展经济学。尽管发展经济学曾经先后总结和提出过初级产品出口、进口替代、出口导向、轻工业优先发展、重工业优先发展、产业平衡发展、产业不平衡发展、可持续发展等多种多样的发展道路、发展模式和发展战略，其中不少也在某些国家的发展中曾经发挥过一定的作用，取得过一定的成效，但始终没有提出更为完整和合理的发展道路或发展战略。在如何正确处理工业与农业、城市与农村、区域经济发展、经济与社会、国内发展与对外开放、人与自然和谐发展等一系列发展的重大关系和问题上，往往缺乏全局观、总体观、协调观，存在重大缺陷。不是突出工业化而轻视农业发展，注重城市而忽视农村；就是强调地区不平衡发展而轻视区域经济协调发展，重视地区和产业均衡发展而忽视其它方面的统筹协调发展；还有的是注重外向型经济发展而忽视内向型经济发展，或者是肯定自力更生而否定对外开放；即使是提出了可持续发展模式，更多地强调的也是社会、经济发展与人口、资源、环境的协调，也没有提出全面统筹兼顾、协调发展的模式。科学发展观克服了这方面的缺陷，提出了完整的统筹兼顾、协调发展模式，强调发展必须正确处理“七大关系”、实行“五个统筹”，充实了发展经济学关于发展方式的理论。

以上说明，科学发展观在什么是发展、为什么发展和怎样发展问题上，全面发展了发展经济学。

五、关于科学发展观的落实

科学发展观是迄今为止最科学最正确的发展观，但要真正树立尤其是切实贯彻落实，却并非易事。怎样落实科学发展观是科学发展观研究最重要，也是最难的问题，社会各界都进行了广泛的研究，归纳起来说，主要包括以下几个方面：

第一，落实科学发展观，必须树立正确的政绩观。科学发展观的落实，虽然需要广大人民群众在思想上理解、在行动上遵循，但更重要的是各级党政领导干部必须真正树立和切实贯彻。树立以科学发展观为指导的正确的政绩观是领导干部真正树立和切实贯彻科学发展观的关键。政绩观是关于党政领导干部工作绩效大小和优劣的基本看法，是党政领导干部工作的指南。发展观与政绩观紧密相关，发展观是政绩观的核心，政绩观必须以发展观为基础、与发展观相适应，政绩观又是发展观的保证。没有正确的政绩观，科学发展观无法得到贯彻落实。因此，真正落实科学发展观必须树立正确的政绩观。

我国的政绩观长期存在严重的缺陷，虽然改革开放以来已由“以阶级斗争为纲”的“斗争即政绩”的政绩观，转变为“以经济建设为中心”的“发展即政绩”的政绩观，但由于发展观上的偏差，政绩观仍然存在由“增长即发展”的观点决定的“GDP增长即政绩”的不足。从根本上来说，政绩必须体现为发展，最终要为人民造福。发展应是经济社会的全面发展、协调发展和可持续发展；政绩应是党政领导干部为实现这样的发展而创造的成绩。正确的政绩观必须用全面的、实践的、群众的观点看待政绩。衡量干部政绩的大小和优劣，最根本的是看人民群众拥护不拥护、赞成不赞成、高兴不高兴、答应不答应。树立正确的政绩观，落实科学发展观，必须视人民利益重如山，大兴求真务实之风。想事情、办事情、作决策，必须坚持一切从实际出发，符合中国现阶段国情，既要积极进取，又要量力而行，不追求脱离实际的高指标，不盲目攀比；必须坚持深入实际，察实情，讲实话，办实事，求实效，珍惜民力，不虚报浮夸，不做表面文章，不搞劳民伤财的“形象工程”；必须立足当前，着眼长远，不急功近利。还必须推进和深化制度改革与创新，建立和完善政绩评价标准、考核制度及奖惩制度，形成合理有效的激励、监督、约束机制，为树立和落实正确的政绩观提供制度和机制保证。

第二，落实科学发展观，必须树立正确的改革观。不仅树立和落实正确的政绩观需要相应的制度和机制保证，而且落实科学发展观、真正实现全面、协调和可持续的发展，也需要相应的制度和机制保障。旧的经济、政治体制与传统的发展观相适应，新的发展观则必须改革旧体制，建立和完善与实现全面、协调和可持续的发展相适应的经济、政治体制。体制改革要顺利有效地进行，又需要树立正确的改革观。因此，落实科学发展观也就需要树立正确的改革观。改革观是关于改革的性质、目标、内容、原则及方式的总体看法和根本观点。我们认为与科学发展观相适应的正确的改革观，应该是坚持社会主义方向、以社会主义市场经济体制为目标模式、全面、协调、渐进的改革观。

第三，落实科学发展观，必须树立正确的开放观。在经济全球化时代，每个国家都要发生对外经济联系，参与国际分工和竞争，开展国际贸易和投资，要真正实现全面、协调和可持续的发展，都必须正确处理国内外关系，合理地实行对外开放，有效地利用国内外两个市场、两种资源。处理好国内发展同对外开放的关系，统筹国内发展和对外开放，是科学发展观的要求。实现国内发展与对外开放的统筹协调，又需要合理地实行对外开放。树立正确的开放观则是合理地实行对外开放的前提。因此，落实科学发展观还需要树立正确的开放观。开放观是关于对外开放的目的、内容及原则要求的总体看法和根本观点。我们认为与科学发展观相适应的正确的开放观，应该是立足本国发展、发挥比较优势、形成竞争优势、自力更生与对外开放相结合、引进与创新相结合、注重质量和效益、全方位、多层次、多形式、多渠道、多元化、双向的开放观。必须防止和克服过分依赖外国、忽视壮大民族经济、片面追求引进资本和技术的数量、重引进、轻吸收和创新、重西方发达国家、轻其他国家、重“引进来”、轻“走出去”的偏向，全面提高对外开放水平。

第四，落实科学发展观，必须优化经济结构，转变增长方式。实现以人为本、全面、协调、可持续发展的社会，必然是资源节约型和环境友好型社会。建设资源节约型和环境友好型社会，又必须调整以资源消耗型和环境污染型为主导的不合理的产业结构，使经济结构优化升级，把粗放型的增长方式转变为集约型的增长方式，以降低资源消耗，减少和防止环境污染。

第五，落实科学发展观，必须发展循环经济。循环经济是指在资源投入、企业生产、产品消费及废弃物处理的全过程中，充分利用现代科学技术，把传统依赖资源消耗增长的经济，转变为依靠生态型资源循环来发展的经济。这是一种在传统工业经济的资本循环、劳动力循环基础上，强调自然资源也应该形成循环的一种新的发展模式。循环经济的基本原则是“减量化、再使用、可循环”。减量化是指在生产投入端尽可能少地消耗资源；再使用是指尽可能延长产品的使用周期；可循环是指最大限度地减少废弃物排放，力争排放无害化，实现资源的循环利用。传统的工业经济发展模式呈

“资源→产品→废物和污染排放”的线性特征，经济发展速度越快，付出的资源环境代价越大，最终将丧失发展的基础和后劲。而循环经济则改变了线性发展模式，呈现出“资源→产品→再生资源”的技术特征，以最小的资源和环境成本，取得最大的经济社会效益。因此，发展循环经济是落实科学发展观的最有效的方式。

（原载《经济研究资料》2005 年第 11 期，《北京日报》2005 年 3 月 7 日、中国人民大学书报资料中心《体制改革》2006 年第 3 期、经济科学出版社 2006 年 4 月出版的《马克思的发展理论与科学发展观》部分或全文转载，与曾宪明合写）

科学发展观下的经济增长越快越好

如何正确评估和对待中国宏观经济快速增长的趋势，已经成为国内外经济界关注的一个热点问题。有“恢复性增长论”，有“正常论”，有“宏观经济形势大好论”，等等。究竟应该怎样判断当前的宏观经济形势呢？我认为，新世纪中国经济已经进入了高速增长的新阶段。

经济发展的国际经验表明：工业化中期、城市化加速发展时期以及人均 GDP 达到 1 000 美元的时期，都是经济高速增长时期。从新世纪开始，中国进入全面建设小康社会的新阶段，面临实现工业化和城镇化的双重任务，正好处于符合这些标准的时期，巨大的潜在需求必将极大地推动经济快速增长。因此，去年以来的经济高速增长是必然的，而且能够保持下去。一方面，我们用不着大惊小怪，更没有必要害怕；另一方面，对发展中出现的结构性矛盾要正确应对。

科学发展观指导下的经济增长越快越好。但是，一定要以人为本，实现全面、协调、可持续的发展。当然，经济增长也不是无条件地越快越好。如果高增长伴随的是高消耗、高污染、高浪费，就是低效率、不合理，也是不可能持续的增长，对此必须进行调控和降温。

当前的宏观经济形势是高增长中有冷有热。从总体上看是增长较快；从产业结构上看，则是有热有冷。有的产业如钢铁、水泥、电解铝等投资过多、增长过快，重复建设严重，属于过热产业。有的产业如能源、交通、基础设施等投资较多、增长较快，属于该热的产业。有的产业如农业、服务业、高新技术产业、装备制造业等投资仍不足、增长还不快，属于偏冷的产业。

面对这种现状，我认为：过热的降温、该热的保温、偏冷的升温，统筹兼顾、区别对待、有保有压、实现协调发展。

（原载《湖北日报》2004 年 7 月 13 日）

地区经济发展

工业化和城市化：长江流域经济发展的机遇和挑战

中国是典型的具有二元经济结构的国家，先进的城市与落后的农村并存，长江流域繁荣的下游地区与贫穷的中、上游地区并存，使其成为中国二元经济的缩影，是典型中的典型。21世纪实现社会主义现代化的宏伟目标，就是要实现二元化结构一元化，转变为现代经济。实现这个转变的关键是工业化和城市化。

一、工业化和城市化为长江流域经济发展带来机遇

中国工业化和城市化实现的过程，也就是长江流域经济腾飞的过程，给长江流域经济发展创造了许多有利的时机和条件。

第一，工业化为长江流域发挥工业优势提供了大好时机。长江流域是中国工业基础最好最大的地区，下游的上海既是最大的老工业基地，又是新兴工业的龙头；中、上游的武汉、重庆等则是重要的传统工业特别是重工业的基地。全国加速工业化，正好为充分发挥长江流域的工业优势开辟了广阔的用武之地。

第二，工业化和城市化为长江流域发挥交通优势创造了有利机会。经济发展，交通先行。长江是“黄金水道”，一直没有充分开发利用；长江中、下游是中国交通比较发达的地区。加速工业化和城市化，会大量增加交通运输的需求，使有利的交通条件得到更好的利用，必将带动长江流域经济更快的发展。

第三，工业化和城市化为长江流域经济发展扩大资金来源、市

场需求和就业机会。三峡工程的兴建和上海浦东的开发开放是中国工业化的重大举措，是最大的投资项目，为长江流域经济的发展创造极有利的条件。三峡工程和浦东开发都需要大量原材料和设备，需要大量的劳务和必需的工作及生活条件，必将极大地增加对生产资料、生活资料的需求和就业机会。长江流域是中国城市特别是大城市是最多的地区，大量增加长江流域的资金投入、市场需求和就业机会，必将加快长江流域经济的发展。

二、工业化和城市化对长江流域经济发展提出挑战

工业化和城市化进程的加快，虽然为长江流域经济的发展提供了有利条件，但也使长江流域面临各种严重的困难和问题。

第一，就业问题严重。长江流域是中国人口密度最大的地区，也是农村剩余劳动力最多的地区，农村人口非农化和城市化的任务十分艰巨。国有企业富余人员的数量也相当多。因此，长江流域在工业化和城市化过程中，必须特别注意广开就业门路，重视大力发展劳动密集型产业，尤其是第三产业，不能只看重资本密集型产业和技术密集型产业的发展。

第二，自然资源相当缺乏。长江流域除了水力资源得天独厚、人力资源十分丰富之外，其它资源大多数相当缺乏，尤其是煤、铁、石油等自然资源更是严重不足，远远赶不上工业化和城市化的需要。因此，长江流域在工业化和城市化过程中，必须花大气力开源节流。一方面想方设法利用外地资源，另一方面努力开发和运用节约资源的技术，加强经营管理，降低资源消耗，提高资源利用效果。

第三，环境治理任务艰巨。长江流域在工业化和城市化过程中，必须执行边发展、边保护的方针，努力保护生态环境和自然资源，特别要注意长江上游的水土保持，长江沿线的工业废水和城市污水的防治，保护好长江这条母亲河。

三、可持续发展要求工业化与城市化进程适度同步

在工业化和城市化进程中，长江流域要抓住机遇，战胜困难，

必须实施可持续发展战略。长江流域要实现可持续发展，又必须走工业化与城市化适度同步发展的道路。由于长江上、中、下游地区差别巨大，使得工业化与城市化适度同步发展，必须采取不同的做法。比如，下游地区农村工业化的主要任务不再是数量扩张，而是乡镇企业的第二次创业，上档次、上水平、上规模；中、下游地区农村工业化的主要任务则是大力发展乡镇企业，同时注意提高起点。但是，整个长江流域都要改变城市化滞后于工业化的状况，使乡镇企业适当集中，防止遍地开花、过于分散，使小规模、低水平、分散的农村工业化过渡到适度规模、高水平、适当集中的农村工业化。

（原载《中国三峡工程报》1998 年 3 月 12 日）

湖北省全面建设小康社会人口发展战略研究

21 世纪头 20 年，中国经济社会发展的总目标是全面建成小康社会。中国全面的高水平的小康社会，必须在科学发展观的指导下才能真正建成。全面的高水平的小康社会要实现人与人、人与社会、人与自然的和谐，有效解决各种人口问题，使人口得到合理的发展，让十几亿人过上更加殷实的生活。科学发展观以人为本，以实现人的全面发展为最终目的，要求经济社会发展与人口、资源、环境协调。科学发展观的落实，小康社会的建设，目的在人，关键也在人。有效解决各种人口问题，使人口得到全面合理的发展，首先必须制定和实施正确的人口发展战略。本报告正是我们研究全面建设小康社会新阶段湖北省人口发展战略的成果。本报告按照科学发展观和建设小康社会的要求，在各个子课题深入研究的基础上，从总体上综合分析湖北省人口现状和问题，提出湖北省人口发展的战略目标和对策建设，以促进湖北省人口的健康发展。

一、湖北省人口发展的形势和挑战

正确认识湖北省人口发展的现状和问题，科学地分析和预测未来人口发展的趋势，是制定合理的人口发展战略的前提。

1. 湖北省人口发展的现状和趋势

所谓人口发展，是指人口数量的合理变化、人口素质的提高和结构的改善。湖北省人口发展的现状和趋势，也就是湖北省人口数量、素质和结构等主要方面的现状和变化趋势。

（1）湖北省人口数量的现状和趋势。人口数量主要包括人口的总量规模、增加量和增长率。据湖北省统计公报，2004 年湖北省总人口为 6 016.1 万人，总人口增长 14.4 万人；出生 50.6 万人，出生率为 8.43‰，自然增长率为 2.4‰，人口低生育水平保持稳定。本课题组依据 1990 年以来人口普查和抽样调查的资料，按照高、中、低三套生育水平和高、低两种死亡水平的参数设定交叉生成六套预测方案进行预测，认为其中生育水平居中、死亡水平偏高的预测方案可能最接近我省人口发展的实际。按本课题组的研究预测，从现在到 2019 年以前，湖北省人口将继续缓慢增长，年平均增长率为 3.16‰，预计总人口在 2019 年达到峰值，为 6 544 万人，到 2020 年开始下降，总人口将为 6 540 万，将比 2004 年增加 500 多万人。

（2）湖北省人口素质的现状和趋势。人口素质包括人口的身体素质、文化科技素质和思想道德素质，可用人均寿命、婴儿死亡率、出生缺陷发生率、文盲率（识字率）、人均受教育程度、科技人员比率、刑事犯罪发案数、青少年犯罪率、吸毒人数比重等构成的指标体系衡量。这里主要采用人均预期寿命、出生缺陷发生率、人均受教育年限、文盲率来说明湖北省人口素质的现状和趋势。

①人均预期寿命。根据国家统计局发布的第五次人口普查资料以及统计年鉴中的数据，2000 年湖北省人口的人均预期寿命是 71.08 岁，居于全国的中等水平，离全面建成小康社会的全国目标值 72 岁还差 0.92 岁，预计 2020 年至少将达到 72 岁，有可能会超过。

②人均受教育年限。2000 年湖北省人均受教育年限是 7.85

年，也是处于全国的平均水平，离全面建成小康社会的全国目标值9年还差1.15年，预计2020年至少应达到9年，有可能会超过。

③文盲率。2000年湖北省文盲和半文盲人口总数为5 016 818人，占总人口的比例达8.9%，预计2020年将基本消除文盲和半文盲。由于2000年的文盲率从1990年的15.79%下降到了8.9%，降低了6.89个百分点，而全面建设小康社会期间，经济发展和教育事业发展的水平会更高，由此，预计2020年文盲率将降到1%左右。

④出生缺陷总发生率。湖北省以医院为基础的监测结果显示，2001年湖北省出生缺陷总发生率为8.35‰，低于2000年全国的平均水平10.99‰。从1986年到1998年湖北省12年间出生缺陷发生率变动的情况来看，时高时低，也没有显现出下降趋势，但考虑到全面建设小康社会阶段，经济发展和人民生活水平将会有较大提高，医疗保健事业也会有较大的发展，所以预计到2020年湖北省出生缺陷发生率将有所下降。由于吸毒、艾滋病、婚姻、性生活等多种复杂因素的影响，可能不会下降很多。

（3）湖北省人口结构的现状和趋势。人口结构主要包括人口的性别结构、年龄结构、劳动力结构、就业结构、空间分布结构、知识结构、贫富结构等。这里主要从出生婴儿性别比、学龄人口构成、劳动年龄人口构成、老龄人口构成和人口城镇化率等几个方面，说明湖北省人口结构的现状和趋势。

①出生婴儿性别比。根据第五次人口普查的资料，2000年湖北省出生婴儿男女性别比高达128.18，超过117.69的全国水平10.49个百分点，超过公认的103～107的正常标准则达21个百分点以上。近几年加大出生人口性别综合治理力度，虽然有所下降，但仍然过高。按本课题组的研究预测，考虑到全国各级政府高度重视性别比失衡现象，正在采取多种措施进行综合治理，再加上社会保障制度的逐步健全、生育观念的转变等因素的作用，2020年湖北省出生婴儿性别比将趋于正常值，下降到107.24。

②学龄人口构成。根据第五次人口普查和《湖北省统计年鉴》（2004）的资料，湖北省学龄人口构成情况，即各组人数和占全部

人口的比重，2000 年学龄前儿童组（0～6 岁）是 389.57 万人、占 6.54%，小学年龄组（7～12 岁）是 679.34 万人、占 11.4%，初中年龄组（13～15 岁）是 375.84 万人、占 6.31%，高中年龄组（16～18 岁）是 328.04 万人、占 5.5%，大学年龄组（19～22 岁）是 375.15 万人、占 6.29%，学龄年龄组合计是 2 147.94 万人、占 36.04%；2003 年则分别为 343.68 万人、5.72%，485.59 万人、8.09%，385.67 万人、6.42%，375.31 万人、6.25%，427.11 万人、7.11%，2 017.28 万人、33.59%。按本课题组的研究预测，2020 年湖北省学龄人口各组的人数和比重构成情况将分别是 483.77 万人、7.4%，541.86 万人、8.29%，217.81 万人、3.33%，161.32 万人、2.47%，194.31 万人、2.97%，1 599.07 万人，24.46%。

③劳动年龄人口构成。根据湖北省统计局的资料和本课题组的研究预测，湖北省劳动年龄人口（男 16～59 岁，女 16～54 岁），2000 年为 3 838.21 万人；以后逐年增加，到 2009 年达到最大，为 4 284.68 万人；2010 年略降，为 4 281.45 万人；2020 年则进一步下降为 3 882.91 万人，仍高于 2000 年，多出 44.7 万人。

④ 老年人口的构成。根据湖北省统计局的资料和本课题组的研究预测，湖北省老年人口的构成状况及老龄化的趋势是，2003 年湖北省 60 岁及以上老年人口占总人口的比重达到 10.35%，有 621.18 万人，65 岁及以上老年人口占总人口的比重达到 7.07%，有 424.32 万人，两项指标均达到老年型社会的标准值，标志湖北省在 2003 年进入老年型社会。在全面建设小康社会阶段，随着经济发展水平的提高，低生育水平的稳定、人民生活的改善和农村剩余劳动力向东部地区的转移，湖北省人口老龄化的趋势将保持，甚至可能加快，到 2010 年 60 岁及以上老年人口将达到 798.02 万人，占总人口的比重将上升为 12.72%，湖北省人口将严重老龄化。

⑤人口城镇化率。根据《中国人口统计年鉴》（2003）的资料，湖北省人口的城镇化率是 40.22%，高于全国 36.09% 的平均水平。按照本课题组采用联合国法对 2000～2020 年间湖北省城镇化水平预测的结果，随着工业化的推进、城镇化的加速，湖北省城

镇化的水平将不断提高，2010 年将达到 52.60%，2020 年将达到 64.71%。

2. 湖北省人口与计划生育工作的成绩和经验

2000 年以来，湖北省人口与计划生育工作取得了新的成绩。

（1）五年累计比计划少生 135.08 万人。据湖北省统计局公布的数据，2000～2004 年，湖北省共出生人口 260.52 万人，比计划出生人口少 135.08 万人，年年圆满完成国家下达的人口计划。

（2）近年来各项应该上升的指标在全国排位全面上升。湖北人口出生率和自然增长率在全国的排位由 1997 年的第 16 位升至 2004 年的第 7 位，7 年上升 9 位。符合政策生育率由 1997 年的 88% 升至 2004 年的 94%，一孩妇女积存率由 1997 年的 39.53% 升至 2004 年的 48.66%。据“五普”资料统计，湖北省出生婴儿一孩率大幅上升到 75.19%，比“四普”上升 30.16 个百分点，在全国的排位与“四普”时期相比，一孩率由第 16 位升至第 10 位，二孩率由第 29 位升至第 11 位，多孩率由第 15 位升至第 11 位。

（3）近年来各项应该下降的指标普遍下降。2004 年与 1997 年相比，全省人口出生率由 14.81‰下降到 8.43‰，下降了 6.38 个千分点，自然增长率由 8.12‰下降到 2.4‰，下降了 5.72 个千分点，均为实行计划生育以来的最低水平；多孩率由 3.65% 下降到 0.79%，下降了 2.86 个百分点；总和生育率降至更替水平以下，2004 年为 1.2。

（4）近年来主要统计指标接近全国先进水平。与全国平均水平相比，2004 年湖北省人口出生率和自然增长率分别比全国低 4.56 和 3.47 个千分点，接近或达到全国先进水平（见表 1）。

表 1　**湖北省同一类省市的比较**　单位：‰

地区	出生率		自增率	
	2001 年	2004 年	2001 年	2004 年
全国	13.38	12.99	6.95	5.87
湖北	8.51	8.43	2.44	2.4

续表

地区	出生率		自增率	
	2001 年	2004 年	2001 年	2004 年
北京	6.1	6.1	0.8	0.7
天津	7.58	7.31	1.64	1.34
辽宁	7.74	6.5	1.64	0.9
吉林	8.76	7.39	3.38	1.76
黑龙江	8.48	7.27	2.99	1.82
上海	4.3	6.0	-2.7	-1.2
江苏	9.03	9.45	2.41	2.25
浙江	10.02	10.71	3.77	4.95
山东	11.12	12.5	4.88	6.01

（5）近年来主要人口统计指标超过周边省份。湖北省人口出生率、自然增长率、出生统计漏报率由过去的高于周边有些省份，赶超到现在的大部分低于周边省份（见表2）。

表2　　湖北省同周边省的比较

地区	出生率		自增率	
	2004 年	1997 年	2004 年	1997 年
湖北	8.43	14.81	2.4	8.12
河南	11.67	13.97	5.2	7.67
安徽	11.62	15.80	6.12	9.30
湖南	11.89	12.59	5.09	5.60
陕西	10.59	13.91	4.26	7.62

（6）全省如期基本实现“三为主”工作目标，整体工作上升到一个新水平。全省计划生育村（居）民自治率达到70%以上，

有80%以上的村建成计划生育合格村，各县（市、区）均达到“三为主”合格标准，并有一批县（市、区）达到先进、示范标准。全省共有20多万对农村一孩夫妇主动放弃二孩生育指标。

(7)人口控制工作所带来的社会经济效益达到了新的高度。与计划数相比，近5年累计少生135.08万人，按城乡平均每人每月150元最低生活保障费抚养到16岁计算，共可为社会节省抚养资金389亿元。如考虑就医、教育、交通、就业等因素，社会经济效益更显著。仅以小学教育为例，少生135.08万人，按目前小学规模和教师负责的学生比例计算，可少建4 600多所小学，少用50 000多名小学教师。

(8)计划生育投入大幅增长，基层装备数量大大增加，工作条件大为改善。1997～2003年，全省累计投入计划生育事业费22.41亿元，年均递增18.98%，2003年人均达到7.46元。省里通过政府采购为所有市、县级计生部门配备计算机、宣传设备，装备一辆业务车，为县级服务站配备了30万～40万元的医疗技术设备，为所有乡镇计生办、服务站配备计算机和医疗技术设备4 789台/套。到2003年全省已建市、州级计生服务站11个，占应建数的91.67%；建县级服务站105个，占应建数的100%；建乡级服务站1 019个，占97.14%。其中，2001～2003年新建78个，扩建108个，改建102个，新增固定资产投资6 690多万元，新增业务用房面积6.77万平方米。

近几年来，湖北省在人口与计划生育工作中，不仅取得了较大的成绩，而且积累了八条基本经验。

一是必须以科学理论为指导。近几年来的计划生育实践证明，必须始终以中央三代领导集体人口思想统领人口与计划生育工作，把“三个代表”重要思想和科学发展观的要求贯穿到人口与计划生育工作的各方面和全过程，作为新时期人口计划生育工作的强大动力和思想武器，才能保证人口与计划生育工作全面、协调、持续、健康发展。

二是必须以人民群众为主体。在确立工作思路、明确工作任务、制定政策规定、落实管理措施、进行各项改革、开展综合服务时，必须坚持以人为本，以人民群众满意不满意为衡量标准，以维护、实现和发展好人民群众的根本利益为出发点和落脚点，才能使人口与计划生育事业真正成为让人民群众满意和造福于人民的事业，人口与计划生育工作者才能成为新时期最可爱的人。

三是必须以宏观决策为保证。没有省委、省政府20多个关于加强计划生育工作的文件规定的制定、每年一次高规格的人口资源环境工作座谈会的持续成功召开和省级领导农村基层计划生育联系点的建立，就难以推动各级党委、政府坚持人口与发展综合决策，难以坚持党政一把手亲自抓、负总责，难以坚持政策推动、综合治理，难以坚持计划生育“一票否决权”。人口与计划生育工作在任何时期都必须加强宏观决策，才能确保认识、责任、措施、投入四到位。

四是必须以基层基础工作为基石。实现全省人口与计划生育工作“四步走”战略目标，必须突出以村为主，加快建立“党委、政府宏观决策+各部门齐抓共管+计生部门具体负责+广大群众积极参与”的综合治理模式、“依法建制+民主管理+优质服务+政策推动”的村（居）级计划生育工作模式、“属地管理+单位负责+居民自治+社区服务”的社区计划生育工作模式、“组织保证机制+管理约束机制+宣传教育机制+综合服务机制”的四制配套模式，坚持求真务实，狠抓统计质量，规范基层台账，发动群众举报，实行“三不”调查与考核，才能带动整个人口控制目标的实现，推动人口与计划生育事业的全面发展。

五是必须以转变观念为根本。在人口与计划生育工作中，必须牢固树立“创新”的观念、“优质服务”的观念、“依法行政”的观念和“以群众满意为根本标准”的观念，并紧紧围绕大宣传、大联合、大发展、出精品的总体思路，坚持把婚育新风进万家活动与社会化大宣传，与新型人口文化和生育文化建设，与精神文明建设，与提高妇女地位和少生快富奔小康相结合，才能从根本上转变广大干部的思想观念和广大人民群众的婚育观念。

六是必须以依法行政为准绳。必须认真贯彻执行国家“一法三规”，建立健全人口与计划生育法规体系，严格执行现行的生育政策，依法落实“七个不准”和“五个一律禁止”的规定，才能更好地在人口与计划生育领域实施“依法治国”方略，依法维护人民群众的合法权益。

七是必须以优质服务为途径。必须依靠科技进步，深入开展计划生育优质服务，启动避孕节育措施优质服务、出生缺陷干预、生殖道感染综合防治“三大工程”，为育龄群众提供安全、有效、适宜、方便的服务，才能更好地改善计划生育部门形象，密切党群干群关系，推动人口与计划生育工作健康发展。

八是必须以改革创新为动力。必须坚持把改革创新贯穿于整个工作的始终，以改革促发展，以发展推动改革，致力于建立“依法管理，村（居）民自治，优质服务，政策推动，综合治理”的人口与计划生育管理新机制和充满活力的干部人事管理新机制，才能有力地促进计划生育工作思路和工作方法的转变。

3. 全面建设小康社会面临的人口问题和挑战

近几年来，经过多方面的努力，湖北省人口发展和计划生育工作取得显著成绩，但与全面建设小康社会对人口的要求仍然存在差距，面临一些亟待克服和解决的困难问题。

（1）稳定低生育水平的难度较大。湖北省人口多、人均资源严重不足。2003 年全省人口为 6 001.7 万人，在全国居第 9 位，人口密度每平方公里 320 人，是全国平均水平的 2 倍以上；新中国成立初期湖北省人均耕地约为 2.2 亩，而到 2003 年已经下降为 0.76 亩，是全国平均水平的 1/2，世界平均水平的 1/6。这是严重制约湖北省经济社会发展的不利因素，极大地妨碍可持续发展的实现。因此，在全面建设小康社会阶段，湖北省必须保持低生育水平，严格控制人口总量的增长。但是，目前管理低生育水平的难度较大，一是群众的生育意愿与现行生育政策存在较大差距。湖北省近 20 万人的计划生育与生殖健康调查数据表明，育龄妇女平均期望孩子数为 1.68 个，有 55.8 % 的育龄妇女想生两个或更多孩子，仍高于政策生育的水平。二是现有低生育水平相对经济社会发展具有超前性。湖北省 2003 年人均 GDP 为 1 000 多美元，不足东部沿海省市的 50%，但生育水平却接近或达到全国先进水平，进一步控制人口增长的难度加大。三是进入低生育水平时间相对较短。湖北省的妇女总和生育率1990年以后才保持在更替水平（TFR=2.1）以下，进入低生育水平的时间相对较短，保持稳定不易。四是进入低生育水平主要是依靠行政措施。湖北省现有的低生育水平是在较短的时间内依靠强有力的政策控制和行政手段实现的，国家为此付出了巨大的代价，人民群众为此也作出了无私奉献，但是稳定低生育水平的条件并不充分，主要是湖北省经济发展水平较低，社会保障制度还不健全，群众在生产和生活中还存在不少困难的问题，传统生育观念还没有发生根本转变，仍然蕴藏着丰富的“生”机，积蓄着顽强的反弹势能，低生育水平很不稳定，稍有放松，刚刚降下来的来之不易的低生育水平就会发生反弹。五是新时期计划生育工作难度加大。由于多方面的原因，使得新时期计划生育工作面临更多的问题，更加难做。

（2）出生人口性别比失衡问题突出。出生人口性别比是否正常，直接关系到能否实现人口的均衡增长、可持续发展、保持社会稳定、形成合理的劳动力性别结构、提高社会分工效率。公认的出生人口性别比的正常值是103至107之间。湖北省从20世纪80年代末90年代初期开始，出生人口性别比出现偏高，1990年为109.44，略高于正常值，但低于全国111.75的平均水平。但随后连续攀升，1995年高达131.63，大大超出全国平均水平。近年来虽然有所回落，2000年仍高居128.18，仍然远远高于正常值和全国117.79的平均水平。出生人口性别比严重失衡已经成为不利于全面建设小康社会阶段湖北省人口发展的最大的难题之一。而且，综合治理出生人口性别比失衡的难度也很大，主要表现为：一是旧的传统观念转变困难。几千年形成的重男轻女、男尊女卑、养儿防老、传宗接代的封建思想依然存在，农村社会保障制度不健全，家庭养老仍是农村的主要养老方式，农村经济发展落后，男女经济收入性别差异性大，使得相当一部分人的男性生育偏好严重。二是管理措施难以落实。胎儿性别鉴定、B超管理存在漏洞，终止妊娠手术和药物缺乏监管、包保责任落实不够，孕情监测难以到位，加之人员流动频繁，外出人员的孕情更是无法掌握。三是对出生性别比治理的认识不足。对出生性别比治理工作的认识存在偏差：要么对出生性别比的严重性、危害性缺乏认识，没有引起普遍的、高度的重视；要么对出生性别比治理的长期性、艰巨性认识不足，操之过急，依靠简单的行政命令，缺乏科学的治理方法。四是综合治理力度不够。目前治理出生性别比的手段比较单一，部门和区域间配合不协调，利益导向不健全，对违规人员的处罚力度不大，完全依靠"人盯人"的防范措施，治理效果欠佳。五是违法案件查处不易。调查过程中取证难，由于进行胎儿性别鉴定和选择流引产的隐蔽性强，对象本人不承认，施术单位无记录、无人证，对于已经发生的非法进行选择性终止妊娠的事件认定难；查处过程中结案难，由于查处中涉及医疗卫生、药监、公安、纪检、监察、计生委等多个部门的协调配合，使得结案处理难。六是相关法律法规不完善。现行的治理出生性别比的地方性法则、政府规章、部门规章不健全，而且与国家的《行政许可法》存在不一致，都有待进一步完善，需要改进、协调。

（3）人口老龄化问题严重。人口老龄化是指老年人口在总人口中所占比例不断增长的过程，是生育率持续下降和平均预期寿命不断提高的产物。人口老龄化会对经济社会发展造成重大的影响。人口老龄化虽然是社会经济发展、人民生活水平普遍提高、医疗卫生条件改善和科学技术进步的结果，体现了社会的文明进步，也有利于促进老年市场的形成和老年产业的发展，但人口老龄化毕竟是人口非均衡发展的表现，不利的影响可能更多。如果人口老龄化程度较高，会造成劳动力短缺、社会养老负担沉重、社会资本积累减少；假若老年人的生活得不到保障，还会引起社会不稳定。衡量一个国家或地区人口老龄化的程度，国际上通常用老年人口比例作指标。当一个国家或地区 60 岁及以上人口占总人口的 7%，即意味着这个国家或地区人口年龄结构进入老年型。根据全国第五次人口普查资料，2000 年中国 60 岁及以上人口达到 1.32 亿，约占总人口的 10%，已经进入老龄化社会。湖北省虽然 2003 年才进入老龄化社会，但在全面建设小康社会期间，人口老龄化的趋势将会保持，人口老龄化程度也会有较大的提高。本来人口老龄化是发达国家存在的现象，是“先富后老”，但中国还属于发展中国家，经济还不发达、富裕，却“未富先老”，提前进入老龄化社会，再加上社会保障制度还很不健全，人口老龄化带来的问题将会更多、更严重，将会加大全面建设小康社会的困难和压力。怎样有效应对人口老龄化的趋势，是湖北省全面建设小康社会阶段人口发展面临的一个极为艰巨的任务。

(4) 出生缺陷总发生率偏高。出生缺陷总发生率是衡量人口身体素质高低的重要指标，降低出生缺陷总发生率，则是提高人口的身体素质、实现人口健康发展的重要任务之一。据有关研究，2001 年湖北省出生缺陷总发生率为 8.35%，总出生人口是 50.84 万，按此总发生率计算，出生缺陷人数为 4 245 人。这种情况若不改变，积累起来，会使由出生缺陷导致的残疾人的数量大量增加，将加重社会负担，极不利于全面建设小康社会。

(5) 人口文化技术素质有待提高。提高人口的文化技术素质，是全面建设小康社会、逐步实现人的全面发展的重要任务和途径。但是现在湖北省人口的文化技术素质却不高。根据第五次人口普查的资料，2000 年湖北省人均受教育年限是 7.85 年，而上海是 9.37 年；文盲和非文盲人口占总人口的比重是 8.9%，总人数达 500 多万；每一万人中有研究生学历的 9 人、大学的 123 人，比重也比较低。这些都极不利于湖北经济社会的可持续发展和经济效益的提高。

(6) 人口城镇化水平偏低。人口城镇化是工业化的必然趋势，是经济发达和社会进步的重要标志。加快城镇化步伐，在基本实现工业化的同时基本实现城镇化，则是全面建设小康社会的基本任务之一。但是湖北省目前的人口城镇化水平偏低。虽然 2000 年湖北省的城镇化率达到 40.22%，高于全国 36.09% 的水平，但大大低于广东省的 55%、浙江省的 48.67%、辽宁省的 54.24%，也低于世界的平均水平 45%；更重要的是离全面的高水平的小康社会的城镇化发展水平的要求即 2020 年达到 60% 左右相比，也有较大的差距。

(7) 劳动力就业问题相当严峻。就业是民生之本。劳动力能否实现充分就业，既表明劳动力资源是否得到充分利用，也关系到经济社会发展对劳动力的需求能否得到满足，更关系到劳动者的生存和发展，影响到社会稳定。就业问题也是全面建设小康社会面临的深层次问题之一。按照湖北省统计局的数据和本课题组的研究预测，2004 年劳动力供给 4 580.44 万人，劳动力需求 3 507.14 万人，按高中学龄人口的 70% 上高中和中专，大学学龄人口的 20% 上大学和大专，劳动力供需缺口约 700 万人，实际失业率约为 15%（含农村剩余劳动力），这是非常高的失业率。尽管劳动力的供需缺口会经历先增加后下降的变化，但始终是供大于求。如何有效解决就业问题，也是全面建设小康社会、促进人口发展必须克服的最大难题之一。

（8）贫困人口脱贫任务艰巨。只有消除贫困，人才可能得到全面发展。湖北省自改革开放以来，经过 25 年的努力，没有解决温饱问题的农村贫困人口已由 1100 万人下降到 2003 年底的 130 万人，低收入贫困人口下降到 420 万人，农村贫困发生率由 1978 年的 28% 下降到 2003 年的 12.8%。虽然反贫困的成绩很大，但剩下的任务仍然不轻，而且余下的贫困人口更难脱贫，已经脱贫的人口中有一部分还很不稳定，还可能返贫。除此之外，20 世纪 90 年代以来，与全国一样，湖北省的城镇贫困现象也凸现出来，2003 年城镇低保人数达 166 万人。怎样基本消除城乡的贫困现象，是全面建设小康社会面临的又一个难题。

（9）广大农民社会保障缺乏。社会保障是满足广大人民群众基本生存需要的保证，是实现社会公平和谐、维持社会稳定的必要措施。虽然湖北省城镇已经初步建立以养老保障为主体的社会保障制度，绝大多数城镇居民也享受到了基本的社会保障，但是，农村还没有建立社会保障制度，广大农民主要靠土地和家庭保障，基本上没有社会保障。这是极不合理的状况，必须逐步改变。建立农村社会保障制度，需要大量的资金投入，仅靠农民自身积累远远不够，需要政府更多的投入，而政府财力又有限，使这个问题也成了全面建设小康社会时期人口发展面临的又一道难题。

（10）计划生育工作更加困难。稳定人口低生育水平，提高出生人口质量，完善出生人口结构等，都要靠计划生育工作来保证，但湖北省目前的计划生育工作面临多种困难和问题：一是生育控制难度加大。人权概念进入宪法以后，公民合法权利范围越来越大，搞得不好就会侵权，对计生工作依法行政的要求也随之提高；政府以人为本、依法行政的理念普遍建立之后，国家法律法规对行政权力的约束和规范将越来越紧，实际工作中的行政力度也将逐步相对减弱，单靠行政命令难以实行生育控制；进入低生育水平时期，容易对计划生育工作缺乏清楚的认识，产生盲目乐观、麻痹松劲或者消极畏难情绪，不再像以前那样关心和重视计划生育工作；随着政府管理职能和方式的转变，行政约束的范围和力度将逐渐减弱，计划生育工作原有的管理手段、制度和方法的效率将递减，必须形成新的机制，采用新的手段和方法，而在新机制形成、新方法掌握之前，容易造成政策偏差、工作失误，可能导致生育率的回升。二是多种人口问题交织显现、错综复杂。在全面建设小康社会阶段，在低生育水平之下，许多人口问题，如人口老化问题、独生子女婚配问题、婚育观念转变滞后问题、人口迁移流动问题、劳动力供给问题，以及由人口问题引发的家庭关系、代际关系、社会关系和心理等问题，都将呈现出来，相互交织在一起，使得人口问题更加复杂化、多样化，更加难以处理，也使人口与计划生育工作的任务更繁重艰巨、难度更大。三是计划生育经费投入不足的问题突出。计划生育工作水平与计划生育投入水平之间，明显地存在着正相关关系。如果投入不足额、不到位，基础管理措施、优质服务措施和利益导向措施都到不了位，甚至连日常的工作都难以正常开展。但是，湖北省计划生育经费投入与国家提出的要求、与实际工作的需求、与兄弟省市相比，存在较大的差距，投入不足的问题越来越突出。根据2003年全国计划生育事业费决算表的数据反映，全国人均经费达10.98元，2003年财政决算总额比上年增长23.66%；湖北省人均经费只有7.89元，2003年财政决算总额比上年增长13.58%；人均经费在全国31个省市区排27位，计生事业费增长速度排24位。四是流动人口管理和服务难以到位。湖北省是人口流出大省，流到外省的人口规模超过600万，流动人口规模还在扩大，但流动人口的计划生育管理和服务却存在较大缺陷：流动人口计划生育工作机构、人员、经费不够落实，有的地方甚至没有设立专门机构；流动人口综合治理工作机制有所弱化，各相关部门配合不够，流入地（现居住地）与流出地（户籍地）协调不力，互相扯皮推诿事件时有发生，使得流动人口的管理和服务难以落实到位；流动人口漏管现象较为严重。五是计生奖励优惠政策不易落实。湖北省计划生育和生殖健康调查显示，对计生家庭的奖励落实与政策规定差距较大，独生子女家庭的奖励优惠政策落实率较低。已经领取独生子女父母光荣证的夫妇，能落实独生子女奖励费的比例为77%；独生子女费的落实比例为77.3%；照顾入托、入学的落实比例为17%；独生子女医疗保险、独生子女父母养老保险落实比例分别为13.4%和3.1%；减免义务工、多分宅基地得到落实的比例分别为4.99%和2.3%；招工就业优惠的落实比例为0.1%。特别是困难企业职工、停产、破产企业的职工和无工作单位的城镇居民计划生育奖励更是落实不够。这些都不利于优生优育、稳定低生育水平。六是优质服务水平有待提高。湖北省计划生育优质服务水平，虽然逐年都有所提高，但与国家的要求和育龄群众的需求仍存在一定差距，主要表现是基层服务站基础设施落后，技术服务人员整体素质不高，基层服务管理制度不健全，经费紧张，免费服务工作不到位，三查（查环、查孕、查病）的落实比例不够，避孕节育知情选择工作中存在技术服务跟不上、长效措施落实不到位、意外妊娠增加、损伤育龄群众生殖健康等问题。七是基层基础工作仍然薄弱。主要表现为基层计划生育队伍不稳定、不到位的情况较为严重，流动人口管理和服务薄弱，信息化应用水平不高，依法行政水平较低，统计水分仍然较大。

二、湖北省人口发展的战略目标

党的十六大提出中国在21世纪前20年经济社会发展的目标是："全面建设惠及十几亿人口的小康社会，使经济更加发展、民主更加健全、科技更加进步、文化更加繁荣、社会更加和谐、人民生活更加殷实。"① 全面建设小康社会，不仅要求人口数量及其增长速度必须与经济、社会发展相协调，与资源、环境的承载力相适应，而且要求人口自身也要更好地发展，即人口素质更高、缺陷更少、结构更合理、性别比更均衡、空间分布更恰当、就业更充分、保障更健全、贫困现象基本消除。湖北省人口多，人均资源不足，人口素质、结构、空间分布、就业、社会保障、贫困等方面不同程度地存在这样那样的困难和问题，不完全适应全面建设小康社会的要求。人口问题是全面建设小康社会的关键问题。为了适应全面建设小康社会的要求，促进人口的全面健康发展，必须制定正确的人口发展战略。人口发展战略包括人口发展所要达到的目标以及实现目标的措施。

总的来说，全面建设小康社会阶段湖北省人口发展合理的战略目标是：坚持稳定低生育水平，把总人口控制在6500万以下，尽量避免人口增长的反弹；提高人均预期寿命，降低出生缺陷发生率，增加人均受教育年限，降低文盲率，以提高人口素质；降低出生人口性别比，有效解决人口老龄化问题，提高人口城镇化率，改善劳动力就业的状况，以完善人口结构；基本消除城乡人口的贫困现象，建立和健全城乡社会保障制度。下面我们分别从人口的数量、素质、结构、贫困清除、社会保障等五个主要方面，具体分析全面建设小康社会阶段湖北省人口发展合理的战略目标。

1. 数量目标

人口的数量规模及其增长速度，既是人口发展的重要内容，又是制约经济社会发展和人口自身发展的重要因素。人口太多、增长过快，会超过资源、环境的承载力，与经济社会发展不协调，也不利于人口质量的提高和结构的改善；人口太少、增长太慢或者负增长，则可能造成劳动力短缺，制约经济社会的发展，导致人口萎缩和老龄化。所以，制定全面建设小康社会时期湖北省人口发展战略，必须正确地确定人口发展合理的数量目标。

① 江泽民. 全国建设小康社会，开创中国特色社会主义事业新局面. 北京：人民出版社，2002.

由于湖北省人口多、密度大、人均资源量少，严重制约着湖北省经济社会的发展和人口的发展，所以在全面建设小康社会阶段，湖北省的人口数量必须保持基本稳定。虽然人口完全不增长是不可能的，但必须坚持稳定低生育水平，最好能控制在6 500万以下，尽量避免人口增长的反弹，以利把力量更多地用在提高人口素质、改善人口结构方面。

2. 素质目标

在稳定的低生育水平的条件下，提高人口素质，是全面建设小康社会阶段湖北省人口发展最主要的目标。衡量人口素质的指标很多，我们主要根据高水平小康社会对人口素质的要求、湖北省人口素质方面存在的主要问题，从人均寿命、出生缺陷发生率、人均受教育程度、文盲率等几个方面，提出全面建设小康社会阶段湖北省人口素质需要努力达到的目标。

(1) 提高人均预期寿命。人均预期寿命，既是衡量人口身体素质的综合性指标，也是反映国家或地区经济发展和人民生活水平的综合性指标，人口身体素质的提高，必然导致人口预期寿命的延长。湖北省目前的人均预期寿命是71岁多，在全面建设小康社会阶段应该达到全国的目标值72岁。

(2) 降低出生缺陷发生率。出生缺陷是影响人口素质的重要因素，人口发展要求不断降低出生缺陷发生率。湖北省出生缺陷总发生率2001年为8.35%，虽然低于全国的平均水平，但仍然偏高，应该努力在全面建设小康社会阶段降到5%以下。

(3) 提高人均受教育年限。人均受教育年限是反映人口文化技术素质的重要指标，人均受教育的年限越长，人口的文化技术素质也会越高。2000年湖北省人均受教育年限只有7.85年，虽然处于全国平均水平，但实在太低，连初中毕业、9年义务教育的年限都没有达到。到2020年，至少应该达到全面建成小康社会的全国目标值人均受教育年限9年。

(4) 降低文盲率。文盲率也是反映人口文化技术素质的重要指标。文盲率越高，表明人口的文化技术素质越低。2000年湖北省的文盲和半文盲人口占总人口的比重是8.9%，总人数达500多万，这种状况不仅不利于经济社会的发展，也严重妨碍人口素质的提高，在全面建设小康社会阶段，应该大幅度降低文盲率，力争达到1%以下，基本消除文盲。

3. 结构目标

改善人口结构，也是全面建设小康社会阶段湖北省人口发展必须达到的重要目标。人口结构也表现在许多方面，衡量人口结构改善的指标也不少，我们也是按照高水平小康社会对人口结构的要求、湖北省人口结构方面存在的主要问题，从性别、年龄、空间分布和就业等几个方面，提出全面建设小康社会阶段湖北省人口结构应该达到的目标。

（1）降低出生人口性别比。在全面建设小康社会阶段，湖北省必须基本上改变现在出生人口性别比严重失衡的状况，由2000年的128.18下降到2020年的107左右，达到正常值，以促进湖北省人口持续、健康发展。

（2）有效解决人口老龄化问题。湖北省现在已经进入老龄化社会，根据相关预测，在全面建设小康社会阶段湖北省人口老龄化现象还会加剧，这是不可避免、无法改变的，而人口老龄化对经济社会和人口发展的不利影响更多，这就要求湖北省必须采取有效措施，合理地解决人口老龄化带来的各种问题，减少或克服其不利影响，保护老年人的利益，使老年人老有所养、老有所为，顺利、幸福地度过晚年。

（3）提高人口城镇化率。湖北省的城镇化率虽然高于全国平均水平，但低于国内先进省市和世界的平均水平，更是大大低于高水平小康社会的要求，必须在全面建设小康社会阶段使城镇化率上升到60%左右，完善人口的空间分布。

（4）改善劳动力就业的状况。湖北省目前劳动力供需缺口较大、实际失业率较高，近期内还可能上升，必须在保持人口低增长、减少新增劳动力的同时，采取措施提高中学和大学年龄段人口的升学率，减少劳动供给，同时增加劳动力需求，稳定地转移农村剩余劳动力，使实际失业率降到5%以下，有效地解决就业问题。

4. 消除贫困目标

贫困威胁人口生存，使人口素质难以提高、结构难以改善，是影响人口发展最不利的因素。全面建设高水平的小康社会，使全国人民都生活殷实，首先必须基本消除城乡人口的贫困现象。所谓基本消除城乡人口的贫困现象，具体来说就是，消除农村剩下的还没有解决温饱问题的100多万贫困人口，使农村400多万低收入贫困人口至少下降50%，城镇160多万低保人口也至少下降一半，让城乡居民至少要解决温饱问题、基本生活需要都能得到满足，吃饱穿暖。

5. 社会保障目标

建立和健全覆盖全社会的社会保障制度，给城乡居民提供必要的合理的社会保障，是消除贫困、改善人口的生存状况的重要措施，保证人口健康发展的必要条件，也是全面建设小康社会的重要任务之一。在全面建设小康社会阶段，社会保障方面需要达到的目标应该是：在城镇，建立和完善覆盖所有企业、所有职工（包括农民工）的养老、失业、医疗、工伤等社会保障制度，基本完成机关事业单位的社会保障制度改革，初步建立城镇统一的社会保障体系；在农村，建立农村居民最低生活保障制度，进行农民养老保障制度建立的探索，完善国家资助的农村合作医疗制度，为建立全国城乡统一的社会保障体系做准备。

三、湖北省人口发展的战略措施

战略目标的实现，依靠正确有效的战略措施。为了适应全面建设小康社会的要求，有效地克服和解决湖北省人口发展面临的困难和问题，实现湖北省人口发展的战略目标，必须采取以下战略措施：

1. 健全稳定低生育水平的机制和政策

为了稳定低生育水平，防止人口增长的反弹，必须健全相关机制和政策。

（1）稳定和完善现行生育政策，不可放松对人口增长的必要控制。

(2) 尽快建立和完善“依法管理、优质服务、村（居）民自治、政策推动、综合治理”的工作机制，加强人口和计划生育系统的能力建设，确保低生育水平的稳定。

(3) 加强人口和计划生育基层基础工作，建立和健全行政管理、服务机构和群众组织“三位一体”的工作和服务网络，切实加强县乡计划生育技术服务站建设，完善农村计划生育技术服务基本项目免费制度，实施计划生育/生殖健康优质服务工程。

(4) 建立有利于稳定低生育水平的利益导向机制和养老保障机制，坚持处罚多生与奖励少生并举，建立健全稳定低生育水平的经济、社会、税收、福利、就业制度，完善农村计划生育家庭奖励扶助制度，实施贫困地区“少生快富”扶贫工程，探索建立农村计划生育困难家庭最低生活保障制度。

2. 综合治理出生性别比失衡

由于多方面的原因造成出生人口性别比严重失衡，所以降低出生人口性别比，必须采取多种措施，进行综合治理：

(1) 加强宣传教育，提高针对性和有效性，建立和健全城乡养老保障制度，真正转变传统生育观念，纠正男性生育偏好。

(2) 制定相关法规，明确防止、惩处非医学胎儿性别鉴定、性别选择性终止妊娠、管理终止妊娠药物的生产、销售、处方权的法律依据和执行程序。

(3) 明确计划生育、医疗卫生、药监、公安、纪检、监察等相关部门的职责和工作方式，加强协调配合和监督管理，充实人员，落实措施，考核奖励。

(4) 加强对违规人员的查处，堵塞胎儿性别鉴定（特别是B超）、终止妊娠手术和药物监管上的漏洞，加大对违规人员的惩罚力度。

3. 积极应对人口老龄化

人口老龄化对经济社会和人口的发展有积极的一面，但更多的是不利影响。应对人口老龄化，就是要利用有利因素，克服其不利影响，妥善解决其带来的各种问题。

(1) 开拓老年消费和服务市场，发展老龄产业，增加消费需求，形成新的经济增长点，扩大就业，促进经济发展。

(2) 建立和健全城乡养老保障制度，发展老年医疗护理、文化娱乐和教育事业，使老年人老有所养、老有所为，安度晚年。

(3) 当人口老龄化导致劳动力短缺时，则可以适当延长退休年龄，或让老年人再就业。

4. 发展医疗卫生事业以提高出生人口素质

为了降低出生缺陷发生率，提高人口身体素质，必须采取发展医疗卫生事业等多方面的措施。

(1) 发展经济和医疗保健事业，提高人口生活水平，形成良好的卫生习惯，从根本上防止出生缺陷发生。

(2) 将计划生育服务机构纳入公共卫生建设范围，计划生育和公共卫生两部门联手，实施出生缺陷干预、生殖道感染防治、优质服务三大工程。

(3) 完善相关法规，落实组织管理，科学预防，加强监测，积极干预，减少或避免出生缺陷。

(4) 保护生态环境，消除陈规陋习，坚决禁毒，积极防治艾滋病，实行免费婚检，制止近亲结婚，谨慎用药，减少孕妇和妇科的有关疾病，提倡文明卫生的性生活，有效降低出生缺陷发生率。

5. 加快推进人口城镇化

为了加快推进人口城镇化，提高城镇化率，应该采取以下措施：

(1) 调整城镇化发展战略，制定更合理的城镇化规划。中国特色的城镇化，既不是大城市化，也不是小城镇化，而是大中小城市和小城镇协调发展的城镇化。湖北省应该由过去强调发展小城镇转向重点发展大中城市，改变全省只有武汉一座大城市的格局，在构造武汉城市圈的同时，把宜昌、荆州、黄石、襄樊发展成百万人口的大城市，形成沿长江、汉水的大城市带。这样，湖北省不仅能成功地实现城镇化，整个经济面貌也将根本改观。

(2) 创新制度，消除城镇化的障碍。深化就业、户籍、土地、社会保障等制度的改革，取消对农民进城务工经商的歧视和限制，使农民工“进厂又进城、离土又离乡”，同时实现非农化和城镇化，同时成为职工和市民。

(3) 走有中国特色的城镇化道路。以工业化促进城镇化，实现工业化与城镇化协调发展，鼓励乡镇企业向城镇集聚，以产业和市场发展支撑城市，不唱“空城计”，既避免过度城市化，又防止城市化滞后；采取市场推动、政府规划导向的城镇化实现机制，吸引和筹集更多包括公有、民有、外资和农民的资金，用于城市建设；城镇发展实行外延式与内涵式相结合，以内涵式发展为主，使城镇发展真正做到规范、有序、高效，提高城市集约化程度，充分发挥城市的多种功能，从而更快更好地实现城镇化。

6. 发展经济以增加就业

为了改善劳动力就业的状况，必须采取措施，增加就业机会，扩大劳动力需求，减少劳动力供给。

(1) 努力发展经济，发展中小企业，增加劳动力需求，创造更多的就业岗位。

(2) 调整产业结构，大力发展第三产业、劳动密集型产业和制造业，提供更多的就业机会。

(3) 向生产的广度、深度进军，延伸产业链，提高加工度，增加附加值，增强市场竞争力，扩大出口，以吸纳更多的劳动力。

(4) 加强技术培训、职业培训，提高劳动力的就业适应能力，优化劳动力结构，消除“技工荒”，减少结构性失业。

(5) 发展教育事业，扩大招生规模，提高中学和大学年龄段人口的升学率，稳定低生育水平，减少新增劳动力，降低实际劳动力供给。

(6) 改革劳动就业制度，建立城乡统一的劳动力大市场，取消就业歧视，实行劳动力自由流动、双向选择、竞争上岗、择优录用。

(7) 完善就业服务体系，加快就业信息交流。

7. 加大扶贫力度以基本消除贫困人口

为了基本消除城乡人口的贫困现象，必须采取多方面的措施：

(1) 加快建立城乡特殊困难群众的社会救助体系，完善农村“五保户”供养制度，做好受灾地区群众生产、生活救济工作，帮助困难群众解决看病、住房、子女上学等实际困难，真正做到“应保尽保”。

（2）增加扶贫投入，采取开发式扶贫、参与式扶贫、救济式扶贫等多种方式，实行“输血”和“造血”结合、地区与家庭结合，积极帮助贫困地区、贫困人口脱贫致富。

（3）将扶贫开发与资源保护、生态建设相结合，与人口的计划生育工作相结合，控制贫困地区人口的过快增长，特别注重提高贫困人口的素质，实行人口、资源、环境与扶贫的良性循环。

8. 发展教育事业以提高人口文化素质

为了提高人口的文化素质，必须发展教育事业，提高人均受教育年限，降低文盲率。

（1）切实把教育放在优先发展的战略地位，不断加大教育投入，改革教育制度，扩大教育规模，提高教育质量。

（2）完善高、中、低教育结构，巩固基础教育，适当扩大高等教育，大力发展职业教育，坚决扫除文盲。

（3）重点加强农村义务教育，完善以政府投入为主的经费保障机制，帮助贫困家庭子女完成义务教育，切实解决好进城务工农民子女上学的问题，制止歧视和高收费。

（4）积极发展民办教育、现代远程教育。

（5）认真贯彻党的教育方针，加强德育工作，推进素质教育，加快教学内容和方法的改革与创新，切实减轻学生负担，促进学生全面发展。

9. 深化改革以完善社会保障制度

为了最终建立和健全覆盖全社会的社会保障制度，给城乡居民提供必要的合理的社会保障，在全面建设小康社会时期应该采取的措施是：

（1）完善企业职工基本养老保险制度，坚持社会统筹与个人账户相结合，逐步做实个人账户，增加政府投入，偿还养老金欠账。

（2）推进国有企业下岗职工基本生活保障向失业保障并轨，

逐步将企业裁员依法直接纳入失业保险或城市“低保”。

（3）扩大养老、失业、医疗、工伤等社会保障的覆盖面，提高个体、私营和外资企业的参保率，完善灵活就业人员的参保办法，加大社会保险费的征缴力度，提高统筹层次，逐步建立覆盖所有企业、所有职工的社会保障制度。

（4）研究和实行机关事业单位社会保障制度改革，完善城市“低保”制度，逐步建立城镇统一的社会保障制度。

（5）逐步建立农村农民最低生活保障制度，探索农民社会保障体系建立的途径。

10. 加强计划生育工作

除了前面健全稳定低生育水平的机制和政策的措施之外，加强计划生育工作还应该：

（1）加大计划生育经费投入，健全计划生育机构，稳定计划生育队伍，落实计划生育优惠奖励政策，提高优质服务水平。

（2）坚持实事求是，工作重心下移，常抓不懈，完善基层计划生育工作规范，强化村级责任制管理，落实最基本的管理措施。

（3）加强对流动人口计划生育的管理和服务，落实机构、人员、经费，分清职责，协调配合，严格考核奖励。

（4）建立人口管理和决策信息系统，实现人口和计划生育工作的信息化。

参考文献

温家宝. 政府工作报告——二〇〇五年三月五日第十届全国人民代表大会第三次会议上. 经济日报，2005-3-15.

田雪原，王国强. 全面建设小康社会的人口与发展. 北京：中国人口出版社，2004.

国家人口和计划生育委员会. 中国人口与发展国家报告，2004.

湖北省人口和计划生育委员会. 湖北省2004年度人口与计划生育工作形势分析报告.

施中传. 在湖北省市州计生委主任会议上的讲话. 2002-11-12.

本课题的各子课题研究报告。

（原载武汉大学出版社2007年出版的《湖北省全面建设小康社会人口发展战略研究》，湖北省科技攻关计划项目“湖北省全面建设小康社会人口发展战略研究”的成果，提交给国家人口和计划生育委员会、湖北省人民政府和湖北省人口和计划生育委员会）

湖北省人口与可持续发展

可持续发展是人类社会面临人口爆炸、能源危机、资源短缺、环境污染、生态失衡的严重挑战，“先污染后治理”、“有增长无发展”的传统经济发展模式已经不能再继续下去的情况下，由联合国提倡的一种社会经济发展的新模式。可持续发展模式就是经济、社会发展与人口、资源、环境互相协调的、兼顾当代人和子孙后代利益的、能够不断持续下去的发展道路。人口是决定可持续发展的首要因素，是实现可持续发展的关键。人口的数量规模、增长速度、结构特点、素质状况等，都直接制约着社会经济发展的规模、速度、途径、方式和效果，严重影响着人口与资源和环境的协调。所以，研究人口与可持续发展的相互关系和应该采取的对策，是可持续发展战略研究的基本问题。本文主要探讨可持续发展对人口的状况有什么要求，湖北人口的状况如何才能适应可持续发展的需要。

一、可持续发展对人口的要求

可持续发展要求人口的数量规模、增长速度、素质和结构必须与经济、社会、资源、环境将相适应，否则可持续发展难以实现。

1. 可持续发展要求人口规模合理

一定数量的人口是经济、社会发展的前提，但是人并不是越多越好。可持续发展要求人口的数量规模必须与一个国家和地区的环境容量、人均资源占有量、人均耕地面积、经济发展水平相适应。如果人口过多，超过环境容量，人均资源占有量和人均耕地面积太小，人均 GNP 太低，要维持过量人口的生存，必然破坏环境、耗竭资源、危害生态平衡、降低生活质量，也就谈不上可持续发展。

2. 可持续发展要求人口增长适当

人口增长速度的快慢是影响人口规模大小的主要因素。从一个较长的时期来看，人口增长过快会造成人口膨胀、规模过大，还可能引起人口过于年轻化，增大就业压力，不利于社会稳定；人口的负增长又会引起人口规模萎缩和人口老龄化，造成劳动力不足和负担过重。这两种情况都不能实现可持续发展。在人口规模太大的情况下，在一定时期内实现人口的低增长甚至负增长是必要的，但长期的负增长也不合理。可持续发展要求人口增长速度必须与经济发展的速度相适应，特别是不能太快，人口也要可持续发展。

3. 可持续发展要求人口结构优化

人口结构主要包括人口的年龄结构、性别结构、分布结构、劳动力结构、就业结构等。年龄结构的不合理，性别结构的畸形化，不仅会带来老龄化、年轻化、婚姻、家庭、治安等许多社会问题，影响人口的可持续发展，而且会使人口的劳动力结构、就业结构不能适应社会经济发展的需要；人口的分布结构、劳动力结构、就业结构不恰当，会与经济发展不协调，造成人力资源的浪费或短缺。实现可持续发展，必须防止或消除人口老龄化，实现年龄结构的均衡化；防止人口男女性别比例失调，实现人口的可持续发展；避免人口的过度集中和过于分散，实现人口在空间上的合理分布，以适应经济布局合理化的要求；适当调整劳动力结构、就业结构，以适应经济结构合理化的需要。

4. 可持续发展要求人口素质良好

人口的高素质，既是可持续发展的目标，又是实现可持续发展的必要条件。可持续发展要求不断提高人口素质，最终达到人的全面发展。因为，只有人口素质不断提高，才能更好地推动科学技术进步，高效利用原有资源和开发新的资源，保护生态环境，控制人口的过度增长，提高劳动生产率，真正实现可持续发展。提高人口素质，必须优生优育，努力发展医疗卫生、文化教育、交通信息、居住环境等事业，搞好精神文明建设，不断提高人均寿命、人的健康水平、受教育程度、道德修养，降低出生缺陷率、发病率、婴儿死亡率、文盲率和犯罪率。

二、湖北省人口的现状与可持续发展

1. 人口控制成绩显著

中华人民共和国成立以来，湖北省人口与计划生育工作取得了巨大成就：全省累计少生 1 500 万人，为社会直接节省抚养资金 4 500多亿元；人口再生产类型在经历了 20 世纪 50～60 年代无计划的高速增长、70 年代生育水平的大幅度下降、80 年代徘徊波动之后，在世纪之交成功地实现了人口再生产类型的历史性转变。妇女总和生育率由 20 世纪 50～60 年代的平均 6 左右，70 年代的平均 4 左右，到 90 年代前期降至更替水平（2.1）以下，并且连续多年保持稳定，1999 年降至 1.5 左右，接近政策生育率，形成了低生育水平的局面。特别是近年来，经过全省各级有关部门的艰苦努力，湖北省人口与计划生育工作取得了突破性进展。人口出生率从 70 年代初的 31.11‰下降到 1999 年的 11.57%，下降了 19.54 个千分点；人口自然增长率从 22.72‰。下降到 5.2‰，下降了 17.52 个千分点；计划生育率上升到 92%，多孩率降到 0.67%，人口出生漏报率比 1997 年下降 20 多个百分点，比全国也低 20 多个百分点。全省各地上报农村自动放弃二孩生育指标户突破 16 万户，比过去增加 10 多万户。按照国家计生委历年来的习惯排位法，湖北省计划生育工作已从 1997 年的第 16 位跃至第 11 位，接近前 10 名的水平。

2. 人口问题不容乐观

对照可持续发展要求，湖北省人口控制取得显著成绩同时，也面临着不容忽视的人口问题：

第一，生育强度未减，人口总量继续增长。1999 年末，湖北省人口已达 5 938 万，是全国 9 个人口大省之一。在今后 20 年内，湖北省人口总量将继续增大。2000 年全省总人口将达 5983 万，2010 年将达到 6535 万人，未来人口发展趋势仍将强劲，直接原因是育龄妇女的人群基数大。育龄妇女是人口再生产的直接承担者，育龄妇女人数的多少，直接影响到出生率的高低和人口数量增长强度的大小。由于人口惯性作用影响，湖北省未来育龄妇女人数逐年增加，1995 年 1% 人口调查为 1 521 万人，2000 年将达到 1 653 万人。在死亡水平相对稳定的情况下，庞大的育龄妇女群数量是不可忽视的潜在压力，尤其是生育旺盛期年龄段妇女人数的影响。湖北省 20 ~ 29 岁年龄段妇女人数 2000 年在 480 万以上，2010 年将达 518.03 万人，每年新婚妇女人数仍将在 40 万以上。

第二，年均人口增长速度快，增量大。1949 年湖北省人口为 2 580万人，1982 年 4 780 万人，1990 年 5 439.29 万人，1995 年达 5 772.07 万人。新中国成立 46 年总人口共增加 3 191.13 万人，增幅达 123.64%，翻了一番，平均每年增加 69.37 万人。其间经历了三次生育高峰：第一次持续期为 9 年，9 年中共增加 564.53 万人，年均净增 62.73 万人，年均增长 2.22%；第二次持续期为 10 年，10 年中共增加 948.9 万人，年均增长 2.64%；第三次持续期为 5 年，5 年中共增加 466.08 万人，年均增长 92.22 万人，年均增长 1.82%。近几年，虽然省委、省政府采取了强有力的措施，加大了工作力度，每年仍增加 50 多万人，相当于一年增加一个中等县市总人口。未来十多年内，仍将以年均 50 万左右的数量递增。湖北省将于 2005 年进入第四次生育高峰期，到 2010 年，湖北省总人口将高达 6 535 万人。

第三，出生缺陷的残疾人群偏大、人口素质亟待提高。有些地方医疗卫生条件虽有进步，但还没有根本改善，优生优育知识缺乏。据卫生部门统计，90 年代湖北省年均有近 3 万带有各种先天性缺陷婴儿降生。据省残联 1987 年统计，全省有残疾人 370 多万，占全省总人口的 6.7%。其中，聋哑人占 36.4%，视力残疾占 19.25%，智力残疾占 11.99%，肢体残疾占 12.11%，精神残疾占 1.99%，综合残疾占 14.2%，全省特困残疾人达 119 万人，湖北省平均每五个家庭就有一个残疾人。这对湖北省人口身体素质提高和现代化建设十分不利。

第四，部分地方性别比偏高，男女比例失调。据湖北省统计局调查，近几年来，湖北省婴儿性别比一直高于全国平均水平，部分地方婴儿性别比更高。从湖北省农村现实情况分析，部分农村出生婴儿性别比失调，表现为男性偏高，人为利用 B 超进行胎儿性别鉴定而择男弃女。出生婴儿性别比一直是国内外普遍关注而又十分敏感的问题，应该引起有关部门高度重视。

第五，老年人数将快速增加。20 世纪 80 年代以后，特别是 90 年代以来，各级政府对人口控制工程高度重视，湖北省人口已进入低出生、低死亡、低增长状态。在人口数量刚刚得到有效控制的情况下，又将超前迎来人口老龄化问题。据湖北省统计局测算：到 2004 年湖北省人口接近老年型，2005 年达到老年型人口。

从总量看，1995 年湖北省 60 岁及以上老年人为 515.06 万人，占总人口的 8.92%。到 2000 年，60 岁及以上老龄人口为 569.66 万人，比 1995 年增加 54.60 万人，增长 10%。到 2010 年 60 岁及以上老年人口将高达 749.49 万人，占总人口的 11.61%，比 1995 年增加 234.4 万人，增加 45.52%。下世纪初，人口老龄化速度呈增快趋势。这主要是人口出生率大幅度下降，导致年轻人比重下降，相应提高了老龄人口比重。从湖北省人口发展趋势看，要继续大力控制人口增长，人口老化是无法回避的。在“九五”期间，湖北省人口面临的主要矛盾是人口增长的压力。人口控制与人口老龄化是一对矛盾的两个方面，决不能因为下世纪湖北省人口将加速老龄化而放松当前人口控制工作。控制人口数量，提高人口素质是我国的一项基本国策。湖北省在今后相当一段时期里面临的主要问题，仍将是人口数量增加和农村剩余劳动力的安置问题。

三、湖北人口与可持续发展协调的对策

湖北人口的数量规模、增长速度、结构特点和素质状况都还不适应可持续发展的要求，必须采取多方面的政策和措施，加以调整和改善。

1. 稳定低生育水平，控制人口规模过大、增长过快的问题

稳定低生育水平，是实现 21 世纪人口战略目标与可持续发展战略的关键。必须坚持党的一把手亲自抓、负总责，相关部门齐抓共管，实行目标管理责任制，保持计划生育政策的稳定。保持低生

育水平，提高出生人口素质，进一步落实“三为主”的工作方针，认真搞好“三结合”的工作，真正做到优生优育、少生快富。建立、健全城乡社会保障制度，使老年人无后顾之忧，从根本上消除“养儿防老”、“多子多福”、“重男轻女”的传统观念，保证人口与计划生育战略目标的顺利实现。

2. 大力推进人口城镇化，实现全省人口的合理集中、均衡分布

城镇化是工业化、现代化的必然趋势，是市场经济发展的必由之路，是知识经济发展的客观要求。合理的城镇化，有助于实现可持续发展。湖北省现在上百万人口的大城市只有武汉一座，城镇化率也仅有30%，必须加快城镇化步伐，积极发展小城镇，努力建设大中型城市，争取把具有一定规模的宜昌、荆州、黄石、襄樊发展成百万人口大城市，实现湖北人口经济高效的合理布局。

3. 建立和完善老年社会保障制度，发展“白发产业”，妥善解决人口老龄化问题

湖北省人口的老龄化是新世纪不可避免的趋势，必须未雨绸缪、早作准备。在加快建立和完善社会保障制度的同时，必须注意发展包括老年服务、老年用品生产在内的“白发产业”，真正做到老年人“老有所养、老有所为”，有效地解决人口逐步走向老龄化带来的各种社会问题。

4. 加强宣传教育、政策导向和制度建设，有效解决男女性别比偏高问题

必须坚持不懈地宣传教育，转变“养儿防老”、“重男轻女”、“不孝有三，无后为大”、“人多好种田”等传统生育观念，制定合理的政策和制度，鼓励不论男女、少生优育，防止通过胎儿性别鉴定而择男弃女；严惩虐待、残害女婴现象，实现男女性别比例协调。

5. 努力发展医疗卫生事业，提高人口的健康水平和身体素质

在尽快发展经济，提高人民物质生活水平的同时，必须努力改善生态环境，发展医疗保健事业，逐步减少或消灭先天缺陷、后天残疾，真正实现优生、优育，普遍提高人口的身体素质和健康

水平。

6. 认真贯彻科教兴国方针，加快发展教育事业，提高人口的文化素质

必须千方百计增加教育投入，吸收社会资金，加快发展教育事业，消灭文盲和半文盲，普及中学教育，扩大高等教育，提高人口中受高等教育的人数比例；制定和执行合理的政策，防止人才外流，吸引高素质人才，从整体上提高湖北省的人口素质。

（原载《人口研究》2001 年第 1 期，与施中传合写）

城市化——湖北经济跨世纪发展的目标和动力

一、城市化是中国经济跨世纪发展的关键

城市化是指乡村转变为城市的过程，也就是农村人口向城市人口转变、农业劳动力向城市第二产业和第三产业转移、农村生活方式向城市生活方式转化的经济和社会发展过程。城市化对中国经济跨世纪的发展具有特别重大的意义。

1. 城市化是世界潮流

联合国提供的资料表明，全球正在迅速城市化。1950 年，全世界城市人口只占总人口的 29%；1995 年则上升到 45%；2025 年将达到 65% 以上。在世界城市化的大潮中，发展中国家的城市化比发达国家更快。1950～1995 年，发达国家的城市人口由 4.47 亿增加到 9.1 亿，增长了 1.04 倍；发展中国家的城市人口则由 2.87 亿增加到 16 亿，增长了 4.6 倍。

2. 城市化是工业化的必然趋势

工业化是城市化的发动机，城市化又是工业化的促进器。机器大工业导致了大规模的集中生产，而工业的集聚必然产生大规模的城市，正是产业革命加速了城市化的进程，使现代城市成为世界的主宰。城市的根本特点是集中，城市化正好适应了工业化的要求，

能够产生集聚效应的规模效益，形成发达的城市文明，极大地推动工业化和整个社会经济的发展。

3. 城市化是农业现代化的必由之路

农业的发展是城市化的前提条件，城市化又是农业现代化的加速器。城市化没有农业提供大量的农副产品是不可想象的，而农业的商品化、剩余农产品的增加，又离不开农业的发展；城市化与工业化的发展，又能“反哺”农业，为农业提供现代物质技术基础、资金和市场，吸纳农村剩余劳动力，促进农业的规模经营，加快农业现代化的进程。

4. 城市化是市场经济发展的必要条件

城市化是经济市场化的必要条件，市场经济又加速城市化。城市是城郭加市场，市场又是市场经济存在和发展的基本条件，城市化能为市场经济的发展创造条件，市场的扩大、市场经济的发展则必然带来城市的繁荣、发达。中国社会主义市场经济的发展离不开城市化的发展。

5. 城市化是知识经济发展的客观要求

知识经济是以知识为基础的经济，知识是知识经济最主要的生产要素。高等学校和科研院所是知识生产和传播的最重要的场所，高新技术产业是知识经济的支柱产业，而高等学校和科研院所主要设在大中城市，高新技术产业也主要是在大中城市形成和发展，可以说城市是知识经济的摇篮。要发展知识经济，必须尽可能实现城市化。

6. 城市化是中国经济增长新阶段的强大动力

20 世纪 80 年代，中国是以轻纺工业为主导的工业化推动型的经济增长，实现了 1979 ~ 1988 年 10 年平均年增长 9.6% 的高速度。20 世纪 90 年代以来，中国进入主要由城市化推动的经济增长的新阶段。由于中国面临二元经济结构转换、产业结构调整、消费需求升级、工业化深入发展、农村剩余劳动力转移、乡镇企业第二次创业等深层次问题，这些问题的解决都需要城市化的发展，都有待于城市化的推动，所以中国经济由必需消费品需求推动型的增长转向城市化推动型的增长。中国经济跨世纪的发展，必须依靠城市化。

7. 城市化是扩大内需的重要途径

中国作为拥有12亿多人口的最大的发展中国家，市场潜力巨大，中国经济的发展主要靠内需的推动。这一点在当前通货紧缩、需求不旺、出口不振、经济增长乏力的情况下，显得尤为突出。怎样才能真正扩大内需，刺激经济增长呢？这关键在加快城市化的进程。中国的消费需求正在由温饱型向小康型和富裕型转变，现代城市的文明生活方式正在由城市向农村普及，城市化将产生巨大的投资需求和消费需求。城市化必然带来城市公共建筑、交通、通讯、水电基础设施、住房、汽车、家庭电气化、环境美化等多方面的需求，是中国经济跨世纪发展的强大动力。

综上所述，中国包括湖北省经济要真正实现跨世纪的大发展，关键在于加快城市化。

二、湖北省城市化的现状

城市化既是湖北经济、社会跨世纪发展必须实现的重要目标，又是推动湖北经济、社会发展的强大动力。为了更好地发挥城市化的推动作用，加快城市化的进程，首先必须弄清目前湖北省城市化的状况和存在的问题。

1. 改革以来城市化的发展

改革以前湖北省的城市化发展滞后，城市化水平低，城市数量少，除武汉外的城市规模太小，城市建设相当落后。改革以前，湖北省城市化水平一直低于全国平均水平。1953年城市化率全国是13.3%，湖北省仅为9.16%；1964年全国是17.9%，湖北省为14%；1982年全国是20.55%，湖北省也只为17.68%。1982年全省仅有城市11个，建制镇127个。

改革开放以来，随着改革的深入、城乡经济的快速发展，湖北省的城市化步伐也大大加快。1990年湖北省的城市化率达到28.75%，比全国的26.41%高出2.34个百分点，超过了全国平均水平；同1982年本省水平相比，上升了11.07个百分点。1997年湖北省有城市36个，建制镇837个，分别比1982年增加25个和710个，增长的幅度是非常大的。

2. 目前存在的问题

改革以来，湖北省的城市化水平迅速提高，城市数量大幅度增加，城市建设也有了很大的发展。但是与发达国家相比，离可持续发展的要求仍然有较大的差距。

（1）城市化发展仍然滞后。1997 年发达国家的城市化率是 78%，全世界的平均城市化率是 46%，与中国工业化和经济发展水平相当的国家的城市化率是 42%，我国城市化率 1997 年只有 29.92%，仍然滞后 10 多个百分点。湖北省经济发展处于全国中上等水平，1997 年的城市化率是 31.1%，略高于全国平均水平。尽管湖北改革以来城市化加速发展，但与世界城市化水平相比，依然比较低。

（2）城市规模结构和布局不够合理。湖北地处中国的中心地带、长江的中游，拥有江汉平原，水陆交通便利，人力资源十分丰富，素有“鱼米之乡”的美称，工业基础也较好，完全有条件形成像沪、宁、杭那样的城市圈，珠江三角洲那样的城市群，沿渤海湾那样的城市带。美国未来学家预测未来世界的 10 大超级城市，中国有两个，第二名是武汉，第四名是上海。之所以把武汉列入且排在第二位，理由是因为武汉处于中部要地，拥有高技术产业以及数十所大学，有很大的发展机会。但是，湖北省现在仅有武汉一个上百万人口的大城市，25 万～50 万非农业人口的中等城市也只 7 个，而珠江三角洲上百万人口的大城市有 4 个，25 万～50 万非农业人口的中等城市有 12 个。显然，湖北省大城市和中等城市的数量都太少，而且建制镇很多，规模太小，平均每个镇的人口只有 4 000人左右，布局分散，这是城市化水平低的重要表现之一。

（3）城市建设比较落后。湖北省各个城市的建设虽然都有了不同程度的发展，但总的来说仍然比较落后，仅从武汉的城市建设现状，就可以看出这一点。城市建设水平的高低，一般主要看城市的人均居住面积、人均拥有道路面积、人均公共绿地面积、每万人口医生数、人均生活用水、人均生活用电等指标。武汉市的城市建设与发达国家的国际大都市的情况和初步实现可持续发展的大城市应达到的标准相比，存在较大的差距。详情如下表所示：

主要指标	初步实现可持续发展的大城市应达的标准	发达国家大城市已达标准		武汉市现状
		美国、德国	日本	
人均居住面积（平方米）	>12	>30	22	7.75
人均拥有道路面积（平方米）	15	40	38	4.63
人均公共绿地面积（平方米）	>12	25～28	15～18	6.60
每万人口医生数（人）	>30	46	42	34.6
人均生活用水（升/口）	>280	350	300～320	230
人均生活用电（千瓦时/年）	800	1 400～2 000	1 480～1 800	152

三、湖北加快城市化进程的战略对策

为了有效地解决湖北省城市化中存在的问题，加快城市化的步伐，更好地推动湖北经济的发展，必须采取以下战略措施：

1. 必须把实现城市化作为湖北经济、社会跨世纪发展的重要目标

过去制定经济、社会发展规划，基本上没有把提高城市化率作为发展指标，甚至连湖北省统计年鉴中都缺乏湖北省城市化率这样重要的统计指标，而世界银行每年发表的世界经济发展报告中，把城市化率作为经济发展和生活质量改善的重要指标。必须尽快改变对城市化的意义和作用认识不足、重视不够的状况。

2. 必须使城市的规模结构和布局合理化

现在都在讲小城镇、大战略，把眼光都盯在了小城镇上，其实，城镇化才是战略，小城镇只是一个重要战略措施。过分强调发展小城镇，不利于发挥城市的集聚效益、规模效益。不能形成“走了一村又一村，村村像城镇；看了一镇又一镇，镇镇像农村”的局面。城乡一体化不是城不城、乡不乡，小城镇遍地开花。除了特大城市的规模应适当控制外，大、中、小城市都应加快发展。城镇的布局和建设，必须综合考虑水、交通、市场、产业等因素，合

理规划。

中国大城市的规模是否都需要严格控制？控制得住吗？我们认为并不是所有大城市的规模都要严格控制，实际上也是不能完全控制住的。据有关资料，1990 年，世界上的大都市纽约的人口密度是每平方公里 8 886 人，莫斯科为 8 935 人，东京为 13 158 人，巴黎为 20 427 人；1995 年，中国的大城市北京的人口密度是每平方公里 5 334 人，上海为 4 651 人，深圳为 4 616 人；1998 年，武汉是 4 374 人。中国大城市的人口密度远低于国际大都市的人口密度。中国大城市存在的水、电、交通、住房、环境、卫生等方面的问题，主要不是由于人多，而是城市建设落后；主要的方针不应是消极地限制人口，而应是积极地发展城市建设。1996 年，世界上超百万人口的城市有 328 个；中国有 12 亿多人，占世界人口的 22% 以上，上百万人口的大城市只有 34 个，仅占 10.4%。中国的大城市不是多了，而是少了，应该建设更多的大城市。实践证明，许多大城市制定的人口规模控制指标，基本上被突破。

湖北省城市化跨世纪发展的战略目标，应该把宜昌、荆州、黄石、襄樊这 4 个交通便利、水资源丰富、有产业支撑的中等城市发展成为上 100 万人口的大城市，形成以长江、汉水为红线，宜昌、荆州、武汉、黄石、襄樊等大城市均衡分布的城市带；把武汉建成超级城市，形成以武汉和黄石为轴心的城市群。

3. 必须实行制度创新、政策导向、转换机制，以加快城市化和城市建设

改革和完善户籍制度、土地制度、就业制度、社会保障制度等，尽快把户籍管理转变为身份证管理，首先要取消的是中小城镇的户籍限制，为城市化消除制度障碍，加强制度保护。制定和实施优惠政策，降低搬迁成本，减少搬迁阻力，鼓励乡镇企业向城镇集中。

搞好城市建设，提高城市化水平，需要大量的资金，必须变政府推动型的城市化为市场推动、政府导向型的城市化；变城市建设由单一政府投资的模式为政府、企业、民间、外资等多元化投资的模式，省政府的投资不能“撒胡椒面”，应主要用于发展大中城市，小城镇主要靠社会集资，鼓励兴建“农民城”。

总而言之，湖北省必须走城市化与工业化和现代化适度同步发展，集中型城市化与分散型城市化相结合，“据点式”城市化与“网络式”城市化相结合，内涵式城市化与外延式城市化相结合，政府发动型城市化与民间发动型城市化相结合，市场推动、政府导向，大、中、小城市合理布局、协调发展的城市化道路。

参考文献

朱庆芳等．世界大城市社会指标比较．北京：中国城市出版社，1997．

周振华．增长轴心转移：中国进入城市化推动型经济增长阶段．经济研究，1995（1）．

简新华，刘传江．从国外的城市化看中国的城市化．城市问题，1997（5）．

（原载《计划与市场》1999年第2期，中国地质大学出版社1999年12月出版的《湖北21世纪经济发展研究》、《理论月刊》2000年第3期全文转载）

知识经济给湖北发展带来的挑战和机遇

人类社会正在走向知识经济时代，知识经济将给世界各国的经济发展带来前所未有的新机遇，也使我们面临更为严峻的挑战。中国要在21世纪实现社会主义现代化，仅仅是农业现代化和工业现代化还不够，还必须抓住知识经济的新机遇，大力发展高新技术产业，努力实现经济的知识化、信息化、网络化。湖北地处中国的中部，能否抓住机遇、迎接挑战，直接关系到中国社会主义现代化的进程。真正要能抓住机遇、迎接挑战，首先必须明确知识经济究竟给我们带来了什么样的机遇，我们面临哪些挑战。依据知识经济的基本特征和湖北省经济社会发展的实际情况，我认为主要有以下机遇和挑战。

一、知识经济给湖北发展带来的新机遇

知识经济给湖北发展带来的新机遇，主要有以下几个方面：

第一，知识经济为湖北发挥科教优势提供了大好时机。知识经济是以智力资源的占有、配置，知识的生产、分配、使用（消费）为最重因素的经济。知识经济是高技术经济、信息经济、智力经济，主要依靠科学技术。科学研究是高新技术的源泉，知识的创造和传播主要依靠教育。科技和教育是知识经济的两大支柱。湖北是中国的科教大省，科学技术力量比较雄厚，科学技术研究机构、高等学校的数量比较多，教育质量也比较高，知识经济的兴起为湖北更好地发挥这种科教优势，更快地实现湖北经济的繁荣，带来了一个极好的机遇。

第二，知识经济为湖北弥补自然资源的不足创造了难得的机会。在知识经济时代，自然资源虽然仍是经济的物质基础，但高新技术能够节约和保护旧资源，综合高效利用自然资源，开发富有资源代替稀缺资源，形成新资源。硅提炼技术能够使“石头变电脑”，“受控热核聚变技术”甚至可以使“海水变石油”，使经济发展不再过分依赖于稀缺的自然资源。而且，知识经济主要不是依靠自然资源的占有和配置，而是智力资源的占有和配置。相对世界平均水平而言，中国的人均占有资源不足，湖北也不例外，特别是煤、石油等矿产资源缺乏，严重制约着经济的发展。知识经济的发展则给湖北带来了一个克服传统资源不足，开发和形成新的资源，促进湖北经济发展极为有利的机会。

第三，知识经济为湖北经济赶上世界经济发展的步伐带来宝贵的机遇。高技术产业是知识经济的第一支柱，高科学技术有一个重要的特点，就是领域十分广阔，当代高科学技术包括信息科学技术、生命科学技术、新能源与可再生能源科学技术、新材料科学技术、空间科学技术、海洋科学技术、有益于环境的高新技术和软科学技术（即管理科学技术）等八大类。任何国家和地区都不可能在所有的高科技领域全面领先，每个国家和地区都可能利用自己的优势，发挥自己的长处，在高技术产业中占有一席之地。美国科学

家伊恩·罗斯博士还指出："一个落后的国家可以从无到有地发展高技术产业，一个先进的国家也可以从有到无地丧失高技术产业。"关键在于国家和地区的科学技术政策是否正确。这就给中国、给湖北提供了一个制定正确的科技政策，摆脱只能跟在发达国家后面跑的局面，迅速跟上世界经济发展步伐，实现超常规发展的有利机遇。

二、知识经济使湖北发展面临的挑战

知识经济的兴起不仅给湖北发展带来新的机遇，也使湖北发展面临更为严峻的挑战。

第一，发展知识经济的基础薄弱，处于不利地位。在向知识经济过渡时发展中国家与发达国家都"站在同一条起跑线上"的观点有失偏颇。知识经济不是空中楼阁，必须具备雄厚的物质基础。物质经济的高度发达是向知识经济过渡的必要前提，农业经济和工业经济的现代化是进入知识经济时代的重要条件。由于工业经济不发达、科学技术落后、发展知识经济的基础薄弱，就会处于不利地位，因此中国包括湖北的经济发展面临双重任务，更加艰巨困难。必须在努力实现工业化和城市化的同时。大力发展知识经济。否则，与发达国家的差距会越拉越大。

第二，知识经济使"后发优势"减弱，不利于赶超世界先进水平。发展中国家拥有"后发优势"是发展经济学的一个重要原理，认为发展中国家通过学习和引进发达国家的先进科学技术是一条发展经济的捷径，可以节省自己研究和开发高新技术的大量费用，能够更快地赶上发达国家。但是，在知识经济时代，由于知识更新速度加快、新技术开发周期缩短、产品换代步伐加速，这种情况使得"后发优势"减弱，落后国家赶超世界先进水平难度加大。发展中国家如果仅靠跟踪学习发达国家的先进科技，现在越来越难以跟上世界经济发展步伐，只会永远落后。只有超前创新，才能赶超世界先进水平。

三、湖北抓住知识经济新机遇的对策

湖北发展要抓住知识经济带来的大好机遇，迎接严峻的挑战，必须采取以下对策：

1. 由于高技术产业是知识经济的主要支柱，风险投资是高技术产业化的“孵化器”，所以湖北应大力发展风险投资，政府应建立风险投资基金，采取优惠扶植政策，鼓励创办民营风险投资公司，促进高技术产业化。

2. 由于“高新技术产业开发区”（即“科技工业园区”）是知识经济的细胞，办好高新技术产业开发区是发展知识经济的关键措施，虽然湖北各地兴建了一些高新技术产业开发区，但有的是有名无实，并没有真正进行高技术的开发和产业化，所以湖北必须进一步真抓实干，努力办好高新技术产业开发区。开发的项目应属于当代八大类高新技术领域的项目，不是一般的新产品的引进和生产；必须实行政府、科教界和企业界的三结合及科研、开发和生产的三结合，形成“技术创新中心”，使高新技术开发区真正成为知识经济的充满生机和活力的社会细胞。

3. 由于知识经济的首要资源是智力资源，智力资源的主要拥有者是人才，人才主要来自教育，所以发展知识经济首先必须搞好教育。在教育上要舍得花钱，智力投资是回报最高的投资。美国大学系统的实力被公认为巨大的经济优势之一。湖北要抓住知识经济的机遇，必须特别重视发展教育事业，发挥自身拥有的教育优势，加大教育经费的投入，创造更好的教学条件，提高教师的经济和政治待遇，增强教师的学术水平和业务能力，注重素质教育，为知识经济的发展打下坚实的基础。

4. 由于任何一个国家或地区都不可能在高新技术的所有领域全面领先，所以湖北各地区应该按照知识经济发展的要求，根据各自的优势和条件，扬长避短，选择重点发展领域，制定“发展高科技，实现产业化”的规划，并在全省以至全国范围内相互协调。实行合理的分工协作，避免结构趋同、重复开发，以利更快更有效地发展知识经济。

5. 由于湖北面临发展物质经济和知识经济的双重任务，所以湖北迎接挑战，必须工业化、城市化与知识化、信息化一起抓，三大产业与高新技术产业一起上，汽车高速公路与信息高速公路一起修，农田水利网、交通网、电网与信息网一起建，这样才能真正跟上世界知识经济发展的步伐。

（原载《计划与市场》1999 年第 2 期）

节约资源与结构调整

——湖北省建设节约型社会的战略对策

在建设节约型社会的问题上，应该正视中国的实际谈节约。在现在的条件下，并不是想发展第三产业就能发展起来，想发展高新技术产业就能一下子实现产业升级转型，产业服务化、轻型化、绿色化、节约化等都不能一蹴而就。

中部 6 省主要是农业大省．农民大省，目前困扰中部 6 省的主要是“三农问题”，有效解决“三农问题”是全面建设小康社会和中部崛起的重中之重，解决“三农问题”的根本途径是农业产业化、农民非农化、农村城市化。实现这“二化”最重要的是要发展制造业特别是装备制造业。没有制造业的发展，没有重工业特别是装备制造业的发展，“三农问题”没法解决。只有装备制造业发展了，才能为农业产业化和农村城市化提供物质技术条件，为农民非农化提供就业岗位。因此，湖北省在全面建设小康社会和中部崛起过程中，合理的产业选择应该是主要发展制造业特别是装备制造业。湖北省是老工业基地，在这方面拥有较好的基础，更有利于制造业特别是装备制造业的发展。

中国的工业化现在进入了重新重工业化的新阶段，为制造业特别是装备制造业的发展带来了新的机遇和挑战。从 1999 年开始的 6 年多时间内，中国工业发展出现转折性变化，无论是在产值、投资、利润增长方面，还是在比重上重工业都超过了轻工业，出现了重新重工业化的趋势。与此同时，产生了严重的煤荒、电荒、油荒、气荒、运荒，资源短缺加剧，环境压力加大，经济增长的就业弹性系数下降。重新重工业化为以装备制造业为核心的重工业发展提供了难得的机遇，严重的资源、环境制约则给重工业的发展带来了尖锐的挑战。为了克服资源、环境的制约，完成重工业化的任务，实现可持续发展，我国提出了建设节约型社会的战略方针。

为了建设节约型社会，克服资源、环境的制约，我认为湖北省应该在发展重工业的基础上，采取如下战略对策：

1. 大力发展循环经济。循环经济是指建立在资源不断循环利用基础上的经济。循环经济的特点和优势是：减量化、再利用、资源化、循环化、清洁化、高效化。也就是说，减少经济活动（包括生产、流通、消费等）中的资源消耗和废物排放，把废物转化为资源，进行废物的循环再利用，实现清洁生产和消费，提高经济效益。由此可见，发展循环经济是建设节约型社会、实现可持续发展的最重要也最有效的途径，能够同时取得经济效益和生态效益。发展循环经济现在是世界潮流。2001 年天津市全面启动“循环经济”工程，3 年之内就显见成效。在 1998～2003 年 GDP 年均增长 11.3% 的情况下，固体废物排放量从 1998 年的 5 万吨下降到 2003 年的 0.02 万吨，固体废物的综合利用率达 96.11%。湖北省在发展循环经济方面潜力巨大，仅武钢的废气、废水、废渣和余热的综合利用，就大有可为。必须大力提倡循环经济，在全面动员的基础上，抓重点，树典型，采取得力措施限制废物排放，鼓励综合利用，节约资源，保护环境。

2. 以老工业基地为重点，发挥比较优势，扬长避短，形成产业集群，降低重工业发展的成本，提高集聚效益、规模效益。

3. 以技术创新为根本，增大科技研究和开发投入，加快技术更新改造，尽量淘汰落后工艺技术和设备，尽可能采用先进工艺技术和设备，消灭“煤老虎、电老虎、油老虎、水老虎”，提高资源利用效率。

4. 以集约型增长方式为首选，切实转变增长方式，延长产业链，提高加工度，增加附加值，降低消耗，节约高效利用资源，减少污染。

5. 改善能源结构，开发新能源，寻找替代能源，开发可再生能源和清洁能源，实现能源供给多元化、多样化和清洁化。

6. 转变消费观念，提倡节约型、清洁型消费，合理开征消费税，限制过度消费，杜绝奢侈浪费。

（原载《湖北日报》2005年8月3日，《光明日报》2005年9月8日转载）

发挥武汉重工业优势，实施产业集群战略

企业集群是数量较多的、在地理位置上临近的、具有相互关联性的企业的集合体。按照美国著名的管理学大师迈克尔·波特的界定，产业集群则是指在特定领域中，同时具有竞争与合作关系，且在地理上集中，有交互关联性的企业、专业化供应商、服务供应商、相关产业的厂商，以及相关的机构（如大学、制定标准化的机构、产业公会等），简单地说，就是包含若干个彼此关联的产业的、在地理上集中的企业和机构的集合体。产业集群以企业集群为基础，包含着多个产业的企业集群和其他相关机构。无论是企业集群，还是产业集群，都会产生集聚效益，即能够形成更好的供应、销售市场和渠道，更容易获得熟练劳动力、技术人才、原材料和机器设备等生产要素，有利于技术和信息交流，降低进入和退出的障碍，加强分工协作，提高专业化水平，获得各种服务和便利，有益于企业创新和创业，增强产业竞争力，提高经济效益。而且，产业集群还可以极大地推动城镇化，繁荣地区经济。

产业集群虽然能够产生多重功效，但不是想形成就能形成的，必须具备一定的条件，采取相应的有效措施，特别要注意抓住经济发展的新机遇，发挥本地的产业优势。发达国家实现工业化的历史表明，工业化首先从轻工业化开始，然后再向重工业化推进，只有实现高水平的重工业化，并用先进的设备和技术武装、改造轻工业和农业，整个工业化的任务才能最终完成，也才能进入发达的后工

业化社会。国内外产业集群发展的经验还证明，工业化加速推进的时期，最有利于产业集群的形成和发展。

在计划经济时期，由于政治、军事、外交等多方面的原因，再加上片面理解生产资料生产更快增长的规律，我国急于实现重工业化，推行重工业优先的赶超战略，在轻工业还没有相应发展的情况下，开始了第一次重工业的大发展。虽然形成了“重工业太重、轻工业太轻、服务业太少、农业落后”的畸形产业结构，也没有实现工业化，但是在这次重工业的大发展中，武汉建设了武钢、武重、武船、武锅等一批重工业企业，成为我国的重工业基地，打下了相当强的重工业基础。新世纪我国进入以结构调整为主线、全面建设小康社会的新阶段，面临基本实现工业化和城镇化两项主要任务。我国现在正处于工业化的中期，而工业化中期正是重工业加速发展的时期。消费结构的升级、轻纺工业上档次、农业的技术改造、基础设施的建设、装备制造业的落后、城镇化进程的加速，都需要加快重工业发展，使我国工业化进入重工业重新大发展的新阶段。近几年，我国第二产业的比重加速上升，重工业的比重持续扩大，重工业比轻工业增长更快，钢铁、汽车、机械、石化等重工业部门高速增长，标志着我国工业化进入重工业重新大发展的时期。重工业的重新大发展，给产业集群化的发展，尤其是拥有重工业优势的武汉产业集群的发展，提供了难得的机遇。因此，武汉市应该抓住机遇，实施产业集群战略，以促进武汉经济更快发展。

第一，实施产业集群战略，必须合理规划，扬长避短，发挥优势。我们不能把眼睛老是盯着高新技术产业，应该注重发挥武汉市的重工业优势，重点发展重工业集群。

第二，形成重工业集群，必须以钢铁、汽车、机械制造为核心，延伸重工业的产业链，注重各产业部门的协调配套；采取各种有效措施，鼓励重工业企业到武汉落户，吸引国外重工业企业集团到武汉投资，支持重工业企业的分工、协作、重组、联合、集聚，拓展重工业企业群。

第三，积极争取国家振兴老工业基地的政策支持，大力进行重工业企业的设备更新、技术改造、产品开发，使武汉市这个老工业基地重新焕发青春。

第四，重工业是资本密集型产业，形成重工业集群需要巨额投资。应该在财政、税收、银行信贷、企业债券、股票上市、引进外资等方面适当向重工业倾斜，通过多种渠道、采取多种方式融资，给予更多的资金支持。

第五，重工业尤其是装备制造业不少也是技术密集型产业。即便是传统重工业，也必须用高新技术改造和武装。因此，特别需要发挥武汉市高等院校和科研院所云集的优势，形成重工业技术研发中心，给重工业集群发展提供有力的科学技术支持。

第六，产业和市场互为条件、相互促进，产业集群发展需要专业化市场的支撑。应该以机电产品博览会为基础，形成武汉市重工业产品大市场，使武汉市成为重工业产品的集散中心，为重工业集群发展创造有利条件。

（原载《长江日报》2004 年 1 月 1 日，《学习与实践》2004 年第 2 期转载）

建设以航运为纽带的武汉综合运输中心的战略构想

交通运输业是武汉的支柱产业之一，振兴武汉经济迫切需要大力发展交通运输业，形成以航运为纽带、水陆空立体运输网络为基础的综合运输中心。

一、构建武汉综合运输中心的战略意义

1. 全面建设小康社会和现代化的长远需要

党的十六大提出全面建设小康社会的目标，到 2020 年我国 GDP 总量将在 2000 年的基础上再翻两番，达到 35 万亿元人民币，基本实现工业化和城市化。国际经验表明，工业化和城市化，尤其是重工业化时期是交通运输业需求急剧增长的时期。交通运输业作为联系各个经济部门和社会生产各个环节的纽带，是经济快速稳定

持续发展的前提和基础。经济的快速增长和产业结构的调整升级也必然增强对交通运输业的需求，既包括总量的需求也包括对交通运输服务方式和服务质量的新的需求。构建综合运输中心就是要整合武汉水陆空现有的网络资源，提升武汉交通运输业的水平，为全国的产业升级和经济的长远发展创造良好的基础条件。

2. 消除交通运输短缺的迫切要求

新的发展时期，我国重化工业化和城市化的发展明显加快。以电力、钢铁、建材、石化、机械、汽车等产业为代表的重化工业的快速发展，城市建设的大规模进行，电力、建材、矿石、煤炭、石油等资源的消耗急增，极大地增加了对运输业的需求，货物运输量剧增。而且城市化的发展、各地旅游业的兴起和“黄金周假日经济”也促进了人口的流动，使客运交通也呈现短缺现象。据国家统计局最新统计，今年上半年，全社会各种运输方式累计完成货运量77.52亿吨，货物周转量31336.62亿吨公里，同比分别增长14.8%和23.8%，而现有的各种运输方式都存在着不同程度的运力短缺。在国内货运市场中占据半壁江山的铁路运力不足的矛盾越来越突出。今年前5个月，全国铁路申请车皮满足率由去年同期的52%下降到35%左右。今年1～2月份，水路运输货运量同比增长了17.7%，货物周转量同比增长了26.3%，增长高居运输业各子行业之首。武汉作为地处华中的老工业基地和全国重要的水陆空交通枢纽，在新一轮的发展中肩负着重新重工业化和联系东西部经济的重任。武汉的交通运输业在承担巨大压力的同时，自身也存在着交通资源利用不充分，尤其是航运资源利用效率低的现象，从而进一步加剧了本地区交通运输紧张的局面。2000～2002年间，武汉市全社会货物运输总量一直保持在1.6亿吨左右，货物周转量年均增长6.00%，全社会旅客运量年均增长1.44%。但是武汉水运货运量自2000年以来连续两年下滑，没有充分发挥潜力。因此建立以航运为纽带的综合运输中心，正是要充分挖掘武汉水资源丰富的优势，整合各种运输资源，以消除日益紧张的交通运输瓶颈。

3. 中部崛起、武汉振兴的重要途径

武汉作为华中地区唯一一个特大城市，对于周边经济区域有很强的聚集力和辐射力。武汉也曾有过辉煌的历史，但从改革开放以来，长三角、珠三角、环渤海京津地区的迅猛发展使武汉的聚散能力相对弱化。根据中国社科院2003年的《中国城市竞争力报告》，武汉的综合竞争力仅排第16位，而前15位全部是东部地区城市（包括香港特别行政区、澳门特别行政区）。如果按综合人均收入排名，武汉则下降到19位，上海、广州、北京的该项指标分别是武汉的2.8倍、2.3倍、2.25倍。武汉经济发展水平与东部地区的差距不断拉大。究其原因，除了东部地区较早享受了国家开放政策外，也包括武汉自身发展战略选择的失误。武汉于20世纪80年代中期提出“两通起飞”战略，希望凭借武汉的区位优势通过交通业和流通业来促进武汉经济的“起飞”。但由于“两通”主要是给别的地区运东西，卖产品，缺少产业支撑，也没有带动制造业的振兴，结果武汉经济不仅没有因“两通战略”而起飞，甚至出现了吃“广东粮”、喝“珠江水”、穿“福建鞋”、着“浙江衣”、用广东家电的状况。在新世纪为实现全面建设小康社会的目标，武汉必须在重化工业化和城市化发展的新时期，加快重工业化和城市化的步伐，推进结构调整和产业升级。武汉将以“钢车光药”为主导产业实现产业结构的调整升级和区域经济的发展，因此“两通起飞”战略应该转变为以制造业为主体、以“两通”为两翼的集成发展战略。随着武汉重工业化和城市化的发展，交通运输业将增加巨大的需求，承担着越来越大的压力。而且，武汉作为东西部经济沟通交流的节点，交通运输业的发展不仅要满足武汉本地区经济的需要，而且要为武汉在东中西协调发展大战略中发挥承东启西、贯南通北的作用提供有力的支撑。此外，中部地区是我国主要的农业区，中部崛起不仅要振兴制造业而且要努力实现农业现代化，发展农业生产，而农产品的运输不少也是大体积、大重量、大批量的运输。由此可见，中部崛起、武汉振兴要求大力发展交通运输业，形成综合运输中心。

二、以内河航运为纽带的优越性

武汉综合运输中心之所以要以内河航运为纽带，主要是因为武汉具有突出的内河航运的比较优势和区位优势。

1. 发挥航运的比较优势

水运是最适合大体积、大重量、大批量运输、最经济的运输方式。发达国家，如美国、德国等内河水运条件优越的国家，都十分重视内河运输资源的开发利用，因而在美国密西西比河和德国莱茵河沿岸都形成了经济最发达的工业走廊。长江发展内河航运的条件要优于密西西比河和莱茵河，但密西西比河水系的货运强度是长江干线的 2.64 倍，而莱茵河干流的运输强度是长江的 6 倍。长期以来，我国一方面存在着交通运输短缺，需要加快建设的问题；另一方面又存在着现有交通方式利用率低、管理技术落后、交通安全形势严峻等问题。武汉挟两江之利，有丰富的内河航运资源，但是没有充分开发利用，没能充分发挥长江航运对武汉沿江经济带的促进作用。

长江航运是一种占地少、投资省、运能大、成本低、耗能少的天然运输资源。占地少，修建 1 公里铁路需占地 50 亩，而长江航运利用天然河道，不占土地；投资省，目前国内修建 1 公里铁路需投资 4000 万元以上，而渠化航道投资仅为铁路的 1/2 到 1/5；运能大，水运最大单船运量可达 8000 至 1 万吨，长江中下游最大推船队运量可达 4 万吨，是重载单列火车的 4～16 倍；成本低，每千吨公里的成本，长江水运为铁路的 1/3.5；耗能少，据美国的测算，1 公斤燃料，柴油汽车可运货 25 吨公里，铁路可运 93.4 吨公里，而内河则可运 218 吨公里。上世纪 90 年代开始，我国长江航运进入低迷期，近几年受西部大开发和内地经济发展的刺激，虽然“黄金水道”一般客运有所下降，但旅游客运上升，集装箱运输、滚装汽车等运输开始回升。由此可见，内河航运比较优势明显，有着巨大的开发潜力。

2. 发挥武汉的区位优势

武汉是长江中游的特大中心城市，素有“九省通衢”的美誉，具有其他城市不可比拟的区位优势。一是得水独厚，武汉位于长江及其最大的支流汉水的交汇处，全市河网水系纵横交错，航道网络居中游之首。长江是武汉市对外物资商品交流的重要水上通道，武汉通过长江航道及其支流，形成对沿江经济带的辐射。二是得中独厚，武汉是华中地区的特大中心城市，环顾武汉四周，东有上海、南京、杭州，西有成都、重庆、西安，北有北京、沈阳、大连，南有广州、深圳。武汉得中而居，与这些中心城市遥相呼应，成为各经济区域联结沟通的交汇点。以武汉为中心的华中地区有可能成为继长三角、珠三角、环渤海湾经济圈之后的第四大经济区，发展前景十分广阔。三是交通便捷，武汉位于横贯东西的长江、沪蓉高速公路、拟建的沪蓉铁路和纵贯南北的京广铁路、京珠高速公路的交汇处。武汉天河机场是国家“十五”计划确定的我国六大区域性航空枢纽之一。2003 年耗资 2 亿元的长江清淤应急工程已经完工，水运网络联结更加通畅，长江航道的通航能力更是大大提升。总之，武汉是全国为数不多的集铁路、公路、航空、水运枢纽于一身的中心城市，是以内河航运为纽带、实行水陆空联运的最佳地区，最具发展综合运输中心的区位优势。

三、建设武汉综合运输中心的战略对策

为把武汉建设成综合运输中心，我们认为应该采取以下措施：

1. 加强以航运为纽带的综合运输基础设施建设

交通基础设施落后是长久以来我国国民经济的软肋，解决交通运输的瓶颈就应从提升交通运输的硬件水平，加快基础设施建设着手。首先要总体规划，科学管理。基础设施建设投资巨大、建设和使用期限长，为经济发展提供基础性支持，决定长远的经济发展能力。在交通建设标准、建设规模、建设时序方面，要求注重规划建设的整体性、一致性和前瞻性，同时保持必要的规模和建设的同步性，协调兼顾，以利于各种运输网综合效益的发挥。其次要拓展融资渠道，创新融资方式。采取政府投资、社会集资等多种途径，大力筹集建设资金。以政府投资为引导，主要依靠市场机制的运作，提高交通融资的水平和资金的使用效率。可以考虑和尝试包括产业投资基金、不动产证券化等多种金融创新来广泛吸纳包括外资、民营资本在内的社会资源。

2. 形成水陆空联运的综合运输网络

水、陆、空运输是基本的交通运输方式，实践证明只有协调配合，才能更好地发挥交通的重要作用，提高运输效益。如果各种方式的发展只注重系统内的运转顺畅，忽视各个系统之间的紧密衔接、互联互通，就会形成互相分割、自成体系的局面，可能造成浪费。分工专业化是经济效率提高的重要途径，各种运输方式只有从自身的特点出发，扬长避短，互相配合，才能发挥最大的功用。各种运输方式如果能够在分工的基础上实现合作，把各自的网络（包括运输网和交通运输信息网）对接起来就可以产生整体大于部分之和的效应。水陆空联运综合网络的形成要注意各网之间的相容性。相容性要求各种运输网络的交通运输基础网络建设、运输设备技术标准（尤其是集装箱技术）、交通通讯信息技术的相互兼容。为此，各运输部门和各城区在交通网络建设中要加强协调与沟通，打破区域、行业、部门分割，建立公平、公开、公正的市场体系以及跨地区、跨行业、跨部门的规模化集约化的运营网络。

3. 建立综合运输协调机构

要想建立互联互通的综合运输网络，除了在交通基础设施的建设中要注意多种运输方式的衔接转换之外，更重要的是要有相应的软件支持。建立统一完整的运输信息资源数据库，通过网络化管理，及时收集、传输、补充、整理、反馈、控制，实现运输信息资源的有效利用和管理信息化、现代化。以信息化推动一体化，可以充分发挥协同效应，大大提高运输资源的配置效率和利用效率。建立综合运输的协调机构，通过信息网络把实体经济部门联系起来。各种运输系统之间要特别加强市场信息、运输能力、交通状况等信息的共享，实现运力的统一调度，适应市场需求的变化。

4. 综合运输中心与物流中心协调建设

现代物流泛指原材料、产成品从起点到终点及相关信息有效流动的过程。它通过信息、运输、仓储、装卸、加工、包装、配送等方面的有机结合，将采购、生产、销售等过程连贯成完整的供应链，为客户提供多功能、一体化的综合服务。因此现代物流被看作是继降低能耗，提高劳动生产率后的第三利润源。建设综合运输中心要体现高起点、多功能的要求，适应交通运输业产业升级、结构调整的需要，通过发展现代物流来提高运输中心的集疏运能力。综合运输中心在发展现代物流的过程中要特别注意利用长江港口现有的先天优势。长江港口是各种运输方式的交换地，是商品、资金、技术和信息的集散地，具有较强的物流集散、仓储、装卸功能，也是现代物流供应链中的重要节点。因此要以长江港口为依托，一方面通过建设水陆空联动网络，形成适应物流发展的基础设施平台；另一方面开发信息系统，构建物流信息平台，实现综合运输中心与物流中心的协调发展。

（原载《长江航运研究》2004 年第 5 期，与石华巍合写）

中国经济发展趋势和对策

试论新世纪中国生产力的跨越式发展

新世纪之初，我国在制定“十五”计划时提出了以信息化带动工业化，发挥后发优势，实现社会生产力的跨越式发展的战略。这是根据中国经济发展新阶段的任务和特点确定的新的重大战略目标和战略方针。正确理解和切实贯彻这个新的经济发展战略，是新世纪中国社会主义现代化建设的关键。新世纪中国生产力的跨越式发展的具体内容是什么？是要从什么发展阶段或水平跨越到什么发展阶段或水平上去？为什么要实现跨越式发展？有无可能实现跨越式发展？是否又要搞1958年的“大跃进”和1978年的“洋跃进”那样的盲目冒进？怎样才能真正实现跨越式发展？这些是正确理解和切实执行这个新战略特别需要深入研究的重大问题。

一、新世纪中国生产力跨越式发展的内涵

由生产力发展规律决定的社会经济发展的历史顺序，一般来说是由原始经济→农业经济→工业经济初级阶段（不发达的工业化）→工业经济高级阶段（发达的工业化）→知识经济（信息经济）的演进过程。任何一个国家的社会经济发展，一般只能按这个历史顺序循序渐进，不可能超越其中的某一个阶段，或者跨过某个阶段，直接进入更高级的发展阶段。比如，不可能由原始经济时代直接进入工业经济时代，也不可能由落后的农业国直接转变成发达的工业国，更不可能一下子由农业经济社会直接跳到知识经济社会。因为，社会经济发展是生产力水平由低到高、产业结构由低级

向高级演进的过程，社会经济发展这个演进过程中的各个不同的阶段代表着生产力发展的不同水平和特征、产业结构演进的不同层次和高度。其中一个阶段的到来，都必须以前一个阶段的生产力发展作为基础，以前一个阶段生产力发展任务的基本完成和产业结构的升级作为前提条件。人类社会经济发展的实践证明了这种客观必然性的存在。但是，这种客观规律性并不意味着经济发展先进的国家永远先进，经济发展落后的国家永远落后，也并不排斥落后的国家在特定的条件下经过努力赶上甚至超过先进国家。落后国家只有实现超常规的发展，才有可能赶上先进国家。所谓超常规发展，主要是指通过制度创新、技术创新或者加上外部援助，使经济发展速度更快、效率更高，缩短某一个发展阶段所持续的时间，在比通常更短的时间内完成某个阶段生产力发展的任务和产业结构的升级。在特殊条件下，落后国家还可以通过同时完成互相衔接的两个阶段的任务，实现生产力的跨越式发展，赶上先进国家。

21 世纪将是经济知识化、信息化、全球化的时代。在人类社会跨入新世纪的时候，初步实现工业化的中国迈进全面建设小康社会、加快推进社会主义现代化、以结构调整促进经济发展的新阶段，面临实现发达工业化和信息化的双重任务。中国在新世纪要努力实现的所谓生产力的跨越式发展，具体来说是指不经过先由不发达的工业化过渡到发达的工业化，然后再实现信息化的发展顺序，同时进入工业经济高级阶段和知识经济社会，同时实现发达工业化和信息化。

二、新世纪中国生产力跨越式发展的必要性

新世纪的跨越式发展与 1958 年的“大跃进”和 1978 年的“洋跃进”有着本质的区别。“大跃进”和“洋跃进”仅从良好的主观愿望出发，脱离中国国情，违背客观经济规律，缺乏必要的经济基础，是不可能实现的发展目标。新世纪的生产力跨越式发展，则符合中国经济发展新阶段的实际和世界经济发展的趋势，按照客观经济规律办事，具备必要的基础和条件，是经过努力而可能达到的发展目标，并不是心血来潮，急于求成，盲目冒进。

总的来说，生产力跨越式发展是知识经济发展、实现现代化和赶超发达国家的需要。知识经济（信息经济）是社会经济发展的最新阶段。新世纪将是知识经济时代。经济知识化、信息化是当今的世界潮流，知识成为越来越重要的生产要素。以信息技术为核心的高新技术向各个领域渗透，不仅导致许多新兴产业的诞生，而且使传统产业也发生着革命性的变革。新世纪中国要实现现代化，在经济发展上赶上发达国家。21世纪的现代化与20世纪的现代化具有不同的内容和特征，经济知识化、信息化将是21世纪现代化的最重要的内容和特征。工业现代化离不开信息化，信息化将是工业现代化的重要标志。离开高新技术的改造和武装，工业不可能实现现代化。因此要真正实现现代化，必须同时实现发达的工业化和信息化。传统的重工业优先的赶超战略存在严重偏差，但落后国家应该尽快赶超发达国家的目标并不错，存在失误的是实现赶超目标的途径和方法。在知识经济时代赶超发达国家的过程中，中国如果还是按部就班地先努力实现发达工业化，然后再搞信息化，不同时跟上世界知识经济发展的步伐，不仅不能赶上发达国家，甚至会使差距拉得更大。所以说，世界经济发展的大趋势和中国经济发展的历史任务的完成，都需要实现生产力的跨越式发展。

三、新世纪中国生产力跨越式发展的可能性

新世纪的中国能不能实现生产力的跨越式发展呢？回答应该是肯定的，因为具备以下有利条件和基础：

1. 信息产业发展速度快

信息产业是具有技术密集和劳动密集双重属性的产业，主要靠人力资本。起始投入的资金不需要很多，信息技术更新的速度特别快，信息产品开发的周期非常短，使得信息产业发展的历史虽然不长，增长却十分迅速。比如，中国的信息产业在短短的十年时间内成倍增长，像电话、移动电话、电视机、家用电脑的产量和用户数，都是几十倍、上百倍的增长，有的甚至从无到有，增长上千倍，取得了十分惊人的成就。中国的信息化在改革开放过程中才开始启动，20世纪90年代得到了迅猛发展。电话用户总数1980年

只有214.08万户，1990年是685.03万户，2001年激增到17 900万户。前十年增长2倍，后十年增长25倍，20年增长80倍。移动电话用户总数1980年一户也没有，1990年有1.83万户，2001年14 480万户，后十年增加7900多倍。电子信箱用户1994年只有2 329户，1999年达到19855户，5年增加7.5倍。互联网用户1995年只有7213户，2001年超过3 000万户，5年增加4 200多倍。1999年，中国电子及通讯设备制造业总产出为5 831亿元，实现销售额为5 573亿元，均列工业各行业之首，成为第一支柱产业；实现利润总额307.5亿元，占全部工业利润的13.4%，成为工业行业第一利润大户。据报道，宽带网是信息化的象征，中国在不到两年时间内就建成了超过美国的世界上最先进的一万多公里的宽带网，而成本不及美国的三分之一。可见，信息产业能够实现超常规的快速发展。

2. 信息产业带动力强

信息产业是一个关联度、感应度、带动度很高的产业，也是一个对传统产业的催化剂、粘合胶、倍增器作用很大的产业。信息是越来越重要的生产要素，信息资源是越来越重要的经济资源。所有的社会经济活动都不可避免地要受到信息化的影响。信息技术和产品能够运用于所有领域，使其发生革命性的变革。信息产业的高催化性、高渗透性、高增长性，可以带动一系列关联产业的形成和变化，催生一些新的“边缘产业”，是现代经济增长的动力源。

3. 信息技术应用面广，效率高

信息技术具有普遍适用性、快捷性、高效性，可以运用到国民经济和社会生活的各个方面，能够在一定程度上克服信息不完全、不对称和不及时的局限性，有效减少人们行为的不确定性和盲目性，缩短决策和行动所需的时间，实现自动化和高速化，大幅度降低生产经营和管理的成本，使效率普遍提高。采用信息技术改造和武装传统产业，能够提高其劳动生产率，加快产品升级换代，增强市场竞争能力，促进产业结构向以知识密集型产业和高质量、高水平服务业为主转变，实现工业的现代化和产业结构的优化，使传统产业在更高的水平上快速发展。事实证明，信息技术在改造中国传统产业方面的投入产出比可达1:4以上，有些领域甚至超过1:20。

4. 中国拥有后发优势

中国属于发展中国家，虽然存在资源缺乏、技术落后、管理水平低、人口过多和素质不高、经济结构不优、竞争能力弱等后发劣势，处于不利地位，但也具有发展经济学家所讲的后发优势，能够利用这种后发优势，实现跨越式发展。第一，技术落后的发展中国家可以通过国际贸易和技术引进，超越科学技术研究和开发的阶段，直接学习和利用发达国家现成的先进技术，以最少的成本、最短的时间、更快的速度求得经济的发展。第二，体制不健全、经验不足、管理落后的发展中国家，可以借鉴发达国家有效的经济体制、科学的管理方法、经济发展的经验教训，发挥制度创新的巨大推动作用，促进经济更快地发展。第三，经济结构不合理、发展水平低的发展中国家，结构改善的潜力大，可以通过结构调整，使产业结构优化升级，极大地改善资源配置状况，大幅度地提高经济效益。除此之外，中国人力资源丰富价廉，也是一种优势，并将长期存在，有利于大力发展加工制造业，特别是劳动密集型产业，增加积累，加快经济发展。

5. 中国拥有局部科技优势

以信息化带动工业化，实现生产力跨越式发展，主要依靠科学技术优势。中国的科技虽然在总体上还比较落后，经济技术实力与发达国家相比还存在明显的差距，但在某些方面已经接近或达到世界先进水平。可以首先发挥这些局部的科技优势，然后带动整个经济快速发展。

6. 中国已有一定的工业化和信息化基础

中国并不是凭空提出以信息化带动工业化，实现跨越式发展的，而是已经具备了较好的工业化和信息化的基础。中国已经初步实现了工业化，建立起了比较完整的工业体系和国民经济体系。尤其是信息化近十年来取得了长足的发展，信息产业已经成为第一大支柱产业，有线电视用户达一亿多户，已成为世界第一大电视网络，固定电话网络规模已居世界第一位，移动电话拥有量也居世界第一位，为生产力跨越式发展提供了有利的条件。

7. 中国的市场潜力巨大

市场潜力是经济发展的空间，跨越式发展要求更大的空间。中国现在仍处在现代化建设过程之中，信息化也仅处于起步阶段，人民生活只是初步达到小康水平，无论是工业品还是信息产品的市场潜在需求都非常大，为工业化和信息化的发展提供了广阔的空间，为经济的快速发展留下了充分的余地。

四、新世纪中国生产力跨越式发展的途径

新世纪中国怎样才能真正实现生产力的跨越式发展呢？总的来说，必须依靠制度创新和技术创新，贯彻以信息化带动工业化和发挥后发优势这两条战略方针。

1. 以信息化带动工业化

以信息化带动工业化，必须完成三大任务，采取两个主要方面的措施。

（1）以信息化带动工业化的三大任务包括：

第一，大力开发和运用信息技术，迅速发展信息产业，加快推进国民经济和社会的信息化。这是以信息化带动工业化的首要任务。以信息化带动工业化，信息化要放在优先位置。只有优先推进信息化，才有条件以信息化带动工业化。信息技术是信息化的根本，信息产业是信息化的支柱。必须提高信息技术开发和运用的能力和水平，加强光纤通信技术、交互式网络技术、多媒体技术、智能计算机技术等信息技术的研究和开发；加速软件、集成电路等信息产业的发展，重点推进超大规模集成电路、高性能计算机、大型系统软件、超高速网络系统、新一代移动通信设备和数字电视系统等核心信息技术的产业化，扩大新型元器件、计算机网络产品、数字视听产品的生产，提高信息化装备和系统集成能力，满足市场对各类信息产品的需求；积极发展信息服务业特别是网络服务业，提供政府上网、企业上网、家庭上网、个人上网的良好服务，搞好电子商务、电子金融、远程教育、远程医疗及其他各种面向社会的信息服务；在全社会推广计算机和网络教育，普及信息化知识和技能，提高计算机和网络的普及与应用程度，从政府行政管理、社会

公共服务到企业生产经营都要广泛运用数字化、网络化技术，加快信息化步伐。

第二，加强现代信息基础设施建设，这是为实现信息化并且带动工业化提供坚实的物质基础。信息基础设施是信息化的物质基础，主要是运用数字技术、微波技术、激光技术，以宽带大容量光纤、卫星、微波装置为传输通道，集计算机、电视、电话、录音和录像功能于一体，可以传送、接收、储存、处理语言、图像、数据、文字等信息的多媒体高速通信网。必须发展和完善高速宽带传输网络，加快用户接入网建设，促进电信、电视、计算机三网融合，健全信息网和信息库。信息网络的安全保障体系也应属于信息基础设施，必须强化信息化法制建设，加强综合管理，确保信息和网络的安全性、可靠性。

第三，运用信息技术改造传统产业，实现工业现代化。这是以信息化带动工业化的主要任务和具体体现。运用信息技术改造传统产业，一是要通过信息技术，提高产品开发和设计能力，改进工艺技术，实现传统产业的产品换代、品种增加、质量提高，增加有效供给，创造新的需求。二是要运用信息技术，发展电子商务和电子金融，推动营销、运输和服务方式的变革，实现工业生产的高加工度、高附加值和自动化，降低成本，节能降耗，加快资本周转，减少或防止环境污染，提高经济效益和生态效益。三是要采用信息技术，实现企业生产经营的信息化，使传统产业结构优化，技术升级，管理改善，提高工业的整体素质和国际竞争力，使信息化与工业化融为一体，互相促进，共同发展。

(2) 以信息化带动工业化的两大措施。新世纪的中国经济发展把改革开放和科技进步作为动力，以信息化带动工业化也必须把制度创新和技术创新作为主要措施。

加快制度创新，形成良好的制度环境。制度是制约经济发展和结构优化的关键因素，以信息化带动工业化需要相应的制度保证。因此，必须深化改革，不断进行制度创新，尽快完善社会主义市场经济体制。中国经济发展新阶段的制度创新主要包括：继续调整和完善所有制结构，支持、鼓励和引导私营、个体企业尤其是科技型中小企业的健康发展；深化国有企业改革，真正建立现代企业制度，形成规范有效的企业法人治理结构和适应市场经济要求的经营机制，促进企业成为技术进步和创新的主体；建立和完善全国统一、公平竞争、规范有序的市场体系，重点培育和发展要素市场，规范和发展证券市场，为各类企业创造公平竞争的环境；完善金融组织体系、市场体系、监管体系和调控体系，形成风险投资机制，建立创业板股票市场；帮助中小企业技术创新，支持高新技术产业发展；推进行政管理体制改革，切实转变政府职能，终合运用计划、财政、金融手段，发挥价格、税收、利率、汇率等杠杆的作用，建立以间接调控为主的宏观管理体系；进行分配制度、人事制度、就业制度和教育制度的创新，形成激励、监督、约束机制，调动各方面的积极性，加快人才开发、培养，充分合理地使用人才；深化科技体制改革，完善促进科技进步的机制和政策，形成鼓励科技创新的社会环境。

加强技术创新，推动信息化和工业现代化。科技进步和创新，是信息化和工业现代化的决定性因素和强大推动力。必须按照有所为、有所不为的方针，总体跟进，重点突破。力争在信息技术、生物技术、新材料技术、先进制造技术、航天航空技术等关键领域取得突破；在集成电路、高性能计算机、光电了材料与器件、生物工程药物、生物芯片、农业生物工程等领域实现产业化；在基因组学、信息科学、纳米科学、生态科学和地球科学等方面取得新进展；推进国家创新体系建设，实行产学研相结合和引进与创新相结合；加大国家和社会的科技投入，加强基础研究和应用研究；提高自主创新能力，发展高新技术，提高产业的技术水平。

2. 发挥优势，克服劣势

为了实现生产力的跨越式发展，另一个重要方面是必须发挥后发优势，克服后发劣势。怎样才能真正做到扬优克劣呢？

第一，必须特别重视发挥制度创新的优势，克服制度劣势。制度劣势是最大的劣势，制度创新的优势是最大的优势。妨碍发展中国家经济发展最主要的因素，不是技术落后、资本缺乏，而是制度不健全，不完善。因此，切不可只强调技术创新，忽视制度创新。

我国首先必须发挥制度创新的优势，深化改革，健全社会主义市场经济体制，这样才能真正推动生产力的跨越式发展。

第二，必须在发挥技术引进优势的同时注意自主开发新技术，克服技术劣势。由于单靠技术引进、学习和摹仿，至多只能加速“追赶”，不可能实现“超越”。在知识经济时代，甚至连追赶都困难。由于知识更新速度加快，新技术开发周期缩短，产品升级换代步伐加速，使得发展中国家技术引进的后发优势减弱。仅靠跟踪学习和摹仿，难以赶上，更不可能超过发达国家，只能永远落后。由于技术进步速度太快，留给落后者学习、消化的时间太少，后进者学都来不及。等到引进、学习、摹仿出来以后，新的更先进的技术又出现了，难以跟上技术前进的步伐。由此可见，靠引进发达国家现成的先进技术走经济发展的捷径的后发优势，必然大打折扣。技术进步上也存在“马太效应”，即技术越先进、基础越好，越有条件开发新技术，更容易进行技术创新；技术越落后、基础越差，改进技术越困难，再加上最新的一流技术很难引进，使这种“马太效应”更为显著，会加剧发展中国家存在的技术劣势。所以，必须在坚持引进、消化、吸收、改进国外先进技术的同时，更加注重开展原创性研究，开发拥有自主知识产权的高新技术。尤其在我国已经有一定基础和优势的空间技术、信息技术、激光技术、生物工程技术等领域，更要大力进行技术创新，形成世界领先的技术优势。在发展高新技术产业的同时，特别还要注意用高新技术改造和武装传统产业，实现产业的技术升级。只有这样，才能提高核心竞争力，从根本上克服技术劣势、竞争劣势。

第三，必须努力发挥结构变化的优势，以结构调整为主线，实现双重的结构优化升级。结构优化能极大地促进经济发展，中国现在已经进入以结构调整推进经济增长的新阶段，面临实现发达工业化和信息化的双重结构调整的任务，许多深层次矛盾和问题的解决都有待于结构的完善。因此，必须下大力气抓结构调整，使产业结构优化升级，东部与中、西部协调发展，城市化水平大幅度提高。

第四，必须采取多种方式筹集资本，克服资本劣势。实现生产力跨越式发展，主要应该依靠提高资本的使用效率，但增加资本的投入也是不可缺少的重要因素。所以，必须进一步建立和健全资本市场，改善投资环境，放开不必要的投资限制；保护投资者的合法权益；扩大资金来源，增加融资渠道，吸引更多外资；鼓励民间投资，扩大政府投资，以保证经济增长对资本的需求。

第五，必须在发挥人力资源优势的同时，克服人口劣势。劳动力充足价廉是我国发展经济的一个有利条件。人口众多、素质不高、人才流失、企业家缺乏，又是制约我国经济发展的不利因素。因此，在大力发展劳动密集型产业、发挥劳动力资源的优势、增加收入、扩大积累的同时，还必须进一步控制人口数量的增长，特别注重提高人口素质；认真实施科教兴国战略，尽快发展教育事业；采取各种有效措施，提供较好的工作和生活条件，稳住国内人才，吸引国外人才；下决心实行企业管理人员的职业化、市场化，造就一支庞大的企业家队伍。

第六，必须抓住知识经济提供的新机遇。高新技术产业是知识经济的支柱。当代高新科学技术有一个重要特点，就是领域十分广阔，任何国家和地区都不可能在所有的科技领域全面领先，每个国家和地区都可以利用自己的优势，发挥自己的长处，在高新技术产业中占有一席之地。信息技术是最主要的高新技术，应用范围广，产业关联度大，带动能力强，发展速度快，能够实现超常规的发展，带动整个国民经济的增长。知识经济的这些特点，给中国提供了一个发展有优势的高新技术产业，以信息化带动工业化，实现生产力跨越式发展的新机遇。我们必须抓住这难得的机遇，力争同时实现发达的工业化和信息化。

参考文献

徐匡迪．工业化，信息化与我国生产力的跨越式发展．求是，2001（1）．

曹建海．以信息化带动工业化．光明日报，2000-12-26．

苏民．信息产业成为工业第一支柱说明了什么．经济日报，2000-12-7．

周叔莲，王伟光．论工业化与信息化的关系．中国社会科学院研究生院学报，2001（2）.

简新华．论以信息化带动工业化．首都经济贸易大学学报，2002（1）.

马迪军．工业化，信息化与跨越式发展．探索与争鸣》2002（2）.

吴敬琏．制度高于技术．中国经济时报，1999-6-18.

世界银行．1998/1999 年世界发展报告：知识与发展，北京：中国财经出版社，1999.

杨小凯．后发劣势．经济学消息报，2000-12-22.

新华．宽带：对中国未来意味着什么．经济日报，2001-5-31.

陆德明，张伟．比较优势与后发优势．经济评论，2001（3）.

郭熙保，张进铭．论发展中国家的后发障碍与后发优势．经济评论，2001（5）.

（原载《经济前沿》2002 年第 7 期，武汉大学出版社 2003 年 1 月出版的《高技术产业经济研究》全文转载）

中国三大跨世纪的社会经济问题：反贫困、就业和人口流动迁移

世界各国各界许多人士现在都在说 21 世纪是亚太世纪，是中国世纪，但中国巨龙要真正能在 21 世纪腾飞，还必须正确有效地解决目前面临的许多跨世纪的重大问题。消灭贫困任务的完成、就业问题的妥善处理、人口合理有序地流迁，正是中国在本世纪还不可能完全解决的三大跨世纪的艰巨而又困难的课题。

一、6000 万人的脱贫问题

消除贫困和两极分化，达到共同富裕，是社会主义的本质要求和最终目标，在 2000 年基本消除贫困现象，使 6000 万贫困人口脱贫，解决温饱问题，则是中国跨世纪的紧迫而艰巨的首要任务。尽管我国党和政府正在实施“八七扶贫攻坚计划”，加大扶贫投入力度，国务院已经决定在“九五”计划期间每年增加 30 亿元扶贫贴息贷款，要求各级政府和有关部门增加扶贫投入，动员全社会力量来扶贫，但是，从目前情况来看，扶贫工作还存在许多困难和

问题：

第一，中国贫困人口数量太多，需要投入巨大的扶贫资金，而目前中央和地方的财政都比较困难，很难增加更多的扶贫资金。不仅扶贫资金不足，而且有些地方由于种种原因使得扶贫资金使用效果不佳，这又给利用国内外银行贷款扶贫带来困难。

第二，中国扶贫工作目前处于攻坚阶段，现存的贫困人口绝大多数集中分布在自然资源贫乏、生产生活条件恶劣的深山区、石山区、黄土高原区、偏远荒漠地区、地方病高发区以及库区、蓄滞洪区，而且这些地区文化教育落后、交通闭塞，人们的观念陈旧、思想保守、素质低下。由于这些情况的存在，使各项扶贫措施很难奏效。自然环境恶劣，要通过改变自然环境脱贫致富，非短期所能成功；一方水土养不活一方人，要实行人口流迁、移民，工作往往很难做；思想观念的转变，人口素质的提高，也非一日之功。所以，人们称这些地方为难啃的硬骨头，要使这些地方的穷人脱贫，难度相当大。

为了实现在2000年使6 000万贫困人口脱贫的目标，现在迫切需要深入调查分析中国不同地区、不同层次贫困人口产生的各种具体原因；探讨怎样通过发展经济、调整财富收入分配、开发人力资源、改造自然环境、鼓励人口迁移、发展教育、转变观念、增加就业、实行社会保障等途径，采取切实有效的具体措施，进行开发开放式扶贫；研究如何筹集更多扶贫资金，用好用活扶贫资金；借鉴发展经济学的反贫困理论，总结国内外反贫困的经验教训，寻求中国贫困人口脱贫致富的正确道路。

二、严峻的就业问题

消除贫困，首先必须解决贫困人口的就业问题，使他们有工作做、有收入。如何使贫困人口就业，这又是中国面临的一个跨世纪的难题。从现在起，到下个世纪初，中国的就业形势都相当严峻。目前，中国国有单位的富余职工总数约有3 000万，农村剩余劳动力1亿多，随着农村经济的发展和农业劳动生产率的提高，还将产生数以亿计的农业剩余劳动力。不仅如此，从1990年开始到2010

年，中国每年还要新增劳动力 1 200 万 ~1 400 万。据测算：中国在改革的 15 年中全国城乡创造新的就业机会累计达 2 亿多个，超过改革前 30 年的总和。但是，在今后 15 年每年要为 1 700 万左右的劳动者安排新就业和再就业岗位，比就业增加最快的 80 年代每年平均要多 300 多万。

就业形势的严峻，不仅体现在需要就业的劳动力数量庞大上，而且表现在增加就业岗位也相当不容易上。曾经吸纳了大量农村剩余劳动力的乡镇企业，其吸纳能力已经开始大幅度下降，已从 1984 ~1988 年平均每年吸纳 1 260 万人降至 260 万人。国家正在实施的旨在解决城市富余劳动力就业问题的再就业工程，目前也存在提供就业岗位和筹集再就业资金的困难、就业观念陈旧的思想障碍和社会保障制度不健全的体制障碍，解决的进展不理想。以上情况说明，世纪之交的中国，劳动就业压力巨大、任务艰难。

三、爆炸性的人口流迁问题

就业问题中最困难的又是数以亿计的农村剩余劳动力的就业问题。中国农村存在几亿剩余劳动力，如何使这些劳动力顺利地转移出去，是中国现代化面临的最艰巨的任务，已成当务之急。农业是国民经济的基础，农民问题是中国社会最大的问题。如果农业不稳，农民问题不能妥善解决，社会必然也不稳。假若不能实现农村剩余劳动力的有效转移，势必严重影响农村经济的发展，滞缓农业现代化的进程，使农业劳动生产率低下，人地矛盾更加尖锐，农民生活更加清苦，结果必将动摇农业这个基础，引起占全国总人口 70% 的农民的不满，极可能诱发社会动乱。这是极其危险的经济政治局面，可能给社会稳定带来不堪设想的灾难性后果。

农业剩余劳动力的出路只能是农村人口流迁、非农化和城镇化。但是人口流迁又有一个合理化的问题，具有双重作用，既能促进经济发展和社会稳定，又会产生各种副作用。只有合理的人口流迁，才有益于经济发展和社会稳定。农村人口怎样才能做到合理流迁呢？这也是一个大难题，我国至今还未找到一条成熟有效的路子。如何实现非农化、城镇化，也还处于探索之中。

众多的农村剩余劳动力必然会有相当部分流入城市，形成城市流动人口。完全不让农民进城是不可能的，也是不正确的，但城市流动人口过多也会产生“城市病”，带来许多社会问题。因此我们既不能关死城门，也不能敞开城门；既不能堵截禁止，又不能放任自流；既要发挥流动人口对城市经济社会发展的积极作用，又要尽量避免流动人口可能产生的消极影响。为此，必须妥善解决目前我国流动人口存在的各种问题，克服以下难点：

1. 城市流动人口的居住问题，难点是城市住房紧张与流动人口扩大对住房需求的矛盾，怎样合理解决流动人口的居住问题。

2. 城市流动人口的劳动就业问题，难点是流入人口与城市本身的富余劳动力安置的矛盾，怎样对待不能就业的过多流动人口，如何为流动人口提供必要的就业服务和实行合理的就业管理。

3. 城市流动人口带来的社会治安问题，难点是怎样正确改革户籍制度，搞好流动人口的治安管理，减少和防止流动人口的犯罪现象，如何对不同类型的流动人口实行不同方式的管理，正确处理“一证”（居住证）与“多证”（务工证、身份证、计生证、工商执照等）的关系。

4. 城市流动人口带来的交通、水、电等基础设施问题，难点是城市现有基础设施不堪重负，流动人口加剧交通拥挤、堵塞、水电供应紧张，怎么办？

5. 城市流动人口带来的环境卫生问题，难点是如何防止乱搭乱盖，怎样解决流动人口居住的“棚户区”的脏、乱、差问题。

6. 城市流动人口的计划生育问题，难点是如何对流动人口实行有效的计划生育管理，防止“超生游击队”。

7. 城市流动人口及其子女的教育问题，难点是流动人口子女的入学问题。

8. 城市流动人口的社会保障问题，难点是如何保障流动人口的合法权益，怎样建立已在城市就业的流动人口的医疗、养老、失业等方面的社会保障制度。

9. 城市人口流动的合理化问题，难点是城市人口流动合理化的标志是什么，怎样才能做到流量、流向、流速、流时合理，不同类型城市的流动人口规模多大为宜，如何控制城市流入人口的总量。

怎样正确有效地解决上述反贫困、就业和人口流迁这三大难题呢？总的来说是要深化改革、扩大开放、保持稳定、加快发展，必须实行“两个转变”，一是经济体制从传统的计划经济体制向社会主义市场经济体制转变，二是经济增长方式从粗放型向集约型转变，建立现代企业制度、完善的市场体系、科学的宏观调控系统、健全的社会保障制度。但要真正解决这三大难题，还必须深入研究与此相关的许多具体问题，克服各种具体困难和障碍。为了达到21世纪实现现代化的宏伟目标，现在迫切需要对这些历史性的课题进行深入分析研究，实事求是地说明这些问题的具体内容、形成原因、特点、性质、作用、发展趋势，科学地总结这些方面的国际经验教训，提出中国解决这些问题的理论依据和恰当对策。

（原载湖北人民出版社1997年出版的《21世纪经济学前瞻》）

新农村与城镇化协调并举

——解决“三农”问题的新思路

“三农”问题即农业落后、农村贫穷、农民收入低的问题，是中国经济发展中面临的最大的深层次问题。发展农村经济，增加农民收入，是缩小城乡差别、改善农民生活、提高农民购买力、扩大和培育内需的重要途径，关系到国民经济发展和社会稳定的全局，我国政府把解决“三农”问题作为重中之重。怎样才能解决“三农”问题呢？有的人说要增加农业投入，发展农业生产，振兴农村经济；也有的人认为要跳出农业这个小圈子，靠工业化和城镇化才能解决“三农”问题；还有的人主张在“三农”问题上要做“减法”，最根本的是要减少农民，让农民非农化，到第二、三产业去就业。我也曾经提出用“三化”解决“三农”问题，即用农业产业化解决农业落后的问题、用农村城市化解决农村贫穷的问题、用农民非农化解决农民收入低的问题。现在看来上述这些观点虽然都有正确的一面，但都不全面。

的确，大力发展农村经济是解决“三农”问题的重要途径，但仅靠这一条是远远不够的；就是发展农村经济，也还有一个怎样发展的问题，特别是通过什么农村经济社会制度和组织形式才能发展的问题。20世纪80年代，我国通过推行家庭联产承包经营责任制，极大地调动了农民生产经营的积极性，促进了农村经济的大发展，但是实践证明现在主要还是依靠这一点已经不行了。家庭联产承包经营责任制不能从根本上解决农业生产分散、小规模、效率低的缺陷，难以克服小生产与大市场的矛盾。如果仅靠家庭联产承包经营责任制就能不断地促进农村经济的大发展，也就不会出现如此严重的“三农”问题。因此，必须进一步进行制度创新，寻求更加完善的农村经济社会制度和组织形式。这里并不是说要取消或改变农村家庭联产承包经营责任制，而是指要发展、完善这种制度，而且还要创造新的制度和组织形式。

的确，工业化、非农化、城镇化是解决“三农”问题的根本途径。解决“三农”问题，仅仅局限于农业这个小圈子是不够的，仅仅依靠农业本身来挖掘增收潜力也是有限的，必须在“三农”问题上做“减法”，只有转移农村剩余劳动力，减少农村人口数量，实现农业规模经营，农业劳动生产率才能提高，农民的收入也才能大幅度增加，如果始终是8亿农民，农民永远富不起来，“三农”问题永远解决不了。如何才能减少农民数量？出路只能是工业化、非农化，使大多数农民到第二、三产业去就业。而且农民的非农化要更稳定、更持久、更多、更好，又需要非农化农民的市民化，也就是说要实现城镇化，让大多数非农化的农民“离土又离乡，进厂又进城”，既当职工又是市民。这种看法虽然抓住了解决“三农”问题的根本、要害，但是，却没有清醒地看到中国人多地少、人地矛盾突出的国情。人多决定农业劳动力即使在工业化和城市化实现之后还可能长期保持在10%～20%以内，不可能像美国那样农业劳动力不到总劳动力的2%，还会有相当数量的农民不能非农化；由于要非农化的农民的数量十分庞大、数以亿计，不可能全部市民化，即使是非农化的农民，也会有相当部分只能是“离土不离乡，进厂不进城”；地少决定农户占有的耕地也不可能很多，经济实力也不易增强，只有联合起来才更有力量应对市场风险、自然风险，所以中国的现代农村也不能像美国那样建立在私有制的家庭农场基础之上；而且，在人多地少的情况下，即使实现农业机械化、现代化，农户仅靠种地也很难致富，要增加农民的收入，必须延长农业的产业链，发展农产品的深加工，增加农业的附加值，这也是只有少量劳动力的家庭农场很难办到的；即使采取“公司加农户”的生产经营方式，深加工的收入主要也会落入公司手中，农民收入增加有限，所以必须探讨更适合中国的现代农村的经济社会制度和组织形式。由于认为工业化、非农化、城镇化是解决“三农”问题的根本途径的人没有注意到上述这些情况，也就没有深入研究和提出怎样解决相当数量、也是数以亿计的不能离开农村的农民的问题。

究竟如何解决数以亿计的不能离开农村的农民的问题，应该建立什么样的能够进一步推动农村经济发展的新的制度和组织形式？建设社会主义新农村任务的提出，使这些问题有了答案，社会主义新农村就是解决这些问题的途径。社会主义新农村实际上提出了全面解决“三农”问题的新思路，那就是城镇化与新农村协调并举、双管齐下、共同推进。只要我们在加快推进工业化、城镇化的同时，大力建设以集体经济和合作经营为基础的社会主义新农村，并且实行工业反哺农业、城市支援农村，以工促农、以城带乡，就能够实现城乡、工农协调发展，全面解决“三农”问题。

（原载《中国改革报》2007 年 1 月 30 日）

增加农民收入是扩大内需的重要途径

保持经济较快增长，是我国新世纪经济发展的重要任务。在当前国际经济形势严峻，出口难以较大增加，加上我国是发展中的大国，增长主要靠内需拉动，所以实现经济较快增长的根本途径，只能是扩大国内需求。我国有 8 亿多农民，内需主要是农民的内需；

目前内需不足主要是农民的需求不足；农民的需求不足又是由于农民的收入太低。因此，扩大内需的关键是增加农民收入，扩大农民的需求。

一、农民需求不足是内需不足的主要因素

由于二元经济结构的长期存在，导致城乡经济发展和收入差距扩大，城乡居民生活水平相差甚远。据2001年中国统计年鉴资料，城镇居民人均消费支出已达4 998元，而同期农村居民的总支出仅为2 535.01元，其中用于生活消费的支出仅为1 670.13元，只有城镇居民水平的1/3左右。城镇居民消费支出中食品、衣着、家庭设备及服务、医疗保健、交通通讯、娱乐教育文化服务的支出分别为1 958.31元、500.46 元、439.29 元、318.07 元、395.01 元、627.82元；而相应的农村居民的各项支出分别为820.52元、95.95元、75.45元、87.57元、93.13元、86.72元，不少农民的一些基本需求尚未满足，仅处于温饱阶段。2000年底，在居民家庭平均每百户年底耐用消费品拥有量的统计中，家用电冰箱、彩电、洗衣机的拥有量，城镇的分别为81.13台、116.56台、90.52台，城镇居民耐用消费品的普及率已相当高，甚至基本饱和；而同期农村居民家庭每百户年底冰箱、彩电、洗衣机的拥有量分别仅为12.31台、48.74台、28.58台。相比之下，一方面说明城乡居民消费差距比较大，另一方面也表明农村居民的潜在需求还是相当大的。

据报道，到2000年我国的农村人口已达87 017万，占全国年末总人口的69.11%；但县以下消费品零售额仅为8 150.6亿元，只占全国消费品零售额的26.2%，这显然与69.11%的农村人口比重相去甚远。可见，内需不足主要表现为农民的需求不足。

二、农民收入偏低是农民需求不足的主要原因

启动农村市场的工程已进行了数年，为何还是目前这种启而不旺的局面呢？究其原因主要是由于农民收入水平的制约。农民的需求不足，并不是农民的实际生活需要不足，而是农民有购买力的需

求不足。农民的实际生活需要远远没得到满足，潜力巨大，之所以有购买力的需求不足，主要是由于农民的收入太低。由于多方面的原因，农民收入增长缓慢，城乡居民的收入水平差距日趋扩大。“八五计划”（1991～1995年）和“九五计划”（1996～2000年）期间，农民人均纯收入年均增长速度分别为8.92%和2.89%，扣除物价因素，“九五计划”期间比“八五计划”期间下降了6个百分点，农村居民纯收入出现增速大幅下降的趋势①。2001年农村居民人均纯收入为2 366元，其中现金纯收入为1 748元，比上年增长4.25%，城镇居民可支配收入为6 860元，比上年增长8.5%，增长率是前者的两倍；城镇居民的人均可支配收入是农民人均纯收入的2.90倍，农村居民收入仅为城镇居民收入的34.49%，差距很大。同时农民收入受农业弱质性和农业政策等因素的影响极不稳定，波动较大。农民的这种低收入水平又直接导致农业生产投入不足、生产效率低下、科技含量水平不高、农产品加工业发展不足、农产品商品转化率低，使农民收入难以增加。低收入决定的低储蓄和低投资，又使得农业资本不足，最终又导致低收入和低资本积累，形成农村经济发展的恶性循环。

导致农民收入水平偏低的成因是多方面的，主要有以下几个方面：

1. 农业本身的弱质性决定了农民增收的艰难性

一方面，农业直接与自然界打交道，受难以预测的自然因素的影响较大，特别是我国广大农村技术落后，基础建设投入不足，农业抗御自然灾害的能力很弱，大部分还处于“靠天吃饭”的阶段，近年不断的干旱洪涝病虫灾害直接引起农民收入下降。另一方面，我国广大农村地区实行分散的家庭联产承包责任制、小规模自主经营，组织化程度低，缺少市场适应能力，加上近几年摇摆不定的粮棉价格，使农业存在较大市场风险，农民收入的不确定性明显加强。

① 中央政研室、农业部农村固定观察点办公室．“九五”期间中国农民收入状况实证分析．农村经济问题，2001（7）．

2. 农业产业结构不合理是制约农民增收的根本原因

在农产品供不应求阶段主要依靠增产、提价来增加农民收入的途径，在目前农产品相对过剩，许多农产品的价格已经接近甚至超过世界市场价格的情况下，已行不通了。从农业生产来看，只有通过提供优质、特种、绿色、深加工、高附加值的农产品，才可能增加农民收入。而我国传统农业结构极不合理，种植业比重较大，品种低劣、质量差，初级产品比重大，形成大量积压；大农业不发达，牧林渔业发展滞后；地区农业结构趋同，各地区注重本地区粮食自给水平，大而全、小而全，地区比较优势难以发挥。这些问题的不利影响随着买方市场形成、加入 WTO、世界市场的激烈竞争而日益加剧，使农民增收极为困难。

3. 沉重的税费负担是降低农民收入的重要原因

现行财税体制使农民承担了过重的税费负担，导致农民收入的流失。分税制事权划分的管理边界不清楚，事权与财权（预算）分离，特别是农村基层政府和农民自治组织，往往有事权无财权，地方财政通常是“吃饭财政”①。地方政府开支难以保证，加上监管不严，便向农民伸手。税费不分、费大于税，具体征收项目设置不规范，“三提五统”的集体收费随意性大，摊派提留多，负担重；地方政府为突出政绩，虚报收入，加大了征收基础；体制原因导致征收方式、税费使用管理缺乏监督约束，而农民自我保护意识差，能力欠缺，苦不堪言。1997 年，在农民收入增幅回落 4.4% 的情况下，全国农民家庭各项支出中增幅最大的是上缴有关部门的各种费用，增幅达到 26.9%，其中农民支出的各种行政费用比上年增长 59.1%②，过重的农民负担蚕食了本来就低的农民收入。

4. 乡镇企业及非农产业的效益下滑是农民收入低的特殊原因

乡镇企业是中国改革开放的特定环境下的产物，是中国农民的

---

① 谢国光. 制约农民收入增长的因素分析与对策. 农业经济问题，2001 (3).

② 张毅，曹水群. 持久稳定增加农民收入的基本思路. 农业经济，2001 (7).

伟大创举，为农民提供了就业机会，促进了农村剩余劳动力转移，在增加农民收入中立下了汗马功劳。随着改革的深入和市场经济的发展，传统乡镇企业分散的粗放式经营模式和产权不清、家族化管理的企业制度的弊端日益暴露。设备落后、技术含量低下、产品质量不高、污染环境、过度消耗资源，加上管理体制落后、融资渠道少、摊派负担过重，使得效益下滑，乡镇企业面临“二次创业”。许多乡镇企业在经济结构调整和激烈市场竞争面前纷纷落马，每年全国被注销的企业中，乡镇企业占了相当大的比重。1998 年乡镇企业的亏损面约为 15%，比上年增加 7%，亏损额达到 600 亿元左右，比上年增加 25%；乡镇企业吸纳农村剩余劳动力的能力也大大减弱，1998 年吸纳劳动力约为 300 万左右，比上年减少 100 万①。另外，由于城市下岗职工增多，有些地方限制农民进城打工，农民就业机会明显减少，这些都影响农民非农收入的增长，导致农民整体收入下降和不稳定。

5. 农村人力资本和科技投入不足、农民自身素质不高是制约农民增收的重要因素

人口素质的差异将直接导致效率差异，进而导致收入差异。劳动力受教育程度是影响农户收入的重要因素。农民文化程度越高，户均收入也越多。具有较高文化程度的农民，比较容易学习和掌握农业科技知识，对农业机械操作熟练程度较高，相应其农业生产率也能达到较高水平，能取得较高的收入；文化程度高的农民商品意识强，就业门路广，容易被非农产业吸纳，因而收入渠道多。我国广大农村义务教育尚未完全普及，农民文化水平较低，优生优育措施不得力，人口素质整体不高，致使科技对农业发展的贡献率低，许多农业科技成果得不到有效应用和推广，农村劳动力转移就业困难，制约了农民增收。国家对农业科技投入不足，农业科技财政拨款实际增长率不足 1%，农业资金在投入过程中层层克扣，资金难以到位，农业产业化进程滞后，严重影响了农民收入的提高。

① 张毅，曹水群. 持久稳定增加农民收入的基本思路. 农业经济，2001 (7).

三、增加农民收入，有效扩大内需

发展农业经济、提高农民购买力，是扩大和培育内需的重中之重，关系到国民经济发展和社会稳定的全局。中央政府更是提出要把加强农业和增加农民收入，作为整个经济工作的突出任务；把农民是否增加收入和减轻负担，作为检验农业和农村工作的重要标准①。实际上，农民增收减负的过程也就是解决“三农”问题（即农业落后、农村贫穷、农民收入低的问题）的过程，是一个系统工程。笔者认为，农业产业化、农村城市化、农民非农化是增加农民收入、扩大内需、最终解决“三农”问题的根本途径。

1. 农业产业化

农业产业化是农业生产经营的工业化，即用工业生产经营的方式从事农业生产经营，具体说就是，以市场为导向，以广大农户为基础，以加工销售企业为依托，以科技、教育培训、经贸等方面的服务为手段，将农业再生产的各个环节联结为一个完整的产业系统，实行分工协作，实现种养加、供产销、农工贸一体化的经营，实现农业的经营市场化、产业一体化、生产专业化、产品商品化、管理企业化、服务社会化。从农业生产方面来看，在农产品过剩并且难以涨价的情况下，只有通过提供优质、特种、绿色、低成本、深加工、高附加值的农产品，才可能增加农民的收入。这正是农业产业化所要做到的。农业产业化是改变农业落后状况、克服农业弱质性、提高农业劳动生产率和经济效益、增加农民收入的重要途径，是市场经济条件下的富民之路。主要可以通过以下几个方面来推进农业产业化：

（1）优化农业产业结构，调整产业内部的不平衡，使之合理化。减少传统种植业，退耕还林，大力发展畜牧业和水产养殖业，使大农业内部比例适当、结构平衡。

（2）坚持因地制宜，加强分类指导，发挥地区比较优势，合

---

① 朱镕基. 在九届人大五次会议上的政府工作报告. 人民日报，2002-3-17.

理布局农业产业。沿海地区和大中城市郊区大力发展高效农业；中部粮食主产区抓住主销区腾出部分粮食市场的机遇，扩大优质粮的生产，提高综合效益和市场竞争力；西部地区发展特色农业、旱作农业和生态农业，避免地区雷同、恶性竞争。

(3) 向纵深方向发展初级农产品的深加工、多转化，延长农业的产业链条，增加农产品的附加值。

(4) 发展订单农业，以多功能、开放型的龙头企业为中心，向农民提供技术服务、市场信息，并把这种利益关联以合同契约的形式加以明确，实现利益共享、风险共担，逐步形成农产品生产、加工、销售一体化经营。

(5) 重视科技，深化农业科研和推广体制改革，继续实施“星火计划”。加快农业科技成果的转化与推广应用，实现产业结构高级化，从技术进步中要效益，改良传统产品，培育新品种，增加产品的技术含量。

(6) 科学经营，严格管理，节约开支，降低成本，提高劳动生产率。

(7) 完善农村社会化服务体系，为农民生产提供各种服务，抓好农产品质量标准和认证体系、检验检测体系、市场信息体系建设，创造良好的市场环境。开展“下乡”运动，把技术、服务送到农户手中，使千家万户农民与社会化大生产相协调。

(8) 以市场需求为导向，充分尊重农民的意愿，各级政府从实际出发做好规划，有效促进农业的发展。

(9) 增加政府对农业的投入，加强农村交通、通讯、能源、防治旱涝灾害等方面的基础设施建设，解决农村经济发展的水、电、路困难。

(10) 深化农村税费改革，加强治理农村乱收费，切实减轻农民负担。

2. 农村城市化

我国滞后的城市化固化了城乡二元经济结构，限制了农村剩余劳动力的转移，制约了农村经济的发展。农村城市化是工业化和农业现代化的必然趋势，是落后的二元经济向先进的一元现代化经济转变的必由之路。非农化是增加农民收入的主要途径，农民的非农化又需要农民的市民化，这样非农化才能更稳定、更持久、更多、更好。发展农村经济，增加农民收入，必须加快农村城市化的步伐。为此，应该采取以下的措施①：

(1) 改变"离土不离乡，进厂不进城"的非城市化的农村工业化道路和农村剩余劳动力就近就地转移的方针，走"离土又离乡，进厂又进城"的工业化与城市化适度同步发展的农村工业化道路，实行农村剩余劳动力以远迁异地转移为主的方针，加快城市化步伐，实现农村剩余劳动力稳定持久的转移。

(2) 调整城市化发展战略，走大、中、小城市与小城镇协调发展的城市化道路，合理发展大城市，注意发挥大城市的辐射带动作用，积极发展中小城市，适当发展小城镇。现在必须特别注意的是，不能用行政命令的办法发展小城镇，小城镇建设要有产业和市场支撑，不能一哄而起、遍地开花，避免唱"空城计"，防止城镇"空壳化"。加快城市化步伐，必须由政府导向，主要依靠市场推动；必须进行制度创新，消除城市化发展的各种制度障碍。

(3) 通过多种渠道筹集资金，各级政府也要加大投入，鼓励农民集资建城，加快城市建设步伐。可以采取批租土地、有偿转让土地使用权、合资开发、发行债券、投资入股、贷款等多种形式和途径，实行各种优惠政策，吸引和筹集包括公有、民有、外资和农民的资金，用于城市建设。

(4) 采取各种有效措施，减免税费，取消不必要的限制，提供土地使用的便利，鼓励乡镇企业向城镇集聚，降低乡镇企业向城镇集中的搬迁成本，减少搬迁的阻力，在城镇新建乡镇企业给予优惠。

(5) 全面改革户籍制度，消除其限制人口流动、妨碍城市化发展的不利作用。给在城市有较稳定职业和住所的农民工以长期居住权，享受市民待遇。可以采取先放开中、小城市的户籍制度限制，再放开大城市的户籍限制的方法，逐步实行身份证管理和居住

① 简新华．城市化发展战略须调整．中国改革，2000 (8)．

自由。

城市化不仅可以推动农村经济的发展，增加农民收入，从而扩大内需，更重要的是能够在基础设施建设、房地产业、交通运输、邮电通讯和服务业等许多方面形成巨大而持久的需求，极大地推动整个国民经济的发展。

3. 农民非农化

要解决“三农”问题，仅仅局限于农业这个小圈子是不够的，仅仅依靠农业本身来挖掘增收潜力也是有限的，我们要立足于中国的国情，即人多地少、分散经营，我们必须通过农民的非农化，转移农村剩余劳动力，减少农村人口数量，实现农业规模经营，提高农业劳动生产率，增加农民收入。扩大就业是增加农民收入的根本途径，除了实行农业产业化，向农业生产的深度、广度进军之外，解决农民的就业问题，主要靠非农化，即让农民到第二、三产业就业。为了促进农民非农化，需要采取以下措施：

(1) 加快农地产权制度改革，界定土地的各项权能，赋予农民土地转让权，使农民能彻底摆脱土地的依附，更好地实现农村剩余劳动力向非农产业的转移和农业的规模经营。

(2) 提供信贷支持、信息技术咨询服务，鼓励乡镇企业进城，促使乡镇企业实现“二次创业”、更快发展，从而吸收更多农民进厂当工人。

(3) 取消各种限制农民进城就业的歧视性政策规定，为农民进城务工经商提供必要的支持和服务，鼓励农村剩余劳动力向城镇非农产业转移。

(4) 完善社会保障体系，为进城农民提供社会保险，解决其住房、子女上学、养老等后顾之忧。

(5) 重视农民素质的提高，抓好计划生育工作，普及义务教育、提高农民的科学文化素质，为其非农化创造有利条件。

(6) 完善农村金融信贷体系，拓宽农民融资渠道，为农民创业、从事非农生产提供信贷支持，给予利率优惠和优先安排；同时，运用财政手段，给予财政支持和税收优惠，鼓励农民发展二、三产业。

总之，扩大内需是实现国民经济长期保持较快增长的根本之策，解决“三农”问题、切实增加农民收入是扩大内需的重要途径，农业产业化、农村城市化、农民非农化则是解决“三农”问题的根本途径。同时，我们也要看到农业产业化、农村城市化、农民非农化并非一日之功，实现农民增收是一项复杂而艰巨的系统工程，任重而道远，需要各方面长期的努力。

（原载《当代财经》2002 年第 12 期，与许辉合写）

后发优势、劣势与跨越式发展

21世纪将是经济知识化、信息化、全球化的时代，在人类社会跨入新世纪的时候，初步实现工业化的中国迈进全面建设小康社会，加快推进社会主义现代化，以结构调整促进经济发展的新阶段，面临实现发达工业化和信息化的双重任务。为了保证这两大历史使命的完成，我国提出了把工业化与信息化结合起来，以信息化带动工业化，发挥后发优势，实现生产力跨越式发展的新战略。正确认识和有效实施这个战略，必须深入研究跨越式发展的内涵、能否实现跨越式发展、怎样实现跨越式发展、实现跨越式发展的有利条件和不利因素有哪些、如何有效利用和克服、什么是后发优势、怎样才能发挥等问题。我们在《论信息化带动工业化》一文中，已经分析了为什么要以信息化带动工业化、信息化能否带动工业化、信息化如何带动工业化。本文着重探讨后发优势和劣势及其对跨越式发展的影响。

一、后发劣势

中国是最大的发展中国家，要实现生产力的跨越式发展，必须扬长避短，发挥优势，克服劣势。为此，首先需要明确自己的优势和劣势何在，而后发优势和劣势是这种优势和劣势的重要组成部分。

所谓后发优势和劣势是相对发达国家而言的发展落后的国家

(即发展中国家)在经济发展中的有利条件和不利因素。因此，后发优势和劣势也是一种比较优势和劣势。

在经济发展过程中，相对发达国家而言，发展中国家处于不利地位，首先面临的是后发劣势。后发劣势主要表现在以下六个方面：

1. 资本劣势

这是指发展中国家资本缺乏的不利因素。资本是促进或限制经济增长的基本因素，资本的数量和积累的快慢制约着经济增长的规模和速度。发展中国家经济发展落后，经济规模小，收入水平低，资金短缺，积累不足，很难实现经济的快速发展。1999 年发达国家的人均 GDP 是 2 万多美元，发展中国家只有 1 000 多美元，这种巨大的收入差距，使得发展中国家不仅难以赶上和超过发达国家，甚至可能陷入“贫穷→资本短缺→经济增长缓慢→收入水平低→积累不足→资本缺乏→经济难以增长→再贫穷”的“贫困恶性循环”。

2. 技术劣势

这是指发展中国家技术落后的不利条件。科学技术是第一生产力，是经济发展的强大推动力。一般说来，发展中国家科学技术普遍落后，总体水平都比较低，与发达国家的差距相当大，至多只是在少数领域达到先进水平，个别方面处于领先地位，极不利于社会经济快速、高效增长。发展中国家科学技术对经济增长的贡献率，大多只有 30%，而发达国家则在 70% 以上。

3. 人口劣势

这是指发展中国家人口增长过快、素质低的不利因素。人口的素质、规模、增长速度也是制约经济发展的基本因素。发展中国家人口增长过快，大大超过发达国家，20 世纪 80 年代人口年均增长率发展中国家是 2%，发达国家只有 0.7%；1990～1997 年发展中国家是 1.6%，发达国家还是 0.7%。迅速增加的人口，使得发展中国家人均资源占有量越来越少、人地矛盾越来越尖锐、环境的人口负担越来越沉重，更多的收入用于新增人口的生活，使得储蓄水平和储蓄率很难提高，严重影响经济的发展。不少发展中国家，虽然人力资源丰富价廉，在一定条件下是一种有利于经济发展的因素，但是，由于人力资源开发投资少，教育不发达，劳动力受教育的程度不高，素质低下，再加上经济发展水平低，分工专业化程度不高，新兴产业发展滞后，提供的就业岗位不足，不仅使得劳动生产率很难提高，而且就业问题也特别严重；由于发达国家工作和生活条件优越，具有巨大的吸引力，使得发展中国家的人才大量外流，加剧了人才缺乏的问题。这些情况都不利于发展中国家经济的发展。

4. 制度劣势

这是指发展中国家没有形成能够促进资源优化配置的制度的不利因素。制度是对经济发展具有决定性作用的重要因素，合理的制度能极大地促进经济发展，不合理的制度会严重妨碍经济发展。我们这里讲的制度，主要是指涉及资源配置方式、制约经济运行和发展的制度。第二次世界大战以后世界各国经济发展的实践证明，市场经济制度是更能实现资源有效配置的经济运行制度。一般来说，发达国家大多数已经形成成熟规范的市场经济体制、比较完善有效的法律规章，更有利于资源的有效配置和经济效益的提高。相反，发展中国家往往制度不健全、不完善，甚至相当落后，有的国家市场体系发育很不成熟，有的国家法律制度极不健全，有的国家政府过度干预经济运行，甚至还有一部分国家长期实行计划经济制度，这些制度安排极不利于优化配置资源，难以实现社会经济的高速发展。

5. 管理劣势

这是指发展中国家管理落后的不利因素。经济管理也是决定经济效益高低、影响经济发展的重要因素。一般来说，发达国家形成了一支素质较高、能力较强的企业家队伍，政府拥有长期发展市场经济、实行宏观调控的丰富经验和较强的能力，宏、微观经济管理的水平都比较高，管理体系比较健全，管理制度比较完善，管理方法比较科学，管理手段比较先进。相反，许多发展中国家缺乏一支高素质的企业家队伍，政府管理经济的能力较差，管理体系不健全，管理制度不完善，管理方法落后，管理手段陈旧，因此管理水平相当低，极不利于提高经济效益、加快经济发展。

6. 竞争劣势

这是指发展中国家在国际市场竞争能力弱、处于不利地位的情况。竞争劣势，首先是资本、技术、人口、制度和管理劣势综合作用的结果。发达国家资本雄厚、技术先进、劳动力素质高、市场经济制度成熟、管理比较科学，因此劳动生产率高、创新能力强、竞争能力强，处于有利地位；发展中国家资本短缺、技术落后、劳动力素质低、制度不完善、管理水平低，所以竞争能力弱。发展中国家企业的产品与发达国家的同类产品相比，大多数质量差、性能不强、仿制品多、创新产品少，在市场竞争中处于劣势地位。在国际竞争中发展中国家与发达国家的关系，就是一种弱者与强者的关系。而且，国际经济环境对发展中国家也不利。国际市场往往被发达国家操纵、控制，限制高、精、尖技术的输出，人为压低发展中国家生产的初级产品的价格，甚至有的发展中国家连经济命脉都掌握在发达国家的手中，自然不利于发展中国家的经济发展，更不可能像不少发达国家那样靠掠夺别国财富积累原始资本。不少发展中国家过去领土被占领、资源被掠夺、贸易不平等、经济受剥削；现在又经常受到种种制裁和限制，使得经济发展困难重重，步履艰难。

正是由于存在上述种种劣势，决定发展中国家的经济发展存在不利的路径依赖，很难突破落后的惯性，不易实现经济的跨越式发展。后发劣势虽然是一种不可避免的客观存在，但不是不可克服的，通过发展中国家的努力，可以逐步加以改变。

二、后发优势

发展中国家在经济发展中，虽然处于不利地位，首先面临的是许多不利的因素，但不是只有劣势，毫无优势，完全没有有利条件。实际上，落后有落后的优势，落后至少说明发展的空间广阔、潜力大，“正如一张白纸，好画最新最美的图画”。发展中国家主要拥有以下几个方面的后发优势：

1. 技术引进优势

这是指发展中国家通过低成本引进先进技术更快发展经济的有利条件：由于发达国家已经开发和拥有先进的技术，发展中国家虽然技术落后，但采用先进技术的成本却比发达国家要低，不需要花费大量的人力、物力、财力与时间去研究和开发新的先进技术，只需支付比技术开发少得多的费用引进现成的先进技术，就能直接采用先进技术，缩短与发达国家的差距，走一条发展经济的捷径。发展中国家可以通过引进和学习发达国家的先进技术，节约大量的时间和费用，用于其他经济活动，更快地发展经济；发达国家一般没有这种有利条件和机会，新的先进技术主要靠自己研究和开发，成本较高。发展中国家可以发挥技术引进优势，在经济发展上成功地加速“追赶”发达国家。

2. 制度创新优势

这是指发展中国家更能通过制度创新加快经济发展的有利因素。制度创新是社会经济发展的强大动力，能够极大地推动经济的快速发展。发达国家的市场经济制度已经相当成熟，很难通过这方面的制度创新，实现经济高速增长。发展中国家大多数缺乏实现资源优化配置、促进经济健康发展的制度体系，这一方面不利于甚至严重妨碍经济的发展；另一方面也表明发展中国家通过制度创新，实现经济快速发展的余地很大。发展中国家可以通过对低效的经济体制的改革，建立完善的市场经济制度的创新，形成完整、统一、竞争、开放的市场体系，健全保证经济有序运行的法律制度，完善适应市场经济要求的微观企业制度，实行合理有效的宏观调控，实现经济的高速发展。中国近 20 多年来经济之所以得到了前所未有的大发展，取得了举世公认的巨大成就，最根本的原因就是实行了经济市场化的改革，进行了制度创新。

3. 结构变动优势

这是指发展中国家拥有通过经济结构优化升级推动经济迅速发展的有利条件。国民经济结构的优化升级是社会经济发展的重要内容和标志，又是促进经济发展的巨大推动力。以农为主的经济结构向以工为主的结构转变、升级，就是带来发达国家经济发达、繁荣的重要因素之一。发展中国家大多数呈现出落后的二元经济结构，工业化程度、城市化水平、产业结构发展的层次都比较低，都面临着调整和改善经济结构、提高工业化和城市化水平、使产业结构优化升级、实现二元经济一元现代化的历史任务。经济结构的这种变化，能够极大地改善资源配置状况，大幅度地提高生产率，推动经济的高速增长。这是发达国家经济发展的实践证明了的规律。发达国家已经实现了发达的工业化和城市化，已经没有通过这种结构调整，促进经济发展的机会，或者说已经利用过了这种机会，这是现在发展中国家特有的优势。虽然发达国家现在也面临实现经济知识化、信息化的新的结构优化升级的机遇，但这并不是发达国家独有的，这种机遇同样也提供给了发展中国家。可以说，发展中国家在新世纪面临双重结构优化升级的机遇，搞得好，能够实现生产力的跨越式发展。

4. 规模扩张优势

这是指发展中国家通过规模扩张能够实现经济快速增长的有利因素。生产和投资达到规模经济之前是边际收益递增，达到规模经济之后是边际收益递减。发达国家经济发展水平高，经济总量相当大，达到规模经济的情况比较普遍，许多方面超过了边际收益递增的范围，所以，边际收益递减规律的作用更大，经济规模的扩张难以带来经济的更快增长；发展中国家经济发展水平低，经济总量比较小，达到规模经济的情况比较少，边际收益递增规律的作用大，边际收益递减规律的作用相对小，因此通过经济规模的扩大，能够实现经济的快速发展。

5. 人力资源优势

这是指发展中国家人力资源丰富价廉的有利条件。在人口方面，许多发展中国家不仅存在人口增长过快、素质较低的劣势，同时也具有劳动力资源比较丰富、价格低廉的比较优势。劳动密集型产业是不可缺少的重要产业，主要依靠劳动力，投资少见效快，多数情况下技术要求也不高。发达国家资本充足，技术先进，劳动力价格昂贵，人口老龄化现象严重，人口增长缓慢，甚至是负增长，发展资本和技术密集型产业更为有利，一般不适合发展劳动密集型产业，这就给发展中国家留下了一个拥有优势的产业发展空间。发展中国家可以发挥人力资源的比较优势，先主要发展劳动密集型产业，积累资本，然后再进行产业升级，提高经济发展水平。亚洲“四小龙”就是通过大力发展劳动密集型产业开始实现经济起飞，逐步发展成新兴的工业化国家或地区的。

除了上述后发优势之外，发展中国家还可以学习发达国家科学的管理方法和手段，借鉴发达国家多年发展经济的经验教训，少走弯路，减少损失，加快发展。后发优势只是一种可能性，并不必然自动转变为现实性，要把这种可能性变为现实性，还需要发展中国家的主观努力。

这里值得指出的是，杨小凯提出，后发劣势“是指下列现象：经济发展中的后起者往往有更多空间模仿发达国家的技术，用技术模仿来代替制度模仿。因为制度改革比模仿技术更痛苦，更触痛既得利益，更多模仿技术的空间反而使制度改革被延缓。这种用技术模仿代替制度模仿的策略，短期效果不差，但长期代价极高”。我们认为，制度创新的确特别重要，在一定条件下甚至比技术创新作用更大，但是，一些发展中国家只重视技术摹仿或创新，忽视、害怕、回避制度变革或创新，这并不是后发劣势的内容，不能称之为“后发劣势”，更不能把后发劣势只归结为这种情况。杨小凯强调必须特别注意防止这种情况，是非常有意义的，但也不能因此就把这种情况看成后发劣势的内涵。对后发劣势作上述界定，很不准确。因为，第一，后发劣势是相对于发达国家而言，发展中国家在经济发展中特有的不利因素和条件，并不包含上述这种情况。第二，有不少发展中国家并非如此，在引进技术的同时，对制度变革或创新也是相当重视的。第三，即使是发达国家，在经济发展过程中也不是没有忽视、害怕、回避制度变革或创新的情况。第四，这种情况只是表明一些发展中国家对待后发劣势和优势的认识不全面，态度有问题，存在畏难情绪，没有抓住要害，采取了不十分正确的发扬优势、克服劣势的对策。

三、知识经济与后发优势和劣势

人类社会正在向知识经济时代迈进，经济的知识化、信息化、全球化将极大地改变人类的生产方式和生活方式，对发展中国家的后发优势和劣势也会产生重大的影响，使二者发生变化。

1. 技术更新加快减弱技术引进优势，强化技术劣势

在知识经济时代，由于知识更新速度加快，新技术开发周期缩短，产品升级换代步伐加速，使得发展中国家技术引进的后发优势减弱，仅靠跟踪学习和摹仿，难以赶上，更不可能超过发达国家，只能永远落后。比如，照相机从发明到规模运用，花了112年；电话从发明到广泛应用，经历了56年;，电视机从发明到应用，经过了12年；激光技术从发明到运用，则只用了短短的1年时间；计算机技术现在更是日新月异，不断更新。由于技术进步速度太快，留给落后者学习、消化的时间太少，后进者学都来不及。等到引进、学习、摹仿出来以后，新的更先进的技术又出现了，难以跟上技术前进的步伐。由此可见，靠引进发达国家现成的先进技术走经济发展的捷径的后发优势，必然大打折扣。

技术进步上也存在“马太效应”，即技术越先进，基础越好，越有条件开发新技术，更容易进行技术创新；技术越落后，基础越差，改进技术越困难，再加上最新的一流的技术很难引进，使这种“马太效应”更为显著，会加剧发展中国家存在的技术劣势。在网络经济中，出现赢家通吃的现象，谁先拥有新技术、新产品、新策略，谁先进入市场，谁将处于支配地位；谁落后一步，可能连生存的余地都没有。

2. 边际收益递增加强了发达国家的优势

知识经济是以知识的生产、分配和使用为最重要因素的经济，其实质是智力资源的占有、配置和使用。知识、技术、信息在经济增长中的贡献越来越大，越来越成为主要的增长要素。知识产品的成本随产品的增加而大幅度下降，知识越使用产生的价值越大，边际收益不是递减而是递增。这种新特点对发达国家更为有利，有可能扩大发展中国家同发达国家的差距。因为，发达国家智力资源丰

富，发展知识经济的基础雄厚，拥有知识经济中规模扩张、收益递增的优势，可以大大减弱工业经济中边际收益递减规律的不利影响；相反，发展中国家虽然仍然具有工业经济中的规模扩张优势，发展知识经济也是边际收益递增，但在知识经济的发展中没有发达国家拥有的更为优越的条件，基本上处于劣势地位，不具有规模扩张的优势。

3. 知识经济提供新机遇

高新技术产业是知识经济的支柱，当代的高新科学技术有一个重要特点，就是领域十分广阔，任何国家和地区都不可能在所有科技领域全面领先，每个国家和地区都可以利用自己的优势，发挥自己的长处，在高新技术产业中占有一席之地。信息技术是最主要的高新技术，应用范围广、产业关联度大、带动能力强、发展速度快，能够实现超常规的发展，带动整个国民经济的增长。据报导，宽带网是信息化的象征，中国在不到两年的时间内就建成了超过美国的世界上最先进的1万多公里的宽带网，可成本不及美国的三分之一。知识经济的这些特点，给发展中国家提供了一个发展有优势的高新技术产业，以信息化带动工业化，实现生产力跨越式发展的新机遇。

4. 经济全球化产生双重作用

在知识经济发展过程中，经济全球化的程度将越来越高。经济全球化是一把“双刃剑”，对发展中国家的后发优势和劣势会产生两方面的影响：一方面，金融、贸易、技术、信息的全球化，更有利于发展中国家引进国外的资本和先进的技术及管理，出口劳动密集型产品和其他拥有比较优势的产品，更好地发挥技术引进和人力资源的优势，克服资本、技术和管理的劣势；另一方面，经济全球化不能完全消除国际经济关系中的不合理、不平等现象，会使发展中国家的优势不能充分发挥，劣势难以有效克服。比如，按照经济全球化的要求，市场机制应该在全世界范围内发挥调节作用，这就需要生产要素能够在全球范围内自由流动，只有这样，才能做到生产要素在全世界的优化配置，才对各国的经济发展都有益，但只要有国家存在的条件下，根本做不到这一点。实际上，只有资本、技术等发达国家拥有优势的生产要素才可能自由流动，从而充分发挥作用，取得更多收入；劳动力这个发展中国家拥有优势的生产要素却不能自由流动，也就不可能充分利用。显然，这种情况对发达国家有利，对发展中国家不利。

四、扬优克劣，实现跨越式发展

由生产力发展的规律决定的社会经济发展的历史顺序，一般来说是由“原始经济→农业经济→工业经济初级阶段（不发达的工业化）→工业经济高级阶段（发达的工业化）→知识经济（信息经济）”的演进过程。中国在21世纪要努力实现的所谓生产力的跨越式发展，是指跨过发达的工业化阶段，由不发达的工业化社会直接进入信息化社会，或者说不经过先由不发达工业化过渡到发达工业化，再实现信息化的发展顺序，同时进入工业经济高级阶段和知识经济社会，同时实现发达工业化和信息化。为了实现这种生产力的跨越式发展，一个重要方面是必须发挥后发优势，克服后发劣势。怎样才能真正做到扬优克劣呢？

第一，必须特别重视发挥制度创新的优势，克服制度劣势。制度劣势是最大的劣势，制度创新的优势是最大的优势。妨碍发展中国家经济发展最主要的因素，不是技术落后、资本缺乏，而是制度不健全、不完善。因此，切不可只强调技术创新，忽视制度创新。我国首先必须发挥制度创新的优势，深化改革，健全社会主义市场经济体制，这样才能真正推动生产力的跨越式发展。

第二，必须在发挥技术引进优势的同时注意自主开发新技术，克服技术劣势。由于单靠技术引进、学习和摹仿，至多只能加速“追赶”，不可能实现“超越”，在知识经济时代，甚至连追赶都困难。所以，必须在坚持引进、消化、吸收、改进国外先进技术的同时，更加注重开展原创性研究，开发拥有自主知识产权的高新技术，尤其在我国已经有一定基础和优势的空间技术、信息技术、激光技术、生物工程技术等领域，更要大力进行技术创新，形成世界领先的技术优势。在发展高新技术产业的同时，特别还要注意用高新技术改造和武装传统产业，实现产业的技术升级。只有这样，才能提高核心竞争力，从根本上克服技术劣势、竞争劣势。

第三，必须努力发挥结构变化的优势，以结构调整为主线，实现双重的结构优化升级。结构优化能极大地促进经济发展，中国现在已经进入以结构调整推进经济增长的新阶段，面临实现发达工业化和信息化的双重结构调整的任务，许多深层次矛盾和问题的解决都有待于结构的完善，因此，必须下大力气抓结构调整，把工业化与信息化结合起来，以信息化带动工业化，使产业结构优化升级，东部与中、西部协调发展，城市化水平大幅度提高。这是实现生产力跨越式发展的关键。

第四，必须采取多种方式筹集资本，克服资本劣势。实现生产力跨越式发展，主要应该依靠提高资本的使用效率，但增加资本的投入也是不可缺少的重要因素。所以，必须进一步建立和健全资本市场，改善投资环境，放开不必要的投资限制，保护投资者的合法权益，扩大资金来源，增加融资渠道，吸引更多外资，鼓励民间投资，扩大政府投资，以保证经济增长对资本的需求。

第五，必须在发挥人力资源优势的同时，克服人口劣势。劳动力充足价廉是我国发展经济的一个有利条件；人口众多、素质不高、人才流失、企业家队伍缺乏，又是制约我国经济发展的不利因素。因此，在大力发展劳动密集型产业，发挥劳动力资源的优势，增加收入，扩大积累的同时，还必须进一步控制人口数量的增长，特别注重提高人口素质。认真实施科教兴国战略，尽快发展教育事业；采取各种有效措施，提供较好的工作和生活条件，稳住国内人才，吸引国外人才；下决心实行企业管理人员的职业化、市场化，造就一支庞大的企业家队伍。

参考文献

世界银行．1998/1999年世界发展报告：知识与发展．北京：中国财政经济出版社，1999．

杨小凯．后发劣势．经济学消息报，2000-12-22．

新华．宽带：对中国未来意味着什么．经济日报，2001-5-31．

陆德明，张伟．比较优势与后发优势．经济评论，2001（3）．

郭熙保，张进铭．论发展中国家的后发障碍与后发优势．经济评论，2001（5）．

吴敬琏．制度高于技术．中国经济时报，1999-6-18．

陈鹤．知识经济与后发优势．当代经济科学，1999（5）．

邓翔．增长理论中趋同假说的理论与现实考察．经济学动态，2001（6）．

冯雁秋．后发优势悖论与中国的技术战略选择．世界经济，2000（7）．

谢作涛，崔万田．克林顿的风度、盖茨的头脑——一个先发优势或后发劣势的例子．经济学消息报，2001-3-2．

简新华．论以信息化带动工业化．首都经济贸易大学学报，2002（1）．

（原载《经济学家》2002年第6期，《中国改革报》2002年5月27日、《中国经贸导报》2003年1月25日部分转载，与许辉合写）

增加有效供给保证经济增长

“九五”计划期间的后几年，党中央、国务院根据我国宏观经济形势的新变化，及时调整宏观经济政策，采取积极的财政政策等扩大国内需求的措施，保证了“九五”计划经济增长目标的实现。刚刚结束的十五届五中全会，分析了我国经济社会发展面临的形势，明确提出在今后一段时间内，仍然必须把扩大国内需求、保证经济发展作为基本的宏观经济政策取向。从我国现实经济运行情况来看，扩大内需，促进发展，不仅要注意从需求的角度探讨推动经济增长的途径，也需要从供给方面采取相应的措施，加强对增加有效供给的研究。实际上，有效供给不足，也是社会供需失衡的重要原因。通过改善产品品质结构，创造新的消费需求，也是实现社会供需总量平衡、加快经济发展的一个重要途径，对此必须给予足够的关注。

一、有效供给不足的表现

20世纪90年代中期后，我国经济虽然告别了长期存在的短缺状态，形成了供大于求的买方市场，但我国当前的买方市场是在居民收入水平和购买能力较低、低水平重复建设大量存在、经济结构明显失衡条件下形成的。买方市场的显著特点是供过于求，表现出大部分商品的供给过剩。从我国市场状况来看，这种供给过剩是一种相对过剩和结构性过剩，与结构性短缺并存，具体而言是无效供给太多、有效供给不足。无效供给太多，有效需求不足，共同造成表面上的供过于求。而实质上的有效供给不足，既不能满足现有的需求，又创造不出新的需求，从而减少了实际的需求总量。

当前，我国经济的有效供给不足主要表现在三个方面：

一是生产供给中的重复建设问题突出。改革开放以来，受地方利益机制驱动，各省市对一些见效快、可以迅速增加地方财政收入的"短平快"项目投资比较多，没有考虑本地资源等比较优势，盲目建设、重复投资现象严重。据国家有关部门测算的结果显示，地区工业结构与全国工业结构的相似系数达 0.9 以上的省、市、自治区有 22 个；中部地区与东部地区工业结构的相似率为 93.5%，西部地区与中部地区相似率为 97.9%。在供给短缺的情况下，重复建设的危害表现并不明显，而在买方市场环境下，重复建设、重复生产就必然会导致无效供给太多。由于企业面向市场的创新和应变能力较差，而且众多企业拥挤在同一行业、同一技术平台上作低层次的恶性竞争，产品供给受到市场需求的强力约束，绝大多数产品的生产能力不能得到充分发挥。根据第三次工业普查的结果显示，1995 年 286 种主要工业产品中，生产能力利用率在 90% 以上的仅有 47 种，占 16.4%；生产能力利用率低于 80% 的有 238 种，占 83.6%，其中低于 60% 的有 61 种，占 21.3%。

二是供给能力层次低下。在我国改革开放 20 多年的发展历程中，发展得较快的主要是规模小、生产过程相对简单、资金技术密集度低的企业，这与一般消费品、工业品市场需求的迅速扩大是密切联系的。在我国现有的工业生产能力中，发展最快的是最终消费品的组装加工业、技术和加工过程相对简单的零部件生产和材料工业，而装备工业、主要零部件、关键材料的生产能力则发展相对缓慢，从而使我国目前的供给相对过剩呈现出低层次的特点，档次低、质量差和成本高是现有供给能力的主要表现。比如，我国目前大量存在的小化工、小化肥、小煤矿、小火电、小电炉、小钢厂以及其他作坊式的小企业等，大都还处于粗放式的经营阶段，规模小、工艺简单、技术落后，只能生产初级产品或劣质产品，产品竞争力极弱，在人民收入水平提高、消费需求档次已经有了较大提高的情况下，这种生产方式自然会导致产品积压，造成资源的大量浪费。

三是结构性过剩和短缺并存。目前，我国一方面普通加工工业生产能力大量过剩，一般加工程度的工农业产品供过于求；另一方面高技术含量、深加工、高附加值、高质量的产品供不应求，不少甚至依赖进口。比如，1998 年我国钢产量达到 1.16 亿吨，位居世界第一，普通钢材大量积压，国家不得不限产压库，但每年还要进口上千万吨特种钢材。供给中存在的短缺更主要地表现为行业性短缺，尤其明显地表现在第三产业部门中，如邮电通信、城市公共运输、金融服务、卫生体育及居民服务等的排队现象十分明显，教育、咨询、科研和技术服务业的供不应求就更为突出。这种供给短缺从市场价格的变动上也可以看出来。1997 年，居民消费价格指数上升 2.8%，商品零售价格指数上升 0.8%，而服务项目价格指数上升达 16.5%；1998 年，居民消费价格指数下降 0.8%，商品零售价格指数下降 2.6%，但服务项目价格仍上涨了 10.1%。只是由于服务业生产与消费的同时性特点，使其需求的增长不能明显地表现出来，有效供给不足的问题在很大程度上被掩盖了。另外，由于我国目前第三产业占整个国民经济的比重较小，服务需求又不像商品需求表现得那么强烈，没有实现的那部分需求（包括消费和投资）直接转化为储蓄存款，故而从表面上表现为一种较为普遍的需求不足现象，实质上仍然是有效供给不足。

二、有效供给不足产生的原因

第一，在短缺经济中形成粗放型增长模式。长期以来，我国一直处于科尔内所说的“短缺经济”的状态中，受制于低收入水平的数量型消费占据着主导地位。尤其是我国长期以来实行的平均主义、“大锅饭”的收入分配制度，使整个社会基本上是处于低水平的消费层次。改革开放的不断深入和扩大，使被长期压抑的需求得到了空前的爆发，数量型、高速度的经济发展使这种需求迅速得到满足。与此同时，在经济发展中，粗放型外延式扩张的生产经营方式得到了长足的发展，长期推行的规模扩张型政策自然会导致结构性供给过剩。

第二，地方利益驱使下出现产业同构化。造成无效供给增加的最重要因素是重复建设、重复生产，其直接原因就是受地方利益驱使的盲目投资。重复建设问题有着深层次的体制原因：一是地方保护主义，许多地区、部门、行业不顾大局，追求自身局部利益，一方面盲目扩张，另一方面搞地区封锁，加剧重复建设，导致全国市场上生产过剩；二是投资体制还不健全，市场竞争机制的作用还没有充分发挥，重复的、落后的、过剩的生产能力不能得到有效的淘汰；三是产业政策缺乏明确的区域指向，如《九十年代国家产业政策纲要》中将机械电子、石油化工、汽车制造、建筑业作为重点发展的支柱产业，但没有限定这些产业的主要发展区域，因而也就为各地的产业结构趋同留下了政策空隙，结果全国有 22 个省市把汽车列为支柱型产业来发展，24 个省市把电子工业作为支柱产业，化工和机械工业的情况也是如此；四是宏观调控政策执行不力，如对于国家明令控制、严禁再上的彩电、摩托车、汽车等 10 个产业，许多省市在地方利益的支配下顶风而上，有的省竟重复上项目达 8 个之多。

第三，供给不适应消费需求模式的转变。就城市来看，改革开放后我国城镇居民消费大致经历了两个时期。一是 20 世纪 80 年代整体推进的排浪式消费。多数城镇居民可支配收入差别极小，基本上处于低水平的同一消费层次，在规模、数量、品种、质量严重趋同而没有明显消费梯次和差别的情况下，这种消费的整体式推进必然导致市场需求的突发性膨胀和萎缩：消费热点形成时需求巨大，刺激生产急剧扩张；消费热点一过，又会出现产品积压和供给能力过剩的状况。二是目前在部分大城市开始出现的跨越式消费。随着经济发展，城镇居民富裕阶层与贫困阶层的收入差距呈扩大趋势，并由此造成巨大的购买力悬殊，要买的人买不起，买得起的人又需求饱和，这种消费断层无疑给产业结构的逐步升级和产品结构的有序更替带来了困难，甚至给企业的产品结构调整发出误导信号，造成产品结构的严重扭曲，市场上迫切需要的产品企业生产不出来，而企业大量生产的产品消费者又不需要，形成了供给的结构性过剩与短缺并存的局面。

第四，企业缺少优胜劣汰和不断创新的机制。国有企业由于缺少社会保障体制的支持，对停产、破产所引起的职工下岗问题缺乏承受能力，因此企业破产停业困难，限制了过剩生产能力的淘汰速度，而且国有企业也缺少发展创新的能力，缺乏更新技术设备、开发新产品的积极性和实际能力；面对产业技术升级和规模经济扩大的要求，乡镇企业的制度模式也出现了一定程度的不适应，其发展后劲和创新能力也受到很大的限制。正是由于我国当前企业缺乏过剩生产能力的淘汰机制和不断开拓创新的机制，从而将供给能力的结构性“过剩”状况固化了，致使产业竞争力水平徘徊不前，企业面对市场竞争，创新开发能力严重不足，从根本上缺乏创造和拉动新需求的供给能力，从而难以实现供求总量新的平衡。

三、增加有效供给以扩大需求的途径

目前市场上存在的有效供给不足影响了需求的扩大，无效供给太多严重阻碍了经济增长。因此，针对结构性过剩中的短缺，必须在扩大投资和消费需求的同时，要从减少无效供给、增加有效供给的角度去寻找促进经济增长的办法。

(1) 深化改革，建立合理的投资体制，更好地发挥市场竞争的作用，有效克服地方保护主义，消除盲目投资和重复建设的体制原因。盲目投资、重复建设的主要原因之一在于地方政府追求财政收入而又不按市场经济的要求办事，要根除这个“顽症”，就必须建立法人投资和银行信贷的风险责任制。不同类型的投资采取不同的方式，国家重大建设项目和地方政府的基础设施建设的投资，应该统一规划、形式多样，实行必要的投资责任制，竞争性项目投资则由企业自主决策，自担风险。要坚决制止地区封锁和地方保护，真正做到优胜劣汰，使重复建设无利可图，盲目投资血本无归，决策失误承担责任。

(2) 以市场为导向，以结构升级为目标，推进产业结构的战略性调整，通过增加有效供给来加强对经济增长的支持力度。一般来说，产业等级越低、越容易进入的部门，供给能力也容易形成低层次上的相对过剩。产业结构优化，既能够消除无效供给，又有利于增加有效供给和创造新的需求。针对产业结构同构化所导致的无效供给已经影响到需求扩大的问题，目前我国必须着眼于产业结构的升级换代，以产业结构的调整来减少无效供给，形成满足新的市场需求的新兴产业，以增加有效供给。根据世界工业化发展的趋势和经验，实行产业升级的重要内容就是推进高科技产业化，这包括两个过程：一是在现有产业中采用高科技；二是直接发展一部分高新科技产业。可以说，加快高新技术产业的投资和发展，推动产业结构升级，正是当前我国缓解总供求矛盾，减少无效供给，增加有效供给的关键。正因为如此，党的十五届五中全会把调整和优化经济结构作为今后一个时期经济工作的主线。

(3) 在产业政策指导下，通过市场机制和必要的行政手段淘汰过剩的低水平生产供给能力。当前，由于我国过剩生产能力的淘汰机制和促进产业竞争力提高的市场机制还不健全，生产供应能力过剩的状况在一定程度上被固化，难以为新一轮的经济增长提供新的起点。解决这一难题的根本途径是进一步推进市场化改革，通过完善资本市场，采取兼并、控股、参股以及承包、租赁、托管、出售等多种形式，使企业资产跨部门、跨地区流动重组，向重点和优势企业集中，实现企业组织结构的大调整，使无效供给能力转化为有效供给能力。同时，政府还可以发挥宏观调控的作用，对某些严重过剩的生产部门实行必要的限产、压缩，关掉一批低水平、高消耗、高污染的中小企业，淘汰一批技术、质量落后的过剩产品，以减少无效供给。

(4) 针对消费结构的升级换代，在买方市场条件下进行产品结构调整，关键要培植优势产品即具有竞争优势的产品。顺应城市化、网络化和国际化发展的时代潮流，我国居民消费结构将呈现出几个变化发展的特点：一是城镇居民实现由千元级消费向万元级消费转换；二是农村居民实现家用电器普及化；三是消费行为趋向个性化。结合目前我国买方市场条件下的有效供给不足，企业必须进行产品结构调整，培植优势产品。培植优势产品主要是依靠技术创新进行产品创新，不但使产品适应迅速变化的市场需求，还要为新产品创造消费者。再就是实行产品的差异性战略，按照不同消费者偏好的差别提供差别性产品，这是在买方市场条件下保证产品具有稳定的消费群的重要途径。此外，产品结构的调整和优化，还要针对市场上的隐性短缺，对一些尚未得到充分开拓的市场如农村市场增加产品供给，着力进行市场开拓，以增加有效供给。

（5）加快企业制度创新步伐，提供增加有效供给的制度保证，不断提高供给主体的能力。要增强全社会的有效供给能力，关键在于重塑国民经济的微观基础。要与产业结构、产品结构的升级相结合，深化企业改革，建立符合市场经济要求的现代企业制度和规范有效的法人治理结构，切实转换企业经营机制，形成面向市场、参与竞争的企业创新机制。通过市场竞争和制度创新，企业才能不断提高经营决策的科学性和正确性，根据市场需求及其变化从事生产经营活动，避免由盲目决策造成的盲目投资和重复建设，减少和消除无效供给。此外，从市场需求的多样性来说，供给方面的短缺是永久性存在的，这同样要求企业不断进行创新，努力改进技术，开发新产品，创造新需求，开拓新市场，从而推动国民经济的持续增长。

（原载《求是》2000 年第 22 期，《经济研究参考》2001 年第 15 期、《宁波日报》2001 年 4 月 4 日全文或摘要转载，与陈志祥合写）

中国经济能够继续保持较快的增长

看了张五常发表在 2005 年 11 月 4 日《经济学消息报》上的文章《中国的经济增长可以持久吗?》，得知几个月前有一位中国经济专家在美国某大学讲话，说中国20多年来的高速经济增长，会再持续20年。在座的学者问为什么，专家竟然答不出来。若真有其事，实在令人遗憾。仔细拜读张五常的大作，似乎也没有说清楚这个问题。由于中国经济在面临许多新情况和条件制约的情况下能否再保持20年的较快增长（不排斥增长过程中出现起伏波动），是一个全球关注的热点问题，不仅关系到中国经济发展的前景，而且越来越大地影响到世界经济的增长，值得深入探讨，特写此文，参与讨论。

决定一个国家经济较长时期增长的主要因素包括：需求增长的空间、经济结构的演进、生产要素的供给、技术的进步、制度的完善和政策的合理，基于对2000～2020年中国这些因素的分析，我认为，在这20年里中国经济能够继续保持较快的增长。理由如下：

1. 潜在的国内需求能为中国经济的较快增长提供广阔空间

市场经济是靠需求拉动的经济，市场需求是经济增长的空间和动力，潜在的需求决定经济增长可能达到的规模。中国经济能否再保持20年的较快增长，首先取决于潜在需求的大小。需求包括国内需求和国外需求。中国现在的外贸依存度已经接近70%（即使扣除重复计算的部分，仍然是一个较大的数字），再加上国际市场竞争日趋激烈，使得中外贸易摩擦不断，中国未来的经济增长不应该也不太可能主要依靠国外需求即出口的大量增加来拉动。虽然国外需求很难为中国未来的经济增长提供较大的空间，但是国内却存在大量潜在的需求。消费结构和消费水平农村向万元级城市向十万元级的升级、城市化水平的提高、基础设施的建设会产生很多的投资需求和消费需求，特别是8亿农民的实际需求远远没有得到满足，这就为中国经济再保持20年的较快增长提供了广阔的空间。2004年中国农村居民人均纯收入2 936元，城镇居民人均可支配收入9 422元，后者是前者的3.2倍。2000年后的20年里，在全国GDP再翻两番即增长3倍的情况下，即使农村居民人均纯收入只增加2倍，在2020年达到8 808元，增加5 872元，还不到2004年城镇居民人均可支配收入的水平，仍按8亿农民计算，农民有购买力的需求将增长46 976亿元。如果按2020年中国城市化率达到

60%计算，将有2亿多农民变为市民，由于城镇居民收入水平更高，增加的有购买力的市场需求会更多。由此可见，中国市场需求增加和经济增长的潜力巨大。

当然，中国现在也面临增加农民收入困难、内需不足、扩大不易的问题，但是，通过工业反哺农业、国民收入再分配的调整、国家对农村转移支付的加大、工业化和城市化的推进会使更多农民非农化和市民化等途径，能够有效地增加农民的收入，使潜在的需求变为现实的需求。

2. 工业化和城市化是推动中国经济较快增长的巨大动力

发达国家的工业化和城市化的历史表明，重工业化时期和城市化进程加速的时期，必然是经济高速增长的时期。从1999年开始的6年多时间内，中国工业发展出现转折性变化，无论是在产值、投资、利润增长方面，还是在比重上，重工业都超过了轻工业，出现了重新重工业化的趋势。1999年重工业增长速度超过了轻工业1个百分点，2003年甚至快4个百分点；重工业的比重也从1997年的53.8%猛升至2000年的59.1%，2003年更是达到了64.3%，几乎接近了重工业优先发展时期的最高记录（66.6%，1960年）；2004年甚至上升到67.6%，比1960年还多了1个百分点，创造了新中国成立以来的最高记录。中国城市化率在20世纪80年代每年平均提高0.7%，90年代每年平均提高1%，2001~2004年每年平均提高1.4%。上述情况表明，中国现在正处于工业化的中期即重工业化时期和城市化进程加速的时期，工业化的推进、产业结构的优化升级、城市化进程的加速、城乡结构的演进，不仅会产生巨大的市场需求，而且会伴随科学技术的较快进步，会形成强大的生产能力，必将极大地促进中国经济的快速增长。

3. 生产要素的供给能为中国经济的较快增长提供必要条件

总的来看，生产要素的供给情况能够为中国经济的较快增长提供必要条件。

首先，中国劳动力充足价廉的比较优势将长期保持。据有关中国人口数量和结构的研究与预测，从20世纪90年代至2020年左右，是中国经济社会发展的“人口视窗”时期，即劳动力资源供给充足、人口抚养负担较轻、可获得“人口红利”的黄金时期。按联合国的预测，中国劳动年龄人口2010年为9.2亿，2015年达到9.29亿的高水平，然后开始减少，2025年才下降为9.14亿；社会总抚养系数（含少儿抚养和老年人的赡养）2010年达到最低值48.1%，2020年上升为55.8%，仅略高于2000年53.8%的水平，到2025年以后才急剧上升。而且中国农村剩余劳动力数以亿计，使得工资水平很难大幅度上升。再加上中国人力投资不断增加，教育事业快速发展，劳动力素质也在不断提高。劳动力充足、价廉、素质更高，将为中国经济再保持20年的较快增长提供极为有利的条件。

其次，中国资本严重短缺的局面已经改观。中国是世界上储蓄率和资本积累率最高的国家之一，改革以来资本的年积累率高达GDP的40%左右，2004年储蓄率为43%。中国现在的城乡居民储蓄存款余额达13万亿元人民币，存贷差额高达5万亿元人民币，每年引进外资500亿～600亿美元，外汇储备6 000多亿美元，能够为中国经济再保持20年的较快增长提供比较充足的资本。

从生产要素的供给方面来看，不利于中国经济保持较快增长的主要因素是自然资源的严重短缺和低效利用。但是，这种约束不是不可克服的。中国正在努力开源节流，通过调整产业结构、转变增长方式、改进技术、发展循环经济，发挥市场机制特别是价格杠杆的作用等途径，降低消耗，节约资源，提高资源利用效果，并且注重开发和利用国外资源，以克服资源的制约。

4. 技术的持续进步是中国经济保持较快增长的有利因素

改革开放以来，中国发挥后发优势，大力引进国外先进技术，促进了经济的快速增长。目前，总的来看，中国的技术仍然比较落后，还可以继续发挥后发优势，通过引进国外先进技术来推动中国经济增长。但是，中国的生产技术现在已经上了一个台阶，更需要的是更高、更新、更精、更尖的技术，而这些技术是很难引进的，有的发达国家甚至严格限制出口到中国。这一方面不利于中国的技术进步，另一方面却又成了中国不得不致力于技术创新的压力和动力。这正是现在中国政府和企业大力提倡自主创新、加大研究开发投入的重要原因。而且，中国现在更有条件进行技术创新、采用先进技术。近年来，中国的科学研究与试验发展（R&D）经费支出是不断增加的，2004年比上年增长19.7%。持续的技术进步，尤其是自主创造的高新技术，更能促进经济的增长。

5. 社会主义市场经济体制和宏观调控政策的日趋完善是中国经济保持较快增长的重要保证

经过20多年的改革，中国已经初步建立起社会主义市场经济体制，经济市场化的改革极大地推动了中国经济的快速增长。而且，这种制度创新的作用在未来20年里并不会消失。随着改革的深化，到2020年，国有企业改革的难关将突破，社会主义市场经济体制将趋于成熟、完善，必将进一步推动中国经济的快速增长。20世纪90年代中期以来，中国政府宏观调控的能力大大增强、水平显著提高，先后两次避免了经济的大起大落，实现了经济比较稳定的增长，现在又针对中国经济社会发展中存在的"三农"问题、就业问题、资源环境问题、内需不足、收入差距过大、增长方式粗放、经济结构不合理等深层次问题，提出了树立科学发展观、提高自主创新能力、加快转变增长方式、建设和谐社会、资源节约型和环境友好型社会等一系列正确的方针和政策，不太可能出现大的政策失误，造成经济发展的剧烈波动、严重衰退。

中国政府的经济发展规划是，2000～2020年GDP再翻两番、年均增长7%，这属于较快的增长。如果上述因素的作用能够有效发挥，有可能超过7%，则更是高速增长。

（原载《经济学消息报》2005年3月18日）

附　录

中国经济发展的探索者

——武汉大学教授简新华的经济思想

谷亚光①

简新华教授简介

简新华，1947年8月22日生，湖北武汉人，武汉大学经济与管理学院教授、博士生导师、享受国务院颁发政府特殊津贴专家、国家社会科学基金重大招标项目首席专家。现任教育部人文社会科学重点研究基地——武汉大学经济发展研究中心副主任、湖北省高校人文社会科学重点研究基地——武汉大学人口、资源、环境经济研究中心主任、武汉大学战略管理研究院副院长，兼任中国工业经济学会副理事长、中国《资本论》研究会常务理事、世界政治经济学学会理事、中国工业经济学会产业经济学专业委员会委员、中国人口学会人口学科发展专业委员会委员、湖北省经济学团体联合会常务理事、湖北省人口学会副会长、武汉市宏观经济学会常务理事，先后兼任河南大学、浙江财经学院、北京工商大学、石家庄经济学院兼职教授、江汉大学发展研究院首席教授、暨南大学产业经济研究院特约研究员、中国地质大学讲座教授。曾任武汉大学经济学院副院长、经济研究所执行所长。

① 作者简介：谷亚光，中国改革报社理论部。

1968年下乡务农，1970年进厂做工，1977年考入武汉大学经济系，1982年初毕业留校任教。1981年以来，先后承担国家社会科学基金、自然科学基金、教育部人文社会科学研究重大招标项目、重大课题、国际合作、省、市科研项目10多个。曾赴美国、德国、日本、法国、马来西亚和中国香港、台湾等国家和地区的多所大学和研究机构参加国际学术研讨会，进行学术访问。在包括《经济研究》、《求是》、《管理世界》、《光明日报》、《经济日报》、《中国工业经济》、《世界经济》、《中国人口科学》、《经济学动态》等权威报刊在内的刊物上发表学术论文160多篇，50多篇被包括《新华文摘》在内的出版物转载，数百次被引用。参加编写出版学术著作和教材10多本，担任其中8本的主编。科研成果获得包括中共中央宣传部1994年度“五个一工程”一本好书奖、教育部第二届全国高校出版社优秀学术著作特等奖、国家人口和计划生育委员会及中国人口学会颁发的第四届中国人口科学优秀成果著作一等奖、湖北省社会科学优秀成果二等奖等省部级奖在内的10多项奖励。

长期从事经济学的教学与研究。

讲授的课程主要有：政治经济学、市场经济学、中国经济改革和发展、社会主义经济理论、西方经济思潮述评、比较经济学、市场营销学、产业经济学。

主要研究方向：中国经济改革和发展，包括所有制改革、国有企业改革、市场经济、收入分配、工业化、城镇化、人口流动、农民工、劳动就业、反贫困、产业经济、增长方式、经济发展战略等。由于既当过农民，又做过工人，深切体会到工农劳作和生活的艰辛和困苦，所以特别关注如何改进制度、发展经济，使普通工人和农民都能过上好日子；又由于发展经济学也被称为“贫困经济学”，是专门研究发展中国家如何由贫穷落后走向发达繁荣的学问，所以对发展经济学尤其感兴趣。

简新华教授是1977年恢复高考时考进武汉大学经济学系的，1978年初进校后才开始正规的经济学学习和研究。实际上，早在“文化大革命”时期，还在农村种地、工厂做工时，由于亲眼看到了我国农村贫穷落后的面貌，亲耳听到了广大工人、农民迫切要求发展经济、改善生活的强烈呼声，亲身体会到了田间劳作、车间干活的艰辛，农民缺衣少食的境况、工人一家三代挤在一间房里的情形、工农生产技术和管理落后的现象使他深切感受到了中国社会主义经济建设和管理中存在的种种问题，因而产生了学习和研究经济理论、探讨怎样加快中国经济发展、搞好社会主义建设、改变中国贫穷落后面貌的强烈愿望，他就开始了政治经济学的自学。简新华教授在上大学之前，在农村种了两年地，在工厂做了8年工，积累了大量工农业生产的感性认识和实践经验，并且进行了理性思考，写下了上十万言的学习和思考笔记。上大学以后，他一直把中国经济发展和社会主义经济理论作为主要研究方向，始终坚持不懈地跟踪探索，是我国这方面研究的有影响的中年经济学家。

简新华教授研究中国经济发展的一个突出特点是，着重探讨改革开放以来中国经济发展面临的重大问题，主要包括工业化、城镇化、"三农"、就业、可持续发展等问题。由于他认为中国之所以比发达国家落后，主要表现在中国还没有实现工业化和城镇化，只有真正实现工业化和城镇化，才能从根本上解决"三农"、就业、资源、环境、贫富差距等问题，因此他在这方面的研究中花的精力最多，出的成果也较多，也较有影响。这里主要介绍他对中国应该怎样实现工业化和城镇化以及当前我国理论界正在激烈争论的热点问题——中国现在应不应该重新重工业化的看法。

一、中国工业化道路的深入探讨

新世纪中国进入全面建设小康社会，加快推进社会主义现代化的新的发展阶段，经济建设的主要任务是基本实现工业化，大力推进信息化，加快建设现代化，保持国民经济持续快速健康发展，不断提高人民生活水平。要完成新阶段的新任务，首先必须走新型工业化道路，大力实施科教兴国战略和可持续发展战略。走新型工业化道路是中国在新世纪新阶段提出的新战略方针，是全面建成高水平小康社会的重要保证，也是在如何更好地实现工业化问题上的重大创新，对发展经济学理论的最新发展。因此，深入探讨什么是新型工业化道路，与中外传统的工业化道路有什么不同，具有什么特点和优越性，为什么要走新型工业化道路，应该怎样走新型工业化道路，具有重大理论和实践意义。

简新华教授对工业化道路的思考，经历了一个从《斯大林论工业化》到新型工业化道路的曲折过程。在“文化大革命”期间，他阅读了《斯大林论工业化》一书，知道了社会主义国家搞工业化，必须优先发展重工业。直到在大学学世界经济史，才明白了西方发达国家的工业化进程都是先发展轻纺工业，更符合工业化发展的客观规律，后来又进一步发现西方发达国家的工业化道路，虽然是一条成功之路，但也存在许多缺陷。近几年，在我国提出走新型工业化道路以后，简新华教授对新型工业化道路问题进行了创新性的深入探讨，在《管理世界》、《当代经济研究》、《经济学动态》等刊物上发表了数篇相关论文，主要贡献表现在以下几个方面：

1. 明确界定了工业化道路的具体内容，弥补了工业化道路研究的不足

简新华教授指出，工业化是任何国家由贫穷落后走向发达繁荣的必由之路，是发展经济学研究的主题。工业化既是一个古老的问题，又是一个崭新的课题，常研常新。从 18 世纪 60 年代英国的工业革命兴起，人类社会就开始了工业化进程，至今已有 200 多年的历史，但以工业占优势、人均 GDP 3 000 美元作为标准衡量，基本实现工业化的国家按世界银行的统计，目前还只有 40 多个，世界上大多数国家仍然没有实现工业化，努力成为工业化国家依旧是世界上占多数的发展中国家面临的艰巨任务。走什么样的工业化道路，怎样实现工业化，是决定工业化快慢和成败的关键。现在世界上大多数国家之所以还没有成为工业化国家，最重要的原因是这些国家还没有找到或走上正确的工业化道路。但是，经济理论界却始终没有清楚地说明工业化道路的具体内容。简新华教授弥补了这方面研究的不足，根据工业化所要完成的任务、解决的问题和涉及的方面，明确提出工业化道路是指实现工业化的原则、方式和机制，所要解决的是怎样实现工业化的问题，具体内容主要包括以下几个方面的选择：第一，产业的选择，即重点和优先发展的产业、产业

结构的类型及各种不同产业之间相互关系的确定和调整，比如发展的重点是选择轻工业、劳动密集型产业，还是重工业、资本或技术密集型产业；是牺牲农业去发展工业，还是工农业协调发展等。第二，技术的选择，即工业发展中技术类型的采用，也就是选择高新技术还是一般适用技术；是运用多使用劳动力的技术，还是多使用资本的技术。第三，资本来源的选择，即通过什么方式或渠道筹集工业发展的资本，也就是来源于农业剩余的转移、对内外的掠夺，还是工业自身的积累、引进国外资本等。第四，发动方式的选择，即工业化进程是靠民间发动，还是由政府推动。第五，发展方式的选择，即工业发展是依靠粗放型的增长方式、资源的消耗、环境的污染，还是采用集约型的增长方式、节约资源、保护环境。第六，实现机制的选择，即工业化的任务是通过市场机制的作用去实现，还是由计划机制的作用来完成。第七，城市化模式的选择，即伴随工业化发展的是适度城市化、滞后城市化，还是过度城市化。第八，国际经济联系的选择，即工业化过程中是实行对外开放、发展外向型经济，还是闭关锁国，发展内向型经济。世界各国工业化发展的历史表明，工业化道路不是唯一的，也不是一成不变的，会随着经济社会条件的变化而变化。不同的社会发展阶段，不同的经济社会制度、民族历史文化传统、资源禀赋、自然条件、比较优势，工业化道路也会不相同。西方发达国家在农业经济时代开始走上的传统工业化道路，已经不适应工业经济时代的要求；传统计划经济条件下的工业化道路，在人类社会向知识经济或信息经济时代迈进的新的历史条件下，更是行不通。后发国家必须不断探索新的工业化道路。

2. 概括了传统工业化道路的特点和缺陷，比已有的概括更为全面、深入

所谓“新”是相对“旧”而言的，新型工业化道路也是相对传统工业化道路来说的。新型工业化道路必须适应新的历史条件，克服传统工业化道路的缺陷和不足，形成新的特点和优越性。因此，正确完整地认识新型工业化道路的特点和优越性，首先必须全面深入地分析传统工业化道路的特点和缺陷。从世界各国工业化发

展的历程来看，存在两种不同类型的传统工业化道路：一是西方发达国家以往走过的传统工业化道路；二是包括中国在内的过去实行计划经济的国家曾经走过的传统工业化道路。这两种传统工业化道路的特点并不完全相同，缺陷也不都一样，有些特点和缺陷基本相同，有些则正好相反。现在有的学者把新型工业化道路看成是与中国计划经济时期的传统工业化道路不同的道路，也有论著把中国的新型工业化道路说成是与西方发达国家以往走过的传统工业化道路不同的道路。简新华教授认为这两种观点都有片面性，提出中国的新型工业化道路是要消除这两种传统工业化道路的缺陷，同时与这两种传统工业化道路都不相同的道路。

为了更全面地把握新型工业化道路，简新华教授对两种不同的传统工业化道路的特点和缺陷进行了比较全面的归纳和分析。他指出，西方发达国家是世界上最先实现工业化的国家，其工业化进程是在农业经济时代开始的，走的是一条主要由民间力量发动、科学技术革命推进、通过市场机制实现、外向型发展、先以轻纺工业为主导后以重工业为主导、先工业化再信息化、重机械化轻就业、先污染后治理、城乡差别先扩大后缩小、经济危机相伴随的工业化道路。这条传统的工业化道路，虽然具有能够发挥民间力量、科学技术革命、市场机制的作用、利用世界市场和资源、形成适合生产要素禀赋特点的产业结构等长处，使西方发达国家成功地实现了工业化，成为发达的工业化国家，但也存在失业现象严重、城乡差别先扩大后缩小、先污染后治理、经济危机不断发生的特点和缺陷，付出了巨大的代价，造成了社会生产力的巨大浪费和破坏，加剧了工业化发展的曲折波动，延缓了工业化的进程。中国和其它曾经实行计划经济的社会主义国家是在西方发达国家已经基本实现工业化、人类社会进入工业经济时代才开始工业化进程，走了一条由国家计划推动、重工业优先发展、以粗放型增长方式为主、过分追求高速度、排斥城市化、片面强调自力更生、资源消耗高、经济效益差的工业化道路。这是一条与西方发达国家走过的不同的传统工业化道路，虽然使计划经济国家建立起了必要的工业基础，形成了比较完整的工业体系和国民经济体系，但存在许多严重的弊端，是一条不符合国情、违背客观经济规律的、不成功的工业化道路，并没有带来发达繁荣的工业化。

简新华教授还针对是否存在一条发展中国家走过的传统工业化道路的问题，提出第二次世界大战以后，许多发展中国家都把实现工业化作为各国经济发展的首要目标，纷纷走上工业化之路。虽然多方面的因素决定各国的工业化道路都会具有某些不同的特色，比如有些国家重视工业增长、忽视农业发展，也有些国家出现城市化发展程度超过工业化进程的“过度城市化”现象，还有些国家实施进口替代战略，或者奉行出口导向战略等，但并不能认为只要有不同的特点，就是与别的工业化道路不同的另一条道路。判断是否为一条独特的工业化道路，必须按照工业化道路所包含的主要方面的内容进行综合评估，只有大多数基本方面具有显著差别，才能算是一条不同的工业化道路。由于发展中国家一般都是摹仿欧美发达国家或者前苏联走过的工业化道路，而且大多数没有达到预期目标，并没有形成一条具有典型意义的独特的工业化道路，即使是成为新兴工业化国家或地区的韩国、新加坡、巴西、中国台湾等，虽然存在抓住国际产业转移的机遇实施外向型发展战略，通过引进外资，先发展具有比较优势的劳动密集型产业，后发展资本和技术密集型产业的突出特征，但走的实际上是一条与欧美发达国家基本相同的工业化道路，所以不存在另外一条与西方发达国家和计划经济国家都不同的传统工业化道路。

3. 探讨了新型工业化道路的基本内容和特征，完善了对新型工业化道路的认识

新型工业化道路必须适应经济发展新阶段的条件和目标的要求，弥补传统工业化道路的不足，形成新的特点和优越性。什么是中国的新型工业化道路，江泽民同志在党的十六大报告中明确指出，这是“一条科技含量高、经济效益好、资源消耗低、环境污染少、人力资源优势得到充分发挥的新型工业化路子”。简新华教授认为这是从结果和优点上界定的新型工业化道路的内涵，还需要从实现工业化的原则、方式和机制上具体分析和概括新型工业化道路的基本内容和特征，只有这样，才能弄清新型工业化道路为什么

会产生和存在上述结果和优点。与西方发达国家和计划经济国家曾经走过的两种传统工业化道路相比，中国现在要走的新型工业化道路，是一条由信息化带动、以集约型增长为主、发挥比较优势和后发优势、协调机械化与就业、力求产业结构优化、与城镇化适度同步、以经济效益为中心、实现可持续发展、对外开放和政府导向、市场推动型的工业化道路，主要有10个方面的特点和优越性：

（1）由信息化带动的工业化道路。信息化是由信息技术引起的工业经济社会向信息经济（即知识经济）社会转变的过程。信息化于第二次世界大战以后逐步兴起，在20世纪80~90年代才开始快速发展。西方发达国家在信息化潮流还没有形成的时代就实现了工业化，然后在发达工业化的基础上开始信息化的进程，在工业化的过程中，不存在如何实现信息化、怎样正确处理工业化与信息化关系的问题，可以说走的是没有信息化的工业化道路，或者说是先实现工业化再信息化的工业化道路。但是，信息化是当今世界经济社会发展的大趋势，是新世纪现代化最重要的内容和特征，也是新世纪工业现代化的主要标志和强大动力，先工业化后信息化的道路再也走不通了。在人类社会已经迈向信息时代的今天，离开信息化，不可能实现现代化的工业化；没有工业化的发展，信息化也只能是空中楼阁，现代化也无从谈起。中国要实现现代化，必须同时完成工业化和信息化的双重任务，只能走信息化与工业化相结合的新型工业化道路。以信息化带动工业化，以工业化促进信息化，是新型工业化道路的最大特点。只有走这种新型工业化道路，才能抓住信息化带来的机遇，充分发挥信息技术特有的带动作用，既加快工业化的进程，又跟上信息化的步伐，实现生产力的跨越式发展。

（2）以集约型增长为主的工业化道路。中国以往主要依靠建新厂、上新项目、增加人力、物力、财力发展工业生产，走的是以粗放型增长为主的工业化道路，自然资源消耗多，资金使用效率低，技术进步缓慢，付出了巨大的代价，工业化的成效并不理想。相反，新型工业化道路是以集约型增长为主的工业化道路，高度重视发挥科学技术作为第一生产力的作用，主要依靠科技进步、提高劳动者素质和加强经营管理，以改善经济增长和工业化的质量和效益。

（3）发挥比较优势和后发优势的工业化道路。每个国家的资源禀赋和经济技术发展状况都不完全一样，具有各自不同的比较优势，并且会随着经济发展而发生变化；发展中国家还拥有低成本利用先进技术、规模扩张、结构优化等方面的后发优势。在工业化过程中，正确发挥这种比较优势和后发优势，能够加快工业化的进程，提高工业化的效率。中国无论是过去还是现在，最大的比较优势都是劳动力资源丰富价廉，又是最大的发展中国家，也拥有后发优势，实现工业化理应更好地发挥这两种优势。但是，中国传统的工业化道路，片面强调发展重工业，而重工业是资本和技术密集型产业，中国资金缺乏，技术落后，处于劣势地位，不得不把农业和轻工业的剩余转化为积累，用于发展重工业，结果是扬短避长，不仅牺牲农业和轻工业的增长，而且重工业也难以持久健康地发展，延缓了工业化的进程，降低了工业化的效率。新型的工业化道路吸取了这种经验教训，特别重视发挥比较优势和后发优势，以求降低生产成本，提高经济效益，更好地实现工业化。并且，随着比较优势的变化而适时地调整和优化产业结构。

（4）机械化与就业协调的工业化道路。实现机械化，用机器大生产取代手工小生产，大幅度提高劳动生产率，是工业化的基本任务之一。机械化和自动化的发展，资本有机构成的提高，又会使得生产同样的产品对劳动力的需求相对减少，可能产生严重的就业问题，影响社会的稳定。因此，如何妥善处理机械化与就业的关系，就成了选择正确的工业化道路的一道难题。西方发达国家在实现工业化的过程中，考虑更多的是机械化和自动化，更加注重的是提高劳动生产率，往往存在严重的失业现象，甚至引起尖锐的社会矛盾和剧烈的社会动荡。作为世界上人口最多、就业压力最大的社会主义国家，中国显然不能再走重机械化轻就业的传统工业化道路，只能走机械化与就业协调的新型工业化道路。既要逐步实现社会生产的机械化和自动化，完成工业化的任务；又要有效地解决好就业问题，维护"民生之本"，保持社会稳定。

（5）力求产业结构优化的工业化道路。工业化是由产业革命引起的农业经济社会逐步向工业经济社会转变的过程，是产业结构从以农业为主的结构开始，按顺序依次向以轻工业为主的结构、以基础工业作为重心的重工业为主的结构、以高加工度工业作为重心的重工业为主的结构、以第三次产业为主的结构演进的优化升级过程。中国传统的工业化道路，片面强调优先发展重工业，形成了畸形的产业结构，造成严重的比例失调、结构失衡、工业化的畸形发展和工农业消费品的严重短缺。新型工业化道路则根据工业化发展的客观规律和信息时代世界经济技术发展的新情况，针对我国经济发展中存在的深层次问题，特别强调推进产业结构优化升级，以促进工业化的健康发展，提高工业化的水平。

(6) 与城镇化适度同步的工业化道路。世界各国工业化发展的经验教训表明，工业化必然伴随城市化，二者相辅相成、互相促进，但是过度城市化会造成严重的“城市病”，滞后城市化则会严重阻碍工业化的进程，都不利于社会经济的健康发展，只有适度的城市化，才能实现工业化与城市化的良性互动、健康协调发展。正确的工业化道路，必须合理处理工业化与城市化的关系，努力实现工业化与城市化的适度同步发展。中国传统的工业化道路是一条排斥城市化的道路，存在严重的缺陷，导致了滞后城市化。新型工业化道路纠正了过去对工业化与城市化相互关系的片面认识，提出要加快城镇化的进程，消除不利于城镇化发展的体制和政策障碍，引导农村劳动力合理有序地流动，向非农产业和城镇转移，坚持大中小城市与小城镇协调发展，走中国特色的城镇化道路，逐步提高城镇化水平，实现工业化与城镇化的适度同步发展。

(7) 以经济效益为中心的工业化道路。提高经济效益是首要的经济规律，改善人民的生活是工业化的最终目的，正确的工业化道路必须以提高经济效益为中心。中国传统的工业化道路是一条重速度、轻效益、重数量、轻质量、消耗高、浪费大的路子，尽管工业生产增长的速度比较快，但经济效益却比较低，人民生活也没有得到应有的改善。新型工业化道路则以提高经济效益为中心，正确处理速度与效益、经济增长与人民生活的相互关系，注重提高产品和服务质量及合理实在的增长速度，使人民生活水平随着经济增长而不断提高。

(8) 实现可持续发展的工业化道路。西方发达国家在实现工业化的过程中，大多数是先大量开采和消耗自然资源，造成严重的环境污染，然后再花相当大的代价进行治理和保护，基本上走的是“先污染、后治理”的工业化道路。世界自然资源日益短缺、环境不断恶化，已经威胁到人类的生存，不允许再走这样的工业化道路，唯一的选择只能是可持续发展的道路。实现可持续发展是新型工业化道路的根本要求，是与传统工业化道路不同的根本特点。新型工业化道路坚持计划生育，稳定低生育水平；发展环保产业，推行清洁生产，降低资源消耗，保护环境和资源，合理开发和使用各种自然资源，搞好国土资源综合整治，走“边发展边保护”的新路子。

(9) 对外开放型的工业化道路。由于外国的封锁禁运，再加上片面强调独立自主、自力更生，甚至把发展对外经济技术合作斥责为“洋奴哲学、爬行主义”，相当长一段时期内中国基本上是关起门来搞工业化，因而不能有效地利用国际资源、世界市场和国际分工协作关系，取得比较收益；不能合理引进国外的过剩资本、先进技术和管理，克服我国资源和资本不足、技术和管理落后的困难，极不利于工业现代化的实现。在经济全球化迅速发展的条件下提出的新型工业化道路，则是要在发挥自力更生、艰苦奋斗精神的同时，积极扩大对外开放，广泛参与国际分工协作、国际贸易、国际投资和国际竞争，充分利用国际国内两个市场和两种资源，合理地引进更多的外资，吸收更多国外的先进技术和经营管理方式，更快更好地实现工业化和现代化。

(10) 政府导向、市场推动型的工业化道路。在工业化的实现机制上，新型工业化道路与传统工业化道路也不相同。西方发达国家是通过市场机制的作用实现工业化的，生产过剩的经济危机周期性地爆发，造成社会生产力的巨大破坏和浪费，只是到实行国家干预以后，经济危机才开始有所缓和。中国在计划经济条件下的工业化则是靠政府计划和国家力量推动的，由于计划机制的信息局限性和利益局限性，往往导致严重的比例失调、供需脱节、经济增长的大起大落。新型工业化道路既不是完全市场推动型的，也不是单一政府推动型的，而是政府导向、市场推动型的工业化道路，既能够发挥市场机制的巨大推动作用，又可以通过政府导向弥补市场的不足，缓解经济的周期波动，避免经济增长的大起大落。而且，工业化的推进，不再只是依靠政府的力量和国有经济的发展，还要更多地借助民间的力量和非公有制经济的发展，充分利用一切可以利用的资源，调动一切积极因素，采用一切有效的途径和方式，以加快工业化的进程。

简新华教授指出，正是由于新型工业化道路具有以上10个方面的特点和优越性，所以才有可能真正做到科技含量高、经济效益好、资源消耗低、环境污染少、人力资源优势得到充分发挥，成功地实现高水平的工业化。

二、中国城镇化问题的创新观点

城市化或城镇化是工业化的必然趋势、市场经济发展的必要条件、现代化的必由之路。但是，长期以来，由于种种认识的片面和制度的缺陷，限制了中国城镇化的发展，使得中国的城镇化始终滞后于工业化，极大地制约了工业化和现代化的进程，加快城镇化步伐已经是刻不容缓。在实现城市化的过程中，世界上不少国家曾经走过弯路，产生过许多严重的经济社会问题。中国怎样才能更快更好地实现城镇化呢？在跨入新世纪的时候，我国提出了必须从自己的国情出发，走有中国特色的城镇化道路的重大战略方针。中国的城镇化为什么不能照搬别国的城市化模式，要有自己的特色？什么是中国特色的城镇化道路，具体包括哪些内容，具有什么不同的特征，怎样走有中国特色的城镇化道路？这些都是真正贯彻落实“走有中国特色的城镇化道路”的战略方针必须正确回答和解决的基本问题。但是，对这些问题的认识一直比较简单、肤浅和空洞，对其中部分问题的看法还存在较大的分歧，缺乏全面、系统、深入、具体的论述。简新华教授近10年来坚持跟踪研究城镇化问题，先后承担了包括国家社会科学基金、自然科学基金、教育部人文社会科学研究重大课题、国际合作项目在内的多项相关科研课题，

2005年又作为首席专家承担了国家社会科学基金首次重大招标项目“工业化和城镇化过程中的农民工问题研究”，在包括《光明日报》、《经济日报》、《世界经济》、《中国人口科学》、《经济学动态》等权威报刊在内的刊物上发表相关学术论文20多篇，多篇被转载和引用，合作主编的学术专著《当代中国人口流动与城镇化》获得中共中央宣传部1994年度“五个一工程”一本好书奖、教育部第二届全国高校出版社优秀学术著作特等奖。他重点探讨中国特色的城镇化道路问题，提出了一些新的看法，发展了城镇化道路的理论，主要包括以下几个方面：

1. 界定了城市化道路的具体内容

城市化道路是有效实现合理的城市化的关键，决定城市化能否顺利实现及实现什么样的城市化。探讨城市化道路，首先要弄清城市化道路的内涵，但理论界对城市化道路的具体内容却一直不是十分明确。简新华教授根据城市化所要完成的任务、解决的问题和涉及的方面，明确提出城市化或城镇化道路是指实现城市化的动力、机制、原则和方式，所要解决是怎样实现城市化的问题。具体来讲，城市化道路的内容主要包括以下几个方面的选择：

第一，城市化发展模式的选择。即从城市化与工业化和经济发展的相互关系上看，是搞过度城市化、滞后城市化、还是适度同步城市化。城市化与工业化和经济发展关系密切、互为因果、相互制约，如何处理二者的关系是选择城市化道路的首要问题。

第二，城市化类型的选择。即实现什么样的城市化。从城市的数量、规模和空间布局结构上看，是网络式的，还是据点式的，或者二者结合式的城市化；是分散型的，还是集中型的，或者二者结合型的城市化；是小城镇化、大城市化，还是大中小城市协调发展型城市化。

第三，城市化动力和实现机制的选择。即城市化是完全由市场推动，还是由政府包办，或者市场推动、政府导向；是政府发动型城市化，还是民间发动型城市化，或者二者相结合的城市化；是自下而上的城市化，还是自上而下的城市化，或者二者相结合的城市化。

第四，城市发展方式的选择。城市化的过程也是城市发展的过程，采取什么方式发展城市，怎样建设城市，直接关系到城市化进程的快慢和成效。城市发展方式的选择包括：城市发展的资金来源是单靠政府投入，或民间投入，还是政府、民间、外资等多渠道；城市主要是搞外延式发展，还是内涵式发展；对城市发展是放任自流，还是严格限制，或者科学规划、鼓励支持、合理引导；是急于求成，还是循序渐进等。

简新华教授强调，城市化是工业化、经济市场化和现代化的必然趋势，反过来城市化又极大地促进工业化、经济市场化和现代化的发展，但并不是所有的城市化都有益无害，都有利于经济发展和社会进步。城市化的后果得失，或利弊大小，在很大程度上取决于城市化道路的正确与否、城市化发展模式的合理与否。不同的城市化道路、不同类型的城市化发展模式会产生极不相同的经济社会效果。世界各国城市化发展的历史经验表明，走什么样的城市化道路，怎样实现城市化，是决定城市化快慢和成败的关键。只有选择合理的城市化道路，才能更快更好地实现城市化，避免或减少“城市病”、农村凋敝、城乡差别扩大、城市剥削农村、城乡对立等社会问题的发生，促进工业化和社会经济的健康发展。并且指出，城市化道路与工业化道路一样，虽然人们可以设计、修改、选择，但实际上走的什么样的道路，并不完全是人们事先主观设计、有意选择的结果，也包含有许多客观因素的作用，甚至可能是无意的自然选择的产物。比如西方发达国家的主要由市场推动的城市化道路，就不是事先人为设计和选择的结果，而是在经济社会发展过程中自然而然地走上的一条道路。

2. 澄清了城市化模式、城市化类型、城市化发展模式的区别和联系

我国研究城市化问题的学者广泛使用着与城市化道路有关的几个概念，包括城市化模式、城市化发展模式、城市化类型、自上而下的城市化、自下而上的城市化等，内涵交叉，外延不清，相互关系不明。为了规范城市化的研究，简新华教授澄清了这几个概念的内涵和外延，明确了相互之间的区别和联系。他指出，城市化模式

严格地说是指城市化发展的状况和道路的总和，是一个总体概念。不同的城市化模式，应该具有不同的发展状况、不同的实现城市化的动力、机制、原则和方式。城市化类型则是从不同角度、依据不同的标准、按照城市化各个方面的各种不同的特征而划分的种类、形式。我国理论界现在往往把"模式"与"类型"混用，仅依据城市化的某一个或某几个方面的特征，就概括为某种城市化模式，实际上这些都是以不同标准划分的不同的城市化类型，这些"模式"与"类型"是等同的，并不是严格意义上的"模式"概念。城市化可以从不同的角度，按照城市化的某个或某些特征，分成各种不同的类型：(1）按照城市化与工业化发展水平的相互关系的不同，城市化可分为适度同步城市化、过度城市化和滞后城市化。(2）按照城市空间布局结构的不同，城市化可分为网络式和据点式城市化、分散型和集中型城市化。(3）按照城市发展的方式不同，城市化可分为内涵型和外延型城市化。(4）按照城市化实现机制的不同，城市化可分为市场型和计划型城市化。(5）按照城市化的动力机制的不同、城市化可分为自上而下和自下而上的城市化、政府发动及推进型和民间发动及推进型城市化。(6）按照城市化发展的水平不同，城市化可分为发达型和发展型城市化。城市化发展模式是以城市化与工业化和经济发展相互关系的状况及处理二者关系的原则和方式为标准而区分的城市化的不同类型。

3. 概括了世界上三种不同的城市化发展模式

我国理论界从不同角度、依据不同的标准、按照城市化各个方面的各种不同的特征把城市化划分成各种不同的类型。简新华教授的特点是，依据国际经验，按照城市化与工业化发展水平的相互关系的不同，把世界上存在的城市化发展划分为三种不同的模式：一是适度同步城市化，这是指城市化的进程与工业化和经济发展的水平趋于一致的城市化发展模式。所谓"适度同步"主要是说：城市化与工业化和经济发展呈合理正相关关系，城市化率与工业化率互相协调，城市人口的增长与人均国民收入的增长比较一致，农村人口城市化的数量与经济发展提供的城市就业量大体平衡，城市化的发展与农业提供的剩余农产品基本适应。这是一种经济发展推动型的比较合理的城市化发展模式，它能够使城市化与工业化相辅相成，实现城市化与工业化和社会经济的良性互动、协调健康发展。二是过度城市化，又称超前城市化，是指城市化水平超过工业化和经济发展水平的城市化发展模式。所谓“过度”或“超前”是说：城市化的速度大大超过工业化的速度，城市化不是建立在工业化和农业发展的基础上，而是主要依靠传统的第三产业（传统的生活、商业性服务）来推动，甚至是“缺乏工业化的城市化”，城市人口过度增长，城市建设的步伐赶不上人口城市化的速度，城市不能为居民提供必要的就业机会和生活条件。这是一种以牺牲农业发展为代价、造成严重的“城市病”、不利于经济和社会健康发展的畸形城市化。三是滞后城市化，这是指城市化水平落后于工业化和经济发展水平的城市化发展模式。滞后城市化产生的主要原因，是政府在推进工业化的过程中为了避免城乡对立和“城市病”的发生，采取种种措施限制城市化的发展，结果使城市的集聚效益和规模效益都不能很好地发挥，严重阻碍工业化和农业现代化的进程及城市文明的普及。这是一种违背工业化和现代化发展的必然趋势的不合理的城市化发展模式。

4. 说明了中国特色的城镇化道路的内容和特征

2000 年 10 月 9 日朱镕基总理在《关于制定国民经济和社会发展第十个五年计划建议的说明》中，提出“中国的城镇化不能照搬别国的模式，必须从自己的国情出发，走有中国特色的城镇化道路”，并且阐述了积极稳妥地推进城镇化的若干重要方针，但没有明确具体地界定中国特色的城镇化道路的内涵和特征。什么是有中国特色的城镇化道路呢？简新华教授回答了这个问题，提出了自己独到的见解。他根据城镇化道路的主要内容包括城市化发展模式的选择、城市化类型的选择、城市化动力和实现机制的选择和城市发展方式的选择的标准及中外城镇化发展的经验教训，提出中国特色的城镇化道路应该是一条城镇化与工业化和现代化适度同步发展、城镇化的形式多元化、集中型城镇化与分散型城镇化相结合、据点式城镇化与网络式城镇化相结合、大中小城市和小城镇协调发展、市场推动、政府导向、政府发动型城镇化与民间发动型城镇化相结合、自上而下城镇化与自下而上城镇化相结合、城市发展方式多样化和合理化、以内涵方式为主的路子。从结果和优点上界定，中国特色的城镇化道路是一条土地占用少、环境质量好、城市结构和空间分布合理、工农业互动、城乡发展协调的城镇化道路。与以往走过的城镇化道路相比，中国特色的城镇化道路具有以下特征和优越性：

（1）城镇化与工业化和现代化适度同步发展的道路。从城镇化发展模式的选择方面来看，中国特色的城镇化道路，既要纠正中国过去城镇化滞后的缺陷，又要防止部分发展中国家出现的“过度城市化”的偏差，力求实现城镇化与工业化和现代化的适度同步发展。也就是说，城镇化的进程既不要过分落后于工业化和现代化的水平，也不要过于超前。只有这样，城镇化才能适应工业化的要求，有效发挥促进工业化的作用，真正使工业化与城镇化相辅相成、互相促进；也才能为农业、第三产业和经济知识化、信息化的发展创造更有利的条件，使中国落后的二元经济结构转变为同时实现现代工业化和城镇化的先进的一元现代化结构。

（2）大中小城市和小城镇协调发展的城镇化道路。从以城市数量、规模和空间布局结构为标准划分的城镇化类型的选择方面来看，由于中国人口众多、地域广阔，不能只搞集中型的大城市化，不可能让大部分人都集中到大城市；由于小城镇缺乏规模效益和集聚效益，也不能只实行分散型的小城镇化。因此，中国特色的城镇化在城镇化类型上，只能选择集中型与分散型相结合、据点式与网络式相结合、大中小城市与小城镇协调发展的多元化的城镇化。也就是说，大中小城市和小城镇在数量上要结构合理，在空间上要布局恰当，在有条件的地区尽可能形成城市群、城市带、城镇网。只有这样，才能恰当地增加城镇数量，扩大城镇规模，逐步形成合理的城镇体系，更好地发展城市之间、城乡之间的经济联系，完善城市功能，发挥城市群和城镇网的群聚效应、大中城市的辐射带动作用、小城镇的农村经济和文化中心的作用，在大幅度提高城镇化水平的同时消除或减少“城市病”，促进城乡经济的发展。

（3）市场推动、政府导向的城镇化道路。从城镇化动力和实现机制的选择方面来看，由于中国过去走的是由政府包办、排斥市场作用、忽视民间力量的城镇化道路，存在严重弊端，造成城镇化滞后；西方发达国家在实现城市化的过程中，主要依靠民间力量，基本上由市场机制推进，曾经出现过许多严重的社会经济问题；部分发展中国家的完全由市场推动的城市化道路，导致过度城市化，产生严重的“城市病”；再加上中国现在已经由传统计划经济体制转换为社会主义市场经济体制，市场已经在资源配置和社会经济运行中发挥着基础性作用，所以中国特色的城镇化道路在动力和实现机制上，既不能走中国的老路，又不能照搬外国的模式，只能选择由市场推动、政府导向、政府发动型城镇化与民间发动型城镇化相结合、自下而上城镇化与自上而下城镇化相结合的方式。也就是说，资源包括人力资源向城市的流动和聚集，企业和产业在城乡的分布，城镇的建设和繁荣，更多地发挥市场机制的作用；城市的布局和规划，则要实行政府调控；城镇化发展要依靠民间和政府两大力量，既允许和鼓励民间自下而上发动和推进城镇化，政府又要继续发动和推进城镇化。只有这样，才能既发挥政府的必要的调控作用，又充分利用民间的巨大潜力和市场促进效率提高的优势；既避免过度城市化，又防止城市化滞后，真正实现城镇化与工业化和现代化的适度同步发展。

(4) 城镇发展方式多样化和合理化的城镇化道路。从城镇发展方式的选择方面来看，由于过去中国的城镇建设主要靠政府投资，资金来源和渠道单一、政府财力有限，再加上不合理的投资管理体制又使得投资效益低下，因而城镇建设资金严重缺乏，极大地限制了城镇的发展，改革开放前30年中国大多数城市的建设没有多大变化就是明证；与以粗放型或外延型为主的经济增长方式相适应，中国以往的城市建设也是以外延式为主，即使城市在空间范围、人口数量、房屋建筑等方面有所增加，但往往建设质量差、水平低，城市基础设施缺乏、落后，集约化水平低，城市功能不能充分有效发挥；各级政府一方面对城市的数量、规模严格限制，另一方面对城市建设和管理又存在放任自流、缺乏合理规划和科学规范管理的倾向，既不利于城市本身的发展，不同程度地存在这样那样的“城市病”，也是政府无力也不敢积极推进城镇化的原因之一，结果使得城镇化步履艰难，因此中国特色的城镇化道路在城市发展方式上，必须选择多样化和合理化的方式。也就是说，城市建设资金来源和渠道要多元化，除了各级政府加大投资之外，鼓励农民集资建城，可以采取批租土地、有偿转让土地使用权、合资开发、发行债券、投资入股、贷款等多种形式和途径，实行各种优势政策，吸引和筹集更多包括公有、民有、外资和农民的资金，用于城市建设；政府应当积极支持引导城市建设，从实际情况出发，因地制宜，科学规划，合理布局，提高城市综合管理水平，注重实效，不搞一刀切；外延式与内涵式发展相结合，以内涵式发展为主。只有这样，才能利用一切可以利用的资金，加快城镇建设的步伐，使城镇发展真正做到规范、有序、高效，提高城市集约化程度，充分地发挥城市的多种功能，从而更快更好地实现城镇化。

简新华教授还特别指出，中国特色的城镇化道路的提出及其特征表明，我国的城镇化道路及对城镇化的认识发生了根本性的转变。在对待城镇化的态度上，由害怕、否定、排斥城镇化转向积极稳妥地推进城镇化；在城镇化发展模式上，由滞后城镇化转向适度同步城镇化；在城镇化的类型上，由严格限制大城市发展、强调分散型的小城镇化转向大中小城市与小城镇协调发展；在城镇化的动力和实现机制上，由政府包办、计划推进转向政府导向、市场推进、注重发挥民间力量的作用。这些重大的转变，纠正了过去的城镇化道路的缺陷，必将极大地加快城镇化进程，促进工业化和城镇化的协调发展、同时实现。

5. 强调了中国的城市化不应是小城镇化的正确主张

中国的城市化不应是小城镇化，高速公路上产生的灵感。

改革开放 20 多年来，虽然在工业化和经济市场化的推动下，加快了城镇化的进程，但城镇化仍然滞后于工业化，造成这种状况的一个重要原因是我国在城市化发展战略上存在偏差，一直实行“严格控制大城市的规模，合理发展中等城市，积极发展小城镇”的战略方针，特别重视和强调发展小城镇，把发展小城镇提高到大战略的高度，加以提倡、鼓励，大有一哄而起、遍地开花之势。甚至在提出走有中国特色的城镇化道路后，还在继续强调重点发展小城镇。之所以会形成这样的城镇化发展战略，则是由于受了大城市必然产生“城市病”、中国的城镇化主要应该是小城镇化的观点的影响，并且把小城镇化看成是中国特色的城镇化，是既能避免“城市病”，又能实现城镇化的创造发明。中国著名社会学家费孝通先生就提出，“小城镇的发展可以认为是中国在世界上走出的一条独特的城市化道路”。

1997 年简新华教授到浙江省去调查研究城镇化问题，在杭州到萧山的高速公路上的汽车里，当地的干部指着窗外公路两边连绵不断的 2 ~5 层的楼房自豪地说，朱镕基总理也走过这条路，并且发表评论说：“走了一村又一村，村村像城镇；看了一镇又一镇，镇镇像农村。”简新华教授问他，“你认为，朱镕基总理是在表扬你们，还是批评你们呢？”他回答说：“当然是表扬我们城镇化搞得好哇！”简新华教授没有再说话，陷入了沉思之中。他认为，把中国的城市化看成是小城镇化，这是一种误解，走中国特色的城镇化道路，必须进一步走出这种误区，调整城镇化发展战略。因为：

第一，大城市并不必然产生严重的“城市病”，中国还要发展大城市。中国大城市的规模是否都需要严格控制，控制得住吗？还要不要形成新的大城市？他认为并不是所有大城市的规模都要严格控制，实际上也是不能完全控制住的。据有关资料，1990 年，世界上的大都市纽约的人口密度是每平方公里 8 886 人，莫斯科为 8 935人，东京为 13 158 人，巴黎 20 427 人；1995 年，中国的大城市北京的市区人口密度是 5 334 人，上海是 4 651 人，深圳是4 616 人，1998 年武汉是 4 374 人。中国大城市的人口密度远低于国际大都市的人口密度。大城市并不必然产生严重的“城市病”。中国大城市存在的水、电供应紧张、交通堵塞、住房拥挤、环境、卫生“脏、乱、差”等方面的问题，主要不是由于人多，而是城市建设和管理落后；主要的方针不应是消极地限制人口，而应是积极地发展城市建设，加强科学的城市管理。实践也证明，中国许多大城市制定的人口规模控制指标，基本上都被突破。而且，中国的大城市也不是多了，而是少了，应该建设更多的大城市。1996 年，世界上超百万人口的大城市有326个；中国有12亿多人，占世界的22%以上，上百万人口的大城市只有34个，仅占10.4%。2000年集中于上百万人口以上城市的人口占全国总人口的百分比，美国是39%，日本是37.5%，德国是41.8%，世界平均是16.5%，中国只有11.3%。所以说，严格控制大城市的规模及数量的战略方针，必须调整。

第二，中国的城市化不应是小城镇化。20世纪90年代以来，许多地方都在讲小城镇、大战略，把眼光都盯在了小城镇上，其实，城市化才是大战略，小城镇只是一个重要战略措施；适当发展大、中城市也是重要的战略措施，甚至是更经济、更有效的措施。只有大、中城市，才能更好地形成城市功能，发挥辐射效应和扩散效应，产生规模效益、集聚效益和分工协作效益；小城镇难以形成有效的城市功能，过多会占用大量耕地，过分强调发展小城镇，不利于形成城市的集聚效益、规模效益。不能形成“走了一村又一村，村村像城镇；看了一镇又一镇，镇镇像农村”的局面。城乡一体化不是城不城、乡不乡，小城镇遍地开花。据《经济日报》1999年11月5日的报道，到1999年初，全国建制镇达19 216个，是20年前的3倍多，加上集镇，全国乡村小城镇的总量已突破5万大关，常住人口1.6亿，平均每个镇只有3 000多人。这种局面造成城镇规模结构不合理，小城镇占的比重过大，第三产业得不到有效发展，导致城镇产业结构难以优化升级，不利于城市功能的发挥，降低了城市化的作用。许多小城镇，只是在公路两边盖了几排楼房而已，既无市场支撑，也无产业支撑，难以长久、持续发展。

简新华教授主张，中国正确的城市化发展战略，应该是合理发展大城市，积极发展中等城市，适当发展小城镇。除了特大城市的规模应适当控制外，大、中、小城市无论在数量上还是质量上都应加快发展。发展的重点不应该是小城镇，而应该是中小城市，尤其是要努力把县城和部分基础条件好、发展潜力大的建制镇发展成为中小城市。城镇的布局和建设，必须综合考虑水资源、交通、市场、产业等因素，合理规划。发展小城镇的关键在于繁荣小城镇经济，把引导乡镇企业合理集聚、完善农村市场体系、发展农业产业化经营和社会化服务等与小城镇建设结合起来，使小城镇有产业和市场支撑，必须特别注意不能用行政命令的办法发展小城镇，应该在政府的引导下主要通过市场机制的作用建设小城镇，不能一哄而起、遍地开花，避免唱“空城计”，防止有城无市、有镇无产、城镇“空壳化”。只有这样，才能真正做到大中小城市和小城镇合理布局、协调发展。

6. 提出了城镇化是“民工潮”的根本出路的新观点

所谓“民工潮”是指农民工在城市的岗位和农村的家庭之间候鸟式往返，形成一年一度的潮水般流动的现象。20 世纪 90 年代以来，中国每年春节前后出现的农民工潮水般在城乡之间大规模流动的现象，引起国内外广泛的关注，也是简新华教授研究的重点问题之一。他全面、深入地分析了“民工潮”产生的原因和利弊，指出工业化、经济市场化、农业现代化的过程，必然是乡城人口流动的过程，乡城人口流动是社会经济发展的必然趋势。首先，工业化是乡城人口流动的根本动力。工业化导致产业结构和产业空间布局的变化，引起劳动力地域分布的变化即乡城人口流动。其次，乡城人口流动是经济市场化的必要条件。现代市场经济是比传统计划经济更优越的资源配置方式，经济市场化是世界潮流，作为最重要生产要素的劳动力同样需要由市场来进行有效配置，从边际生产力低的农业部门转移到边际生产力高的非农业部门，这必然引起乡城人口流动。最后，农业现代化是决定乡城人口流动的重要因素。农业通过技术创新和制度创新实现发展，提高劳动生产率，必然造成大量剩余劳动力，以满足工业发展对劳动力的需求，引起劳动力从农业向工业、人口从农村向城市流动。

工业化、经济市场化、农业现代化决定乡城人口流动是社会经济发展的大趋势，但并不决定乡城人口必然是潮水般地流动。像洪潮只是在特定条件下出现，不是经常发生一样，中国的“民工潮”也是在特定的历史条件下才形成的。“民工潮”是中国经济转型时期的特有现象。20 世纪 70 年代末开始的中国经济转型，包括经济体制的转轨、经济发展战略和增长方式的转变、经济结构的转换，“民工潮”正是这些变化共同起作用的结果。市场取向的改革、家庭联产承包经营责任制的推行，极大地调动了农民生产经营的积极性，大幅度地提高了农业劳动生产率，使农业生产得到了前所未有的大发展，产生数量巨大的农村剩余劳动力，这是“民工潮”兴起的最主要的原因。城市就业制度和户籍制度的初步改革，又使农民工流向城市有了可能，为“民工潮”的兴起提供了必要的制度条件。又由于中国农业劳动力数量庞大，潜在的剩余劳动力十分可观，农业和乡镇企业的吸纳能力有限，不可能在农业内部消化，也不可能完全或主要就近就地转移，也就只能流入城市寻找就业门路了。再加上把农村劳动力固定在农业中的就业制度和把农民限制在农村的户籍制度还没有根本改变，全社会统一的保障制度还没有真正建立起来，农民还不可能完全离开土地这个最后的保障线，城镇化发展滞后也限制了农民变成市民，大多数农民工的家还在农村，每年春节还要回家过年，所以形成一年一度的民工潮水般的流动。“民工潮”正是这些因素共同起作用的产物。

以“民工潮”为显著标志的乡城人口流动，对经济、社会的发展具有相当大的推动作用：有助于市场经济的运行和发展、劳动力市场的形成、劳动力资源的优化配置和充分利用；有利于农村经济的发展，减轻农村就业的压力，增长流动人口的见识，促进农业劳动生产率的进一步提高，增加农民的收入，提高农民的生活水平；有益于城市经济的发展，更好地满足城市居民多方面的生活需求。但是，农民工潮水般的流动也存在许多问题和弊端：“民工潮”带来巨大的交通运输压力，流动费用和管理成本太高；流动人口犯罪现象严重，影响城市社会治安；农村流出人口加剧城市住房紧张，形成脏、乱、差的“棚户区”；在一定程度上存在农民工就业与城市下岗职工再就业的矛盾；农村流出人口在交通、水、电等基础设施、环境卫生等方面给城市带来不利影响；农村流出人口的计划生育管理和子女教育困难，农民工缺乏社会保障；农村人口流出引起土地抛荒，等等。这些问题和弊端，虽然有一些经过加强和改善管理，可以在一定程度上得到解决或缓和，但其中不少是只要有“民工潮”，就必然会存在，只有“民工潮”消失，这些问题和弊端才能最终消除。

中国研究“民工潮”的学者和论著特别多，简新华教授的贡献主要在于较早明确地提出了“民工潮”是一种非常规的乡城人口流动，消失是必然趋势，而且消失得越快越好，特别是强调城镇化是解决“民工潮”问题的根本途径。他指出，“民工潮”既是经济市场化改革、经济发展战略和增长方式转变及经济结构调整的产物，也是经济体制转轨、发展战略和增长方式转变及结构转换都还没有完全实现的结果。“民工潮”虽然有其产生的必然性和较大的积极性，但毕竟还是一种非常规的成本过高、问题过多、副作用过大的乡城人口流动。随着社会主义市场经济体制的建立和完善，就业、土地、户籍、社会保障制度改革的完成，经济发展战略和增长方式转变的实现，二元经济的一元现代化，产业结构的优化升级，“民工潮”最终必将消失，乡城人口流动将由“滔滔洪水”变成“涓涓细流”，将由“急流”变成“缓流”，将成为正常的更为合理的流动。在不限制和妨碍人口正常流动的前提下，“民工潮”消失得越快越好，带来的损失就越小。乡镇企业的分散发展、“进厂不进城，离土不离乡”的非城镇化的农村工业化、农业剩余劳动力就地就近转移、农业的产业化都不是“民工潮”消失的根本方法，只有城镇化才是根本途径，因为只有城镇化水平大幅度提高，农民工“进厂又进城，离土又离乡”，落后的二元经济才能真正转变成一元现代化经济，“候鸟”式的农民工才能成为永久性的城市职工，农民才能成为市民，“民工潮”才能消失。

三、中国重新重工业化的最新研究

从1999年开始的6年多时间内，中国工业发展出现转折性变化，无论是在产值、投资、利润增长方面，还是在比重上重工业都超过了轻工业，出现了重新重工业化的趋势。1999年重工业增长速度超过了轻工业1个百分点，2003年甚至快4个百分点；重工业的比重也从1997年的53.8%猛升至2000年的59.1%，2003年更是达到了64.3%，几乎接近了重工业优先发展时期的最高记录（66.6%，1960年），2004年则超过了重工业优先发展时期的最高记录，达到了67.6%。与此同时，出现了严重的煤荒、电荒、油荒、气荒、运荒，资源短缺加剧，环境压力加大，经济增长的就业弹性系数下降。如何正确认识和评价这种情况，中国现在应不应该重新重工业化即二次重工业化，是否已经进入了一个重新重工业化的发展阶段，是什么因素引起的，以重化工为主导的经济增长会不会给中国带来危险，重新重工业化的道路应当怎么走，怎样克服工业重型化中资源、环境和就业的制约，有效地推进重新重工业化？这些是既关系到能否正确把握当前宏观经济形势、合理进行宏观调控，更关系到能否正确认识中国经济发展目前所处阶段、走势、面临的任务和应当采取的对策、影响到中国能否最终实现工业化的重大问题，成为激烈争论的热点问题。理论界对这些问题的看法现在出现了较大的分歧，形成了肯定和否定的两派对立的观点。但在争论中，各派基本上是各讲各的看法，缺乏直接正面交锋，不利于讨论深化和形成正确的认识。

简新华教授是中国重新重工业化的赞成者，坚信在2000～2020年全面建设小康社会阶段，如果不再次大力发展重工业，中国的装备制造业就不能振兴、基础设施和城市建设的任务就完不成、农业机械化就实现不了、轻工业的技术和装备就难以提升、实力雄厚的现代化国防就无法形成，在2020年基本实现工业化和城市化的目标也就不可能达到。他和他的博士研究生余江不仅在《中国经济问题》、《经济日报》、《中国改革报》、《财经问题研究》等报刊上发表的文章中正面论述了中国重新重工业化的表现、原因、意义、特点、困难、约束和趋势，提出了克服工业重型化面临的资源、环境和就业制约的道路和对策建议，被《新华文摘》、*China Economist* 和《工业经济》等刊物转载，为了弥补目前研讨的不足，即使是在反对意见占优势的情况下，他还特别针对反对派的观点，不怕与著名经济学家展开争论，在2005年3月18日的《经济学消息报》上发表文章《驳反对中国重新重工业化的观点——与吴敬琏、林毅夫教授等商榷》，在上海《学术月刊》2006年第5期上发表文章《重新重工业化不等于粗放增长和走旧型工业化道路——对吴敬琏研究员相关论述的质疑》，鲜明地提出有针对性的反驳意见，澄清了许多似是而非或不正确的看法，为形成正确的认识作出了贡献。简新华教授主要作了以下论述：

1. 反驳了二度重化工业化不是市场调节的结果，而是各级政府调节的结果的看法，提出重新重工业化主要是市场调节的结果

反对派提出，所谓中国的二度重化工业化，不是市场调节的结果，而是各级政府调节的结果。简新华教授认为，其实不然，中国现在之所以出现重新重工业化趋势，主要是由以下原因引起的：一是消费结构的升级。消费结构的变化是引起产业结构变动的最主要的因素，按照国际经验，人均GDP达到1 000美元以后，社会消费结构将会由温饱型向发展型、享受型升级。汽车、住房需求的大幅度增长，用于生产汽车、住房的重工业产品的需求也必然大量增加，从而极大地带动钢铁、机械、化工、水泥等重工业部门的发展。二是基础设施的建设。发达国家的历史经验表明，基础设施建设，既是实现工业化的前提，也是工业化的重要任务。与发达工业化国家相比，我国的基础设施建设还存在很大差距。基础设施建设需要大量的重工业产品，必然带动重工业的发展。三是城镇化进程的加速。城镇化是工业化的必然伴侣，同时也是工业化的促进器。我国现在已经进入城镇化加速发展时期，城镇数量的增加、规模的扩大，新一轮城镇建设高峰的出现，对钢材、水泥、能源、电力的需求急增，导致重工业发展的加速。四是轻工业的优化。我国轻工业产品已经能够满足城乡居民的需求，生产能力甚至出现了相对过剩，但总的来看，技术装备还不先进，劳动生产率也不高，物质消耗较多，不少轻工业产品品种少、质量差、档次低，亟待优化升级，特别需要发展重工业，提供更先进的技术设备，改造和武装轻工业。五是农业的技术改造。农业的发展在实现工业化方面起着关键性的作用，工业化过程也是农业生产产业化、机械化的过程，改造落后农业的一个重要渠道是工业部门向农业部门提供先进的农业机械装备。中国现在农业机械化的水平还不高、产业化程度低、许多农业生产技术还比较落后，迫切需要发展重工业，生产更多、更先进的机器设备武装和改造还相当落后的农业，有力推进农业现代化。六是装备制造业落后面貌的改变。装备制造业是重工业的核心组成部分，先进的装备制造业是发达工业化的基本标志之一。中国

的装备制造业相当落后，仍然依赖进口，每年大约要花1000亿美元进口设备，花1000亿美元进口零部件，每年进口设备的花费远远超过外商对华直接投资。这种状况已经严重影响工业化水平的提高，急需改变。七是国际制造业的转移。国际制造业转移的规律是，先前是转移劳动密集型产业、轻纺工业，而现在转移的是资金和技术密集型的重化工业。国际产业转移也为中国重工业发展提供了机遇。正是在这多重因素的作用下，形成了巨大的重工业产品的市场需求，导致重工业产品价格的上涨，从而推动重工业的快速发展。由此可见，中国的重新重工业化主要是市场调节的结果，而不是政府调节的产物。虽然在近几年重工业发展的过程中，各地政府也起了促进作用，也可能采取了一些不是十分恰当的措施，但决不是主要推动力量，其作用也不全是错的。现在大家公认中国家电制造业主要是在市场推动下发展起来的，但也不要忘记20世纪80年代，也出现过各地政府大力支持甚至直接投资搞家电生产的现象，没有人因此说中国家电制造业主要是靠政府的作用发展起来的。

2. 批评了霍夫曼理论是过时理论的观点，肯定霍夫曼定理是已被历史证明的工业化发展的客观规律

反对派认为，霍夫曼理论在发展经济学和Google中都查不到，说明其理论还未被证实。我国是具有后发优势的国家，要迎头赶上，就不能按他的理论（属19世纪时期的粗放增长型理论）走。简新华教授反问道，发展经济学中怎么会查不到霍夫曼理论呢？发展经济学的奠基人、中国著名经济学家张培刚先生在美国哈佛大学出版的世界名著《农业与工业化》，中国著名经济学家谭崇台先生主编的发行量极大的《发展经济学》，都介绍了霍夫曼理论。霍夫曼定理是从各个工业化国家的统计调查中得出的结论，是实践经验的总结，是已被历史证明的工业化发展的客观规律。霍夫曼定理揭示的是工业化过程中工业结构重工业化的趋势，即先轻工业化或以轻工业为主导（工业化初期），再重工业化或以重工业为主导（工业化中期），最后进入发达工业化（工业化后期）的一般规律。的确，霍夫曼定理总结的只是1931年以前工业化的经验，没有发现发达工业化（工业化后期）产业结构将以服务业为主导，但霍夫

曼定理也没有说进入重工业化阶段以后永远都要以重工业为主导，更重要的是工业化中期以重工业为主导是必然趋势，不能因为霍夫曼定理没有说明服务化的趋势，就否定这一点。因为，没有重工业化的发展，工业化的任务完不成，农业机械化和城市化无法实现。而且，只有基本实现工业化、农业机械化和城市化，劳动生产率才能大幅度提高，国民收入才能大量增加，人口才能大规模集中居住，也才能形成对第三产业的巨大需求，第三产业也才可能发展成为主导产业。第三产业必须以工业化和城市化的发展为基础，不可能跳过重工业化阶段，直接由以轻工业为主导转向以服务业为主导。所以，反对派的工业化中期以发展重化工业为主是先行工业国早期的模式，中国不能亦步亦趋，现在应该着重发展第三产业的观点是值得商榷的。中国第三产业发展落后，尽管学者、官方近年来一再呼吁大力发展第三产业，可就是不能快速发展起来，其原因不是由于人们不重视，主要在于中国城市化发展严重滞后、工业化的基本任务也没有完成，还没有形成对第三产业的巨大的市场需求。中国的当务之急是，选择正确的重工业化道路，再次重工业化。

3. 纠正了重工业必然是资源消耗型、环境污染型产业，重工业的发展必然是粗放增长、外延扩大的误解

反对中国现在发展重工业的学者提出的一个重要依据是，重工业是资源消耗型、环境污染型产业，资本密集型的重化工业要大量的自然资源来支撑，以重化工为主导的增长是粗放型增长，他们由此得出结论：以“重化工”为主导的经济增长是不可持续的过时的发展模式，中国现在大力发展重化工业不合时宜，走进了岔路，会给中国带来危险。简新华教授认为，这种看法存在概念模糊、理论混乱，是把重工业完全与资源消耗型、环境污染型产业画了等号，把重工业发展等同于粗放增长、外延扩大。所谓重工业是指生产生产资料的工业，主要包括装备制造业（含机械制造业）和原材料、能源及化学工业。的确，重工业是资本和技术密集型产业，需要大量的投资和更高的技术，其中的原材料、能源及化学工业会消耗更多的自然资源，传统的重化工业会造成更多的环境污染。但是，并不能因此就认为重工业必然是资源消耗型、环境污染型产

业，重工业的发展必然是粗放增长、外延扩大。因为，重工业中的装备制造业并不一定要消耗大量的自然资源，而中国重新重工业化的重点是振兴装备制造业，不是原材料工业，可以相对降低资源消耗；采用环保技术和设备防治污染的新型重工业不会造成更多的环境污染，这也是中国现在发展重化工业的要求；产业结构与增长方式是两个不同的概念，不能混淆，不能认为农业、重工业必然是粗放增长，轻工业、服务业或高新技术产业必然是集约增长，像农业和轻工业生产一样，重工业生产也有粗放增长和集约增长两种方式，既可以外延扩大，也可以内涵扩大，并不一定就是粗放增长、外延扩大；如果说农业和轻工业可以实现可持续发展，重化工业也一样可以实现可持续发展。新一轮的重工业化主要应当采取的恰恰是集约增长和内涵扩大，大力发展循环经济，延长产业链，提高加工度，增加附加值，降低消耗，节约高效利用资源，减少污染。只要走新型的重工业化道路，中国的重新重工业化带来的不会是危险，而是工业化的最终实现。

4. 质疑了中国现在只具有劳动力的比较优势，只能主要发展劳动密集型产业的观点，提出中国的比较优势已经发生变化，具备了发展重工业的资本条件

反对派提出，中国的现实是劳动力便宜，资本昂贵，现阶段大力发展没有优势的资本密集型产业。简新华教授认为，这种看法不完全符合中国现在的实际。按照比较优势选择产业结构，积极参与国际分工和贸易，能够扬长避短，更有效地发展本国经济。但是，一国的比较优势并不是一成不变的，相应的产业结构也要发生改变。长期以来，中国资本严重短缺、技术相当落后，比较优势只有劳动力充足价廉，但是经过近 30 年的高速发展，中国的比较优势已经发生变化。虽然劳动力仍然具有优势，但资本严重短缺的局面已经改观，资本既不那么短缺，也不那么昂贵，资本密集型产业也有了一定的优势，已经具备了加快发展重工业所必需的资本条件。简新华教授作出这种判断的主要依据是：中国现在的城乡居民储蓄存款余额达 12 万多亿元人民币，存贷差额高达 6 万多亿元人民币，每年引进外资 500 亿～600 亿美元，外汇储备 6000 多亿美元，银

行存款实际上是负利率。中国现在不是有项目找不到资本，而是有资本找不到有利的投资场所。现在还没有见到有人提出中国的比较优势已经发生变化，简新华教授的这种看法是具有新意的独到见解。

5. 澄清了发展重化工业会加剧就业问题的观点，证明重新重工业化有利于解决就业问题

反对派认为，在就业形势严峻的情况下发展重化工业，会加剧就业问题，给中国带来危险。简新华教授反驳了这种似是而非的片面看法，指明重化工业发展相对轻纺工业发展来说，本身虽然不能创造很多的就业机会，但不能因此就认为重化工业发展必然会加剧就业问题。相反，中国现在发展重化工业，不仅在短期内有利于就业问题的解决，从长期来看将会产生更多的就业机会。因为：

第一，重化工业发展本身会增加就业。重化工业的发展，虽然不能像轻纺工业发展那样带来更多的就业岗位，但多少也会增加一些就业。不发展重化工业，也就不会产生由重化工业的发展所带来的就业机会；而且，重化工业的发展能够为轻工业、农业、服务业的发展，基础设施和城市建设提供更好的条件，从而带动整个国民经济更快地发展，使经济总量增大，也会产生更多的就业岗位；另外，重化工业的发展还会使重化工业产品的出口大量增加，就业也会相应增加。近几年中国经济发展的实践也证明了这一点：2003年中国国内生产总值增长9.1%、轻工业增长14.6%、重工业增长18.6%，2004年国内生产总值增长达到9.5%、轻工业增长14.7%、重工业增长18.2%，重工业增长最快，机电产品出口也大幅度增加，摆脱了20世纪90年代“通货紧缩”的态势，整个国民经济快速发展，与此同时，城镇就业人员不仅没有减少，反而分别增加859万、980万。

第二，重化工业发展促进轻纺工业发展也会增加就业。由于重工业是资本和技术密集型产业，轻工业主要是劳动密集型产业，重工业对劳动力的吸纳能力低于轻工业，如果重工业增长的同时导致轻工业增长下降，会使就业总量减少。但重化工业与轻纺工业之间并不一定是此长彼消、此消彼长的关系，重化工业的发展并不意味

着轻纺工业不发展，相反，近几年中国重工业高速增长的同时，轻工业也快速增长，自然也会增加就业。在轻工业产品已经能够满足城乡居民的需求、生产能力甚至出现了相对过剩的情况下，轻工业之所以还能快速增长，除了轻纺工业产品出口也大幅度增加之外，还有一个重要因素是重化工业的发展。应该说我国已经基本实现轻工业化，但总的来看，轻工业发展的水平仍然较低，技术装备不先进，劳动生产率也不高，物质消耗较多，不少轻工业产品品种少、质量差、档次低，亟待优化升级，特别需要发展重工业，提供更先进的技术设备，改造和武装轻工业。要想从根本上改变在国际分工中，中国作为世界“加工厂”、搞“贴牌”生产，劳动力“卖苦力”、替外国打工、仅赚微薄加工费的地位，进入产业链的高端，提高加工度，增加附加值，增强国际竞争力，提高经济效益，也必须发展重工业，用更多更先进的设备和技术改造和武装落后的制造业。而且，轻工业规模的扩大，也需要重工业提供更多的机械设备、能源和原材料，也要求重工业发展。近几年中国重工业的高速增长，正好适应了这种要求，为轻工业的发展创造了更好的条件，从而促进了轻工业的发展。从长期来看，如果不发展重化工业，轻纺工业的技术装备得不到更新改造，国际竞争力得不到提高，轻纺工业产品出口就会下降，生产就会萎缩，就业就会减少。由此可见，重化工业发展，对轻纺工业的发展不是有害，而是有利；对就业问题的解决也不是有害，而是有利。

第三，重化工业发展为服务业的发展提供更好的条件，将会创造更多的就业机会。的确，第三产业是劳动密集型产业，发展第三产业能够带来更多的就业机会。但是，只有人口大规模集中居住、国民收入达到相应的水平，才能形成对第三产业的巨大需求，第三产业也才能快速发展，成为主导产业，从而更好地解决就业问题。然而，只有基本实现工业化、农业机械化和城市化，劳动生产率才能大幅度提高，国民收入才能大量增加，人口才能大规模集中居住，也才能形成对第三产业的巨大需求，第三产业也才可能发展成为主导产业。西方发达国家第三产业的比重占 70% ~80%，是与其城市化率也达到了 70% ~80% 相适应的。第三产业必须以工业化和城市化的发展为基础，不可能跳过重工业化阶段，直接由以轻工业为主导转向以服务业为主导。中国第三产业发展落后，尽管学者、官方近年来一再呼吁大力发展第三产业，可就是不能快速发展起来，其原因不是由于人们不重视，主要在于中国工业化的基本任务还没有完成、城市化发展也严重滞后，还没有形成对第三产业的巨大的市场需求。迄今为止，中国还没有实现工业化，最重要的是还没有完成重工业化的任务。随着中国重新重工业化任务的完成、城镇化的实现、基础设施建设的基本完成，第三产业的比重必将大幅提高，必将带来更多的就业机会。所以，现在中国重化工业的快速发展，不仅不会加剧就业问题，更不会给中国带来危险，反而能够最终完成工业化和城镇化任务，更好地解决就业问题。

6. 强调中国重新重工业化绕不开、跨不过，反对重新重工业化只会延误中国工业化、城镇化、现代化的进程

反对派认为，工业化中期以发展重化工业为主是先行工业国早期的模式，中国应该绕过、跨越重化工业化阶段。相反，简新华教授认为，先轻工业化，后重工业化，从而实现工业化，再进入发达的工业化，是多数国家工业化的普遍规律，重工业化至少是比较大的国家工业化的必经阶段，是不可超越或者绕过的。没有重工业化的发展，西方国家和日本不可能成为发达国家。中国作为一个后发的国家，在工业化进程中，由于国际环境、经济结构、理论认识偏差和前苏联工业化模式的影响，走了一条特殊的工业化道路。工业内部结构变化大致经历了三个阶段，即中华人民共和国成立初期至改革前的重工业优先发展→改革开放时期的轻工业发展→新世纪开始的重新重工业化。虽然工业化一开始就优先发展重工业，由于违背了工业化发展的普遍规律，所以迄今为止，中国还没有实现工业化，最重要的是还没有完成重工业化的任务。什么是重工业化的任务？即建立起强大的装备制造业和原材料工业，实现农业机械化和轻工业的技术改造，基本完成基础设施和城市的建设。要完成这些任务，就必须二次重工业化。如果按照反对重新重工业化学者的主张，绕过、跨越重化工业化阶段，就不能实现重工业化，也就不能振兴装备制造业、提升轻工业技术和装备、实现农业机械化和现代

化、基本完成基础设施建设、加快城镇化的步伐，也就不能最终实现工业化、城镇化、现代化，只会延误中国工业化、城镇化、现代化的进程。

7. 指出了重新重工业化的资源、环境、就业约束不是不可克服的，资源短缺的条件下也能实现重工业化

反对派认为，在资源严重短缺、环境压力巨大、就业形势严峻的情况下，重新重工业化不合时宜，资源、环境无法支撑重工业化，会加剧就业问题，给中国带来危险。简新华教授提出，发达国家在实现重工业化的时候，世界资源相对充足、价格低廉、环境状况良好，对发展重工业较为有利；现在世界资源供应紧张、价格上涨、环境污染严重，发展重工业的条件极为不利，尤其是人均资源占有量大大低于世界平均水平的中国，重新重工业化更是面临许多的困难和问题，受到多方面的制约，主要有资源短缺、环境污染、就业弹性下降等三大制约。但是，重工业化是必然趋势，不能因为存在资源、环境和就业的制约，发展重工业的时机也不利，就因噎废食，不发展重工业。因为，不实现重工业化，就不能最终实现工业化、城镇化、现代化；几乎不可能再找到发达国家发展重工业时的那样有利的条件和机遇；而且，重新重工业化面临的资源、环境、就业约束也不是不可克服的。通过选择正确的重工业化道路，切实转变增长方式，以发展装备制造业为核心，发挥市场机制、技术进步、产业政策和制度创新的作用，能够有效地解决这些问题。

简新华教授特别指出，中国在重新重工业化的过程中，尤其要学习日本实现重工业化的成功经验。日本在资源严重贫乏的条件下，不仅没有放弃、害怕、反对发展重化工业，也没有企图跨越或绕过重工业化阶段，相反大力发展重工业，建成强大的装备制造业，完成农业的改造及生产和生活基础设施的建设，成功地实现重工业化，成为发达的工业化国家，并且是世界上资源综合利用效率最高的国家。虽然日本在重化工业化过程中，拥有1950～1960年代石油价格低廉的有利条件，世界资源、环境问题也没有现在这么严重，但主要还是在市场机制和产业政策的作用下高效利用国内外资源的结果。随着中国重新重工业化任务的完成、城镇化的实现、

基础设施建设的基本完成、装备制造业的振兴、农业机械化和现代化的实现、轻工业技术和装备的升级，中国资源消耗必将大量减少，环境压力必将大大减轻。简新华教授预言，中国重新重工业化任务完成之日，就是中国工业化和城镇化实现之时。

四、重大民生问题的独到见解

由于特别关注如何改进制度、发展经济，使普通工人和农民都能过上好日子，简新华教授除了重点探讨中国由贫穷落后走向发达繁荣的必由之路——工业化和城镇化之外，还研究了“三农”、农民工、就业等关系广大人民群众切身利益的重大民生问题，也提出了一些有价值的独到见解。比如，三农问题是中国经济发展的重中之重，是面临的最大深层次问题，怎样才能有效解决，至今还是一个大难题，众说纷纭，莫衷一是，简新华教授提出用“三化”解决“三农”问题，即用农业产业化解决农业生产落后的问题、用农民非农化解决农民收入低的问题、用农村城市化解决农村贫穷的问题，并指出这是解决“三农”问题的根本出路。因为，只有农业产业化，才能解决农业生产落后问题，使农业实现分工专业化和规模经营，减少农民，大幅度提高农业劳动生产率，增加农民收入；只有农民非农化，才能既充分利用农村劳动力资源，满足工业化和城镇化对劳动力的需求，又有效地转移农村剩余劳动力，稳定地增加农民收入，从根本上解决农民收入低的问题；只有农村城市化，才能使多数农村人口转变为城市人口，使农民工市民化，实现农民身份的双重转换，在非农化的同时市民化，从而使农民的非农化稳定和持久。农业生产先进了，农民收入增加了，农民大量减少了，农村自然而然就会富裕起来了，“三农”问题最终也就消失了。应该说，这是抓住了关键、很有见地的看法。又如，简新华教授对近两年出现的“民工荒”现象，也进行了更为全面深入的研究，分析了“民工荒”产生的10个方面的原因及其利弊和变动趋势，提出了消除“民工荒”现象的对策建议，他和他的博士研究生合写的论文《从“民工潮”到“民工荒”——农村剩余劳动力有效转移的制度分析》，在《人口研究》2005年第2期发表后，马上被《高等学校文科学术文摘》2005 年第 3 期摘要转载，中国人民大学书报资料中心《人口学与计划生育》2005 年第 4 期全文转载，产生了相当影响。

简新华教授对中国经济发展的探讨还在继续，正在与同事们一道撰写一套已经列入“十一五”期间（2006 ~ 2010 年）国家重点图书出版规划、将由山东人民出版社出版的《迈向现代化的中国经济发展》丛书，包括《迈向现代化的中国经济结构演变》、《中国的工业化与新型工业化道路》、《城镇化与中国特色的城镇化道路》、《中国经济发展中的就业问题》、《中国经济发展中的人口资源环境问题》、《中国经济发展中的三农问题》、《中国工业化和城镇化过程中的土地问题》、《中国工业化和城镇化过程中的农民工问题》，准备向新中国 60 华诞献礼。

（原载《文史博览》2005 年第 8 期、中国经济学网 2007 年 1 月 27 日、《生产力研究》2007 年第 5 期）

工业化、信息化与跨越式发展

——简新华教授访谈录

马迪军

新世纪之初，我国提出了把工业化与信息化结合起来，以信息化带动工业化，发挥后发优势，实现生产力跨越式发展的战略。这是针对中国经济发展新阶段的任务和特点提出的新的重大战略方针。如何正确理解和切实贯彻这个战略方针，是新世纪中国现代化建设的关键。为此，记者采访了武汉大学经济研究所执行所长简新华教授。

记者：目前对生产力跨越式发展的内涵，以信息化带动工业化的必要性、可能性和途径的认识还不统一，理解也不准确和深刻，极需深入思考和探究。这里首先请您谈谈什么是“社会生产力的跨越式发展”，与 1958 年的“大跃进”和 1978 年的“洋跃进”有何不同？

简新华：由生产力发展规律决定的社会经济发展的历史顺序，一般来说是由“原始经济→农业经济→工业经济初级阶段（不发达的工业化）→工业经济高级阶段（发达的工业化）→知识经济（信息经济）”的演进过程。中国在21世纪要努力实现的所谓生产力的跨越式发展，是指不经过先由不发达工业化过渡到发达工业化，再实现信息化的发展顺序，同时进入工业经济高级阶段和知识经济社会，同时实现发达工业化和信息化。新世纪的跨越式发展与1958年的“大跃进”和1978年的“洋跃进”有着本质的区别：“大跃进”和“洋跃进”，仅从良好的主观愿望出发，脱离中国的国情，违背客观经济规律，缺乏必要的经济基础，是不可能实现的发展目标；新世纪的生产力跨越式发展，则符合中国经济发展新阶段的实际和世界经济发展的趋势，按照客观经济规律办事，具备必要的基础和条件，通过努力，是有可能达到的发展目标，并不是心血来潮、急于求成、盲目冒进。

记者：您的解释使生产力跨越式发展的内涵更为明确，很受启发。那么，中国怎么才能实现跨越式发展？

简新华：要实现跨越式发展，主要是两条：一是要以信息化带动工业化；二是要发挥后发优势。所谓“以信息化带动工业化”，是指在发展信息技术、信息产业和信息服务的同时，运用信息技术改造和武装工业，提高工业的发展速度和技术水平，完善工业内部的结构，加快工业化的进程，促进工业现代化的实现。所谓发挥后发优势，是指中国属于发展中国家，能够利用发展经济学所讲的后发优势，实现跨越式发展，具体包括：通过国际贸易和技术引进，超越科学技术研究和开发的阶段直接学习和利用发达国家现成的先进技术，以更少的成本和时间，更好地发展经济；发挥人力资源丰富价廉的比较优势，实现经济更快地增长；借鉴发达国家有效的经济体制、科学的管理方法、经济发展的经验教训，通过制度创新，极大推动经济发展；进行结构调整，使产业结构优化升级，改善资源配置状况，大幅度地提高经济效益等。

记者：您刚才讲到生产力的跨越式发展主要是依靠以信息化带动工业化来实现。那么，工业化与信息化究竟是什么关系。为什么要以信息化带动工业化？

简新华：工业化与信息化的关系，总体可概括为：工业化是信息化的前提和基础，信息化是工业化的延伸和发展，能够极大地促进和提高工业化水平，两者相辅相成、互相促进、共同发展。以信息化带动工业化是工业现代化的迫切需要，是信息化自身发展的必然趋势，更是跨越式发展的必然要求。生产力的跨越式发展要求经济增长方式由粗放型向集约型转变，优化产业结构，实现国民经济长期持续快速发展，而这些都离不开以信息化带动工业化。第一，以信息化带动工业化，能够更有效地实现经济增长方式的转变。信息技术是高新技术，信息化能够带来生产的技术密集化、自动化，降低消耗，减少成本，提高劳动生产率，实现集约型的增长。第二，以信息化带动工业化，有利于产业结构的优化。信息化可以提高信息产业在国民经济中所占的比重，使之成为主导产业，带来产业结构的升级；用信息技术改造和武装传统产业，不仅能够改善传统产业的素质和竞争能力，而且可以从整体上提高产业结构的技术水平。第三，以信息化带动工业化，有助于实现国民经济长期持续快速发展。科学技术是第一生产力，信息技术是最主要的高新技术，是国民经济发展的新的强大动力，而且以信息化带动工业化，还可以提高工业的技术水平，极大地提高技术进步对经济增长的贡献率，从而推动国民经济快速发展。以信息化带动工业化，能够加快增长方式的集约化和产业结构的优化，使经济增长由主要依赖物质和能源的消耗转变为主要依靠知识和信息，而知识和信息可以无限创造，具有丰富性和可再生性，不存在经济增长的极限；以信息化带动工业化，还能降低资源消耗，减少和防止环境污染，提高经济效益，从而实现国民经济的长期可持续发展。

记者：新世纪的中国能不能以信息化带动工业化，实现生产力的跨越式发展？

简新华：回答应该是肯定的。第一，信息产业发展速度快。比如，中国的信息产业在短短的 10 年时间内成倍增长，像电话、移动电话、电视机、家用电脑的产量和用户数，都是几十倍、上百倍的增长，有的甚至从无到有，增长上千倍。可见，信息产业能够实现超常规的发展。第二，信息产业带动力强。信息产业是一个关联度、感应度、带动度很高的产业，也是一个对传统产业的催化剂、粘合胶、倍增器作用很大的产业。信息产业的高催化性、高渗透性、高增长性，可以带动一系列关联产业的形成与变化，催生一些新的“边缘产业”，是现代经济增长的动力源。第三，信息技术应用面广、效率高。信息技术具有普遍适用性、快捷性、高效性，可以运用到国民经济和社会生活的各个方面，能够在一定程度上克服信息不完全、不对称和不及时的局限性，有效减少人们行为的不确定性和盲目性，缩短决策和行动所需的时间，实现自动化和高速化，大幅度降低生产经营和管理的成本，使效率普遍提高。如信息技术在改造中国传统产业方面的投入产出比可达1:4以上，有些领域甚至超过1:20。第四，中国拥有后发优势。这一点已在前面讲过。第五，中国拥有局部科技优势。中国的科技虽然在总体上还比较落后，经济技术实力与发达国家相比还存在明显的差距，但在某些方面已经接近或达到世界先进水平，可以首先发挥这些局部的科技优势，然后带动整个经济快速发展。第六，中国已有一定的工业化和信息化基础。中国已经初步实现了工业化，建立起了比较完整的工业体系和国民经济体系，尤其是信息化近10年来取得了长足的发展，有线电视用户达1亿多户，已成为世界第一大电视网络，固定电话网络规模已居世界第1位，移动电话拥有量也居世界第1位，为信息化带动工业化提供了有利的条件。第七，中国的市场潜力巨大。市场潜力是经济发展的空间，跨越式发展要求更大的空间。中国现在仍处在现代化建设过程之中，信息化也仅处于起步阶段，人民生活只是初步达到小康水平，无论是工业品还是信息产品的市场潜在需求都非常大，为工业化和信息化的发展提供了广阔的空间，为经济的快速发展留下了充分的余地。

记者：根据您以上所说，在新世纪，中国以信息化带动工业化，实现跨越式发展既有必要性，又具备可能性。您能否再具体谈谈应该怎样以信息化带动工业化，实现跨越式发展？

简新华：具体来说，我们必须完成三大任务，采取两个主要方面的措施。以信息化带动工业化的三大任务是：第一，大力开发和运用信息技术，迅速发展信息产业，加快推进国民经济和社会信息化，这是以信息化带动工业化的首要任务。以信息化带动工业化，信息化要放在优先位置。只有优先推进信息化，才有条件以信息化带动工业化。信息技术是信息化的根本，信息产业是信息化的支柱。必须提高信息技术开发和运用的能力和水平，加强光纤通信技术、交互式网络技术、多媒体技术、智能计算机技术等信息技术的研究和开发；加速软件、集成电路等信息产业的发展，重点推进超大规模集成电路、高性能计算机、大型系统软件、超高速网络系统、新一代移动通信装备和数字电视系统等核心信息技术的产业化，扩大新型元器件、计算机网络产品、数字视听产品的生产，提高信息化装备和系统集成能力，满足市场对各类信息产品的需求；积极发展信息服务业特别是网络服务业，提供政府上网、企业上网、家庭上网、个人上网的良好服务，搞好电子商务、电子金融、远程教育、远程医疗及其它各种面向社会的信息服务；在全社会推广计算机和网络教育，普及信息化知识和技能，提高计算机和网络的普及和应用程度，从政府行政管理、社会公共服务到企业生产经营都要广泛运用数字化、网络化技术，加快信息化步伐。第二，加强现代信息基础设施建设，这是为实现信息化并且带动工业化提供坚实的物质基础。信息基础设施是信息化的物质基础，主要是运用数字技术、微波技术、激光技术，以宽带大容量光纤、卫星、微波装置为传输通道，集计算机、电视、电话、录音和录像功能于一体，可以传送、接收、储存、处理语言、图像、数据、文字等信息的多媒体高速通信网。必须发展和完善高速宽带传输网络，加快用户接入网建设，促进电信、电视、计算机三网融合，健全信息网和信息库。信息网络的安全保障体系也应属于信息基础设施，必须强化信息化法制建设，加强综合管理，确保信息和网络的安全性、可靠性。第三，运用信息技术改造传统产业，实现工业现代化，这是以信息化带动工业化的主要任务和具体体现。运用信息技术改造传统产业，一是要通过信息技术，提高产品开发和设计能力，改进工艺技术，实现传统产业的产品换代、品种增加、质量提高，增加有效供给，创造新的需求；二是要运用信息技术，发展电子商务和电子金融，推动营销、运输和服务方式的变革，实现工业生产的高加工度、高附加值和自动化，降低成本，节能降耗，加快资本周转，减少或防止环境污染，提高经济效益和生态效益；三是要采用信息技术，实现企业生产经营的信息化，使传统产业结构优化、技术升级、管理改善，提高工业的整体素质和国际竞争力，使信息化与工业化融为一体，互相促进，共同发展。

以信息化带动工业化的两大措施是：（1）加快制度创新，形成良好的制度环境。中国经济发展新阶段的制度创新主要包括：继续调整和完善所有制结构，支持、鼓励和引导私营、个体企业尤其是科技型中小企业的健康发展；深化国有企业改革，真正建立现代企业制度，形成规范有效的企业法人治理结构和适应市场经济要求的经营机制，促进企业成为技术进步和创新的主体；建立和完善全国统一、公平竞争、规范有序的市场体系，重点培育和发展要素市场，规范和发展证券市场，为各类企业创造公平竞争的环境；完善金融组织体系、市场体系、监管体系和调控体系，形成风险投资机制，建立创业板股票市场，帮助中小企业技术创新，支持高新技术产业发展；推进行政管理体制改革，切实转变政府职能，综合运用计划、财政、金融手段，发挥价格、税收、利率、汇率等杠杆的作用，建立以间接调控为主的宏观管理体系；进行分配制度、人事制度、就业制度和教育制度的创新，形成激励、监督、约束机制，调动各方面的积极性，充分合理地使用人才；深化科技体制改革，完善促进科技进步的机制和政策，形成鼓励科技创新的社会环境。(2) 加强技术创新，推动信息化和工业现代化。必须按照有所为、有所不为的方针，总体跟进，重点突破，力争在信息技术、生物技术、新材料技术、先进制造技术、航天航空技术等关键领域取得突破，在集成电路、高性能计算机、光电子材料与器件、生物工程药物、生物芯片、农业生物工程等领域实现产业化，在基因科学、信息科学、纳米科学、生态科学和地球科学等方面取得新进展。必须推进国家创新体系建设，实行产学研相结合和引进与创新相结合，加大国家和社会的科技投入，加强基础研究和应用研究，提高自主创新能力，发展高新技术，提高产业的技术水平。

（原载《探索与争鸣》2002年第2期）

我国重新重工业化的缘由和路径选择

——访武汉大学经济发展研究中心博士生导师简新华教授

谷亚光

从1999年开始的6年多时间内，中国工业发展出现转折性变化，无论是在产值、投资、利润增长方面，还是在比重上，重工业都超过了轻工业，出现了重新重工业化的趋势。1999年重工业增长速度超过了轻工业1个百分点，2003年甚至快4个百分点；重工业的比重也从1997年的53.8%猛升至2000年的59.1%，2003年更是达到了64.3%，几乎接近了重工业优先发展时期的最高记录（66.6%，1960年）。与此同时，出现了严重的煤荒、电荒、油荒、气荒、运荒，资源短缺加剧，环境压力加大，经济增长的就业弹性系数下降的现象。如何正确认识和评价这种情况，中国现在应不应该重新重工业化即二次重工业化，或说是否已经进入了一个重新重工业化的发展阶段？是什么因素引起的？重新重工业化的道路应当怎么走？怎样克服工业重型化中资源、环境和就业的制约，有效地推进重新重工业化？这些都是当前关系到能否正确认识中国经济发展所处阶段，应当采取什么对策，中国能否最终实现工业化的重大问题。目前理论界对这些问题的看法出现了较大分歧，为此，记者采访了教育部人文社会科学重点研究基地——武汉大学经济发展研究中心博士生导师简新华教授。

重新重工业化是中国工业化的必然趋势

记者：先轻工业化、后重工业化是多数国家工业化的普遍规律，重工业化是比较大的国家工业化的必经阶段，是不可超越或者绕过的。没有重工业化的发展，西方国家和日本不可能成为发达国家。就我国来说，您认为重新重工业化是当前我国工业化的必然趋势吗?

简新华：中国作为一个后发的国家，在工业化进程中，由于国际环境、经济结构、理论认识偏差和前苏联工业化模式的影响，走了一条特殊的工业化道路。工业内部结构变化大致经历了三个阶段，即中华人民共和国成立初期至改革前的重工业优先发展→改革开放时期的轻工业发展→新世纪开始的重新重工业化。

中国出现重新重工业化趋势的主要原因有：

一是消费结构的升级。消费结构的变化是引起产业结构变动的最主要的因素，按照国际经验，人均 GDP 达到 1000 美元以后，社会消费结构将会由温饱型向发展型、享受型升级。2003 年我国人均 GDP 首次超过 1000 美元，达到 1090 美元，我国居民首先是城镇居民的消费结构已由以自行车、缝纫机、收音机等为标志的千元级提升到以洗衣机、电视机、冰箱、空调器、电脑等为标志的万元级，并开始向以住房、汽车为标志的 10 万元级迈进。2002 年汽车产业增长 38.8%，其中轿车增长 55.2%，2003 年我国轿车销量增长 92.8%，商品房销售增长 32%，就是最好的证明。消费结构的升级成为重工业发展的强大动力。汽车、住房生产的产业链特别长，对相关产业的带动作用特别大。汽车、住房需求的大幅度增长，用于生产汽车、住房的重工业产品的需求也必然大量增加，从而极大地带动钢铁、机械、化工、水泥等重工业部门的发展。

二是国际制造业的转移。国际制造业转移的规律是，起先是劳动密集型产业、轻纺工业，而现在转移的是资金密集型和资源消耗型的重化工业。从历史上看，世界制造业中心曾发生过几次大的转移。第二次世界大战之前主要集中在欧洲和北美，二战以后向日本和“亚洲四小龙”转移，20 世纪 80 年代向中国大陆转移。先是转移轻纺工业，现在开始主要是转移重工业。国际产业转移也为中国重工业发展提供了机遇。

三是基础设施的建设。发达国家的历史经验表明，基础设施建设对于顺利实现工业化起着重要的作用，如罗斯托在考察了美国、加拿大、瑞典等国的基础设施投资后，专门强调了社会基础资本（即基础设施建设）尤其是运输方面的社会基础资本在起飞中的重要性。形成四通八达、方便快捷的交通运输和信息通讯网络，建成先进的供水、供电、供气、农田水利、灾害防治、文化教育、环境保护、医疗卫生、安全保障等各方面的基础设施，既是实现工业化的前提，也是工业化的重要任务。与发达工业化国家相比，我国的基础设施建设还存在很大差距。过去五年，我国开始或建成一大批交通、能源、通讯、水利等基础设施，为重工业发展提供了支撑，同时，基础设施建设需要大量的重工业产品，也带动了重工业的发展。

四是城镇化进程的加速。城镇化是工业化的必然伴侣，同时也是工业化的促进器。我国现在已经进入城镇化进程加速发展时期，城镇数量的增加、规模的扩大，新一轮城镇建设高峰的出现，对钢材、水泥、能源、电力和相关机械设备的需求急增，导致重工业发展的加速。

五是轻工业的优化。由于轻工业产品已经能够满足城乡居民的需求，生产能力甚至出现了相对过剩。应该说我国已经基本实现轻工业化，但总的来看，轻工业发展的水平仍然较低，技术装备不先进，劳动生产率也不高，物质消耗较多，不少轻工业产品品种少、质量差、档次低，亟待优化升级，特别需要发展重工业，提供更先进的技术设备，改造和武装轻工业。而且，轻工业规模的扩大，也需要重工业提供更多的机械设备、能源和原材料，也要求重工业发展。

六是农业的技术改造。农业的发展在实现工业化方面起着关键性的作用，工业化过程也是农业生产产业化、机械化的过程，改造落后农业的一个重要渠道是工业部门向农业部门提供先进的农业机械装备。中国现在农业机械化的水平还不高、产业化程度低、许多农业生产技术还比较落后，迫切需要发展重工业，生产更多、更先进的机器设备武装和改造还相当落后的农业，有力地推进农业现代化。

七是装备制造业落后面貌的改变。装备制造业是重工业的核心组成部分，先进的装备制造业是发达工业化的基本标志之一。中国的装备制造业相当落后，仍然依赖进口，每年大约要花1000亿美元进口设备，花1000亿美元进口零部件，每年进口设备的花费远远超过外商对华直接投资。这种状况已经严重影响工业化水平的提高，急需改变。

正是这多重因素推动中国现在进入重新重工业化的新阶段。

重新重工业化的特点

记者：新阶段的重工业化与我国工业化第一阶段的重工业化相比，有什么特点？

简新华：二者存在着显著不同。

第一，资本来源和实现机制的不同。前一轮重工业化完全是由政府投资、国家计划推进；重新重工业化则是在市场机制已在产业结构调整中开始发挥主导作用的背景下开始的，主要由市场推动，将更多地依赖民间资本。工业化主要由市场机制推动，更符合经济发展规律。私营企业经过多年的发展，已逐步积累起了进入重工业的“门槛资本”，开始进入以前由国有大中型企业一统天下的重工业。民间资本进入重工业是重新重工业化最突出的特点。

第二，动因不同。前一轮重工业化兴起的原因主要是国际环境、政治因素、主观意愿；重新重工业化由多重经济因素引起，主要反映的是经济发展的客观必然性，其中消费结构的升级、轻工业的优化、城镇化进程的加快、国际制造业的转移等4个重要方面则是前一轮重工业化中没有的重要因素。

第三，性质和成效不同。前一轮重工业化是在严重缺乏资金、技术、市场需求的条件下，违背工业化发展一般规律的主观强制性重工业化，主要是政府行为、领导意志的产物；重新重工业化则是在具备必要的资金、技术、市场需求的条件下，符合工业化发展一般规律的自动出现的重工业化。正是由于两者存在这些差别，所以前一轮工业化不仅没有使中国真正实现工业化，还造成畸形的产业结构和短缺经济，而只有重新重工业化，中国才能最终完成工业化的历史使命。

历史经验证明，重工业化阶段是工业化能否真正实现的决定性时期，常常伴随着较高的工业增长速度和经济发展速度。重工业的重新大发展，也会为中国经济发展带来新的历史机遇。

克服制约因素关键在于选择正确的重工业化道路

记者：发达国家在实现重工业化的时候，世界资源相对充足、价格低廉、环境状况良好，对发展重工业较为有利；现在世界资源供应紧张、价格上涨、环境污染严重。发展重工业的条件极为不利。虽然重新重工业化是中国工业化的必然趋势，但面临许多的困难和问题，受到多方面的制约，主要有资源短缺、环境污染、就业弹性下降等。这些因素严重制约着中国重工业化的推进。就您来看，应当如何应对？

简新华：虽然中国的重新重工业化面临各种困难和制约，但是重工业化是必然趋势，不能因为存在资源、环境和就业的制约，发展重工业的时机也不利，就因噎废食，不发展重工业。因为，不实现重工业化，就不能振兴装备制造业、提升轻工业技术和装备、实现农业机械化和现代化、基本完成基础设施建设、加快城镇化的步伐，也就不能最终实现工业化、现代化；而且，几乎不可能再找到发达国家发展重工业时的那样有利的条件和机遇。正确的选择只能是采取恰当的对策克服这些困难和制约，有效推进重工业化。具体来说，可采取十大对策：

一是装备制造业是重工业的核心组成部分，又是中国重工业最薄弱的环节。重新重工业化必须以合理的产业政策为导向，进行正确的产业选择，以发展装备制造业为核心，重点不应是发展资源消耗型、环境污染型的原材料重工业，相对减少资源消耗。

二是重新重工业化不是要各地一窝蜂地发展重工业，应该以老工业基地为重点，发挥比较优势，形成产业集群，降低重工业发展的成本。

三是以集约型增长方式为首选，切实转变增长方式，大力发展循环经济，延长产业链，提高加工度，增加附加值，降低消耗，节约高效利用资源，减少污染。

四是以技术创新为根本，加快技术更新改造，尽量淘汰落后工业技术和设备，尽可能采用先进工艺技术和设备，提高经济发展中的科技贡献率。

五是改善能源结构，开发新能源，寻找替代能源，开发可再生能源和清洁能源，实现能源供给多元化、多样化和清洁化。

六是加大人力资本投入，加强职工培训，提高劳动力素质，以适应产业结构优化升级的需要，减少结构性失业，提高劳动生产率。

七是发展重工业不能再像过去那样片面追求产值、数量、规模、速度，不讲成本、消耗、污染的缺陷，必须更加注重质量、品种、效益，节约资源，保护环境。

八是重新重工业化主要不靠政府推动，必须更多地发挥市场调节的作用，以市场需求为基础，避免低水平简单重复建设，特别是要运用价格杠杆的作用，促进资源的节约高效利用，坚决改变人为压低资源价格、长期使用廉价原材料、造成严重浪费和低效的现象。

九是以经济全球化为条件，充分利用两种资源、两个市场，特别是要到国外投资开发资源，开辟更多获取资源的渠道，像日本那样善于高效利用国外资源和市场发展重工业。

十是以制度创新为动力，深化市场化和企业改革，形成低耗高效的重工业化所需要的经济体制和微观基础。

值得指出的是，中国在重新重工业化的过程中，特别要学习日本实现重工业化的成功经验。日本在资源严重贫乏的条件下，不仅没有放弃、害怕、反对发展重化工业，也没有企图跨越或绕过重工业化阶段，相反大力发展重工业，建成强大的装备制造业，完成农业的改造及生产和生活基础设施的建设，成功地实现重工业化，成为发达的工业化国家，并且是世界上资源综合利用效率最高的国家。虽然日本在重化工业化过程中，拥有20世纪50～60年代石油价格低廉的有利条件，世界资源、环境问题也没有现在这么严重，但主要还是在市场机制和产业政策的作用下高效利用国内外资源的结果。资源、环境和就业的约束并不是不可克服的，市场机制、技术进步、产业政策和制度创新能够有效解决这些问题。随着中国重新重工业化任务的完成、城镇化的实现、基础设施建设的基本完成、装备制造业的振兴、农业机械化和现代化的实现、轻工业技术和装备的升级，中国资源消耗必将大量减少，环境压力必将大大减轻，第三产业的比重必将大幅提高，必将带来更多的就业机会。中国重新重工业化任务完成之日，就是中国工业化实现之时。

（原载《中国改革报》2005 年 3 月 31 日）